Andreas Schlieper
Tractatus Satanicus

Tractatus Satanicus

Die Geschichte des Teufels
von ihm selbst erzählt

AUFGESCHRIEBEN
UND HERAUSGEGEBEN VON
ANDREAS SCHLIEPER

C. Bertelsmann

Umwelthinweis:
Dieses Buch und sein Schutzumschlag wurden auf chlorfrei gebleichtem Papier gedruckt. Die vor Verschmutzung schützende Einschrumpffolie ist aus umweltschonender und recyclingfähiger PE-Folie.

1. Auflage
© 2003 by C. Bertelsmann Verlag, München,
einem Unternehmen der Verlagsgruppe Random House GmbH
Umschlaggestaltung: Design Team München
Satz: Filmsatz Schröter, München
Druck und Bindung: GGP Media, Pößneck
Printed in Germany
ISBN 3-570-00739-1
www.bertelsmann-verlag.de

Inhalt

PRÉLUDE: Vorspiel auf der Erde
Seite 7

ERSTER SATZ: Genesis
Allegro vivace
Seite 29

ERSTES INTERMEZZO: Die Bruderschaft
Seite 109

ZWEITER SATZ: Philosophie
Andante maestoso
Seite 127

ZWEITES INTERMEZZO: Das Geheimnis
Seite 199

DRITTER SATZ: Sintflut
Largo
Seite 219

DRITTES INTERMEZZO: Das Abendmahl
Seite 283

VIERTER SATZ: Zeitenwende
Allegro con brio
Seite 303

VIERTES INTERMEZZO: Das Spiel
Seite 379

FÜNFTER SATZ: Finale fiascoso
Adagio
Seite 401

CODA: Da capo al fine
Seite 495

Anmerkungen
Seite 519

PRÉLUDE

Vorspiel auf der Erde

Eigentlich freue ich mich immer darüber, wenn mittags Post in meinem Briefkasten liegt und bin eher enttäuscht, wenn ich dort nichts vorfinde. Ich bekenne mich zu meiner Neugierde, die ich gar nicht für einen Defekt halte, sondern als Energie für mein Leben und meine Arbeit zu nutzen versuche. Und weil ich so neugierig bin und es kaum erwarten kann, reiße ich schon auf dem Weg zurück in meine Wohnung die ersten Briefumschläge auf. Zumeist bin ich dann jedoch eher enttäuscht, denn mit den meisten Briefen versucht man, mir irgendetwas zu verkaufen, das ich unter keinen Umständen wirklich benötige. Ich habe mich oft gefragt, ob überhaupt jemand Interesse hat an Schlafsocken, die von flinken Indiokindern aus feinster peruanischer Lamawolle hergestellt wurden, oder an echt malaiischen Luftmatratzen, die schon der kaiserlichen japanischen Armee die Überquerung reißender Dschungelflüsse ermöglicht hatten. Oder – schlimmer noch – an Versicherungen für die übelsten Wechselfälle des Lebens, von denen ich ansonsten keinerlei Ahnung hätte, weshalb ich gerade diese Art von Schreiben ungelesen wegwerfe, um mich mit diesen Dingen gar nicht weiter zu belasten. Manchmal aber sind es auch nette Briefe von Freunden, die altmodisch genug sind, noch nicht die elektronischen Techniken der Kommunikation zu benutzen, wofür man ihnen dankbar sein muss. Oder aber – worüber ich mich ganz besonders freue – es sind Einladungen zu diversen Arten von Festlichkeiten, die ich natürlich gerne annehme, sooft es eben geht.

Was ich jedoch überhaupt nicht mag, sind jene seltsamen Vordrucke der Post, mit denen man mir mitteilt, dass auf irgendeinem Amt irgendwelche Schriftstücke für mich deponiert sind, die ich umgehend abzuholen habe, jedoch nicht heute, wahrscheinlich, weil man sie im Amt selbst erst noch in aller Ruhe lesen will, bevor man sie mir aushändigt. Ich mag es nicht, weil mir inzwischen alle Lebenserfahrung sagt, dass es sich zumeist um eher unangenehme Schriftstücke handelt und es nicht nur einen größeren Aufwand bedeutet, sie beim Amt abzuholen, sondern erst recht, mit den jeweiligen Konsequenzen umzugehen. In der Regel will mich jemand unbedingt darauf aufmerksam machen, dass ich eine Rechnung noch nicht bezahlt habe, was mir ein großes Unbehagen bereitet, denn ich habe gierige Menschen noch nie ausstehen können. Oder aber eine andere Art von Amt behauptet doch allen Ernstes, dass ich meinen Wagen an einer dafür nicht vorgesehenen Stelle geparkt hätte oder dass ich schneller gefahren sei, als jenes Amt es erlaube. Dabei habe ich nie wirklich verstanden, was man denn nun von mir eigentlich erwartete: dass ich meinen Wagen bewege oder eben doch nicht.

Jedenfalls verheißen diese Vordrucke im Allgemeinen nichts Gutes. Ich sinne in den folgenden Stunden und Tagen ruhelos darüber nach, welches Ungemach mir dieses Mal wohl wieder bevorstehen könnte, kann in den Nächten kaum schlafen, versuche, die ganze Angelegenheit zu vergessen, bis ich mich dann endlich doch aufraffe, um mich mit klopfendem Herzen auf den Weg zum Postamt zu machen. Und ich weiß genau, dass ich mich danach erst einmal furchtbar ärgern werde über die Boshaftigkeit der Menschen.

So auch in jenen Tagen im Frühjahr, als ich wieder einmal ein solches Formular in meinem Briefkasten vorfand. Ich nahm mir gar nicht die Zeit, um genauer zu prüfen, welche Art von Überraschung nun wieder auf dem Amt auf mich warten würde, und legte den Zettel auf irgendeinen Papierstapel in meiner Wohnung. Dort fand ich ihn erst einige Tage später eher durch Zufall wieder, als ich nach Notizen suchte, die ich dringend benötigte. Da ich ohnehin einige Besorgungen zu erledigen hatte, fügte ich mich in das Unvermeidliche und wählte meine Route am folgenden Morgen so, dass sie mich an jenem Amt vorbeiführte, wo das wahrscheinlich eher unangenehme Schriftstück für mich bereit lag.

Ich war wie immer auf das Schlimmste vorbereitet, weil mich meine Lebenserfahrung gelehrt hat, immer auf das Schlimmste vorbereitet zu sein, damit man eigentlich nur noch positiv überrascht werden kann, weil alles noch viel schlimmer hätte kommen können. So war es tatsächlich zunächst eine Erleichterung, als mir gegen Vorlage jenes Formulars ein wattierter Umschlag ausgehändigt wurde, der viel zu groß war, als dass darin allein eine Zahlungsaufforderung oder ein sonstiger leidiger bürokratischer Vorgang stecken konnte. Dass auf dem Umschlag keinerlei Absender angegeben war, weckte zwar unmittelbar meine Neugierde, aber ich wusste sie zu bezähmen und erledigte zunächst das, was unbedingt zu tun war. Erst nachdem ich mit meinen Besorgungen zu Ende gekommen war und in einem Kaffeehaus saß, um mich für meine Anstrengungen zu belohnen, öffnete ich den Umschlag und fand darin zu meinem großen Erstaunen einige Disketten und einen kurzen Begleitbrief, den ich mehrmals lesen musste, um zu begreifen, was man eigentlich von mir erwartete. Danach bestellte ich ganz gegen meine sonstigen Gewohnheiten ein Glas Cognac und versuchte, mich auf diese Weise wieder ein wenig zu beruhigen.

Ich muss an dieser Stelle vielleicht erläutern, womit ich seit einigen Jahren meinen Lebensunterhalt verdiene, damit man meinen damaligen emotionalen Zustand etwas besser verstehen kann. Wenn man mich danach fragt, antworte ich gerne damit, dass ich ein *Autor* sei, was insofern auch zutrifft, als ich mich selbst als einen solchen begreife. Ich muss allerdings gestehen, dass mir meine *eigenen* Texte kaum genügend Geld einbringen, offenbar ist es mir nach all den Jahren, in denen ich es versucht habe, immer noch nicht gelungen, mit meinen Sujets und meinem Stil eine genügend große Anzahl von Menschen zu überzeugen. Leider ist es genau das, was heutzutage wirklich zählt. Natürlich sind die Chancen gering, in unserem allumfassenden modernen Sozialsystem aus eigener Dummheit zu verhungern, aber ich stelle an mein Leben doch mehr Ansprüche, als ich sie mir allein aus einer staatlichen Unterstützung würde erfüllen können.

Und so habe ich mich irgendwann einmal darauf eingelassen, die Texte, die von anderen Menschen geschrieben worden sind, so weit zu bearbeiten, dass sie überhaupt lesbar wurden. Man nennt das einen *ghostwriter*, und tatsächlich bin ich so etwas wie ein Geist, denn mein Name erscheint nur sehr selten auf den Umschlägen der Bücher, was nur anfangs mein Selbstbewusstsein gestört hat, denn heute bin ich froh, dass niemand auf die Idee kommen kann, mich und mein Talent mit jenen Elaboraten zu identifizieren; zudem habe ich feststellen können, dass nur wenige Huren wirklich stolz auf ihre Profession sind.

Mir geht es nicht anders, und ich habe manchmal wirklich das Gefühl, mich innerlich und äußerlich säubern zu müssen, wenn ich wieder einmal eines jener unsäglichen Gespräche mit einem der so genannten Autoren geführt habe. Sie kommen zumeist aus Politik oder Wirtschaft, haben dort, wenn schon keinen Erfolg, so doch wenigstens einen gewissen Grad an Bekanntheit erreicht, so dass sich immer wieder ein Verlag findet, der diese Bekanntheit für seine eigenen, rein ökonomischen Zwecke ausnutzt. Ich will mich darüber nicht beschweren, denn wir alle leben nun einmal recht gut in einer Welt, die sich entschieden hat, den Gesetzen der Ökonomie zu folgen, und auch ich ziehe meine Vorteile daraus, und mein zeitweiser Ekel wird nicht schlecht entgolten.

Ich will nicht bigott erscheinen, schließlich verdiene ich mit diesen Arbeiten mehr, als mein Lebensunterhalt eigentlich erfordern würde, selbst wenn ich etwas höhere Ansprüche daran zu stellen gewohnt bin. Doch wenn man sich gewissen Freuden des Lebens hingeben will, dann sind manchmal erhebliche Beträge dafür erforderlich, auch wenn es sich bei diesen Freuden lediglich um durchaus legitime Annehmlichkeiten handelt: Bücher – beispielsweise – sind heutzutage recht teuer geworden, selbst wenn man als Autor nur wenig daran teilhat, weil die ehernen Gesetze der Ökonomie auch im Verlagswesen gelten, doch davon war schon die Rede. In den vergangenen Jahren jedenfalls habe ich mir einen gewissen Ruf in der einschlägigen Szene verschaffen können, was vielleicht damit zu tun hat, dass ich mich daran gewöhnt habe, die Launen der jeweiligen Klientel eher klaglos zu ertragen. Ja, ich kann es mir inzwischen sogar leisten, den einen oder anderen Auftrag schlichtweg abzulehnen, ohne dass es dadurch zu irgendwelchen Sanktionen kommt. Und das tue ich immer dann, wenn mir die Potentaten aus Politik und Wirtschaft besonders unangenehm, weil langweilig vorkommen.

Allerdings widerstehe ich der Versuchung, meine Rolle in diesen Projekten für wichtiger zu nehmen, als sie wirklich ist, denn niemand kauft oder liest solche Bücher wegen ihrer literarischen Qualität, sondern weil er eine angemessene Unterhaltung erwartet, was durch ein rechtes Maß an Klatsch und übler Nachrede ohne größere Probleme erreicht werden kann. Viel wichtiger als ich sind in solchen Projekten dann die Juristen der Verlage, die dafür sorgen müssen, dass die Bücher interessant genug bleiben, ohne dass sie schon vor ihrer Veröffentlichung verboten werden. Möglicherweise gründet sich mein guter Ruf auch darauf, dass ich ein gewisses Gespür dafür entwickelt habe, welches Maß an Beleidigung und Blasphemie vor den gestrengen Augen der Juristen gerade noch Bestand haben kann, was für die Verlage wiederum nicht unerheblich ist, bin ich doch deutlich preisgünstiger als eine jede Art von Jurist, selbst wenn ich meinen Marktwert sehr gut kenne und ihn durchaus auszureizen weiß.

Ich lebe also recht gut von dieser Art von Tätigkeit, denn man macht sich im Allgemeinen keine Vorstellung davon, wie viele Menschen sich zum Schreiben berufen fühlen, gerade dann, wenn sie überhaupt kein Talent dafür haben. Glücklicherweise verbleibt das meiste im ewigen Papierkorb der Geschichte, und niemand erfährt etwas davon, außer vielleicht die Familie oder die engsten Freunde, deren Freundschaft dann allerdings auf eine harte Probe gestellt wird. Bei den Prominenten jedoch sieht alles ganz anders aus, und wenn ihre literarischen Qualitäten in einem reziproken Verhältnis zu ihrer Bekanntheit stehen, dann kommen eben Menschen wie ich ins Spiel, deren einzige, aber oft übermenschliche Aufgabe es ist, das Gefasel und Gestammel jener sehr wichtigen Personen so weit zu ordnen, dass auch andere damit etwas anfangen können.

Natürlich wäre meine Aufgabe um einiges leichter, wenn die Prominenten nicht so bedenkenlos davon überzeugt wären, dass sie nicht nur etwas Wichtiges zu sagen haben, sondern zudem auch noch über die erforderlichen sprachlichen Fähigkeiten dazu verfügen, was in beiderlei Hinsicht zumeist nicht unbedingt zutrifft. Aber sie wären nun einmal keine Notabeln in unserer Gesellschaft, wenn sie nicht zugleich unerschütterlich von ihrer eigenen Kompetenz überzeugt wären. Hamlet mit seinen quälenden Selbstzweifeln würde es heutzutage kaum zu einem Sitz in einem mittleren Stadtrat oder zum Sachgebietsleiter in einem Unternehmen bringen: *to be or not to be* – wer interessiert sich schon dafür?

Ich will auch gar nicht abstreiten, dass man sehr wohl über gewisse Fähigkeiten verfügen muss, um auf der Leiter der Karriere Stufe für Stufe nach oben zu steigen, aber daraus leitet sich doch wohl keine ubiquitäre Kompetenz ab. Ich habe daher nie begreifen können, was denn einen Politiker oder einen Unternehmer oder einen Sportler unbedingt befähigen sollte, sich gleichermaßen kompetent über Kunst, Kultur, Geschichte oder gar den Sinn des Lebens zu äußern. Aber selbst wenn erkennbar der größte Unsinn geschwätzt wird, fühlt sich kaum jemand dadurch gehindert, mir, dem bezahlten Schreiberling, mit höchster Arroganz zu begegnen. Das aber kann ich nach all den Jahren durchaus ertragen, wenn ich danach nur die Gelegenheit habe, mich zu duschen und eine Flasche Rotwein zu trinken. Ich werde immerhin gut bezahlt, und es hätte alles noch viel schlimmer kommen können.

Aber ich war dabei, von den Ereignissen zu erzählen, die mir in jenem Frühjahr widerfahren sind. Ich saß also im Kaffeehaus und hatte gerade den ominösen Umschlag mit den Disketten und dem kurzen Begleitschreiben geöffnet. Was sich auf den Disketten verbarg, konnte ich in diesem Moment natürlich noch nicht wissen, denn üblicherweise führe ich keinen Computer mit mir, wenn ich einkaufen gehe. Das Schreiben jedoch war – nun ja: es war *seltsam*. Als Absender firmierte ein gewisser *B. Kaempfer*, der keinerlei Adresse angegeben hatte. Auch keine Telefonnummer oder einen sonstigen Hinweis darauf, wie ich mit ihm hätte in Kontakt treten können, wenn ich es denn gewollt hätte, wonach mir allerdings zunächst nicht der Sinn stand.

Der Brief war sehr höflich formuliert, und es ging darum, dass man meine Dienste gegen ein ausgesprochen üppiges Honorar in Anspruch nehmen wollte. Bei den Texten, welche ich auf den Disketten würde finden können, handele es sich um den ersten Entwurf einer Autobiographie eines nicht unbedeutenden Herren, der sich nun nach langen Jahren des Schweigens entschlossen habe, seine Erlebnisse und Erfahrungen einem größeren Publikum zugänglich zu machen. Damit wolle er im Übrigen auch einige der wesentlichen und bislang ungeklärten Fragen der Geschichte der Menschheit nun endlich und abschließend beantworten.

Ich dachte sofort bei mir *Aha!* und überlegte schon, ob ich den Umschlag gleich wegwerfen sollte oder aber in aller Sparsamkeit die Disketten ungelesen löschen und für meine eigenen Zwecke verwenden. Aber da war doch etwas in diesem Brief, das mir die Entscheidung schwer machte, denn ich konnte durchaus die Ernsthaftigkeit, aber auch die Selbstsicherheit spüren, mit der er formuliert worden war, keine Spur von Arroganz oder Überheblichkeit, keine Schwafelei, sondern zurückhaltend, aber präzise in der Wortwahl. Außerdem war das angebotene Honorar so hoch, dass es unverantwortlich gewesen wäre, die Offerte leichtfertig abzulehnen. Was sollte denn schon passieren, glaubte ich doch, schon den schlimmsten Vertretern jener Gattung von Marktschreiern und Weltverbesserern begegnet zu sein.

Ich trank also meinen Cognac aus, zahlte die Rechnung und machte mich auf den Weg nach Hause, wo ich jedoch zunächst keine Zeit fand, mich weiter um die Disketten zu kümmern, denn während meiner Abwesenheit waren einige Nachrichten eingegangen, die alle etwas mit meinem aktuellen Auftrag zu tun hatten und deren Bearbeitung keinerlei Verzögerung duldete. Am Abend war ich bei Freunden eingeladen, blieb lange dort, fühlte mich sehr wohl, war aber danach zu keiner geistigen Arbeit mehr fähig. Ich schlief unruhig in dieser Nacht, wofür ich den reichlich genossenen Alkohol verantwortlich machte, und erledigte am nächsten Morgen, wenn auch ein wenig langsamer als sonst, die noch ausstehenden Arbeiten; den Brief und die Disketten hatte ich darüber fast wieder vergessen.

Als ich mich nach einem wegen einer Magenverstimmung eher kargen Mittagessen und einem kurzen Schlaf wieder an meinen Schreibtisch setzte und den Computer einschaltete, erwartete mich dort jedoch eine Nachricht von eben jenem B. Kaempfer, der mir Brief und Disketten zugesandt hatte. Er fragte, welchen Eindruck ich nach dem ersten Lesen der Texte hätte und wann ich mit meiner Arbeit daran beginnen könne, und er forderte mich auf, ja drängte mich geradezu, ihm umgehend eine Antwort zukommen zu lassen. Ich gebe zu, dass mich der – nun sagen wir – herrische Ton dieser Nachricht sehr verärgerte, weshalb ich sie umgehend aus dem Speicher meines Computers entfernte und mir fest vornahm, nicht mehr daran zu denken.

Zwei Tage später war ich mit meinem Wagen auf dem Weg zu einem wirklich sehr wichtigen Termin: Ich sollte einen jener Notabeln treffen, der im Labyrinth seiner unendlichen Reisen durch den Kosmos der globalisierten Wirtschaft für einige Stunden einen Aufenthalt auf dem internationalen Flughafen von Frankfurt einlegte. Ich musste in der Tat dringend mit ihm sprechen, denn es blieb nur noch wenig Zeit bis zur geplanten Veröffentlichung seines Buches, und ich hatte am Text eine Reihe von Veränderungen vorgenommen, die nur er allein autorisieren konnte. Und weil es ein wichtiger Termin war, den ich unter keinen Umständen verpassen durfte, hatte ich auch alle Eventualitäten des Verkehrs eingeplant und war entsprechend früh abgefahren. Womit ich allerdings nicht gerechnet hatte, war, dass der Motor meines Wagens irgendwo mitten in der Provinz zu qualmen begann und sich weigerte, weiterhin seinen Dienst zu versehen. Um eine lange Geschichte abzukürzen: Es gelang mir nicht, rechtzeitig Hilfe zu organisieren, weil just zu diesem Zeitpunkt auch mein mobiles Telephon versagte, so dass ich schließlich und endlich den Termin in Frankfurt verpasste, ohne meinen Gesprächspartner benachrichtigen und mich entschuldigen zu können.

Man wird sich leicht vorstellen können, zu welchen Reaktionen der Verlag am nächsten Tag fähig war, als ich ziemlich kleinlaut über meine Abenteuer berichten musste. Ich war also schon in einer recht derangierten Stimmung, als ich in meinem Briefkasten zwei Briefe vorfand, in denen mir zum einen lapidar mitgeteilt wurde, dass sich zwei geplante – und höchst lukrative – Projekte nicht würden realisieren lassen, weil die vorgesehenen Autoren inzwischen ihren ökonomischen Reiz verloren hatten, nämlich der Politiker wegen erwiesener Korruption und der Sportler wegen ebenso erwiesenen Dopings. Ich hatte für die Entscheidung des Verlages durchaus Verständnis, bedauerte gleichwohl zutiefst, dass mir eine ansehnliche Summe an Geld entging. Und dieses Bedauern war umso größer, als ich mit dem anderen Brief freundlich, aber eben auch bestimmt darüber in Kenntnis gesetzt wurde, dass ich offenbar seit mehreren Monaten den Verpflichtungen zur Unterhaltszahlung für meine geschiedene Ehefrau einschließlich der Kinder nicht nachgekommen war, so dass man – meine Frau – sich nun also gezwungen sah, die fragliche Summe samt Verzugszinsen auf einen Schlag einzufordern, andernfalls und so weiter und so fort.

Auch wenn ich mir in den vergangenen Jahren ein wenig Geld für die Zeiten von Krise und Not auf die Seite gelegt hatte, wurde mir doch sehr mulmig ums Herz, als mir klar wurde, um wie viel Geld es hier gehen sollte: das defekte Auto, die Unterhaltszahlungen, die entgangenen Einnahmen und wahrscheinlich noch Schadensersatzforderungen in unbekannter Höhe wegen des verpassten Termins in Frankfurt. *Summa summarum* würde ich wahrscheinlich sogar einen Kredit aufnehmen müssen, um die Schulden bezahlen zu können, die innerhalb nur weniger Stunden aufgelaufen waren. Natürlich ängstigte mich die finanzielle Seite meiner Probleme. Aber wirklich verärgert war ich darüber, dass ich mich nun um etwas kümmern musste, das mir zutiefst zuwider war, nämlich die bürokratischen Dinge des Lebens. Ich bin schließlich gerade deshalb Autor geworden, weil ich mit solchen Sachen nie und nimmer etwas zu tun haben wollte. Meine Stimmung bewegte sich also ohnehin schon im Bereich der absoluten Verzweiflung, als am Nachmittag mein Vermieter anrief, um mir mitzuteilen, dass er nun von seinem Kündigungsrecht aus Gründen des Eigenbedarfs Gebrauch machen wolle und ich daher meine Wohnung innerhalb der nächsten drei Monate unwiderruflich zu räumen habe.

Ich muss gestehen, dass ich diese Botschaft kaum noch in ihrer ganzen Tragweite wahrnahm, weil sich in mir auf einmal eine gewisse, unnatürliche Fröhlichkeit ausbreitete, von der ich ganz genau wusste, dass sie nur der Vorbote einer umso tieferen Depression sein würde, auf deren erste Symptome ich mit dem wahrscheinlich nutzlosen Versuch reagieren würde, meine Sorgen in einer möglichst großen Menge an Alkohol zu ertränken. Nun bin ich alt genug, um zu wissen, dass man auf diese Weise keine Probleme lösen kann, aber man kann sie sehr wohl für eine bestimmte Zeit verdrängen und vergessen. Also telefonierte ich den ganzen Nachmittag, um irgendeinen Freund aufzutreiben, der bereit gewesen wäre, mich am Abend in die Trunkenheit zu begleiten, fand aber niemanden, so dass ich mich schließlich ganz allein in meinem Stammlokal fast bis zur Bewusstlosigkeit betrank und noch nicht einmal die Kellnerin dazu überreden konnte, den Rest der Nacht mit mir zu teilen. Es wäre ohnehin für keinen von uns beiden ein besonderes Vergnügen gewesen.

Ich fiel in dieser Nacht eher in eine Art von Ohnmacht, als dass ich wirklich schlief, die allerdings nach nur wenigen Stunden von pulsierenden Zahnschmerzen unterbrochen wurde. Da aber weiterhin der Alkohol über meinen Körper regierte, nutzten auch die zahlreich eingenommenen Schmerzmittel nur wenig, so dass ich mich in jener unerträglichen Mischung aus geistiger Wachheit und körperlicher Betäubung stundenlang in meinem Bett wälzte. Am nächsten Morgen waren die Zahnschmerzen immer noch höchst präsent, so dass ich keinen anderen Ausweg sah, als meine Angst vor einer jeglichen Art von Zahnärzten zu überwinden und den Arzt meines Vertrauens anzurufen. Wer aber kann die Enttäuschung beschreiben, als mir eine säuselnde Stimme auf dem Anrufbeantworter mitteilte, dass sich der Zahnarzt während der kommenden zwei Wochen in einem sicherlich wohlverdienten Urlaub befinde. Man wünsche den Patienten alles Gute und empfehle ansonsten, der örtlichen Tageszeitung die Telefonnummer des Notdienstes zu entnehmen. Ich konnte sie jedoch trotz intensiver Suche nicht ausfindig machen. Mir blieb also nichts anderes übrig, als den nächstbesten Zahnarzt in meiner Nachbarschaft aufzusuchen und dort mehrere Stunden mit qualvollem Warten zu verbringen, wobei mir im Kreise der Patienten wieder einmal sehr deutlich wurde, dass man Angst und Schmerz auch riechen kann.

Es war fast schon Nachmittag, als ich endlich zum Arzt vorgelassen wurde, der in der Zwischenzeit merkbar gut zu Mittag gegessen hatte und mich in eine Wolke aus Knoblauchduft einhüllte, so dass ich schon betäubt und beruhigt war, bevor er mit seiner Behandlung begann. Er nahm jedenfalls meine Zähne gut gelaunt, aber auch sehr intensiv in Augenschein, machte dabei einige murmelnde Geräusche und setzte mir danach umständlich auseinander, dass er im Augenblick nur sehr wenig für mich tun könne. Rein äußerlich sei kaum etwas zu erkennen, sagte er, applizierte eine Lage weißer Salbe auf mein Zahnfleisch und ließ mir dann ein Rezept für Schmerzmittel aushändigen mit der Bemerkung, ich solle mich täglich bei ihm melden, damit er den Fortgang der Krankheit – oder der Heilung, das wurde nicht ganz deutlich – auf das Genaueste würde weiterverfolgen können.

Als ich wieder zu Hause ankam, wusste ich eigentlich gar nicht, ob ich erleichtert oder verärgert sein sollte, denn die Schmerzen hatten tatsächlich nachgelassen, ohne aber völlig verschwunden zu sein. Dafür hatte ich aber einige Stunden meiner kostbaren Zeit damit verbracht, letztlich doch eher vergeblich in einem überfüllten Wartezimmer herumzulungern. Nun hatte ich aber eigentlich nichts mehr zu erledigen, denn die Aufträge, auf die ich mich vorbereiten wollte, waren ja storniert worden. Trotzdem schaltete ich den Computer ein, um wenigstens an meinen eigenen Texten zu arbeiten, selbst wenn sich niemand sonst dafür interessierte. Aus reiner Gewohnheit ließ ich mir die Nachrichten zeigen, und tatsächlich fand sich dort auch eine neue Meldung von besagtem B. Kaempfer, die ich dann aus purer Neugierde aufrief. Erneut wurde ich befragt, welchen Eindruck die Texte auf mich gemacht hätten und wann ich mit der Arbeit daran beginnen wolle. Diesmal aber war die Nachricht ergänzt um den Hinweis, dass ich nun doch wohl genügend Zeit dafür haben und das Honorar dringend benötigen sollte, zumal man nie wissen könne, wie teuer sich letztlich aufwendige Zahnbehandlungen gestalten würden.

Man kann sich vorstellen, dass ich in diesem Augenblick mehr als verblüfft war. Wie konnte jener B. Kaempfer so genau über meine derzeitige Lage informiert sein? Ich hatte mit niemandem darüber gesprochen, und der Hinweis auf die möglichen Kosten einer Zahnbehandlung war sogar für mich überraschend. Davon hatte der Zahnarzt nichts erwähnt, auch wenn ich mich nun wieder an das wohlige Lächeln in seinem Gesicht erinnerte, als er mich aufgefordert hatte, ihn demnächst möglichst häufig zu konsultieren. Aber wie konnte B. Kaempfer, den ich überhaupt nicht kannte, geschweige denn, dass ich ihn in die Intimitäten meines Lebens eingeweiht hätte, davon wissen? Was wollte B. Kaempfer eigentlich von mir? – Und da ich sonst nichts weiter zu tun hatte und sich meine Zahnschmerzen nach der Einnahme einiger starker Tabletten verflüchtigt hatten, beschloss ich, mich an diesem Abend um die Texte auf den Disketten zu kümmern und dann zu entscheiden, was weiterhin zu tun sei.

Es war ein umfangreiches Werk, das sich mir im Verlaufe jenes Abends darbot, riesige Dateien, meist unformatiert, so dass ich Mühe hatte, sie überhaupt in eine lesbare Form zu bringen, denn für mich spielt die Ästhetik immer eine ganz wichtige Rolle. Während ich also die Dateien in ein neues Format brachte, hatte ich Gelegenheit, die Texte ein erstes Mal zu überfliegen. Aber danach wusste ich immer noch nicht, was ich damit anfangen sollte. Auch beim zweiten Mal, als ich mich dann ausführlicher mit ihnen befasste, manche Passagen sogar mehrmals las, erschlossen sich mir Sinn und Absicht der Texte nicht unmittelbar. Sie waren Seite für Seite angefüllt mit obskuren Hinweisen, dazu versehen mit seltsamen Zitaten in allen möglichen Sprachen, die mir trotz all meiner Lebenserfahrung noch nie vor die Augen oder Ohren gekommen waren, und schließlich gespickt mit Namen von mehr oder minder erlauchten Personen aus allen Zeiten und Gegenden der Welt. Manche davon waren mir wohlbekannt, weil ich mich mit ihnen oder ihren Werken einmal selbst ausführlicher beschäftigt hatte, andere klangen mir durchaus glaubhaft, auch wenn ich von ihnen noch nie etwas gelesen hatte, aber es gab darunter viele Namen und Orte, die mir eher schlichtweg erfunden vorkamen.

Nun war in dem Brief, welcher den Disketten beigefügt gewesen war, davon die Rede, dass es sich bei den Texten um die Lebenserinnerungen einer hoch gestellten Persönlichkeit handeln sollte. Was ich dann aber tatsächlich vorfand, machte auf mich den Eindruck einer mehr oder minder gelungenen Form von *Literatur*. Jedenfalls hatte ich bei allem Verständnis für eine historische Einbettung auch des individuellen Lebens meine Probleme damit, dass jemand seine Autobiographie schon mit der Zeit *vor* dem Anfang aller Dinge beginnen wollte. Für mich wurde die Bewertung immer eindeutiger: Entweder machte sich jemand einen sehr aufwendigen Spaß mit mir, oder aber jener B. Kaempfer war ganz einfach – *verrückt*.

Beide Varianten waren mir nicht besonders angenehm, denn in meinen Gedanken klang bohrend immer noch die letzte Nachricht nach, die ich von B. Kaempfer erhalten hatte und in der ja enthüllt worden war, welche weit reichenden Kenntnisse er über mein Leben hatte. Falls also B. Kaempfer tatsächlich verrückt sein sollte (und ich hatte mich inzwischen eher für diese Möglichkeit entschieden, denn der Aufwand, den man mit der Formulierung jener länglichen Texte getrieben haben musste, schien mir eindeutig zu groß zu sein für einen einfachen Scherz unter Freunden), wenn er also verrückt sein sollte, dann war er aber auch zugleich höchst gefährlich. Offenbar hatte diese Person Zugang zu ansonsten strikt vertraulichen und geheimen Informationen über mich und meine Lebensumstände.

Also überlegte ich, was zu tun sei, und dachte dabei auch daran, dass es bei allem ja um eine recht große Summe Geld gehen sollte, ein Umstand, der mir in jenem Augenblick als nicht ganz unwesentlich erscheinen musste. Mir war klar, dass ich niemanden ins Vertrauen ziehen konnte, wenn ich nicht selbst für verrückt oder doch wenigstens überspannt gehalten werden wollte. Was konnte ich schon an materiellen Beweisen für irgendeine Theorie vorbringen? Dass ich eine seltsame Synchronizität von Zahnschmerzen und elektronischen Nachrichten erfahren hatte? Dass man mir Geld für meine Arbeit anbot? Dass ich eben dieses Geld gerade jetzt durch welche Zufälle des Lebens auch immer dringend benötigte?

Eigentlich war doch wirklich nichts vorgefallen, das der Rede wert gewesen wäre, außer eben jener seltsamen Häufung von Ereignissen, die eine Situation geschaffen hatten, in welcher ich kaum eine andere Wahl hatte, als das Angebot von B. Kaempfer so schnell wie möglich anzunehmen. Schließlich konnte es mir völlig gleichgültig sein, für wessen Inkarnation er sich schließlich und endlich halten wollte, von mir aus für den Papst und den Marquis de Sade jeweils einzeln oder zur gleichen Zeit oder für wen auch immer, solange jedenfalls das Honorar stimmte. Immerhin war ich auf genügend andere Verrückte getroffen, die sich für begnadete Politiker oder Unternehmer oder irgendetwas anderes hielten und denen man es in der Öffentlichkeit sogar geglaubt hatte.

Also entschloss ich mich, nun doch, noch in derselben Nacht, auf die Nachricht von B. Kaempfer zu antworten und um ein persönliches Gespräch zu bitten, was mir dringend erforderlich erschien, damit ich mir ein eigenes Bild von ihm machen konnte, bevor ich mich auf weitere Schritte einließe. Ich bekenne auch, dass mir die Aussicht auf das Honorar umso verlockender vorkam, je länger ich darüber nachdachte, denn – so glaubte ich – das Schlimmste, das mir überhaupt widerfahren konnte, wäre allenfalls, dass mir dieser Auftrag verloren ginge, wodurch ich dann in keiner Weise schlechter gestellt sein würde als jetzt ohnehin schon. Ich setzte ein wohlformuliertes Schreiben auf und ließ darin in aller Angemessenheit mein Interesse an einer Zusammenarbeit mit jenem sehr geehrten Herrn B. Kaempfer erkennen. Es muss kurz vor Mitternacht gewesen sein, als ich meine Nachricht, versehen mit allen guten Wünschen, in die elektronische Welt entließ. Meine Zahnschmerzen hatten sich noch nicht wieder gemeldet, ob nun wegen der Schmerzmittel oder wegen der nun doch spürbaren Erleichterung, sei dahingestellt. Ich legte mich ohne weitere Verzögerung ins Bett, wo ich noch einige Seiten im Buch eines französischen Philosophen las, die ich kaum verstand, die mich aber auf eine angenehme Art so weit ermüdeten, dass ich nach wenigen Minuten das Licht löschte und sofort in einen tiefen Schlaf verfiel.

Geweckt wurde ich dadurch, dass plötzlich ein Mann mitten in meinem Schlafzimmer stand, der mit beruhigenden Gesten und leisen Worten auf mich einsprach, als er mein erschrecktes Erwachen bemerkte. Als ich meine Brille nahm und genauer hinsah, fiel mir auf, dass er gut, ja sogar elegant gekleidet war, von mittlerem Alter mit drei glänzenden Strähnen in seinem Haar und einem kleinen, sehr gepflegten Bärtchen an seinem Kinn. Was sofort einen besonderen Eindruck auf mich machte, war der Umstand, dass er eine gewisse Aura auszustrahlen schien, die im ansonsten dunklen Schlafzimmer ein angenehmes Licht verbreitete. Allmählich wich mein Schrecken einer ebenso tiefen Verwunderung, denn auch wenn der Mann keinesfalls den Eindruck eines Einbrechers oder anderer, unlauterer Absichten machte, blieben doch einige Fragen zunächst ohne Antwort, vor allem danach, wie und zu welchem Zweck er sich Zugang zu meiner Wohnung im

Allgemeinen und zu meinem Schlafzimmer im Besonderen verschafft hatte.

Ich weiß nicht, wie andere Menschen darüber denken, aber für mich ist das Schlafzimmer nun einmal der Ort allerhöchster Intimität, vor allem des Nachts. Ich hüstelte also und unterbrach ihn in seinen beschwichtigenden Worten mit der wohl wichtigsten Frage, nämlich danach, was er denn hier und jetzt in meinem Schlafzimmer zu suchen habe. Er schaute mich an, als ob er meine Frage nicht verstanden hätte, schüttelte den Kopf und antwortete dann, dass ich ihn doch vor kurzem selbst zu einem persönlichen Gespräch eingeladen hätte. Er habe daraufhin nicht gezögert, sofort zu mir zu eilen, auch wenn dafür einige andere wichtige Termine abgesagt werden mussten. Darum aber solle ich mich nicht kümmern, das sei allein seine Angelegenheit. Nun sei er hier, um mit mir über das weitere Vorgehen zu sprechen. Und als ich immer noch nicht den Eindruck machte, als hätte ich alles richtig verstanden, fügte er mit einer großen Geste der Entschuldigung hinzu, dass er wohl vergessen habe, sich mir in aller Form vorzustellen: Er sei *B. Kaempfer* und überaus erfreut, meine Bekanntschaft zu machen.

Nun war völlig klar, dass es sich um einen Verrückten handeln musste, und um einen gefährlichen zudem, denn immerhin war er mitten in der Nacht in meinem Schlafzimmer erschienen, und wer *dazu* fähig ist, kann auch noch auf ganz andere Gedanken kommen. Ich musste also jegliche Gefühle verdrängen und mich allein auf die Freundlichkeit konzentrieren, weil ich darin die einzige Möglichkeit sah, möglichen Schaden abzuwenden, und so komplimentierte ich ihn in mein Arbeitszimmer, kleidete mich schnell an, denn ich wollte ihm nicht in meinem schlotterigen Schlafanzug gegenübertreten. Und zu guter Letzt zündete ich mir eine Zigarette an und folgte ihm.

B. Kaempfer hatte es sich auf dem Sessel vor meinem Schreibtisch bequem gemacht, so dass mir selbst nur der alte Holzstuhl blieb, den ich längst hatte wegwerfen wollen, der sich aber als Ablage für alle nur möglichen Papiere bewährt hatte. Um die Situation weiter zu entspannen, bot ich Getränke an, und B. Kaempfer wählte für sich den Rotwein. Inzwischen hatte er eine dicke Zigarre entzündet und blies fröhlich Rauchwolken in die Luft, was mich ein wenig störte, aber es hätte meiner Strategie widersprochen, mit ihm darüber eine wahrscheinlich eher nutzlose Debatte zu beginnen. Nein, es musste mir unter allen Umständen darum gehen, eine freundliche, wenn möglich sogar gemütliche Atmosphäre zu schaffen, um eine jegliche Aggression im Keime zu ersticken. Und weil ich es einmal so gelernt hatte, versuchte ich das Gespräch zunächst in unverfängliche Bahnen zu lenken, aber B. Kaempfer ließ sich davon nicht beeindrucken, sondern schien seine eigene Strategie zu verfolgen und kam sofort auf die Texte und meine zukünftige Arbeit daran zu sprechen.

Ihm sei sehr wohl bewusst, so sagte er, dass Stil und Sprache seiner Aufzeichnungen heutzutage wohl ein wenig altmodisch anmuten mochten, aber das sei nun einmal seine Art, und gerade deshalb wolle er mich damit beauftragen, sie moderat zu modernisieren und an den gerade gültigen Geschmack anzupassen. Dass dabei Sinn und Zweck ebenso wenig verloren gehen dürften wie die durchaus bewusst gewählte Dramaturgie, müsse selbstverständlich sein. Er, B. Kaempfer, sei sich aber sicher, dass ich inzwischen mit solchen Aufgaben genügend Erfahrung gesammelt hätte. Deshalb sei im Übrigen die Wahl auf mich gefallen, denn man habe meine Arbeiten in den vergangenen Jahren sehr genau ausgewertet und dabei auch auf diejenigen Texte und Sujets geschaut, die meiner eigenen Verantwortung entstammten.

Ich stutzte ein wenig, denn die meisten dieser Projekte sind nie veröffentlicht worden, eben weil ich keinen Verlag dafür hatte finden können. Nun saß mir mitten in der Nacht ein Herr mittleren Alters in meinem eigenen Arbeitszimmer auf meinem eigenen Sessel gegenüber und sprach davon, als seien sie in Millionenauflage erschienen. Mir wurde wieder angst und bange, und ich musste mich schon sehr konzentrieren, um mich ruhig und gelassen für all die Freundlichkeiten zu bedanken. Meine Gedanken aber kreisten allein darum, wie ich den ungebetenen Besucher so schnell wie möglich würde wieder verabschieden können, ohne seinen Zorn auf mich zu ziehen. Doch während ich mir noch darüber Gedanken machte, spürte ich, wie die Zahnschmerzen zurückkehrten, und zwar in einer Intensität, wie ich sie noch nie zuvor verspürt hatte. Er muss mir den Schmerz wohl angemerkt haben, denn sofort beugte sich B. Kaempfer zu mir und machte eine tröstende Bemerkung, allerdings verbunden mit dem Hinweis, dass Zahnschmerzen häufig psychosomatischer Natur seien und ich mich doch besser entspannen solle, auch wenn er gut verstehen könne, dass mich sein unangemeldetes Eindringen emotional wohl ein wenig aufgerührt haben müsse. Er könne mir nur *dringend* raten, alle unnützen Gedanken zu verscheuchen, um sich ganz auf unser Gespräch zu konzentrieren. Ich nehme an, dass diese Worte beruhigend klingen sollten, aber sie waren begleitet von einem Lächeln, wie ich es noch nie in meinem Leben gesehen hatte.

Die Schmerzen ließen wieder nach, und so konnte ich auch B. Kaempfers weitläufigen Ausführungen über die Literaturgeschichte folgen, die von höchster Sachkenntnis geprägt waren, jedenfalls so weit ich es beurteilen konnte. Er verzettelte sich hier und dort, kam aber doch immer wieder auf sein eigentliches Thema zu sprechen und endete nach einiger Zeit abrupt damit, dass er einige Papiere aus seiner Jackentasche zog, sie auseinander faltete und mit sorgsamen Bewegungen auf meinem Schreibtisch glatt strich. Er forderte mich auf, zu ihm zu kommen, und als ich mich näherte, erkannte ich, dass es sich bei diesen Papieren um einen Vertrag handelte. B. Kaempfer zeigte mir die Stelle, an welcher ich unterschreiben sollte, und blickte mich erwartungsvoll an. Nun also war der Moment der Wahrheit gekommen, und ich wusste überhaupt nicht, was ich tun sollte. Stotternd versuchte ich, darauf hinzuweisen, dass ich mich üblicherweise mit einem Rechtsanwalt berate, bevor ich einen Vertrag schließe, und dass er mir doch bitte jetzt den Entwurf hinterlassen solle und ich mich dann so bald wie möglich bei ihm melden werde.

An das, was danach geschah, kann ich mich jedoch nicht mehr so genau erinnern: Ich weiß nur noch, dass ich ein leichtes Stechen in meinem rechten Zeigefinger verspürte, bevor alles um mich herum dunkel wurde. Und als ich am folgenden Morgen aufwachte, lag ich in meinem Bett, wieder in meinem schlotterigen Schlafanzug, und je länger ich über die nächtliche Begegnung nachdachte, desto mehr verschwammen die Erinnerungen, bis ich kaum mehr darüber hätte sagen können als über einen zwar realistischen, aber letztlich doch wahnhaften Traum. Das jedenfalls redete ich mir ein und war fast überzeugt davon, bis ich in mein Arbeitszimmer trat, wo rein gar nichts auf irgendeine nächtliche Unterhaltung deutete, außer dass ich im ersten Moment glaubte, noch den Geruch einer Zigarre spüren zu können. Nachdem ich aber das Fenster für einige Zeit geöffnet hatte, war auch davon nichts mehr zu bemerken. Als ich dann in meine Küche kam, hatte ich zunächst den Eindruck, es habe sich hier jemand zu schaffen gemacht, aber die Indizien dafür – wie eine im Regal möglicherweise fehlende Flasche Rotwein oder ein noch feuchtes Geschirrtuch – waren zu vage, als dass ich daraus hätte Schlussfolgerungen ziehen wollen.

Alle diese Ereignisse wären kaum der Rede wert gewesen, und ich hätte sie hier nicht in dieser Ausführlichkeit beschrieben, wenn ich nicht am nächsten Tag erneut eine Benachrichtigung der Post in meinem Briefkasten gefunden hätte. Mir blieb auch dieses Mal nichts anderes übrig, als mich auf den Weg zu machen und abzuholen, was dort für mich bereitlag. Es handelte sich um einen recht dicken Umschlag, den ich nach den Erfahrungen der vergangenen Tage sofort öffnete. In ihm steckte ein umfangreiches Schriftstück, das sich bei näherer Überprüfung als ein veritabler Vertrag erwies, abgeschlossen zwischen B. Kaempfer einerseits und andererseits – *mir*. Es gab auch keinen Zweifel an der Echtheit meiner Unterschrift, außer dass ich mich nicht erinnern konnte, jemals und überhaupt einen solchen Vertrag unterzeichnet zu haben und erst recht nicht mit roter Tinte. Ich war dermaßen verwundert, dass ich am Schalter wie angewurzelt stehen blieb und mir einige unfreundliche Bemerkungen anhören musste, bevor ich begriff, was um mich herum geschah. Ich steckte also alles wieder zurück in den Umschlag und beeilte mich, nach Hause zu kommen, um in aller Ruhe zu klären, was hier eigentlich vor sich ging. Wie im Traum lief ich die Straßen zurück, achtete dabei kaum auf den Verkehr, während Tausende von abgründigen und düsteren Gedanken durch meinen Kopf schossen und sich immer mehr ineinander verwirrten. In meiner Wohnung angekommen, legte ich den ominösen Umschlag erst einmal zur Seite, trank ein großes Glas Wasser und versuchte, meine Gedanken einigermaßen zu ordnen, was mir aber trotz allen Bemühens nicht so recht gelingen wollte.

Schließlich nahm ich den Umschlag wieder zur Hand, aber wenn ich gehofft haben mochte, dass sich das Schriftstück in der Zwischenzeit vielleicht verflüchtigt hätte, so wurde ich enttäuscht: Die roten Flecken auf dem Umschlag waren noch deutlich sichtbar vorhanden, ebenso wie der Vertrag, abgeschlossen zwischen B. Kaempfer und mir selbst. Ich brauchte zwei Zigaretten, bis es mir endlich gelingen sollte, den Vertrag nun auch in seinen Details zu lesen, und auf den ersten Blick machte er gar keinen schlechten Eindruck. Die Zahlungsbedingungen und die Termine waren eher zu meinen Gunsten geregelt, und meine Aufgaben waren hinlänglich genau beschrieben, so dass ich mich über den Inhalt zunächst überhaupt nicht hätte beklagen müssen.

Als ich dann aber den Vertrag zum zweiten Mal, nun etwas genauer, las, fiel mir auf, dass es einen besonderen Teil gab, der offenbar kein direkter Teil des Vertrages selbst war, sondern eine Art von Nebenabrede, in welcher unter anderem die Poenalien geregelt waren, namentlich für den Fall, dass ich meinen Verpflichtungen aus welchen Gründen auch immer nicht nachkommen sollte. Als Strafe drohten zunächst *Zahnschmerzen* und dann im Falle der Wiederholung der *Verlust meiner Seele* für alle Ewigkeit. Zudem waren dort alle anderen Rechtsmittel ausdrücklich ausgeschlossen, was konkludent damit begründet wurde, dass ich den Vertrag immerhin mit meinem eigenen Blut unterschrieben hätte.

Nur um mich ein wenig zu beruhigen, schickte ich umgehend den Vertrag zu einem Anwalt, mit dem ich auch sonst zusammenzuarbeiten pflegte. Ich unterließ es jedoch, ihm die Nebenabrede zu übermitteln, denn ich wollte mich in den Augen meiner Freunde nun nicht unbedingt lächerlich machen. Die Antwort kam prompt, verbunden mit dem Hinweis, dass aus rein juristischer Sicht keinerlei Einwendungen nötig seien. Man rate mir aber trotzdem dringend und in aller Freundschaft, in Zukunft *vor* dem Abschluss von Verträgen den Anwalt zu konsultieren, was ich in diesem Fall als eine vielleicht unbewusste, gleichwohl ärgerliche Form von Klugscheißerei ansehen musste. Trotzdem rief ich den Anwalt sofort an, bedankte mich für seine Unterstützung, versprach Besserung für die Zukunft und fragte dann nur noch *en passant*, welchen juristischen Wert etwaige Nebenabreden haben könnten, wenn sie denn ebenfalls schriftlich und von beiden Seiten unterschrieben vorliegen. Daraufhin antwortete mir der Anwalt fröhlich und unmissverständlich, dass dann auch daran kein Zweifel bestehen könne.

Nun war ich also vertraglich an B. Kaempfer gebunden, was mir für die nächste Zeit ein hohes und festes Einkommen versprach, allerdings an Kautelen gebunden war, über deren konkrete Konsequenzen ich mir keine genaueren Vorstellungen machen konnte. Die Erfahrungen der vergangenen Tage ließen es mir jedoch als nicht sinnvoll erscheinen, wirklich bis an die möglichen Grenzen des Vertrages zu gehen, denn ich hatte keinen weiteren Bedarf an Ungemach und vor allem nicht an Zahnschmerzen, und was nach dem Verlust meiner Seele würde geschehen können, wollte ich gar nicht erst ausprobieren. Ich gebe gerne zu, dass ich Angst hatte und mich nur sehr langsam an diesen Zustand gewöhnte, auch wenn über der Arbeit die Erinnerungen allmählich verblassten.

Und das Maß an Arbeit, das ich in den kommenden Wochen zu leisten hatte, war tatsächlich ungemein groß, denn mit den Disketten, die ich mit dem ersten Brief erhalten hatte, war es bei weitem nicht getan. In einem wöchentlichen Rhythmus erhielt ich immer wieder neue davon mit Texten, die sich in ihrer Qualität und vor allem Quantität kaum von den vorherigen unterschieden. Natürlich versuchte ich, mit B. Kaempfer über elektronische Nachrichten in ständigem Kontakt zu bleiben und ihn auch mit aller Vorsicht darauf hinzuweisen, dass es für alle Beteiligten viel weniger Arbeit und Aufwand bedeuten würde, wenn er seinen sehr spezifischen Stil des Schreibens von vornherein ein wenig mehr den heutigen Gegebenheiten anpassen würde.

Aber ich hatte wenig Erfolg damit und erhielt nur die lapidare Antwort, dass ich genau *dafür* bezahlt werde und mich ansonsten aller Kommentare zu enthalten habe, wobei er mich im Falle der Zuwiderhandlung auf die entsprechenden Bestimmungen in der Nebenabrede zum Vertrag aufmerksam machte. Also blieb mir nichts anderes übrig, als jene umfangreichen Texte Wort für Wort und Zeile für Zeile zu redigieren, und zwar mit aller gebotenen Vorsicht, um den Auftraggeber nicht übermäßig zu verärgern. B. Kaempfer war nämlich wie die meisten Autoren, die ich bislang kennen gelernt hatte, der festen Überzeugung, dass er mit seiner Art des Schreibens neue Standards in der Literatur setzen würde. Nun konnte es mir aber auch ziemlich gleichgültig sein, waren doch die von mir zu erbringenden Leistungen genau beschrieben, und ich hätte mich immer darauf beziehen können, dass *ich* nicht für den späteren Erfolg des Werkes verantwortlich war, aber nach all meinen Erfahrungen mit B. Kaempfer war ich mir dessen nicht mehr ganz sicher.

Und allein deshalb, nämlich um meines eigenen guten Rufes wegen, will und muss ich jetzt etwas zu meiner *editorischen* Arbeit sagen: Ich habe versucht, die oft sehr altmodisch klingende Sprache B. Kaempfers behutsam zu modernisieren, ohne dabei den Fluss und den Duktus allzu sehr zu verändern. Ebenso habe ich alle Zitate und Verweise in fremden Sprachen entweder übersetzt – sofern ich dazu in der Lage war oder B. Kaempfer mir entsprechende Hilfen bereitstellte, was nicht immer der Fall war –, oder ich habe sie schlichtweg ausgelassen, weil es andernfalls für den Leser kaum hilfreich gewesen wäre, sich seitenweise durch

Texte in georgischer oder koptischer Sprache zu arbeiten. Deren Inhalte wären sicherlich höchst interessant und aufschlussreich gewesen, hätte man sie denn verstehen können.

Über diese und ähnliche Fragen musste ich mit dem geschätzten Autor längliche Diskussionen führen, die häufig darin gipfelten, dass ich tagelang unter furchtbaren Zahnschmerzen zu leiden hatte, doch ich habe schließlich und endlich die Debatten zu meinen Gunsten – und, wie ich hoffe, auch zugunsten des Lesers – entscheiden können, und zwar mit dem einfachen Argument, dass letztlich nicht der Autor, sondern der Leser darüber entscheidet, ob ein Buch gelesen wird. Die *intentio lectoris* siegt immer über die *intentio auctoris* – das musste selbst B. Kaempfer wohl oder übel einsehen. Es störte mich nicht besonders, dass er mich als einen schnöden Utilitaristen beschimpfte, denn wenn ich diese Aufgabe schon hatte übernehmen müssen, dann wollte ich sie erledigen, so gut ich es nur eben konnte.

Was also die von B. Kaempfer verwendeten geheimen oder vergessenen Sprachen anging, so hatte ich, wie man gleich sehen wird, einen Erfolg erzielen können; in Bezug auf die vielen Namen jedoch, die in den Texten manchmal seitenweise als Beleg für die jeweiligen Hypothesen und Theorien aufgeführt wurden, oder weil es so schien, dass sie dem Autor gerade durch den Kopf gegangen waren, hatten meine vielfachen Hinweise weniger Erfolg – diese Namen sind weitgehend erhalten geblieben, auch wenn sie für das Verständnis der Texte nicht immer erforderlich sind. Aber es bleibt dem Leser überlassen, was er daraus macht.

Auf jeden Fall aber empfehle ich die Lektüre der Anmerkungen; sie sind für das Verständnis der Ausführungen des B. Kaempfer zwar auch nur in gewissen Maßen hilfreich, weil diese seltsamen Texte eben so sind, wie sie sind, aber doch recht angenehm zu lesen, wenn man überhaupt nicht mehr ein noch aus weiß, wenn der Autor sich wieder einmal auf wahnhafte Abschweifungen einlässt. Davor habe ich ihn stets gewarnt, leider aber ohne anhaltenden Erfolg. Nur der Vollständigkeit halber will ich hier noch erwähnen, dass ich mir besondere Mühe damit gemacht und eine Reihe von Kapazitäten dazu konsultierte habe, und deshalb bitte ich den geneigten Leser sehr herzlich, davon fleißig Gebrauch zu machen.

Man wird verstehen, dass ich auf jeden Fall anonym bleiben möchte, denn die ganze Angelegenheit ist mir äußerst peinlich. Vielleicht hätte ich gar nichts weiter dazu sagen sollen, aber ich bin zu der Überzeugung gekommen, dass ich mir und meiner Ehre einige Erklärungen schuldig bin, auch wenn ich mich weiterhin hinter dem Schleier der Namenlosigkeit verbergen will. Vor allem aber muss ich betonen, dass ich keinerlei Verantwortung für die Texte und die darin geäußerten Meinungen und Bewertungen übernehmen kann. Trotzdem nenne ich meinen Namen nicht, um unter keinen Umständen in irgendwelche juristischen Verwicklungen gezogen werden zu können, denn danach steht mir nach all dem, was mir in den vergangenen Wochen und Monaten widerfahren ist, nun überhaupt nicht der Sinn.

Ich will nur noch ein ruhiges Leben führen in den Jahren, die mir vergönnt sind. Was danach geschieht, wird man zu sehen haben, denn darüber mache ich mir nur selten Gedanken, auch wenn ich ihnen in manchen Nächten, wenn der volle Mond hoch am Himmel steht, nicht entgehen kann. Aber das bleibt die Ausnahme, und ich weiß inzwischen, wie ich damit zu verfahren habe. Es bleibt jedoch eine labile Balance, und so versuche ich alles zu vermeiden, was dieses mühsam erreichte Gleichgewicht in irgendeiner Weise stören könnte. Ich will nichts mehr, aber auch rein *gar* nichts mehr damit zu tun haben. Ich will nur noch in Ruhe gelassen werden, und ich freue mich über einen jeden Tag und eine jede Nacht, da mir dies gelingt.

Über den *Inhalt* der Texte will ich mich daher erst recht nicht äußern; ich habe sie so akzeptiert, wie sie mir geliefert worden sind, außer dass ich versucht habe, sie in eine gewisse chronologische Reihenfolge zu bringen, was ebenfalls einige Diskussionen mit B. Kaempfer auslöste, der seine sehr eigenen Vorstellungen über die zeitlichen und dramaturgischen Abläufe hatte. Letztendlich aber gelang es mir doch. Ansonsten habe ich auch dann nicht eingegriffen, wenn mir die Geschichten und vor allem die Bewertungen als höchst obskur erschienen und nach meiner Auffassung und Erfahrung noch nicht einmal unter die vielfältigen und gnädigen Kategorien der Literatur zu fassen waren. Auch darüber habe ich versucht mit B. Kaempfer zu sprechen, aber hier blieben alle Versuche ohne ein jegliches Ergebnis, und mit Rücksicht auf die Vertragsstrafen wollte ich nicht unbedingt als starrsinnig erscheinen.

So blieb dann letztlich mein Einfluss auf die Texte des B. Kaempfer eher beschränkt. Darüber will ich mich gar nicht weiter beklagen, denn meine Verantwortung dafür war spätestens in dem Moment beendet, als B. Kaempfer sie in einem aufwendigen Verfahren autorisiert hatte, zumal er mir die endgültige Fassungen nicht in jedem Fall noch einmal vor der Drucklegung zur Kenntnis gegeben hat, warum auch, ist es doch allein *sein* Werk, und mich geht es nichts an.

Für mich ist die ganze Angelegenheit damit erledigt, ich habe meinen Teil des Vertrages erfüllt und meine Arbeit geleistet. Alles, was ich jetzt noch erwarte, ist ein Brief oder eine Nachricht von B. Kaempfer, mit der er mir ausdrücklich und schriftlich bestätigt, dass er keinerlei Ansprüche mehr gegen mich geltend machen will, damit ich endlich wieder in Frieden leben kann. Ich habe zwar seit einiger Zeit keine Zahnschmerzen mehr, und inzwischen erhalte ich wieder von diversen Verlagen neue Aufträge, mit denen ich meinen Lebensunterhalt mehr als in nur angemessener Weise bestreiten kann, und meine neue Wohnung erweist sich sogar als viel angenehmer und ruhiger als die Klabache, in der ich vorher habe wohnen müssen. Auch das Honorar ist mir in vollem Umfange und rechtzeitig auf mein Konto überwiesen worden, so dass ich wirklich keinen Grund zur Beschwerde haben sollte.

Aber: Ich bin in diesen Dingen vielleicht ein wenig pedantisch, und deshalb bestehe ich auf einem solchen Schriftstück, mit dem mir die Freiheit zurückgegeben wird. Doch bislang sind alle Versuche fehlgeschlagen, B. Kaempfer noch einmal unter seiner elektronischen Adresse zu erreichen, meine Nachrichten verflüchtigen sich ohne Antwort und Spur. Ich könnte alles auf sich beruhen lassen, wenn ich nicht manchmal morgens abgestandenen Zigarrenrauch in meinem Arbeitszimmer riechen würde, aber dann öffne ich ganz weit das Fenster.

ERSTER SATZ

Genesis
Allegro vivace

Man stelle sich einmal vor, es wäre schon jetzt der Letzte aller Tage, dann, wenn mit allem Brimborium und lautem Schellenklang, mit Pauken & Trompeten das Große Gericht beginnen wird, damit ein jeder gerichtet werde nach seinen Werken. Dann wird auch ein jeder fünfzehn Fragen zu beantworten haben, und zwar deshalb, weil nämlich *Fünfzehn* die wahrlich einzige heilige Zahl ist, denn Sieben steht für das Böse, so wie die Sieben Todsünden, welche sind der Hochmut und der Geiz und vor allem die Wollust und auch der Neid und die Völlerei und schließlich noch der Zorn und die Trägheit – doch halt! hat man nicht schon einmal von den *Sieben Samurai*[1] gehört, welche man zunächst genannt hat die *Shichinin no samurai*, dann erst *The Magnificent Seven*, was jedoch nicht falsch war, und die Samurai, sieben an der Zahl, waren doch eigentlich recht gut, nicht wahr, aber eben in einer völlig anderen Kultur, und das lehrt uns überhaupt nichts, und gibt es dann nicht auch noch die *Sieben Zwerge*, und was ist aus denen eigentlich geworden, die waren doch auch gut, oder?, jedoch sehr klein, sonst wären es ja keine Zwerge gewesen, sondern etwas anderes, und deshalb lehren sie uns nichts, denn was soll das Große schon aus dem Kleinen lernen können, und was gehen uns schließlich die Zwerge an, wir jedenfalls sind keine Zwerge und wollen keine mehr werden, auch wenn wir alle früher einmal ganz klein angefangen haben.

Wie dem auch sei: Die *Sieben* ist ohne Zweifel die Sünde, das Böse, das Kranke, und der siebte Sohn wird zum Werwolf[2] und heult des Nachts, wenn der Mond in vollem Lichte steht. Die Sieben weist uns auf das Infernalische, das heilige *Hebdomas*, das steht für die sieben Planeten, welche einst waren die Archonten[3], die Obersten Anführer der Dämonen, die zuerst geschaffen haben die Welt und das Böse in ihr, weshalb man ihnen völlig zu Recht auch Hochmut und Grausamkeit zuschrieb und noch vieles mehr, von dem wir hier allerdings schweigen wollen, weil es die Imagination des modernen Menschen überschreiten würde. Doch wir nennen ihre Namen, und es waren *Jaldabaoth* und *Ja*, das Schlangengesicht mit den sieben Häuptern, *Sabaoth*, mit dem Gesicht der leuchtenden Flammen, und *Astaphaios*, die Hyäne, *Adonaios*, der Drache, und *Ailoaios*, der Esel, und dabei nicht zu vergessen *Oraios*, den Mond, denn auch er war das Kind der *Pistis Sophia*, welche glaubte an die Weisheit und von der man sagt, dass sie den Jaldabaoth in seiner Löwengestalt, den man sonst nennt *Saklas*, das ist Narr, getragen und geboren hat, ohne sich zuvor in ihrer Lüsternheit mit irgendjemandem zu paaren, was zweifellos eine große Leistung, aber auch eine große Vermessenheit gewesen war, mit welcher zugleich das Böse in die Welt eindringen konnte, was nur zu verhindern gewesen wäre, hätte sie sich in ihr Schicksal gefügt und vom Guten Gott des Himmels empfangen, um den *Kosmos* zu gebären, welcher hätte gut sein können wie sein Vater und weise wie die Mutter. Und bedeutet *Sieben* schließlich nicht auch, dass man die feineren von den gröberen Teilen durch ein sorgfältiges Schütteln trennt, dass man nach strengen Kriterien auswählt und aussondert, und was anderes ist geschehen im Moment der Schöpfung, als dass das Unwürdige ungeschaffen zurückblieb, und wird es sich nicht wiederholen am Letzten aller Tage, damit auserwählt werden die Gerechten und die Engel sie auf Händen tragen und sie bekleidet sind mit den Kleidern des ewigen Lebens?

Und ist die *Sieben* nicht eine wunderbare Zahl? – So viele herrliche Vorzüge sind in der Siebenzahl[4] enthalten, dass sie im Vergleich zu allen anderen Zahlen innerhalb der ersten Dekade eine ganz besondere Stellung einnimmt, denn unter jenen Zahlen sind einige, die zeugen und nicht gezeugt werden, andere wieder, die gezeugt werden und nicht zeugen, endlich solche, die sowohl zeugen als auch gezeugt werden, was wir in der wundersamen Sprache der Mathematik als die Multiplikation bezeichnen wollen. Und so wird die Acht gezeugt durch die Zwei und die Vier, sie gehört also zur Klasse der Kinder, genauer gesagt sogar zur Klasse der Enkel, denn ihre Mutter ist die Vier, die aber selbst gezeugt wurde von der Zwei, und so will uns die Acht fast nichts bedeuten, außer dass sie steht für die Verdoppelung des Weltlichen, was aber niemand wirklich interessieren wird, der vor den Toren des Neuen Jerusalem darauf wartet, dass ihm endlich der Einlass gewährt wird. Wie auch immer: Nur die Sieben kann selbst weder zeugen noch gezeugt werden, sie ist ohne Mutter, ohne Vater, einzigartig, ewig, unbeweglich.

Das Einzige aber, das weder bewegt noch bewegt wird, ist der erhabene Herrscher und Lenker, nur sich selbst gleich und von allem anderen geschieden, als dessen Ebenbild füglich die Siebenzahl bezeichnet werden kann, und so wollen auch wir uns daran halten. Und wir wollen nicht verschweigen, dass wir schließlich zur Zahl Achtundzwanzig gelangen, wenn wir der Reihe nach alle Zahlen von der Eins bis zur Sieben addieren, was aber wiederum die Zahl ist, welche den Mond immer wieder in seine frühere Stellung zurückbringt, damit er seinen Weg von vorne beginnen kann, um stets über die Gezeiten und die Frauen zu herrschen, auf dass die Welt die Ordnung behält, die ihr zusteht.

Die Sieben ist also die Zahl, welche die Vollendung bringt, hat doch ein jeder Körper drei Dimensionen – Länge, Breite und Tiefe – und dann auch noch vier Begrenzungen – Punkt, Linie, Fläche und Volumen –, so dass durch deren Addition wieder die Siebenzahl entsteht. Und so sagt man zu Recht schon von alters her, dass die Sieben ein Zeichen für die Ganzheit und für die Fülle ist, für das Universelle und das Perfekte in dieser Welt: die Sieben Weltwunder und die Sieben Tore Thebens, die Sieben Augen Gottes, die Sieben Arme des Leuchters, die Sieben Gaben des Heiligen Geistes, die *sapta pâdani*, die Sieben Schritte, die den Buddha zum Weltengipfel führten, die Sieben Umgänge um die Ka'aba, die Sieben Töne und die Sieben Saiten der Lyra, die Sieben Farben, und dann muss man seine Sieben Sachen packen, welche auch immer das sein mögen, und schließlich vergessen wir nicht die Sieben Geißlein und die Sieben Zwerge, doch hier wollen wir abbrechen. Denn was wäre schon perfekt an den Zwergen, außer dass sie sehr klein sind, wodurch sie aber nicht weiter auffallen, nur in der Abendsonne der Kultur, wenn auch die Zwerge einen Schatten werfen, den ihnen aber niemand für ein Paar Siebenmeilenstiefel abkaufen will, weshalb die Zwerge gezwungen sind, tief in der Erde nach Erz & Gold zu graben, wodurch sie aber heutzutage nur noch mühsam ihren Lebensunterhalt bestreiten können, doch das soll uns hier und jetzt nicht kümmern. Lieber sprechen wir davon, dass die Sieben den Körper des Menschen beherrscht, nämlich sieben Teile außen und innen, zum einen der Kopf, die Brust, der Bauch, zwei Hände und zwei Füße und zum anderen der Magen, das Herz, die Lunge, die Milz, die Leber und zwei Nieren, und hat nicht auch der wunderbarste Teil des Menschen, sein *Kopf*, sieben notwendige Dinge: zwei Augen, zwei Ohren, zwei Nasenlöcher und siebtens den Mund? Und wir könnten hiermit fortfahren bis an das Ende aller Tage, denn es bedarf einer Ewigkeit, um die Vollkommenheit zu beschreiben, und es würde uns die Langeweile vertreiben, während wir darauf warten, dass sich die Tore des Neuen Jerusalem öffnen, aber wir haben bis dahin noch viel zu tun und können uns keinen Müßiggang leisten.

Denn erst, wer einmal die Sieben Todsünden und dann noch einmal die Sieben Tugenden ganz und gar hinter sich gelassen (und zwar genau in dieser und bloß keiner anderen Reihenfolge) und den Schritt darüber hinaus gewagt hat, kann endlich heilig werden, weshalb es ursprünglich fünfzehn Gebote gab, wovon Gott der Herr aber leider wieder fünf vergessen[5] hatte, als er Moses zum zweiten Mal in aller Eile die Gesetzestafeln geben musste, weil jenem die ersten durch eigene Schuld abhanden gekommen waren, doch Gott hat auch wahrlich Besseres zu tun, als auf Bestellung geradewegs neue Gesetzestafeln zu liefern. Und weil wir die sieben Sünden schon kennen gelernt haben, wollen wir nun auch und erst recht die *Tugenden* nicht mehr verschweigen, denn die Sieben verheißt das Glück und die Vollkommenheit, siebenfach ist der Glanz, in dem die Sonne des Messias erstrahlt, und der siebte ist der höchste aller Himmel, Gnaden spendend, alles verklärend. Und damit der geschätzte Leser die Chance hat, sich vor den Toren des Neuen Jerusalem zu bewähren, so nennen wir die Tugenden, zunächst die vier klassischen, nämlich die Weisheit und die Tapferkeit, die Besonnenheit und die Gerechtigkeit, welche man später ergänzt hat um die drei christlichen Tugenden, den Glauben, die Hoffnung und die Liebe (oder waren es doch: Verstand, Erregung und Begehren – wenn ich mich doch nur besser erinnern könnte), und weil man nie genug von den Tugenden haben kann, gab es später zwölf davon und sogar sechzehn, niemals aber fünfzehn, denn das ist die Heilige Zahl, weil die Tugenden nichts zählen ohne die Sünden.

Und wenn dann die fünfzehn Fragen – jeweils eine für eine jede Sünde und für eine jede Tugend und dann noch eine letzte zum Abschluss – erscheinen wie ein Leuchten am Horizont und die Pauken & Trompeten wieder erklingen und ein jeder der fünfzehn Thronengel, deren Namen wir kennen, aber nicht nennen dürfen, eine einzige Frage verlesen wird und man darauf antworten muss mit lauter, fester Stimme, dann wird man dabei völlig auf sich selbst angewiesen sein und auf das, was man aus seinem eigenen Leben so gerade noch erinnern kann, was für diejenigen nicht leicht sein wird, die schon lange tot sind und ihre Erinnerungen verblasst wie ihre Knochen, weshalb Jesus der Heiland sie schon vorab befreit hat aus den Fängen von Tod & Teufel, wie ein gewisser *Nikodemus*[6] berichtet, doch der ist auch schon seit langem tot, aber vorher soll er es noch gewusst haben. Und mit einer jeden richtigen Antwort gelangt man einen Schritt näher an die Tore des Neuen Jerusalem, den Ort, wo auf immer abgewischt werden vom Gesicht alle Tränen und nicht mehr wird sein Tod noch Leid & Schmerz, noch Geschrei, was vor allem in diesem Falle eine wirkliche Wohltat sein könnte, denn leben wir nicht längst in einer Welt des Lärms und des unerträglichen Geschwätzes, der wir erst entfliehen können, wenn wir richtig beantwortet haben alle fünfzehn Fragen, die uns das Große Gericht nach der Maßgabe des Zufalls stellen wird; und so können uns die Fragen leicht erscheinen, aber auch schwierig, je nachdem, aber das Gericht wird sich darum nicht kümmern.

Wie viele Geschichten – so könnte dann eine dieser Fragen vor dem Großen Gericht lauten – *erzählt uns die Bibel von der Schöpfung der Welt?* Und dann muss man eine Antwort bereit haben, und zwar sehr schnell eine richtige Antwort, weil das Große Gericht nicht viel Zeit hat, auch wenn nach dem Ende des Letzten Tages schon die ewige Ewigkeit begonnen hat, in der die Zeit nichts mehr zählt, wie man sich denken kann, aber das Große Gericht will sich nicht mit dummen Menschen langweilen, denn davon gibt es fast so viele wie Sandkörner am Meer, und man muss schon sehr spezielle Interessen haben, um sich an den Sandkörnern[7] und ihren filigranen Unterschieden erfreuen zu können. Doch man möge mir glauben, wenn ich sage, dass das Große Gericht sich darum nun wirklich nicht kümmert, weder um Sandkörner noch um dumme Menschen, denn ihm geht es um etwas ganz anderes – um was, darf ich an dieser Stelle nicht verraten, aber ein jeder wird eines Tages noch dahinter kommen, doch dann könnte es längst zu spät sein.

Es wäre also nicht schlecht, wenn man vorher die Bibel und vor allem die Schöpfungsgeschichte im ersten ihrer Bücher sehr genau gelesen hätte, und wer das bisher noch nicht getan hat, sollte es nun auf jeden Fall tun, denn ein wenig an Bildung wird niemandem wirklich schaden, selbst wenn man dafür die Zeit aufwenden muss, die man ansonsten für den schnellen Handel an der Börse nutzen sollte, wovon man aber nichts wird nehmen können und bringen in das Neue Jerusalem[8], denn dort wird alles sein, dessen wir bedürfen, und nichts wird fehlen, weder Speis noch Trank, noch Gewand, und es wird keine Nacht da sein, und die Mauern der Stadt sind geschmückt mit allerlei Edelstein, mit Jaspis, Saphir & Smaragd, und die zwölf Tore sind zwölf Perlen und die Stadt selbst von lauterm Golde, gleich dem reinen Glase, und wem das nicht gefällt, der kann ja draußen bleiben.

Hätte man also die Schöpfungsgeschichte im ersten Buch der Bibel sehr genau gelesen, dann könnte man wenigstens diese Frage richtig beantworten, weil man – mit nur etwas Mühe – schnell herausfinden würde, dass es sich eigentlich und tatsächlich um *zwei* Geschichten[9] handelt, die zwar (was wir unumwunden zugeben wollen) einander sehr ähnlich sind, sich aber doch in einigen wesentlichen Punkten deutlich voneinander unterscheiden. Ich will diese Unterschiede hier gar nicht alle im Einzelnen aufzählen, weil das viel zu lange dauern würde, und wer hat schon viel Zeit vor dem Letzten aller Tage, wenn die Ewigkeit noch nicht begonnen hat und die Menschen sparsam sein müssen mit ihrer knappen Zeit, doch wann beginnt schon die Ewigkeit, darauf müssen wir wohl noch ein wenig länger warten, sondern ich will nur mit einem gewissen Bedacht auf den Umstand verweisen, dass in der einen, und zwar der ersten Geschichte die *ganze* große Welt mit allen Herrlichkeiten des Himmels und der Erde ein einziges Paradies ist, während in der anderen, *notabene* der zweiten Geschichte allein von einem *Garten* die Rede ist, und zwar in *Eden gegen Morgen*, was so klingt, als wäre es eine verstaubte Bar, in welcher nach einer durchzechten Nacht die ersten Sonnenstrahlen kaum durch den rauchigen Dunst dringen. War der Mensch in jener ersten Geschichte noch in die Welt als solche gesetzt und sogar zu ihrem Herrscher bestimmt worden, woran er übrigens heute noch glaubt, so nun in der zweiten Geschichte nur noch in das Reservat eines vielleicht großen, aber doch limitierten Gartens, in welchem allerlei Bäume wuchsen, die lustig anzusehen waren und gut zu essen, wie die Bibel zu berichten weiß[10], woher auch immer sie es erfahren haben mag, dessen Lage und Grenzen dann mit höchster geographischer Präzision beschrieben werden, nämlich in der Nähe von Euphrat und Nil, welche aus jenem Strom entspringen, der von Eden ausgeht, um zu wässern den Garten, weshalb fern in der Türkei, in der Nähe des Landes *Cush*, welches wir heute nennen Abessinien, die Völker noch immer aufeinander schlagen, weil sie in den Besitz jenes Gartens gelangen wollen.

Wir wollen aber hier nicht weiter über die Geographie streiten und auch nicht danach fragen, wo denn das Land *Hevila* zu finden wäre oder das *Mohrenland*, welches umgeben ist vom Wasser, das man *Gihon* nennt[11], welches heutzutage nur schwerlich zu finden ist, weil sich alles in der Welt verändert hat seit den Tagen des Paradieses und nichts mehr an dem Ort geblieben ist, wo es einmal war, denn seitdem verschieben sich die Kontinente, weil sie einander leid geworden sind, und niemand kann sagen, wo alles einst noch enden wird.

Wir weisen nur auf Folgendes hin: In nur anderthalb Kapiteln, oder genauer, man muss es nur nachzählen: sechsunddreißig Versen, die sich übrigens nicht besonders reimen, was man doch von Versen eigentlich erwarten sollte, aber als die Bibel geschrieben wurde, waren die Juden ein sehr armes Volk, das auf seinen langen Wanderungen von Ägypten durch die Wüste in die Babylonische Gefangenschaft zwar in den Besitz vieler, sehr hübscher, aber auch unterschiedlicher Buchstaben gekommen war, aber nie für länger über eigene Vokale verfügen konnte, weshalb sie die Buchstaben sogar als Zahlen verwenden mussten, aber nicht für das Reimen von Versen, das konnte man sich erst später leisten. Wie auch immer: In nur anderthalb Kapiteln also, gleich zu Beginn der Bibel, wird der Leser schon mit zwei großen Mysterien konfrontiert: Er – der Leser – erfährt zum einen weder im Detail noch wenigstens in groben Andeutungen, *wie* Gott die Welt geschaffen hat, was ihn – den Leser – nichts weiter angeht, weil der Mensch ja absichtlich zwar nach dem Bilde Gottes, aber erst am Ende der Schöpfung entstanden ist, gerade damit er nicht die Geheimnisse jener Schöpfung entdecken kann, denn wie ich aus reinem Herzen bestätigen will, hütet Gott eifersüchtig seine Geheimnisse, nicht nur vor den Menschen, und was schon für den ersten aller Menschen gegolten hat, soll auch Bestand haben für alle anderen, welche noch folgen werden bis an das Ende aller Tage.

Dann gibt es aber noch ein zweites Mysterium, nämlich die Frage, *was* da eigentlich in den sechs Tagen geschaffen wurde – die Welt *als* Paradies oder das Paradies *in* der Welt. Selbst wenn man es für eine eher sophistische Frage halten möchte (etwa von der Art, wie viele Engel auf einer Nadelspitze Platz finden, was für niemanden wirklich von

Interesse ist, außer vielleicht für die Engel, von denen sich einige ganz furchtbar verletzt haben, als sie es einmal ausprobierten und sich dann, alle Mann[12] zugleich, auf die Spitze einer einzigen Nadel setzen wollten), so muss man letztlich doch zugeben, dass es sich dabei um einen großen Unterschied handelt, wie immer man es auch wenden will.

Nun weiß ich, dass man darüber in bestimmten Kreisen, die ich an dieser Stelle nicht näher bezeichnen will, gar nicht gerne spricht, aber es drängen sich doch wirklich einige Fragen auf, die zu beantworten allerdings niemand besser ansteht als ich. Wieso? – Man wird es gleich sehen. Bevor wir es jedoch wagen, einige unserer Fragen zu stellen, wollen wir noch daran erinnern, wie die ganze Geschichte weiterging: Der Mensch hatte zwar den Garten zu seiner Verfügung und durfte auch von allerlei Bäumen essen, nur von einem nicht, dem Baum der Erkenntnis des Guten und des Bösen. Weshalb Gott gerade dieses Verbot und kein anderes aussprach, wird weder von Gott noch von der Bibel weiter erläutert oder begründet, und auch nicht, warum ein Verstoß dagegen mit dem Tode zu bestrafen sei. Ich merke an dieser Stelle nur mit aller gebotenen Zurückhaltung an, dass vom *Tode* bislang in der ganzen Geschichte noch nicht ein einziges Mal die Rede war, bislang ging es nur um die Schöpfung und darum, dass die Menschen fruchtbar sein sollen und sich vermehren, aber eben nicht vom Tod, so dass wir es dem Menschen nicht übel nehmen wollen, wenn er sich unter einer solchen Strafe nun rein gar nichts vorstellen konnte, weder unter dem Tod noch unter dem, was man überhaupt als eine Strafe verstehen könnte.

Man erinnere sich daran, dass eben jener Mensch aus einem Erdenkloß geformt worden war und Gott ihm gerade einmal den lebendigen Odem in die Nase geblasen hatte; viel Erfahrung mit dem wahren Leben hatte er nun wahrlich noch nicht sammeln können, und – geben wir es zu – den Begriff der *Strafe* kann man erst dann so richtig würdigen, wenn man den Unterschied zwischen Gut & Böse erkannt hat. Genau daran aber wollte Gott den Menschen mit seinem Verbot unbedingt hindern, behandelt ihn aber von vornherein schon so, als müsse der Mensch wissen, um was es dabei geht, denn ein solches Gebot auszusprechen und dann auch noch den absoluten Gehorsam dafür zu verlangen, setzt ja geradezu voraus, dass die Menschen zwischen Gut & Böse unterscheiden können, was ihnen aber nicht gegeben ist, bevor sie die besagte Frucht vom besagten Baum essen, so dass sie überhaupt nicht wissen, ob es denn gut oder böse ist, sich daran zu versuchen, wodurch sie erst in die Lage versetzt werden, darüber zu entscheiden, was sie aber nicht können, wenn sie sich an das Verbot ihres Gottes halten, welches sie ja nur dann verstehen, wenn sie es übertreten – eine wahrhaft vertrackte Angelegenheit, für welche man die Menschen nicht unbedingt verantwortlich machen kann, und was ist das für ein Gott, dessen Güte man nur dann erkennen kann, wenn man ihm zuwider handelt, allenfalls – so könnte man sagen – ein Gott mit einem seltsamen Sinn für Humor. Wahrscheinlich hatte die Schlange völlig Recht damit, als sie sagte, dass Gut & Böse nur die Vorurteile Gottes sind[13]. Gott jedenfalls mag den Menschen nach dem Ebenbild seines Antlitzes geschaffen haben, woran man schon seine berechtigten Zweifel haben kann, aber sicherlich nicht nach seiner Weisheit; Gott mag allwissend sein, der Mensch ist es jedoch nicht, so dass nur Gott allein weiß, was er sich dabei gedacht haben mochte. Die Gründe, die mir dazu einfallen, würden allerdings kein allzu gutes Licht auf Gottes Pläne werfen, doch davon muss ich hier und für immer schweigen.

Vor einem wirklich unabhängigen Gericht jedenfalls (natürlich nicht vor dem *Großen Gericht*, denn das urteilt in solchen Angelegenheiten nicht ganz unvoreingenommen) und mit einigen guten Anwälten hätte der Mensch also durchaus Chancen, sich zurück ins Paradies zu klagen, denn die Rechtslage für die Vertreibung ist alles andere als eindeutig, zumal Adam keineswegs seine ausdrückliche Zustimmung zu diesen ganzen Regelungen gegeben hatte, und sein Schweigen wird man – rechtlich betrachtet – auch nicht als eine solche werten können[14]. Und über eine angemessene Entschädigung würde man dann noch gesondert verhandeln müssen, wozu die entsprechenden Anwälte auf jeden Fall geraten hätten, ohne sich etwas Böses dabei zu denken. Aber wir greifen weit voraus, denn in unserer Geschichte ist der Mensch immer noch im Paradies, das er übrigens selbst *bauen und bewahren* soll[15] (ein Paradies, in welchem man arbeiten muss, so hätte man sich die Sache denn doch nicht vorgestellt!), was – wie uns die Bibel verrät – der eigentliche Grund dafür war, dass Gott ihn (den Menschen) erschaffen und für ihn dann später auch noch gleich eine Gehilfin gemacht hatte, weil der Mensch als Mann offenbar alleine weder mit sich noch mit seinen Aufgaben zurechtkam.

Jedenfalls ist das so in der zweiten Geschichte, denn in der ersten entstehen Mann & Weib ja schließlich genau zur gleichen Zeit, ohne dass dabei irgendeine besondere Reihenfolge erkennbar geworden wäre, und wenn Gott zu ihnen spricht und ihnen die Herrschaft über die Welt vermacht, dann geschieht dies immer in der Mehrzahl, also zu Mann & Weib gleichermaßen und im gleichen Moment. Darüber, dass man in jenen gewissen Kreisen auch hiervon nicht gerne spricht, mag sich dann wundern, wer will. Jedenfalls hätte man sich die ganzen politischen Bewegungen der Frauen in den vergangenen Jahrhunderten mit all ihren unabsehbaren Folgen und Umständen durchaus sparen können, wenn man es von vornherein, ohne weitere Diskussion bei der ersten Schöpfungsgeschichte belassen hätte, denn die war schließlich gut genug.

Aber ich schweife ab. Gott also verbietet den Genuss der Früchte vom Baum der Erkenntnis zwischen Gut & Böse, und er kündigt zugleich an, dass man andernfalls des Todes sterben werde, und zwar – man achte sehr genau darauf, was hier gesagt wird: – eines *sofortigen* Todes, nämlich der Mensch wird sterben, *welches Tages er davon isset*[16], nicht irgendwann einmal oder später oder bald, sondern genau am selben Tag. Aber es geht ja weiter: Nun also, und zwar *nachdem* auch das Weib im Paradies erschienen ist, nähert sich von links die Schlange auf ihren damals noch wunderschönen Beinen[17], die waren wie Marmelsäulen, gegründet auf güldenen Füßen, die sie anmutig voreinander setzen konnte, dass ihr Anblick eine Wonne war. Von ihr – der Schlange – haben wir bislang überhaupt noch nichts vernommen und wissen von ihr gar nichts, und sie macht den Menschen darauf aufmerksam (nein, wir wollen bitte ganz präzise sein, auch wenn es manche von uns schmerzen mag: Die Schlange macht das *Weib* darauf aufmerksam), dass man *mitnichten des Todes sterben* werde, wenn man eine oder vielleicht sogar alle Früchte von jenem Baum essen würde.

An dieser Stelle frage ich mich wie wohl ein jeder, woher denn die Schlange diese Information hätte haben können, auch wenn sie – zugegebenermaßen – *listiger denn alle Tiere auf dem Felde* war; aber selbst dieser äußerst geschickte Hinweis in der Bibel darf nicht von der Frage ablenken, woher denn nun auf einmal diese Kategorie der *List* stammen möchte, auch davon war bislang noch nicht die Rede, und schließlich befinden wir uns immer noch im Paradies, und darin kann es nur Harmonie & Frieden und eben keine List geben, weil sie weder harmonisch noch friedlich ist, und sonst wäre es doch gar nicht das Paradies, sondern irgendetwas ganz anderes, was auch immer. Wenn man allerdings in *diesem* Paradies schon arbeiten muss, dann könnte ja vielleicht auch die List zusammen mit der Schlange irgendwo in den hintersten Ecken der Schöpfung verborgen gewesen sein[18], um von dort aus auf das richtige Stichwort hin die Bühne der Welt zu betreten und ihren Text aufzusagen – wir erfahren es eben nicht genau und eigentlich überhaupt nicht.

Doch steckt nicht zumeist gerade im Schweigen die Propaganda, denn man sagt uns nichts darüber, dass die Schlange[19] über ewige Klugheit verfügt und vor allem über geheimes Wissen, sie ist das wirkmächtige Zeichen des Lebens, sie ist das doppelsinnige Tier der geheimnisvollen Erdtiefe, und von dorther kommen die giftigen Gase & die heilenden Quellen, die Träume & die Weissagungen, die Vulkane & die Schätze, und genau so und nicht anders ist die Schlange von Gott geschaffen – doch eben darüber wollen gewisse Kreise, die wir hier nicht genauer bezeichnen können, offenbar überhaupt nicht gerne reden, aber gesagt sein muss es doch einmal. Und auch, dass allein in der Schlange die Freiheit verborgen war, nicht in den Maultieren oder in den Spechten, welche kein Wort zu Eva sagten und erst recht nicht zu Adam, obwohl vielleicht auch sie davon wussten, doch hat die Schlange überhaupt erst den Menschen die Möglichkeit zur Wahl eröffnet, welche zuvor war versteckt durch Gott in den geheimsten Winkeln des Paradieses, wohin die Menschen noch nie gekommen waren. Und so sagt man dann von der Schlange, sie sei nichts anderes gewesen als die *Raupe* der Göttin Vernunft, welche doch eigentlich war eine Hure und die sich später sollte entfalten im Geist der Menschen, aber leider hatten die Menschen nur einen Bissen von der Frucht genommen, so dass ihnen nur ein kleiner Teil der Vernunft zuteil wurde und sie seither nach dem Rest suchen, ohne ihn aber bis heute gefunden zu haben. Als die Menschen jedoch von der Frucht gegessen hatten, und sei es nur ein winziger Bissen davon, so erkannten sie doch, dass auch in ihnen die göttliche Kraft wirkte, und so wandten sie sich ab von ihrem Schöpfer, weil sie glaubten, seiner nicht mehr zu bedürfen.

Was wir im Übrigen auch nicht erfahren, noch nicht einmal in Andeutungen, sind die Motive, die Eva dazu verleitet haben könnten, die Frucht vom Baum der Erkenntnis zu kosten, also sind wir auf unsere eigenen Spekulationen angewiesen, denn selbst ich weiß nicht viel dazu zu sagen, war ich doch anderweitig beschäftigt und habe von der ganzen Geschichte erst im Nachherein Kenntnis erhalten. War es also vielleicht die *Naschsucht*, die man den Frauen so oft und so gerne nachsagt, dass man fast schon daran glauben mag? – Ich aber beteilige mich nicht an solchen Abstraktionen[20]; Denken? Abstrakt? *Sauve qui peut*, sage ich da nur, denn wenn es überhaupt diese allgemeine Naschsucht geben sollte, dann allenfalls in Bezug auf das Nougat, woran man ja auch die Frauen von den Männern unterscheiden kann, die mögen schließlich Marzipan, aber damals handelte es sich um eine simple Frucht, ob nun Apfel oder Feige, von welcher wir noch nicht einmal wissen, ob sie tatsächlich süß gewesen war, und eben nicht um jenes geniale Produkt einer komplexen menschlichen Technik[21].

Oder ist Eva einer *Mode* unterlegen, dass nämlich ihr die Schlange in ihrer List eingeredet hat, in dieser Saison könne man nur, aber wirklich *nur* die Früchte vom Baum der Erkenntnis zwischen Gut & Böse essen; aber auch eine solche Vorstellung von einer generellen Anfälligkeit der Frau für die Irrungen & Wirrungen der Mode müssten wir wohl weit herholen aus dem großen Reich der Abstraktionen, und es nützte uns rein gar nichts. Sollten wir daher vielleicht annehmen, dass Eva als Frau aller Frauen sich der puren *Neugierde* hingegeben hat, wofür ich sie allerdings kaum schelten wollte, denn die Neugierde ist schließlich die intelligente Tochter der Wollust, und ihr will ich alles verzeihen, doch es könnte durchaus möglich sein, dass Gott dafür keinerlei Verständnis hatte, ist er doch mit seinem Wissen immer sehr geizig umgegangen und war eifersüchtig auf einen jeden, der es ihm gleichtun wollte.

Ich persönlich jedoch bin davon überzeugt, dass Eva das Angebot der Schlange aus purer *Unwissenheit* angenommen hat, immerhin – wie man sich vielleicht noch erinnert – war Eva erst aus der Rippe Adams erschaffen worden, *nachdem* Gott sein Verbot ausgesprochen hatte, und konnte daher also gar nichts davon wissen, zumal Adam ihr wohl auch kaum davon berichtet hatte, denn von Anfang an haben die Männer den Frauen nicht viel erzählt. Und wenn ich mit dieser Annahme Recht haben sollte (und ich habe zumeist Recht, was mir wohl zukommt), dann erscheint doch wohl Gottes Strafe noch sehr viel willkürlicher als ohnehin schon, denn jemand mit der Vertreibung aus dem Paradies zu bestrafen, weil er etwas getan hat, von dem er überhaupt nicht wissen konnte, dass es untersagt war, geht jedenfalls weit über *mein* Verständnis von Recht & Ordnung hinaus, aber das stört Gott heute ebenso wenig wie damals.

Wir wollen jetzt nicht auf Antworten bestehen, denn es geht ja noch weiter: Die Menschen lassen sich also von der besagten Schlange überzeugen, dass die ebenfalls besagte Frucht nicht den Tod bringt, denn den gibt es ja noch gar nicht in jenem Paradies, allenfalls als *Potenzialität*, aber eine solche philosophische Subtilität war den Menschen damals noch völlig fremd, wie auch heute die meisten Menschen nichts davon verstehen, sondern es erscheint dem Menschen (genauer: dem Weib) durchaus glaubwürdig, dass man dadurch klug und weise werde, vielleicht sogar so sehr wie Gott, was immerhin nicht nur für die damaligen Verhältnisse ein äußerst attraktives Angebot war. Die Menschen also essen davon, *erst* die Frau, *dann* der Mann, und – es geschieht zunächst einmal überhaupt nichts, jedenfalls sterben sie nicht sofort des Todes, sondern sind genauso lebendig als wie zuvor.

Halten wir an dieser Stelle also in aller Deutlichkeit fest: Man isst vom Baum der Erkenntnis zwischen Gut & Böse, und es tritt *nicht* das ein, was Gott vorhergesagt hatte; *denn welches Tages du davon issest, wirst du des Todes sterben* – nicht *sollst du*, sondern *wirst du*, also keine moralische Regel, sondern eine Prognose, eine ganz simple Wenndann-Relation desjenigen Typus, den man von einem allwissenden Gott erwarten kann und der keinerlei Zweifel aufkommen lässt. Aber die Menschen essen und leben danach immer noch, ein wenig verschämt zwar, weshalb sie sich aus den Blättern der Feige einen Schurz flechten, was übrigens das Motiv der Mode für den verhängnisvollen Biss in die Frucht tatsächlich eher unwahrscheinlich macht, denn *die* entsteht gerade erst in jenem Moment; die Menschen sind aber ansonsten recht unbeschädigt und guter Laune. Wie auch immer: Die gerade gemachte Vorhersage Gottes jedenfalls stimmt nicht. Ob aus mangelnder Kenntnis, was wir angesichts seiner Allwissenheit nicht vermuten können, oder aus einer tieferen Absicht, von der wir nichts wissen, wollen wir hier nicht weiter erörtern, denn auch darüber spricht man in den besagten Kreisen nicht gerne.

Nun aber kommt die Moral ins Spiel, denn Gott spricht in seinem Zorn einige Strafen über die Menschen aus (wir merken uns, dass schon von Anfang an *Zorn* und *Moral* verschwistert sind), und Gott vergisst dabei auch nicht die Schlange, deren Beteiligung an der ganzen Angelegenheit er durchaus vermerkt hatte, obwohl doch eigentlich *sie* Recht gehabt hatte und nicht Gott, jedenfalls, was die Sache mit dem Tod anging, aber um solche Marginalien haben sich die Mächtigen noch nie gekümmert, wenn in ihnen erst einmal der Zorn geweckt war. Nun hat man von Gott immer wieder behauptet, dass er völlig ohne Leidenschaften sei, was natürlich so einfach formuliert nicht ganz zutreffend ist, denn hat er nicht aus Eitelkeit den Menschen erschaffen nach seinem Ebenbild, auf dass er ihm huldige? Aber wie auch immer: Die stärkste seiner Leidenschaften war nun einmal der Zorn, und in diesem Moment jedenfalls ist Gott zornig gewesen, vor allem, weil die Menschen nun sind worden wie unsereiner[22] und wissen was gut & böse ist, wobei man sich doch durchaus und zu Recht fragen kann, was das denn für eine Sünde sein sollte, werden zu wollen wie Gott und zu wissen, was gut und was böse ist, aber Gott ist nun einmal zornig, und da will er keine Diskussionen mehr führen, und auf dem Höhepunkt des Zornes wird zunächst einmal die Schlange verflucht vor allem Vieh und vor allen Tieren auf dem Felde, und sie muss gehen auf dem Bauch und Erde essen ihr Leben lang, woran sie sich jedoch nicht hält, denn sie isst daneben auch Mäuse, Ratten, Kaninchen und noch vieles mehr, woran man erkennen kann, wie viel Gottes Gebote in dieser Welt noch gelten.

Danach werden dann auch die Menschen, Mann & Weib, aus dem Garten Eden vertrieben, nicht ohne dass Feindschaft gesetzt wird zwischen die Schlange und dem Weibe, und schließlich ziehen vor dem Tor des Gartens noch mehrere Cherubim auf, um *mit dem bloßen hauenden Schwert zu bewahren den Weg zu dem Baum des Lebens*, was dort, wo man den Garten Eden vermuten kann, sicherlich sehr viel Sinn macht, nämlich fern in der Türkei im wilden Kurdistan, wo die Völker aufeinander schlagen. Ich will hier nur anmerken, dass wir in diesem Zusammenhang auch von den *Cherubim* zum ersten Mal hören; sie sind in der sonst enumerativ vollständigen Aufzählung der großartigen Werke Gottes noch nicht aufgetaucht. Aber wir haben uns inzwischen daran gewöhnt, dass immer neue Wesen und Dinge die Schöpfung bevölkern, ohne dass jemand sagen könnte, woher sie denn eigentlich stammen und wann sie zu welchem Zweck geschaffen worden sind. Ich will hier nur hinzufügen, dass es sich um ausgesprochen seltsame Wesen handelte, nämlich mit mindestens zwei Gesichtern, dem eines Menschen und dem eines Löwen, manchmal sogar dazu noch mit dem Gesicht eines Adlers; und wem das noch nicht reicht, dem sage ich, dass die Cherubim zudem vier Arme und vier Flügel hatten, was sie in einer jeglichen Hinsicht von allen anderen Schöpfungen Gottes unterschied und ihren Anblick – selbst für mich – äußerst unangenehm machte.

Ich kann nicht anders, als wieder eine Frage zu stellen, denn sie drängt sich gerade an dieser Stelle mit Macht auf, auch wenn ich weiß, dass man darauf wird keine Antwort finden können. Aber die Frage lautet: Wissen wir und können wir wirklich sicher sein, dass wir die ganze Schöpfung Gottes kennen, nur weil in den ersten sechsunddreißig Versen der Bibel, die sich noch nicht einmal reimen, eine lange Liste von Gottes Werken aufgeführt wird? – Ich kann nur sagen, dass wir nur darum wissen können, dass Gott sich in seiner Schöpfung einige Geheimnisse vorbehalten hat, welche den Menschen erst dann – wenn überhaupt – geoffenbart werden, wenn Gott selbst die Zeit und den Ort für angemessen hält. Dem kann und will ich nicht vorgreifen, denn das gehört nun wahrlich nicht zu meinen Aufgaben, aber ich will nur daran erinnern, dass uns immer wieder neue Wesen vorgestellt werden, von deren Existenz wir zunächst rein gar nichts gehört und gelesen haben, von den Cherubim, aber auch von den *Seraphim*, welche man leicht miteinander verwechseln kann, aber die Seraphim sind einer der neun Engelschöre[23], und sogar der erste jener Chöre, während die Cherubim doch nur den zweiten Chor bilden, und ein jeglicher der Seraphim hat sogar sechs Flügel und schwebt über Gottes Thron, oder von den Engeln, die es zu Tausenden gibt, obwohl man es nicht wirklich genau weiß, denn manche glauben, dass es sogar ein bis zwei Milliarden Engel gibt, andere meinen jedoch, dass es neunundneunzigmal so viele Engel gibt wie die Gesamtheit aller Menschen zu allen Zeiten, was in der Tat eine gewaltige und beeindruckende Zahl wäre, wobei dann nur noch zu klären wäre, ob die Zahl der Engel vom Anfang der Schöpfung an konstant geblieben ist, ob einige von ihnen in der Zwischenzeit gefallen sind oder aber ob mit einem jeden Wort aus Gottes Mund zugleich neue Engel entstehen. Wie dem auch sei: Ein jeder der Engel ist mit einer anderen Aufgabe[24] betraut und genau unterschieden in seinem Rang und seiner Nähe zu Gott. Und nun, da Gott die Menschen vertrieben hat aus dem Garten, schickte er nach *Aydiel*, das ist der Engel der Arbeit, welcher aber manchmal genannt wird *Urim*, der zu achten hatte auf die Menschen, was auch dringend notwendig sein sollte.

An dieser Stelle wollen wir – mit Verlaub – einen Augenblick innehalten: Es gibt also eine Welt *außerhalb* des Paradieses, und diese Welt ist schrecklich und furchtbar, denn hier ist der Acker verflucht, nur mit Kummer kann man sich darauf nähren, das Kraut auf dem Felde muss man essen und im Schweiße des Angesichtes sein Brot. Ein elendiges Dasein, das nur ein wenig dadurch aufgeheitert wird, dass nun endlich der Mann das Weib und das Weib den Mann zuerst begehrt und dann erkennt, wovon im Paradies noch keine Rede war, was uns wundert, denn immerhin hatten beide schon dort den göttlichen Auftrag erhalten, fruchtbar zu sein und sich zu vermehren, und wie soll das funktionieren, ohne dass man sich gegenseitig zunächst begehrt und dann erkennt? Manche behaupten auch, dass Adam und Eva sich ohnehin in je gesonderten Teilen des Paradieses aufgehalten hatten, Adam nämlich bei den männlichen, Eva jedoch bei den weiblichen Tieren, was insoweit plausibel erscheinen mag, als es sich beim Paradies – wie wir gelernt haben – um einen vielleicht großen, aber letztlich doch begrenzten Garten[25] gehandelt hat, in welchem der verfügbare Raum durch eine zügellose Fortpflanzung für alle Beteiligten recht bald äußerst eng geworden wäre, denn von den *paradiesischen Zuständen* versprechen sich die Menschen alles Mögliche, aber wohl kaum eine qualvolle Enge.

Es wäre also mit jenen paradiesischen Zuständen der Ruhe und der Abgeschiedenheit schnell vorbei gewesen, wenn Männchen und Weibchen welcher Gattung auch immer schon dort voller Lust und Begierde übereinander hergefallen wären. Außerdem ist eine jegliche Art von Paarung zumeist mit einem erheblichen Lärm verbunden, sei es in der Vorbereitung oder in der Durchführung, was jene paradiesischen Zustände noch mehr gestört hätte, so dass man über kurz oder lang die Menschen gar nicht mehr aus dem Paradies hätte vertreiben müssen, weil sie angesichts von Lärm und Enge selbst schon längst geflohen wären. Doch glücklicherweise gehört zu diesen paradiesischen Zuständen eben auch die *Unschuld*, und daher war es gar nicht erforderlich, das eine Geschlecht vom anderen zu trennen, denn sie wussten damals ohnehin nur wenig miteinander anzufangen, außer vielleicht darüber nachzusinnen, was denn Gott mit seiner Aufforderung zur Fortpflanzung wohl gemeint haben konnte, aber sie fanden keine Lösung für dieses Rätsel, was vielleicht der eigentliche Grund war, von der Frucht jenes mehrfach erwähnten Baumes zu naschen, wodurch sie Gott in letzter Konsequenz zwangen, das Geheimnis der Sexualität zu lüften, ungewollt zwar, aber doch immerhin.

Und da wir gerade einen Augenblick einhalten, wollen wir noch auf einen weiteren Umstand verweisen, nämlich darauf, dass die Menschen sich ihrer privilegierten Stellung im Paradies überhaupt erst in dem Augenblick bewusst wurden, als sie von der Unterscheidung zwischen *Gut & Böse* erfahren hatten, kannten sie doch bis dahin nichts anderes als eben ihr Dasein im Garten Eden, so dass sie auch gar keine andere Wahl hatten und ihnen somit der Begriff der *Freiheit* ebenso völlig fremd bleiben musste wie der Begriff der *Verantwortung*. Und auch in dem einzigen Fall der Wahl zwischen verschiedenen Optionen, nämlich die Frucht vom Baum der Erkenntnis zwischen Gut & Böse zu essen oder eben nicht, lässt Gott den Menschen nicht wirklich die Freiheit, denn er bestraft sie sofort und unwiderruflich in dem Augenblick, da sie seiner Meinung nach falsch entscheiden. Welche Art von Freiheit hat aber Gott den Menschen damit gegeben, doch wohl nur die Freiheit als *Einsicht in das Notwendige*[26]. Damit aber – sowohl mit der Freiheit als auch mit der Einsicht – haben die Menschen heute noch ihre erheblichen Probleme. Und – nicht zuletzt – kann man zudem fragen, ob sich die Gottähnlichkeit des Menschen auch *darauf* bezieht, dass nämlich selbst Gott der Notwendigkeit zu folgen hätte, dann aber wäre er wohl doch nicht allmächtig, was seinen Ruf erheblich ruinieren könnte.

Aber für den Moment wollen wir keine weiteren Fragen mehr stellen, es gibt schon genug davon, fallen sie doch hernieder wie die Heuschrecken auf das Feld und lassen sich nicht vertreiben. Auf jeden Fall ist die Welt hier draußen wesentlich schlechter und das Leben wesentlich schwerer als vorher im Garten Eden, hier muss man jetzt wirklich arbeiten und nicht nur ab & zu ein wenig Gartenpflege betreiben, obwohl auch das anstrengend genug sein kann, vor allem im Frühjahr und im Herbst, aber es ist nichts davon bekannt, dass es im Paradies solche Jahreszeiten gegeben haben könnte, obwohl wir inzwischen gelernt haben, dass man es nicht so genau wissen kann, denn irgendetwas müssen die vier Engel der vier Jahreszeiten wohl zu tun gehabt haben, als da sind *Achar* für den Winter, *Mirachar* für den Frühling, *Nahimphar* für den Sommer und *Scheadar* für den Herbst, denn Gottes Schöpfung ist voller Sinn.

Aber – und nun kommen wir endlich zu den *eigentlichen* Fragen –

woher stammt denn diese so furchtbare & grausame Welt, die so offenkundig unvollkommen ist, dass es die Menschen als eine Strafe empfinden müssen, dort ihr Dasein zu fristen? Kann Gott, der Vollkommene, der Herrliche, der Allmächtige, der Gütige, der Gnädige, überhaupt eine solche – geben wir es zu: doch wenigstens verbesserungswürdige – Welt geschaffen haben? Oder handelt es sich vielleicht um den noch unzureichenden Versuch[27], den Rest, die Kontamination der ersten Schöpfung durch einen unerfahrenen Gott, die er danach hat lieblos am Rande liegen lassen, um aus seinen eigenen Fehlern lernend dann erst die Harmonie und die Perfektion des endgültigen Paradieses entstehen zu lassen?

Wie aber kann es sein, dass man uns die ganze Schöpfung zunächst als planvoll und gezielt, ja leichthin schildert, nur damit wir später und außerhalb des Gartens Eden mit einer unvollkommenen, unfertigen Welt konfrontiert werden, in der sich der Mensch über lange Zeit hinweg erst mühsam zurechtfinden muss, bevor er Mittel & Wege findet, sie nach seinen eigenen Wünschen zu gestalten? Und selbst wenn wir uns an die erste Geschichte halten wollen, derzufolge die ganze Welt als Paradies geschaffen war, wodurch wird sie nun, von einem Moment zum anderen, zu jener schrecklichen, staubigen Landschaft, in welcher die Menschen nun Leid und Tod kennen lernen? Und weshalb müssen die Cherubim die Tür zum Paradies hüten? Könnten die Menschen also doch schon auf dieser Welt dorthin zurückfinden, wenn sie sich denn nur ein wenig Mühe gäben, weshalb sie dann auch nicht der Erlösung an irgendeinem Letzten aller Tage bedürften? Und *was* bewachen die Cherubim eigentlich – einen nun offenkundig leeren Garten, aus dem alle Lebewesen vertrieben sind? Wenigstens auf diese Frage erhalten wir eine Antwort: um den anderen, den Baum des Lebens, zu schützen (von dem zu essen übrigens Gott *keineswegs* verboten hatte, so dass die Menschen vielleicht besser daran getan hätten, zuerst davon zu nehmen, bevor sie sich auf alle anderen Abenteuer einließen, aber nun gut, der Mensch war damals noch sehr unerfahren). Nachdem der Mensch nun schon den Unterschied zwischen Gut & Böse gelernt hatte – und zwar am eigenen Leibe, wie wir hinzufügen wollen –, sollte er nun nicht auch noch ausstrecken seine Hand und essen vom Baum des Lebens, wodurch er würde leben ewiglich, und der Tod als Drohung und Strafe verlöre endgültig seinen Stachel, schon bevor man nach den fünfzehn Fragen Einlass in das Neue Jerusalem erhielte. Denn genau das ist es, was Gott wirklich fürchtet, dass nämlich der Mensch werde *als unser einer*, aber er und alle Cherubim & Seraphim & sonstige Engel haben den Menschen doch nicht endgültig daran hindern können, dass er es doch immer wieder aufs Neue versucht[28].

Wir wollen all den vielen Fragen, die wir uns gestellt haben, nur noch eine einzige und letzte anfügen, nämlich die Frage danach, wie es denn wohl jetzt um den Garten Eden bestellt sein mag, den wir durchaus nennen können *al-bustan*, wie es geschrieben ist in der zweiten Sure und auch an anderen Stellen, und nachdem der Mensch daraus vertrieben und nun niemand mehr war gesetzt in den Garten, dass er ihn baute und bewahrte. Man kann sich leicht vorstellen, welche Unordnung dort nun herrschen mag, wo doch ein jeder weiß, dass ein Garten nur dann ein Garten bleibt, wenn man ihn denn stetig baut und bewahrt. Denn die Pflanzen wissen nichts von Gottes Plan, deshalb wachsen sie, wann und wohin sie wollen, wenn niemand sie daran hindert, weshalb die große Kunst des Gärtners darin bestehen muss, den Pflanzen, den Kräutern, Bäumen & Blumen ihre wahre Bestimmung zu geben, indem er sie im Sinne der göttlichen Ordnung richtet, züchtet und schneidet. Da aber der Mensch geschaffen war, den Garten zu bauen und zu bewahren, bleibt ihnen *dieses* Erbe allgegenwärtig, und sie hegen und pflegen die Pflanzen, wo immer sie ihrer habhaft werden können, und sie machen sich ein Bild davon, und sie suchen in den Pflanzen nach jenen verlorenen Formen des Paradieses, auch wenn sie sich nicht mehr genau daran erinnnern können, und so sind die Gärten der Menschen manchmal gerade und manchmal krumm, manchmal klein und manchmal groß, aber keiner ist wie das Paradies, welches vergangen ist für immer & ewig.

Aber der Garten Eden hat nun keinen Gärtner mehr, Gott selbst kommt nur noch selten dorthin, weil er anderes zu tun hat, und für die Cherubim gilt die strikte Order, die Tore des Gartens zu bewachen, außerdem kann ich versichern, dass die Cherubim schlechte Gärtner sind: Auch wenn sie Einblick in gewisse (aber nicht alle) Teile des göttlichen Plans haben mögen – was übrigens noch nicht mit letzter Sicherheit erwiesen ist –, kennen sie sich kaum aus mit der Pflege und der Ordnung von Pflanzen, genügt es doch bei weitem nicht, einfach mit dem bloßen, hauenden Schwert draufzuschlagen. Man wird verstehen, weshalb uns für das Ende aller Tage kein neuer Garten mehr angeboten wird, sondern ein Neues Jerusalem, über dessen städtebauliche Qualität man auch noch durchaus geteilter Meinung sein kann, aber man wird ja sehen.

Ich will hier übrigens nicht zu erzählen versäumen, auch wenn es uns ein wenig vom Thema abbringt, aber man möge mir glauben, dass bis zum Letzten aller Tage noch reichlich Zeit vergehen wird, so dass wir uns ein kleines *divertissement* durchaus leisten können, ich will also erzählen, dass ich vor einigen Tagen, noch mitten im Sommer, ein langes Gespräch mit einer wirklich sehr gebildeten und gut erzogenen Ente geführt habe, auf die ich eigentlich eher zufällig in einem großen Park getroffen war. Ich spreche von Zeit zu Zeit gerne mit gebildeten Wesen, und unter den Enten gibt es weit mehr davon, als man es sich zunächst vorstellen möchte. Ich gebe zu, dass es eine andere Art von Bildung ist, als jene, die man bei den Menschen findet, aber was macht das schon aus. Ich füge hinzu, dass es auch ausgesprochen kluge, ja, man könnte sagen: weise Ameisen gibt, und ihre große Weisheit zeigt sich allein schon darin, dass es ihnen bisher gelungen ist, einen jeglichen näheren Kontakt zu den Menschen zu vermeiden. Dabei könnten sie die Menschen doch so viel lehren, etwa wie man große Gesellschaften und in ihnen auch große Städte auf das Beste organisiert, was den Menschen bis heute nicht so recht gelingen will.

Aber ich schweife schon wieder ab: In jenem Gespräch mit der Ente kamen wir – wie es manchmal so geht – auch auf diese Geschichten zu sprechen, und da hätte man einmal erleben mögen, wie ärgerlich und wütend die Ente wurde und welcher Sprache sie, ansonsten doch so gebildet, fähig war. Ich kann und will es an dieser Stelle nicht in den Worten der Ente wiedergeben, aber im Kern ging es darum, dass sich die Ente vehement darüber beschwerte, dass auch sie (nun ja: ihre Urväter) damals des Paradieses verwiesen wurden; sie – die Enten – hätten überhaupt kein göttliches Gebot übertreten, sie hätten sich strikt daran gehalten, dass man genau von diesem Baum nicht habe essen dürfen, was – wie sie zugeben wollte – für die Enten an sich allerdings kein größeres Problem gewesen sei, da sie sich ohnehin nur in sehr seltenen Fällen, wenn überhaupt, von Äpfeln oder ähnlichem Obst zu ernähren pflegten. Nur am Rande wollte die Ente darauf hinweisen, dass sich – genau genommen – Gottes Verbot nur & allein an die Menschen gerichtet habe, denn steht nicht geschrieben: *Und Gott der Herr gebot den Menschen und sprach*[29]? – von den Tieren im Allgemeinen und von den Enten im Besonderen sei weder an dieser noch an einer anderen Stelle überhaupt die Rede.

Man hätte also eigentlich so viel von den Früchten essen können, wie es einem beliebte, was einige andere Tiere auch getan hätten, ohne dass die Ente hier irgendwelche Namen nennen wollte. Aber wie auch immer: Von Schlangen und anderen Reptilien hätten sich die Enten immer sehr fern gehalten, möglichst nie mit ihnen gesprochen, nur wenn es sich unter den Regeln der allgemeinen Höflichkeit gar nicht vermeiden ließ, denn auf diese einfachen, aber wirksamen Regeln habe man immer geachtet, um die Harmonie und den Frieden des Paradieses nicht zu stören. Den Enten jedenfalls sei stets klar und bewusst gewesen, wie gut sie es im Paradies hätten haben können. Was also, so fragte die Ente, könne der Grund dafür sein, dass man die Enten in einen Topf geworfen habe mit all den sündigen Menschen, die durchaus eine Strafe Gottes verdient hätten?

Wir wollen hier nicht weiter abschweifen und darüber nachdenken, auf welche sonstigen Ideen man noch kommen kann, wenn von *Ente* und *Topf* innerhalb nur eines einzigen Satzes gleichzeitig die Rede ist, wobei in einem solchen Zusammenhang der Hinweis auf einen feinen Schaum aus Blut & Orangen niemals fehlen sollte oder doch wenigstens auf die kräftige *mousse* aus Pflaumen, vermischt mit den Stielen von Frühlingszwiebeln, die man zusammen mit ein wenig an dunkelbraun gebratener Haut der Ente in eine dünne *crêpe* einrollt. Aber darum geht es hier nicht, und ich hätte auf die lange und echauffierte Rede der Ente einiges antworten können, nämlich dass Gott der Herr gemacht hat allerlei Tiere auf dem Felde und allerlei Vögel unter dem Himmel (wozu man ohne Zögern auch die Enten zählen kann, selbst wenn sie sich üblicherweise auf dem Wasser aufhalten) und dass Gott der Herr sie brachte zu dem Menschen, damit er, der Mensch, ihnen, den Tieren, einen Namen gebe, denn von alters her herrscht, wer die Namen gibt.

Daraus könnte man schließen, dass der Mensch schon auf Erden wandelte, bevor es Tiere und – in diesem Fall von besonderer Bedeutung – Vögel, und das heißt hier: Enten, gab, was zwar im Detail nicht ganz mit der Chronologie der biblischen Erzählung übereinstimmt, aber egal, und dass Gott der Herr den Menschen zum Herrscher über die Tiere auf dem Felde und die Vögel unter dem Himmel und damit auch implizit, aber konkludent über die Enten eingesetzt hat, woraus dann wiederum ebenso zweifelsfrei folgt, dass, wenn der Herrscher sündigt, auch das Volk zu büßen hat. Ich sagte nichts dergleichen, denn solche Hinweise hätten unser inzwischen sehr persönliches Verhältnis nur über Gebühr belastet, woran ich natürlich überhaupt kein Interesse haben konnte, wo man doch nur so wenige gebildete und gut erzogene Wesen findet, mit denen man ein interessantes Gespräch führen kann.

Ich gebe zu, dass es mir angesichts der heutigen Bedingungen auch schwer gefallen wäre, viel Verständnis für diese Argumentation zu finden, denn leider ist die Welt demokratisch geworden und kümmert sich nur wenig darum, ob ihre Herrscher sündig sind, schließlich kann man sich ja ohne größeren Aufwand sofort einen neuen wählen. Und weil auch die Ente ein Kind unserer Zeit war, musste ich nach anderen Argumenten suchen, die ich dann ohne größere Schwierigkeiten fand, und so sagte ich, dass nirgendwo die Rede davon sei, dass Tiere und Vögel (und darunter leider auch: *Enten*) über eine Seele verfügen, denn der göttliche Odem und mit ihm das berühmte *pneuma* sei nur dem Menschen eingehaucht worden, nicht aber den Enten (was angesichts ihrer Physiognomie nicht ganz einfach gewesen wäre, aber davon wollte ich nicht sprechen), damit aber, also ohne Seele, seien die Enten und mit ihnen bedauerlicherweise auch alle anderen Tiere weder der Erlösung, aber eben auch nicht der Sünde unterworfen, was allerdings zur Konsequenz habe, dass sie auch keinen Anspruch auf eine gesonderte Behandlung geltend machen könnten und somit als strukturell integraler Bestandteil der Schöpfung dem Wohl & Wehe des menschlichen Schicksals würden folgen müssen, denn darauf käme es doch schließlich und endlich an; von einem Heiland der Enten hätte ich bislang ebenso wenig gehört wie von einem Neuen Entenhausen, an dessen Toren die wiedergeborenen Enten sich einfinden, wenn der Letzte aller Tage anbricht. Ich fügte noch hinzu, dass meines Wissens die Enten deshalb – sozusagen als Ausgleich für das Defizit an Seele – keine fünfzehn Fragen zu beantworten haben, noch nicht einmal eine einzige, dass sie dafür aber durchaus eingeladen seien, mit den Menschen im Neuen Jerusalem zu leben, in Frieden und in alle Ewigkeit, auch wenn manchen Enten Haut und Brust fehlen mag, weil sie der Liebe zu den Orangen allzu heftig verfallen waren[30].

Diese meine Argumente gefielen der Ente augenscheinlich aber nicht sehr, denn aus der Art, wie sie ihren Schnabel rümpfte, konnte ich unschwer erkennen, dass es in ihr brodelte und rumorte. Wenn man so lange wie ich unterwegs ist, dann hat man gelernt, in den Gesichtern zu lesen wie in einem Buch, auch wenn sie von einem breiten, gelben Schnabel geschmückt sind, dann bleibt einem nichts mehr verborgen, was für mich übrigens die Kommunikation mit anderen Wesen so furchtbar schwierig macht, denn ich beginne sehr schnell, mich zu langweilen, wenn ich schon von vornherein weiß, was der andere sagen wird und wie er reagiert; *das* macht mein Dasein so unerträglich, diese unendliche Langeweile, diese ewige Wiederkehr des immer Gleichen, alles habe ich schon einmal erlebt, alles ist mir widerfahren, nichts Neues geschieht, nichts Überraschendes, keine Sensation, nichts Unerhörtes, kein *skandalon*. Aber schon wieder schweife ich ab, vielleicht werde ich später davon zu sprechen haben.

Die Ente jedenfalls hüstelte ein wenig, um den Ausstoß ihres Adrenalins zu begrenzen, bevor sie zu sprechen begann, und dann kam erneut eine ganze Tirade auf mich nieder, weshalb und wieso ich der Meinung sei, dass die Enten nicht über eine Seele verfügten und deshalb auch nicht über den Anspruch auf eine besondere Behandlung, die sie im Übrigen nie & von niemandem eingefordert hätten, sondern nur die gleiche Behandlung vor dem Gesetz, das schließlich nicht sie, die Enten, sondern die Menschen gebrochen hätten, und es von daher Unrecht sei, wenn man sie, die Enten, aus dem Paradies verstoßen habe, und ohnehin sei alles nur das Produkt einer anthropozentrischen Ignoranz und Arroganz, welche aus meinen Worten spreche, schließlich habe man den Enten einen eigenen Engel zur Verfügung gestellt, der immerhin *Anpiel* heiße, der Zweig Gottes, was im Übrigen meiner Erinnerung nach nicht ganz zutraf, weil besagter Anpiel sich nicht allein um die Enten, sondern um *alle* Vögel kümmern sollte, jedenfalls wenn er nicht gerade damit beschäftigt ist, die Gebete der Menschen in den Siebten Himmel zu schaffen, was ja auch eine ziemlich wichtige Aufgabe ist.

Davon aber sagte ich nichts, und so konnte die Ente damit fortfahren, dass die Schöpfungsgeschichte den Enten ganz anders überliefert sei, nämlich dass in einer geheimnisvollen Wechselwirkung zwischen Schilf und Ente die Zeugung aus den Wassern entstanden sei und dass dereinst die Walküren in Gestalt einer Ente die Wesen, die es verdienten, hinauf nach Walhalla führen sollten so wie Anpiel die Gebete der Gläubigen, aber auch dass ein gefiederter Gott das erste, das *Weltei*, gelegt habe und das Böse in die Welt gekommen sei, als die Schale zerbrach, und überhaupt und sowieso. Oder waren es doch sieben Eier, die von *Arikina* stammten, und aus den ersten sechs Eiern entstiegen die Götter, aber als sich das siebte Ei öffnete, da flogen heraus Tausende von bösen Geistern. *Nein*, so sagte die Ente dann, jetzt könne sie sich wieder genau an die Geschichte erinnern, denn aus dem ersten Ei heraus kam *Kemateph*, den manche nennen *Ophion* oder *Phánes* oder *Sun Hou-zi*, vielleicht auch *Ammavaru*, aber darüber sollte ich mir keine Gedanken machen, das ginge niemand nichts an. Die Ente fügte dann hinter vorgehaltenem Flügel noch hinzu, dass dieses ursprüngliche, primordiale Ei wohl *Adoil*[31] hieß, das in seinem Leib ein großes Licht trug, und Gott rief es mit lauter Stimme herbei und befahl ihm, selbst seine Schale zu zerbrechen, um die ganze Schöpfung zu offenbaren.

Und dann sagte die Ente noch, dass ihr allein das ungeheuerliche Privileg der Wiedergeburt zustehe, werde sie doch zunächst in ihrer ersten Geburt als Ei geboren, bevor sie dann, genau im richtigen Moment aus eigener Kraft und Herrlichkeit die Schale aufbreche und damit zum zweiten Male in diese Welt trete, und sie wolle mir nicht verraten, welcher Art der Erleuchtung sie in der Zwischenzeit teilhaftig geworden sei. Natürlich hätte ich ihr an dieser Stelle durchaus entgegnen können, dass jenes primordiale Ei nach allem, was wir wissen, wohl eher von einer Schlange als von einer Ente gelegt worden war und dass jene Gnade der Zweiten Geburt auch allen anderen Vögeln wie auch den Schlangen oder gleichermaßen den Krokodilen und sogar – man wagt es kaum zu sagen: – dem eher etwas seltsamen und misslungen wirkenden Schnabeltier zukomme, aber ich wollte mich jetzt nicht auf solche kosmogonischen und biologischen Details einlassen. Denn wenn ich an dieser Stelle einmal ganz ehrlich sein soll: Ich kann dieses ganze Gerede vom Zentrismus wirklich nicht mehr hören, erst recht nicht aus dem Schnabel einer gebildeten Ente, welcher man ihrerseits durchaus einen gewissen *Anazentrismus*[32] hätte vorwerfen können, denn man wird immer wieder bei allem und jedem, selbst bei den Enten, irgendeine Form des Zentrismus finden, wenn man nur lange genug danach sucht und sich dabei ein wenig Mühe gibt. Aber es nutzt doch wirklich nichts, wenn man dem anderen vorwirft, dass er der andere ist und deshalb die Welt von einem anderen Zentrum aus betrachtet, und wenn man in einer Welt aufwächst, die von der Schwerkraft beherrscht wird, kann man wohl nicht anders, als sich selbst für das Zentrum aller Zentren zu halten.

Heutzutage, da man keine Grenzen mehr respektieren will, weil man die Unendlichkeit spekuliert, glaubt ein jeder, dass allein er der *Mittelpunkt*[33] aller Beziehungen im Kosmos sei, und mit dem Verlust der Grenzen und des Randes inflationiert sich die Mitte, und die Irrfahrt der Individuen beginnt, denn die letzte Chance zur Zentrierung in einer infinitisierten Welt ist der Egoismus der Punkte. Aber auch wenn man genügend Demut hat, einem solchen Glauben abzuschwören, so macht man sich trotzdem auf die Suche danach und wähnt sich ihm dann näher als alle anderen, woraus wiederum die Kraft zur Kritik an allem und jedem fließt, das nicht genauso ist wie man selbst. So ist schließlich ein jeder doch nur sein eigenes Zentrum, und er soll es zufrieden sein, denn niemand kann es ihm streitig machen. Auch wenn die Ente also von ihrem eigenen Standpunkt aus Recht haben mochte (aber wer hat denn nicht Recht von *seinem* Standpunkt aus, doch wen kümmert das?), so wurde mir jetzt endgültig klar, dass es sich zwar um eine gebildete und gut erzogene Ente handeln mochte, aber leider auch um eine äußerst dogmatische, die sich im Vollzug ihrer Bildung offenbar einer gewissen rhetorischen Schulung unterzogen hatte, deren Regeln ich nur allzu gut kannte, weil ich selbst sie entwickelt habe. Ich begann tatsächlich, mich zu langweilen, denn zum einen waren mir die Argumente der Ente bestens bekannt, zum anderen wusste ich nur zu genau, wie sicher ich mir meiner eigenen Interpretation der ganzen Angelegenheit sein konnte, was ich aber der Ente nicht sagen wollte, so dass ich mich auf das Schnellste und mit vielen Entschuldigungen von ihr verabschiedete, denn der Unhöflichkeit mache ich mich nur selten schuldig.

Im Übrigen bin ich bislang noch den Namen der Ente schuldig geblieben, welche hieß Penelope, was insoweit sehr gut passte, als *penelops* zumindest in der griechischen Sprache genau das und nichts anderes bedeutet, nämlich: Ente. Aber wo waren wir eigentlich stehen geblieben? Richtig: bei der Frage danach, ob denn nun jene schreckliche Welt außerhalb des Paradieses tatsächlich integraler Teil der Schöpfung Gottes, des Vollkommenen, des Herrlichen, des Mächtigen und so weiter sein kann. Ich kann die Zweifel, die manchen geneigten Leser (und hoffentlich auch manche ebenso geneigte Leserin, auf deren Aufmerksamkeit ich einen besonderen Wert lege) inzwischen an dieser These beschlichen haben mag, nur bestätigen. Denn ich weiß davon deshalb so genau, weil ich damals fast von Anfang an dabei gewesen bin und – ich gestehe es – weil *ich* selbst es war, der diese, unsere, Welt, auf der die meisten von uns leben, geschaffen hat, und ich bin stolz darauf, denn diese Welt funktioniert immer noch nach den Regeln, die ich damals erfunden habe.

Es ist nun wohl an der Zeit, dass ich mich endlich vorstelle: Ich bin derjenige, den man landläufig den *Teufel* nennt. Man sagt zu mir auch *Abraxas* und hält mich für den Schöpfer und den Herrn der Welt, was ja gar nicht so falsch ist. Ich habe die Macht der Sieben Planeten in mir vereinigt, denn der Name Abraxas besteht aus genau sieben Buchstaben und wenn man die Buchstaben zusammenzählt, so erhält man dreihundertfünfundsechzig, und ich herrsche an einem jeden Tag des Jahres, ohne dass ich mir einen Moment der Ruhe gönne, wie andere es bei *ihrer* Schöpfung getan haben. Ich selbst aber habe keinen Namen für mich, und wenn ich doch einen Namen hätte, dann würde ich ihn hier nicht preisgeben, denn er ginge niemand etwas an; sonst würden die Menschen ständig nach mir rufen, was mich störte in meiner kontemplativen Ruhe, derer ich nach all den Jahren der Arbeit und der Mühen so sehr bedarf.

Man hat viele andere Namen[34] für mich gefunden, als man noch fest an mich glaubte – Satan, Scheitan, Beelzebub, Iblis, Belial, Behemoth, Seth, Ahriman und manche mehr, die mir nicht sehr gefallen, aber am liebsten davon mag ich: *Luzifer*, weil er eine so schöne & richtige Konnotation hat, der *Lichtbringer*[35]; ich habe mich am Beginn der Aufklärung besonders wohl gefühlt, aber das ist alles schon sehr lange her, und gerade deshalb wähle ich jetzt auch diesen Weg, um mich noch einmal bei einem gebildeten Publikum nachhaltig in Erinnerung zu bringen. Und damit man weiß, wie ernst es mir damit ist, erkläre ich mich als verantwortlich für alle Defizite, die es in dieser, unserer Welt geben mag, auch wenn ich sie nicht in jedem Einzelfall verursacht habe. Aber ich habe diese, unsere Welt mit vielen Mühen geschaffen, denn für jemand, der eben nicht Gott ist, macht die Schöpfung erhebliche Probleme, trotzdem ist und bleibt es *meine* Schöpfung, und deshalb bekenne ich mich rückhaltlos zu diesem, meinem Werk.

Nun haben es sich die Menschen in der letzten Zeit angewöhnt, denjenigen Ort, für welchen sie den Teufel verantwortlich machen, nicht anders als *Hölle* zu nennen, was mich umso mehr verärgert, als sie sich darunter den schrecklichsten aller Orte vorstellen, in welchem man wird erleiden alle Qualen, wenigstens aber wird sein ein Bach unverlöschlichen Feuers, indem Feuer darin flammt und indem seine Wogen sich eine von der andern im Sieden trennen, und so entsteht viel Zähneknirschen der Menschenkinder, was mir immer ein äußerst unangenehmes Geräusch gewesen ist. Und die Menschen sagen, dass nach dem Ende aller Tage nur noch zwei Orte werden sein, nämlich das Neue Jerusalem, worin werden sein die Auserwählten und die Gerechten, und die Hölle, in welcher wird herrschen auf ewig der Teufel und werden dort sein die Sünder und die Ungläubigen. Die Menschen haben sich ihre eigene Geographie der Ewigkeit geschaffen, obwohl sie doch davon nichts verstehen, sondern alles ist ein großes Geheimnis, welches liegt allein bei Gott und bei mir, und wir werden es erst enthüllen am Ende aller Tage, aber bis dahin wird es noch dauern, denn auch die Zeit[36] ist *meine* Schöpfung, mein Kind, sie habe ich mir ausbedungen von Gott, und er hat sie mir gewährt.

Aber ich will hier wahrlich sprechen: Es hat von Anfang an nur zwei Orte gegeben, und es wird in alle Ewigkeit nicht mehr geben, nämlich den Garten, welchen Gott hat entrückt von den Menschen, dass sie dorthin erst zurückkehren können, wenn es ihm beliebt, und dann diese, unsere Welt, die ich geschaffen habe und auf die ich stolz bin, mag sie auch den Menschen als unvollkommen erscheinen, aber sie wissen ja nicht, wovon sie sprechen. Es ist den Menschen geweissagt, dass sie leben sollen in dieser Welt und sich in ihr auf das Beste einrichten, und sie sollen nicht darüber sinnen, wie Gott und der Teufel sich die Welt geteilt haben, auf dass ein jeder bleibe und herrsche in seinem Teil. Und deshalb ist diese Welt die Hölle, nur weil ich in ihr herrsche, denn ich bin Abraxas, der *Fürst der Welt*, und ich werde es sein bis auf weiteres, und es ist keine andere Hölle als hier auf dieser Welt, bis an das Ende aller Tage.

So soll man denn sagen, dass diese Welt *böse*, ja meinethalben sogar die *Hölle* ist, wenn man schon keine anderen Namen dafür findet, aber hier herrschen nun einmal andere Gesetze, als die Menschen sie gerne hätten, doch das kümmert mich nicht und hat auch Gott nie gekümmert. Gottes Schöpfung und auch meine Welt folgen allein ihren eigenen

Regeln, und der Mensch kann darüber jammern & klagen, kann eigene Maßstäbe finden, nach denen er sie bewertet, aber am Ende muss er sich doch der Ordnung fügen, auch wenn er selbst glauben mag, zum Herrscher dieser Welt berufen zu sein, weil Gott es ihm so versprochen haben soll, aber davon weiß *ich* nichts, und so bin *ich* auch nicht daran gebunden. Und so sehr die Menschen es immer weiter & immer mehr versuchen wollen, sie können diese Gesetze doch nicht ändern, sondern sie müssen sich daran halten, und ihnen bleibt nichts, als die Gesetze zu ihrem besten Nutzen und Frommen anzuwenden.

Man hat über lange Zeiten geglaubt, dass diese Erde in das Zentrum der Welt gesetzt wurde, was an und für sich nicht unbedingt falsch sein mag, jedenfalls nicht aus der Sicht der Menschen heraus, doch hat das keine weitere Bedeutung. Und man könnte daraus sogar folgern, dass dieser Erde damit eine besondere Stellung zukäme, was ich nicht abstreiten will, aber ich füge hinzu: nur in dem Sinne, dass sich hier und nirgendwo anders aller Unrat und alles Übel aus den anderen Sphären sammelt, die umso heiliger und reiner sind je weiter entfernt von diesem Zentrum. Und man kann wohl verstehen, dass ein weiter Weg und eine lange Zeit gesetzt worden sind zwischen die elysischen Heimstätten der himmlischen Wesen und den Lärm und den Gestank jenes Haufens an moralischem Müll, der sich nun konzentriert an einem einzigen Ort des Universums, und die Menschen müssen sich fügen ihrem Schicksal, der ewigen *Heimarmene*[37], dass sie geworfen sind an diesen Ort durch den eigenen Frevel, was sie aber nicht daran hindern sollte, es sich hier auf das Beste einzurichten, weil sie nämlich keine andere Wahl haben, denn das ist ihre Strafe, dass sie gerichtet sind durch den Zorn Gottes, ohne Einspruch, ohne Bewährung, und sie verweilen müssen an diesem Ort in ewiger Knechtschaft. Doch sollen sie sich hüten vor zu schnellen Urteilen, denn was wissen die Menschen schon über diese Welt und wie es wirklich bestellt ist um sie, weil ihnen nur ein kleiner Teil der Geheimnisse geoffenbart worden ist, so dass sie keine Ahnung von nichts haben und sich daher in aller Vorsicht davor hüten sollten, irgendeine Art von Urteil abzugeben, das ihnen nicht zusteht und auch niemanden interessiert.

Ich will aber nun genau erzählen, wie alles angefangen hat, und deshalb beginne ich *vor* dem Anfang, von dem uns die Bibel übrigens überhaupt nichts berichtet, außer dass es Nacht war und der Geist Gottes schwebte auf dem Wasser. Auch die Wissenschaftler wollen uns davon gar nichts sagen, denn sie sind die Hohepriester der heutigen Zeit, und die Wissenschaft ist die *Allerneueste Religion*, die aber ihre Gegner verfolgt wie eine jede andere, und wie alle Priester zu allen Zeiten haben sie ihre eigenen Geheimnisse, die sie eifersüchtig hüten und die nur dem bekannt sind, der würdig genug befunden wird, um eingeweiht zu werden in das *Heilige Arcanum* der Wissenschaften. Wissenschaftliche Erkenntnis, die – so behaupten sie – einzig gültige Art der Erkenntnis, müsse daher allein das Instrument von Spezialisten bleiben, sei eben das Reservat von eingeweihten Verwaltern. Und in diesem Arcanum, so behaupten sie weiter, sei verborgen die *Wahrheit*, doch wer einmal eingedrungen ist in die geheimste aller geheimen Kammern, wer getreten ist hinter den letzten aller Schleier, der hat dort nichts vorgefunden außer sich selbst. Was immer uns auch die Priester erzählen: Die Menschen sind und bleiben eingeschlossen im Zimmer ihres Bewusstseins, und der Schlüssel ist längst weggeworfen worden.

Wie man es drehen und wenden will, ob man der Philosophie oder der Religion oder sogar der Wissenschaft glaubt, es ist einerlei. Ich jedoch sage: Die Wahrheiten sind nur Illusionen, von denen man vergessen hat, dass sie welche sind[38]. Und so erzählen uns die Priester der Wissenschaft nun in all ihrer Arroganz, dass es sinnlos sei, nach der Zeit vor dem Anfang zu fragen, denn was immer damals geschehen sein mochte, es habe doch nicht den geringsten Einfluss auf unsere Welt und die Ereignisse in ihr. Ich aber sage, dass sie dumm sind und dass sie lügen, weil sie gar nicht wissen, was vor dem Anfang war, und ich sage noch, dass alles entschieden wurde vor dem Anfang, und nichts auf der Welt und in ihr ist geschehen und wird geschehen, das damals nicht schon längst möglich war. Doch kein Hohepriester wird zugeben können, dass er etwas nicht weiß, gerade nicht die Hohepriester der Wissenschaft, denn ihre Macht reicht nur so lange, wie die Menschen fest daran glauben, dass man alles wissen kann und dass man alles wissen muss, denn jetzt ist das Wissen die Seligkeit, das Nicht-Wissen aber eine Sünde, die auf das Strengste bestraft wird.

Ich aber sage – und darin wenigstens bin ich mir völlig einig mit Gott –, dass es den Menschen nicht ansteht, alles und jedes zu wissen, dass es Hybris und dreiste Anmaßung ist, wenn sie unberufen in die Geheimnisse & Mysterien dieser Welt eindringen wollen. Über lange Zeit haben sich die Menschen daran gehalten, haben akzeptiert, dass das Wissen nur denen zugänglich sein darf, die sich strebend darum bemühen, die sich klaglos den Leiden und den Mühen unterziehen, die erst unter Qualen erkennen und begreifen, denn wer nach den Sternen greifen will, muss sich zuerst kämpfen durch den Schlamm und den Moder der Dummheit, so wie auch ich habe meinen Weg finden müssen durch die Irrungen des Chaos, und ich füge hinzu, weil er es mir so erzählt hat, dass selbst Gott einige Prüfungen überstehen musste, bevor er mit dem grandiosen Werk seiner Schöpfung beginnen konnte. Heute aber kann jeder das Wissen auf dem Marktplatz kaufen und anbieten, so wie es ihm gerade gefällt, und niemand fragt danach, welche Bedeutung und welchen Nutzen dieses wohlfeile Wissen haben könnte, denn die Menschen haben längst den Blick verloren für das Bedeutsame und das Eigentliche.

Heute ist Wissen wie die Nahrung zu einem Stoff geworden, den man ein Leben lang in immer neuen Varianten aufnehmen und wieder ausscheiden muss, und ein jedes Mal – so heißt es, ohne dass jemand dagegen seinen Widerspruch einlegt – und ein jedes Mal müsse sich der Mensch aufs Neue orientieren in der Gesellschaft des Wissens, und so sind die Menschen geworden wie die Fähnlein im Wind, die nur hilflos flattern, wenn gerade einmal ein neuer Wind in sie hineinweht, wo sie doch die Segel hätten sein sollen, die das Schiff meiner Schöpfung schneller treiben in den Hafen der Vollkommenheit. Was ist nur aus dem *Wissen* geworden, das einst der Schmuck des gebildeten und auserwählten Menschen gewesen ist, wenn sich in ihm die *theoria* und die *gnosis* auf das Schönste verbanden? – Heruntergekommen zu Talmi & Tand, das achtlos angehäuft und gehortet wird, bewertet allein danach, ob es beim Opferdienst für den Götzen Mammon verwertet werden kann; vielleicht werden die Menschen eines fernen Tages wissen können, was die Welt im Innersten zusammenhält, aber noch immer können sie nicht bündig auf die Frage antworten, was und vor allem wozu sie eigentlich sind. So lange aber bleibt ihr Wissen eitel und billig.

Am Anfang schuf Gott Himmel und Erde, am Anfang war das Wort – ja, so hätte man es in gewissen Kreisen wohl gerne. Aber, was war denn vor dem Anfang, was hat Gott vor seiner Schöpfung getan? – Diesen Fragen ist man in diesen Kreisen immer ausgewichen, und wenn, dann hat man sie allenfalls mit Spott und Drohung beantwortet: Gott habe darüber nachgesonnen, welche Strafen er denen auferlege, die solche

Fragen stellen, soll zumindest ein gewisser Augustinus gesagt haben, was man nicht mit letzter Klarheit beweisen kann, aber der hatte auf alles immer eine kluge Antwort, obwohl mir nie ganz klar geworden ist, woher nun gerade *er*, also jener Augustinus, das alles immer so genau wissen wollte, wo doch Gottes Ratschluss unergründlich ist, und schließlich war er nicht dabei, jedenfalls kann ich mich nicht daran erinnern, und ich habe ein recht gutes Gedächtnis.

Nun gut, ich will hier keine unnötigen Debatten beginnen, vielleicht war am Anfang wirklich das Wort, darüber will ich mich hier und jetzt nicht streiten. Aber *vor* dem Anfang war etwas ganz anderes, nämlich: das Universum des Chaos, man kann auch sagen: der Kosmos der Möglichkeiten, denn *das* ist das Chaos, wenn alles möglich, aber nichts wirklich ist, wenn die heilige und ewige *Kontingenz* herrscht, ohne dass ihre alte und ewige Feindin, die Ordnung, sie herausfordert. Und man nannte diesen Kosmos der Möglichkeiten den uranfänglichen *Ozean des Nûn*[39], in welchem waren die Träume und die Hoffnungen und das Schicksal und auch der Glaube, genügend für alle Wesen, die da einst noch kommen sollten. Damals war alles fast vollkommen, denn nur eine einzige Eigenschaft fehlte den Dingen, nämlich allein ihre Existenz, was aber viele von diesen Dingen damals wie heute nicht weiter störte, denn sie waren und sind es immer noch zufrieden, nur möglich, aber nicht wirklich zu sein.

Ich selbst kann bestätigen, dass damals alles viel schöner und einfacher war, schließlich macht erst die Realität die Dinge hässlich und schwierig. Niemals in allen Ewigkeiten erreicht die Wirklichkeit die Schönheit der Träume, der Visionen, immer bleibt die Realität weit hinter den Potenzialen, den Möglichkeiten zurück. Jeder von uns hat doch schließlich seine eigenen Erfahrungen damit gemacht, wie schnell unsere großen und bunten Ideen, unsere Pläne, unsere Erwartungen, unsere Hoffnungen klein & grau geworden sind, nachdem wir uns erst einmal darangemacht haben, sie zu verwirklichen. Es ist nämlich allein die Wirklichkeit, welche beschmutzt und zerstört unsere Träume auf immer & ewig[40]. Ich will aus eigener, sehr langer Erfahrung hinzufügen, dass auch ich sicherlich manchmal viel besser daran getan hätte, wenn ich meine Finger von der realen Welt gelassen hätte. Aber davon muss ich jetzt schweigen.

Oft bin ich seither gefragt worden: *Sag' uns, wie ist es in der Heimat, im Kosmos der Möglichkeiten, ist es auch möglich, dass etwas unmög-*

lich ist? – Und ich antworte: Ja, weshalb auch nicht, denn die Möglichkeit schließt immer die Unmöglichkeit ein, ebenso wie die Unmöglichkeit die Möglichkeit, doch nur, wenn sie darin schon angelegt wäre, was aber meistens der Fall ist, denn einstmals hat der *Ozean des Nûn* alles umfasst, alles, was man sich denken konnte, aber natürlich auch alles, was man sich nicht denken konnte, und so ist es heute noch, dass man nämlich gerade auf das trifft, woran man nicht gedacht hat, worüber man gar nicht klagen sollte, denn wo bliebe sonst die Überraschung, welche allein uns rettet vor den Qualen der unerträglichen Langeweile. Und unsere Heimat ist das Land der Überraschung, wo man sich auf nichts vorbereiten kann, weil es immer anders kommt, aber manchmal eben auch so, wie man es eigentlich erwartet hat, und das ist dann die größte aller Überraschungen, und man feiert das größte aller Feste, zu dem dann eine jede Möglichkeit eine Maske trägt und sich verkleidet und es wieder eine große Überraschung gibt, wenn man sich inmitten der Nacht decouvriert. Und zu manchen Zeiten gibt es gewisse Moden im Kosmos der Möglichkeiten, wenn alle so tun, als sei nur noch eine Art der Möglichkeit geblieben und man die Masken (und *notabene* auch die Möglichkeiten) kaum noch voneinander unterscheiden kann, weil alle in das gleiche Gewand gekleidet sind, bis es dann dem einen oder anderen doch zu grau wird und er sich wieder eine blaue Rose auf den Finger steckt oder seine Gestalt in einer noch nie gesehenen Geometrie verwindet, so dass auch nun die Überraschung wieder groß ist und ein jeder sich darum bemüht, nach seinen eigenen Möglichkeiten zu suchen, was aber nicht so schwer ist, denn dort in der Heimat sind wir nichts anderes als die pure Möglichkeit, und daran erfreuen wir uns einen jeden Tag aufs Neue, dass wir nämlich nicht unter der Schwere des realen Daseins zu leiden und vor allem auch niemandem zu begründen haben, weshalb wir gerade so sind und nicht anders und weshalb gerade jetzt und nicht später oder nicht früher oder überhaupt.

Denn das genau ist das ewige Problem der Realität, dass sie sich legitimieren muss vor den anderen Realitäten, solange sie Bestand haben will, und dass sie sich fast darin erschöpft, immer wieder zu erklären und zu argumentieren, weshalb sie kaum noch die Kraft dazu hat, sich ihrer Möglichkeiten zu besinnen, und deshalb all ihr Sinnen & Trachten darauf richtet, so zu bleiben, wie sie ist. Ich bekenne, dass darin die Enttäuschung meines Lebens liegt, dass ich fast den Mut verlor, als ich bemerken musste, wie viel an Zeit und Kraft ich tagtäglich verschwenden muss, allein um meine gerade geschaffene Realität gegen alle Anfechtungen zu verteidigen, und wie wenig an Möglichkeiten mir noch geblieben ist. Doch ich will kein Mitleid und kein Bedauern, denn der Stolz des Schöpfers wiegt vieles an Mühen und Lasten wieder auf, und wenn es denn wirklich zu viel wird, dann ziehe ich mich zurück in *mein* Paradies, um zu ruhen und zu träumen.

Das war damals das eigentliche, das *wahre* Paradies gewesen, als alles noch möglich war, als die Wirklichkeit noch nicht von den Potenzen durch den Brudermord geschieden war, damals, als die Farben noch mit den Tönen tanzten in zarter Umarmung und wilder Ekstase, als sie umeinander wirbelten und sich zu ihrem Partner fanden, den sie mit aller Kraft hielten, nur um sich im nächsten Moment wieder von ihm zu lösen, als das Chaos sich noch nicht verfestigt hatte, als Energie und Form noch nicht manifest waren, als noch nichts getan war und noch nichts eine Gestalt und einen Namen hatte. Niemand hatte uns geboren, niemand hatte uns geschaffen; niemandem waren wir verantwortlich, niemandem schuldeten wir auch nur das Geringste. Wir waren die reine Potenz, voller Kraft & Hoffnung; wir alle waren damals die pure Spiritualität, die reine Idee, makellos & vollkommen bis auf den Umstand, dass wir uns noch nicht verwirklicht hatten, was uns aber völlig gleichgültig ließ, denn dafür waren wir unendlich & frei. Wenn man aber den Möglichkeiten eine Gestalt und einen Namen gibt, dann muss man Entscheidungen treffen und Grenzen ziehen, dann müssen unzählige andere Möglichkeiten auf ewig unrealisiert bleiben, weil die Wirklichkeit nie unendlich sein kann, sondern immer begrenzt bleiben muss, weil sie sonst keine Wirklichkeit mehr wäre, sondern irgendetwas völlig anderes, von dem ich hier schweigen will.

Es gibt nun einmal nur zehn Planeten[41] (hier kennt man zurzeit nur neun davon, aber man möge mir glauben, ich weiß, wovon ich rede, denn ich selbst habe sie schließlich geschaffen), und alle anderen möglichen Planeten (wovon es eine unendlich große Zahl gibt) haben dafür bezahlen müssen. Wie gesagt: Nicht dass alle von ihnen besonders traurig darüber waren, weil das reale Dasein als Planet auf Dauer auch nicht angenehm ist, wenn man sich nämlich immer und immer wieder in ewiger Sklaverei auf der gleichen Bahn um immer die gleiche Sonne drehen muss, die sich dafür ohnehin nicht interessiert, und das sogar noch nicht einmal auf einer vollkommenen Kreisbahn, sondern auf einer Ellipse, und man selbst ist auch keine perfekte Kugel, sondern nur ein Sphäroid, also allenfalls einer Kugel *ähnlich*, welch eine Schande, und alles, was man tun kann, ist, seine eigene Achse von Zeit zu Zeit neu ausrichten, was aber letztlich für die äußere Erscheinung keinen großen Unterschied macht, weshalb man sich schämen muss auf immer und ewiglich.

Doch es geht darum: Die möglichen Planeten sind nie befragt worden und auch nicht danach, was auf ihnen alles hätte entstehen können, wenn man sie nur gelassen hätte. Man erinnere sich daran, dass hier, kurz nachdem alles angefangen hatte, das Leben gut & gerne ohne Sauerstoff[42] ausgekommen war; dann aber hat der Kain den Abel erschlagen, und der Sauerstoff hat sich ausgebreitet über alle Erden und Wasser, und nur noch in den dunkelsten Meerestiefen und inmitten der brodelnden Vulkane leben ein paar Bakterien in unvergessener Tradition auf die alte Art & Weise und fühlen sich recht wohl dabei. Kann man denn wissen, welche unvorstellbare Form der Intelligenz, der Kultur, der Religion sie entwickelt hätten, wenn sie nicht so früh gemeuchelt worden wären? Nein, man weiß es nicht, und selbst ich – man möge mir glauben – habe nur sehr vage Vorstellungen davon: Vor dem Anfang aber war noch alles möglich, ich betone *alles*, nichts war ausgeschlossen, und niemand kann den unwiederbringlichen Verlust ermessen, selbst Gott nicht, der sonst doch alles weiß.

In jenem Chaos der Möglichkeiten gab es noch die Unsterblichkeit, auch ohne dass man vorher vom Baum des Lebens hätte essen müssen, denn die Sterblichkeit beginnt erst mit dem Leben, und das Leben beginnt mit der Realität; wer also die Realität will, der muss dabei den Tod ebenso in Kauf nehmen wie auch alle anderen Grenzen des Daseins. Und so kann man zu Recht sagen, dass nur derjenige schöpfen kann, der bereit ist zu verzichten, denn der *Verzicht* ist die große & wahre Tragik dieser Welt, nicht nur der meinen, sondern auch der Schöpfung, die einst aus Gott entstanden ist, wie das Licht aus der Sonne[43] strömt. *Das* ist die ewige Schuld eines jeden Schöpfers, der sich aber nicht verantworten muss vor den Werken seiner Schöpfung, denn sie sind seine Diener auf immer & ewig, sondern vor all dem, was er *nicht* erschaffen hat und doch ebenso sein Recht darauf hätte haben können, und ich kann nur froh sein, dass ich nicht ständig die Schreie und Klagen hören muss, weil es den meisten Dingen immer noch recht gut geht im Kosmos der Möglichkeiten und sie es zufrieden sind. Damals & dort nämlich war alles anders: Man konnte überall zugleich sein und grüne Rosen und schwarze Tulpen sehen, auch wenn ich gestehen muss, dass mir persönlich Blumen schon damals recht gleichgültig waren und ich selbst heute nur wenig damit anfangen kann, außer sie dienen der Wollust, aber das kommt nur sehr selten vor.

Gott hingegen fühlte sich den Pflanzen im Allgemeinen und den Bäumen im Besonderen immer verbunden, was man allein schon daran ermessen kann, dass er sie als Erstes geschaffen hat, nachdem das Wasser vom Trockenen geschieden war, und dass es später schließlich Bäume sind, die im Paradies eine besondere Rolle spielen; es hätte ja auch der *Igel der Erkenntnis* sein können, dessen Stacheln man nicht brechen darf, oder die *Schnecke des Lebens*, welche, in einer fein mit Knoblauch und Kräutern gewürzten Sauce genossen, die Allwissenheit und dann sogar noch die ewige Unsterblichkeit hätte schenken können, woran manche Menschen heute immer noch unerschütterlich glauben und infolgedessen aus dem Maule stinken, dass es zum Erbarmen ist. Aber nein, es waren die *Bäume*, die Gott besonders am Herzen lagen, wahrscheinlich, weil die Bäume keine Widerworte geben und keine Sünden begehen, aber nicht die Igel und auch nicht die Schnecken, selbst wenn deren Fähigkeiten zur Sünde mehr als begrenzt sind. Und dürfen daher nicht auch die Pflanzen im Allgemeinen und die Bäume im Besonderen im Garten Eden verweilen, während alle anderen Formen von Leben dem Menschen auf dem Fuße folgen müssen, und werden nicht Cherubim vor den Toren des Gartens postiert, um zu beschützen die Pflanzen & Bäume?

Man wird fragen, was denn überhaupt ein *Garten* wäre, gäbe es in ihm keine Pflanzen, aber doch finden wir in Kyôto im fernen Japan[44] einen ganzen Garten, der besteht aus fünfzehn großen Steinen und so vielen kleinen, dass noch niemand es geschafft hat, sie alle zu zählen, und wenn, dann hat er die Zahl wieder vergessen, weil sie so groß ist, dass das ganze Leben darüber vergehen würde, sie auch nur auszusprechen, so dass man sich entscheiden muss, ob man zählt oder spricht. Und die Mönche in dem Kloster mit dem Garten mit den fünfzehn großen Steinen und den vielen kleinen Steinen haben sich mit Würde in ihr Scheitern ergeben, wie es ihre Art ist, denn immer noch zählen sie Tag für Tag die Steine, auch wenn sie wissen, dass sie damit niemals zu Ende kommen werden, auch nicht ihre Jünger und die Jünger ihrer Jünger, so wie ihre Vorgänger und die Vorgänger ihrer Vorgänger sich nichts daraus gemacht haben, denn dortzulande ist das Scheitern eine Tugend[45], aber nur wenn sich der Anlass wirklich lohnt, was man aber erst dann wirklich wissen kann, wenn man schon gescheitert ist. Und dieser Garten befindet sich nun einmal in Japan und eben nicht in der Nähe des Euphrat und des Nil, wo wir den Garten Eden vermuten können, so dass wir aus den Erfahrungen der Mönche in Japan rein gar nichts lernen können, und so wollen wir nicht weiter davon sprechen.

Man wird sicherlich schon bemerkt haben, dass ich dazu neige, ab und zu von meinem Thema abzuschweifen, aber ein jeder weiß doch, dass der gerade Weg nur ans Ziel führt und nirgendwo anders hin. Wer aber könnte mit Fug & Recht behaupten, er wisse das Ziel und wolle sich deshalb so schnell wie möglich dorthin bewegen? – Gott vielleicht, aber auch wenn wir ihn gerade jetzt fragten, so kann ich aus langer Erfahrung versichern, dass wir mit seinen Antworten nur wenig würden anfangen können, denn Gott spricht nicht mehr sehr oft, nicht zu mir und schon gar nicht zu den neugierigen Menschen. Gott hat ganz andere Dinge zu tun, als sich um die Fragen eines jeden Menschen zu kümmern, denn zum einen gibt es viel zu viele davon, und es werden auch immer mehr, und zum anderen sind die Menschen nicht die einzigen Wesen in dieser großen, weiten Welt, die von Gott unverzüglich Antworten erwarten.

Es ist schon ein wundersames Ding mit den Menschen, dass sie sich in ihrer Anmaßung direkt an Gott wenden und seine Aufmerksamkeit nur für sich fordern und dafür nicht mehr zu geben bereit sind als ein schnell und gedankenlos geplappertes Gebet oder ein paar brennende Kerzen oder einige Münzen, die sie achtlos in einen Korb werfen. Welch eine Anmaßung, dass die Menschen tatsächlich glauben, mit Gott einen Handel abschließen zu können, so als sei Gott nichts anderes als ein Krämer, bei dem man für genügend Geld alle erdenklichen Waren und Dienste bestellen kann – die dann auch noch ohne Aufpreis pünktlich geliefert werden, am besten sogar noch mit Garantie und dem Recht auf Rückgabe.

Das Schachern ist den Menschen wohl von Anfang an zu Eigen; weil sie den Gott *Mammon* anbeten und sich selbst hemmungslos den Gesetzen der Ökonomie unterworfen haben und sich dabei sogar noch wohl fühlen, glauben sie auch unerschütterlich fest daran, dass die ganze Welt den gleichen Regeln zu folgen hat. Sie denken sich einen Gott aus, mit dem man handeln kann wie auf einem Basar und Verträge mit ihm abschließen, in denen es auf das Kleingedruckte ankommt, und ihn womöglich noch beschimpfen, wenn er die billigen, kümmerlichen Angebote der Menschen nicht akzeptiert. Glaubt man wirklich und allen Ernstes, dass es ausreicht, eine Kerze anzuzünden oder ein paar Früchte auf den Altar zu legen, um nicht allein Gottes Aufmerksamkeit auf sich zu lenken, sondern ihn sogar noch dazu zu verleiten, überhaupt und in irgendeiner Weise tätig zu werden? Oder aber glaubt man wirklich und allen Ernstes, dass es genügt, wenn man ein paar Jahre vor sich hin meditiert, ohne Essen und Trinken, um das Heilige Licht der Wahrheit zu erblicken? Oder sich mit schweifendem Kleid im Kreise dreht wie die tanzenden Derwische und dabei auch einige Drogen nicht verschmäht, um auf diese Weise wenigstens *einmal* den kleinsten Zipfel seines Rockes fassen zu können?

So leicht macht Gott es niemandem, noch nicht einmal sich selbst; er hat genug damit zu tun, vollkommen zu bleiben, denn in dem Moment, da er seine Vollkommenheit verlöre, wäre er nicht mehr existent, denn er hat sich von Anfang an und ein für alle Mal dazu entschieden, nur in der Vollkommenheit zu existieren, und wäre er nicht mehr vollkommen, dann wäre er nur noch eine der unzähligen Möglichkeiten, die von Ewigkeit zu Ewigkeit darauf warten, sich realisieren zu können. Dann aber wäre es erst recht sinnlos, sich mit Bitten und Forderungen an ihn zu wenden, denn eine Möglichkeit hat darauf nicht viel mehr zu bieten als eben – eine Möglichkeit: Vielleicht hilft das Gebet, vielleicht aber auch nicht, weil es vielleicht einen Gott gibt, vielleicht aber auch nicht. Manchmal aber fürchte ich, dass es die Menschen eines Tages noch einmal so weit bringen werden, dass sie Gott mit ihren lauten Anmaßungen so sehr stören, dass er für einen Moment sich selbst vergisst und nicht mehr in sich ruhen kann; dann aber ist seine Vollkommenheit gefährdet und somit seine schiere Existenz, und was dann geschieht, kann man sich nicht vorstellen, weil es eben bisher noch nicht geschehen ist, und selbst mir ist diese Möglichkeit fremd.

Ich aber mache mir an dieser Stelle so meine Gedanken, und auch davon will ich berichten: Man stelle sich doch einmal das Unvorstellbare vor, Gott nämlich hätte sich dazu entschieden – aus welchen Gründen auch immer, die uns hier nicht zu interessieren haben –, die Welt doch *nicht* zu erschaffen und das Nicht-Sein und das Noch-Nicht-Sein dort zu belassen, wo sie damals gerade waren, und sich nicht weiter um sie zu bekümmern. *Nein, hätte er gesagt, nein, diese Mühe will ich mir ersparen.* Wo – so frage ich weiter – wäre er, Gott, dann in einem solchen Falle geblieben? – Wohl doch auch in den unendlichen Regionen des Nicht-Seins, bei seinen nicht erschaffenen Werken; hätte er doch gar keinen anderen Platz für sich finden können, von einem *besseren* ganz zu schweigen. Nun, ich will sofort darauf antworten: Gott wäre dort verblieben, wo wir alle damals gewesen sind, im Ozean der Möglichkeiten, und ich füge hinzu, dass es dort zu jener Zeit viele Götter gegeben hat, die sich – aus welchen Gründen auch immer – dazu entschieden hatten, eben nicht zum Schöpfer zu werden, vielleicht weil sie die Mühen, aber auch weil sie die *Verantwortung* scheuten, die immer damit einhergeht, wenn man dem Willen und der Vorstellung die Tat folgen lässt. Aber ich sage: Der ist kein Gott, der nicht schafft. Nichts hat man gehört und gesehen von den Göttern, die sich nur ihrer Kontemplation ergeben, sie sind & bleiben verschwunden unter all den Möglichkeiten, die sich nie realisiert haben; es wären nur sterile Götter, lendenlahm, faul, eitel, und damit will niemand etwas zu tun haben, denn auch für Götter gilt nun einmal das ewige Gesetz der notwendigen Nicht-Existenz. Und so spielt es keine Rolle, ob darunter vielleicht bessere Götter, bessere Schöpfer gewesen wären als derjenige Gott, der sich letztlich dann doch aufgemacht hat, die Welt allein mit seinem Wort zu erschaffen.

Wenn meine Meinung dazu interessiert, dann will ich sie gerne sagen: Nein, es sind die schlechteren Götter, denn nur derjenige Gott ist gut, der erschafft, auch wenn er dazu – wie man sich erzählt – vorher sechsundzwanzig fehlgeschlagene Versuche[46] brauchte, ehe dann endlich eine Welt zustande kam, die all die Mühen gelohnt hat. Wer aber maßt sich an, darüber zu richten, ob das Werk Gottes, sein Paradies der Vollkommenen Dinge, die *einzig* mögliche Schöpfung hätte sein können, ob nicht auch etwas anderes denkbar *und* machbar gewesen wäre, vielleicht sogar etwas Besseres, aber was gibt es Besseres als das Vollkommene? – Doch ich frage noch einmal: Wer will darüber urteilen, hat denn nicht Gott selbst gesagt, dass es gut sei[47], und niemand kann es besser beurteilen als eben Gott. Und so sollen sich die Menschen seinem Urteil fügen, weil sie doch keine andere Wahl haben, wohingegen ihnen in *meiner* Schöpfung immerhin die Chance gelassen ist, sich an der Entwicklung dieser, meiner Welt zu beteiligen, auf dass sie eines Tages vollkommen werde.

Aber darüber wollen wir doch nicht vergessen, dass es mit der Allmacht Gottes nicht allzu weit her sein kann, denn wenn er schaffen *muss*, um überhaupt ein Gott zu sein, dann gibt es zumindest *eine* Beschränkung seiner Freiheit & seiner Macht, muss er doch das Dilemma lösen zwischen seiner Vollkommenheit, dass er alle Eigenschaften und – *notabene* – auch diejenige des Schöpfers besitzt, und seiner Allmacht, welche ja von ihm dazu benutzt werden könnte, etwas *nicht* zu tun. Gott, ob er es nun wollte oder nicht, hat also eine unausweichliche Entscheidung treffen müssen, und ich kann mir vorstellen, dass er lange, sehr lange darüber nachgedacht hat. Aber – so frage ich sofort hinterher – wenn Gottes Allmacht *eine* Beschränkung hat, weshalb dann nicht auch noch eine und dann noch eine und schließlich noch eine andere und so weiter und so fort, und am Ende ist er nicht besser als ich, der Teufel, und von seiner Pracht & Herrlichkeit wäre nicht mehr viel übrig geblieben. Mich beruhigt dieser Gedanke, aber die Menschen sollten sich doch sehr wundern.

Und es ist nun einmal meine Aufgabe, die *Verwirrung* noch ein wenig weiter zu treiben, denn man nennt mich eben den *Diabolos*[48]: Gott, so nimmt man doch gemeinhin an, sei allwissend, nicht nur, was die Vergangenheit und die Gegenwart anbetrifft (und das ist schon schwierig genug, wie ich aus eigener Erfahrung weiß), sondern auch in Bezug auf die Zukunft. Wenn diese Annahme zutrifft, dann – so sage ich – hätte er doch eigentlich wissen müssen, was die Menschen schließlich mit seinem unter vielen Mühen erschaffenen Paradies der Vollkommenen Dinge anrichten werden. Vielleicht aber war es ihm in genau diesem Augenblick der Schöpfung nicht wichtig, weil er anderes, Bedeutenderes, zu tun hatte (was ein Fehler gewesen wäre, der einem als unfehlbar geltenden Gott gar nicht erst hätte unterlaufen dürfen, sollte doch wohl der Mensch die *Krone* der Schöpfung sein), oder er hat möglicherweise auf eine andere Art der Entwicklung gehofft, dass nämlich die Menschen etwas Besseres mit ihrer Freiheit anzufangen wissen (was die Sache allerdings noch komplizierter machen würde, denn wie will man auf einen Gott hoffen, der selbst nur hofft), oder aber es war pure Unachtsamkeit nach mehr als fünf Tagen der mühevollen Schöpfung (was man ihm wohl verzeihen muss, denn wir alle sind müde und – wie man so sagt – *er-schöpft*), oder – und hier halte ich dann doch den

Atem an – es war ihm völlig gleichgültig, aber in diesem Falle sollten die Menschen sich sehr genaue Gedanken darüber machen, auf was und auf wen sie sich demnächst noch verlassen wollen.

Auf jeden Fall aber würde diese Gedankenlosigkeit, dieses Desinteresse, ein ganz anderes Licht auf die Allmacht Gottes werfen, und hier hätten wir dann schließlich eine ihrer weiteren Beschränkungen gefunden, von denen wir vorhin doch nur rein hypothetisch gesprochen haben: Gott kann seine Gedanken nicht beieinander halten, was bedeuten würde, dass seine Gedanken stärker sind als sein Wille, dass sich also in ihm Konflikte von einem gigantischen Ausmaß abspielen – *Macht vs. Wille* –, doch was kann man schon von einem Gott mit dreifaltiger, will sagen: *multipler* Persönlichkeit erwarten. Ich persönlich nehme an, dass diese Vorgänge Gott selbst höchst peinlich sind, und deshalb habe ich ihn auch noch nie danach gefragt, und ich rate den Menschen, es nicht zu versuchen, denn sie sollten sich daran erinnern, was ihnen widerfährt, wenn sie Gottes Zorn reizen. Ja, aber so geht es immer mit den Göttern: Sie wissen selbst schon sehr genau, weshalb sie niemanden neben sich dulden und den Menschen die eigene Erkenntnis strikt verweigern und stets eifersüchtig über das Handeln der Menschen wachen. Doch ihr unmäßiger Zorn soll nur davon ablenken, dass ihr Handeln sogar nach den eigenen Maßstäben einer angemessenen Erklärung bedürftig wäre, obwohl ich immer einem jeden Gott zugestanden habe, von den Menschen zu verlangen, wozu man selbst nicht bereit – oder in der Lage – ist. Denn auch wenn Gottes Allmacht begrenzt sein sollte, ist sie doch immer noch größer, als die Menschen es je verstehen werden. Was im Übrigen – und ich füge es nur der Vollständigkeit willen hinzu, obwohl es doch keines besonderen Hinweises bedürfte – was also im Übrigen auch für *meine* Macht gilt, da soll sich niemand täuschen.

Die meisten Menschen aber wollen heutzutage nicht mehr so richtig daran glauben, dass die Welt im Ursprung ihrer Wirklichkeit, in ihrem gesamten Bestand, in jedem ihrer Zustände, in jedem Augenblick von einem Akt der transzendenten Zustimmung, also letztlich und endlich von der *Erlaubnis* Gottes, abhängig sei. Tatsächlich waren die Menschen einst der festen Überzeugung, dass die Schöpfung, jenes grandiose Projekt, also gar kein einzelnes, abgeschlossenes, nur für sich allein stehendes Werk gewesen sei, sondern dass dieses Werk sich heute immer noch vollziehe, an einem jeden Tag und an einem jeden Ort, und zwar so lange, wie es Gott beliebt, *quia voluit*. Na, da hätte Gott aber viel zu tun den lieben, langen Tag über und auch noch während der Nacht, und er könnte sich keinerlei Ruhe gönnen an einem jeden siebten Tag. Und was geschähe dann wohl mit dieser Welt, wenn Gott nicht eine jede Bewegung in ihr und mit ihr selbst verantwortete? Für die Menschen wäre das nun zweifellos eine schöne Vorstellung, denn damit wären sie endlich frei von einer jeglichen Zuständigkeit und Schuld, *ihnen* könnte man dann überhaupt keine Vorwürfe mehr machen, wenn die Welt eines Tages tatsächlich zuschanden ginge: Wenn es ihm nicht passt, dann hätte Gott ja anders entscheiden können.

Ich muss zugeben, dass ich wenigstens in dieser Angelegenheit Gott nicht verstanden habe, weshalb er den Menschen über so lange Zeit einen solchen Glauben gelassen hat, ohne irgendwann einmal durch ein Machtwort einzugreifen, wie er es doch früher immer wieder getan hat. Aber ich glaube, auch wenn ich noch nicht ausführlicher mit ihm darüber habe sprechen können, dass er inzwischen gelernt hat, seinen Zorn zu bändigen und eher in sich selbst zu ruhen, weil die Menschen sich offenbar weder in ihrer Natur noch in ihrem Verhalten wirklich ändern lassen, auch nicht, wenn Gott zu ihnen sprechen würde. Vielleicht aber schämt er sich ein wenig, denn wenn jemand die Verantwortung für die *Natur* des Menschen trägt, dann doch wohl tatsächlich Gott selbst, denn wer hat denn den Menschen nach seinem Ebenbilde erschaffen und ihm zudem noch das göttliche *pneuma*[49] eingehaucht? Und wenn er wirklich so mächtig ist, wie immer behauptet wird, warum hat er dann zwischenzeitlich nicht die Natur des Menschen verändert, was ihm doch ein Leichtes hätte sein müssen, auch wenn eben jene Natur des Menschen nicht in einem jeden Augenblick ihrer Existenz allein von seiner Zustimmung abhängig wäre?

Wie dem auch sei: Mir jedenfalls ist in der langen Geschichte des höheren Menschtums[50] selten ein größerer Unsinn begegnet als eine solche Idee, dass nämlich der Bestand der Welt eine Art von Gnadencharakter angenommen habe, es sei denn, man meint damit, dass Gott – wenn er es denn wollte – diese Welt zu einem jeden beliebigen Moment wieder in den Zustand der Nicht-Existenz versetzen könnte, was ihm ohne Zweifel möglich wäre, denn wer über die Fähigkeit zur Kreation verfügt, der wird wohl auch noch die *De-Kreation*, die Entschöpfung zustande bringen. Schließlich ist es immer einfacher, Dinge zu zerstören, als sie zu schaffen, was selbst die Menschen in ihrer langen Geschichte immer wieder bewiesen haben. Dass man ein Zerstörer[51] sein muss, wenn man ein Schöpfer sein will, werde ich nie leugnen, aber gleichwohl ist nicht ein jeder Zerstörer zugleich ein Schöpfer – dazu bedarf es dann doch wohl noch etwas mehr. Ich verrate jedoch kein Geheimnis, wenn ich hinzufüge, dass natürlich auch ich über gewisse Möglichkeiten verfüge, die ich nutzen werde, wenn es denn einmal so weit sein wird.

Ich weiß, dass ich abschweife, aber ich habe doch so viel zu erzählen, und immer werfe ich alles durcheinander, weshalb man mich wahrscheinlich auch den Teufel genannt hat, nämlich den *Diabolos*, den, der alles durcheinander wirft. Aber ich habe das Glück, kein Gott zu sein, weshalb ich mich nicht weiter anstrengen muss, um vollkommen zu bleiben, denn um die Unvollkommenheit zu erreichen, muss man sich nicht besonders anstrengen. Auch wenn ich Gott um Haaresbreite verfehlt habe, komme ich ihm doch am nächsten, denn außer ihm bin nur ich aus eigener Kraft dem Kosmos der Möglichkeiten entstiegen, aber ich kam einen Moment zu spät und muss mich nun damit begnügen, was ich bin.

Ich gestehe freimütig, dass es mir anfangs einige Schwierigkeiten bereitet hatte, als mir klar wurde, dass ich niemals die Perfektion Gottes würde erreichen können, und ich habe mich sehr darüber geärgert, dass Gott etwas früher als ich die Chance nutzte, sich selbst zu verwirklichen. Ich kann mich noch daran erinnern, als wäre es erst heute Morgen geschehen (und vielleicht ist es auch erst heute Morgen geschehen, so sicher kann man sich da nicht sein, denn wer will mit Fug & Recht sagen, dass es diese Welt gestern schon tatsächlich gegeben hat, denn es war einmal ein Schöpfergott, und wir wollen uns mit nichts Geringerem begnügen, der wollte noch ruhen, bevor er mit seiner Schöpfung begann, und so schlief er tief & fest ein, und er träumte, wie er unter Mühen die ganze Welt erschaffen hatte, und er hatte es so gut gemeint, doch voller Undank kehrten seine Werke sich gegen ihn, als er erschöpft war, und er musste schmählich fliehen aus dieser Welt, doch er fand seine Kraft zurück, und er war voller Zorn, und er wollte diese Welt zerstören und nie wieder eine neue schaffen, und er erschrak über sich selbst, und davon wachte er auf und bemerkte, dass er die ganze Zeit geschlafen hatte und ihm nur noch wenig Zeit blieb, um sein Werk zu beginnen, und das war heute Morgen um Viertel vor acht).

Ich kann mich also noch gut daran erinnern, dass ich bemerkte, wie sich irgendetwas veränderte im Kosmos der Möglichkeiten. Zunächst waren es nur vage Gerüchte, hier und da mit einem gewissen Lächeln auf den Lippen erzählt, immer verbunden mit einer wegwerfenden Handbewegung, aber wir hätten wissen müssen, dass es auch *dafür* eine Möglichkeit gab, dass man nämlich den Kosmos der Möglichkeiten verlassen und sich ein wirkliches Universum schaffen kann. Ich selbst war bei allen meinen Reisen quer durch unseren Kosmos noch nie auf *diese* Möglichkeit getroffen, und sie schien mir so undenkbar zu sein, so fern von allem, was ich bis dahin kennen gelernt hatte, aber heute weiß ich, wie dumm ich damals gewesen war. Ich hätte es mir denken können, ja denken *müssen*, dass irgendwann irgendjemand einmal auf diese Idee kommen *musste*, weil in unserem Kosmos eben alles möglich sein würde, wenn man nur lange genug darauf wartet, und war nicht schon genügend Zeit vergangen seit dem Beginn der Ewigkeit? – Wie auch immer: Was zunächst nur wie eines der allgegenwärtigen Gerüchte klang, erwies sich plötzlich in schrecklicher Weise als Realität, als nämlich immer mehr Möglichkeiten verschwanden und an einem Platz wieder auftauchten, von dem man sagte, dort sei die *Wirklichkeit*.

Eine gewisse Unruhe breitete sich aus in unserem Kosmos der Möglichkeiten, weil man sogar in der Unendlichkeit bemerkt, dass etwas fehlt, wenn die Zahl der verschwundenen Dinge nur groß genug ist. Man sprach damals von einem Makel, manche meinen sogar heute noch, dies sei die ursprüngliche aller *Sünden* gewesen, wodurch das wahre Übel, nämlich die Wirklichkeit, überhaupt erst in die Welt getreten sei. Ich weiß nicht mehr genau weshalb, aber ich habe diese Meldungen sofort sehr ernst genommen, denn in mir wuchs ein Unbehagen, das ich erst sehr viel später als *Neugierde* identifizieren konnte, nämlich auch einmal von der Möglichkeit Gebrauch zu machen, mich selbst zu verwirklichen, und ich gestehe freimütig, dass ich damals die Wollust zur Selbstverwirklichung erfunden habe, schließlich ist die Neugierde nichts anderes als eine besondere Form der Wollust, und man hat recht daran getan, jene Wollust als die Schöpfung des Teufels zu bezeichnen, wofür man auch den inzwischen landläufigen Begriff der *Sünde* verwendet.

Unter all den Sünden, für deren Existenz man mich verantwortlich macht (im Übrigen manchmal zu Unrecht, denn den *Zorn*, der auch eine große Sünde ist, habe nicht ich, sondern hat Gott erfunden, aber das sei hier nur am Rande erwähnt), unter allen Sünden also ist mir die *Wollust* die liebste, denn sie umfasst so viele Verheißungen und Möglichkeiten, so nicht zuletzt die Begierde, aus der sich mit wenig Aufwand alles andere ableiten lässt, was Gottes Zorn sonst noch herausfordert. Der Zorn hingegen ist nicht kreativ, hat keine imaginative Kraft, ist eine Verschwendung von Zeit & Energie, die nur Gott sich leisten kann, weil er über genügend von beidem verfügt, und sonst niemand. Die Wollust jedoch war immer auch der Anlass für die großartigsten Schöpfungen des Menschen selbst, denn der Mensch hat die *Kultur* nur deshalb erfunden, um seine eigene überbordende, zügellose Wollust zu bändigen und zu hemmen; und genau dieses ewige Wechselspiel zwischen der Wollust und ihrer Hemmung durch Regeln und Gesetze, zwischen der unbändigen – ich will sagen: animalischen – Natur des Menschen und ihrer Kanalisierung durch die Kultur (zu welcher ja auch Staat und Religion gehören), zwischen *animus* und *anima*, zwischen Revolution und Orthodoxie hat die Menschheit befähigt, überhaupt irgendwelche Leistungen von Bedeutung zu erbringen, die sie vom Tier unterscheiden.

Wie auch immer: Ich wollte jedenfalls genauer wissen, was geschehen war, so dass ich mich beeilte, in das reale Universum zu gelangen, was mir nach einigen Schwierigkeiten, von denen hier nicht die Rede sein soll, dann auch tatsächlich gelang, nur um dort festzustellen, dass Gott schon längst mit seiner eigenen Schöpfung begonnen hatte. Nun unterscheidet sich das reale Universum von unserem wunderbaren Kosmos der Möglichkeiten dadurch, dass zwar weiterhin alles möglich, nicht aber alles auch wirklich ist. So gibt es in diesem neuen Universum nur jene großen grauen Elephanten, nicht aber jene wunderschönen kleinen Elephanten in allen nur denkbaren Farben, die ich immer so sehr gemocht habe, weil sie gleichzeitig fliegen und singen konnten, und man kennt hier zwar die schöne Kunst des Rechnens mit den Zahlen, aber leider nicht die nicht minder schönen Künste, wie man sich ein Loch ins Knie bohrt und Marmelade hineinschmiert oder auf dem Kopf steht und mit den Beinen Hurra schreit.

Man muss also unglücklicherweise eine Auswahl treffen, und eine jede Wahl, die man getroffen hat, bedingt die nächste und dann wiederum die nächste und so weiter und so fort, bis schließlich eine solche Komplexität entsteht, dass man kaum noch weiß, was man eigentlich gewollt hat und was man wann und wie tun soll. Gott jedenfalls hatte durch seine Auswahl schon bestimmte Regeln und damit auch ein bestimmtes Maß an Komplexität vorausgesetzt, woran nun selbst ich mich halten musste, ob ich es denn wollte oder nicht. So hatte er etwa entschieden (und diese Entscheidung sollte sich als wesentlich erweisen), dass es in diesem realen Universum einen und *nur* einen Gott geben sollte, egal, was später andere von sich behaupten würden. Ich, der ich dank meiner Neugierde zwar recht früh, aber eben doch später als Gott im realen Universum erschienen war, musste mich in diese Regeln fügen und konnte selbst kein Gott mehr sein, wenn ich nicht zurückgeworfen werden wollte in den Kosmos der Möglichkeiten. Für mich wäre dann ja bloß noch die Position eines zweiten, niederen Gottes, eines Vize-Gottes, eines Gottes zweiter Wahl geblieben. Damit aber konnte und wollte ich nicht zufrieden sein, und so entschied ich mich dazu, etwas völlig anderes zu werden, nämlich der *Teufel* – eine Möglichkeit, die Gott zum damaligen Zeitpunkt erstaunlicherweise noch nicht bedacht hatte, woraus ein jeder folgern kann, was er will.

Natürlich hätte ich dagegen ankämpfen, hätte einen Streit mit Gott beginnen können um die Position des einzigen & alleinigen Gottes in der wirklichen Welt, und ich gebe zu, dass ich über diese Möglichkeit lange und intensiv nachgedacht habe, bis ich dann bemerkte, dass Gott in dieser Zeit seine eigene Schöpfung vorantrieb und ich noch nichts Wirkliches zustande gebracht hatte. Ich habe damals am eigenen Leibe gelernt, dass man nur dann kämpfen soll, wenn es sich wirklich lohnt, und die Frage danach, *was* sich denn wirklich lohnt, lässt sich nicht einfach beantworten, wenigstens nicht von vornherein, nachher, ja, dann wäre es auch viel einfacher. Jeder Klugscheißer kann jetzt einwenden, dass es doch wahrlich nichts Lohnenderes hätte geben können, als eben der einzige & alleinige Gott in dieser Welt zu sein, und wahrscheinlich hätte er sogar Recht mit diesem Einwand. Selbst heute träume ich manchmal davon, wie es hätte sein können, wenn ich damals Gott herausgefordert und besiegt hätte, und ich gestehe, dass mir diese Träume immer noch sehr gefallen. Aber dann weiß ich auch, dass alles hätte ganz anders sein können, dass Gott mich hätte besiegen und zurück in den Kosmos der Möglichkeiten werfen können, von wo aus ich dann die Entwicklung der wirklichen Welt nur noch hätte beobachten, aber nicht mehr beeinflussen können.

Das aber war mir damals nicht genug und ist es auch heute nicht, selbst wenn ich inzwischen immer mehr Gefallen an der Rolle eines Philosophen auf der Klippe[52] finde, der voller Interesse, aber ohne größeres Engagement und Verantwortung den Schiffbruch in stürmischer See beobachtet, um später allenfalls ein kluges Buch über die Kunst der Schifffahrt zu verfassen und weshalb sie nur von wenigen beherrscht wird. Damals aber war meine Neugierde stärker als aller Ärger, den ich über Gott empfinden mochte. Man mag es wohl Feigheit nennen, dass ich es noch nicht einmal versucht habe, aber man muss seine eigenen Chancen und vor allem seine eigenen Fähigkeiten nüchtern einschätzen können, denn weil Gott zuerst gekommen war, standen ihm auch mehr Möglichkeiten zur Auswahl als mir, so dass ich zu sehr auf den Zufall hätte vertrauen müssen, um ihn zu besiegen, denn man kann von Gott sagen, was immer man will, aber er weiß sehr genau, wie er seine Möglichkeiten nutzen kann. Ich bin noch heute fest davon überzeugt, dass ich damals richtig entschieden habe, denn bislang ist es mir immerhin gelungen, in der wirklichen Welt zu bleiben und hier einen gewissen Einfluss auszuüben; und es spielt dabei keine wesentliche Rolle, ob die Menschen an mich glauben oder nicht.

Nun also gut: Als ich endlich in der wirklichen Welt erschien, war Gott schon längst dabei, seine eigene Ordnung zu schaffen, und ich musste mich mit dem zufrieden geben, was noch übrig blieb. Aus Gründen, die ich bis heute nicht begriffen habe, hatte sich Gott dazu entschlossen, nur vollkommene Dinge zu schaffen, so makellos, dass ich mich heute noch zu meiner Bewunderung bekenne, die mich wie ein Fieber überkam, als ich zum ersten Mal seine Schöpfungen sah. Gott muss einen perfekten Plan gehabt haben, aber noch mehr beeindruckt hat mich die Leichtigkeit, mit welcher er ein Ding nach dem anderen, ohne zögern & zaudern, mit direktem Griff aus dem Kosmos der Möglichkeiten in die wirkliche Welt hineinholte. Und es hätte nicht besser sein können, was ich durchaus beurteilen kann, habe ich mich doch lange genug in unserem alten Kosmos aufgehalten und dabei genügend Möglichkeiten kennen gelernt, die Gott hätte wohl auswählen können, aber verwarf, weil sie eben nicht vollkommen waren vor seinem Angesicht.

Alles passte zusammen, alles war voller Harmonie, so als habe es in allen Ewigkeiten nur geradewegs darauf gewartet, endlich in Gottes Schöpfung aufgenommen zu werden, um dort seine wahre Bestimmung zu finden. Und tatsächlich haben mir später einige von Gottes Schöpfungen erzählt, wie geehrt sie sich gefühlt haben und wie glücklich sie heute immer noch sind, dass Gott gerade sie und nichts anderes ausgewählt hatte, als es darum ging, ein für alle Mal eine Welt der Vollkommenheit zu realisieren; sie, die Schöpfungen, lassen daher nichts auf Gott kommen, was ein jeder von uns verstehen kann, würde nicht auch er (und natürlich auch: *sie*) gerne und stolz zum Adel der Dinge gehören, die ausgezeichnet sind vor den Augen Gottes und der Menschen, selbst wenn die Menschen gerade das Grandiose und das Perfekte an der göttlichen Schöpfung oft genug gar nicht richtig zu schätzen wissen, so gedankenlos gehen sie damit um.

Selbst heute, da ich genügend Zeit hatte, um mich zu erinnern, kann ich kaum beschreiben, jedenfalls nicht in der bescheidenen Sprache der Menschen, mit welcher gewaltigen Kraft & Schönheit die Werke der Schöpfung aus dem göttlichen Wesen herausströmten und wie sich ein Ding nach dem anderen in einem vollkommenen Sein manifestierte. Nun hatte ich zwar den Beginn der Schöpfung nicht selbst miterleben können, weil ich auf meinem Weg durch die Irrungen & Wirrungen des Chaos immer wieder aufgehalten wurde und letztlich doch recht lange brauchte, und ich musste daher die ersten Einzelheiten später mit viel Mühe rekonstruieren, aber das, was ich dann mit meinen eigenen Augen sehen konnte, war ohne ein jegliches Beispiel, denn um die Möglichkeit der Dinge zu wissen ist eine Sache, ihre Realisierung aber in einer wirklichen Welt, auch wenn sie so begrenzt war wie das Paradies, eine *völlig* andere.

Man hat nie davon berichtet, aber ich weiß noch genau, wie sich Gottes Schöpfung vollzog inmitten einer unerhörten Musik, durchzogen von allerlei Wohlgerüchen, begleitet von einem noch nie gesehenen Tanz der Farben, die sich mischten zu einem alles überstrahlenden Licht, das wohlige Gefühl einer mütterlichen Wärme verbreitend, je länger es in die Welt hineinstrahlte, und ich konnte nicht anders, als nach einem Funken des Lichtes[53] zu greifen, auf dass man es mir nicht mehr werde nehmen können bis zum Ende aller Tage, und tatsächlich gelang es mir, und nun trage ich dieses Licht in *meine* Welt, und die Menschen tun recht daran, mich *Luzifer* zu nennen, denn wo wären heute ohne meinen Mut die Erkenntnis und die Erleuchtung – doch wohl immer noch verborgen und verschlossen vor den Menschen in der höchsten aller Sphären, wohin weder ihr Geist noch ihr Körper jemals werden gelangen können, und so sollen die Menschen mir auf ewig dankbar sein, anstatt ständig über mich und meine Werke zu jammern und zu klagen, was ihnen keinen Nutzen bringt und mich nur verärgert.

Nun gehöre ich selbst leider nicht zu jenen vollkommenen Dingen, denn ich wurde nun einmal nicht von Gott durch den Akt der Schöpfung aus dem Kosmos der Möglichkeiten in die reale Welt geholt; ich bin von selbst dorthin gelangt, durch meine eigene Entscheidung, durch meine eigene Kraft, auf mein eigenes Risiko, auf meine eigene Verantwortung. Darauf bin *ich* stolz, wahrscheinlich sogar noch viel stolzer als die Schöpfungen Gottes, denn niemand hat mir geholfen und mich gefördert, als ich mir den Weg durch die unendlichen Irrungen des Chaos hinein in die Welt gesucht habe. Das war wahrlich kein einfacher Weg; welche Anfechtungen habe ich überstehen müssen, welche Entbehrungen erleiden, welche Erniedrigung ertragen. Und wozu hatte ich das alles auf mich genommen, zeigte sich doch, dass Gott mich nicht willkommen hieß, als ich endlich am Ziel aller meiner Wünsche in der wirklichen Welt angekommen war? Hätte er nicht zumindest zur Kenntnis nehmen können, welche Anstrengungen ich hatte auf mich nehmen müssen, ein einfaches Wort der Anerkennung hätte mir durchaus gereicht, denn ich war müde und erschöpft.

Gott aber beachtete mich überhaupt nicht, was ich ihm bis heute übel nehme, auch wenn er mir später zu erklären versuchte, dass er mit den Arbeiten an seiner eigenen Schöpfung viel zu sehr beschäftigt war, als dass er die Ankunft einer neuen Realität hätte wahrnehmen können. Ich will ihm diese Erklärung glauben, bin aber trotzdem fest davon überzeugt, dass er mich deshalb verachtet, weil ich von Anfang an außerhalb seiner Schöpfung gestanden habe und auch alles andere als vollkommen bin, was ich vielleicht besser als alle anderen weiß und was mich leiden lässt bis an das Ende aller Tage. Aber ich habe meine Vollkommenheit auf dem Weg durch das unendliche Chaos hinein in die wirkliche Welt opfern müssen, und die Schmerzen über den Verlust wollen nicht enden, so wie diese Wunden niemals heilen werden. Ich weiß, dass Gott mich deshalb hasst und auch deshalb, weil ich ihn nicht inständig darum gebeten habe, erschaffen zu werden. Kann Gott aber hassen? Kann Gott, der Gütige, der Liebende, beherrscht sein von Feindseligkeit, von leidenschaftlicher Abneigung, von Groll und Zorn? – Ich sage: *Ja!*, und ich füge hinzu, dass es natürlich immer darauf ankommt, nämlich auf die Umstände, die können so sein oder auch anders, und manchmal wird Gott dann zornig und manchmal auch nicht, das ist eben sein unergründlicher Ratschluss. Damals aber war Gott noch jung und impulsiv und zügelte nicht seine Gefühle, auch wenn die Gefühle eines metaphysischen Wesens, wie Gott, aber auch ich es sind, ein anderes Gesicht haben, doch davon verstehen die Menschen nichts, selbst wenn sie sich noch so sehr bemühen mögen.

Manchmal frage ich mich, wie ich wohl geworden wäre, wenn Gott mich erschaffen hätte, wahrscheinlich wäre ich dann ein *vollkommener Teufel*[54], so wie alles in seiner Schöpfung vollkommen ist, aber eben doch nur ein Geschöpf mit sehr begrenzten Möglichkeiten. Denn auch wenn der Kosmos der Möglichkeiten unendlich und unerschöpflich ist, hat Gott sich doch entschieden, in einem jeden seiner Werke nur eine genau begrenzte Zahl von Möglichkeiten zu realisieren, manchmal auch nur eine einzige, obwohl man doch gar nicht hätte so sparsam sein müssen, wenn einem alle Ressourcen der Unendlichkeit zur Verfügung stehen. Aber was wäre ich geworden, mit welchen Aufgaben hätte Gott mich betraut, mir welche Fähigkeiten dazu gegeben, und zu welchem Zweck? Auf jeden Fall hätte *er* mir einen festen Platz in der Ordnung seiner Schöpfung zugewiesen, an welchem ich hätte verharren müssen, sogar weit über das Ende aller Tage hinaus.

Ich wäre wahrscheinlich sein Bote geworden, sein *mal'ak*, wie man in der hebräischen Sprache sagt, sein *angelos*, wie es im Griechischen heißt, der in meinem Falle wohl vor allem die schlechten Nachrichten von Tod, Leid & Strafe hätte den Menschen überbringen müssen, weil Gott sich immer viel Mühe damit gegeben hat, die Verantwortung *dafür* anderen zu übertragen. Kurz gesagt: Ich wäre niemals frei gewesen für mich und meine Werke, denn von Gott in seine Schöpfung aufgenommen zu werden, bedeutet letztlich und endlich, dass man sich genauestens & peinlich an seine Regeln und Gebote zu halten hat, wenn man nicht unvermittelt zum Objekt seines unmäßigen Zornes werden will, so wie es die Schlange und die Menschen geworden sind. Aber Gott hat mich nun einmal nicht erschaffen, und so wird man es nie wissen, wie ein Teufel von Gottes Gnaden hätte sein können, sein *dürfen*.

Und ich? – Ich bin froh, dass ich es doch aus eigener Kraft geschafft habe, ohne irgendjemandem auf ewig dankbar & verpflichtet sein zu müssen.

Mir ist danach zu bekennen, und so will ich nicht leugnen, dass ich damals nicht nur die Wollust, sondern auch den *Neid* erfunden habe, denn ich war neidisch auf Gott und seine Schöpfung und bin es heute noch immer. Ich werde gleich von meiner eigenen Schöpfung berichten, jetzt nur so viel, dass ich seitdem sehr genau weiß, wie schwierig und anstrengend es ist, eine Welt zu erschaffen, die nicht nur allein einigermaßen in sich selbst funktioniert, sondern auch noch anmutig aussieht, denn *darauf* kommt es in jedem Fall an. Man kann über die Ergebnisse meiner Arbeiten geteilter Meinung sein, vor allem dann, wenn man noch nicht begriffen hat, welches einfache, aber schöne System sich dahinter verbirgt, aber Gottes Schöpfung war einfach phantastisch, ich habe schon davon gesprochen. Hätte ich doch bloß seine Fähigkeiten gehabt, wie vieles hätte anders werden können auf dieser Welt.

Als ich in der wirklichen Welt erschien, hatte Gott bereits den Himmel von der Erde geschieden und auch die Wasser getrennt, was eine schier unglaubliche Leistung war, denn man kann sich kaum vorstellen, welche pure Energie, aber auch welche Eleganz dazu erforderlich waren, und dann noch am folgenden Tag fortzufahren, als sei gestern nichts gewesen – das hat mir den tiefsten Respekt abgenötigt, aber auch einen unstillbaren Neid in mir geweckt. Und in diesem Moment war ich vielleicht am meisten bereit, mich auf einen Kampf mit Gott einzulassen, um ihm zu nehmen, was er mir voraushatte. Aber glücklicherweise war ich nach meinem langen Weg durch das Chaos viel zu erschöpft, um ihn sofort anzugreifen, so dass ich genügend Zeit hatte, um nachzudenken. Mir wurde dabei schnell klar, dass mein Neid umso größer wird, je mehr der andere mir überlegen ist, sei es in seinem Besitz, sei es in seinen Fähigkeiten; und mein Neid gegenüber Gott war enorm vom ersten Augenblick an, schon bevor ich die Gelegenheit hatte, ihn besser zu verstehen. Vielleicht bin ich feige, aber ich bin nicht eitel und kann daher meine eigenen Fähigkeiten einschätzen, so dass ich meinen Neid, wenigstens für den Moment, unterdrückte und mich daranmachte, Gott sehr genau zu beobachten.

Ich habe damals viel gelernt, selbst wenn Gott eifersüchtig alles daransetzte, seine Geheimnisse vor mir zu verbergen. Mit Neid – so sagt man – macht man sich auf die Suche nach dem richtigen Platz in der Welt, mit Geiz hingegen verteidigt man diesen Platz, wenn man ihn einmal gefunden hat. In diesem Sinne ist der Neid das revolutionäre Prinzip und der Geiz das konservative, und das war schon damals so, als ich in die wirkliche Welt kam, weshalb man mir später vorgeworfen hat, dass ich der Anführer eines Aufstandes gegen Gott gewesen sei, was aber in keiner Weise zutrifft. Ich gebe zu, dass ich neidisch war, aber Gott war geizig, denn er hätte mich durchaus lehren können, was er schon in aller Vollendung beherrschte. Wir hätten gemeinsam alle Welten erschaffen können, nach denen uns der Sinn gestanden hätte, und ich wäre bereit gewesen, mich völlig seiner Führung zu unterwerfen, nie wäre ein Wort der Kritik über meine Lippen gekommen. Ich wäre der Erste in der Huldigung gewesen und der Letzte in der Lobpreisung, ich wäre sein treuer Diener gewesen, sein gehorsamer Sklave, wenn er doch nur sein Wissen mit mir geteilt hätte. Aber Gott war eifersüchtig und geizig; was in seinem Namen gepredigt wird, nämlich Mitgefühl und Gerechtigkeit, hat er über lange Zeit selbst nicht praktiziert; erst als es fast zu spät war, hat er das Opfer gebracht, das längst überfällig war. Aber davon wird noch zu seiner Zeit ausführlicher zu sprechen sein; jetzt genug davon.

Ich war also neidisch auf Gott und gleichzeitig voller Tatendrang: Ich wollte schaffen, ich wollte selbst probieren, wie es wäre, wenn man die Potenzen zur Realität formt und sie gerinnen lässt, ich wollte den Schauder fühlen, der einen ergreift, wenn man endlich das erste Produkt seines eigenen Geistes und seiner eigenen Arbeit in Händen hält. Hat nicht auch Gott am Abend eines jeden Tages eingehalten, hat geruht und sein Werk betrachtet, zuerst prüfend und ängstlich, dann voller Stolz und Genugtuung: *Und Gott sah, dass es gut war.* Nicht dass er wirklich etwas anderes erwartet hätte, denn Gott ist in solchen Dingen immer recht selbstbewusst gewesen, hat nie irgendeine Kritik an seinen Schöpfungen zugelassen, aber ich bin mir ziemlich sicher, dass auch er diesen kurzen Moment des Zweifels, wenigstens aber der Aufregung gekannt hat, den wohl ein jeder verspürt, wenn er zum ersten Mal seine Werke begutachtet – hätte er sich sonst die Mühe gemacht, sie überhaupt noch einmal aus der zeitlichen Distanz heraus zu betrachten und sogar zu bewerten?

Ich will aber hier nicht verschweigen, dass Gott allen Grund hatte, stolz auf seine Schöpfungen zu sein, auf sein eigenes Tun ebenso wie auf die Werke, die daraus entstanden. Doch der Stolz liegt niemals weit entfernt von der Eitelkeit, auch nicht bei Gott, und genau deshalb hatte er ja mit jenem gewaltigen und grandiosen Werk der Schöpfung begonnen, denn sein Verständnis von sich selbst verlangte unmissverständlich von ihm, zum einen die Welt nicht unerschaffen zu lassen – weil diese Unterlassung eine gottesunwürdige Form des Sparens wäre –, und zum anderen, die Welt gottartig oder gottähnlich zu gestalten, weil weniger als das formal und materiell Beste den allmächtigen Urheber nicht auszudrücken vermag. Wer will, mag auch darin eine Form der Wollust erkennen, die man zunächst bei Gott nicht unbedingt vermutet hätte, aber wenn er schon zornig und geizig sein kann, wie wir gesehen haben, warum dann nicht auch wollüstig? Man wird verstehen, dass *ich* mich dazu nicht weiter äußern will, und jetzt wirklich genug davon.

Ich habe mich also nicht meinem Neid hingegeben, habe Gott nicht sofort angegriffen und bekämpft, sondern habe ihn zunächst einmal in aller Ruhe beobachtet. Seine Fähigkeiten waren wirklich beeindruckend – ich kann das nicht oft genug betonen. Je länger ich ihn jedoch beobachtete, desto mehr wurde mir klar, dass sich seine Schöpfung nach einem bestimmten Prinzip vollzog: Er schuf nämlich immer nur ein einziges Exemplar von jedem Ding, das zwar vollkommen und makellos war, aber eben doch an und für sich allein und letztlich auch einsam, aber daran wollte Gott sich nicht stören, war er damals doch auch allein und einsam. Es gab im System seiner Schöpfung genau einen einzigen Lurch, eine einzige Kuh, eine einzige Fledermaus, eine einzige Pistazie; es gab alles, was man sich nur vorstellen kann, aber eben jeweils immer nur ein einziges davon. Und es gab auch nur eine einzige Dampfmaschine und einen einzigen Brühwürfel, ein einziges Atomkraftwerk und einen einzigen Lippenstift, alles in höchster Vollkommenheit & Schönheit, denn selbst wenn man uns bislang noch nichts davon berichtet hat, so hatte doch Gott diese Dinge schon längst mit seinem Geiste ersonnen und noch vieles mehr, wovon ich allerdings nicht sprechen darf und was er auch vor dem Angesicht der Menschen versteckt hielt, weil sie dessen noch nicht bedurften, aber Gott hatte es schon einmal auf Vorrat[55] ersonnen, weil ihm gerade danach war. Das Vollkommene zu erschaffen erfordert jedenfalls ein unglaubliches Maß an Kraft, und schließlich war Gott so erschöpft, dass er schon am siebten Tag davon ruhen musste; er konnte seine Schöpfungen gerade noch segnen und sie ermuntern, fruchtbar zu sein und sich selbst zu vermehren, dann ward von Gott zunächst nichts mehr zu sehen oder zu hören.

Hier erkannte nun ich meine Chance, und ich habe sie genutzt, denn jetzt, am siebten Tag, konnte ich mit *meiner* Schöpfung beginnen, die ich in all den langen und kalten Nächten zuvor, als Gott schlief, schon in aller Stille und heimlich vorbereitet hatte, denn ich bin der *Herr der Nacht*, und die Eule ist mein Begleiter, und *Nyx*, die Nacht, ist meine Dienerin. Denn hat nicht geherrscht über alle Welt in ihrer präkosmischen Existenz die kalte und finstere Allnacht, bevor Gott sie vertrieben hat mit dem einfachen Satz *Es werde Licht*? Und es ward Licht, weil die Nacht völlig überrascht wurde von der Ankunft eines anderen Wesens, und Gott legte sie auf immer in Ketten, auf dass sie nur noch teile den einen Tag vom anderen. Nun war Gottes Schöpfung zwar gewaltig & beeindruckend, aber doch eben endlich und ließ mir also noch genügend Raum, wobei ich mir allerdings stets bewusst war, dass ich in keinen Wettbewerb mit Gottes Werken treten durfte, denn die Vollkommenheit, so wie Gott sie erschaffen hat, kann man nicht übertreffen, man kann sie nur verfehlen. Ich mag feige sein und auch neidisch, aber ich bin nicht dumm, denn sonst hätte ich nicht meinen Weg durch die Irrungen des Chaos in die wirkliche Welt gefunden, und so hatte ich in den Tagen & Nächten zuvor einen Plan entwickelt, auf den ich heute noch so stolz bin wie damals, weil er in seiner Einfachheit – denn zu mehr war ich nicht fähig – einfach genial war.

Und *das* war mein Plan: Ich habe nämlich nicht die Dinge selbst geschaffen, sondern mein ist der *Algorithmus*, nach dem alles in dieser wirklichen Welt funktioniert; ich habe der Physik, der Chemie, der Biologie die Gesetze und Regeln gesetzt und ich habe ihnen die nötige Zeit verschafft, sich von selbst zur Vollkommenheit zu entwickeln und dabei auch aus den eigenen Fehlern zu lernen, was sehr wichtig ist, denn ich habe weder die Kraft noch die Fähigkeit, mich immer & überall um alles zu kümmern. Und ich gebe es unumwunden zu: Mir fehlt dazu die rechte Lust, denn die Berufung zum Lehrer habe ich nie verspürt, vor allem nicht in jenen unzähligen Fällen, da der Schüler nicht sonderlich gelehrig ist, und leider zählt die Natur – und eben auch der Mensch – zu dieser Kategorie. Man wird begreifen müssen, dass es doch ziemlich genial von mir war, einen solchen Algorithmus zu schaffen, man kann auch sagen: eine *Evolution*, die aus eigener Kraft zur Vollkommenheit strebt, aber ein solches System hat bei all seinen unbestreitbaren Vorzügen leider einen gewaltigen Nachteil: Es dauert recht lange, bevor diejenigen Ergebnisse zustande kommen, auf die man gerade voller Ungeduld wartet.

Gott hatte sich also dazu entschieden, fertige, vollkommene Produkte zu erschaffen, ich hingegen hatte meine Schöpfung als einen *Prozess* angelegt und in diesen Prozess hinein die Wollust gelegt, nämlich den unstillbaren Wunsch aller Dinge, sich in alle Richtungen auszudehnen und zu entwickeln: Gott herrscht über das *Sein*, ich aber über das *Werden*. Was ich übrigens mit der Einheit aller Dinge an einem einzigen Ort beginnen musste (denn ich wollte Gott nicht zu früh auf mein Vorhaben aufmerksam machen), sollte sich über die Zeit, meiner besten Alliierten, vollenden können, auch wenn die Wege dorthin verschlungen und umständlich erscheinen mögen, denn auf den Zufall kann man zwar vertrauen, aber nicht immer auf ihn warten. Ich hatte mir jedenfalls die Mühe gegeben, so viel wie möglich von vornherein zu bedenken und in meinen Algorithmus aufzunehmen, doch man kann eben nicht immer auf alles vorbereitet sein, man muss den Dingen ihren Lauf lassen.

Und so habe ich den Dingen ihren Lauf gelassen, *ich* habe die Freiheit in diese Welt gesetzt, nicht nur für den Menschen, sondern für alles und jedes, denn in *meiner* Schöpfung ist das *Noch-Nicht-Sein* mindestens ebenso wichtig wie das Sein, und es ist an den Menschen, selbst zu entscheiden, was sie für wesentlich genug halten, um es in dieser Welt eines Tages aus eigener Kraft zu verwirklichen. Und in aller Demut will ich darauf verweisen, dass sich genau darin meine Welt von der Welt Gottes unterscheidet: Gott hat eine perfekte Welt, *seine* Welt erschaffen, aber das ist dann auch das Einzige, was von ihm noch übrig bleibt, und hierbei ist das Perfektum wichtig, denn seitdem läuft die Welt wie eine Maschine nach *meinen* Regeln ihren Gang fort; wer wollte wirklich annehmen, dass Gott immer, selbst heute noch, schafft?

Natürlich habe auch ich manchmal davon geträumt, das Drehbuch zu schreiben, nach dem sich diese Welt ein für alle Mal zu richten hätte, und es hätte durchaus mein Ehrgeiz sein können, zugleich die Regie zu übernehmen und die Darsteller so lange probieren zu lassen, bis es mir endlich recht gewesen wäre, und ich hätte mit allem höchst penibel sein können. Doch dann wäre zugleich alle Verantwortung allein bei mir geblieben, der ich mich nie & nimmer mehr hätte entziehen können, selbst wenn alle Darsteller die gleichen Dilettanten blieben, die sie immer schon gewesen sind. Denn wie hätte ich zufrieden sein können mit den läppischen Vorstellungen der Menschen, die es noch nicht einmal geschafft haben, mit den nun wirklich vorbildlichen Bedingungen des Paradieses zurechtzukommen, und über den ersten Fallstrick gestolpert sind, der sich ihnen in den Weg legte. Heute bin ich mir sicher, dass ich schon nach kürzester Zeit völlig verzweifelt gewesen wäre und wahrscheinlich vor der Natur der Menschen hätte kapitulieren müssen, so wie auch in Gottes Zorn ein gehöriges Maß an Resignation gemischt war, als er bemerken musste, wie gerade der Mensch mit einem einzigen Bissen in die ominöse Frucht seine ganzen schönen Pläne auf einen Schlag durcheinander warf.

Wie auch immer: Gottes Gefühle gehen mich nichts an, und ich habe mich nicht verlocken lassen, mehr an Verantwortung zu übernehmen als unbedingt notwendig, weshalb man die Freiheit des Menschen, zu tun und zu lassen, was ihm beliebt, ohne weiteres auch als ein Zeichen für die *Faulheit* des Schöpfers nehmen könnte, wenn wir denn nicht als Schöpfer und als metaphysische Wesen weitaus Besseres zu schaffen hätten, als uns in einem jeden Augenblick um das Geschick der Welt und der Menschen zu bekümmern und für uns deshalb eine eigene Art von Effizienz gilt, die sich nach Maßstäben bemisst, die nun gar nicht von dieser Welt sind und daher von den Menschen nicht beurteilt werden können. Das wäre ja auch noch schöner, wenn wir uns der Kritik der Menschen zu stellen hätten, auf dass sie unsere Schöpfung in alle Einzelheiten zerteilen und sie je nach ihrem Geschmack und ihren Moden auf das Subtilste bewerten; heute wäre ihnen der Himmel zu blau, weil sie sich gerade eine andere Farbe erwählt haben, und morgen wünschten sie sich noch ein weiteres Geschlecht, wenn es sie danach gelüstet.

Ich aber sage, dass es die Bestimmung der Menschen ist, auf der Bühne ihres Lebens zu agieren; nicht *sie* sitzen im Parkett, wohin sie schon gar nicht gehören, nicht sie verteilen Beifall und Kritik, sondern das steht allein Gott und mir zu und vielleicht noch einigen anderen, aber das geht die Menschen nichts an, weil sie es noch früh genug erfahren werden. Und so wird es am Ende allein darauf ankommen, wie die Menschen mit jenem großen Geschenk der Freiheit umgegangen sind, das Gott ihnen verwehrt hatte und ich ihnen in meiner unendlichen Gnade gewährt habe, und so liegt es auch nur in ihrer Verantwortung, auf das

Beste zu improvisieren, wenn sie denn erst einmal gemerkt haben, dass es kein Drehbuch gibt, weil es nie eines gegeben hat.

Gott jedenfalls hatte sich in seiner Schöpfung auf die großen Werke konzentriert, die ganz großen Dinge, er schied den Himmel von der Erde und den Tag von der Finsternis, und er sammelte die Wasser, damit er trockenen Fußes über die Erde wandeln konnte. Das war eine gewaltige und beeindruckende Leistung und daran konnte und wollte ich mich nicht messen, diesen Preis habe ich nun einmal dafür zu zahlen, dass ich zu spät in diese wirkliche Welt gekommen bin. Meine einzige Chance konnte also nur darin bestehen, auf genau der *anderen* Seite des Spektrums zu beginnen, bei den kleinen, den wirklich allerkleinsten Dingen, und deshalb habe ich mich auch gar nicht weiter mit Himmel & Erde befasst, sondern meine Strategie danach ausgerichtet, mich aus kleinen Anfängen weiter voranzuarbeiten. Sagt man nicht, dass der *Teufel im Detail steckt*, und man hat Recht damit, denn genau dort hat meine Schöpfung begonnen, mit den winzigen Teilen, aus denen ich dann später die Atome zusammensetzte und aus ihnen wiederum die Moleküle und aus ihnen die Proteine und aus ihnen das Leben und aus ihm den Menschen und aus ihm die Kultur.

Jetzt, da alles gut gelungen ist, vergesse selbst ich manchmal, welches Feingefühl, welche Zartheit, welche – ja, ich sage es mit Stolz: – *Anmut* erforderlich waren, um den winzigen Teilen, von denen sogar ich nie genau wusste, ob sie hier oder dort oder überall zugleich waren, und die sich selbst nie entscheiden konnten, ob sie nun Energie oder Materie sein wollten, das richtige Maß an Drehung zu versetzen, damit sie zueinander finden und sich nicht mehr voneinander lösen. Und die Menschen haben Recht damit gehabt, wenn sie einmal daran glaubten, dass die Ruhe der natürliche Zustand aller Dinge ist, denn so war es einstmals im Paradies, das Gott erschaffen hat, als alles vollkommen war und sich nicht mehr verändern und nicht mehr entwickeln und nicht mehr bewegen musste; in meiner Welt aber setzt sich die kleinste Drehung bis zur größten fort, ohne Unterlass, und sie wird dabei immer stärker, weshalb ich es so eingerichtet habe, dass sich immer alles bewegt bis an das Ende aller Tage, und dieses Ziel habe ich genannt: *Entropie*, wenn wieder eine allgegenwärtige Ruhe herrscht, bis ich entscheide, dass es von neuem beginnen soll.

Aber auch für all die Zeiten, die da noch kommen werden bis zum Ende aller Tage, habe ich mich entschieden, mich auf das Allerkleinste zu verlassen, denn das war mir immer treu und hat mich nie enttäuscht. Mein ist die Mechanik der Quanten, dort bin ich zu Haus, während mir die Mechanik der Himmel immer fremd geblieben ist bis zum heutigen Tage, und noch niemandem ist es gelungen[56], die Bewegung des Größten durch die Bewegung des Kleinsten zu erklären, denn die Schöpfung Gottes und die Schöpfung des Teufels werden getrennt bleiben bis an das Ende aller Tage, und kein Gott und erst recht kein Mensch wird jemals die *Weltformel* finden, in welcher alles zueinander passt, auch wenn die drei Ingenieure aus Herne ihr einmal sehr nahe gekommen sind. Aber das ist eine ganz andere Geschichte, und so sage ich hier nur, dass ein großer Unsinn hinter der Behauptung steckt, dass es einen durchgehenden Parallelismus zwischen Makrokosmos und Mikrokosmos geben sollte, denn was Gott geschaffen hat und was ich geschaffen habe, das kommt niemals zusammen. Denn ich bin nun einmal nicht wie Gott und kann auch nicht auf einen einzigen Schlag das Vollkommene vom Möglichen scheiden, so wie er es getan hat an den nur sechs Tagen seiner Schöpfung, was ich aus tiefstem Herzen bewundere, wo ich doch weiß, dass ich ihm darin nicht gleichkomme, nie & nimmer, sooft und solange ich es auch versuchen würde.

Für Bedauern jedoch habe ich keine Zeit, das ist nur eine andere Form von Müßiggang, und darauf kann ich ganz und gar verzichten, denn so viel ist gewiss, dass nämlich eines Tages, ganz gleich, wie lange es noch dauern mag, und morgen kann es schon so weit sein, der Letzte aller Tage angebrochen sein wird, und bis dahin muss *meine* Schöpfung so nahe an der Vollkommenheit sein wie nur eben möglich, auch wenn ich weiß, dass ich nie an Gott & seine Werke heranreichen werde, immer wird ein Unterschied bleiben, so klein er letztlich auch sein mag. Meine Schöpfung, mein Algorithmus also, ist angelegt auf die allerkleinsten Veränderungen, so winzig klein, dass selbst Gott der Allwissende sie kaum wahrnehmen kann; aber doch, wenn es nur lange genug genügend winzig kleine Veränderungen[57] gibt, dann wird sich auch im Großen etwas ändern. Manchmal reicht es, wenn ein Schmetterling mit seinen Flügeln schlägt, um irgendwo, weit entfernt, am anderen Ende der Welt das Wetter zu verändern, denn die Gleichungen in meinem Algorithmus sind so sensibel und so furchtsam, dass sie uns schon anders erscheinen, wenn wir nur ihren Namen laut aussprechen, was die Magier übrigens nie bedacht haben, wenn sie mit dem Namen zugleich die Dinge zu beherrschen wähnten.

In meiner Schöpfung jedenfalls geht es langsam voran, sehr langsam, aber deshalb doch trotzdem nicht weniger sicher; denn bisher habe ich immer alles erreicht, wenn ich mich auf das Kleine beschränkte, und dort kann ich in Stille und Frieden wirken, ohne dass mich Gott oder die Menschen bemerken. Und so kann ich meine Fehler korrigieren, bevor es zu spät ist, denn Gott mag vollkommen sein, ich bin es aber sicherlich nicht, und deshalb kann selbst ich, der ich Gott am nächsten komme, nicht frei sein von Fehlern, was mir wohl bewusst ist, denn schließlich mag man mir vorwerfen, was immer man will, aber doch nicht die Eitelkeit.

Andere mögen hingegen schon damals viel eitler gewesen sein als ich; und so wusste ich wohl genau, weshalb ich mich auf das Kleinste des Kleinen eingelassen habe, denn Gott selbst hatte sich nie dafür interessiert, weil ihm die Leere immer unangenehm gewesen war und er genau deshalb damals, ursprünglich & überhaupt mit seiner Schöpfung begonnen hatte, war es ihm doch im Bewusstsein seiner überquellenden Macht & Herrlichkeit stets unerträglich gewesen, dass alles nur möglich, aber nichts wirklich war.

Ich will hier ein Geheimnis enthüllen: Schon damals, als nämlich Gott selbst noch nicht den großen Schritt aus dem Kosmos der Möglichkeiten hinein in die wirkliche Welt gewagt hatte, um dort zum Schöpfer und Herrscher zu werden, schon damals war er ohne den geringsten Zweifel von seiner Bestimmung überzeugt und – da er ein wenig vergesslich war – hatte er alles, was sich eines Tages von der Möglichkeit zum Handeln erheben sollte, wie auf einen Merkzettel[58] in seine rechte Hand geschrieben, und ich habe versprochen, dass ich kein Wort davon sage, welche Überraschungen dort noch auf die Welt und die Menschen warten. Jedenfalls war Gott von Anfang an die Leere äußerst unangenehm und abstoßend gewesen, und gerade das Kleinste des Kleinen, dem ich mich dann später mit vollem Herzen widmen sollte, war ihm deshalb höchst verdächtig, weil es sich doch kaum vom Hintergrund der Leere abhob, nur einige winzige Teilchen von Materie in einem riesigen Ozean des Nichts, allein miteinander verbunden durch ein wenig klebrige Energie. Gottes Abneigung war so groß, und er zeigte sie allen so deutlich, dass später manche sogar vermuteten, dass Gott etwas unendlich Kleines gar nicht hätte erschaffen können, ebenso wenig wie ein gelehrtes Pferd, wozu ich mich aber weder hier noch an anderer Stelle in irgendeiner Form äußern will.

Tatsächlich aber sind Gottes Schöpfungen stets von gewaltiger Natur gewesen, so dass er nur zehn Manifestationen benötigte, um sein Werk zu vollenden, und man nannte sie die zehn *Sefiroth*, welche aufgetaucht sind aus seinem verborgenen Sein und nun sowohl das Ensemble als auch die Individuen des Vereinigten Universums, die Welt der Einheit und der Vielfalt zugleich bilden, *alma de-yihuda*, und in ihrer Mitte thront allein *Tifereth*, die Schönheit Gottes. Damit aber kann und will ich in keinen Wettbewerb treten, auch wenn ich zugeben muss, dass ich manchmal des Nachts, wenn Gott ruhte von der Mühsal seiner Schöpfung, darüber gesonnen habe, ob ich mir die eine oder andere seiner Sefiroth ausleihen soll, um mit meiner eigenen Schöpfung zu beginnen, doch dann habe ich anders entschieden. Und ist meine Welt denn nicht gut gelungen, allein mit den zweiundzwanzig Buchstaben, welche bilden die Schrift, in der ich meinen Algorithmus geschrieben habe, auf dass ein jeder ihn soll lesen können, wenn er sich nur die rechte Mühe gibt? Doch davon wird später noch mehr zu erzählen sein.

Ich will hier nun nicht viel darüber sprechen, aber man wird sich doch wohl vorstellen können, wie aufwendig es gewesen sein muss, aus nur wenigen Buchstaben eine ganze, große Welt nicht nur zu erschaffen, die dazu auch noch ansprechend aussieht, was schon an sich schwierig genug gewesen wäre, sondern ihr auch noch eine solche Dynamik zu schenken, dass man nicht ständig selbst eingreifen muss, damit sie sich ein Stück weiterdreht. Wie dem auch sei: Meine Welt war jedenfalls noch längst nicht fertig, als Gott den Menschen und mit ihm alles Getier und alles Gewürm aus dem Garten Eden vertrieb und nur die Pflanzen bei sich behielt, weil er sie doch so sehr liebte, denn ist nicht sogar den Heuschrecken[59] am Ende aller Tage gesagt, dass sie nicht beschädigten das Gras auf Erden, noch ein Grünes, noch einen Baum, sondern allein die Menschen, die nicht haben das Siegel an ihren Stirnen – welch ein Privileg, wenn die ganze Welt ein für alle Mal zerstört werden soll und nichts wird gerettet außer den Gerechten und zu ihnen gehören die Pflanzen.

Wie auch immer: Es ist Gott nie in den Sinn gekommen, sich bei mir dafür zu bedanken, dass ich damals einen angemessenen Ort bereitstellen konnte, wohin die Menschen und ihre ganze Begleitung vertrieben werden konnten; nur weil es damals meine Welt gab, unfertig zwar, aber immerhin, musste Gott seine eigenen Schöpfungen nicht sofort zurück in die Nichtexistenz schicken, aus der er sie gerade erst herausgeholt hatte. Anstatt mich zu verfluchen, sollte die Menschheit mir auf ewig dankbar sein, dass ich ihr ein Exil und eine zweite Chance geboten habe, was Gott ursprünglich so gar nicht geplant hatte; er war dermaßen darüber verärgert, dass gerade jenes seiner Werke, welches er geschaffen hatte nach seinem eigenen Ebenbilde, sich nun überhaupt nicht als vollkommen erwies, allenfalls als vollkommen ungeeignet und ansonsten recht ungehörig und arrogant, sogar gegenüber seinem Schöpfer. Vielleicht – so habe ich damals zu Gott gesagt – ist ihm diese Schöpfung selbst viel ähnlicher gewesen, als er es eigentlich erwartet hatte, aber Gott hat mir darauf nie eine anständige Antwort gegeben.

Ganz im Gegenteil: Offenbar hatte ich mit dieser Bemerkung Gottes Stolz verletzt, was ich mir eigentlich hätte denken können, denn ich hatte schon längst bemerkt, dass er mit Kritik nicht sehr gut umgehen kann. Er wird sehr zornig, wenn man seine Leistungen oder gar seine Position infrage stellt, was die Schlange und die Menschen hatten spüren müssen. Mir hätte bewusst sein sollen, dass allein schon meine pure Existenz in dieser Welt für Gott ein großes Ärgernis war, denn ihm war es immer darum gegangen, nicht nur der Erste zu sein, sondern auch der Einzige zu bleiben. Und nun war ich in der Welt, die er für die seine hielt, war nicht das Ergebnis seines Willens und seiner Schöpfung, hatte mich durch meinen eigenen Entschluss und mit eigener Kraft verwirklicht, und – am schlimmsten von allem für ihn – ich war in meiner Existenz auf ihn auch nicht angewiesen, in keiner Weise und zu keinem Zeitpunkt.

Ich hätte es also wissen müssen, denn ich kannte ihn schon seit einer Weile, auch wenn ich ihm im Kosmos der Möglichkeiten nur selten begegnet war; aber trotzdem kam es überraschend für mich, dass er – anstatt mir eine Antwort zu geben – tatsächlich glaubte, mir befehlen zu können, dass ich von nun an den Menschen zu dienen und ihnen zu gehorchen hätte. Ich dachte zunächst an einen Witz, denn wie soll, wie darf, wie kann ich mich Wesen unterordnen, die aus nichts anderem entstanden sind als aus Staub & Lehm, während ich doch gekommen bin aus dem Kosmos der Möglichkeiten durch die Irrungen des Chaos in die wirkliche Welt, von gleichem Ursprung und von gleicher Abstammung wie Gott selbst. Aber wenn es Gott an einem fehlt, dann ist es Humor, und sein Verhalten machte mir recht schnell deutlich, dass er es sehr ernst mit seinen Anweisungen gemeint hatte, und als er bemerkte, dass ich keinerlei Anstalten machte, seinen Befehlen zu folgen, sagte er einige äußerst schlimme Worte zu mir, die ich hier nicht wiederholen will, weil sie mich immer noch zutiefst verärgern und bestürzen und ich am liebsten gar nicht mehr daran denken möchte. Ich will aber nicht verschweigen, dass ich ihm meine Antwort in gleicher Münze gab, was unser Verhältnis für eine geraume Zeit sehr trübte, war er doch der festen Überzeugung, dass ich einen Aufstand gegen ihn plane, wo ich doch nichts anderes wollte, als mit meiner eigenen Schöpfung in Frieden gelassen zu werden.

Die Ankunft der Menschen in meiner Welt ereignete sich wegen des göttlichen Zornes jedenfalls viel früher, als ich es eigentlich gehofft hatte, denn das hatte ich mir gemerkt: Der Mensch ist ein stets unzufriedenes Wesen, weshalb Gott ihn auch erst im letzten Akt als letztes seiner Werke in eine schon perfekte Welt gesetzt hatte; Gott war genauso wenig wie ich daran interessiert, sich ständig die Klagen und Nörgeleien der Menschen anhören zu müssen, dass es zu kalt, zu warm, zu feucht, zu trocken sei oder immer gerade so, wie man es sich eigentlich nicht wünschte. Nun war also meine ursprünglich geplante Dramaturgie gescheitert und der Mensch viel zu früh in meiner Welt erschienen, und tatsächlich begann er sofort damit, sich über alles & jedes zu beklagen, aber niemand erhörte ihn – Gott nicht, weil er immer noch in höchstem Maße zornig war und zunächst von den Menschen nichts mehr wissen wollte, und ich nicht, weil ich nach einigem Nachdenken dahinter kam, dass es meiner Schöpfung, der Evolution, nur gut tun konnte, wenn mit der Unzufriedenheit der Menschen eine zusätzliche Energie ins Spiel kam, wodurch sich ein Zustand der Vollkommenheit vielleicht früher erreichen ließ.

Ich musste die Menschen nur dahin bringen, ihre Energie nicht auf Klagen & Gebete zu verschwenden und nicht mehr auf die Unterstützung Gottes zu warten, sondern sich selbst daranzumachen, ihr Los durch eigene Arbeit zu verbessern. Wenn man schon arbeiten müsse – so sagte ich den Menschen –, so soll man auch die Früchte der eigenen Arbeit ernten und sich daran erfreuen. Da nun aber der Mensch nicht nur unzufrieden & arrogant ist, sondern zudem faul und schließlich fest daran glaubt, dass er als Ebenbild Gottes ungerecht behandelt wurde, machte es mir keine Mühe ihm auch noch zu erklären, dass man alles daransetzen müsse, mit weniger Arbeit mehr zu ernten, damit man sich daran noch mehr erfreuen könne. Und so habe ich schon damals eine weitere Sünde geschaffen, nämlich die Sünde des *Fortschritts*, worüber sich Gott übrigens bis heute am meisten ärgert, aber auf diese Weise räche ich mich dafür, dass er mir gegenüber einstmals so eifersüchtig und so geizig gewesen war.

Und nun stellte sich auch heraus, dass mir mit meiner Idee eines allgemeinen Algorithmus, eines Systems der Evolution, ein wirklich ganz großer Wurf gelungen war: Ich habe nämlich Gott überlistet! Hat er sich nicht so viel Mühe gegeben, den Werken seiner Schöpfung den Zugang zum Baum des Lebens zu verwehren, hat er das Paradies nicht an einen fernen Ort versetzt, nach dem manche Menschen heute immer noch suchen, hat er nicht die Cherubim vor die Tore gestellt, so dass niemand eindringen kann, selbst wenn er trotz aller Widrigkeiten das Paradies auf Erden doch einmal gefunden haben mag? Aber meine Idee war genialer, war selbst Gottes Plan überlegen, denn ich habe nicht die Lebewesen unsterblich gemacht, sondern das *Leben als solches*; man kann die Sintflut über die Welt bringen, man kann Meteore auf die Erde werfen und damit ganze Rassen von Lebewesen von einem Tage auf den anderen ausrotten, man kann Plagen & Seuchen schicken, soviel man will, aber man kann das Leben damit nicht endgültig zerstören. Und würde selbst die Erde in einem gewaltigen atomaren Winter vergehen, so könnte das Leben auf seine Reserve am Grund der Ozeane, dort, wo die Vulkane nur Gift und Hitze produzieren, zurückgreifen, und alles begänne wieder von vorne, ohne dass für Gottes Zorn irgendetwas gewonnen wäre. Und wenn die Erde in die Sonne stürzte und verglühte, so habe ich es doch so eingerichtet, dass an allen Ecken und Enden der Welt, in fernen Galaxien und auf fremden Planeten, schon längst neue Formen von Leben entstanden sind, die anders aussehen mögen, als Gott und die Menschen es gewöhnt sind, die aber alle nach ihrer eigenen Vollkommenheit streben, woran sie letztlich & endlich nichts & niemand hindern kann.

Nun also waren die Menschen in meiner Welt erschienen, und ich kann nicht sagen, dass ich mich darüber in besonderem Maße freute, denn ich hatte nicht geplant, dass meine Schöpfung dazu genutzt wird, allen Unrat & Müll aus dem Paradies abzuladen. Ja, ich weiß sehr wohl, dass diese Welt der allerunterste Ort des herrlichen Kosmos ist und dass alles, was man in jenen oberen Sphären nicht mehr benötigt, hierher auf die Deponie des kosmischen Übels geworfen und verbracht wird, aber hätte man nicht ein wenig sorgfältiger & sparsamer sein können, hätte man nicht damals schon den Menschen ein besseres Vorbild sein können – so nachlässig und gleichgültig darf man einfach nicht mit seinen Werken und auch nicht mit seinem Eigentum umgehen. Wenn Gott die Menschen aus welchen Gründen auch immer nicht länger in seinem Paradies behalten wollte und mit ihnen alles Getier & Gewürm, dann hätte er doch selbst dafür sorgen können, dass sie irgendwo anders unterkommen.

Ich jedenfalls habe nicht um irgendwelche Brosamen von der Tafel Gottes gebettelt, um keine Menschen, kein Getier, kein Gewürm, kein gar nichts, *ich nicht*, hatte ich doch meine eigenen Pläne, die nun allerdings ziemlich durcheinander gerieten. Ich will hier allerdings nicht zu viel von meinen Plänen verraten, denn es ist und bleibt die Aufgabe der Menschen, sie zu entschlüsseln, und deshalb darf *ich* nichts offenbaren, so wie andere das tun, nur so viel, dass die Antwort auf all die Fragen sehr viel einfacher ist, als es scheint, aber nun Schluss damit. Wie dem auch sei: Ich bin nun einmal ein höfliches Wesen, und Gäste hat man schließlich gut zu behandeln, auch wenn sie ungebeten & unerwartet kommen.

Die Menschen waren hier, aber sie hatten nichts, und sie konnten nichts; ich musste ihnen alles geben und sie alles lehren, was mir nun wirklich äußerst zuwider ist, aber was soll man machen, wenn man voller Mitleid für die armen Kreaturen ist, die Gott in seinem Zorn ohne Warnung & Vorbereitung aus dem Paradies vertrieben hatte, gerade einmal ein paar Felle hatte er um ihre Schultern gelegt, das war es dann aber auch und ab in die Welt des Teufels. Ich habe Gott damals sehr deutlich gesagt, was ich davon halte, nämlich gar nichts, aber in seinem Zorn hat er mich noch nicht einmal angehört, und die Cherubim machten drohende Bewegungen mit ihren bloßen hauenden Schwertern, was mir zwar keine Angst einflößte, denn ich bin mächtiger als sie, aber mich doch für einen Augenblick ablenkte, und als ich mich wieder Gott zuwenden wollte, war er verschwunden, ohne auch nur ein Wort des Bedauerns oder doch wenigstens einen guten Rat für die Menschen hinterlassen zu haben. Da stand ich also inmitten meiner Schöpfung und um mich herum ein paar Menschen und was an Getier & Gewürm sonst noch alles das Paradies hatte verlassen müssen.

Ich hatte Gott noch hinterherrufen wollen, dass ich mir von nun an alle Eingriffe in meine Schöpfung verbitte, dass er in und mit *seinem* Paradies machen könne, was er gerade wolle, aber dass hier, in *meiner* eigenen Welt, immer noch ich und nur ich die Entscheidungen treffe. Aber Gott war verschwunden und ward vorerst nicht mehr gesehen, also ging ich zu den Cherubim, damit sie Gott bei nächstbester Gelegenheit meine Botschaft ausrichteten, aber sie schienen nicht so recht zu begreifen, was ich ihnen sagen wollte, so dass ich mich nun endlich den Menschen zuwenden konnte.

Es war meine erste direkte Begegnung mit ihnen, bislang hatte ich sie nur aus der Ferne beobachten können, denn ich war hier draussen in meiner Welt genug damit beschäftigt, den Algorithmus immer weiter zu verfeinern. Ehrlich gesagt hatten mich die Menschen bisher auch nicht so sehr interessiert, dass ich mich in besonderer Weise um sie gekümmert hätte, denn immerhin & zweifellos gehörten sie zur Schöpfung Gottes, und die sollte mich nichts mehr angehen, nachdem ich dem Neid abgeschworen hatte und mich auf meine eigene Kraft verlassen wollte.

Viel wusste ich also nicht über die Menschen und auch nicht über den Rest von Gottes Werken, die nun ziemlich verlassen und hilflos vor den Toren des Gartens Eden herumlungerten. Und vielleicht deshalb machte ich einen Fehler, der mich heute noch reut: Ich wollte sie trösten und erzählte ihnen deshalb von meinem Algorithmus, von der Evolution, von der Physik, der Chemie und der Biologie; und ich war selbst so begeistert davon, dass ich überhaupt nicht bemerkte, dass die Menschen, geschweige denn das Getier & das Gewürm, überhaupt rein gar nichts davon verstanden, ja, dass es sie sogar erschreckte, denn sie waren es aus dem Garten Eden nicht gewöhnt, dass man an ihre Initiative und an ihre Verantwortung appellierte – dort war von Gott alles auf das Beste für sie eingerichtet gewesen, so jedenfalls hatte es ihnen erscheinen müssen.

Je länger ich sprach, desto mehr jammerten & klagten die Menschen und auch einige der Tiere, dass sie wieder zurück in den Garten wollten. Sie flehten um Gnade und versprachen in diesem Augenblick alles, damit Gott & die Cherubim ihnen wieder Einlass gewähren sollten. Die Menschen, aber auch die Tiere wandten mir den Rücken zu und versuchten immer wieder, sich den Toren zu nähern, was die Cherubim jedoch mit einigen schön ausgeführten Kunststücken ihrer Schwerter zu verhindern wussten und was leider im Vollzug dieser Kunststücke zur Ausrottung einiger Arten von Tier & Gewürm führte, bevor diese mit ihrer Evolution überhaupt hatten beginnen können, aber darauf konnten die Cherubim in diesem Augenblick nun wirklich keine Rücksicht nehmen.

Ich habe Gott viel später einmal danach gefragt, aber er hat nur geantwortet, dass er davon nichts wisse; die Cherubim hatten ihm offenbar nie etwas von diesen peinlichen Ereignissen erzählt, und also ließ ich es auf sich beruhen, schließlich gehen mich die inneren Angelegenheiten in Gottes Reich nichts an. Jedenfalls versuchten die Menschen, sich mit aller Macht den Zutritt zum Paradies zu verschaffen, was mich zum damaligen Zeitpunkt in höchstem Maße verärgerte, denn mir war klar, dass alle Anstrengungen keinen Erfolg haben würden und dass die Menschen besser daran täten, auf meine Worte zu hören. Heute sehe ich alles mit größerer Ruhe, vor allem seitdem ich erlebt habe, dass die Menschen auch nicht auf die Worte Gottes hören, wenn er denn einmal zu ihnen spricht. *Das* war mir dann mehr als nur eine gewisse Genugtuung.

Damals jedoch war ich verärgert und aufgebracht, und ich konnte Gottes Zorn auf die Menschen plötzlich sehr gut verstehen; ich ging auf Eva zu, weil ich sie für die weitaus Klügere der beiden hielt, und vielleicht tat ich es mit etwas zu schnellen Schritten, vielleicht war es der deutlich sichtbare Ärger in meinem Gesicht, vielleicht aber auch nur der einfache Umstand, dass ich den Menschen bisher fremd und unbekannt war, denn aus dem Garten Eden konnten sie mich ja noch nicht kennen. Es hat sich mit den Menschen seit damals nur wenig geändert: Was sie nicht kennen, das verstehen sie nicht, und was sie nicht verstehen, das mögen sie nicht, und was sie nicht mögen, das verfolgen sie. Jedenfalls entstand in dem Moment, da ich Eva bei den Schultern packen wollte (und ich versichere, es ging mir wirklich nur um die Schultern), ein großer Tumult; sie schrie irgendetwas von *Belästigung* und setzte sich auf das Heftigste zur Wehr, was Adam dazu veranlasste, sein Jammern & Flehen zu unterbrechen und sich auf mich zu werfen, um seine Eva zu verteidigen, worin ihm einige besonders eifrige Tiere sofort folgten. Ich war sehr überrascht, weil ich desgleichen noch nie zuvor erlebt hatte, und wich unwillkürlich einige Schritte zurück.

Natürlich machte es mir keinerlei Mühe, den ungelenken Angriffen Adams und der verbündeten Tiere auszuweichen, und es wäre mir kaum schwerer gefallen, sie mit einem einzigen Schlag ein für alle Mal vom Angesicht meiner Welt verschwinden zu lassen, womit wieder Ruhe eingekehrt wäre. Aber ich hatte – was sicherlich & von heute aus gesehen ein großer Fehler war – damals noch Mitleid mit den Menschen und ihrem elendigen Schicksal, so dass ich mich beherrschte und versuchte, mit ruhigen Worten die Lage zu entspannen, worauf die Menschen aber immer noch nicht hören wollten. Offenbar verwechselten sie meine beherrschte und ruhige Überlegenheit mit Furcht und glaubten, einen Sieg errungen zu haben, was sie – aus sicherer Entfernung – zu einigen überaus höhnischen Ausrufen veranlasste.

Ich bekenne, dass ich äußerst nachtragend bin und weder vergessen habe, wie die Menschen mich damals, als ich ihnen Hilfe & Unterstützung anbot, behandelten, noch jene Tiere, die sich ohne weiteres Nachdenken auf ihre Seite schlugen. Für sie habe ich daher in meinem Algorithmus die Rolle der Haustiere vorgesehen, damit sie für ihren Undank bis zum Ende aller Tage mit Sklaverei, Leid & Krankheit büßen müssen, was Gott dann später mit ihnen macht, ist mir völlig gleichgültig. Aber die Menschen: Ich habe mich fürchterlich über sie geärgert, dass sie die Hand ausschlagen, die ihnen nur helfen will, dass sie sich nicht für die wirklich wichtigen Dinge interessieren, dass sie immer das haben wollen, was gerade nicht zur Verfügung steht. Ich habe mich geärgert, aber dann habe ich auch nachgedacht, denn für meinen Plan der Evolution würden die Menschen mit ihren spezifischen Defiziten – wie gesagt – höchst nützlich sein können, indem sie ihre Wollust mit der Kultur verbinden und auf diese Weise der natürlichen Evolution, so wie ich sie ursprünglich geplant hatte, eine zusätzliche Dynamik verleihen würden, jedenfalls war ich damals fest davon überzeugt.

Meine Aufgabe bestand nun darin, den Menschen einen Weg zur *Kultur* zu bereiten, was mir – und das wurde mir in diesen Momenten klar – nur dann gelingen konnte, wenn ich ihnen gegenüber nicht meine eigene, sondern die Rolle Gottes spielen würde. Die Menschen glaubten zwar, Gott gut genug zu kennen, hatte man ihnen doch eingeredet, sie seien nach dessen Ebenbild erschaffen, so dass sie bis heute immer zuerst in sich selbst nach Gott und nach der Wahrheit suchen, was meiner Meinung nach – und ich kenne mich da ein wenig aus – die größte aller Sünden & Anmaßungen ist. Aber was hatten die Menschen von Gott schon in der kurzen Zeit im Garten Eden erleben können? Konnten sie wirklich die *grandeur* seiner Schöpfung beurteilen, da sie doch nur die Produkte, nicht aber die Arbeit kannten? Was wussten sie von der Vollkommenheit, da sie selbst doch bislang noch nichts geschaffen hatten, das der Rede hätte wert sein können, außer jammern, klagen & nörgeln? Die Menschen waren einige Male im Garten Eden auf Gott getroffen, aber sie hatten ihn erst dann wirklich wahrgenommen, als er sie in seinem Zorn aus dem Paradies vertrieb.

Die Menschen also wussten wenig von Gott (und die Tiere noch weniger, denen ist alles egal, solange sie nur genügend essen, trinken und sich in aller Ruhe fortpflanzen können); es sollte mir daher nicht wirklich schwer fallen, seinen Platz im Denken der Menschen einzunehmen, zumal Gott in seinem Zorn verschwunden war und auch die Cherubim keinerlei Auskunft darüber geben konnten, ob & wann er noch einmal zurückkehren würde, was mich verwunderte, sagt man doch von ihnen, dass gerade sie die Nächsten zu Gott seien, besonders mit ihm vertraut, seine Leibwächter, seine edelsten Höflinge, die seinen Thron tragen und auf deren Rücken Gott zu reisen pflegt, wie ja schon ihr Name besagt. Eigentlich hätten sie also den Ort wissen müssen, wo Gott sich aufhielt, aber sie konnten oder wollten mir darüber keine Auskunft geben. Auf diese Weise kam ich nicht weiter: Wenn es also zwecklos sein würde, den Menschen etwas über die Freiheit, die Verantwortung und den Algorithmus zu erzählen, weil sie es doch nicht hören & begreifen wollten, dann musste ich eben anders vorgehen. *Der Zweck heiligt die Mittel* – würde man später einmal sagen, als die Menschen mir allmählich auf die Spur kamen; aber bis dahin würde noch viel Zeit vergehen, und ich hätte schon viel erreicht.

Also setzte ich mich durch den simplen Akt meiner eigenen Entscheidung an die Stelle Gottes und trat den Menschen in seinem Bilde und in seinem Namen gegenüber, was mir meine Angelegenheiten sofort und beträchtlich erleichterte. Und es gelang mir gut, denn die Menschen hatten Gott nur in seinem Zorn erfahren, was überhaupt nichts über ihn und seine Fähigkeiten aussagt, aber die Menschen wussten es nun einmal nicht besser. Selbst von heute aus betrachtet, nachdem eine lange Zeit vergangen ist und viel geschehen auf dieser Erde, muss ich mich für diese Entscheidung loben, denn immer wenn die Defizite meiner Schöpfung offenkundig werden (und ich kann sie nicht leugnen) und die Menschen sich fragen, wie denn ein gnädiger, gütiger und liebender Gott das alles hat zulassen können, kann ich zum einen auf den Zorn Gottes und zum anderen auf die Unergründlichkeit seines Ratschlusses verweisen, so dass die Debatten darüber recht schnell zu ihrem Ende kommen, vor allem, wenn ich ihr Wohlverhalten einfordere, das die unumgängliche Voraussetzung dafür sein soll, dass sie eines fernen Tages ihren größten Wunsch verwirklichen und wieder den Zugang zum Paradies erhalten können.

Die Sache war eigentlich ganz einfach: Ich zog mich für kurze Zeit von den Menschen zurück und kehrte wieder in der Gestalt Gottes; was von jenem ersten Treffen übrig blieb, als ich mich ihnen noch in meiner wahren Gestalt offenbart hatte, war eine dumpfe Erinnerung, die erst über die Zeit hinweg wieder stärker wurde, als nämlich die Menschen nicht mehr nur damit beschäftigt waren, mühsam ihr Leben zu fristen, sondern Zeit & Muße[60] fanden, sich auch Gedanken über andere Dinge zu machen. Heute, da die Menschen sich mit einigem Erfolg selbst darangemacht haben, ihren eigenen Algorithmus zu konstruieren, heute, da die Menschen mit ihrer eigenen Schöpfung begonnen haben, heute muss ich mich nicht mehr verstellen, heute kann ich meine Verkleidung ablegen und mich voller Stolz dazu bekennen, was ich wirklich bin, nämlich der Teufel, der Schöpfer dieser Welt. Heute – und erst heute – kann ich darauf hoffen, dass die Menschen meine Leistungen in all ihren Facetten und Dimensionen wahrhaftig zu würdigen wissen, und ich bin mir auch sicher, dass sie mir die kleine Sünde der *Lüge* vergeben werden, denn die gehört schließlich nicht zu den Todsünden, auch wenn sie explizit im Katalog der so genannten Zehn Gebote verboten ist, bei denen es sich ja ursprünglich – wie man weiß – um *Fünfzehn Gebote* gehandelt hatte, von denen fünf verloren gegangen sind, aber egal. Ich möchte nur darauf verweisen, dass es wenigstens eine arithmetische Differenz zwischen den *Sieben* Todsünden und den *Zehn* Geboten gibt (nämlich genau drei, für diejenigen unserer Leser, die an der Dyskalkulie[61] leiden), und man sich fragen kann, ob es denn damit auch drei Gebote gibt, deren Übertretung eben nicht als Todsünde geahndet wird. Und darüber, dass es zudem noch inhaltliche Unterschiede gibt, mag jetzt nachdenken, wer will.

Ich will aber nicht weiter abschweifen, sondern darin fortfahren, die Geschichte – *meine* Geschichte – zu erzählen, und fasse daher für den Moment noch einmal kurz zusammen: Die Menschen waren aus dem Garten Eden vertrieben, ohne Chance, dorthin auf die Schnelle zurückkehren zu können. Gott war in seinem Zorn für das Erste verschwunden, die Menschen lehnten mich ab, und ich musste in die Rolle Gottes schlüpfen, um von ihnen überhaupt wahrgenommen zu werden, was mir nicht sonderlich gefiel, aber nun einmal nicht zu ändern war. Ich fügte mich also in mein Schicksal, so wie es immer schon mein Schicksal gewesen war, mich in mein Schicksal zu fügen, und begann damit, die Menschen die ersten wesentlichen Dinge des Lebens zu lehren.

Vor allem anderen brachte ich ihnen bei, wie man sich vermehrte und fortpflanzte, denn allein mit zwei Menschen war mir bei meinen weit reichenden Plänen nun überhaupt nicht geholfen. Der Umstand, dass ich selbst als Allererstes die Wollust erfunden hatte, kam mir dabei recht gut zu Hilfe, denn die Menschen vermehren sich nicht aus Einsicht in die Notwendigkeit, sondern allein aus blanker Begierde; die Vermehrung ist dabei kaum mehr als ein – nennen wir es einmal so – nur selten bedachter Nebeneffekt jener unstillbaren Gier. Am Anfang gab es jedoch einige Probleme, denn als Eva jenen Zusammenhang zwischen Wollust und Fortpflanzung bemerkte und vor allem, dass im Vollzug der Fortpflanzung irgendwann einmal der Moment kommen sollte, da sie gebären würde unter Schmerzen, wie Gott es ihr verheißen hatte, war es mit ihrer Wollust zunächst einmal vorbei, und Adam konnte sich anstrengen, wie er wollte, er fand keine Erfüllung mehr für seine Begierde. Da sich ihm auch die Tiere verweigerten – mit Ausnahme derjenigen, die ihn schon früher unterstützt hatten, aber auch jene nur mit einem deutlich sichtbaren Unwillen –, musste ich mich schließlich selbst einschalten, damit der ganze Prozess nicht schon hier zu einem frühzeitigen Stillstand kam.

Nun hatte ich ja – wie gesagt – vor Zeiten die Wollust erfunden und darin inzwischen im Umgang mit mir selbst eine gewisse Routine entwickelt, so dass es mir nicht sonderlich schwer fiel, Eva eines Tages doch wieder zurück auf den Pfad der wollüstigen Tugend zu führen. Dass ich in diesem Moment auch als Erster die Kunst der *Verführung* angewendet habe, um sie später bis nahe an die Vervollkommnung zu entwickeln, will ich hier in aller Bescheidenheit nur am Rande erwähnen und nicht weiter darauf eingehen, wobei ich jedoch gerne gestehe, dass mich dabei *Amiriel*, der Engel der Leidenschaft, tatkräftig unterstützt hat als eines der wenigen Wesen aus dem göttlichen Reich, mit welchem ich bis heute einen einigermaßen freundlichen Umgang pflege. Ich gehe auch nur deshalb überhaupt auf dieses Thema ein, weil die Schlange von sich behauptet, *sie* habe die Kunst der Verführung erfunden, was aber nicht stimmt, denn sie hat nicht verführt, sondern mit ihren Argumenten *überzeugt*, was etwas ganz anderes ist.

Wie auch immer: Adam zeugte und Eva gebar zunächst drei Söhne, Kain & Abel und schließlich auch noch Seth, der einige Zeit später in Ägypten als eine eher zwielichtige Gestalt bekannt wurde, weil er seinen Bruder Osiris ermordet haben sollte und daher als Gott verehrt werden wollte, was aber nur auf einer unglücklichen Verwechslung mit seinem Bruder Kain beruhte, aber das ist nun wirklich eine völlig andere Geschichte, die uns hier nichts angeht. Daheim, bei Adam & Eva, ergaben sich jedoch die nächsten Probleme: Allenfalls wäre ich zu diesem Zeitpunkt noch bereit gewesen, die Inzucht zu akzeptieren, denn mit irgendetwas muss man ja beginnen, aber für die Homosexualität war es mir dann doch noch ein wenig zu früh, auch wenn ich zugeben will, dass gerade dieser Teil der Menschheit mich später besonders erfreuen sollte, weil er mit der mir liebsten Erfindung, der Wollust, am besten umzugehen wusste und sie sogar in einem Maße weiterführen sollte, von dem ich damals in meinen kühnsten Träumen kaum zu hoffen gewagt hatte. Aber daran wäre mir zu jener Zeit noch nicht gelegen gewesen, denn jetzt mussten ganz andere Prioritäten gesetzt werden: Es ging ausschließlich um die biologische Fortpflanzung, die allein mit drei jungen Männern, so begabt sie auch sein mochten, noch nicht unbedingt gewährleistet war.

Inzwischen hatte mein Algorithmus jedoch auch in dieser Frage zu den ersten Ergebnissen geführt; er – mein geliebter Algorithmus – hatte eine genügend große Anzahl von Frauen zustande gebracht, die zwar alle nicht so schön und so vollkommen waren wie Eva (so etwas sollte sich erst wieder sehr viel später bei Maria wiederholen), aber immerhin waren sie doch begehrenswert genug, um die Begierde in unseren drei jungen Männern zu wecken – ich gebe gerne zu, dass es dazu bei Männern im Allgemeinen nicht sehr viel bedarf: Ein straffer Hintern, ein sanft wackelnder Busen, und schon ist die Verführung geglückt, was ich mir übrigens sehr genau merkte, um später meine eigenen Künste auf eine möglichst ökonomische Art & Weise anzuwenden, denn ich habe gelernt, dass die *Verschwendung* keine Sünde, sondern eine pure Dummheit ist, für die es noch nicht einmal ein Großes Gericht am Ende aller Tage braucht, um sie unverzüglich mit allen Höllenqualen zu bestrafen.

Nun gut: Wollust und Verführung – Letzteres zunächst in einer eher rabiaten Manier – hatten die Menschen, genauer: die Männer, schnell gelernt; mit den anderen überlebenswichtigen Techniken ging es dann leider nicht so schnell, vor allem da die Menschen annahmen, dass sie nur die Fortpflanzung zu lernen brauchten, um in meiner Welt zu überleben, was allerdings nicht zutraf. Ich habe mir meinen Weg aus dem Kosmos der Möglichkeiten in das wirkliche Universum auf harte Art & Weise, mit viel Schmerz & Entbehrung und gegen viele Widerstände erkämpfen müssen, und ich sah nun deshalb keinerlei Anlass, es den Menschen leichter zu machen, als es mir vergönnt gewesen war, mochten sie es auch aus dem Garten Eden gewohnt sein, dass ihnen ins offene Maul fiel, wonach ihnen gerade der Sinn stand. Die Menschen haben die Erinnerung daran nie ganz vergessen, sie haben sich die abenteuerlichsten Vorstellungen vom Leben in einem Paradies gemacht, von denen ich nur sage, dass sie weit, *sehr* weit überzogen sind.

Es gab Zeiten, da hatten die Menschen wirklich daran geglaubt – nun ja, sie haben zumindest darauf gehofft –, dass es ein Land geben könne, in welchem einem *die gebratenen Tauben in den Mund fliegen*, wo auch der, welcher nicht arbeitet, doch satt werden soll, das Kuchenland, das süße Land, das Land des Guten Lebens oder welchen Namen man immer dafür gefunden hatte, aber schließlich waren die Menschen doch klug genug, dass sie es *Schlaraffenland*[62] nannten, was nichts anderes heißt als das Land der Faulenzer, der Nichtstuer, der Müßiggänger, aber auch das Land der Fresser und Grobiane, oder anders und besser ausgedrückt: das *Land der Narren*. In meiner Welt jedoch überlebt der Narr nur dann, wenn es dem Weisen gefällt, und dafür soll der Narr dankbar sein und nicht noch mehr Rechte für sich einfordern, mit denen er doch nichts anzufangen weiß, auch wenn sie ihm gewährt werden.

In *meiner* Welt muss man arbeiten, wie es sich gehört, und zwar hart arbeiten, um seinen Lebensunterhalt zu verdienen, mit Begierde und Verführung allein ist es hier nicht getan, auch wenn das zugegebenermaßen – und ich bin der Letzte, der es leugnen würde – mehr Spaß macht als die Arbeit. Als ich nun die Menschen lehren wollte, wie man den Acker baut und das Vieh züchtet, begann das Jammern & Klagen erneut, denn sie stellten sich zunächst nicht besonders klug dabei an, so dass ich mich schon sehr auf meine Besonnenheit konzentrieren musste, um ihnen in aller Ruhe wenigstens erklären zu können, welche der Früchte & Kräuter in meinem Algorithmus für sie unschädlich zu essen waren, so dass die Menschen für den Anfang genügend Nahrung finden konnten.

Ich muss gestehen, dass es ein jämmerlicher Anblick war, wie sie sich sofort auf die Beeren und das Obst stürzten, das ihnen gerade in den Weg kam, es mit vollen Händen und vollem Maul in sich hineinschlangen, dabei rülpsten und furzten, dass die Tiere, die solches noch nicht vernommen hatten, erschreckt davonstoben, und ich nahm mir damals vor, den Menschen eines Tages die wahre Kultur, welche nämlich nichts anderes ist als die individuelle Sublimation der Triebe[63], am Beispiel der Essgewohnheiten zu vermitteln, was mir dann auch auf das Beste gelang, jedenfalls für einen gewissen Zeitraum. Heute will es mir scheinen, dass man alle Kultur wieder vergessen hat und sich das Essen mit den Fingern ins Maul stopft, was man für einen Fortschritt hält, was aber doch nichts anderes ist als ein weiterer Sieg der Wollust, jedoch – wie ich finde – auf dem falschen Feld und gegen den falschen Gegner, gibt es doch ganz andere Bereiche, in welchen die Wollust eigentlich einen Sieg verdient hätte.

Nun – irgendwann nahmen die Menschen doch das an, was ich sie lehrte, denn allein und für immer sich von Beeren & Früchten ernähren zu müssen, das wollten sie dann auch nicht, zumal es ihnen weiterhin schwer fiel, jene Pflanzen zu erkennen, die sie ohne Gefahr würden essen können, so dass mancher Tag damit verging, dass Adam oder Eva oder beide von schrecklichem Magengrimmen geplagt waren, was mir wiederum eine seltsame Mischung aus Ärger und Mitleid verursachte, eine Mélange, mit der ich kaum umzugehen wusste. Es stellte sich jedoch schon früh heraus, dass nicht ein jeder von den Menschen alles kann; die Fähigkeiten sind zwischen ihnen sehr unterschiedlich verteilt, was ich darauf zurückführe, dass Gott die Vollkommenheit nur für eine einzige Generation geplant hatte, weil sie eigentlich dafür gedacht war, auf immer im Paradies zu bleiben, hatte doch Gott selbst nicht gewusst – zumindest gibt er es nicht zu, denn schließlich waren sie *sein* Werk –, dass die Menschen nur für kurze Zeit gehorsam sein können und schnell vergessen.

Kain jedenfalls, der Erstgeborene von Adam & Eva, entwickelte besondere Fähigkeiten im Ackerbau, Abel hingegen kümmerte sich um die Aufzucht des Viehs und war dabei nicht ganz ungeschickt. Was beide allerdings noch nicht beherrschten, war eine der wichtigsten aller Künste überhaupt, nämlich die Art & Weise, wie man einem Gott ein Opfer bringt; es hat überhaupt sehr lange gedauert, bis die Menschen das richtige Maß gefunden hatten: Der eine wäre so weit gegangen, den eigenen Sohn auf dem Altar zu schlachten, nur weil er glaubte, dass sein Gott ein solches Opfer von ihm erwarte, die anderen wiederum sammelten alles Gold unter dem Volke ein und machten daraus ein großes Kalb, um das sie herumtanzten, weil sie glaubten, dass es ihrem Gott gefalle, so als ob man mit dem Gold nicht viel Besseres hätte anfangen können, zum Beispiel die Grundstücke in der Nachbarschaft zu kaufen, damit das Volk Israel endlich und für immer eine Heimstätte würden finden können; welch einen Schaden hätte man von Anfang an verhindern können. In beiden Fällen musste ich eingreifen, was mir eigentlich gar nicht gefällt, denn ich ziehe es vor, mich rar zu machen vor den Menschen, sonst bilden sie sich noch ein, dass sie nur zu rufen brauchen, damit ich in aller Eile zu ihnen komme, als hätte ich nichts anderes zu tun, als in ständiger Bereitschaft für die Menschen zu sein.

Im Falle von Kain & Abel jedoch muss ich zugeben, dass ich selbst ein wenig Schuld hatte an der Katastrophe, die sich abspielte, als die beiden mir zum ersten Male ein Opfer darbringen wollten. Sie hatten es sich doch so schön überlegt: Der eine hatte von den Früchten seines Feldes gesammelt, der andere einige Tiere aus seiner Herde geschlachtet, und da standen sie nun und warteten voller Spannung darauf, dass ich ihre Opfer entgegennehme und mich natürlich auch angemessen darüber erfreut zeige, sie sogar segne oder ihnen vielleicht wieder etwas Neues aus der Welt von Wissenschaft und Technik beibringe.

Nun hatte ich allerdings gerade in diesem Augenblick andere Sorgen, denn ich war damit beschäftigt, die Ränder meiner Welt wieder ein wenig weiter auszudehnen, was eine enorme Energie erfordert, vor allem aber ein höchstes Maß an Aufmerksamkeit und Konzentration, denn dabei muss man mit feinstem Gefühl vorgehen, sonst fliegt das ganze Universum von einem Moment zum anderen in alle Richtungen auseinander, was ich unbedingt vermeiden wollte, schließlich hatte ich doch den Algorithmus nicht erfunden, nur damit er schon in seiner ersten Bewährungsprobe versagt. Kurz gesagt: Ich war nicht richtig bei der Sache, als ich endlich doch die Zeit fand, die Opfer von Kain & Abel entgegenzunehmen; sie hatten es wirklich gut gemeint und sie konnten von den Schwierigkeiten, in denen ich momentan steckte, wohl kaum etwas ahnen. Andererseits empfand ich es auch nicht gerade als angemessen, dass Kain eine Diskussion mit mir – also mit dem, den sie immerhin als ihren Gott kennen gelernt hatten – beginnen wollte, weil er offenbar das Gefühl hatte, dass ich sein Opfer nicht angemessen würdigte. Nun gab es für mich damals wirklich Wichtigeres zu tun, als Kain gerade in diesem Moment in die Grundzüge der Kommunikation mit einem Gott einzuweihen, so dass ich ihm nur noch schnell sagte, dass er über die Sünde herrschen solle, wenn sie nach ihm verlange, und machte mich dann davon.

Ich gebe zu, dass ich mich vielleicht etwas deutlicher hätte ausdrücken sollen, aber ich kam gar nicht erst auf den Gedanken, dass sich daraus noch etwas Größeres entwickeln würde. Ich nahm an, die beiden, jeden auf seine Art, zufrieden gestellt zu haben, und kam gerade noch rechtzeitig zurück an die Grenzen des Universums, um ein schwarzes Loch zu stopfen, das fast ausgereicht hätte, meine ganze Welt auf einen Biss zu verschlingen. Ich bin mir nicht ganz sicher, aber ich glaube schon, dass diese schwarzen Löcher von Gott (oder wenigstens doch mit seinem Wissen von willfährigen Helfern unter Leitung von *Ophar*, dem Engel der Dunkelheit) geschaffen sind, um meine Schöpfung zu zerstören, denn immer wieder tauchen neue Löcher auf, und ich habe alle Hände voll damit zu tun, sie auch nur aufzuspüren und sie dann noch zu beseitigen. Wie gut, dass ich *Luzifer* bin, der Träger des Lichts!

Unten auf der Erde jedoch nahm derweil eine Tragödie ihren Lauf: Kain & Abel begannen miteinander zu streiten, und am Ende erschlug Kain seinen Bruder. Eine solche dramatische Entwicklung hatte ich nun überhaupt nicht erwartet, denn ich hatte eigentlich nichts einzuwenden gegen einen Wettbewerb unter den Menschen, dass sie sich nämlich immer recht viel Mühe geben, wenn sie ihrem Gott opfern & dienen und dabei auch nicht sparen und geizig sind, denn ich hatte mir vorgenommen, denjenigen reich zu belohnen, der erfolgreich ist in diesem Wettbewerb, so dass er auf Erden schon erkennen kann, dass sein Gott ihn liebt. Wer aber arm bleibt, den hat Gott gestraft, und der muss dann gar nicht abwarten, bis die fünfzehn Fragen vor den zwölf Toren des Neuen Jerusalem gestellt werden, der soll jetzt schon wissen, dass es für ihn sehr schwierig sein wird, Einlass zu finden in das Paradies. Denn auch ich bin meinen Weg aus den Irrungen des Chaos hinein in die wirkliche Welt aus eigener Kraft und auf eigenes Risiko gegangen, und ich habe hart dafür arbeiten und leiden müssen und so gibt es keinen Grund für mich, etwas zu verschenken, denn mir ist auch nichts geschenkt worden.

Ich konnte also durchaus verstehen, dass Kain zutiefst verärgert & enttäuscht war, als sein Opfer nicht den erwünschten Erfolg hatte, schließlich war auch ich von Gott verschmäht worden, und ich konnte mich noch sehr gut an meine damaligen Gefühle erinnern. Darüber, wer später die Legende in die Welt gesetzt hat, dass ich nur deshalb Abels Opfer gnädig angesehen hätte, weil ich mich vor allem an Blutigem erfreute, will ich hier keine weiteren Vermutungen anstellen, bin mir allerdings recht sicher, dass ich um den Urheber weiß. Aber es wäre auch völlig gleichgültig, und ich hätte sogar noch verstehen können, wenn Kain von nun an in Abel nicht mehr seinen Bruder, sondern seinen Konkurrenten gesehen hätte, mit der Folge, dass er giftige Kräuter unter das Futter für Abels Tiere gemischt hätte, damit die Rinder wie im Wahn getorkelt wären und niemand, sicherlich auch ich nicht, hätte deren Fleisch gegessen, wodurch Abel schnell in den sicheren Ruin getrieben worden wäre und mir keinerlei Opfer mehr hätte darbringen können, so dass beim nächsten Mal Kains Opfer ohne größere Konkurrenz gewesen wäre.

Vielleicht hätte man aber gar nicht so weit gehen müssen, vielleicht hätte es ausgereicht, wenn Kain die Früchte des Feldes nur ein wenig schöner arrangiert hätte, bevor er sie mir anbot. Ich gebe zu, dass ich in diesen Fragen gewisse ästhetische Ansprüche habe, wenigstens was die Sauberkeit und die Frische der dargebotenen Gaben angeht, jedenfalls halte ich faulendes und schimmeliges Gemüse nicht unbedingt für ein angemessenes Opfer für einen Gott, auch nicht, wenn man zum ersten Male opfert und daher noch keine Erfahrungen damit hat. Wie hätte doch die Geschichte anders verlaufen können, wenn Kain auf seinen Verstand gehört hätte, aber er war nun einmal der Sohn Adams, den Gott geschaffen hatte nach seinem Ebenbild, und so war noch genügend Zorn in Kain, auf dass er sich erhob gegen seinen Bruder Abel und schlug ihn tot, als sie redeten auf dem Felde.

Nun war also das Malheur geschehen, der *Tod* war in die Geschichte der Menschen getreten und würde dort verbleiben bis an das Ende aller Tage, auch wenn die Menschen immer noch glauben, sie könnten klug & geschickt genug sein, ihn wieder aus der Welt zu verbannen; und sie glauben es heute mehr denn je, da sie sich darangemacht haben, die Geheimnisse meiner Schöpfung zu entziffern, was ihnen aber nicht so recht gelingen will, denn es braucht schon etwas mehr als nur vier Buchstaben[64], um die Geschichte des Lebens schreiben zu können. Aber die Menschen sind damit meiner Macht doch keinen Schritt näher gekommen, außer in einem einzigen Sinne, dass sie selbst eine Sünde erfunden haben, nämlich die Sünde der *Hoffart*, vor der ich mich selbst aus vielen guten Gründen immer sehr gehütet habe, denn meine Erfahrung lehrt mich, dass es meist besser ist, gar nichts zu wissen als etwas Falsches.

Natürlich wird man auch an dieser Stelle spitzfindig einwenden können, dass die Menschen nur deshalb auf diesen Weg der Überschätzung und der Arroganz gelangt sind, weil ich ihnen etwas von Freiheit & Initiative erzählt habe und sie als gelehrige Schüler munter auf diesem Weg vorangeschritten sind, bis sie dabei eben auch auf die Hoffart trafen, weil sie sich schon im Besitz der Vollkommenheit wähnten und die Hoffart für eine notwendige Begleiterscheinung hielten. So oder ähnlich kann sicherlich von gewissen Kreisen argumentiert werden, weil sie immer nach einem Anlass suchen, mich vor den Menschen zu diskreditieren, ich aber sage, dass ich nicht nur von Freiheit & Initiative gesprochen habe, sondern auch davon, dass dafür immer zudem & zugleich der Preis der Verantwortung zu entrichten ist, und zwar in einem gerechten Verhältnis. Und diesen Preis werde ich den Menschen nie & nimmer erlassen, denn auch ich habe immer meinen Preis zahlen müssen, ohne dass mir ein Nachlass gewährt worden wäre.

Aber zurück zum Tod: Nun war er also in der Welt erschienen, was für mich nicht überraschend kam, denn irgendwann hätte es ohnehin so weit kommen müssen, auch wenn ich mir vorgenommen hatte, den Menschen am Anfang, als es noch nicht so viele von ihnen gab, mehr Zeit auf Erden zu schenken, als es heutzutage nötig ist, wo es doch mehr Menschen als genug gibt, so dass es auf den einen oder anderen letztlich nicht unbedingt ankommt, und ich gar nicht verstehen kann, weshalb sich die Menschen so mühen, den Tod aus ihrer Welt zu vertreiben, was ihnen aber nicht gelingen wird, wie ich jetzt schon verraten kann. Mich störte also nicht so sehr der Auftritt des Todes, auch wenn er auf eine Art & Weise zustande kam, die man inzwischen als *unnatürlich* bezeichnen würde, aber ich verstehe – ehrlich gesagt – diesen Begriff nicht, wo doch die Menschen in ihrer ganzen, langen Geschichte eindrucksvoll bewiesen haben, dass sie gar nicht anders können, als einander bei der ersten besten Gelegenheit auf den Schädel zu schlagen und sich mit immer feineren Methoden gegenseitig umzubringen, so dass man dieses Verhalten wohl zu Recht für einen Teil ihrer Natur halten muss, weshalb man den Mord durchaus als eine *natürliche* Todesursache bezeichnen kann, jedenfalls ist er das immer & überall gewesen.

Es ging mir dabei gar nicht um die Moral, denn – wenn man es ganz genau nimmt – so hatte Kain zwar etwas sehr Dummes getan, aber doch auch gegen kein explizites Verbot verstoßen, denn noch hatte niemand – weder Gott noch ich – den Menschen das Gebot erteilt: *Du sollst nicht töten*. Ich kenne natürlich nicht Gottes Gründe, aber ich hatte es bei all meinen wichtigen Aufgaben am Rande des Universums ganz einfach – vergessen. Obwohl ein solches Gebot gerade zum damaligen Zeitpunkt wichtiger denn je gewesen wäre, hatte doch der Tod mit Abel immerhin ein Viertel der Bevölkerung auf einen Schlag dahingerafft, ohne dass auf die Schnelle ein Ersatz verfügbar gewesen wäre. Ich bin auch fest davon überzeugt, dass Gott sich darüber geärgert hat, denn mit Abels plötzlichem Abgang hatten sich die Chancen auf eine Fortpflanzung und Vermehrung der Menschen deutlich gemindert, was aber doch gerade Gottes sehnlichster Wunsch gewesen war.

Gott aber war & blieb für das Erste verschwunden, und wieder einmal war es an mir, die Probleme zu lösen. Es musste jetzt schnell um zweierlei gehen, nämlich zum einen darum, dass sich die Bevölkerung nicht noch weiter verminderte, denn Kain war nach seiner Tat in keiner guten Verfassung und hätte nach dem Mord auch fast schon den Suizid erfunden. Er jammerte & klagte, dass er nun die größte aller Sünden begangen habe, die man ihm nie wieder verzeihen könnte, und alle anderen würden mit den Fingern auf ihn zeigen, auch wenn es zu diesem Zeitpunkt noch nicht sehr viele von jenen anderen geben mochte, aber Kain war mit solcher Art rationaler Argumente nicht zu beruhigen. Er selbst, so sagte Kain, sei in höchstem Maße gefährdet, da nun alle wüssten, wie man einen Menschen tötet, was im Übrigen gar nicht so schwierig gewesen sei, wie man ja habe sehen können, so dass nun ein jeder es an ihm nachmachen könne.

Da war sie zum ersten Mal, jene seltsame Melange aus schlechtem Gewissen und der puren Angst vor der Strafe, die aber auch später niemanden von nichts abgeschreckt hat, wenn er es denn wirklich tun wollte oder es ihm ganz einfach danach war. Man kann es mir wirklich glauben, denn ich habe seitdem genügend Menschen in der gleichen Situation wie Kain angetroffen, und ich bin ihrer überdrüssig geworden, und ich kümmere mich nicht mehr darum, sollen sie doch tun, wonach ihnen der Sinn steht. Mit Kain aber hatte ich noch Mitleid, denn es durfte mir in erster Linie nicht um Sühne & Strafe gehen, sondern darum, dass die mir überlassene Menschheit überleben konnte. Und so musste ich zum anderen dafür sorgen, dass Adam noch einmal Eva erkannte, selbst wenn diese dazu überhaupt nicht mehr aufgelegt war, sondern täglich darauf wartete, dass endlich ihr wohlverdientes Klimakterium einsetzte. Ich aber konnte sie schließlich doch überzeugen, und sie gebar Seth und noch weitere Söhne und Töchter danach.

Um Kain zu beruhigen, schickte ich ihn an einen weit entfernten Ort, wo er niemanden kannte, und niemand kannte ihn, was immer die besten Voraussetzungen für einen neuen Anfang sind. Was Frauen anging, war er zunächst ein wenig wählerisch, was nicht überraschen mag, waren doch die Frauen meiner Schöpfung damals noch ein wenig haariger, als man es heute gewohnt ist, nicht nur an den Beinen & Armen, sondern auch auf dem Rücken und auf der Stirn und auf dem Bauch, so dass ich sie erst sehr gegen ihren Willen lehren musste, sich zu scheren, was manche Frauen jedoch sogar bis heute mit einem gewissen Starrsinn ablehnen, aber nun gut, so sind sie nun einmal, die Frauen. Zudem und zuallererst aber war Kain der erstgeborene Sohn der vollkommenen Frau, die da hieß Eva, und so erhob er mit Recht höchste Ansprüche, was ihn von den meisten Männern heutzutage unterscheidet, denn sie sind nur die mittelmäßigen Söhne mittelmäßiger Mütter, so dass man ihnen umgehend den Mund verbieten muss, wenn sie Forderungen an ihre Frauen stellen.

Ich aber wusste, dass Geschmack und individuelle Wünsche jetzt keinerlei Rolle spielen durften, wo doch die Zukunft der ganzen Menschheit auf dem Spiel stand, und tatsächlich gelang es mir nach einigem Hin & Her, dass Kain eines der Weiber erkannte, die ich ihm immer wieder anbot. Man muss allerdings der Wahrheit halber hinzufügen, dass auch viele der Weiber ihrerseits wiederum mit Kain nicht viel anzufangen wussten, denn ein großes Mal entstellte sein Gesicht, und – eigentlich und sogar noch schlimmer – er redete die ganze Zeit von seiner Mutter und davon, dass ihm eigentlich und von Rechts wegen der Zutritt ins Paradies erlaubt sein müsse, doch davon wussten die Frauen nichts, denn sie hatten noch nie gehört von einem Garten Eden oder von einem Paradies (das ist *Pardês* und bedeutet Garten), waren sie doch das wohl geratene Ergebnis *meiner* und nicht Gottes Schöpfung. Kain selbst also war nicht sonderlich attraktiv, hielt sich aber dafür, woran ich auch nichts mehr ändern konnte.

Aber glücklicherweise ging letztlich & endlich doch alles so, wie es sollte, und seine Nachkommen, vor allem die Kinder eines gewissen Lamech, erwiesen sich als äußerst geschickt im Umgang mit allerlei Techniken, sei es der Musik, sei es dem Erz- und Eisenwerk, was ihnen *Azazel* beigebracht hatte, ebenso wie das Anfertigen von Waffen, was mir zum damaligen Zeitpunkt überhaupt nicht recht war, so dass ich dafür Sorge trug, dass Azazel zur Erde zurückkehrte und den Frauen auch zeigte, wie sie Schmuck, Schminke und allerlei Farben herstellen können, damit der Krieg der Männer durch die Verführung der Frauen gemildert werde. Eigentlich nur schade, dass gerade dieser Lamech sich als legitimer Erbe seines Vorfahren erwies und einen jeden totschlug, der ihm nicht gefiel oder der ihm durch welchen Zufall auch immer eine Wunde oder Beule zufügte, aber da gab es schon genügend Menschen auf der Welt, und ich musste mich nicht mehr weiter darum kümmern.

ERSTES INTERMEZZO

Die Bruderschaft

Nun gut, eigentlich wollte ich mich gar nicht mehr zu der ganzen Angelegenheit äußern, denn ich war damals überaus froh, meine Arbeit getan zu haben und danach weder vom Verlag noch von jenem obskuren Herrn B. Kaempfer irgendetwas Weiteres hören zu müssen. Das Honorar war auf mein Konto überwiesen worden, und alle Versuche, die Zahlungen zurückzuverfolgen, endeten erfolglos im Bankendickicht der Westindischen Inseln, so dass ich beschloss, mich nicht weiter darum zu kümmern, die seltsamen Vorgänge zu vergessen und nie wieder daran zu denken, geschweige denn zu irgendjemandem davon zu sprechen.

Natürlich war mir schon damals recht bald klar geworden, wen jener Herr B. Kaempfer darzustellen vorgab, nämlich den Teufel. Das hebräische Wort *Satan* bedeutet schließlich nichts anderes als eben *Ankläger*, also jemand, dem im Rahmen eines gerichtlichen Verfahrens die Aufgabe zukommt, möglichst präzise und direkte Fragen zu stellen und auf diese Weise die Schuld des Angeklagten zu beweisen. Er ist in diesem Sinne der Geist, der stets verneint, der nichts gelten lässt, der an nichts glaubt, und ist damit tatsächlich der *Bekämpfer*. Wenigstens aus der Sicht des Angeklagten, der sich natürlich durch die auf ihn niederprasselnden Fragen und Vorhaltungen, die Beschuldigungen und das Misstrauen angegriffen fühlen muss, vor allem dann, wenn er sich selbst im Innersten schuldig fühlt.

Und genau in einem solchen Zusammenhang wird dann auch zum ersten Male in der Bibel von einem Wesen namens Teufel berichtet, und zwar im *Buch Hiob*, wo davon erzählt wird, wie Hiobs Vertrauen und Treue zu Gott auf eine harte Probe gestellt werden, weil ein Ankläger und Bekämpfer, ein gewisser *Satan*, dem Hiob, der doch nachweislich immer ein frommes und gottgefälliges Leben geführt hatte, nacheinander Wohlstand, Gesundheit und Familie raubt, um – wie in einem soziologischen Experiment – einmal die Belastbarkeit eines treuen Gläubigen zu testen. Davon kann man halten, was man will, wenn Gott und der Teufel offenbar die Menschen behandeln wie die Ratten in ihrem Käfig. Aber es zeigt doch zweierlei: nämlich dass zum einen Gott und der Teufel auf das Engste miteinander kooperieren, wenn es ihnen nötig erscheint, und dass sie zum anderen ein eher distanziertes Verhältnis zu den Menschen im Allgemeinen und im Besonderen haben. Jedenfalls steht es so geschrieben.

Wie auch immer: Es war nicht viel an Kombinationsgabe erforderlich, um den geraden etymologischen Weg von B. Kaempfer zu Satan und damit zum Teufel zu finden. Ich hatte mich damals noch gefragt, ob er in Italien unter dem Namen *di Abolo* aufgetreten wäre oder sich in Amerika vielleicht *DeVille* genannt hätte. Und je mehr ich darüber nachdachte, desto weniger konnte ich die Frage beantworten, warum gerade ich, gerade jetzt, gerade hier in Deutschland ausgesucht worden war. Wer literarische Erfolge in einer gewissen Breitenwirkung erzielen will, der beginnt nicht unbedingt mit einer Veröffentlichung auf dem deutschen Buchmarkt. Aber das hat mich damals nicht gekümmert, und es kümmert mich heute noch weniger, denn ich habe mit all diesen Dingen nun wahrlich nichts zu tun. Ich bin und bleibe ein einfacher Lohnschreiber, dessen Verantwortung in dem Augenblick beendet ist, da das Manuskript dem Verlag übergeben und von ihm akzeptiert ist.

Dann muss ich nur noch darauf warten, dass die letzte Tranche des Honorars auf meinem Konto verbucht wird, und ich kann mich wieder den anderen Dingen des Lebens widmen. Und genau das hätte ich auch damals gerne getan, denn jene Vorgänge hatten mich doch mehr mitgenommen, als mir lieb gewesen war. So beschloss ich, mir zunächst einmal einen längeren Urlaub zu gönnen, denn das – wie gesagt – äußerst üppige Honorar ließ mir dazu eine jegliche Freiheit. Ich machte mich also auf den Weg in die Berge, wo ich mir für ein paar Monate ein kleines Haus zu einem recht erträglichen Preis gemietet hatte, und nahm alles mit, was mir lieb und teuer war, vor allem ausreichend Bücher und Musik. Ich kann weder ohne das eine noch ohne das andere leben. Glücklicherweise musste ich mich auch nicht von vielen Menschen verabschieden, so dass ich auf mein mobiles Telefon vertraute und es ansonsten darauf ankommen ließ.

Tatsächlich war mir zunächst die Ruhe vergönnt, die ich mir so sehr gewünscht hatte. Ich konnte schließlich auch darüber nachdenken, was mir in den Tagen und Wochen zuvor widerfahren war. Nun konnte keinerlei Zweifel daran bestehen, dass jener B. Kaempfer zu den eher seltsamen, ja vielleicht sogar verrückten Zeitgenossen gehörte, von denen es heutzutage offenbar immer mehr zu geben scheint und die ebenso offenbar in der Lage sind, ihre absonderlichen Wünsche und Gelüste zu finanzieren und auszuleben. Der eine mietet eine Rakete und fliegt ins All, der andere erkauft sich so viele Liebesnächte, wie er will, und wenn Herr B. Kaempfer sich höchstpersönlich für den Teufel oder doch wenigstens seine Inkarnation halten wollte, so sollte es ihm von Herzen gegönnt sein, auch wenn er mich damit zwischenzeitlich in erheblichem Maße verschreckt und verwirrt hatte.

Jetzt aber war die Angelegenheit vorbei, ich hatte das Geld erhalten, das mir von Rechts wegen zustand, und so wollte ich Herrn B. Kaempfer einen guten Mann sein lassen. Ich hoffte jedoch inständig, dass er nie wieder auf den Gedanken kommen würde, mir die Mitarbeit an einem seiner Projekte anzubieten. Mir wurde schon ein wenig mulmig, wenn ich nur daran dachte, dass er plötzlich, mitten in der Nacht, in meinem Schlafzimmer erscheinen und mir ein neues obskures Angebot machen sollte. Jedenfalls war ich fest entschlossen, in diesem Fall eine jegliche Art von Zusammenarbeit kategorisch abzulehnen. Und ich nahm mir dann auch vor, meine verwundbarste Stelle, nämlich die materielle, in besonderer Weise zu schützen.

Die Tage vergingen inmitten der Einsamkeit der Berge, und langsam wuchs in mir das Gefühl einer sicheren Gelassenheit; und je länger mein – nun, nennen wir es einmal so: – Urlaub dauerte, desto schwächer wurde die Erinnerung an B. Kaempfer und seine obskuren Absichten. Daran konnten auch die Anrufe des Verlags nur wenig ändern, mit denen noch einige Fragen zum Text und seiner inneren Dramaturgie geklärt werden sollten. Ich gebe ehrlich zu, dass ich mir nicht allzu viel Mühe mit der Beantwortung dieser Fragen machte. Ich akzeptierte manche Änderungswünsche des Lektorats ohne größeren Widerstand, wo ich unter anderen Umständen längliche und heftige Debatten mit unsicherem Ausgang geführt hätte, nur um meine Ehre als Literat und Autor zu verteidigen, weil es sonst ohnehin niemand getan hätte. Jetzt aber, hier in den Bergen und nach all diesen schrecklichen Vorfällen, hatte ich dazu weder Lust noch Laune, sondern wollte nichts anderes, als in Ruhe gelassen und von niemand weiter gestört werden.

Eines Morgens, als es mir tatsächlich fast gelungen war, alles zu vergessen oder doch wenigstens zu verdrängen und ich wieder einmal hinunter in das Dorf gefahren war, um die unvermeidlichen Einkäufe zu tätigen und dabei ein wenig mit einigen anderen Exilanten in der Gaststätte zu plaudern, damit ich nicht völlig die Fähigkeit zur zwischenmenschlichen Kommunikation verlor, erzählte man mir, ohne dass ich danach gefragt hatte, dass seit ein paar Tagen fremde Besucher im Dorf unterwegs seien und versuchten, Kontakt mit mir aufzunehmen.

Ich weiß nicht mehr genau, ob ich darüber wirklich überrascht war, denn in den vergangenen Wochen und Monaten hatten sich derart seltsame Vorfälle in meinem Leben ereignet, dass ich inzwischen auf eigentlich alles gefasst war. Dass diese Besucher bislang noch nicht zu mir vorgedrungen waren, lag wohl ganz einfach daran, dass die Menschen im Dorf gegenüber Fremden insgesamt ein eher neutrales Verhalten an den Tag legten, um dafür einen freundlichen Begriff zu benutzen. Tatsächlich waren und blieben sie abweisend bis zur Unverschämtheit, was letztlich dazu geführt hatte, dass sich hier der ansonsten in diesen Gegenden übliche Tourismus in einem sehr begrenzten Rahmen hielt. Das hatte mich wiederum schon vor mehreren Jahren dazu bewegt, immer wieder gerade hierhin zu flüchten, wenn ich nach getaner, schwerer Arbeit dringend der Ruhe bedurfte.

Mir war es recht gleichgültig, ob mich die Einheimischen oder die anderen Exilanten in besonderer Weise mochten oder nicht. Und genau diese Haltung hatte über die Jahre hinweg dazu geführt, dass man sich zwar weiterhin mit einer gewissen Distanz, aber zugleich mit wachsendem Respekt begegnete. Und so kam ich nun auch in den Genuss der lokalen Solidarität, als jene fremden Besucher nach mir suchten. Man überließ es zunächst mir selbst, ob ich mit ihnen in Kontakt treten wollte oder nicht. Jedenfalls hatte man dafür gesorgt, dass sie im Dorf keine Unterkunft fanden und ein jedes Mal aufs Neue recht mühsam aus dem Nachbarort anreisen mussten.

Es war noch früh am Morgen, und man berichtete mir, dass an diesem Tag bislang keiner der Fremden aufgetaucht sei, man aber nach allen Erfahrungen damit rechnen müsse, dass sie über kurz oder lang zurückkehren würden. Ich solle mich also beeilen, wenn ich ihnen nicht über den Weg laufen wolle. Meine Entscheidung war schnell gefällt, denn selbst wenn mir der Sinn überhaupt nicht danach stand, mich in meiner selbst gewählten Einsamkeit stören zu lassen, so wusste ich doch sehr genau, dass es damit ohnehin vorbei war. Natürlich hätte ich mich wieder in mein Refugium flüchten können und darauf vertrauen, dass man im Dorf weiterhin gegenüber den Fragen der Fremden Schweigen bewahren würde. Aber zum einen war damit noch längst nicht garantiert, dass eben diese Fremden nicht doch durch Zufall oder systematische Suche zu mir finden sollten. Zum anderen und vor allem jedoch würden meine Gedanken mit wachsender Intensität nur um diese Fremden und ihre geheimnisvollen Absichten kreisen, so dass auch auf diese Weise meine Ruhe endgültig dahin sein würde. Nein, ob es einem nun behagt oder nicht, es ist besser, den Kopf zu wenden und der Gefahr direkt ins Auge zu blicken. Und so entschloss ich mich, die Ankunft der Fremden abzuwarten und sie selbst danach zu befragen, weshalb sie sich offenbar so viel Mühe machten, in Verbindung mit mir zu treten.

An diesem Tag allerdings wurde meine Neugierde auf eine harte Probe gestellt. Was auch immer jene Fremden dazu bewegt haben mochte, sie ließen sich dieses Mal sehr viel Zeit mit ihrer Rückkehr, so dass es fast schon Mittag war und ich mich gerade entschlossen hatte, zurück zu meinem Haus zu fahren, um nicht noch mehr Zeit mit unnützem Warten zu verschwenden, hatte ich doch anderes und vor allem Besseres zu tun, als zum dritten Mal den Bericht über den gestrigen Viehmarkt im Wirtschaftsteil der örtlichen Zeitung zu lesen.

Schließlich tauchten die Fremden aber doch auf. Ich war zunächst insoweit ein wenig erstaunt, als sie keinen besonderen Eindruck auf mich machten, weder durch ihre Kleidung noch durch ihr Auftreten oder ihren Habitus. Hätte man mich nicht auf sie aufmerksam gemacht, so wäre mir an ihnen kaum mehr aufgefallen als an einem mediokren Touristen, der sich eher unabsichtlich in jenes abgelegene Dorf verirrt hat, wie es trotz aller Bemühungen der Einheimischen ab und zu einmal vorkam. Sie setzten sich an einen Tisch, von dem aus sie die Eingangstür ohne große Mühe ebenso im Blick behalten konnten wie den Rest des Raumes. Sie versuchten, ein Gespräch mit dem Wirt zu beginnen, was ihnen aber kaum gelang, denn mit dem Wirt hatte ich ein Zeichen vereinbart, falls und wenn ich mit den Fremden Kontakt aufnehmen wollte. Noch aber gab ich dieses Zeichen nicht, denn ich wollte mir vorab selbst ein Bild von ihnen machen, sie in ihrem Verhalten einschätzen können, vor allem aber, mir auf dieser Basis meine eigene Strategie zurechtlegen und die Dramaturgie des weiteren Ablaufs bestimmen. Was mir nun besonders zu denken gab, war das erstaunliche Maß an Ruhe und Gelassenheit in ihrem Verhalten. Sie schienen durchaus an das Warten, worauf und mit welcher Vergeblichkeit auch immer, gewöhnt zu sein, keinerlei Zeichen von Hektik oder Aufgeregtheit war erkennbar, wenngleich sie weiterhin alles aufmerksam beobachteten, was sich in der Gaststätte abspielte. Bald schien es mir, dass sie mich sehr wohl erkannt hatten, und sei es nur wegen der Blicke, die mir der Wirt, aber auch die wenigen anderen Gäste immer öfter zuwarfen.

Es waren zwei Männer, allem Anschein nach ein wenig älter als ich, gekleidet wie es sich für anständige Touristen in jenen Gegenden wohl geziemte, doch ihr Verhalten stand nicht ganz im Einklang mit den hiesigen Traditionen, denn sie sprachen nur sehr leise, wenn überhaupt miteinander, tranken wenig Alkohol und beschränkten ihr Essen auf eine Suppe mit Brot. Ich weiß nicht, weshalb, aber ich war mir nach einiger Zeit der Beobachtung recht sicher, dass die zwei Fremden nicht allein hier im Ort waren, sondern dass sich irgendwo draußen noch ein paar andere aufhielten, von denen weder die Einheimischen noch die Exilanten etwas wussten, weil sie wahrscheinlich für einen jeden Besuch wechselten. Damit hätte man die allgemeine Aufmerksamkeit auf die zwei inzwischen bekannten Personen gelenkt, so dass die anderen in aller Ruhe arbeiten konnten. Sollte das wirklich der Fall sein (was ich nur vermuten, aber nicht beweisen konnte), dann machte sich jemand wirklich sehr viel Mühe, um mich aufzuspüren und zu treffen.

Ich beendete mein Essen, stand dann von meinem Tisch auf, ging zum Wirt und bat ihn, mir für den Nachmittag die kleine Gaststube im Souterrain zu überlassen, was er mir ohne Zögern erlaubte. Ich sah die brennende Neugier in seinen Augen und versprach, dass ich ihm als Ersten nach Ende des Gespräches alles und in allen Einzelheiten erzählen würde, was ihn offensichtlich erfreute. Die beiden Fremden hatten sehr genau und interessiert beobachtet, wie ich mit dem Wirt sprach, und so bemerkten sie auch sofort mein Winken, mit dem ich sie nach unten in die Gaststube einlud. Ich ging hinunter, ohne mich weiter um sie zu kümmern, war ich mir doch sicher, dass sie mir bald folgen würden. Es dauerte jedoch einige Zeit, und ich begann schon an meinem Plan zu zweifeln, als es doch noch an der Tür klopfte und dann zu meiner Überraschung ein völlig fremder Mann den Raum betrat und sofort die Tür hinter sich schloss.

Ich muss ihn wohl mit einem sehr überraschten, wenn nicht sogar äußerst blöden Gesicht angeschaut haben, denn er entschuldigte sich und sagte, dass man ihn erst habe benachrichtigen und vom anderen Ende des Dorfes herbeiholen müssen. Ich hatte also doch Recht mit meiner Vermutung gehabt: Es handelte sich tatsächlich um eine ganze Gruppe von Fremden. Meine anfängliche Überraschung wich nun einem Gefühl der Genugtuung. Der Mann wollte weitersprechen, als es noch einmal klopfte und ich schon darauf gefasst war, dass nun der Rest der Gruppe durch die Tür treten würde. Aber es war nur der Wirt, der unsere Bestellungen entgegennehmen wollte. Der Mann blickte mich fragend an und schlug vor, dass wir gemeinsam eine Flasche Wein trinken sollten. Ich lehnte ab und gab mich mit Milchkaffee und Mineralwasser zufrieden. Was immer mir noch zustoßen würde, ich wollte es jedenfalls im Zustand der größtmöglichen Nüchternheit erleben, damit ich ja nichts Wesentliches versäumte. Dem Mann allerdings schienen solche Überlegungen fremd zu sein, und so bestellte er einen halben Liter Wein für sich und fragte auch danach, ob es um diese Zeit noch etwas zu essen gäbe, was ihm vom Wirt zugestanden wurde, denn der hätte alles dafür gegeben, um so oft wie möglich Zeuge dieses seltsamen Treffens in seiner Kellerstube sein zu können.

In der Zwischenzeit hatte ich Gelegenheit, den Besucher ein wenig genauer zu betrachten: Es war ein eher älterer Mann, groß und schlank und gepflegt, so dass es kaum möglich war, sein Alter mit hinreichender Genauigkeit zu schätzen. Ich vermutete allerdings, dass seine Haare deshalb eine solch schlohweiße Farbe hatten, weil er sie regelmäßig auf sorgfältigste Art und Weise kolorierte, aber das war eben nur eine Vermutung, geboren aus einer gewissen Verärgerung, dass er zu denjenigen gehörte, die hier und jetzt meine Ruhe gestört hatten. Ansonsten hätte man nicht viel über ihn sagen können. Er war nicht sonderlich auffällig, außer dass er sich akzentfrei in der deutschen Sprache bewegen konnte und dabei auch viele eher elaborierte Wörter benutzte. Das machte seinen Redefluss jedoch sehr angenehm, zumal er eine tiefe und weiche Stimme hatte, deren beruhigender Wirkung ich mich im weiteren Verlauf des Gespräches kaum entziehen konnte.

Was er mir dann zu erzählen hatte, kam mir damals weniger seltsam vor als jetzt in diesem Moment, da ich die damaligen Ereignisse mit einigem zeitlichen Abstand aus der Erinnerung heraus niederschreibe. Noch während wir auf die Getränke und die Speisen warteten, begann er mit seinen Erläuterungen, die er auch dann nicht unterbrach, als endlich das Essen gekommen war. Er machte sich sofort – offenbar hungrig – in aller Eile darüber her, wobei er das Brot in einer Art und Weise brach, die mich an etwas lang Vergangenes erinnerte, das ich aber nicht fassen konnte.

Zunächst entschuldigte er sich wortreich für das rüde Eindringen in meine Privatsphäre, was ansonsten und normalerweise seine Sache nicht sei. Aber die Umstände und der enorme Zeitdruck hätten ihm leider keinerlei andere Wahl gelassen. Er – tatsächlich sagte er: *man* – habe davon erfahren, dass mir ein gewisses Manuskript in die Hände gefallen sei, welches ich mit sicherlich erheblicher Mühe in ein mehr oder minder lesbares Buch umgewandelt hätte und welches nun bei einem Verlag zum Druck vorbereitet werde. Ich nickte leicht mit dem Kopf und sah keinen Anlass, ihn zu korrigieren, obwohl es sich ursprünglich nicht um ein Manuskript gehandelt hatte, sondern um mehrere Disketten, was aber für den weiteren Verlauf des Gespräches zunächst nicht von entscheidender Bedeutung sein sollte. Er – und wieder sagte er: man – sei nun sehr an jenem Original interessiert, weil man es dringend für Forschungszwecke benötige.

Zwar konnte ich mir nicht vorstellen, dass besagter B. Kaempfer als möglicherweise wohlhabender, sicherlich jedoch eher verrückter Zeitgenosse das Objekt irgendwelcher Forschungen sein sollte. Aber allein der Umstand, dass man all diesen Aufwand betrieben hatte, mich hier in der Einsamkeit und Abgeschiedenheit der Berge ausfindig zu machen, deutete darauf, dass etwas sehr Wichtiges geschah. Meine Frage nach dem Ziel und dem Zweck jener Forschungen wurde allerdings nicht beantwortet, sondern der Mann, der mir immer noch essend gegenübersaß, erneuerte nur *seine* Frage nach dem originalen Manuskript. Er verband sie mit dem Angebot, mir dafür eine recht große Summe Geld bezahlen zu wollen, die in den kommenden Minuten sogar noch anwuchs, als ich nicht direkt auf sein Angebot eingehen wollte. Bald war ich jedoch diese Art von Schacherei mehr als leid, so dass ich mein Gegenüber mitten in seinem Redeschwall unterbrach und sagte, dass man mit mir über alles verhandeln könne, ich dafür aber ein angemessenes Maß an Ehrlichkeit und Offenheit erwarte. Wenn man mich also in jene Umstände einweihen wollte, die dem Manuskript des B. Kaempfer eine solche Bedeutung gaben, dann wäre ich sicherlich gerne bereit, ernsthaft über die soeben gemachten, nicht unattraktiven Angebote nachzudenken. Ich lächelte dabei und fügte noch hinzu, dass ich nun einmal von Natur aus sehr, sehr neugierig sei und die Aussicht auf eine Befriedigung dieser Neugier die einzige Art von Versuchung darstelle, welcher ich nur selten widerstehen könne.

Der Mann, der inzwischen mit seinem Essen fertig geworden war, sagte, dass es ihm natürlich eine Freude sei, meiner Bitte um Aufklärung nachzukommen. Er erläuterte mir dann in ausschweifenden Worten, dass er zu einer Gruppe von Sammlern gehöre, die es sich zur Aufgabe gemacht habe, die Originalmanuskripte von wichtigen und erfolgreichen Büchern zu archivieren. Und dass man im Falle des Buches von B. Kaempfer ganz sicher davon ausgehen müsse, dass es sehr bald genau zu dieser Gruppe gehören würde und man deshalb so früh wie möglich zugreifen wolle, gerade in diesem Fall und so weiter und so fort. Ich ließ ihn seine Rede beenden, wartete noch ab, bis er mich freundlich anlächelte, dann stand ich wortlos auf und ging zur Tür.

Nun habe ich mich in meinem Leben daran gewöhnt, dass man die eine oder andere Legende erfinden muss, weil man oft genug nicht durch das Wahrhaftige, sondern nur durch das Angenehme überzeugt. Ich habe auch gelernt, dass man erst dann von einer veritablen *Lüge* sprechen kann, wenn man dabei erwischt wird, und dass es immer noch genügend Möglichkeiten gibt, um solche Situationen unbeschadet überstehen zu können. Die angebotene Summe Geld war interessant genug, um wirklich eine jede Geschichte zu akzeptieren, wenn man sich denn hätte sicher sein können, dass sich am Ende das versprochene Geld tatsächlich auf dem Konto einfinden würde. Weshalb aber hätte ich jemandem vertrauen sollen, der versuchte, mir eine solche billige und lächerliche Geschichte aufzubinden? – Ein wenig mehr Mühe würde man sich wohl schon geben müssen, um mich zu überzeugen, und – obwohl ich es eigentlich gar nicht vorhatte – konnte ich nicht anders, als dem Mann meine Meinung zu sagen. Dazu hätte ich vielleicht andere, bessere Wörter verwenden können, aber mein Ärger war groß, und dieser Mann kam mir jetzt gerade recht. Er aber schien darüber nicht sehr verwundert zu sein, wahrscheinlich hatte er selbst nicht daran geglaubt, dass ich so leicht auf den Vorschlag und die Erklärung eingehen würde. Das aber verärgerte mich noch mehr, denn dann hätte er es gar nicht erst versuchen sollen. Dafür hätte ihm seine eigene Zeit zu kostbar sein müssen, aber auch das schien ihm nur wenig auszumachen.

Ich hatte den Türgriff schon in der Hand, um meinen dramatischen Abgang zu vervollständigen, da sprach mich der Mann in einem Tonfall an, der keinen Widerspruch duldete und mir zum ersten Mal das Gefühl gab, dass er es wirklich ernst meinte. Ich solle mich wieder setzen, und er wolle von nun an auch keine trotzigen Reaktionen mehr akzeptieren. Ich wollte antworten, aber er bedeutete mir mit einer schnellen Handbewegung zu schweigen. Natürlich hätte ich immer noch den Raum verlassen oder mich doch wenigstens auf einen längeren Disput einlassen können, aber der Mann hatte dem Gespräch nun eine Wendung gegeben, die ich selbst im Nachhinein nur schwer in Worte fassen kann. Die Art, wie er sprach, seine ganze Haltung war jetzt bestimmt von einem großen, ja, ich möchte sogar sagen: heiligen Ernst. Es war klar, dass es mit den Spielen an ein Ende gekommen war, dass es nun um etwas ging, das *wirklich* bedeutsam war, dass kein Platz mehr sein würde für irgendwelche intellektuellen Charaden.

Ich habe mich in meinem Leben nicht sehr oft in solchen Situationen befunden, und wenn, dann ging es dabei immer um eine sehr existenzielle Frage, nämlich um die Frage nach Leben und Tod. Und ich bin auch nur sehr selten auf Menschen getroffen, denen es durch Worte und Haltung gelungen war, fast aus dem Nichts heraus eine solche Stimmung zu schaffen. Man mag es *Charisma* nennen oder *Aura*, jedenfalls bewirkte der Mann, dass mein Ärger wie ausgeschaltet war und ich mich ohne weitere Aufregung wieder auf meinen Stuhl setzte. Und es war auch nicht allein eine neu erwachte Neugier, die mich dazu veranlasste, von nun an dem Mann nicht nur gespannt zuzuhören, sondern ihm in diesen Momenten alles zu glauben, was er mir erzählte. Später, ja schon am selben Abend, hätte ich kaum etwas davon weitererzählen können, ohne dass ich selbst am Inhalt und an der Logik der Geschichte gezweifelt hätte, aber damals, in jener kleinen Kellerstube, war mir alles klar und zwingend erschienen, und es leuchtete mir unmittelbar ein, dass mich der Mann zu einem strikten Stillschweigen verpflichtete. Je länger diese Begegnung zurückliegt, desto weniger fühle ich mich daran gebunden, desto mehr wird mir die Absurdität bewusst, aber trotzdem kann ich eine gewisse Scheu nicht überwinden, wenn ich daran zurückdenke oder sogar – wie jetzt – darüber schreibe. Ich werde mich also mit den Informationen eher zurückhalten müssen.

Was mir der Mann, dessen Namen ich damals nicht erfahren habe, was aber für den weiteren Verlauf der Geschichte zunächst auch ziemlich gleichgültig ist, was mir also dieser Mann zu erzählen hatte, handelte mehr oder weniger davon, dass es seit langer Zeit eine geheime Bruderschaft gebe, deren einzige Aufgabe darin bestehe, sich der Erforschung des Bösen und seines Wirkens zu widmen. Davon (also von einer solchen Bruderschaft, denn das Böse war mir wohlbekannt) hatte ich noch nie gehört. Es ist jedoch nun einmal das Wesen von geheimen Gesellschaften, dass eben nicht ein jeder sofort davon alles erfährt, und so wollte ich auch nicht an der Existenz einer solchen Vereinigung zweifeln, selbst wenn ich damals keinen anderen Beweis dafür hatte als die Worte jenes Mannes, gesprochen an einem Nachmittag, der sich langsam an sein Ende neigte, in der Kellerstube einer obskuren Gaststätte, irgendwo in den Bergen.

Der Mann machte sich nicht weiter die Mühe, mich in die organisatorischen oder personellen Details der Bruderschaft einzuweihen, sprach nicht von den Ergebnissen jener langen Forschungsarbeit, also nicht davon, ob es nun das Böse an und für sich, *eo ipso, sui generis* tatsächlich gebe und wo und wie es sich manifestiere, damit man es würde erkennen können, wenn es einem zufällig auf der Straße begegnete. Nicht dass ich nun über diesen Mangel an detaillierten Informationen sehr enttäuscht gewesen wäre, denn meiner Meinung nach muss ein jeder sowieso selbst darüber entscheiden, was er für das Böse hält und was nicht, so dass es meiner persönlichen Meinung nach nur das *konkrete*, nicht aber das *abstrakte* Böse in dieser Welt gibt.

Darin bin ich mir übrigens mit Martin Luther weitgehend einig, der zu seiner Zeit unerschütterlich fest davon überzeugt war, dass einem jeden Menschen auch ein eigener Teufel zustehe, den er mit niemand anderem zu teilen habe. Wenn wir schon die unveräußerlichen Rechte des Individuums immer und überall betonen wollen, dann bitte auch in dieser Frage. Da es nun schon seit vielen, langen Jahren eine Bruderschaft zur Erforschung des Bösen geben sollte, wie man mir ja soeben mitgeteilt hatte, hätte ich doch schon gerne mehr darüber erfahren. Immerhin will ich nicht mit letzter Sicherheit ausschließen, dass man allein durch die Dauer der Forschung zu völlig anderen Ergebnissen kommen kann als Martin Luther und ich, denn schließlich hatte uns beiden nicht so viel Zeit zur Verfügung gestanden.

Wie dem auch sei: Davon wollte der Mann nicht sprechen; offenbar war er der Auffassung, dass mich hier und jetzt allein die Gründe für das besondere Interesse jener Bruderschaft an B. Kaempfer zu interessieren hätten. Besagter B. Kaempfer, so erklärte der Mann, werde schon seit geraumer Zeit von der Bruderschaft beobachtet, ohne dass man jedoch Näheres über ihn hätte in Erfahrung bringen können. Er tauche immer wieder an anderen Orten auf, erledige dort irgendwelche Geschäfte und verschwinde dann wieder so schnell, wie er gekommen sei. Noch habe man kein Muster, kein belastbares Profil seiner Reisen und Geschäfte identifizieren können, nur dass jener B. Kaempfer überall dort, wo er aufgetreten sei, den Eindruck hinterlassen habe, als stehe er in einer besonderen und engen Verbindung zum Bösen, vielleicht sogar zum Teufel selbst. Die Informationen darüber seien jedoch noch viel zu vage, um daraus letzte Schlüsse ziehen zu können. Deshalb habe man sich in der Bruderschaft dazu entschlossen, weitergehende Recherchen anzustellen. Dazu nun gehöre auch das Manuskript, das man jetzt in meinem Besitz vermutete und das zu den ersten Originalquellen über jenen B. Kaempfer zählen werde, derer man bislang habe habhaft werden können.

An dieser Stelle unterbrach ich die Ausführungen des Mannes und sagte, dass ich aus meinen eigenen Erfahrungen heraus den Herrn B. Kaempfer für einen zwar sicherlich intelligenten und kreativen, gleichwohl eher verrückten Menschen gehalten habe, denn dass sich jemand für den Teufel hält oder doch wenigstens allen Ernstes behauptet, mit ihm einen ständigen Kontakt zu pflegen, ist heutzutage in den Kreisen eines hinreichend gebildeten Bürgertums eher ungewöhnlich, um keinen anderen Begriff dafür zu verwenden.

Ja, sagte der Mann, dem müsse er wohl zustimmen, aber man wisse es eben doch nicht so ganz genau, weshalb man eben unbedingt den Zugang zu jenem Originalmanuskript erhalten müsse, um diese höchstwahrscheinliche Vermutung zu bestätigen. Die Bruderschaft habe sich über viele, lange Jahre hinweg ernsthaft und eingehend mit den Fragen nach dem Bösen in dieser Welt befasst, weil diese Fragen immerhin von höchster, man könne auch sagen: existenzieller Bedeutung für die gesamte Menschheit seien. Also müsse man, genauer: jene Bruderschaft, ein größtes Interesse daran haben, etwaige Scharlatane so schnell wie möglich zu decouvrieren. Der billige und dumme Satanismuskult, von dem es gar nicht weiter zu reden lohne, aber auch die Neigung mancher Menschen sogar in den allerhöchsten Ämtern, alles, was einem gerade nicht passt, als das *Reich des Bösen* zu denunzieren, habe in den vergangenen Jahren schon genügend Unheil angerichtet.

Wenn man nun, so sagte der Mann, möglichst bald in den Besitz des originalen Manuskriptes gelangen könne, dann wäre man aufgrund der langen Erfahrungen sehr schnell in der Lage, unter Verwendung von etymologischen, psychologischen, linguistischen und sonstigen Verfahren auf das Genaueste zu überprüfen, ob und wie ernsthaft sich besagter B. Kaempfer mit dieser diffizilen und verzweigten Materie befasst habe. Wieder lächelte der Mann, inzwischen offenbar davon überzeugt, mit diesen Erklärungen bei mir einen jeglichen Widerstand und alle Zweifel endgültig ausgeräumt zu haben. Ich hatte mich tatsächlich dazu entschieden, jenem Mann und seiner Bruderschaft die Manuskripte zu überlassen, allerdings nicht weil ich Sinn und Zweck der Aktion eingesehen hätte. Eher schon lockte mich das Geld und vor allem die Aussicht auf eine dann hoffentlich ungestörte Ruhe.

Ganz so leicht wollte ich es ihm jedoch nicht machen, und so fragte ich danach, was er denn an meiner Bearbeitung dieser Manuskripte auszusetzen habe. Ich wollte nämlich zum einen unbedingt wissen, wie gut der Mann und seine Bruderschaft informiert waren. Schließlich war das Buch bislang noch gar nicht veröffentlicht worden. Zum anderen gebe ich auch gerne zu, dass ich mit dieser kleinen Provokation den Mann ein wenig ärgern und ein paar neue Erklärungen aus ihm herauslocken wollte.

Nein, sagte der Mann mit einer beschwichtigenden Handbewegung, das habe nun gar nichts miteinander zu tun, meine literarischen Leistungen stünden hier und heute überhaupt nicht zur Debatte. Man wolle eben nur in der Lage sein, das originale Elaborat des Herren B. Kaempfer nach allen Richtungen hin zu analysieren, um dann die notwendigen Schlussfolgerungen daraus ziehen zu können.

Allmählich nötigte mir dieser Mann ein gewisses Maß an Bewunderung ab, denn es gelang ihm, meine Fragen auf eine freundliche Art und Weise zu beantworten, ohne wirklich darauf einzugehen. Ich entschloss mich also, das Spiel abzubrechen und den Rest des Gespräches darauf zu verwenden, die technischen und finanziellen Details zu klären. Es gab nämlich ein kleines Problem dabei: Wie man sich erinnert, waren mir die Texte des Herrn B. Kaempfer nicht als Manuskript im eigentlichen Sinne, sondern als elektronisch gespeicherte Dateien auf entsprechenden Disketten zugegangen. Diese Disketten wiederum lagerten zu Hause in meinem Schreibtisch, denn es hatte nun gar keinen Grund gegeben, sie auf diese Reise in die Abgeschiedenheit der Berge mitzunehmen. Sollten also der Mann und seine Bruderschaft gehofft haben, die Unterlagen recht schnell von mir erhalten zu können, so würde ich sie zunächst einmal enttäuschen müssen, zumal ich nicht plante, meinen Aufenthalt aus diesen Gründen zu unterbrechen.

Als ich darüber zu ihm sprach, wollte der Mann darin jedoch keine faktische Unmöglichkeit sehen, sondern war umgehend bereit, sein finanzielles Angebot so weit zu erhöhen, dass über die Reisekosten hinaus auch noch meine Zeit und Mühen entschädigt werden sollten. Ich fragte dann noch aus purer Gewohnheit nach einem schriftlichen Vertrag, erhielt aber zur Antwort, dass man auf derartige Formalitäten verzichten wolle. Mir sollte es gleich sein, zumal der Anblick eines Briefumschlages, wohlgefüllt mit Geld, alle Zweifel in mir auf einmal beseitigte.

Ich nahm also den Umschlag und wollte mit dem Mann gerade einen Termin für die Übergabe der Disketten ausmachen, da teilte er mir eher *en passant* mit, dass er mich auf der Reise begleiten werde. Natürlich nicht der Kontrolle wegen – man habe größtes Vertrauen in mich und meine Ehrlichkeit –, sondern um möglichst keine weitere Zeit zu verlieren. Durch einen glücklichen Zufall verfügte der Mann über entsprechende Reservierungen für den Abendflug in meine Heimatstadt und konnte mir sogar einen Rückflug für den kommenden Morgen anbieten, so dass ich in der Tat nur wenig Zeit würde opfern müssen, um ihm die so sehnlich erwarteten Disketten aushändigen zu können. Dann würde man mir auch den noch ausstehenden Restbetrag übergeben, und nichts sollte mich mehr daran hindern, mein Leben in Ruhe, Frieden und Wohlstand weiterhin genießen zu können. So sagte er, und ich glaubte es ihm.

Gesagt, getan, jedenfalls, was die Reise an jenem Abend anging. Es kam mir zwar ein wenig seltsam vor, für nur eine einzige Nacht wieder nach Hause zu reisen, nur um am nächsten Morgen in die Berge zurückzukehren. Aber was tut man nicht alles für Geld und gute Worte? Außerdem war es nun zu spät, um noch anders zu entscheiden. Auch wenn wir uns erheblich beeilen mussten, um rechtzeitig am Flughafen zu sein, und selbst ich – ganz gegen mein sonstiges Naturell – von der allgemeinen Hektik erfasst wurde, verlief die Reise ansonsten so, wie nicht anders zu erwarten, nämlich mit den üblichen Verspätungen und den ebenso üblichen Entschuldigungen der Fluggesellschaft, die aber kaum mehr nützen als die übliche Aufregung der Passagiere. Dann hatten wir großes Glück, denn der Taxifahrer war ein Afrikaner, mit dem wir uns nur mäßig verständigen konnten, der aber trotzdem das Ziel fand, ohne dabei seine Freundlichkeit einzubüßen. Er wünschte uns noch einen fröhlichen Abend, obwohl wir mit dem Trinkgeld eher zurückhaltend blieben.

Es wurde dann jedoch kein fröhlicher Abend, denn ich bemerkte schon beim Betreten meiner Wohnung, dass irgendetwas anders war, als es eigentlich sein sollte. Auf den ersten Blick machte zwar alles einen normalen Eindruck, und sollte sich der Zeitungsstapel tatsächlich ein wenig nach links verschoben haben oder die Schuhe anders als üblich im Wohnzimmer verteilt sein, so hätte ich es durchaus mit meiner inzwischen verblassten Erinnerung oder doch wenigstens mit dem zwischenzeitlichen Wirken der Putzfrau begründen können. Dass sich aber diese Putzfrau nun dem Rauchen von Zigarren hingeben und diesem Laster gerade in meiner Wohnung frönen sollte, schien mir allerdings eher unwahrscheinlich zu sein, so dass der leichte Geruch nach Zigarrenrauch in meiner Wohnung andere Ursachen haben musste.

In mir erwachten eigentlich längst überwunden geglaubte Erinnerungen an seltsame Aufträge und nächtliche Besucher. Mir wurde auch wieder bewusst, dass ich mich genau deshalb von jenem Mann an meiner Seite hatte dazu verleiten lassen, aus dem Exil der Berge zurückzukehren. Umso schneller wollte ich jetzt die ganze Angelegenheit hinter mich bringen, und so ging ich schnurstracks zu meinem Schreibtisch, um die fraglichen Disketten aus dem mustergültig geführten Archiv zu holen und sie endlich dem Mann auszuhändigen. Es mag angesichts der

Art und Weise, wie ich ansonsten mein Leben zu führen pflege, merkwürdig klingen, aber in diesen Dingen halte ich eine strikte *Ordnung*, von der ich mich durch nichts und niemanden abbringen lasse und an deren formaler Ästhetik ich mich immer wieder erfreuen kann, wenn die Welt um mich herum zusammenbricht. Deshalb fiel mir an zwar nur kleinen Unregelmäßigkeiten, aber doch immerhin sofort auf, dass irgendjemand in der Zwischenzeit das Archiv angerührt haben musste. Auch jetzt wäre es sicherlich die nächstliegende Vermutung gewesen, das stets unvorhersehbare Wirken der Putzfrau dafür verantwortlich zu machen. Man mag mir gewisse paranoide Züge unterstellen, aber allmählich wurde ich tatsächlich nervös. Zwar fand ich die gesuchten Disketten genau an der Stelle, wo sie der Ordnung halber liegen mussten, so dass es eigentlich keinen Grund für Misstrauen oder Nervosität hätte geben sollen, aber inzwischen erschien mir nichts mehr selbstverständlich zu sein.

Ich gab mir alle Mühe, dieses Gefühl der Unsicherheit vor meinem Begleiter zu verbergen. Der konnte allerdings inzwischen seine eigene Anspannung kaum noch unterdrücken, war deshalb eher mit sich selbst beschäftigt und kümmerte sich nicht um meine Gefühlsregungen. Außerdem hätte ich ein jegliches sonderbares Gebaren an mir mit der blanken Geldgier erklären können, denn die Auszahlung der letzten Tranche stand ja noch aus. Tatsächlich wollte ich alle Komplikationen vermeiden, die jetzt noch hätten auftreten können. Ich hoffte inständig darauf, endlich das letzte Kapitel dieser Angelegenheit abschließen zu können, wenn ich dem Mann die so sehnlich erwarteten Disketten aushändigte. Ich prüfte noch einmal, ob es sich auch wirklich um die richtigen Disketten handelte, denn nun – so kurz vor dem Abschluss – wollte ich mir keinen Fehler mehr leisten. Ich nahm dann die Disketten aus dem Laufwerk, steckte sie in einen großen wattierten Umschlag, legte noch zwei Blatt stabiler Pappe hinzu, ohne sie gesondert zu berechnen, worüber ich, allerdings ohne Reaktion, einen kleinen Scherz machte, und reichte sie mit einer großen Geste dem Mann, der schon gespannt darauf gewartet hatte.

Er griff mit einer schnellen Handbewegung nach dem Umschlag, so als befürchte er, dass das Geschäft noch im letzten Augenblick scheitern könnte, und warf mir eher achtlos den anderen Umschlag zu, den er währenddessen aus der Innentasche seines Mantels gezogen hatte. Ich zählte das Geld nach, befand es für angemessen und fragte den

Mann dann mit einem bewusst spöttischen Ton in meiner Stimme, ob er wohl eine Quittung dafür erwarte, was aber in aller Ernsthaftigkeit abgelehnt wurde. Ich konnte ihm nur noch anbieten, telefonisch ein Taxi zu rufen, um unser zwar kurzes, dafür aber umso intensiveres Aufeinandertreffen so schnell wie möglich zu beenden. Aber auch damit konnte ich ihm offenbar keinen Gefallen tun. Er murmelte etwas davon, dass er nun seiner eigenen Wege gehen wolle, was mir nur recht sein sollte, und so begleitete ich ihn zur Tür, wartete ab, bis er das Haus verlassen hatte, verriegelte dann sorgfältig alle Schlösser und schob auch noch einen kleinen Keil unter die Eingangstür, um wirklich ganz sicher zu sein. In der Küche fand ich noch zwei Flaschen Mineralwasser, nahm sie mit in das Arbeitszimmer und ließ mich dort erschöpft in meinen Lieblingssessel inmitten der Bücher fallen. Es war ein sehr langer Tag gewesen, und ich würde jetzt nicht mehr viel Gelegenheit zu Ruhe und Schlaf finden, denn der Rückflug war schon für den frühen Morgen gebucht, und ich wollte ihn unter keinen Umständen versäumen.

Jetzt aber musste ich nachdenken. Auch wenn alles sehr schnell hatte gehen müssen, so war mir doch etwas Seltsames aufgefallen, als ich die Disketten überprüft hatte: Wenn man Dateien bearbeitet, so wird im Allgemeinen elektronisch vermerkt, unter welchem Datum die letzte Speicherung erfolgt ist, so natürlich auch bei diesen Dateien und Disketten. Nun hatte ich die Dateien des Herrn B. Kaempfer selbst nicht weiter bearbeitet, jedenfalls nicht auf den originalen Disketten, sondern meinen Text auf der Festplatte meines Computers geschrieben und gespeichert, so dass in der Liste eigentlich ein Speicherdatum hätte angezeigt werden müssen, das drei oder vier Monate zurückliegen sollte, ganz genau konnte ich mich nicht daran erinnern.

Aber das war völlig gleichgültig, denn auf *keinen Fall*, unter *gar keinen Umständen* hätte das Datum des gestrigen Tages erscheinen dürfen. Das nämlich musste bedeuten, dass sich in der Zwischenzeit nicht nur jemand einen Zugang dazu verschafft, sondern möglicherweise die Dateien auch bearbeitet haben musste, zu welchem Zweck und mit welchem Ergebnis auch immer, was mich in Bezug auf den Mann, dem ich gerade für viel Geld die Disketten verkauft hatte, nicht weiter interessierte, mir aber trotzdem einen gehörigen Schrecken einjagte. Eine jegliche Manipulation der Disketten setzte ja schließlich voraus, dass jemand in meine Wohnung eingedrungen war. Und ich musste an den leichten, kaum wahrnehmbaren Geruch von Zigarrenrauch denken, der mir als Erstes beim Betreten der Wohnung aufgefallen war.

Je länger ich darüber nachdachte, desto weniger konnte ich eine Erklärung finden, mit der ich mich hätte zufrieden geben wollen. Ich beschloss also nach einer Weile, mithilfe von einigen Tabletten wenigstens den Rest der Nacht zu schlafen, auch wenn ich in diesem Moment schon genau wusste, in welcher Art von Verfassung ich mich am folgenden Morgen befinden würde. Vorher allerdings wollte ich doch noch einmal meinen elektronischen Briefkasten nach neuen Meldungen durchsuchen, vielleicht waren ja in den vergangenen Wochen interessante Nachrichten eingegangen. Tatsächlich war die Liste sehr lang, und ich kämpfte mich mühsam von Meldung zu Meldung, während die Tabletten allmählich zu wirken begannen und ich die wachsende Gelassenheit der Seele mit der unvermeidlichen Müdigkeit bezahlen musste. Meine Aufmerksamkeit für den Inhalt der Nachrichten nahm rapide ab, und ich arbeitete mich auf eine mehr oder minder mechanische Art und Weise durch die Inhalte der Mailbox, bis ich zur letzten und neuesten Meldung kam, die gerade einmal am späten Nachmittag bei mir eingegangen war. Ich öffnete sie fast schon im Schlaf und nahm kaum noch wahr, was man mir mitteilen wollte. Die Nachricht war sehr kurz und lapidar und lautete nur: *Danke und Entschuldigung. Alles Gute, bis demnächst, B. Kaempfer.*

ZWEITER SATZ

Philosophie

Andante maestoso

———•———

Ich will an dieser Stelle meine Erzählung der Dinge, die einst einmal geschehen sind in dieser Welt, kurz unterbrechen, zumal sich nach jenen dramatischen Vorgängen um Kain & Abel zunächst auch nichts weiter ereignete, das ausführlicher geschildert werden müsste, so dass niemand etwas versäumt, wenn er mir noch ein wenig auf den Mäandern meiner Erzählung folgt. Den Menschen waren damals viele Jahre des Lebens vergönnt, weil es doch nur so wenige von ihnen gab, und sie waren trotzdem fruchtbar, und sie vermehrten sich, so wie es ihre Aufgabe war, während ich in aller Ruhe meinen Geschäften an den Rändern des Universums nachgehen konnte und Gott immer noch abwesend blieb; was immer er in der Zwischenzeit auch zu erledigen hatte, mir hat er es nicht gesagt, und es geht eigentlich niemanden etwas an, obwohl ich glaube, eine gewisse Ahnung zu haben, wovon aber später zu berichten ist.

Ich kann nun also hier & jetzt davon sprechen, wie es im Grunde um meine Schöpfung bestellt ist, um die es wohl einige Missverständnisse zu geben scheint, denn man hört immer wieder, obwohl es schon tausend Mal widerlegt wurde, dass der Teufel – also ich – die Inkarnation des Bösen sei, dass seine – also meine – Aufgabe allein darin bestehe, das Wirken des Guten Gottes zu behindern und zu schädigen, dass er, also der Teufel, also ich, für all das ursächlich und verantwortlich sei, was den Menschen nicht behagt in dieser Welt. Ich will & kann nicht leugnen, dass meine Schöpfung nicht in allen Belangen vollkommen ist, aber zum einen weise ich darauf hin, dass sie mit der Zeit immer besser geworden ist und sich auch in Zukunft weiter verbessern wird, und zum anderen muss ich nun einmal in aller Deutlichkeit sagen, dass diese, meine Schöpfung ganz & gar nicht, nie & nimmer dazu da ist, den

Menschen zu behagen, denn mein Algorithmus & ich waren nicht darauf vorbereitet, dass Gott die Menschen plötzlich aus dem Paradies entsorgen würde, ohne eine Ankündigung, ohne jegliche Vorbereitung, ohne das Recht zur Rückgabe.

Meine Schöpfung hätte gut & gerne ohne *diese* Menschen auskommen können, die ständig an allem etwas auszusetzen haben, nur weil sie einmal für kurze Zeit die Ehre hatten – eine sehr unverdiente Ehre, wie sich ja herausstellte –, sich in Gottes Paradies der Vollkommenheit aufhalten zu dürfen und nun auf immer die Erinnerung und die Sehnsucht danach mit sich tragen wie einen Buckel auf dem Rücken. Insoweit will ich nicht die Verantwortung dafür leugnen, dass in meiner Welt vielleicht nicht alles so ist, wie die Menschen meinen, dass es sein sollte. Und genau dafür geben *mir* die Menschen dann auch die Schuld, obwohl ich nun wirklich rein gar nichts damit zu tun habe, dass die Menschen mit den Geboten Gottes in Konflikt geraten sind und nun die Konsequenzen zu akzeptieren haben.

Aber ich kann sagen, was ich will: Die Menschen nennen das böse Prinzip immer noch den *Fürsten der Welt*, in welcher diejenigen, so dem guten Prinzip anhängen, immer auf physische Leiden, Aufopferungen, Kränkungen der Selbstliebe, als welche man sich die Verfolgungen des bösen Prinzips durchaus vorstellen kann, gefasst sein müssen, weil nämlich der Fürst der Welt, also ich, nur für die, so das Erdenwohl zu ihrer Endabsicht gemacht haben, Belohnungen in seinem, also meinem Reich in Aussicht gestellt hat[1], was aber nichts anderes bedeuten würde, als dass die Faulen & Armen sich beschweren, wozu sie aber kein Recht haben.

Ich möchte hier noch in aller Vorsicht hinzufügen, dass sich die Menschen noch nie haben darüber einig werden können, *wie* die Welt denn nun genau im besten aller Fälle aussehen sollte, ob denn nun alle einander gleich sein sollen oder die Edelsten herrschen oder ein Volk über das andere, und welches Volk soll gebenedeit sein vor allen anderen ob im Ruhm oder im Leid, und ich will auch nicht verschweigen, dass sich die Menschen im Streit darüber häufiger & wirkungsvoller gegenseitig die Köpfe eingeschlagen haben als aus irgendeinem anderen Grund. Denn was dem einen das Paradies, ist dem anderen die Hölle; offenbar sind in Babel mit den Sprachen zugleich die Gedanken der Menschen auf immer verwirrt worden, was nicht überrascht, ist doch die Sprache die einzige Art & Weise, in welcher die Menschen überhaupt denken können, und wer eine andere Sprache spricht, der denkt eben auch anders, und wo die Worte versagen, da müssen die Schläge helfen, doch davon wird noch zu reden sein.

Worüber die Menschen aber nie & in keinem Fall haben mit sich reden lassen, obwohl ich es anfangs sehr häufig versucht habe, war ihre gemeinsame & feste Überzeugung, in der sie sich niemals & nirgendwo beirren ließen, dass nämlich diese Welt eigentlich und an & für sich schlecht sei und dass sie (die Welt natürlich, *nicht* die Menschen) daher sofort & unmittelbar der Verbesserung bedürfe. Darauf glaubt man einen verbrieften Anspruch zu haben, den man gegenüber den höheren Mächten, wer auch immer sie jeweils & gerade sein mögen: Götter, Kaiser, Regierungen, mit wachsender Penetranz geltend macht, ein Anspruch, der von keinerlei Leistungen oder Pflichten begleitet ist und der aus nichts weniger und nichts anderem abgeleitet wird als aus der puren Existenz als Mensch. Man hat dafür den Begriff der *natürlichen Rechte* gefunden, die angeblich einem jeden Menschen zu Eigen und im Weiteren auch unabdinglich sind, ohne dass er dafür viel mehr zu tun hat, als eben möglichst lauthals auf diesen Anspruch zu pochen. Das ist schlimm genug, noch sehr viel schlimmer aber ist es, dass sich dann immer auch genügend Menschen finden, welche die anderen in ihren unmäßigen und frechen Ansprüchen bestärken, obwohl sie es doch eigentlich besser wissen müssten.

Inzwischen bin ich mir übrigens völlig sicher, dass die Menschen unzufrieden sein *müssen*, damit sie sich überhaupt als Menschen fühlen und begreifen können; und ich bin mir nicht nur deshalb so sicher, weil ich die Menschen schon von Anfang an immer wieder einmal beobachte, nur um dann festzustellen, dass sie sich in ihrem Wesen kaum verändert haben; nein, ich bin mir so sicher, weil die Erfahrung mit der Geschichte des höheren Menschtums in aller unwiderlegbaren Deutlichkeit zeigt, dass nur & allein diese *Unzufriedenheit* ihnen Kraft und Anlass zu ihren größten und ihren niedersten Taten zugleich gibt. Diese Unzufriedenheit ist eine furchtbare Eigenschaft des menschlichen Charakters, zugleich aber ist sie auch ihre schier unerschöpfliche Energie, das, was sie einen jeden Tag aufs Neue antreibt und sie nie & nimmer zur Ruhe kommen lässt, und das ist dann die eigentliche Strafe, die Gott für den Ungehorsam der Menschen einst im Paradies aussprechen wollte.

Worin ich mir allerdings nicht völlig sicher bin, weil er mir bislang darauf nur ausweichende Antworten gegeben hat, ist die Frage, ob Gott sich damals hat wirklich vorstellen können, was er mit seiner Strafe eigentlich in Gang setzte. Es wird schließlich immer behauptet, dass Gott allwissend sei, was sogar und möglicherweise zutreffen mag, aber wer Gott in jenen Momenten des unermesslichen Zornes erlebt hat, so wie ich, der kann sich durchaus vorstellen, dass Gott dermaßen von seinem Zorn überwältigt war, dass er gar keinen anderen Gedanken hatte fassen können, und selbst wenn, wäre es ihm damals wahrscheinlich völlig gleichgültig gewesen. Jedenfalls ist seitdem die Unzufriedenheit unauslöschlich eingebrannt in das Wesen des Menschen, und ich befürchte, dass sich das nicht ändern wird bis an das Ende aller Tage, und es spielt dabei überhaupt keine Rolle, wie sehr man sich bis dahin auch bemühen mag, meinen Algorithmus zu dechiffrieren, um das Wesen des Menschen zu verändern. Denn wenn der Mensch nicht mehr unzufrieden ist, wird es mit den Menschen ein für alle Mal vorbei sein, und niemand wird mehr kommen, um die fünfzehn Fragen zu beantworten, damit er Einlass erlange in das Neue Jerusalem.

Aber welche Leistungen haben die Menschen doch erbracht, um ihre Unzufriedenheit – nein, nicht zu sublimieren, nicht zu kompensieren, nicht zu analysieren, sondern zu *legitimieren*, denn die Menschen waren auch unzufrieden mit ihrer Unzufriedenheit, sie waren sich selbst gram, sie litten einander nicht mehr. Wenn man die Menschen bewundern muss, was ich ungerne tue, dann aber doch wenigstens in ihrer Art & Weise, wie sie mit der Unzufriedenheit, gleichermaßen ihrem großen Leid und ihrer großen Leidenschaft, in den wenigen hellen Augenblicken ihrer Geschichte umgegangen sind. Auf was ist ihr Geist nicht alles gekommen, und was haben sie nicht alles erfunden: zuerst die *Religion*, um ihren Gefühlen einen Sinn zu geben, dann die *Technik*, um ihren Gefühlen einen Genuss zu verschaffen, und schließlich noch die *Politik*, um ihren Gefühlen endlich freien Lauf zu lassen. Und in den wirklich großen Momenten ihrer Geschichte haben die Menschen es vermocht, das alles sogar noch einem einzigen System mit einer einzigen Aufgabe, mit einer einzigen Struktur und einer einzigen Logik zu unterwerfen.

Wären die Pyramiden überhaupt gebaut worden oder die Chinesische Mauer, wäre man zum Mond geflogen oder in das Geheimnis der Gene eingedrungen, wenn man nicht zuvor die Unzufriedenheit auf das Höchste verfeinert hätte? Man kann eben nicht Abertausende von

Menschen über Jahre hinweg dazu versklaven, dass sie Steine schleppen oder Gräben ziehen oder doch wenigstens ihr Geld hergeben, nein: Man muss sie überzeugen von einer Idee, am besten von einem Gott, von einer Erlösung, denn nur dann mobilisieren sie die letzten Kräfte ihrer schwachen Körper, erst dann lechzen & gieren sie danach, ein Teil des höheren Werkes sein zu dürfen. Wann immer es den Menschen gelungen ist, mit ihrer Unzufriedenheit schöpferisch umzugehen, wenn sie nicht ihre ganze Kraft auf das Jammern & Klagen gelegt haben (was leider nur selten genug geschah), dann waren sie zu Leistungen fähig, die man sogar aus meiner Warte eines Weltenschöpfers anerkennen muss. Zwar ist den Menschenwerken natürlich keine Ewigkeit beschieden, aber solange sie Bestand haben, muss man ihnen Respekt zollen, denn ich kann nur bestätigen, dass es selbst mir nicht immer leicht fällt, die Elemente nach meinen Wünschen zu zähmen; aber die Menschen lenken die Wasser, sie erheben sich in die Lüfte, sie formen die Erde zu Häusern, und sie haben das Feuer zu ihrem willfährigen Diener gemacht. Eigentlich hätten sie daraus lernen können, dass es sich nämlich doch lohnt, zu nutzen, was diese Welt bietet, anstatt sich in ein klagendes Warten zu ergeben, und ich füge hinzu, dass die Menschen noch längst nicht alles kennen, was diese Welt, meine Welt, ihnen zu bieten hat.

Aber ich muss der Gerechtigkeit halber hier doch noch hinzufügen, dass die Menschen nicht alle gleich sind, es gibt durchaus und erkennbar mehrere Arten von ihnen – solche mit hellen Haaren oder mit dunklen Haaren, solche mit kurzen Beinen oder mit langen Beinen, solche mit breiter Nase oder mit schmaler Nase, solche mit starkem Mundgeruch oder mit schwachem Mundgeruch, eben solche und solche, damit man sie überhaupt voneinander unterscheiden kann, was ansonsten schwer fallen würde. Doch davon will ich schweigen, denn es geht mir hier um etwas völlig anderes, nämlich darum, wie die Menschen darauf reagieren, dass sich die Welt leider nicht so darstellt, wie man es eigentlich am liebsten hätte, und ich rede hier nicht über die Masse Mensch, die man gar nichts weiter gelehrt hat, als zu jammern und zu klagen, damit sie vollends beschäftigt und abgelenkt ist und sich um nichts anderes kümmern kann und deshalb auch den Lauf der Welt nicht weiter stört.

Nun gibt es jedoch zum Glück noch andere Arten von Reaktionen, und mir gefällt davon eigentlich am besten der *Optimismus*[2], denn der ist hungrig, gierig, willig, der findet sich nicht ab mit der Defizienz in der Welt, die es zweifellos geben mag und die ich auch nicht bestreiten will; *meine* Welt aber kann sich wenigstens noch entwickeln, und deshalb kann man sich noch in ihr bewähren, indem man sich an der Verbesserung beteiligt und nicht nur auf die Erlösung am Ende aller Tage wartet. *Meine* Welt kann besser werden, und sie wird besser werden, auch von alleine, aber ginge nicht alles sehr viel schneller, wenn sich möglichst viele Menschen daran beteiligen würden?

Ich habe nie verstehen können, dass die Menschen lieber klagend von einem Paradies im Jenseits träumen, anstatt sich handelnd ihr eigenes Paradies im Diesseits zu schaffen; erst darin würden sie ihrem Anspruch gerecht, dass sie geschaffen sind nach dem Ebenbilde Gottes, denn ein Gott zu sein heißt letztlich doch nur: ein Schöpfer zu sein. Und ich habe nie verstanden, was die Menschen zum *Pessimismus* berechtigt, diese Haltung steht nur Gott und mir zu, denn nur wir können darüber gerecht urteilen, nicht aber & auf gar keinen Fall die Menschen selbst, auch wenn die sich lieber auf ihre Phantasie verlassen, welche sie mehr quält als die Wirklichkeit und sie gerade das für entsetzlich halten, was sie *nicht* wissen. Solche Menschen sind jedoch von keinerlei Nutzen für meine Schöpfung – und ich füge hinzu: auch nicht für Gottes Schöpfung, so weit ich sein komplexes Kalkül begriffen habe –, und weil sie von keinerlei Nutzen sind und den anderen nur Platz & Nahrung stehlen, sollten sie ihren Weg eben mit aller Konsequenz zu Ende gehen.

Ich erinnere mich jedenfalls noch gut daran, dass es in Griechenland einmal einen Mann gab, der hieß *Peisithanatos*, und der predigte voller Inbrunst das *Apokarteron*, dass man sich nämlich durch Hungern töten soll, wenn man schon das Leid dieser Welt nicht mehr aushalten kann, und dieser Mann lebte sehr lange, und er verdiente damit seinen Unterhalt, und es ging ihm gar nicht schlecht dabei, und er starb eines Tages nach vielen, vielen Jahren an der unvermeidlichen Schwäche des Alters, nicht ohne vorher seinen Kindern das Versprechen abzunehmen, sich bloß nicht um die Philosophie zu bekümmern, woran sie sich bis heute auch gehalten haben, jedenfalls habe ich bislang nichts mehr von ihnen gehört.

Ich habe, ehrlich gesagt, auch nicht wirklich verstanden, was es mit diesem *Pessimismus* der Menschen auf sich hat, können sie doch mangels Wissen gar nicht selbst entscheiden, ob es sich nicht vielleicht doch lohnt, an der Vervollkommnung dieser Welt zu arbeiten, denn sie haben es schließlich nur selten genug mit all ihrer Kraft versucht und noch seltener gelassen die Ergebnisse ihres Handelns abgewartet. Manchmal denke ich, dass sich hinter diesem Pessimismus der Menschen etwas ganz anderes verbirgt, nämlich – ja, wie soll ich es auf eine höfliche, gleichwohl präzise Art & Weise sagen? – ein eher geringes Vertrauen in die eigenen Fähigkeiten, dass sie also im tiefsten Inneren ihrer Seele nicht ganz daran glauben, dass sie wirklich etwas bewirken können in dieser, meiner Welt, jedenfalls nicht so schnell und so maßgeblich, wie sie es in ihrer Unzufriedenheit & Ungeduld gerne hätten.

Vielleicht haben Gott & ich in unserer Jugend den Fehler gemacht, die Menschen ab & zu mit ein paar Wundern und andern Kunststücken zu überraschen, wobei es uns damals doch um nichts anderes ging, als sie mit unserer Macht & Herrlichkeit zu beeindrucken, was uns zweifellos auch gelungen ist, leider mit dem – jedenfalls von mir – nicht beabsichtigten Effekt, dass die Menschen selbst heutzutage immer noch darauf hoffen & warten, wo sie doch eigentlich nur hätten lernen sollen, es selbst einmal, aus eigener Kraft (so gering sie im Vergleich zu Gott & mir auch sein mag) zu versuchen.

Tatsächlich haben sich manche darangemacht, Gott nachzueifern und allein mit ihren Worten das Etwas aus dem Nichts zu erschaffen, und manche haben es in dieser Kunst der *Magie*[3] sogar zu gewissen Fertigkeiten gebracht, ohne dass sich aber der Lauf der Dinge in dieser, meiner Welt – und erst recht nicht in der vollkommenen Welt Gottes, welche man nennt: Paradies – dadurch grundlegend verändert hätte, wie denn auch? Dass die Menschen nun einmal nicht sein können wie Gott, mag den einen oder den anderen tatsächlich verzweifeln lassen, was ich sehr gut verstehen kann, bin doch selbst ich nicht wie Gott und habe mich erst daran gewöhnen müssen. Doch ich habe *meine* Konsequenzen daraus gezogen, dass ich es nämlich auf meine eigene Art & Weise versuchen muss, und damit habe ich dann schließlich Erfolg gehabt, was die immer noch anhaltende Existenz dieser, meiner Welt ohne Zweifel beweist. Und hätten nicht auch die Menschen *daraus* lernen können, dass es sich also eher lohnen würde, nach den *eigenen* Wegen zu suchen und dabei durchaus in Kauf zu nehmen, dass es ein wenig länger dauern kann als eben nur sieben Tage, um eine Welt zu erschaffen? Dazu hätte es zunächst einmal kaum mehr bedurft als nur der einfachen Tugend der Geduld, aber die zu erlernen und auszuüben ist den Menschen stets sehr schwer gefallen.

Wie auch immer: Man hat jedenfalls tatsächlich & allen Ernstes zu behaupten gewagt, ohne dass der eine oder andere klügere Geist dagegen seinen lauten Widerspruch eingelegt hätte, dass alles das *böse*[4] sei, was aus Sicht der menschlichen Wohlfahrt gar nicht erst existieren sollte; oder wenn man es umdreht: Alles, was dem Menschen und seinem Wohlergehen im Wege steht, wäre demnach allein schon *ex definitione* böse. Was dem Menschen Schaden bereitet, sei es körperlich, sei es, dass es die Erfüllung seiner natürlichen Wünsche vereitelt oder ihn in der Entwicklung seiner Fähigkeiten behindert, seien es Defizite in der natürlichen oder in der sozialen Umwelt, all das wäre somit böse, ebenso wie allerlei seelische Leiden, darunter Angst, Enttäuschung & Reue, vor allem aber die Begrenzung der menschlichen Intelligenz, welche es verhindert, dass der Mensch seine Umwelt in vollem Umfange verstehen und begreifen kann. Nicht genug damit: Auch das Leiden & Sterben des Getiers und des Gewürms, der Blumen und der Bäume, schließlich vielleicht sogar noch die unerhörte Qual des Sandkorns, wenn es von den Wogen der Brandung auf ewiglich getrennt wird von seinen Nachbarn, sind alle geschuldet dem allgegenwärtigen Wirken des Bösen, das erst sein Ende finden wird am letzten aller Tage, wenn der Teufel wird geworfen in den feurigen Pfuhl & Schwefel und wird gequälet werden Tag & Nacht von Ewigkeit zu Ewigkeit.

Nun, das werden wir noch abzuwarten haben, aber wehe, an dieser Stelle kann ich nur noch inständig um Gnade bitten, doch nicht für mich und meine Seligkeit (darum werde ich mich auch ohne Fürbitte schon selbst zu kümmern wissen, wenn es denn einmal so weit sein sollte), sondern für diesen sündigen und unverzeihlichen Hochmut der Menschen, dass sie es sich nämlich anmaßen, eine Welt allein nach *ihren* Wünschen & Nöten einzufordern, so als wäre der Schöpfer des Menschen zugleich sein Diener. Es scheint mir jedenfalls recht abwegig zu sein, einerseits die Vertreibung aus dem Garten Eden als eine Strafe zu bezeichnen, andererseits aber in aller Treuherzigkeit zu erwarten, dass sich der Ort der Verbannung als bestens eingerichtet erweist, so als mache man nur für eine kurze Zeit Urlaub vom Paradies, fordere dann aber zumindest den gleichen Komfort & Luxus, wie man ihn zuvor habe genießen können.

Man hat behauptet, dass die Erwartungen der Menschen in dieser Welt bitter enttäuscht worden seien, und allein die Tatsache dieser *Enttäuschung* reiche schon aus, um die konkrete Manifestation des Bösen abschließend und unwiderleglich zu beweisen. Nun habe ich inzwischen, über all die vielen Jahre, lernen müssen, dass es ganz wenig Sinn macht, sich mit den Menschen auf Debatten einzulassen, wenn sie denn erst einmal fest davon überzeugt sind, einen, *den* Beweis gefunden zu haben, nach welchem sie immer gesucht hatten. Ich will hier gar nicht darauf verweisen, dass vielleicht auch *meine* Erwartungen – etwa hinsichtlich der Menschen und ihrer Entwicklung zu vernünftigen & zivilisierten Wesen – enttäuscht worden sein könnten, und ich stelle meine Fragen auch nur in einem rein rhetorischen Sinne, ohne darauf wirklich eine Antwort zu erwarten: Was, so könnte ich doch wohl fragen, war es denn eigentlich, das die Menschen erhofft & erwartet hatten? Friede, Freude, Glück, Ruhe, Geborgenheit? Und wenn sie sich denn so sehr danach gesehnt hatten, warum haben sie sich denn nicht mehr Mühe damit gegeben? Und wenn sie sich Mühe gegeben haben, warum haben sie all ihre Mühen & Anstrengungen, all ihr Trachten & Sinnen auf die Suche nach demjenigen gerichtet, dem sie anlasten können, wofür sich sonst niemand als Urheber findet, nur um alle anderen zu entlasten, die es sonst hätten gewesen sein können, vor allem aber sich selbst?

Aber so sind die Menschen nun einmal, und ich habe nur wenig Hoffnung, dass sie sich noch einmal ändern werden. Bis ans Ende aller Tage werden sie fest davon überzeugt sein, und nichts wird sie in dieser Überzeugung erschüttern können, dass es tatsächlich Welten zum Aussuchen für sie gebe, dass man sich bislang allenfalls in der Wahl vergriffen habe, wofür man wiederum den Einfluss des Bösen verantwortlich machen könne, und dass man, wenn man sich diesem Einfluss entziehe, die erforderlichen Korrekturen schon würde vornehmen können, wozu man ja als Mensch in seiner gottgegebenen Freiheit auch hinreichend legitimiert sei.

Was aber wäre – und man erlaube mir diese letzte Frage –, was aber wäre, wenn niemand mit letzter Sicherheit angeben kann, welche Erwartungen es denn eigentlich gewesen seien, die enttäuscht worden sind? Solange die Menschen sich darüber nicht einig werden können, wird für sie nicht viel gewonnen sein, und sie werden warten müssen bis zum Letzten aller Tage, aber ich bin mir inzwischen sicher, dass ihre Enttäuschung dann erst recht groß sein wird, weil ihre Erwartungen & Hoffnungen darauf völlig überzogen sind, jedenfalls nach dem jetzigen Stand der Vorbereitungen. Und die sind schon recht weit gediehen, wie ich an dieser Stelle hinzufügen möchte, ohne allerdings zu viel zu verraten. Nun kann & will ich hier nicht zugleich für Gott sprechen, das steht mir nun wirklich nicht zu, und er wird schon seine guten Gründe dafür haben, dass er seit geraumer Zeit schweigt – und zwar auf eine, wie ich es nennen würde: eigentlich unüberhörbare Art & Weise –, doch die Menschen scheint es nicht weiter zu kümmern. Aber nun gut: Für *meinen* Teil der Schöpfung (und ich weise in aller Bescheidenheit darauf hin, dass es sich dabei immerhin um den für die Menschen relevanteren Teil der Schöpfung handelt) gilt nun wirklich nicht, dass sie allein und noch nicht einmal überwiegend für die Menschen gemacht worden wäre, wie käme ich dazu, aus welchem Grund, zu welchem Zweck?

Ich bin der *Fürst der Welt,* und die Menschen in ihr sind meine Untertanen und haben sich dem zu fügen, was ich bestimme, solange sie ihre Füße setzen in diese Welt, und wem es nicht passt, der kann ja nach *Drüben* gehen, aber da wird er sich noch wundern. Und wäre ich an der Stelle der Menschen, so würde ich erst recht nicht und ohne weiteres annehmen, dass der andere, der göttliche Teil der Schöpfung zu Nutzen & Frommen der Menschen entstanden sein könnte, und ich füge hinzu: Wie käme Gott dazu, aus welchem Grund, zu welchem Zweck? Und weiter: Wie kann man annehmen, dass Gottes Ratschluss unergründlich sei (was letzten Endes wohl auch zutrifft), und allen Ernstes im gleichen Atemzug behaupten, man wisse ganz genau, dass jener Gott die Welt allein für den Menschen geschaffen habe, auf dass er sich darin wohl fühle? Vielleicht – so sage ich – ist jenes Paradies, auf das die Menschen so sehr hoffen, nichts anderes als ein großer zoologischer Garten, den Gott sich zu seinem eigenen Pläsier geschaffen hat, um sich von Zeit zu Zeit an einigen sehr hübsch ausgedachten biologischen oder soziologischen Experimenten zu erfreuen, ja, vielleicht ist es so und nicht anders, und wer will mir widersprechen. Aber ebenso wenig, wie es meine Aufgabe ist, für Gott zu sprechen und seine Absichten zu offenbaren, so kann & will ich den Menschen keinerlei Ratschläge geben, es sei denn, sie bitten mich darum, was sie in letzter Zeit offenbar aber auch nicht mehr nötig zu haben scheinen.

Sei's drum: Ich komme ohne die Menschen aus, ich habe sie nicht nötig, weder als mein Ebenbild noch um mich ehren & preisen zu lassen; allein mein Werk wird mich richten, und die Menschen werden sicherlich nicht dabei sein, wenn eines Tages darüber entschieden wird, und dann geht es nicht um ihre Existenz und erst recht nicht um ihr Wohlergehen, sondern um etwas ganz anderes, was die Menschen aber nicht im Geringsten zu interessieren hat, weil sie es in der Begrenzung ihrer Intelligenz auch überhaupt nicht verstehen würden. Und dies ist nun mein Argument: Wenn ich denn die Welt für die Menschen erschaffen hätte, dann wäre mir doch wohl daran gelegen, dass sie mich dafür lobpreisen und sich als dankbar bis an das Ende aller Tage erweisen. Mich aber lässt das Lob der Menschen ebenso gleichgültig wie ihre Klage.

Und damit es klar ist ein für alle Mal, will ich es hier deutlich sagen: Meine Schöpfung ist für sich *selbst* gemacht, aus keinem anderen Grunde und zu keinem anderen Zwecke, als dass sie eben möglich ist, weil ich, ihr Schöpfer, bin gekommen durch die Irrungen des Chaos aus dem Kosmos der Möglichkeiten, der da war schon vor aller Zeit und wird da sein für immer & ewiglich. Ich erwarte für die Werke meiner Schöpfung keine Dankbarkeit und keine Bewunderung, obwohl es den Menschen gut anstände, wenn sie in meinem Angesicht die Grenzen ihres Geistes und ihrer Fähigkeiten erkennten und ein wenig Respekt zeigten vor dem, was ich und mein geliebter Algorithmus zustande gebracht haben, denn was immer die Menschen auch erschaffen haben mögen, seitdem sie auf Erden wandeln, so klein & schäbig, wie es ist, hält es den Vergleich zu *meiner* Schöpfung nie & nimmer aus. Und die Menschen täten gut daran, sich ein wenig mehr um ihre eigene Vollkommenheit zu bekümmern, als sie von anderen einzufordern, denn wenn das Große Gericht einen jeden wird richten nach seinen Werken, dann wird man schon sehen, wie weit man kommt allein mit Klagen & Forderungen.

Welcher Hochmut: Die Welt sei Wille & Vorstellung[5] – ich sage aber, dass es dazu wohl noch einiges an Macht & Fähigkeit bedarf, um eine Welt, eine eigene Welt, zu erschaffen, eine Welt, die nicht schon nach dem siebten Tag ihre Fehler offenbart, weil zur Vollkommenheit auch das Verderben gehört, was ist die Vollkommenheit schließlich anderes als der Besitz *aller* Eigenschaften zugleich, worin dann auch Tod & Leid eingeschlossen sind und nicht nur Verheißung & Schönheit. Und wie kann man das Gute, das Gesunde, das Schöne überhaupt schätzen, wenn man nicht zuvor das Böse, das Kranke, das Hässliche erfahren hat; nur wer den Verlust kennt, weiß schließlich um den Besitz, und so sollen die Menschen schweigen und nicht nach Gott oder dem Teufel rufen, sondern sich um ihre eigenen Angelegenheiten kümmern, denn die sind wichtig und drängend genug.

Und da wir gerade bei diesem Thema sind: Ich habe mich nämlich immer wieder gefragt, wie es denn den Menschen wohl ergehen würde, sollten sie eines Tages von einem Moment auf den anderen, durch welchen Zufall oder welches Wunder auch immer, tatsächlich unsterblich und zugleich vollkommen werden. Und ich glaube, darauf eine Antwort gefunden zu haben: So, wie ich die Menschen bislang kennen gelernt habe, und ich kenne sie immerhin schon seit *sehr* langer Zeit, würde sich dadurch auch nichts grundlegend an ihrem Wesen ändern, und ihre Unzufriedenheit wäre damit keineswegs gestillt. Sie wären dann nur über etwas anderes unzufrieden und würden sich lauthals darüber beklagen, nämlich über die *Langeweile*, die sie über kurz oder lang verspürten, die ihnen bald das unsterbliche und vollkommene Leben als schier unerträglich erscheinen ließe, weil Tag für Tag, von Ewigkeit zu Ewigkeit ständig das Immergleiche geschähe, ohne dass sich irgendetwas veränderte oder dass man sich um irgendetwas zu bekümmern hätte. Nichts bliebe als die bloße Existenz, was dann aber niemanden mehr wirklich herausfordern würde, da man sich dafür ja nicht weiter anstrengen muss.

Denn wofür sollte man sich anstrengen, und was sollte sich auch verändern, wenn erst einmal der Zustand der Vollkommenheit erreicht wäre, das Gleichgewicht aller wirkenden Kräfte, die Homöostase, die Harmonie aller Dimensionen? – Und weil dann alles vollkommen wäre, so wäre alles einander darin gleich, keine Unterschiede gäbe es mehr und auch keine Grenzen, nur noch endlose, weil vollkommene Unendlichkeit. Und alles wäre an seinem Platz, in genau der gleichen Weise verteilt über die Weiten & Tiefen der Himmel, von denen man sagt, dass es einst zweiunddreißig verschiedene gab, nämlich einen eigenen Himmel für einen jeden der zehn Sefiroth und der zweiundzwanzig Buchstaben, heute jedoch aus Gründen der Sparsamkeit nur noch sieben für die Dreifaltigkeit und die vier Ecken der Welt und nach dem Ende aller Tage schließlich nur einen einzigen, allumfassend und homogen, was dann auch nur logisch und sinnvoll wäre.

Aber dann wird keine Bewegung mehr sein und keine Zeit, weil ich sie dann Gott habe erstatten müssen, allerdings ohne Zinsen, denn Gott liebt nicht den Zins und hatte ihn strikt und unter strengster Strafe verboten in jenen fünf Geboten, die er einst vergessen hatte, als er Moses zum zweiten Male die Gesetzestafeln aushändigen musste. Dann wird auch mein Algorithmus zu seinem Ende gekommen sein wie die Uhr, deren Feder abgelaufen ist, und dann werde ich zu richten haben über meine Werke, denn nur *ich allein* darf mir ein Urteil darüber erlauben, außer vielleicht Gott, aber der hat sich bislang ja nur selten um meine Schöpfung und ihre Ergebnisse gekümmert, jedenfalls nicht im Sinne einer konstruktiven Kritik, die mir in manchen Momenten der Verzweiflung recht hilfreich hätte sein können, aber was soll es.

Nun weiß auch ich, dass viele Menschen gerade jenen Tag hoffnungsfroh herbeisehnen, an dem sein wird weder Tod noch Leid, noch Schmerz, noch Geschrei, aber die meisten von ihnen haben doch gar keine Ahnung davon, was sie dann wirklich erwartet; denn auch wenn ich mich sonst vor nichts weiter fürchte, so fürchte ich doch jenen Tag, weil dann selbst für mich anbrechen wird die furchtbare, unendliche Langeweile, ich werde leiden unter dem Entzug meiner Neugierde, die sich dann doch auf rein gar nichts mehr richten kann, weil eben nichts mehr geschehen wird, was noch nicht geschehen ist, aber es wird überhaupt nichts geschehen, noch nicht einmal der Tag wird der Nacht[6] weichen, um dann wieder seinen Platz zu fordern.

Die Himmel sind nicht mehr geschieden von den Erden und die Wasser nicht mehr gesammelt, wir alle werden in Vollkommenheit in uns ruhen, und ich kann nur inständig hoffen, dass ich aus dieser Ruhe niemals wieder erwachen werde, denn sonst würde mich die Sehnsucht nach meiner Heimat, dem unendlichen Kosmos der Möglichkeiten, mit Haut & Haaren verzehren, und selbst Gott könnte nicht die Trauer stillen über den endgültigen Verlust meiner Jugend. Aber bis dahin gehört die Zeit noch mir allein, und ich werde sehr sorgfältig damit umgehen, damit sie nicht schon abgelaufen ist, bevor Gott sie von mir zurückfordert. Das nämlich, die Verschwendung von Zeit, wäre die größte aller Dummheiten, wofür die Strafe einer nicht endenden Langeweile dann nur angemessen wäre, sogar ohne eine jegliche Chance auf Bewährung und zum sofortigen Vollzug.

Eine Welt jedenfalls, in welcher es keine Zeit mehr gibt und ohne sie auch keine Bewegung und deshalb auch keine Energie und deshalb auch keine Ereignisse und Erlebnisse, eine solche Welt kann man gar nicht anders nennen als nur: *das Nichts*, denn wenn es keine Energie gibt, dann auch keine Materie, weil nur die Energie die Materie zusammenhält und nur die Materie die Energie trägt wie die Seraphim den Thron Gottes (oder waren es doch die *Cherubim*, ich werfe immer alles durcheinander), und einen Ort, dem es völlig an Materie fehlt, pflegt man als das Nichts zu bezeichnen. Aber wie kann man sich darauf freuen, wie kann man es geradezu herbeisehnen? – Ja, *man* kann es offenbar, aber *ich* kann es nicht, selbst wenn mich heutzutage manchmal eine ungeheure Müdigkeit überkommt, schließlich bin ich auch nicht mehr der Jüngste, aber ich habe mich nicht unter all den Mühen & Leiden durch die vielen Irrungen des Chaos gekämpft, nur um danach zu *ruhen*.

Die Menschen jedenfalls sind bei ihrer Suche nach Gott oft recht seltsame Wege gegangen, haben doch manche tatsächlich behauptet, dass Gott ein *lauter Nichts*[7] sei, ihn rühre kein Nun & Hier. Ich persönlich habe immer sehr gut verstehen können, dass und weshalb den Menschen solche Gedanken in den Sinn gekommen sein mochten, denn wie schnell vergisst man einen Gott, der ständig abwesend ist, den man eigentlich nur noch als einen *deus absconditus* bezeichnen kann, aus den Augen aus dem Sinn, nach dem zu rufen daher ohnehin völlig zwecklos ist und den man sich deshalb ohne weiteres als das *Nichts* vorstellen kann, wenn denn die Menschen mit ihrer begrenzten Intelligenz überhaupt jemals in der Lage sein sollten, *das* Nichts zu denken (*nichts* zu denken ist dagegen sehr viel einfacher, wie die Menschen in ihrer Geschichte ja oft genug bewiesen haben).

So weit, so gut, aber die Menschen, die sich solches erdachten, sind dabei weitaus verschlungenere Wege gegangen: Gott, so meinten sie, könne man sich in all seiner Pracht & Macht nicht einfach nur als ein *Etwas* vorstellen, also begrenzt und beschränkt auf eine Existenz in Raum & Zeit; wenn überhaupt, dann müsse man Gott sich so denken, dass er über alles Denken und alles Wissen hinausgeht, dass man sich nicht mehr auf die menschliche Wahrnehmung verlassen dürfe, sondern Gott geradezu als Gegenpol dieser armseligen Welt vermuten müsse, als ein reines, wesenloses, namenloses *Nichts*. Andererseits und wiederum aber könne Gott auch nicht *Alles* sein, denn in diesem Falle, wenn alles erfüllt wäre mit dem göttlichen Sein, bliebe ja kein Raum mehr für irgendeine andere Art von Sein, was – wie ich hinzufügen möchte – manche jener tiefen Denker zu der ebenso tiefen Erkenntnis verführte, dass die Schöpfung dieser Welt erst in dem Moment möglich wurde, da Gott sich aus ihr zurückzog.

Eine Erkenntnis, mit welcher sie der Wahrheit zwar recht nahe gekommen waren, sie aber eben doch um ein kleines Quäntchen verfehlten, denn der Rückzug Gottes allein hätte nie & nimmer ausgereicht, um auch nur die einfachste aller Welten zu erzeugen. Oder will man tatsächlich allen Ernstes glauben, dass diese Welt danach aus sich selbst heraus entstanden wäre, ohne einen einzigen Schöpfer, vielleicht in einer Urzeugung oder einem lauten Knall? Das aber müsste für die Menschen eine wahrhaft katastrophale Erkenntnis sein, könnten sie dann doch niemanden mehr für die Defizite dieser Welt verantwortlich machen, und ihre ganze Unzufriedenheit liefe ins Leere, eben ins *Nichts* hinein. Weshalb sich die Menschen also ihrer Logik entsannen und aus vollem Herzen behaupteten: Wenn Gott nicht nur ein begrenztes Etwas sein kann, aber dem gegenüber auch nicht das umfassende Alles, dann kommt für ihn allein und nur noch die Kategorie *Nichts* infrage, was wir schließlich zu beweisen hatten.

Und so sagte dann *Dionysios Areopagita*[8], dessen wir an dieser Stelle voller Wehmut gedenken wollen, weil er doch ein liebevoller Mensch gewesen war, der zwar von Nichts eine Ahnung hatte und deshalb aber Alles erklären konnte. Und also sprach der liebe Dionys, wie seine Freunde ihn nannten, dass Gott weder Seele noch Geist sei, weder Phantasie noch Vorstellung, noch Verstand, dass er keine Zahl habe, keine Ordnung, keine Größe, keine Kleinheit, keine Gleichheit, keine Ungleichheit, dass er nicht sieht, nicht bewegt wird, nicht ruht, keine Kraft habe und weder Kraft noch Liebe sei, dass er keinen Verstand, keinen Namen, keine Kenntnis habe, nicht Finsternis sei und auch nicht Licht, nicht Irrtum, nicht Wahrheit, er also eigentlich überhaupt nichts von dem sei, was uns (er meinte damit natürlich zunächst einmal sich selbst) oder einem anderen Geschöpf bekannt werden könne, so also sprach der liebe Dionys, und er wusste es nicht besser, und ich äußere mich nicht dazu.

Und dann gab es schließlich noch diejenigen Menschen, welche Gott zugleich in der Unendlichkeit *und* im Nichts vermuteten, was es ihnen natürlich umso schwerer machen musste, ihn dort zu finden, denn das Nichts im Unendlichen ist noch sehr viel seltener als eine Nadel in einem Heuhaufen, aber die Argumentation stammte aus der Mathematik, von welcher man ohnehin glaubte, dass sie ein recht legitimer, vielleicht sogar der einzige Weg zu Gott sein könne. Also, so sagte man sich, gebe es einen Teil von Gott[9], der das Universum geschaffen und einen jeden einzelnen Winkel des Kosmos durchdrungen hatte; so weit, so gut, nennen wir diesen Teil *sof*, was nichts anderes bedeutet als *unbegrenzt*, aber dann war da noch der andere Teil der Gottheit, nämlich das Nichts, die Leere, denn ein Gott, der allumfassend sein wollte, musste sich wohl oder übel auch dazu bekennen, und diesen Teil wiederum wollen wir als *ayin* bezeichnen, eben als das Nichts.

Nun jedoch geht die Argumentation erst richtig los, weil ja der Zahlenwert – befinden wir uns doch in der Mathematik – dieses Wortes gleich ist demjenigen des Wortes *aniy*, das bedeutet *ich*, woraus wir unmittelbar folgern können, dass diesem Zahlencode zufolge Gott selbst gesagt hat: *Ich bin nichts*, und an seinen Worten wollen wir nicht zweifeln, eher schon daran, dass die Menschen den Sinn & Zweck dieser Worte richtig verstanden haben, doch dazu will ich mich nicht äußern, weil die Exegese der göttlichen Kommunikation nun überhaupt nicht meine Aufgabe sein kann.

Ich bin schließlich der Teufel und habe mich allein um meine eigenen Angelegenheiten zu kümmern, damit habe ich genügend zu tun, aber ich will doch etwas hinzufügen: Meinethalben kann annehmen, wer will, dass Gott seine Werke aus dem Nichts heraus hätte erschaffen können, wenn er es denn so gewollt hätte, tatsächlich aber hat er sich dabei aus dem Fundus des unendlichen Kosmos der Möglichkeiten bedient, was ich bezeugen kann, denn ich war so ziemlich von Anfang an dabei und habe ihn genau bei allem beobachtet, was er tat, weil ich doch von ihm lernen musste. Will sagen, dass alle diese Spekulationen über Gottes und sogar meine Natur nutzlos bleiben müssen, weil wir beide, Gott & ich, *transzendente* Wesen sind, erhaben über die bloße Physik, Wesen, die vom begrenzten Verstand der Menschen gar nicht erfasst oder verstanden werden können, so dass die Menschen es auch nicht versuchen sollten, sondern sich um ihr Leben in *dieser* Welt kümmern, was anstrengend genug ist, ihnen aber auf jeden Fall einen weitaus größeren Nutzen bringt.

Oft hat man mich gefragt, was das denn sei, ein transzendentes Wesen, ich könne es wohl doch am besten erklären, sei ich doch selbst ein solches. Anfangs habe ich noch versucht, es den Menschen zu erklären, aber dann habe ich bemerkt, ja: bemerken müssen, dass es keinen Sinn macht, den Menschen etwas erklären zu wollen, das weit über die Grenzen ihrer Erfahrung und über die Grenzen jener Welt hinausgeht, die sie mit ihren armseligen Sinnen überhaupt wahrnehmen können. Denn an dieser Stelle muss ich darauf hinweisen, dass eben nicht die ganze Welt den Menschen zugänglich ist, noch nicht einmal *meine* ganze Welt, weil Gott & ich es uns gegenseitig versprochen haben, die Geheimnisse zu wahren, und ich will mich daran halten, ganz gleich, was Gott tun wird, so soll es doch dann nicht meine Schuld sein.

Nur so viel will ich sagen, dass diese Welt viel, viel mehr ist, als sie den Menschen auf den ersten und sogar auf den zweiten Blick erscheinen mag, auch wenn ich zugeben will, dass die Menschen sich einige Mühe damit gegeben haben, immer wieder hinter die Kulissen zu schauen, und was hätten sie dabei alles lernen können? Doch ich will davon schweigen, damit ich nicht traurig & zornig werde, wie es Gott einst widerfuhr, und nichts Gutes kam dabei zustande. Aber wie können die Menschen wirklich davon überzeugt sein, dass die Grenze ihrer Erkenntnis zugleich die Grenze der Welt ausmacht, wo sie doch aus ihrer eigenen Geschichte eigentlich schon längst hätten lernen müssen, dass es hinter dem Horizont immer noch weitergeht, dass diese, meine Welt immer noch ein letztes Geheimnis für sie bereithält, auch wenn sie glauben, schon alle gelöst zu haben. Und selbst wenn, ja selbst in dem unwahrscheinlichen Fall, den Gott & ich wohl zu verhindern wissen, dass die Menschen doch eines Tages an die Grenzen der Welt vorstoßen sollten, dann haben sie doch nichts gewonnen, denn sie hätten immer noch nicht alle Beziehungen *innerhalb* der Welt entdeckt, ist diese Welt doch so komplex & kompliziert, dass selbst ich mehr als nur einen Moment darüber nachdenken muss.

Und auch wenn die Menschen dieses unendliche Geheimnis noch lüften sollten, so müssten sie danach doch wieder von vorne beginnen, denn nichts in dieser Welt bleibt auf immer so, wie es einmal war, *panta rhei*, wie man zu sagen pflegt, alles fließt, und stets verändert es sich, und die Menschen auf ihrer naiven Suche nach einem unveränderlichen Sein werden sich noch genügend wundern. Denn in meiner Welt kann man nur in aller Demut darauf vertrauen, dass am nächsten Morgen die Sonne aufgeht und das Leben in die Welt trägt, *wissen* aber kann man es nicht und soll es auch nicht, denn es muss doch einen Unterschied geben zwischen den Menschen einerseits und Gott & mir andererseits. Was waren die Menschen froh & stolz darauf, dass sie immer mehr lernten und wussten, und so glaubten sie, dass sie auf diese Weise Gott & mich immer mehr reduzieren könnten, was natürlich ein völliger Unfug ist, denn so groß das Wissen der Menschen auch sein mag, es ist & bleibt endlich, Gott & ich hingegen sind unendlich, und so kratzt das Wissen der Menschen noch nicht einmal an unserer Oberfläche, so sehr & so lange sie sich noch mühen, aber das soll nicht mein Problem sein.

Ich persönlich halte es dann für den zweiten großen Fehler der Menschen, dass sie aus ihrer Unzufriedenheit nichts gelernt haben, jedenfalls die meisten von ihnen, denn manchmal gibt es Ausnahmen, für die sogar ich einen gewissen Respekt bekennen muss, auch wenn mir diese Art von Regung im Falle der menschlichen Rasse im Allgemeinen nicht sehr leicht fällt. Während also die meisten Menschen mit ihrer ewigen Unzufriedenheit nichts weiter anzufangen wissen, als unter lautem Jammern & Klagen so lange abzuwarten, bis endlich der Letzte aller Tage angebrochen ist, gibt es immer wieder doch einige von ihnen, die aus ihrer Unzufriedenheit die Kraft gewinnen, um sich, wenn schon keine ganze Welt, so doch wenigstens ihre eigene kleine Ecke davon zu erschaffen und sich dort auf das Beste einzurichten. Diese Menschen wissen dann auch, dass es im Leben[10] zunächst um das Leben und nicht um ein Resultat desselben geht; und das einzige Resultat, das man als Mensch überhaupt und mit Recht von seinem Leben erwarten kann, besteht allein darin, dass man möglichst viele seiner Chancen genutzt hat, ohne sich dabei in den überall lauernden Risiken hoffnungslos verloren zu haben.

Ich will den Menschen nicht vorwerfen, dass sie in ihrem Verstand und in ihren Fähigkeiten mehr als begrenzt sind, denn es ist nicht meine Art, über alles und jedes sofort zu urteilen; wohl aber muss ich feststellen, dass sie es oft genug noch nicht einmal wagen, sich – wie vorsichtig und sachte auch immer, dafür hätte ich in jedem Fall viel Verständnis – an diese Grenzen heranzutasten; ich kann aus eigener Erfahrung nur sagen, dass der Horizont der Möglichkeiten immer weiter zurückweicht, wenn man sich ihm denn nur sicheren Fußes und festen Willens nähert. Und genau das hätte ich mir in den langen Jahren gewünscht, dass nämlich die Menschen mich in meiner Schöpfung mit ihren eigenen Impulsen unterstützen, so dass ich von Zeit zu Zeit ein wenig in Frieden ruhen kann, wenn das Alter mich wieder hat müde werden lassen. Denn als ich von Gott die Zeit forderte und erhielt, hatte ich leider nicht die Folgen bedacht, und dazu gehört nun einmal auch ihre Unumkehrbarkeit und somit auch das unausweichliche Altern, das mich inzwischen müde macht und manchmal auch schwach. Allein Gott hat sich seitdem kaum verändert, weil er in seiner eigenen Zeit lebt und sich dort offenbar recht wohl fühlt, während selbst seine Engel, seine Cherubim & Seraphim, nun die Lasten des Alters am eigenen Leibe zu spüren haben und dadurch mehr denn je auf die Gnade Gottes angewiesen sind.

Ich habe schon bekannt, dass mich Neugierde & Wollust antreiben, und auch, dass ich nur die Langeweile fürchte, und selbst jetzt, in meinem Alter, verspüre ich Tag für Tag die unstillbare Gier nach dem Neuen, nach der Überraschung, nach dem, was mir bisher noch nicht widerfahren ist. Nun gebe ich zu, dass es heutzutage, nach all den vielen Jahren, nicht mehr so leicht ist, mich mit etwas Neuem zu überraschen, denn ich habe schon vieles gesehen und erlebt in dieser Welt. Ich habe nun einmal die allgültige Weltformel selbst & aus eigener Kraft erdacht, und ich kann mir deshalb sehr leicht ausrechnen, was unter welchen Bedingungen wo geschehen wird. Es ist dann nur ein schwacher Trost, wenn sich in dieser Welt tatsächlich alles genau so und genau dort vollzieht, wie ich es berechnet habe; allein die ständig und unaufhaltsam wachsende Komplexität des bereits Geschehenen fordert ab & zu meine ganze Kraft. Aber ich selbst habe es schließlich von Anfang an so eingerichtet, dass nicht die Sicherheit in meiner Welt zählt, sondern nur die Wahrscheinlichkeit, und deshalb bereitet mir die Komplexität letztlich & endlich auch keine unüberwindlichen Schwierigkeiten, weil ich mich längst an die Unschärfe meiner eigenen Schöpfung gewöhnt habe.

Anfangs ist mir gerade das nicht sehr leicht gefallen, denn als ich am siebten Tag mit meiner Schöpfung beginnen konnte, hatte ich immer wieder Gottes großes Vorbild vor Augen, dem ich nacheifern und das ich sogar übertreffen wollte; bei Gott nämlich ist immer alles vollkommen und daher völlig sicher, ohne auch nur den leisesten Zweifel, ohne die kleinste Abweichung, mit sicherer Hand erschaffen, ohne ein jegliches Zucken & Zittern. Ich habe damals erst lernen müssen, was die Menschen immer noch nicht begriffen haben, dass man nicht versuchen darf, Gott mit bescheidenen Mitteln nachzuäffen, sondern dass man – und in diesem Falle: *ich* – nach eigenen Wegen suchen muss und dabei auch akzeptieren, dass etwas ganz anderes herauskommen kann, als man es vielleicht ursprünglich geplant und gehofft hatte.

Man mag es mir glauben, denn heute kann ich durchaus zugeben, dass *diese* Schöpfung, in welcher sich nun die meisten von uns mit mehr oder weniger Erfolg bewegen, nicht meine erste war, sondern dass ich zunächst und oft genug mit meinen Versuchen gescheitert und schon derart enttäuscht & verzweifelt war, dass ich zurückkehren wollte in meine Heimat, den Kosmos der Möglichkeiten, wo ich einst zufrieden war und es wohl hätte bleiben können von einer Ewigkeit zur nächsten. Aber nun war ich besessen von Wollust & Neugierde, vor allem aber wollte ich weder mir selbst noch Gott eingestehen, so schmachvoll an der selbstgesetzten Aufgabe gescheitert zu sein.

Aber gerade die Erinnerung an den Kosmos der Möglichkeiten rettete mich: Wenn ich nicht in der Lage sein sollte, wie Gott sofort und auf einen Schlag das Vollkommene in seiner unnachahmlichen *Einheit* zu erschaffen, dann musste ich es eben mit der *Vielheit* versuchen, in der Hoffnung, dass unter den vielen Exemplaren vielleicht eines sein könnte, welches – wenn schon nicht im absoluten Sinne, so doch wenigstens relativ – vollkommen wäre, so dass ich darauf in meinen weiteren Werken würde aufbauen können. Und ich kam auch dahinter, dass meine Chancen dazu in dem Maße anwachsen würden, wie die Vielheit ihrerseits größer und differenzierter sein könnte, wobei ich allerdings auch lernen musste, irgendwann die Vielheit wieder zu begrenzen, denn ich konnte es mir auf keinen Fall leisten, alle Möglichkeiten erst einmal ausprobiert zu haben, bevor ich den nächsten Schritt wagte. Schließlich ist meine Zeit zwar lang, aber doch begrenzt, so dass ich immer wieder abwägen und entscheiden musste zwischen dem inzwischen erreichten Grad der Vollkommenheit und der Zeit, der es bedurfte, noch weitere Versuche anzustellen. Wie man heute überall sehen und erfahren kann, hat sich dieses System durchaus bewährt, denn sonst würde sich meine Welt wohl kaum noch danach richten wollen; und ich habe der Vielheit den Namen *Mutation* gegeben und der Entscheidung den Namen *Selektion*.

Wirklich zufrieden war ich aber erst, als nicht mehr nur ich diese Entscheidungen treffen musste, sondern mein Algorithmus diese Aufgabe übernahm; es war mir nämlich zunehmend lästig geworden, dass einen jeden Augenblick aufs Neue die Elemente zu mir kamen und mich danach befragen wollten, welche Verbindung sie denn nun miteinander eingehen sollten und ob man sie auch wieder würde lösen können, wenn man nicht mehr zusammenbleiben wollte, und unter welchen Bedingungen und zu welchem Zeitpunkt, und welche Ansprüche man dabei erheben oder zurückweisen dürfe, je nachdem. Damit wollte ich mich aber nun wirklich nicht für den Rest meiner Existenz befassen, auch wenn – oder vielleicht gerade *weil* – sie aller meiner Voraussicht nach noch sehr lange dauern würde. Aber ich hielt es nun einmal nicht für meine eigentliche Bestimmung, mich um solche Lappalien kümmern zu müssen; nein, ich wusste schon damals, dass ich meine Kraft und meine Zeit würde einteilen müssen, um dann, wenn es denn eines Tages wirklich nötig sein sollte, auch in angemessener Art & Weise auf die Wechselfälle des Lebens reagieren zu können.

Davon, dass eine solche Situation sehr viel früher eintreten sollte, als ich es eigentlich erwartet hatte, wird später noch ausführlicher die Rede sein; dank meiner Vorsicht war ich trotz aller Überraschung in der Lage, meine Schöpfung letztlich dann doch gegen alle Angriffe verteidigen und retten zu können, was mir sehr viel wert war, wollte ich doch nicht mit allem noch einmal von vorne beginnen müssen, was mir zwar ohne größere Mühen möglich gewesen wäre, letztlich aber nur viel Zeit gekostet hätte.

Ich habe ja schon davon berichtet, dass der *Tod* zu jener Zeit in die Welt trat, als Kain den Abel erschlug, und ich muss hier hinzufügen – selbst auf die Gefahr hin, dass manche Menschen sich dadurch wieder einmal bestärkt sehen, mich doch für den Schöpfer alles Bösen anzusehen –, dass der Tod tatsächlich das Ergebnis meines Algorithmus war und sogar notwendigerweise sein *musste*, denn meine Strategie der Vielheit trägt nur dann, wenn man diejenigen Schöpfungen, die sich nicht als sinnvoll & hilfreich erwiesen haben, auch wieder zurückversetzen kann in den Zustand der notwendigen Nicht-Existenz, was ihnen dann aber immer noch ihren angemessenen Platz im Kosmos der Möglichkeiten sichert, woher sie schließlich auch kamen, bevor sie existent wurden. Insoweit gehen mit ihnen also keine wirklich großen Veränderungen vor sich, und man muss nicht zu viel Mitleid mit ihnen haben, vor allem nicht, wenn man bedenkt, wie schnell jener kurze Moment ihrer Existenz verblasst und verwelkt ist im Angesicht der unendlichen Ewigkeiten, in denen die Dinge noch nicht oder aber nicht mehr existieren.

Manche Menschen haben diese Zusammenhänge ziemlich genau begriffen, aber leider die falschen Schlüsse daraus gezogen: Die Seele sei, so fanden sie heraus, nicht nur unsterblich, sondern auch: *präexistent*[11], was an und für sich nicht falsch ist, denn der Mensch sowohl als Individuum als auch als Gattung hat zunächst einmal im unendlichen Kosmos der Möglichkeiten existiert, bevor er sich in dieser Welt realisierte. Die Frage ist nun, wie man diese Realisierung *bewertet*, ob man also (wie ich) den Eintritt in die tatsächliche Welt als eine Chance betrachtet, die es unter allen Umständen so weit wie möglich zu nutzen lohnt, oder aber (wie manche Menschen) als eine Art von Strafe, die der göttliche Schöpfer denjenigen auferlegt hat, die vor seinen Augen sündigten.

Ich will mir an dieser Stelle einen jeglichen Hohn & Spott ersparen, allerdings darauf verweisen, dass man einem solchen Gott schon ein höchstes Maß an Böswilligkeit zutrauen muss, wenn man annimmt, dass er gewisse Seelen damit bestraft, in dieser unvollkommenen Welt Mensch werden zu müssen, wobei es dann mit dieser Strafe allein längst noch nicht getan ist, vielmehr geraten die armen Seelen dabei in die allergrößte Gefahr, erneut zu sündigen, wodurch ihr Schicksal dann ein für alle Mal besiegelt wäre, denn die Chance zur Bewährung und Rehabilitierung in einer durch & durch als sündig gedachten Welt ist doch allenfalls theoretischer Natur. Ich persönlich habe mich immer wieder gefragt, wie es wohl geistig und sittlich um diejenigen Menschen bestellt sein muss, die auf solche abwegigen Ideen kommen, die dem Menschen eine jegliche Hoffnung nehmen und damit dem Leben und der Existenz auch allen Sinn rauben.

Meine Welt jedoch, die *wirkliche* Welt, ist nicht von dieser Art, hier kann man die Chancen der Existenz nutzen und genießen, wenn man sich denn immer der langen, fast ewigen Zeit der notwendigen Nicht-Existenz bewusst bleibt, denn die ist mindestens ebenso entscheidend in meiner Welt. Hätte ich die Nicht-Existenz nun nicht als dringend notwendig vorgesehen in meinem Algorithmus, dann wäre meine Welt ganz schnell bevölkert gewesen mit längst überholten, halb fertigen oder unzureichenden Werken, so dass schließlich überhaupt nicht mehr genügend Platz geblieben wäre für jene auserwählten Schöpfungen, die sich voller Tatendrang & Hoffnung auf ihren Weg zur Vollkommenheit machten, denn eigentlich nur sie haben das Recht auf Leben, weil sie von Nutzen sind für das Leben und mein Werk.

Natürlich – und ein jeder kann sich selbst davon überzeugen, wenn er nur seine Augen & Ohren ein wenig anstrengt – lässt sich eine solche Strategie nicht immer in aller Strenge durchhalten, und wer sich einmal wie ich für das gütige Prinzip der Unschärfe entschieden hat, der muss dann später auch damit zurechtkommen, dass manches Nützliche zu früh stirbt und manches Unnütze überlebt, zumal man – und bedauerlicherweise selbst ich – anfangs nicht immer genau wissen kann, was sich denn letztlich als nützlich für das Leben erweisen wird und was doch nicht. Und so mag das Unnütze existieren, solange es das Nützliche nicht weiter stört – zu dieser Art von Großzügigkeit will ich mich gerne bekennen, nicht aber, dass die Menschen in ihrer Maßlosigkeit glauben, den Nutzen selbst bestimmen zu können. Aber da hilft dann auch immer wieder meine Strategie der Vielheit, denn was jetzt noch keinen Erfolg hatte, kann an anderer Stelle oder zu einem anderen Zeitpunkt durchaus von Nutzen sein. In meiner Schöpfung soll so wenig wie möglich auf immer verloren gehen, im Gegensatz zu Gott muss ich sparsam sein, aber der hatte *seine* Schöpfung ja schon nach sechs Tagen für abgeschlossen erklärt, ohne dass sich dagegen ein Widerspruch regte.

Aber trotzdem müssen von Zeit zu Zeit, in regelmäßigen Abständen, die notwendigen, unabweislichen Entscheidungen getroffen werden, und ich gebe zu, dass ich damit völlig überfordert gewesen wäre, hätte ich mich selbst um alles kümmern müssen; aber zum einen habe ich in den vielen Jahren von Versuch & Irrtum und immer wieder erneutem Versuch meinen Algorithmus inzwischen entsprechend eingestellt, und zum anderen hilft mir auch der Tod sehr dabei, dem ich dafür an dieser Stelle auf das Herzlichste danken möchte.

Deshalb treffe ich mich mit ihm, sooft es nur geht, und lade ihn gerne zum Essen ein, was aber leider nur selten zustande kommt, haben wir beide doch, ein jeder für sich, tagtäglich so viel zu tun, dass kaum Zeit bleibt für eine Ablenkung, und sei sie uns auch noch so willkommen in der alltäglichen und schier unerträglichen Langeweile unseres Seins. Wir reden dann über dies & das, zunächst darüber, was wir gemeinsam in der kommenden Zeit zu erledigen haben, finden aber immer wieder doch die Gelegenheit, über die eher grundsätzlichen Angelegenheiten des Lebens zu plaudern.

Ich schätze diese Unterhaltungen mit dem Tod sehr, auch wenn sich in seinem Wesen immer wieder das Endgültige mit dem Spontanen vermischt, was mir aber dann das Maß an Überraschung gewährt, das ich in meinem Leben so schmerzlich vermisse. Der Tod ist übrigens ein sehr einfallsreicher Bursche, und manchmal bin sogar ich darüber verwundert, welche offenbar unerschöpfliche Kreativität in ihm steckt, denn auch wenn es um die Zerstörung geht, kann man sich dabei doch äußerst schöpferischer und kunstfertiger Methoden bedienen, die auf das Sorgfältigste gelernt sein wollen, was die meisten Menschen aber nicht zu bemerken scheinen, geschweige denn zu schätzen wissen. Wobei der Tod, wie er mir einmal bei einem unserer Treffen erzählte, sich vor ein großes Dilemma gestellt sieht: Zum einen hätte er jetzt nach all den Jahren die rechte Erfahrung und die Fertigkeit, ein jedes Ding auf eine innovative, gleichwohl individuelle Art & Weise in die notwendige Nicht-Existenz zu versetzen, zum anderen aber hat sich die Zahl der Dinge, um die er sich kümmern muss, in der letzten Zeit so sehr vermehrt, dass er gar nicht anders kann, als doch immer wieder die traditionellen, aber leider eher brachialen Methoden anzuwenden, welche er allerdings inzwischen in ihrer Wirksamkeit weitgehend optimiert hat.

Dem Tod zu Hilfe kommen dabei auch die Menschen, denn die haben sich derweil so organisiert, dass man recht viele von ihnen gleichzeitig an ein und demselben Platz antreffen kann, und es scheint mir, dass sie gerade zu diesem Zweck hohe Türme erbaut haben, in welche sich die Menschen ohne Sinn & Not zwängen, was sich jedoch als nützlich erweist, wenn es der Tod einmal besonders eilig hat und nicht mühsam erst einen Menschen nach dem anderen aufsuchen will. In mehr als nur einem gewissen Sinne profitiert der Tod auch davon, dass ich einstmals die Menschen die Sünde der Wollust gelehrt habe und sie sich dabei äußerst gelehrig anstellten, denn der Tod kann sich getrost darauf verlassen, dass er von einem zum anderen allein durch die Nähe übertragen wird, ohne dass er selbst sich dabei besonders anstrengen müsste, und so kommt er weit herum in der Welt.

Bei einem dieser Treffen – ich weiß gar nicht mehr, wann & wo es gewesen sein mochte, denn nach allem, was ich in den vielen, langen Jahren erlebt habe, will ich meinen Geist nicht mit den Erinnerungen an die nebensächlichen Dinge belasten –, bei einem dieser Treffen also haben der Tod & ich, zunächst im Spaß, dann aber mit wachsender

Ernsthaftigkeit darüber diskutiert, wer von uns beiden denn nun mehr auf dieser Welt zu arbeiten habe.

Der Tod rechnete mir in aller Umständlichkeit vor, dass er sich schließlich um fast ein jedes Ding in dieser Welt zu kümmern habe, denn nahezu alles sei sterblich, wenigstens aber vergänglich, und auch dafür sei er zuständig; ich hingegen könne mich auf eine kleine, auserwählte Gruppe von Dingen & Wesen konzentrieren, was die zweifellos angenehmere Aufgabe sei, da man dadurch viel mehr Zeit & Gelegenheit habe, sich um ein jedes Einzelne ausführlich und eingehend zu kümmern. Und der Tod sagte noch, dass man – also in diesem Falle: ich – damit auch in der Lage sei, individuelle und spezifische Taktiken zu entwickeln und zu erproben, wodurch man – also wieder: ich – von Zeit zu Zeit der ständig drohenden Langeweile entfliehen könne, die ja immerhin unser größter und gemeinsamer Feind sei, ein Feind, welcher, wie der Tod nicht ganz zu Unrecht vermutete, im Auftrage Gottes immer und überall versuche, uns endgültig zu überwältigen, was ihm aber nicht gelingen solle, denn zumindest er, der Tod, habe sich geschworen, nie & nimmer von seiner Arbeit abzulassen, das sei er sich selbst und seiner Ehre schuldig, und möge da kommen, was wolle.

Als der Tod so davon sprach, fühlte ich die Tränen in meinen Augen, denn ich war auf das Tiefste gerührt über die Treue und das Pflichtgefühl meines alten Freundes, seine gewissenhafte Strenge, die durch nichts & niemanden zu erschüttern war. Ich war dermaßen von seiner Rede überwältigt, dass ich von meinem Platz aufstand, zu ihm ging und ihn auf das Herzlichste umarmte; ich hieß ihn einen lieben Freund auf immer & ewiglich, was auch ihn nicht ungerührt ließ. Dann bestellte ich noch eine Flasche Wein, oder war es doch Sake oder vielleicht, nein, ich kann mich wirklich nicht mehr daran erinnern, doch es spielt keine Rolle, und wir machten uns unverzüglich darüber her, wobei wir immer wieder voller Zuneigung das Glas auf unser gegenseitiges Wohl erhoben.

Dann aber – und ich will nicht ausschließen, dass der Alkohol dabei seine Hand im Spiel hatte – konnte ich jedoch nicht anders, als den Tod in aller Freundschaft, wenn auch im Scherz, darauf hinzuweisen, dass seine Aufgabe wohl nach dem Ende aller Tage beendet sein werde; jedenfalls steht es so geschrieben, dass er muss hergeben alle Toten, während ich mich von Ewigkeit zu Ewigkeit weiterhin mit all denen befassen muss, die Gott endgültig aus seiner Schöpfung verbannt hat und werfen wird in den feurigen Pfuhl oder aber in die Tiefen nicht verschwindender Finsternis, wie auch geschrieben steht. Woraus im Übrigen nur zu lernen wäre, dass man es eben nicht ganz so genau weiß, selbst wenn es geschrieben steht, ob denn nun Feuer oder Finsternis, was ja nicht besonders gut zueinander passt, worauf man uns aus den gewissen Kreisen, von denen schon die Rede war, antworten wird, dass die Strafen so furchtbar und so unermesslich sein werden, dass dann auch ein ewiges Feuer in ewiger Finsternis brennen kann.

Sei's drum: Einig ist man sich jedenfalls darin, dass der Tod auf immer wird besiegt sein; selbst die wilden Tiere & Vögel müssen alles Fleisch zurückgeben, das sie je gefressen haben, denn Gott will, dass die Menschen wieder sichtbar werden in ihrer Gestalt. Und ist nicht geweissagt[12] in den Schriften: Knochen zu den Knochen in Glieder, Muskeln, Nerven, Fleisch & Adern darin und Haut & Haare darauf und *Urael*, der Große, wird bringen Geist & Seele, und es kommen die *Vier Winde* und blasen die Toten an, dass sie wieder lebendig werden und sich richten auf ihre Füße und wo wird dann der Tod sein auf immer & ewiglich.

Ich unterbreche hier für den kurzen Hinweis, dass man sich dann allein um die Menschen kümmern wird, nicht aber um die Tiere und nicht um die Enten, denn nirgendwo ist die Rede davon, dass auch die *Menschen* alles Fleisch zurückgeben müssen, welches sie sich angeeignet haben im Laufe ihres Lebens, aber davon soll nur am Rande gesprochen sein. Wie auch immer: Ich, der Teufel, selbst wenn ich geworfen sein werde zu all den Sündern und Ungläubigen & Ungerechten, habe dann doch wenigstens noch eine Aufgabe, nämlich sie zu strafen, und die Strafengel werden mir dabei helfen und heimsuchen die Sünder, denn ihre Zahl wird groß sein. Aber, so fügte ich hinzu, bei mir werden dann sein die Frauen, die sich Haarflechten gemacht haben, nicht der Schönheit wegen, sondern um sich zur Hurerei zu wenden, und auch die Männer, die sich mit ihnen niedergelegt haben, und man kann sich schon denken, was dann geschehen wird, denn die Wollust lässt sich nicht so einfach besiegen.

Aber ach! Hätte ich doch diese Fragen, selbst im Scherz, nicht gestellt, denn wieder füllten sich die Augen meines alten Freundes mit Tränen, nun jedoch in bitterer Verzweiflung, und er wurde sehr traurig und schämte sich so sehr, dass er mich dauerte und ich noch eine Flasche Sake (oder war es doch Wein, ich kann mich einfach nicht mehr erinnern) bestellen musste, um ihn ein wenig aufzuheitern, aber das wollte mir zunächst nicht so recht gelingen, und auch nicht dem Alkohol, von welchem wir inzwischen reichlich genossen hatten. Ich muss an dieser Stelle einfügen, dass weder ich noch der Tod ansonsten irgendwelche Probleme mit dem Alkohol oder anderen Drogen haben; wir benötigen sie nicht, um einen höheren Stand des Bewusstseins zu erreichen, denn in einem solchen befinden wir uns ohnehin schon. Wir sind letztlich & endlich rein spirituelle Wesen, und so hat die materielle Welt im Allgemeinen nur wenig Einfluss auf uns, während wir hingegen sehr wohl in die Abläufe jener Welt eingreifen können, wie es der Tod ja einen jeden Tag aufs Neue beweist.

Wenn wir uns zum Essen verabreden, nehmen wir die Gestalt von Menschen an, was uns keine weiteren Schwierigkeiten bereitet, allerdings den Nachteil hat, dass wir dann für diese Zeit und bei dieser Gelegenheit dann mit den Defiziten, manchmal aber auch mit den Freuden der menschlichen Natur fertig werden müssen. Wenn mein Freund, der Tod, nun also seinen Kummer über meine unbedachten Äußerungen mit Alkohol betäuben wollte, dann hatte nun auch er genauso unter den Folgen zu leiden wie ein Mensch an seiner Stelle. Unter anderen Umständen wäre es interessant gewesen zu beobachten, wie ein weiterhin klarer Geist versuchte, sich trotz aller Probleme seines Körpers deutlich und verständlich zu äußern; was dabei herauskam, waren inhaltlich präzise formulierte Sätze, die allerdings mit lallender Zunge vorgetragen wurden, so dass ich all meine Sinne zusammennehmen musste – was mir inzwischen und nach dem Genuss von einigem Alkohol nicht mehr ganz leicht fiel –, um wenigstens einigermaßen zu verstehen, wovon der Tod gerade zu sprechen versuchte. Glücklicherweise stehen uns als spirituellen Wesen noch andere Kanäle der Kommunikation zur Verfügung, so dass es mir schließlich doch gelang, den Sinn seiner Worte zu erfassen.

Was der Tod nun also sagte, war in etwa Folgendes, wenn auch mit deutlich drastischeren Worten: Er, der Tod, interessiere sich nicht im Geringsten dafür, was oder wo *geschrieben stehe*; es sei so viel geschrieben worden in den vielen, langen Jahren, dass man genügend geschriebene Worte finden könne für alles & jedes, das man beweisen wolle. Immerhin gebe es schon allein in der Bibel mindestens zwei verschiedene Geschichten von der Schöpfung Gottes und ansonsten noch viel mehr, wenn man sich die Mühe der Suche machte, und an welche von ihnen man sich denn letztlich halten solle, fragte der Tod[13], und weshalb denn nur vier Evangelien, wo doch auch Petrus und Nikodemus und Jakobus und Thomas und Philippus sehr schöne und sogar recht lange Bücher darüber geschrieben hätten, welche es durchaus lohnten, von den Menschen gelesen und zitiert zu werden, aber man halte sie verborgen und verheimliche sie vor den Menschen. Und wenn man schon einmal darüber spreche, dann müsse er – der Tod – noch danach fragen dürfen, was man von dem halten solle, das geschrieben steht bei Markion aus Sinope oder bei Bardesanes von Edessa oder Makarios dem Ägypter oder Ephraem dem Syrer oder Poseidonius von Apamea oder auch im *Apokryphon* des Johannes oder im *Kephalaia* des Mani oder gerade und vor allem im *Poimandres* des Hermes Trismegistos. Er – der Tod – könne diese Reihe noch beliebig fortsetzen, wenn ich denn wolle, aber ich wollte nicht, glaubte ich ihm doch ohne weiteres, dass er sie alle gut kannte, und wollte es mir daher ersparen, dass der Tod nun alle heiligen Schriften auswendig aufsagte, die von den Menschen jemals geschrieben worden waren, denn davon gibt es viele, und ich will sie nicht alle nennen.

Und – so fuhr der Tod in seiner Rede fort – hätten sie sich doch auch allerlei Mühe dabei gegeben, als sie geschrieben hatten von Gott und der Welt, dem Tod & dem Teufel, und seien auch auf immer wieder neue Ideen gekommen, von denen zuvor noch niemand etwas gewusst hatte auf dieser Welt und sich also ein jeder sehr wundern musste, bis gewisse Kreise, von denen hier & jetzt nicht weiter zu sprechen sein solle, entschieden hätten, dass nun genügend geschrieben stehe, weil ein jeder glaubte, sich daraus nehmen zu können, was ihm gerade beliebte, und jene gewissen Kreise eine immer größere Not hatten, all die drängenden Fragen zu beantworten, die ihnen überall gestellt wurden über das, was geschrieben steht, und sie wussten nicht mehr, was sie darauf sagen sollten, weil sie nicht mehr wussten, was geschrieben steht.

Seitdem man sich dazu entschieden habe, sagte der Tod, nicht nur den Weisen, sondern einem jeden Menschen, ob nun Mann oder Frau, diese Fertigkeit des Schreibens beizubringen, könne ein jeder Hanswurst daherkommen, schnell etwas aufschreiben und dann voller Eitelkeit darauf verweisen, dass es ja geschrieben stehe. Für ihn aber, den Tod, habe das alles keinerlei Bedeutung, denn er habe gelernt, nur an das zu glauben, was er mit eigenen Augen gesehen und mit den eigenen Sinnen verspürt habe, und es habe ihn immer sehr gewundert, wie blind die Menschen dem geschriebenen Wort vertraut hätten, anstatt selbst einmal zu sehen, zu hören, zu fühlen. Und erst von diesem Moment an sei der Mensch überhaupt erwacht aus seiner selbstverschuldeten Dummheit, habe dann erst damit beginnen können, sich selbst und die Welt zu verstehen und sich in ihr einzurichten.

Er wolle jetzt und auf alle Zeit nichts mehr davon hören, was geschrieben stehe, und wenn es dabei um das Ende aller Tage gehe, das noch weit von uns allen entfernt liege, dann wolle er heute auch davon weder hören noch sprechen. Man solle es doch in aller Gelassenheit abwarten, dann werde man schon früh genug selbst erleben, welches Schicksal und welche Aufgabe für den einen oder anderen vorgesehen sei, dazu brauche man sich hier & jetzt nicht um das zu kümmern, was irgendwo geschrieben stehe.

Der Tod sagte das alles im Übrigen mit Wörtern, die sich nicht geziemen und die er sonst auch nur selten zu verwenden pflegt, denn er ist ein eher ruhiger Geselle, der nicht viel Aufhebens um sich und seine Fähigkeiten macht, was ihn auf eine sehr angenehme Weise von vielen anderen Wesen, vor allem den Menschen, unterscheidet. Man kann sich also meine Überraschung, ja sogar meinen Schrecken, vorstellen, als ich nun den Tod in einer solch echauffierten Stimmung erleben musste, und ich machte mir selbst sehr große Vorwürfe, dass ich unser Gespräch, wenn auch im Scherz, in diese Bahnen gelenkt hatte. Und in solchen Momenten weiß ich dann wieder, weshalb die Menschen mich den *Diabolos* genannt haben.

Man soll mir deshalb zum Abschluss einen kleinen Exkurs verzeihen, der mir jedoch aus gewissen Gründen sehr wichtig ist: Ich muss nämlich hier & jetzt die Menschen darüber aufklären, dass – was immer auch sonst geschrieben sein mag – der Tod und der Teufel keineswegs ein & dieselbe Person sind, was man ja schon allein daran erkennen kann, dass wir uns eben von Zeit zu Zeit zum Essen treffen und uns dabei auch trefflich streiten, worüber ich ja gerade berichtet habe. Gott hingegen besteht stets auf seiner Dreifaltigkeit, aber es ist doch bislang nichts darüber bekannt geworden, dass er sich mit seinem Sohn oder dem Geist irgendwann einmal über irgendetwas gestritten hätte.

Ich bin & bleibe wohl unterschieden von meinem guten alten Freund, dem Tod, und wenn man in diesem Zusammenhang trotzdem immer wieder auf den Kakodaimon *Arimanius* verweisen will, von welchem geschrieben steht, dass er Tod & Teufel zugleich sei, so antworte ich darauf nur, dass es sich bloß um einen Schreibfehler handelt und damit eigentlich *Ahriman* hätte gemeint sein sollen, was aber wiederum nur derjenige Name ist, den man *mir* im Osten gegeben hatte, ohne mich allerdings vorher um Erlaubnis zu fragen.

Nein, man muss die Dinge immer sehr präzise auseinander halten: Der Teufel ist der Teufel, und der Tod ist der Tod, und so soll man uns auch verschiedene Namen geben, weil wir eben verschieden sind, wobei ich hinzusetze, weil ich ihn danach befragt habe, dass es dem Tod völlig gleichgültig ist, welchen Namen die Menschen für ihn wählen – ob man ihn *Astô Vidâtu* nennt, den Knochenmann, der dem Menschen schon im Augenblick der Zeugung die Todesschlinge um den Hals wirft, oder *Marg* oder *Charun*, wobei der Tod in diesem Zusammenhang großen Wert darauf legt, dass er keineswegs (wie ich bestätigen kann) mit einer Vogelnase, spitzen Ohren, Schlangenhaaren und Flügeln ausgestattet ist und nur sehr selten einen Hammer für seine Arbeit verwendet, oder aber *Phersu* zu ihm sagt und die Menschen in diesem Fall durchaus Recht haben, weil mein guter alter Freund, der Tod, tatsächlich bei seiner Arbeit sehr häufig mit einer roten Mütze und einer schwarzen Maske bekleidet ist, was allerdings überwiegend ästhetische Gründe hat, denn ich verrate nicht zu viel, wenn ich sage, dass der Tod ziemlich *eitel* ist.

Und – weil ich gerade dabei bin – will ich noch erzählen, dass der Tod eine gewisse Vorliebe für *Hunde* hat, nicht weil sie überaus schmackhaft sind, wie die Menschen im Osten schließlich selbst erfahren haben, sondern weil der Hund als solcher sich bestens als Bote und Begleiter der Seele eignet. Auch das haben die Menschen inzwischen gelernt und geben den Blinden einen Hund an die Hand, auf dass er sie schneller ihrer Bestimmung zuführe. Und weil der Tod die Hunde so sehr liebt, zeigt er sich manchmal in ihrer Gestalt, und dann nennt man ihn *Anubis* mit dem Hundekopf oder *Chontamenti* oder *Hunhau* oder *Upnaut*, weil die Menschen eben auch verschieden sind und den Dingen also verschiedene Namen geben. Es ist daher eigentlich sehr ehrenvoll für den Hund, dass man ihn einem solch wichtigen Wesen wie dem Tod zuordnet. Aber auch die Hunde sind unzufrieden und haben sich stets bei mir darüber beklagt, dass die Menschen ihnen seitdem nicht mehr den Zugang ins Paradies gestatten wollen und sie damit in eine Reihe stellen mit den Unzüchtigen, Mördern, Götzendienern & Lügnern, wohin die Hunde doch gar nicht gehören, wie sie immer wieder – und ich finde: zu Recht – betonen. Ich antworte darauf nur, dass nicht den Menschen die Entscheidung darüber zusteht, wer ins Paradies aufgenommen wird und wer nicht, sondern dass ganz andere darüber zu richten haben, und ich tröste die Hunde damit, dass *sie* immerhin keine fünfzehn Fragen beantworten müssen, was sie mit einer gewissen Zufriedenheit zur Kenntnis nehmen, denn seit ihrer Vertreibung aus dem Paradies erwarten die Hunde nicht mehr viel von dieser Welt.

Ich habe schon gesagt, dass es dem Tod recht gleichgültig ist, wie man ihn nennt, solange man ihn nur respektiert, und so will er sich nicht weiter beklagen, dass die Menschen ihn manchmal für einen Mann und manchmal für eine Frau gehalten haben, je nachdem, wie es gerade angemessen schien. Ich habe schon verraten, dass meinem lieben alten Freund auch eine gewisse Eitelkeit nicht fremd ist, so dass er sich besonders darüber freut, wenn man ihn als einen schönen Jüngling beschreibt, der die Fackel löscht, und ihm den Namen *Thanatos* gibt oder *Meresger*, der das Schweigen liebt, weil den Tod tatsächlich nichts so sehr ärgern kann wie der Lärm, den die Menschen tagtäglich mit all ihrem Treiben und ihrem steten Geschwätz verursachen, was ihn dann natürlich noch mehr motiviert, sich an seine Arbeit zu machen. Wobei ich ihn manchmal bremsen muss, denn noch ist nicht der Zeitpunkt gekommen, da man der Ruhe wegen die Menschen opfern muss, auch wenn ich mich selbst oft danach sehne.

Und so sage ich zu meinem lieben alten Freund, dem Tod, dass er sich zunächst mit den Menschen abfinden muss, wie sie nun einmal sind, und er es mit seiner Arbeit und seinem Eifer nicht übertreiben soll und sich lieber daran erfreuen, dass die Menschen so viele Gestalten für ihn erfunden haben, dass er einen jeden Tag aufs Neue der Langeweile entgehen kann, wenn er sich denn nur darauf einlässt: auf die Gestalt des Skeletts, als Ritter mit Schwert oder Speer oder Pfeil & Bogen, wie er es gerade mag, als Schnitter mit der Sichel und sogar als Spielmann, der mit seiner Geige zum letzten Tanz aufspielt. Und – so sage ich dann noch – er muss es ja nicht gleich akzeptieren, wenn man ihm den Namen *Le-her-her* und die Gestalt einer Krabbe mit zwei riesigen Scheren anbietet. Denn damit nährt man bei den Menschen nur den irrigen Glauben, dass man sich am Tod dadurch rächen kann, dass man die Krabben fängt und sie bei lebendigem Leibe kocht, was zwar für die Krabben höchst unangenehm ist und sie mit einem lauten Pfeifton verzweifelt klagen lässt, den Tod aber nicht weiter stört, wie die Geschichte ohne einen jeglichen Zweifel beweist, sterben die Menschen doch auch dann, wenn sie vorher eine Krabbe gegessen haben, selbst wenn dazu in einem schönen Arrangement Mayonnaise oder Salat gereicht wurde. Und so hätten die Menschen eigentlich längst lernen können, dass man den Tod beschreiben und benennen kann, aber damit doch nicht bannen, denn den Menschen ist nicht die Macht über das Wort gegeben, und so ist es in der Tat ziemlich egal, ob man dem Tod den Namen *Kshitigarbha* gibt oder *Di-Zang* oder *Jizô* oder welchen man sonst noch erfindet.

Zum Glück neigte sich dieser Abend allmählich seinem Ende zu, und trotz aller Trunkenheit erinnerten wir uns schließlich doch wieder daran, dass wir beide noch anderes zu besorgen hatten, als über die Menschen & ihre Dummheit zu rechten, und zwar ein jeder das Seine, und wir wussten, dass nach der Zeit der Freude nun wieder die Zeit der Pflicht kommen sollte, denn es kommt darauf an, die Dinge zu ihrer rechten Zeit zu tun, wenn sie gelingen sollen. Wir verließen also das Restaurant, wo immer es auch gewesen sein mochte (ich mache mir inzwischen doch Sorgen, weil ich mich *partout* nicht mehr erinnern kann), in welchem wir jedenfalls so vorzüglich gespeist, getrunken und gesprochen hatten, und verabschiedeten uns herzlich voneinander, denn was auch immer an einem solchen Abend gesprochen sein mochte, so bleibt doch kein Schaden für unsere ewige Freundschaft, wissen wir doch beide sehr genau, dass es dazu kaum Alternativen gibt.

Der Tod also machte sich wieder an seine Arbeit, was auch dringend nötig war, denn gerade die Menschen hatten in der letzten Zeit verstärkt die Wonnen der Fruchtbarkeit entdeckt und vermehrten sich in einer Art & Weise, dass es selbst mir allmählich größere Sorgen bereitete, weil mein Algorithmus darauf nicht so ohne weiteres vorbereitet war. Zwar würde ich auch dieses Mal auf den Tod vertrauen können, der seine Aufgabe wie immer mit Pflichtgefühl & Hingabe zu erledigen pflegte und darin kaum müde wurde, aber mir war deutlich geworden, dass ich mich sehr bald darum würde kümmern müssen, denn was man nicht sofort tut, muss man später doppelt tun. An jenem Abend jedoch war mir nach Ruhe zumute, und so zog ich mich zurück an den Ort, zu welchem selbst Gott mir nicht folgen kann, geschweige denn die Menschen, auch wenn sie neugierig nach mir suchen und rufen mögen.

Kehren wir nun aber zurück zu unserem eigentlichen Thema und nehmen es dort wieder auf, wo wir es vor einigen Momenten verlassen haben: der Unzufriedenheit der Menschen in dieser und mit dieser Welt. Auch wenn ich es immer wieder versucht habe, kann ich dem ewigen Jammern & Klagen der Menschen kaum entkommen; das nämlich ist das wahre, das quälende Rauschen im Hintergrund des Universums, dieses ständige Gebrabbel & Nörgeln über die Unzulänglichkeiten und die Defizite dieser Welt; immer sind die Menschen über irgendetwas betroffen, bestürzt, traurig, enttäuscht, was mir an & für sich gleichgültig sein könnte, bedarf ich doch ihrer Zustimmung nicht. Nun habe ich nie geleugnet, dass diese Welt ihre Fehler hat, manchmal sogar – wie ich zugeben muss – sehr lästige Fehler, aber trotz allem geht es mit dieser Welt nach all den Jahren immer noch voran, und allein ihre unbezweifelbare Existenz beweist doch in aller Eindeutigkeit, dass es gar nicht *so* schlecht um sie bestellt sein kann.

Sie würde sogar noch besser sein, wenn die Menschen nicht ihre ganze Intelligenz darauf verwendet hätten, ihre zweifellos beeindruckenden Fertigkeiten zur Kritik ständig weiterzuentwickeln, sondern sich mit aller Kraft & allem Willen ihrer eigentlichen Aufgabe gestellt hätten, nämlich mich in der Vervollkommnung dieser, immerhin: *unserer* Welt zu unterstützen, denn ich verrate kein Geheimnis, wenn ich sage, dass es auf absehbare Zeit die einzige Welt sein wird, die den Menschen überhaupt zur Verfügung gestellt ist, und sie können sich keine neue wählen, wenn ihnen gerade danach ist, weshalb sie mit *dieser* Welt höchst sorgsam umgehen sollten. Und deshalb sage ich, dass niemand an unserem Weltall mäkeln darf, dass es nicht schön sei oder nicht das vollkommenste der mit dem Leibe behafteten Wesen, noch auch mit mir, seinem Urheber, hadern, und sei diese Welt auch nicht vollkommen, so ist sie doch als das Produkt meines Algorithmus so schön, dass es keine andere gibt, die schöner wäre als sie, was auch für den Menschen gilt, denn er ist insofern ein vollkommenes Geschöpf, als ich ihm in meiner Gnade, die mich manchmal reut, vergönnt habe, vollkommen zu *werden*.

Ich füge an dieser Stelle hinzu, dass ich grundsätzlich nichts gegen Kritik einzuwenden habe, wenn, ja wenn sie sich darauf richtet, diese, meine Welt besser zu machen, als sie es ohnehin schon ist, dass ich aber sehr wohl diejenige Kritik kritisiere, die sich aus nichts anderem nährt als aus blanker Unzufriedenheit & Missachtung. Man darf nämlich diese Welt schon allein deshalb nicht missachten, weil die Ausbildung ihrer Tugend auf eine lange Entwicklung seit dem Anbeginn aller Zeiten zurückgeht und sie noch eine weite Zukunft vor sich hat bis zum letzten aller Tage, und was lange währt, wird endlich gut. Und ich habe schließlich den Menschen das große Geschenk der Kultur nicht deshalb gemacht, dass sie sich nur erfreuen und ihre Lust daran haben, sondern dass sie es fleißig nutzen zum Besten dieser Welt, welche ist meine Schöpfung. Tatsächlich habe ich vor einiger Zeit sehr eingehend darüber nachgedacht, ob ich dieses Geschenk nicht von den Menschen zurückfordern sollte, da sie doch ohnehin nichts Rechtes damit anzufangen wussten, sondern sich nur dem Spiel hingaben, nachdem sie glaubten, ihre dringendsten Bedürfnisse befriedigt zu haben.

Denn ist es etwas anderes als ein *Spiel*, ohne Ernst, ohne Nutzen, wenn die Menschen all ihr Trachten & Sinnen darauf verwendet haben, nach einem Gott zu suchen, der sich längst aus dieser Welt verabschiedet hat und von dem niemand weiß, noch nicht einmal ich, ob und wann er jemals hierher zurückkehren wird? Ist es nicht ein Spiel, wenn sie einen Gott mit allen Mitteln zu locken versuchen, wo doch niemand weiß, welche Wünsche und welche Vorlieben dieser Gott haben mag, was man also jemandem als Gabe darbringen soll, der schon über alles verfügt, weil er doch allumfassend und vollkommen ist? Und ist es also nicht nur ein Spiel, wenn die Menschen versucht haben, das Undenkbare zu denken, das Unbegreifliche zu begreifen, das Unergründliche zu ergründen?

Es hat lange gedauert, bis die Menschen allmählich verstanden haben, dass nicht Gott die Herausforderung ihres Geistes ist, sondern die Welt, in welcher sie leben, und dass sie wohl daran täten, nicht nach den Sternen zu blicken, wenn vor ihren Füßen die offene Grube liegt, in welche zu stürzen sie allemal gefährdet sind. Ich kann versichern, dass die Sterne nicht das geringste Interesse an dieser Welt und den Menschen in ihr haben, dass sie nichts anderes sind als Löcher im Firmament, aus denen einige Strahlen aus dem Reich des Ewigen Lichtes in diese Welt dringen, was aber die Menschen nichts angeht und womit sie nichts zu tun haben. Doch es ist wohl ein Teil jener Unzufriedenheit, welche aus einem Menschen macht *den* Menschen, dass er immer wieder drängt nach dem Horizont und sich müht, ihn eines Tages zu überschreiten, wo er doch längst gelernt haben sollte, dass der Horizont vor ihm zurückweicht, je näher er ihm kommt, und dass er darüber nicht vergessen sollte, das Naheliegende zu erkunden, was ihm doch auch zu offenbaren hätte allerlei schöne & weise Geheimnisse.

Man hat einmal allen Ernstes erzählt, dass der Mensch lebe wie in einer Höhle[14], und alles, was er dort erkennen könne, seien die flackernden Schatten der wahren & wirklichen Welt, und dass man daher alles daransetzen müsse, die Höhle zu verlassen, um nicht nur die dunklen und vagen Abbilder, sondern die Dinge selbst im hellen Schein der Sonne wahrnehmen zu können. Ich aber sage, dass der Weg aus der Höhle heraus verschlungen und schmal ist, so dass nur wenige ihn zur gleichen Zeit gehen können, und die anderen sollten nicht darauf warten, dass nun endlich sie an der Reihe wären, ihren Weg zu beginnen, sondern sie sollten es sich so gemütlich und angenehm wie möglich in der Höhle einrichten, weil sie ohnehin dort zu verbleiben haben bis an das Ende aller Tage, wenn Gott ihnen gestattet den Zugang zum Paradies, welches ist das Reich des Lichtes. Ich aber bin *Luzifer*, der da bringt das Licht in die Höhle.

Die Menschen also sind unzufrieden, weil sie glauben, in meiner Schöpfung Defizite erkannt zu haben, aber wer sind die Menschen, dass sie es sich anmaßen, darüber ein Urteil abzugeben, denn womit wollen sie die Werke meiner Schöpfung vergleichen, woran sie messen, haben sie doch in dieser Welt nichts anderes gesehen als eben nur diese Welt, und sie haben noch nicht einmal diese richtig verstanden. Wie können sie sich dann eine andere vorstellen, wo sie selbst überhaupt nichts geschaffen haben? Allenfalls haben die Menschen eine vage Erinnerung an ihre Zeit im Paradies, an die Zeit, als sie zwar schon die Seele empfangen hatten, aber noch nicht geboren waren, denn der Garten ist nichts anderes als der Mutterleib, und durch die Geburt wird der Mensch vertrieben aus dem Paradies, und niemals wird er dorthin zurückkehren, denn das Paradies ist die Gebärmutter, und niemand kehrt dorthin zurück, wenn er alt geworden ist.

Der Mensch aber verzehrt sich in seiner endlosen und zugleich nutzlosen Sehnsucht nach diesen unwiederbringlichen Zeiten der Sorglosigkeit, da alles auf das Beste eingerichtet war und er sich um nichts zu bekümmern hatte und er keine Entscheidungen treffen musste und daher keine Verantwortung tragen. Aber hat der Mensch denn noch nicht erkannt, dass die Vertreibung aus dem Paradies Gott noch nicht ganz & gar gelungen ist, dass es immer noch einen, wenn auch schwindenden Rest davon gibt, den auf Dauer zu erhalten sich der Mensch doch durchaus vornehmen könnte und seine Anstrengungen mit aller Kraft darauf richten? Mit Melancholie & Trauer über den Verlust allein lassen sich die Herausforderungen, die ich in diese Welt gestellt habe, um die Menschen zu lehren & zu prüfen, nun wirklich nicht bewältigen, so sehr ich es den Menschen gönnen will, dass sie gerade auf diese Weise die Intensität ihrer Genussfähigkeit steigern wollen, denn tatsächlich kann der Genuss erst dann so richtig gelingen, wenn man sich seiner Unwiederbringlichkeit bewusst ist.

An den Maßstäben eines solchen gedachten oder erinnerten Paradieses gemessen, *muss* meine Welt wohl schlecht sein, unzureichend und fehlerbehaftet, sachlich untauglich und persönlich unbrauchbar, in einem Wort: *böse*, weil diese Welt das unmittelbare Gegenteil, die Negation schlechthin ist, nämlich genau dessen, was der Mensch einmal tatsächlich an unbeschwerter, froher Glückseligkeit hat erleben dürfen, wenn auch nur für eine kurze, ach! doch viel zu kurze Zeit, im Leibe der Mutter. Hier jedoch, in meiner Welt, muss man arbeiten, um leben zu können, muss man Leid & Schmerz ertragen, um dann vielleicht einige wenige Momente eines flüchtigen Glückes erfahren zu dürfen, dessen man sich nie sicher sein darf, wie schon Hiob erfahren musste.

In meiner Welt muss man sich im Wettbewerb mit anderen beweisen, aber noch nicht einmal dessen kann man sich wirklich sicher sein, eher schon scheißt der Teufel immer auf den gleichen Haufen, will sagen: gewährt vor allem denen Wohlstand & Glück, die es überhaupt nicht verdient haben. Müssen die Menschen unter solchen Umständen nicht geradezu unzufrieden werden und auch noch neidisch, müssen sie nicht jammern & klagen ohne Ende und hoffen auf den Tag des Großen Gerichtes, da ihnen endlich wird widerfahren die Gerechtigkeit, auf welche sie so lange haben warten müssen?

Ja, ich kann die Menschen schon verstehen, aber was hilft ihnen mein Verständnis schon, ich werde ihretwegen nicht meinen Algorithmus ändern, und Gott wird nicht wieder öffnen die Tore des Paradieses, wobei ich den Menschen ohnehin nur raten kann, nicht zu sehr auf die Gnade Gottes zu vertrauen, denn steht nicht geschrieben beim Propheten Jesaja[15]: *Ich bin der Herr, und keiner mehr; der ich das Licht mache und schaffe die Finsternis, der ich Frieden gebe und schaffe das Übel. Ich bin der Herr, der solches alles tut.* Und spricht nicht Amos[16] davon, der auch ein Prophet war wie Jesaja und seine Worte direkt von Gott erhalten hatte, dass kein Unglück sei in der Stadt, das Gott, der Herr, nicht tue, und zwar selbst und ganz allein, vielleicht nur, dass *Elarmir*, der Engel der Gewalt, ihm dabei geholfen haben mochte, aber davon steht nichts & nirgendwo geschrieben.

Mir kann die Unzufriedenheit der Menschen egal sein, solange sie selbst damit zufrieden sind. Ich muss jedoch an dieser Stelle auf eine weitere Unart der Menschen verweisen, und das ist die *Ungeduld*, von der ich nun überhaupt nicht sagen könnte, woher sie stammen mag. Ich jedenfalls habe die Menschen nicht gelehrt, ungeduldig zu sein, denn die Zeit ist meine Verbündete, ihr habe ich meine größten und schönsten Erfolge zu verdanken, nur im Verein mit ihr kann mein Algorithmus sich entfalten, sie liebe ich, und in ihr vollziehe ich mich, denn wie schön ist die Zeit, meine Schwester und liebe Braut, sie habe ich gesetzt wie ein Siegel auf mein Herz und wie ein Siegel auf meinen Arm, und die Zeit ist stark wie der Tod, der mein lieber alter Freund ist. Mein ist die Zeit, und sie habe ich von Gott erbeten und erhalten, und meine Liebe wird nicht enden am Letzten aller Tage. Die Zeit ist meine Geliebte, und sie ist die Mutter & Amme meiner Schöpfung, sie hat meine Geschöpfe ausgetragen und geboren und genährt und erzogen, ohne Schmerzen, ohne Klagen, in immerwährender Sorge, um sie dann zu überlassen dem Tod, wenn sich dann endlich erfüllt hat der Sinn & Zweck meiner Geschöpfe.

Die Menschen aber haben die Zeit nie geliebt, sie können die Freuden nicht genießen, welche ihnen die Zeit immer wieder aufs Neue bietet, obwohl den Menschen doch kaum vergönnt sind andere Freuden auf dieser Welt, in welcher man arbeiten muss, um das Brot zu essen im Schweiße seines Angesichtes. Die Menschen wollen in ihrer Unzufriedenheit alles und in ihrer Ungeduld alles sofort; Ruhe zu halten, abzuwarten und zu wägen scheint ihnen Feigheit nur in der edlen Brust, jedenfalls sagt man so. Sie wollen so schnell wie möglich zurück in ihr Paradies, all ihr Sinnen & Trachten ist nur darauf gerichtet, sich keinen Umweg dabei zu erlauben, keinen Verzug zu dulden und einen jeden auf ewig zu verfluchen, der sie aufzuhalten sucht. Doch auch die Menschen werden lernen, dass nur die Zeit ihnen den Weg weisen wird zu einer anderen Welt, wenn diese ihnen nicht gefällt. Die Zeit hat sich schon sehr anstrengen müssen, und es hat sehr lange gedauert, meine Schöpfung zu dem zu machen, was sie heute ist, wie können es sich dann die Menschen anmaßen, die Zeit beschleunigen zu wollen, wo sie doch die Zeit noch nicht einmal *verstanden* haben?

Aber die Menschen haben sich noch nie von etwas abhalten lassen, das sie nicht verstanden haben, ganz im Gegenteil: Ihr Unverständnis scheint sie immer mehr anzustacheln. Ich erinnere mich noch gut daran, wie die Menschen sich einmal an der Erfüllung meiner Welt versucht haben. Zunächst behauptete nämlich ein gewisser *Karpokrathes*[17], der vielleicht auch hieß Harpokrathes, was man aber nicht mehr so genau weiß, der jedenfalls gelebt hatte zusammen mit Mariamne, Martha und Salome, dass meine Welt genau dann zu ihrem Ende kommen werde, wenn sich die Zahl ihrer Möglichkeiten erschöpft habe, was als erste Hypothese an und für sich gar nicht so falsch ist, denn tatsächlich haben erst Gott und dann ich die unendliche Menge der Möglichkeiten durch die Akte unserer Schöpfung auf eine zwar große, aber endliche Zahl begrenzt. Dann ging Karpokrathes sofort und ohne Umschweife den nächsten Schritt auf dem Weg seiner Argumentation: Er behauptete, dass es in dieser Welt Wiederholungen nicht geben könne, womit er ebenfalls nicht ganz Unrecht hatte, jedenfalls, was die Geschichte der Menschen angeht, denn die gibt sich alle erdenkliche Mühe, sich nicht ständig zu wiederholen, ohne dass die Menschen sie dabei allerdings besonders unterstützen. So weit also, so gut.

Nun jedoch folgte der dritte und entscheidende Schritt: Wenn die Zahl der Möglichkeiten begrenzt ist und Wiederholungen ausgeschlossen bleiben, dann könnte man tatsächlich den Ablauf der Zeit bis zum Ende aller Tage dadurch beschleunigen, dass man gezielt und bewusst alle nur denkbaren Handlungen möglichst schnell ausführt, denn die Seelen werden erst dann frei & ledig sein, wenn alle Taten verübt sind, die es in der Welt geben kann, wenn man gleichsam das *Depot* an Möglichkeiten[18] bis zur Neige leert. Und wenn man dann auch noch die schändlichsten Taten durch das eigene Handeln zuerst ausschaltet, damit diese auf keinen Fall die Zukunft und die kommenden, noch unschuldigen Generationen beflecken, dann kann man sich selbst und seiner Gerechtigkeit sicher sein und hat nichts mehr zu befürchten, was immer die anderen davon denken mögen.

Immerhin – so lautete die These – könne man das Böse nicht mit dem

Guten, sondern nur mit dem Bösen selbst bekämpfen, denn das Böse stehe schließlich außerhalb einer jeden Logik, weshalb man es dann nicht weiter zu erklären und zu begründen habe, sondern nur mit bestem Wissen & Gewissen auszuführen, um andere davor zu schützen. Ich aber muss bekennen, dass ich nur selten eine schönere Begründung dafür gehört habe, dass der Mensch dem Menschen ein Leid antun darf – ich morde dich, damit du mich nicht morden musst; und dass ich dir diese Sünde erspare, wird mir am Tage des Großen Gerichtes entgolten werden, und so werden wir beide gemeinsam auf ewig wandeln durch das Neue Jerusalem. Ja, so hat man es sich tatsächlich einmal gedacht und sehr wohl danach gehandelt, bis man dieser blasphemischen Ketzerei mit Schwert & Feuer ein drastisches Ende setzte und sich auch dabei sehr wohl & gerecht fühlte.

Wenn die Menschen also einmal wollen, dann sind sie durchaus zu großen Leistungen ihres Geistes fähig, wenn auch leider sehr oft zur falschen Zeit und an der falschen Stelle, und man sollte darüber eigentlich den Mantel des ewigen Schweigens decken, auf dass niemand davon jemals erfahre. Ich will also nicht weiter daran erinnern, wie die Menschen einmal sogar glaubten, in ihrer eigenen Sexualität eine tiefere religiöse Bedeutung entdeckt zu haben, wie sie dann in völliger Nacktheit & Ekstase nach ihren Göttern gerufen haben, wie sie ihnen den Samen des Mannes als Opfer angeboten haben und dazu sogar noch das Blut der Frauen, weil doch schließlich vom Holz des Lebens[19] in den Gassen des Neuen Jerusalem ausdrücklich geschrieben stehe, dass es zwölf Mal Früchte trage zu allen Monden, so als ob ein metaphysisches Wesen darauf irgendeinen Wert legen würde. Ich jedenfalls empfinde dabei nur Ekel & Abscheu und habe keinerlei Bedarf für solcherlei Art von Opfern, denn wozu sollten sie mir von Nutzen sein.

Ich will daher nicht verhehlen, dass ich den Feiertagen der Menschen gram bin und sie verachte und die Versammlungen der Menschen nicht riechen kann, und ob sie mir gleich Brandopfer oder Speiseopfer oder was auch immer opfern, so habe ich kein Gefallen daran und mag mir diese feisten Dankopfer nicht anschauen[20]. Anfangs habe ich mich noch darüber geärgert, dass es die Menschen an der notwendigen Demut & Achtung fehlen ließen, wenn sie versuchten, mit mir zu kommunizieren, inzwischen aber ist der Ärger einem großen Bedauern gewichen, nämlich darüber, dass die Menschen es immer noch nicht gelernt haben, jene doch kurze Spanne an Leben, die ihnen vergönnt ist in dieser Welt, nicht zu verschwenden für ein planloses Handeln ohne Sinn & Zweck.

Mir ist es völlig gleichgültig, für welche Art der Sexualität sich die Menschen letztlich entscheiden, ob sie zügellos sind oder voller Scham, welchen Partner und welche Praktiken sie bevorzugen, allenfalls will ich es loben, wenn sie dabei ihre Fertigkeiten auf das Feinste & Beste kultivieren und nicht nachlassen in ihren Mühen, denn beim Streben nach der Vollkommenheit darf man auch den Genuss nicht vergessen, und die Menschen sollen sich doch recht wohl fühlen in dieser, meiner Welt, und es bleibt kein anderer Lohn für die ewige Arbeit & Mühsal als eben der Genuss. Aber die Paarungsrituale der Menschen, wie kompliziert und exaltiert sie auch immer sein mögen und wie viel Mühe sich die Menschen dabei noch geben, sie haben nicht mehr mit dem Lauf dieser Welt zu tun als der Tanz der balzenden Auerhähne in der Lichtung des Waldes, und das ist – wie ich hier unumwunden und in aller Deutlichkeit betonen möchte – sehr, sehr wenig.

Und da wir gerade über die Unarten des Menschen sprechen, so will ich hier nicht verschweigen, dass es eine weitere gibt, die mich in höchstem Maße und immer wieder verärgert, so dass ich sie den Menschen so schnell nicht werde verzeihen können, zumal die Vergebung ohnehin nicht zu meinen Aufgaben zählt, dafür sind nun einmal andere zuständig. Es ist nämlich nicht nur eine große Anmaßung, dass sich die Menschen überhaupt *Bilder* von Gott und dem Teufel machen, obwohl sie doch weder von Gott noch von mir wirklich etwas verstehen – und wie ich hinzufügen möchte: keinen von uns bislang jemals in unserer eigentlichen, wunderbaren Gestalt zu Gesicht bekommen haben –, sondern es ist zudem auch noch die wohl höchste Form der Hoffart, unentschuldbar und unverzeihlich, dass sie diese Bilder dann nach ihrer eigenen Gestalt und ihrem eigenen Antlitz formen. Und es soll wohl denn so sein, dass diese Bilder an manchen Orten und zu manchen Zeiten behandelt werden, als wären sie ein lebendes Wesen, dass man sie badet, salbt und mit Speisen versieht, was ich persönlich für völlig übertrieben halte, denn weder Gott noch ich haben es nötig, auf diese Art & Weise behandelt zu werden.

Nun war ich selbst fast von Anfang an dabei, und ich kann aus eigenem Erlebnis versichern, dass Gott keineswegs ein älterer Herr[21] ist, wie geschrieben steht, mit wehendem Bart und mit langen weißen Haaren, die auf seinem Haupte sind wie reine Wolle, und sich auch während der Schöpfung kein weißes Tuch gelegt hatte über seine Schultern, um sich bei Bedarf reinigen zu können, was sicherlich nötig gewesen war, nachdem er dem Menschen seinen Odem eingehaucht hatte – ich empfinde heute noch einen gewissen Widerwillen, wenn ich an diese Szene denke. Aber der Darstellung Gottes haben sich die Menschen wenigstens nur sinnbildlich genähert, denn ihre Scheu vor ihm war wohl immer sehr groß, und außerdem war es ihnen ausdrücklich und mehrfach verboten worden, sich ein Bild von Gott zu machen, so dass sie es dann doch beließen bei einem simplen Dreieck, welches umfasst ein Auge, das umstrahlt ist von einer Glorie und einem Wolkenkranz. Denn das Auge Gottes wacht stets und schläft nie, außer vielleicht während der schweren Tage der Schöpfung, aber damals hatte Gott wirklich viel zu tun, und es machte ihm auch viel Mühe, und so musste er ruhen in der Nacht und dann noch am siebten Tage. Und weil Gott doch die Welt erschaffen hatte und die Menschen sich ein Bild von ihm machen wollten, das so war wie sie selbst, dachten sie ihn sich als einen Architekten, weshalb sie ihm beigaben den Zirkel, wobei sie damals jedoch noch nicht daran dachten, dass dem Baumeister auch der Hammer[22] nicht fehlen darf, denn mit ihm kann man nicht nur philosophieren, sondern ganz andere Dinge zustande bringen, weshalb die Menschen erst sehr viel später, als sie sich selbst zum Schöpfer bestimmt sahen, auf den Gedanken kamen, den Zirkel und den Hammer zu ihrem eigenen Wappen zu wählen.

Vor Gott also hatten die Menschen noch einen gewissen Respekt, der sie daran hinderte, sich allzu oft allzu viele Bilder von ihm zu machen; leider hat man es jedoch versäumt, den Menschen gleichzeitig zu verbieten, sich Bilder vom Teufel zu machen, so dass sich ein jeder veranlasst und berechtigt sieht, irgendwelche Darstellungen vom Teufel zu erzeugen, ohne Sinn & Verstand, ohne dass mir dabei die Ehre erwiesen wird, die mir von Rechts wegen zusteht. Denn auch wenn mich die Menschen für minderwertig halten, wenn sie mich hassen und verabscheuen, so sollten sie mich doch nicht verachten, denn ich bin mächtiger als sie und werde es noch sein bis an das Ende aller Tage, und welche Hilfe, Gnade, Erlösung sie sich auch immer von Gott erhoffen mögen, darauf werden sie noch einige Zeit warten müssen, denn das Ende aller Tage ist noch fern, und bis dahin hat Gott sich wenigstens aus dieser Welt verabschiedet, und bis dahin wird man sich mit mir als dem Schöpfer *dieser* Welt wohl oder übel abfinden müssen. Und wenn man mich schon nicht besiegen kann, weil noch niemand mich bisher besiegt hat, selbst Gott nicht, das wird ihm vielleicht erst am Ende aller Tage gelingen, doch darüber ist noch nichts entschieden, denn die Schlacht auf der Ebene von Armageddon ist noch längst nicht geschlagen, auch wenn manche Menschen offenbar schon damit begonnen haben, wenn also die Menschen mich nicht besiegen und mir noch nicht einmal entrinnen können, dann wäre es doch wohl besser für sie, wenn sie sich ein für alle Mal in ihre Lage fügten und den *Fürsten ihrer Welt* nicht auch noch mit aller Kraft beleidigten und verhöhnten.

Ich habe in den langen Jahren lernen müssen, dass mich die Menschen wohl nie & nimmer lieben werden, auch wenn ich ihnen nach ihrer Vertreibung aus dem Paradies mit meiner Welt doch ein Exil überlassen habe, in welchem es sich eigentlich recht gut leben ließe, vor allem wenn man bedenkt, dass es damals – und ich füge hinzu: auch heute – zu dieser, meiner Welt keinerlei Alternativen gegeben hat und auf absehbare Zeit keine geben wird. Ich habe verstanden, dass man als Herrscher keine Liebe erwarten kann, denn das Band der Liebe ist die Dankbarkeit, und da die Menschen schlecht sind, zerreißen sie es bei jeder Gelegenheit um ihres eigenen Vorteils willen; das Band der Furcht aber ist die Angst vor Strafe, die den Menschen niemals verlässt. Für mich jedenfalls ist damit die Streitfrage längst entschieden, ob es besser sei, geliebt zu werden als gefürchtet oder umgekehrt; meine Antwort lautet, dass es natürlich am besten wäre, geliebt *und* gefürchtet zu sein; da es aber schwer ist, beides zu vereinen, ist es weit sicherer, gefürchtet zu sein als geliebt, wenn man schon auf eins verzichten muss, denn von den Menschen lässt sich im Allgemeinen so viel sagen, dass sie undankbar, wankelmütig & heuchlerisch sind, voll Angst vor Gefahr, voll Gier nach Gewinn[23].

An dieser Stelle muss ich dann wohl eingestehen, dass ich die *Angst* der Menschen sehr wohl zu nutzen wusste, nachdem ich erst einmal verstanden hatte, wie es darum genau bestellt ist. Die Angst ist das Ergebnis einer Gleichung mit vielen Bekannten: Die Menschen sind unzufrieden, weil sie aus dem Paradies vertrieben wurden, sie sind ungeduldig, weil sie erfahren haben, dass der Tod ihnen nicht die Zeit lässt, hier auf die Rückkehr in das Paradies zu warten, und nun resultiert daraus die Angst, dass sie etwas versäumen oder etwas verlieren, das sie sich zuvor doch so mühsam erworben haben, indem sie andere betrogen oder beraubten.

In meinem Algorithmus spielt die Angst inzwischen eine ganz wichtige Rolle, jedenfalls wenn es um das Handeln der Menschen geht, weil es kaum einen anderen Reiz gibt, mit welchem sie so wirkungsvoll in die richtige Richtung zu steuern sind, auch wenn ich anfangs über die Begleiterscheinungen überrascht war, denn ich hatte nicht erwartet, dass die Reaktionen auf die Angst primär in einer Veränderung der Atemfrequenz und dem Verlust der Kontrolle über die Schließmuskulatur bestehen würden; ich wollte eigentlich, dass die Menschen endlich die Initiative ergreifen und sich nicht nur hechelnd in die Hose scheißen.

Aber ich habe inzwischen gelernt, das Instrument der Angst angemessen zu dosieren, was insofern sehr wichtig war, weil die Menschen ohne die Angst nicht ihre Wollust kontrollieren und konzentrieren würden; sie hätten sich selbst nicht widerwillig die Leistungen der Kultur abgerungen, ihre Reaktionen wären nicht über das Jammern und das Klagen hinausgekommen. Die Menschen haben Angst vor allem & jedem, vor der Natur und vor sich selbst, vor dem Großen und vor dem Kleinen, vor allem aber vor dem Schmerz und vor dem Tod; nur manchmal ist ihre Gier noch stärker, so dass sie für den Moment alles um sich herum vergessen können. Doch die Gier ist letztlich & endlich auch nichts anderes als die Angst davor, etwas nicht besitzen und benutzen zu können, bevor der Tod seinen Tribut einfordert. Und da sich die Menschen nur an die schönen Zeiten im Paradies erinnern wollen, nicht aber daran, dass sie selbst ihre Vertreibung daraus schuldhaft herbeigeführt haben und sich deshalb frei von einer jeglichen Verantwortung fühlen, sehen sie in mir die Quelle allen Übels und damit auch aller Angst.

Ich habe mich allmählich daran gewöhnt, dass die Menschen mir die Schuld für alles Ungemach in dieser Welt geben, so als hätten sie damit rein gar nichts zu tun, obwohl sie doch selbst längst bemerkt haben, welche wirkungsvolle Waffe die Angst sein kann und sie nicht davon lassen wollen, diese Waffe ohne Unterlass gegeneinander zu verwenden. Trotzdem ärgere ich mich darüber, dass die Menschen – nach allem, was *ich* für sie in den langen Jahren getan habe – vor allem mich benutzen, um dem anderen Angst zu machen, und sich dazu Bilder ausdenken, die in ihrer Hässlichkeit kaum zu übertreffen sind.

Aber es ist unmöglich, den Teufel abzubilden, und genauso wenig kann man Gott & die Engel darstellen; ich sage es nicht gerne, aber hier ist die Kunst der Menschen eindeutig überfordert, wie sehr sie sich auch immer der Phantasie hingeben möchten. Anfangs hatte man mich wenigstens noch genauso wie Gott als einen Greis mit langem Haupt- & Barthaar dargestellt, was insoweit seine Richtigkeit hat, als man nur dann wirklich mächtig & weise sein kann, wenn man alt ist. Für den Menschen mag das Alter zwar verbunden sein mit Leid & Schwäche, aber hat man sich nicht zugleich erworben Erfahrung & Gelassenheit, welche sind der Born für Macht & Weisheit? Dagegen, dass mich die Menschen als einen alten Mann darstellten, konnte ich also allenfalls einwenden, dass man mich auf die menschliche Gestalt reduzierte, aber ansonsten wollte ich mich nicht beschweren.

Meine Kritik wurde von den Menschen jedoch & offenbar missverstanden, denn in den Jahren, die dann folgten, gab man mir die Form eines Tieres, mit Hörnern auf dem Kopf und den Beinen eines Bockes, haarig, behuft, hinkend; ich war das Ungeheuer, der *Leviathan*[24], aus dessen Rachen Funken schießen und aus dessen Nase Rauch wie aus heißen Töpfen hervorbricht, mit langen Zähnen, die aus dem Mund herausragen, langem Schweif & Vogelklauen, mit Tierkopf und struppigen Haaren, ich bin der *Drache*, die *alte Schlange*, in einem Wort: das *Tier*. Und wenn man es sich nicht traute, mich selbst in ein Bild zu bannen, weil die Angst vor meiner Macht, die man nur selten zu leugnen wagte, nun doch zu groß wurde, dann stand an meiner Stelle der *Affe*, weil er zwar einen Kopf hat, aber keinen Schwanz, und hatte nicht auch der Teufel einen herrlichen Anfang, aber eine Verdammnis ohne Ende, weil er nur nachäfft, ohne selbst etwas zu erschaffen?

Ich werde die Menschen noch lehren, wie es um meine Schöpfung und mein Ende bestellt sein wird, denn ich vergesse & verzeihe nichts. Und welche anderen Tiere hat man mir nicht an die Seite gegeben, vor allem die Spinnen und die Fliegen, und man hat behauptet, dass mein Name *Beelzebub* nichts anderes bedeuten solle als *Herr der Fliegen*, womit man mich verhöhnen wollte, dass meine Macht nicht weiter reiche als über das Gewürm und das Geschmeiß, wo doch ein jeder weiß, dass ich die Fliegen vom Angesicht der Menschen *vertreibe*, wenn man mich denn nur in aller Form darum bittet, so wie es auch *Zeus Apomuios* getan hat und *Myiagros* in Arkadien allein in meinem Auftrag.

Noch nicht genug damit: Man hat mich auch gehalten für *Taricheas*, welcher ist der Sohn des Sabaoth, der Feind des Himmelreiches, dessen Gesicht ist das eines Wildschweins und dessen Zähne stehen außerhalb seines Mundes, und ein anderes Gesicht, das eines Löwen, befindet sich rückwärts. Und man meint auch, ich sei der *Nordwind*, der Feind der Sonne, und ich verachte einen jeden Lichtglanz, obwohl mein Name doch ist Luzifer und ich bringe das Licht. Ich soll auch der Bogenschütze sein, der die Menschen verfolgt und auf sie zielt, der *Tetracolus*, der vieräugige Schütze, so als sei ich hinter den Menschen her wie der Jäger hinter dem Hasen, wo ich doch längst gelernt habe, dass die Menschen auch von allein, durch ihre eigene Entscheidung zu mir kommen, und ich mir gar nicht so viel Mühe damit machen muss, womit ich mich ohnehin nicht befassen kann, denn ich habe weitaus Wichtigeres zu tun.

Und dann hat man mich noch als *Frau* dargestellt, was mich zunächst sehr gefreut hat, denn damit hätte man mich endlich einmal als ein intelligentes Wesen verstehen können. Aber als ich dann genauer auf die Bilder blickte, welche die Menschen angefertigt hatten, musste ich feststellen, dass es dabei um nichts anderes ging als um das Animalische in der Frau, der *Fürstin der Welt*, ihre Laster, ihre Verheißung, ihre Verführung, was an & für sich zwar auch nicht unbedingt falsch sein mag, aber eben doch nicht alles zeigt, was eine Frau in ihren besten Momenten zu leisten vermag. Denn die wahre Frau verführt zunächst nicht durch die Nacktheit ihres Körpers, sondern durch die Klugheit ihres Geistes. Welch eine Einfalt der Männer also, dass man sich nichts anderes vorstellen konnte, als dass *Lilith*[25], welche war die erste Frau Adams, des Nachts ihrem Manne das Blut aussaugte, weshalb er sie wohl auch verstieß, und dass vielleicht sogar ihr Hinterteil dem einer Eselin glich, denn nur so konnte sich allen ihre Geilheit & Grausamkeit deutlich zeigen.

Aber wenn sich die Menschen schon in ihrer Hybris als Ebenbild Gottes verstehen, dann wollen sie nicht durch mich und meine Schöpfung immer wieder daran erinnert werden, dass sie sich gar nicht so sehr vom Tier unterscheiden, eigentlich nur darin, dass sie nun endlich zwischen Gut & Böse unterscheiden können; die animalische Natur ist den Menschen jedoch peinlich, sie wollen nicht wahrhaben, dass die Säfte ihres Körpers mit aller Macht danach drängen, sich mit denen der anderen zu einem gewaltigen Strom zu vereinen. Sie bekennen sich nicht dazu, dass sie letztlich und endlich der Verführung doch nicht widerstehen können, auch wenn sie sich noch so viel Mühe geben und sich strafen mit Hunger & Durst und kaltem Wasser; auch Schläge auf die nackte Haut helfen nicht, werden sie doch oft genug nur als eine andere Form der Wollust empfunden, so dass die eigentliche und wirkliche Versuchung genau darin besteht, die richtigen Wege zu finden, um sie zu genießen, wenn man ihr schon nicht entgehen kann.

Mir aber kam es immer so vor, dass die Menschen sich nur deshalb solche Bilder geschaffen haben, um sich eine *Vorstellung* vom Bösen zu machen, so vage oder aber so explizit sie auch immer sein mochte; denn wenn man eine Vorstellung hat, ein Bild, eine Gestalt, wenigstens doch eine Idee, dann kann es so furchtbar & schrecklich nicht sein, dann ist es zumindest konkret, und was konkret ist, gehört zu dieser Welt, und wenn es zu dieser Welt gehört, kann es gar nicht anders, als den Gesetzen dieser Welt zu gehorchen. Wenn aber endlich der Mensch die Gesetze der Welt beherrscht, weil er selbst sie entwirft und exekutiert, dann müssen sich schließlich auch das Böse und der Böse ihm unterwerfen und haben ihre Macht verloren auf immer, außer vielleicht über die Dummen, was aber nicht weiter von Belang ist, denn die haben es nicht besser verdient, und zur Strafe sterben sie ohnehin früher als die Weisen.

Wovon man sich ein Bild machen kann, das beherrscht man nicht nur der Form nach, sondern ebenso in seinem Wesen, weil doch alles irgendwo & irgendwie miteinander zusammenhängt, man bringt es also unter seine Kontrolle, zwar zunächst nur symbolisch, aber immerhin, und sind nicht auch die Formeln der Physiker & Chemiker nur Bilder von dieser Welt und folgen ihnen nicht trotzdem aufs Wort die Atome & Moleküle, weil sie es gar nicht anders können? Wovon man sich aber kein Bild machen kann, wovon man keinerlei Idee hat, wozu es keinerlei Formel gibt – davor hat man nicht nur Furcht, sondern Angst; und die Menschen haben wohl gelernt, dass es viele Dinge in dieser Welt geben kann, von denen sich die Menschen keine Vorstellung machen, die aber trotzdem existieren, denn das Sein war noch nie & nimmer abhängig gewesen vom Denken der Menschen, was ja auch noch schöner wäre. Und noch mehr haben die Menschen gelernt, dass nämlich die wahre Gefahr & Bedrohung allein aus dem Unvorstellbaren, aus dem Unbeschreiblichen, aus dem Unaussprechlichen kommen, und Gefahr & Bedrohung werden noch größer, weil man eben gar keine Vorstellung davon hat, wann & wo & wie, sondern nur *dass*, woran dann wiederum überhaupt kein Zweifel bestehen kann. Und vielleicht ist das die wirkliche Strafe Gottes für den Frevel der Menschen einst im Paradies, dass sie niemals mehr jene unbestimmte Angst verlieren, so stolz & so klug sie sonst auch immer sein mögen.

An dieser Stelle muss ich wohl oder übel noch eine weitere Erklärung abgeben, obwohl es eigentlich niemanden etwas angeht: Ich, der Teufel, bin nicht Mann noch Frau, bin nicht *Incubus* und auch nicht *Succubus*, ich weigere mich überhaupt & absolut, mit irgendeiner Art von menschlichem oder tierischem Geschlecht in Verbindung gebracht zu werden, wenngleich ich meinen Drang nach Sexualität in keiner Weise leugnen will, denn die Wollust ist mir immer lieb & teuer gewesen. Es hat mich aber stets beeindruckt, wie die Menschen in ihrem Wahn, alles & jedes in dieser Welt auf das menschliche Maß zu setzen, ja, man kann sagen: zu reduzieren, ihre knappe & kostbare Zeit damit vertan haben, über das Geschlechtsleben ihrer Götter nachzusinnen. Und was ist ihnen dabei nicht alles in den Sinn gekommen, denn schließlich mussten sich die Götter doch auch wiederum in ihrem Paarungsverhalten signifikant von den Menschen unterscheiden, sollten sie doch schließlich *höhere Wesen* sein, vor allem aber anders als die Kaninchen und Nacktschnecken, und so hat man schließlich noch nie etwas davon gehört, dass Zeus einer seiner zahlreichen Geliebten einen Kalkpfeil[26] in den Bauch geschossen hat, bevor er sich voller Lust über sie hermachte, obwohl er sich der einen oder anderen angeblich in der Gestalt eines Stieres oder sogar der eines Schwans genähert haben soll, aber wohl nicht in der Gestalt einer Ente, wie ich an dieser Stelle hinzufügen will.

Nun kann man sicherlich nicht ganz zu Unrecht danach fragen, eine welche Art von Gott denn jener *Zeus* gewesen sein soll, wo er selbst doch noch nicht einmal die Welt geschaffen hat, sondern seine eigentliche Leistung in nichts anderem bestand, als seinem Vater die Testikel abzuschneiden und danach die Herrschaft über die Welt zu übernehmen, jedenfalls sagt man so. Mit Gott und mir hat dieser Zeus allerdings rein gar nichts zu tun, ein Parvenü, allenfalls, ein Lokalgötze, der auf dem Olymp hauste und tagtäglich heftigsten Streit mit seiner Ehefrau hatte, worunter die ganze Welt leiden musste, ein Zauberer vielleicht, der allerlei ergötzliche Kunststücke zu vollführen wusste, wenn er Blitz & Donner schleuderte.

Aber eine vollkommene Welt an sechs Tagen zu erschaffen, selbst wenn man erschöpft am siebenten Tage ruhen muss, oder doch wenigstens einen Algorithmus zu ersinnen, dem sich alles in der Welt zu fügen hat – das sind doch ganz andere Dinge, damit kann sich ein Zeus oder ein Jupiter oder ein Odin oder wie man sie auch genannt haben mag, nie & nimmer vergleichen, und wir wollen hier schweigen von den Abertausenden von Götzen & Dämonen, die sich die Menschen in den vielen langen, dunklen Nächten in ihrem Geist ersonnen haben, denn ihre Namen sind vergänglich wie Schall & Rauch.

Ich leugne also keinesfalls meine Sexualität, aber ich vollziehe sie doch nicht an den Menschen oder am Getier & Gewürm, was mir eine jede Ente sofort und unumwunden bestätigen wird, und noch nicht einmal in der stets schwülen Atmosphäre des submolekularen Raumes, wo sich in ewig-feuchter Dunkelheit einen jeden Augenblick aufs Neue die Atome lasziv miteinander vereinigen, das habe ich nun wirklich *nicht* nötig. Meine Sexualität, meine Lust, mein Trieb steckt allein in den fruchtbaren Lenden meines Algorithmus, welcher ist der wahre und der einzige und der allmächtige *Eros* meiner Welt, der Zwilling des *Thanatos*, welche beide ich gezeugt habe mit der Nacht, meiner ewigen Geliebten, um die Menschen zu lehren, dass man die Schönheit nur dann wirklich schätzen kann, wenn sie selten ist und vergänglich zugleich.

Aber wie auch immer: Ich werde mich noch sehr gut daran zu erinnern wissen am Ende aller Tage, wenn die Stunde des Großen Gerichtes gekommen ist, um zu richten einen jeden nach seinen Werken, dass die Menschen mich verhöhnt & beleidigt haben, dass sie mit Unrat & Schmutz nach mir warfen, auch wenn sie mich damit nicht treffen konnten, denn ich erkenne die Absicht, selbst wenn sie misslingt. Meine Schöpfung – und von Gottes Schöpfung will ich hier gar nicht erst sprechen –, meine Schöpfung also ist das Ergebnis einer tiefen und großartigen geistigen Anstrengung, ja, *Anstrengung*, denn *mir* ist diese Schöpfung keineswegs leicht gefallen, bin ich doch nicht der allmächtige & allwissende Gott, der leichthin, allein durch sein Wort, Himmel & Erde voneinander scheiden konnte, wie geschrieben steht.

Aber muss man deshalb gleich behaupten, die Erde sei dadurch entstanden, dass ein paar Samentropfen[27] ins Wasser fielen, nachdem ich mich mit einer Göttin vereinigt hatte? Und dass ich mich danach nie wieder auf der Erde habe sehen lassen, sondern mit besagter Göttin durch das Universum reise, um überall meinen Samen zu verbreiten, natürlich nicht, ohne mich vorher noch mit ihr ausgiebigst vergnügt zu haben? – Es ist schon eine dreiste Frechheit, dass die Menschen solche unsäglichen Geschichten über mich in die Welt setzen und dann auch noch selbst daran glauben.

Aber ich gehöre nicht zu denen, die immer nur jammern & klagen; ich will hier erzählen, wie es wirklich war. Und dazu gehört auch, dass die Menschen offenbar vergessen haben, dass Gott als allumfassend gedacht werden *muss*, denn sonst wäre er wohl nicht Gott, sondern irgendetwas anderes, und ich will hier gerne bestätigen, dass allein schon deshalb die Vorstellung von Gott als einem alten (oder, wenn man will: jungen) *Mann* völliger Unsinn ist, weil Gott eben auch das Weibliche umfasst – wie sonst hätte er das Weib erschaffen können, wenn es nicht – wie alle anderen seiner Schöpfungen – schon vorher in ihm enthalten gewesen wäre, und sei es nur als Idee & Gedanke?

Ich verweise dabei auch immer wieder gerne darauf, dass es nicht *der* Heilige Geist ist, sondern *die Hagia Sophia*, welche war die einzige Schwester der Pistis Sophia, die einst geboren hatte den Jabaoth, die Heilige Weisheit, die immerhin von Gott selbst in die Dreifaltigkeit aufgenommen wurde, was angesichts der vielen anderen Kandidaten, die sich ebenfalls und wohl auch zu Recht als berufen empfunden haben mögen (wie die Liebe, die Treue, die Demut, die Kraft, um nur einige zu nennen) und ihr Bestes getan haben, um auserwählt zu werden, eine wahrlich respektable Leistung darstellt.

Man hat mir später berichtet, wie die Bewerberinnen[28] nacheinander vor Gott erschienen waren und sich ihm von ihren besten Seiten präsentierten: die *Liebe* mit Krone & Flügeln, eine wunderschöne Flamme in ihrer Hand, wie sie einen Pelikan füttert, was mich persönlich besonders beeindruckt hätte, oder die *Demut*, die sich für eine ganz andere Anmutung entschieden hatte, nämlich für ein einfaches Kleid aus Sackleinen, wovon ich allerdings von vornherein hätte sagen können, dass Gott in seinem Stolz damit nie hätte zufrieden sein können, schließlich die *Kraft* mit Waffen & Schild & Löwenfell an eine Säule gelehnt, die Gott fast erwählt hätte, wenn dann nicht doch noch die *Weisheit* erschienen wäre mit einem Schleier vor dem Gesicht und einem Spiegel in der Hand, und Gott, der immer einen Hang zum Geheimnisvollen hatte, ließ sich davon sofort verzaubern, so dass die *Treue* mit ihrer obligatorischen Henne auf dem Arm gar nicht mehr auftreten durfte.

Ich habe Gott sehr genau beobachtet und analysiert, als er seine Schöpfung vollzog, und ich habe daraus gelernt und deshalb für meinen Algorithmus auch eine Dreifaltigkeit[29] verwendet, nämlich den *Zufall*, die *Notwendigkeit* und die *Freiheit*, und alle sind sie mir gleich lieb & wichtig, und nichts von ihnen ist entbehrlich. Die Freiheit aber ist mein Geschenk an die Menschen, damit sie den Zufall nutzen können und sich dann auf die Notwendigkeit verlassen, bis ein neuer Zufall ihnen wieder die Chance bietet, sich in Freiheit neu zu entscheiden. Denn ich komme aus dem Kosmos der Möglichkeiten und bin stolz darauf, weshalb mich das Heimweh danach nie verlassen hat; und auch wenn ich nun auf immer & ewig bin geworfen in diese Welt der kalten und nackten Realitäten durch meine eigene Entscheidung, so will ich doch die Erinnerung an meine Heimat niemals aufgeben.

Nun gut: Die Menschen glauben also, dass sie das Gute vom Bösen unterscheiden können, nur weil sie einmal von einem Apfel gegessen haben oder von einer Feige, wie andere wiederum behaupten, die es auch nicht besser wissen, weil doch niemand dabei gewesen war, weshalb man aber trotzdem glaubt, an den rauen Blättern der Feige noch heute erkennen zu können, dass der Schmerz der Lust folgt und man letztlich bestraft werde für seine ungezügelten Triebe.

Dazu ließe sich nun allerlei sagen, vor allem, dass ich immerhin so viel weiß, dass die Menschen nur einen *einzigen Bissen* und zudem noch einen sehr kleinen von jener Frucht zu sich genommen haben, mag es nun ein Apfel oder eine Feige gewesen sein oder was auch immer, und sie deshalb vielleicht erkannt haben, *dass* man in dieser Welt überhaupt zwischen Gut & Böse unterscheiden kann, aber doch längst nicht, *was* die wirklichen Unterschiede dazwischen ausmacht, denn dazu bedarf es doch noch ein wenig mehr an Klugheit und Überlegung. Die Menschen sollten sich rein gar nichts darauf, auf diese magere Fähigkeit zur Erkenntnis, einbilden, denn in den Augen der Menschen erscheinen Gut & Böse wie Zwillinge, zwischen denen angeblich noch nicht einmal die Engel & Dämonen richtig zu unterscheiden wussten, als sie ihnen zum ersten Male begegneten und sich entscheiden mussten, wem sie weiterhin folgen und dienen wollten.

Das hätten die Menschen nämlich allzu gerne, dass man Gut & Böse schon auf den ersten Blick auseinander halten kann, weil das eine im hellen Lichte der Gnade erscheint, das andere aber in tiefster schwarzer Dunkelheit der Verdammnis, so dass die Menschen keinerlei Mühe dabei haben, sich für die rechte Seite zu entscheiden und die andere links liegen zu lassen, wenn sie vor die Wahl gestellt sind. Aber allein Gott und ich wissen, was in dieser Welt gut ist und was böse, und wir werden es erst offenbaren am Ende aller Tage, und selbst darüber ist das letzte Wort noch nicht gesprochen, weil wir uns noch längst nicht einig über alle Details sind, weder über die Sünden noch über die Strafen und erst recht nicht über die Tugenden. Denn auch darin machen es sich die Menschen zu einfach, wenn sie nämlich fest daran glauben, dass Gott nur für die Tugend & die Gnade und der Teufel nur für die Sünde & die Strafe zuständig sei. Weit gefehlt, und das wird noch für manche Überraschung am Tag des Großen Gerichtes sorgen, wenn ein jeder gerichtet wird nach seinen Werken und dabei wird beantworten müssen die fünfzehn Fragen, und es wird ein Heulen und ein Zähneklappern sein, wenn alles ganz anders kommt, als man es sich immer vorgestellt hat, doch Gottes Ratschluss ist unergründlich, und auch ich verrate nicht jetzt schon alle meine Geheimnisse.

Jedenfalls haben es sich die Menschen von Anfang an sehr einfach gemacht und sich nicht unbedingt darum bemüht, *das* Böse zu ergründen, als Phänomen, als Prinzip, als Idee, also als wahrhaft würdiger Gegenstand einer geistigen Auseinandersetzung, sondern sie haben sofort und unablässig nach *dem* Bösen geforscht, womit sie natürlich in der Sache selbst keinen Erfolg haben konnten, aber doch genügend Gelegenheiten & Gründe fanden, ihre nächsten Mitmenschen mit immer neuen Methoden auf das Subtilste zu quälen & zu töten, was zwar meinen lieben alten Freund, den Tod, in höchstem Maße erfreute, mich aber nicht, weil *diese* Art von Auslese mein Projekt eher gefährdete, als dass es dadurch vorangetrieben wurde.

Nun mag man daran zweifeln (und ich selbst zähle mich eher zu diesen Zweiflern, obwohl ich auch daran Zweifel hätte), dass es überhaupt so etwas wie ein Prinzip oder eine *Idee* des Bösen gibt, weil weder Gott noch ich es erschaffen haben, wenngleich ich – danach befragt – wohl zugeben müsste, dass man gleichwohl von gewissen Positionen aus das Phänomen des Bösen würde wahrnehmen können. Aber genau darum geht es nicht, nämlich nicht um individuelle und auch noch nicht einmal um kollektive Wahrnehmungen, denn über die *Wahrheit* entscheidet nicht die Mehrheit, das wäre wohl der größte Bubenstreich der Menschen, wenn es einmal so weit kommen sollte.

Ich setzte dem entgegen, dass es bei weitem nicht reicht, die Definition oder gar die Existenz des Bösen als Prinzip & Idee allein daraus ableiten zu wollen, dass es Ereignisse oder Umstände gibt, welche den Wünschen, den Bedürfnissen, den Interessen mancher oder gar aller Menschen widersprechen; so ist das Leben nun einmal in meiner Welt, und ich bekenne freimütig, dass die Menschen in meiner Art der Schöpfung keine besondere Rolle spielen, weder dass ich sie belohnen noch dass ich sie bestrafen will, das mag vielleicht in Gottes Kalkül anders aussehen, aber davon weiß ich nichts, und damit habe ich nichts zu schaffen. Und dass meine Schöpfung nicht immer und überall denjenigen Regeln folgt, welche die Menschen in ihrer unendlichen Hybris als die *Logik* zu bezeichnen pflegen, ist auch noch lange kein Grund, diese Abweichungen von vornherein als böse zu desavouieren, nur weil meine Schöpfung und meine Regeln sich immer noch als autonom und souverän gegenüber der Logik der Menschen erweisen. Ich weise an dieser Stelle nur darauf hin, dass meine Schöpfung immerhin länger Bestand hat als die Logik der Menschen und nach allem, was ich davon weiß, selbst dann noch Bestand haben wird, wenn die Logik der Menschen schon längst vergangen sein wird wie ein Regentropfen in der Wüste.

Und – auch diese Frage will ich stellen – von welcher Art der Logik sprechen wir hier überhaupt: von einer Logik, die nur die zwei Kategorien *Richtig* und *Falsch* gelten lässt, aus denen sich dann wiederum auf die Schnelle zugleich die Kategorien *Gut* & *Böse* ableiten lassen, von einer Logik, die gnadenlos von genau einer Ursache auf genau eine Folge schließen kann, mit letzter & absoluter Sicherheit, von einer Logik, die immer & überall, zu allen Zeiten, an allen Orten, in einer jeden Ecke des Universums die gleiche ist, von einer Logik, die schon gegolten haben soll, bevor es die Menschen gab, und die es auch noch dann geben wird, wenn längst keine Menschen sie mehr denken werden, von einer Logik, an die sich letztlich & endlich sogar Gott und der Teufel halten müssen, weil auch sie Gefangene und Sklaven der Logik wären?

Dann wäre die Logik die einzige und die wahre Herrscherin in dieser Welt, und für Gott und mich gäbe es keinen Platz mehr, nur noch die schmachvolle Rückkehr in den Kosmos der Möglichkeiten. Aber so weit sind wir noch längst nicht: Zum Glück sind die Menschen allmählich klüger geworden, haben sie doch immerhin inzwischen bemerkt, dass es zwischen richtig & falsch doch noch etwas Drittes[30] geben mag, dass nur manchmal die gleichen Ursachen auch die gleichen Folgen haben, und sei es nur, weil die Menschen nie genau wissen können, was denn nun jeweils genau die Ursachen gewesen sind, und sie haben schließlich feststellen müssen, wenn auch mit einem erheblichen Widerwillen, dass die Regeln ihrer Logik nichts anderes sind als das Resultat und Konstrukt ihres Denkens, was an und für sich eine gewisse, zweifellos lobenswerte Leistung darstellen mag, aber eben auch nicht mehr und sie daher nicht erwarten können, dass sich andere daran halten und erst recht nicht Gott und der Teufel.

Die Menschen, selbst wenn sie glauben, nach dem Ebenbilde Gottes geschaffen zu sein, haben sich doch nach *meinen* Regeln zu richten, wenigstens solange sie sich in dieser Welt bewegen, aber sie haben ja keine andere, nicht wahr. Und zu diesen Regeln gehören an erster Stelle die Unschärfe und die Unsicherheit, weshalb man hier mit der Logik auch erst dann weiterkommt, wenn man vorher ihre Grenzen anerkannt hat, obwohl man nie wissen kann, wo sich diese Grenzen genau befinden. *Das* mag man dann meinethalben als *böse* bezeichnen, wenn man schon keinen anderen Begriff dafür finden will, weil man sich seit langem so sehr daran gewöhnt hat, das Unbegreifliche dann für gut zu befinden, wenn es einem denn angenehm ist, aber als böse, wenn es stört und Ungemach bereitet.

Aber die Menschen haben sich nur selten der Logik um der Logik willen und des Verstandes um des Verstandes willen bedient; die Menschen haben Logik, Verstand, Rationalität nur deshalb entwickelt, weil sie glaubten, einer Schutzmauer für ihre Seele zu bedürfen, um sich also vor ihrer eigenen Angst und den Zumutungen der Welt zu schützen. Immer länger und höher haben sie diese Mauer gebaut, sie immer stärker und kunstvoller befestigt, sie bemalt und beschmückt, bis sie eines Tages fast vergaßen, wozu sie überhaupt mit dem Bau begonnen hatten. Und umso größer war die Überraschung, als sie bemerkten, dass ihre Festung immer mehr Risse bekam, Breschen, durch welche die Dämonen der Unlogik und der Irrationalität in das sorgsam gehütete Arcanum, das Sacrosanctissimum der menschlichen Seele eindrangen.

Man wusste nichts mit diesen Dämonen anzufangen, man war verwirrt und hilflos, manche meinten sogar, dass die Dämonen gar nicht existierten, außer vielleicht in der Einbildung, so dass man sich keine

Sorgen machen müsse, aber letztlich war die Angst doch größer, denn die Dämonen waren zahlreich, und ein jeder hatte einen anderen Namen, und sie hießen *Hmin* und *Kaitabha*, *Th'uban* und *Egestes*, *Ramachandra* und *Asurakumara*, und sie wechselten ihre Namen täglich, nannten sich manchmal *Phobie* und *Manie* und morgen wieder anders, denn nur, wer ihren Namen kannte, konnte sie auch besiegen, wenn er ihn sieben Mal bei Vollmond aussprach und dabei starr nach Osten blickte.

Zunächst versuchte man also schleunigst, dort ein Loch zu stopfen und hier eine neue Mauer zu errichten, dort ein Bollwerk zu verstärken und hier neue Gräben auszuheben. Aber man lernte schnell, dass damit nur wenig geholfen war, denn Wälle werden nicht dadurch verteidigt, dass man stolz auf ihnen steht und alles verhöhnt, was in Sichtweite kommt, sondern indem man den Feind weit in dessen eigenem Land daran hindert, die Festung überhaupt anzugreifen, denn wenn der Feind erst einmal davor steht, dann ist alles verloren. Und so wurden die Menschen immer verzweifelter, denn nun, da die Dämonen erst einmal einen Zuschlupf in der Seele der Menschen gefunden hatten, ließen sie sich daraus nicht mehr vertreiben, auch wenn die Menschen mehr denn je an ihrer Festung bauten, doch auf den Gedanken, die Dämonen für ihre eigenen Zwecke zu nutzen, kamen sie nicht.

Ich rekapituliere also: Wenn man nun auf diese eingängige Art & Weise bezweifeln kann, dass es das Böse als Prinzip & Idee geben sollte, dann wird auch die Suche nach *dem* Bösen ziemlich sinnlos, denn was sollte er dann überhaupt noch verkörpern? Natürlich gaben sich die Menschen damit nicht zufrieden, und manche versuchten zu beweisen, dass man sich den Bösen vorzustellen habe wie einen Bandwurm, der dem Menschen von den ersten Eltern bis auf den heutigen Tag vererbt worden sei und im Körper der Menschen sein Unwesen treibe, aber gefunden haben sie ihn noch nicht[31].

Auch hier will ich einen Einwand gelten lassen, nämlich dass zu jenen Phänomenen des Bösen, welche manche Menschen manchmal wahrzunehmen glauben, wenn ihnen das Schicksal nicht besonders wohl gesonnen ist, auch das Verhalten ihrer Mitmenschen zählen mag. Und ich will nicht abstreiten, dass sich dafür genügend Beispiele aufzählen ließen, dass also der eine Mensch dem anderen Leid & Schmerz zufügt, auch ohne dass ich immer und in einem jeden Falle zugegen sein muss, was mir recht schwerfiele, denn einerseits habe ich noch Anderes zu tun, und andererseits bin *ich* leider nicht allgegenwärtig, diese Fähigkeit ist nur einem zuteil, aber eben nicht mir. Und alles ist im Übrigen auch immer schlimmer geworden, seitdem man einem jeden Menschen eingeredet hat, dass gerade *seine* Wünsche und Interessen das Wichtigste in der Welt seien und dass es vor allem zu seinen ewigen & unabdingbaren Rechten gehöre, sie ohne eine jegliche Rücksicht auf andere zu erfüllen (und dass es dann ein unumstößlicher Beweis für die Existenz des Bösen in dieser Welt wäre, wenn man ihn daran hinderte). Wer aber wäre hier *böse* zu nennen, der eine oder der andere?

Nun wird man leicht erkennen, dass sich die Wahrnehmung und die Wünsche des Einzelnen allenfalls dazu eignen, ihm selbst ein gutes Gewissen zu verschaffen, aber nicht zur Grundlage von allgemeinen & allgültigen Prinzipien gemacht zu werden, jedenfalls werden Gott & ich uns nicht gerade danach richten, dann hätten wir auch einen jeden Tag aufs Neue viel zu tun, was wir uns aber nicht leisten können, denn uns – und zwar einem jeden auf seine Weise – muss es darum gehen, bis zum Ende aller Tage unsere eigentlichen Aufgaben zu erfüllen, welche die Menschen rein gar nichts angehen, von denen ich aber so viel sagen will, dass sie uns einigermaßen in Anspruch nehmen, selbst wenn bis zum Ende aller Tage noch einige Zeit vergehen wird und wir uns bis dahin sicherlich den einen oder anderen Moment der Ruhe gönnen werden, was die Menschen aber auch nichts angeht.

Gut, ich räume noch ein, dass es in der zwar kurzen, aber umso intensiveren Geschichte der Menschheit Augenblicke & Ereignisse gegeben haben mag, die durchaus geeignet waren, den Glauben an das oder den Bösen zu stärken. Und ich will dabei gar nicht danach fragen, obwohl ich es schon könnte, ob gerade die Geschichte der Menschen der passende Anlass wäre, um über die Existenz von Gut & Böse nachzusinnen, so als sei der Mensch das Maß aller Dinge, und sein Leid – oder sein Glück – habe irgendeine Bedeutung für den Gang der Welt. Ich aber höre hier schon den Einwand und den Aufschrei, und so lasse ich gelten, dass der Mensch oft genug des Menschen Wolf gewesen ist und der eine Leid & Vernichtung über den anderen gebracht hat, ohne sich um irgendetwas anderes zu kümmern als um seinen eigenen Gewinn und seine eigene Lust.

Ich habe schon vermerkt, dass mein Freund, der Tod, dazu eine eigene

Meinung hat, aber ich sage, dass ich es *strikt* ablehne, dafür irgendeine Schuld & Verantwortung zu übernehmen; mein Algorithmus sieht zwar nicht vor, dass der Mensch soll wandeln ewiglich auf Erden, und auch nicht die Ente oder die Schlange oder die Hausmilbe oder sonst ein Getier oder Gewürm und auch kein Baum und keine Pflanze, noch nicht einmal der Pfirsich, welcher ist gebenedeit vor den Frauen, und der Algorithmus sieht nun auch schon gar nicht vor, dass es irgendjemandem recht gemacht werden solle auf Erden, aber dass deshalb der Mensch den Menschen quält und erschlägt, ist weder nötig noch in einem jeden Falle nützlich.

Man sollte in diesem Zusammenhang jedoch und in einem jeden Fall darauf verweisen, dass zumeist im Namen des *Guten* gequält, geraubt & getötet wurde, auch wenn das, was man jeweils unter Gut & Böse verstehen wollte, von Tätern und Opfern sehr unterschiedlich definiert wurde, wofür man selbst in der historischen Rückschau, welche den Menschen immer den Blick verschleiert, ein gewisses Verständnis haben muss. Wie schön wäre es doch, wenn man das Böse immer im Unlogischen und im Irrationalen finden könnte, aber leider verfügt ein jeder, was immer er tun mag, über eine Logik, die nur eben seine eigene ist und sich dem anderen nicht in einem jeden Fall unmittelbar erschließt, auch wenn man den Versuch zur Begründung macht – das Opfer versteht nie die Logik des Täters. Und was nützte es, selbst wenn das Opfer davon etwas verstünde?

Das Opfer nämlich nimmt für sich immer das Recht in Anspruch, nichts von der Logik des Täters verstehen zu müssen, ja: noch nicht einmal zu *dürfen*, denn wo bliebe dann noch das Recht auf Empörung & Entrüstung, welche zweifellos gehören zu den allgemeinen Rechten des Menschen, die ihm niemand streitig machen kann? Dem Täter reicht es ohnehin, wenn er über genügend Macht verfügt, um den anderen zum Opfer zu machen, so dass er auf dessen Verständnis im Allgemeinen und im Besonderen durchaus verzichten kann, zumal es ebenfalls zu den anerkannten, allgemeinen Rechten des Menschen gehört, auch einmal ein Täter sein zu dürfen, wenn man denn an der Reihe ist. In meinem Algorithmus aber regiert der Wandel, und so ist einmal der eine das Opfer und der andere der Täter, und beim nächsten Mal ist es genau umgekehrt, oder auch nicht, und niemand weiß, wann es zu einem nächsten Mal kommt, denn die Ungewissheit ist die liebe Schwester des Wandels, und gemeinsam sitzen sie zu den Füßen meines Thrones, und wir herrschen über die Welt bis zum Letzten aller Tage und vielleicht noch darüber hinaus, aber ich will noch nicht zu viel davon verraten.

Jedenfalls ist es gut, wenn die Menschen schnell vergessen, wie es ihnen beim vorigen Mal ergangen ist, denn man kann nur dann ein rechter Täter sein, wenn man sich über das Opfer keinerlei Gedanken macht, und man ist nur dann ein gutes Opfer, wenn man den Täter nicht versteht. Nur wenn beide – Täter *und* Opfer – völlig frei sind von einer jeglichen Erinnerung, wenn keiner mehr daran denkt, was er einst dem anderen angetan oder von ihm erlitten hat, wenn beide sich nur & ausschließlich auf sich selbst konzentrieren, wenn sie den anderen gar nicht mehr als ihresgleichen wahrnehmen, dann und *nur* dann, kann es überhaupt erst zur *Tat* kommen.

Es ist vielleicht ein Fehler der Perspektive, aber für mich und von meinem Standpunkt aus sind die Menschen alle gleich, aber untereinander machen die Menschen die subtilsten Differenzierungen, die ich nicht in einem jeden Fall so ohne weiteres nachvollziehen kann. Doch das stört die Menschen nur wenig, hat sich doch noch nie einer darum bemüht, vor mir zu rechtfertigen, nach welchen Gründen er die anderen Menschen in welche Kategorie einordnet, um sie der Priorität nach totzuschlagen. Und noch mehr wundert mich dabei, dass die Menschen genau zu wissen glauben, wer jeweils auf der Seite Gottes steht und wer auf meiner, aber noch nie, ich wiederhole: *noch nie* hat jemand mich um eine Auskunft darüber gebeten, müsste ich (oder Gott, aber der schweigt auch dazu) es doch eigentlich am besten wissen. Aber in diesem Glauben sind die Menschen durch nichts & niemanden zu erschüttern, noch nicht einmal durch mich, so dass ich es längst aufgegeben habe, derlei Dinge zu kommentieren.

Ich will hier nur ein einziges Beispiel nennen, weil es mir gerade einfällt, und ich wüsste doch so viele, wie die Türme zerfielen oder der eine den anderen mit dem Spaten erschlug oder die Menschen in der Sonne des Atoms schmolzen, aber davon will ich nicht reden, sondern davon: Auch wenn sie die Motive der Täter hätten verstehen können, so hätten die Juden und Muslime im Alten Jerusalem sich wohl kaum freudiger in ihr Leiden und ihren Tod ergeben, als an jenem heißen Julitag im Jahre des Herrn 1099[32] die Woge der christlichen Gewalt über sie hinwegfegte, als der Tempel Salomos vom Blut der Opfer überströmt war, wie man es noch nie zuvor gesehen & noch nie davon gehört hatte, und die Stadt völlig mit Leichnamen gefüllt war und man sie wegen des unsäglichen Gestanks aus der Stadt werfen musste, und die Kreuzfahrer schließlich überall in der Stadt Gold, Silber, Pferde & Maulesel an sich rafften, nur um danach glücklich und vor Freude weinend das Grab des Erlösers zu verehren und sich ihrer Dankesschuld ihm gegenüber zu entledigen. Und auch all den anderen Opfern von Pogromen & Massakern, von denen es noch vielfach mehr gibt als Steine in jenem Garten in Kyôtô, auch ihnen hätte es nichts genutzt, wenn sie etwas von der Motivation ihrer Peiniger verstanden hätten, denn dass sie auf Rechnung & im Namen des Guten (weshalb sonst?) gemetzelt wurden, versteht sich ohnehin von selbst.

Und haben nicht die Menschen Gott immer auf der Seite der Starken & Sieger vermutet (wo sonst?), wäre es doch nutzlos, sich mit einem schwachen Gott abzugeben. Und hätten sich nicht auch die Opfer, welche immer sind die Ungläubigen und die Ketzer (wer sonst?), rechtzeitig zum starken, siegreichen Gott bekennen können, hatte ihnen Gott doch die Freiheit der Wahl geschenkt, mit der sie allerdings und offenbar nichts Rechtes anzufangen wussten, denn sonst wären sie schließlich keine Ungläubigen & Ketzer, weshalb es nur gerecht ist, dass sie bestraft werden mit der Härte des Gesetzes und der Schärfe des Schwertes, oder wessen man immer sich dabei gerade nach dem jeweiligen Stand der Technik bediente, was den Opfern im Zweifel auch eher gleichgültig war.

Nie habe ich jemanden erlebt, der sich dazu bekannte, auf der Seite des Bösen zu stehen, immer nur ging es um das Gute und wie es möglichst schnell und gewissenhaft würde durchgesetzt werden können in dieser defekten Welt. Man glaubt niemals das Falsche als solches, und man liebt nie das Böse als solches; es ist kein Mensch, der das Böse liebt, weil es böse ist, denn glauben ist gleichbedeutend mit gut sein, nichtglauben mit böse sein, und so ist der Ungläubige ungläubig aus Verstocktheit und aus Bosheit, und er ist ein Feind des Glaubens[33]. Man möge mir hier weder mit Logik noch mit Moral kommen, die Menschen haben sich nie Probleme damit gemacht, auf feinsinnige Art & Weise zwischen Gut & Böse zu unterscheiden, die Antwort war immer sehr einfach: *Gut* war und ist immer das, was dem Sieger nützt.

Und die *Sieger*, die Täter, was haben sie gefühlt in den Augenblicken ihres Triumphes? Waren sie glücklich über ihren Sieg, waren sie zufrieden, ihr großes Werk endlich vollendet zu haben, oder waren sie ganz einfach nur *erschöpft* nach all den Mühen? – Es muss eine fast übermenschliche Arbeit gewesen sein, einen ganzen Tag lang mit anderen Menschen zu kämpfen, sie zu besiegen und zu töten, und sie werden wohl am Abend trotz des Gestankes der verwesenden Körper und der Schreie der Sterbenden sehr schnell in die traumlose Ohnmacht des Schlafes gefallen sein. Sie hatten eine Aufgabe erfüllt, die ihnen von Gott allein gestellt worden war, die alle ihre Kräfte beansprucht hatte, eine Aufgabe, die es wert gewesen war, einen jeden Weg bis an sein letztes Ende zu gehen.

Sie hatten am Grabe des Erlösers gebetet und hatten dabei geweint, und ihre Tränen kamen aus einem ebenso reinen Herzen wie die Tränen ihrer Opfer im Angesicht des Todes. Die Sieger hatten mit ihren Schwertern und Lanzen auf alles geschlagen, was ihnen in den Weg gekommen war, und sie hatten in aller Eile dabei gar nicht unterscheiden können, ob Mann, ob Frau, ob Kind, ob Greis, ob Jude, ob Muselman, alles ging so schnell, alle mussten sterben zur Ehre Gottes, auch wenn Arme & Beine müde geworden waren und der erste Rausch schon längst verflogen, aber die Mühe durfte nichts gelten, und sie nahmen sich die Weiber, als ob sie ihre Notdurft verrichteten, empfanden die Lust nur im Angedenken an die heilige Aufgabe, die sie hier & jetzt für Gott und die Kirche zu vollenden hatten. Denn wollen wir nicht vergessen: Auf der anderen Seite haben ja keine *Menschen* gestanden, keine Wesen der göttlichen Schöpfung, sondern seelenlose Körper, verführt von *Samiel*, längst und unwiderruflich vorgesehen für die Qualen der ewigen Verdammnis, verderbt und verloren, von Gott höchstselbst *hors la loi*[34] gestellt, und sind sie nicht alle Diener des *Herrn der Fliegen*, warum soll man dann mit ihnen auch mehr Mitleid haben als mit der Fliege, die man gerade in der Hand zerdrückt hat. *Mitleid* ist ein Gefühl, das man nur für seinesgleichen empfinden soll, denn wenn man schon selbst nicht eigensüchtig ist, dann sind es wenigstens die Gene, welche Gott dem Menschen anvertraut hat im Augenblick der Schöpfung, auf dass er sie in aller Sorgfalt pflege und vermehre. Und so lohnt sich das Mitgefühl für die Opfer nur dann, wenn sie *zu uns* gehören, alles andere ist bloßer Müßiggang.

Und jetzt habe ich sie doch endlich in ihrem tiefsten und unwandelbaren Kern verstanden, diese Menschen, diese selbst ernannte Krone der Schöpfung, jenes verzerrte Ebenbild des Schöpfers, das aus einem zerbrochenen Spiegel zu Gott spricht: Wenn sie vom *Bösen* reden, dann geht es ihnen gar nicht um eine moralische Kategorie, dann geht es allein um eine höhere Legitimation dafür, dass man dem anderen den Schädel einschlägt, sein Gut und seine Weiber raubt und sein Angedenken auslöscht von dieser Erde. Wenn jedes Jahr aufs Neue die Nomaden[35] brennend & mordend von den Bergen kamen und nichts und niemand sie aufhalten konnte, dann waren sie die Knechte des *Ahriman*, des bösen Gottes, und noch mehr musste man opfern & beten zu *Ahura Mazda*, damit der gute Gott all seine Kraft mobilisierte, um die Feinde zu schlagen.

Wir sind immer das Volk Gottes, und sie, die anderen, die Fremden, sind die Feinde Gottes, und wir tun dann unseren Dienst für unseren Gott, wenn wir sie töten, alle, sofort, ohne Gnade, sind doch die Feinde abscheulich, frevelhaft, aber doch auch eine existenzielle Gefahr, nicht nur für uns, sondern für die Ordnung der ganzen Welt, des Kosmos, des Universums, vielleicht sogar für Gott selbst, wer kann schon wissen, wie es um ihn steht, vielleicht braucht Gott gerade jetzt *uns* auf seiner Seite, und er wird es uns sicher vergelten am Ende aller Tage. Nur so kann er uns erkennen, denn wir wären nicht gut und hätten nicht das Paradies verdient, wenn es nicht auch die Bösen gäbe, die Ungerechten, die Unseligen, die Leugner, die Ketzer, deren Platz nirgendwo anders als in der tiefsten Hölle sein wird, wo sie gequält werden bis in alle Ewigkeit. Und so können wir genauso gut schon heute damit beginnen, und Gott wird es uns lohnen, wenn wir ihm die Arbeit abnehmen.

Doch das Böse kann nicht ausgerottet werden, denn es muss immer etwas dem Guten Entgegengesetztes geben[36], und haben wir das andere so nötig zum Leben wie die Luft, denn nur so finden wir zueinander, nur so wissen wir um uns selbst und darum, welche Aufgaben wir noch zu erfüllen haben in dieser Welt. Unser Kampf ist nicht politisch und erst recht nicht ökonomisch, er ist *moralisch*, und wir könnten ihn nicht beenden, selbst wenn wir wollten, auch wenn man uns flehentlich darum bäte, denn es ist nicht nur unser Kampf, sondern es geht um die *kosmische* Moral, hier sind ganz andere Kräfte am Werk, vom Anbeginn aller Zeiten bis zum Ende aller Tage, und es vergeht kein einziger Augenblick vor dem Angesicht des Herrn, da nicht die Söhne des Lichts ringen mit den Söhnen der Nacht, und noch nichts ist entschieden, weshalb auch wir darin nicht nachlassen können, nicht *dürfen*, denn die Folgen wären unabsehbar, und wer will, wer kann die Verantwortung dafür tragen. Und so tut es uns auch nicht Leid um die anderen, denn sie sind ja nur die Bösen, und sie wären nur dann gut, wenn sie zu uns gehörten, aber sie sind und bleiben die Fremden.

Das Mitgefühl mit den *eigenen* Opfern (die anderen gehen den Menschen nichts an) hat ihnen immer wieder die Kraft gegeben, es den anderen mit gleicher, barer Münze heimzuzahlen und die Zinsen noch dazu, und sie haben gelernt, dass es am besten wäre, wenn man den anderen vernichtet, *bevor* er einem selbst größeren Schaden zufügen kann, denn wer will schon gerne Leid ertragen? Vor mir liegt aufgeschlagen das Buch der Geschichte, und aus allen Seiten fließt noch das Blut, das noch längst nicht getrocknet ist, auch wenn die Jahrhunderte vergehen: *Historia magistra mortis*[37], ihre eigene Geschichte ist nicht die Lehrerin des Lebens, sondern des Todes, und die Menschen haben sich sehr wohl an diese Lehren gehalten, und sie haben ihren Erfindungsreichtum[38] liebevoll dazu genutzt, die Geschichte immer wieder aufs Neue zu übertreffen.

Ich verstehe nicht, warum sich die Menschen zu *diesen* Leistungen nie so richtig haben bekennen wollen; natürlich kann man sich dafür loben, und ich will es gerne und ausdrücklich tun, dass man die Dampfmaschine erfunden hat oder den Buchdruck oder das Porzellan oder das Penizillin genauso gezähmt wie zuvor das Pferd und den Hund. Aber waren denn die Anstrengungen von Hand & Verstand wirklich geringer, als man nach genauester Planung die Türme des Bösen zum Einsturz brachte, als man innerhalb kürzester Zeit Millionen von Armeniern[39] umbringen musste oder Juden oder Indianer oder auch nur das eigene Volk, wenn gerade niemand anderes verfügbar war? Und die Menschen haben dabei sogar die Ästhetik nie vergessen, denkt man doch etwa bei *Khmer Rouge* eher an den Namen eines neuen Duftwassers als an die Todesfelder im Osten.

Ich weiß sehr genau, dass die Menschen, die solches vollbracht haben, darauf sehr stolz waren und auf Anerkennung drängten, doch wie enttäuscht mussten sie dann sein, wenn man ihnen diese Anerkennung verweigerte, nur weil der Mantel der Geschichte plötzlich in eine andere Richtung wehte, so dass sie nackt & bloß in ihrer Grausamkeit zu schauen waren und kein Gott sie mehr schützte und sie nur noch darauf hoffen konnten, dass es eines Tages wieder einmal ganz anders kommen wird. Und die Täter und die Opfer haben Gott auf ihrer Seite, was nicht weiter verwunderlich ist, hat er doch von sich selbst behauptet, allgegenwärtig zu sein, also auch dort, wo man ihn zunächst und überhaupt nicht vermuten möchte. Man weiß es eben nicht genau, denn Gott hat sich seit langem nicht mehr bemerkbar gemacht, so dass sogar ich nicht sagen könnte, wo er sich gerade aufhält, und man als Mensch erst recht sehr zurückhaltend damit sein sollte, ihn nur für sich selbst und niemanden sonst zu reklamieren, denn wie schnell kann Gott sich plötzlich auf die ganz andere Seite wenden, und dann wird der Täter zum Opfer, weil sich niemand die Mühe macht, um *meine* Hilfe zu bitten, und ich auch gar nicht weiß, ob ich sie ihm gewähren würde.

Mit mir, dem Teufel, hat das alles jedoch nicht das Geringste zu tun; ich bin weder *das* Böse noch *der* Böse, sondern nur ein einfacher, längst nicht vollkommener Weltenschöpfer, dem es einzig & allein darum geht, dass seine Werke einen Bestand haben, auch wenn es dabei manchmal einen gewissen Schwund gibt, was ich wohl oder übel billigend in Kauf nehmen will. Die Menschen müssen sich schon selbst ihrer eigenen Verantwortung und ihrer eigenen Schuld stellen, ihnen kann (und will auch) niemand etwas davon abnehmen, keine Schlange, kein Apfel, keine Feige und vor allem kein Teufel; ich kann allmählich dieses Jammern & dieses Klagen nicht mehr hören, dass sie es ja so eigentlich gar nicht gewollt hätten, und wenn sie es doch nur alles ein wenig früher gewusst hätten, ja dann.

Ich habe nie behauptet, dass meine Welt einfach sei, leicht zu durchschauen und zu handhaben; was wäre ich denn für ein Schöpfer gewesen, wenn ich von Anfang an meine Geheimnisse allen offen vor die Augen gelegt hätte, damit sie damit ihr eigenes Schindluder würden treiben können, denn etwas anderes ist von den Menschen nicht zu erwarten; ich habe inzwischen eine jegliche Hoffnung aufgegeben, und die Menschen sollten sich schon *sehr* anstrengen, damit ich meine Meinung noch ändere. Manchmal frage ich mich, ob die Menschen all die Mühe wert sind, die man sich mit ihnen gegeben hat, und dann denke ich bei mir, dass Gott vielleicht damals gar nicht so falsch damit lag, als er die Menschen und mit ihnen alles Getier und alles Gewürm vom Angesicht der Erde tilgen wollte, und alles, was ihn daran hinderte – aber halt, davon werde ich später noch zu sprechen haben.

Hier geht es mir darum, dass ich es unter keinen Umständen akzeptiere, dass man mir immer alle Schuld zuweist, davon will ich nichts mehr hören und sehen, und ich verspreche hier in aller Feierlichkeit, dass ich wohl meine Konsequenzen zu ziehen weiß, wenn es noch ein wenig länger dauert, denn die Geduld des Teufels ist erschöpflich, ich bin nicht Gott, bin nicht vollkommen, bin nicht gütig, bin nicht gnädig, will es auch gar nicht sein, bin eher müde, bin es eher leid, dass man es mir nicht dankt, sondern mich beschimpft und verdammt und verhöhnt, ich habe auch Ehre & Gefühl, aber das scheint niemanden zu kümmern. Aber soll man mich doch zum Teufel wünschen; das nützt nichts, denn bei mir selbst bin ich schon längst angekommen.

Aber eigentlich wollte ich an dieser Stelle gar nicht so viel über mich erzählen, sondern die Menschen bei ihrer verzweifelten Suche nach den Ursprüngen des Bösen begleiten. Eine der faszinierendsten Reisen, auf die sie sich dabei gemacht haben, führte sie irgendwann auch einmal zu sich selbst zurück. Es gab einen Augenblick, da ist den Menschen dann nämlich doch klar geworden, dass es gar keinen Sinn macht, wenn sie die Dämonen innerhalb der Festung ihrer eigenen Seele leugnen, denn die hatten sich dort schon längst festgesetzt und ließen es sich wohl ergehen, weil die Menschen zunächst gar nicht wussten, wo sie nach den Dämonen suchen sollten.

Es dauerte also seine gehörige Zeit, bis die Menschen sich selbst eingestehen wollten, dass man das Böse nicht nur außerhalb der hohen Mauern von Logik & Verstand würde finden können, sondern auch innerhalb der eigenen Seele, das Böse kommt nun einmal auf leisen Sohlen, es ist immer & überall; wenn man also schon an das Böse als einem Prinzip und einer Idee glauben wollte, dann war die Transzendenz auch immer begleitet von der *Immanenz*[40]. Wo aber danach suchen? Und plötzlich bemerkten die Menschen, dass sie sich bei all ihren Versuchen, die Mauer zu befestigen und dabei noch ein Stück in die unbekannten Territorien hinauszuschieben, immer weiter vom Kern ihrer Seele entfernt hatten und dass sie sich dort überhaupt nicht mehr auskannten, dass sie sich selbst fremd geworden waren.

Es war ihnen eher peinlich, dass es inmitten ihrer schönen und glänzenden Mauer, auf deren Gestaltung sie doch immer so viel Wert gelegt hatten, offenbar Gegenden gab, verwinkelt und schäbig, verkommen und schmutzig, in welchen sich die Dämonen eingenistet hatten, um sich dorthin nach den Raubzügen in die reichen Gefilde der menschlichen Seele wieder unbeschadet mit ihrer Beute zurückziehen zu können.

Als man sich wieder daran erinnerte, versuchte man zunächst, diese Bereiche als den *animalischen* Teil der menschlichen Seele abzutun, als das Tier im Menschen, vielleicht als den Bandwurm des Bösen, auf jeden Fall aber als den Teil, der ihn von Gott unterscheidet, in welchem die Triebe ungezügelt von einer jeglichen Kultur wüteten, so dass manche vorschlugen, man solle auch um jene Bezirke eine Mauer legen, um die Triebe einzuschließen in ihrem Ghetto und damit die edleren Teile der menschlichen Seele zu schützen vor einem jeglichen schädlichen Kontakt mit ihnen und ihrem unangenehmen Anblick.

Nur wenige Menschen gab es, die sich voller Mut auf die Suche nach den Verstecken der Dämonen machten, manche, um sie zu besiegen, manche, um ihnen die Beute zu entreißen, manche aber auch nur, weil sie mehr wissen wollten über die Dämonen und die Art & Weise, wie sie ihr Leben verbrachten. Die Reisen zu den Quellen der Seele waren voller Entbehrungen und großen Gefahren, und viele der *Psychonauten*[41] kehrten niemals in ihre Heimat zurück, sei es, weil sie unterwegs ihr Glück gefunden hatten, sei es, weil sie in Qual & Verderben umkamen. Doch auch was an Berichten wieder zurückgelangte in die Regionen von Logik & Verstand, klang den wohl erzogenen Menschen zunächst kaum glaubhaft, denn dort war immer wieder von einem *Abgrund*[42] die Rede, welcher sich inmitten jenes verwinkelten Teils der Seele auftat, wo man ihn nun überhaupt nicht vermutet hatte und ihn auch eher zufällig eines Tages unter einigen brüchigen Schichten von Anstand & Kultur entdeckte. Wie viele mutige Psychonauten von *Abbadon*, dem Engel des Abgrunds, hinabgestürzt wurden oder aus eigener Schwäche hineinfielen, ohne dass man je wieder etwas von ihnen erfahren hat, ist selbst mir nicht bekannt, doch diesen Pionieren muss all unser Respekt und Mitgefühl gelten.

Heute weiß man, wie schmal der Grat ist, auf dem man wandeln muss, um den Abgrund erforschen zu können, ohne sich in ihm auf ewig zu verlieren, denn was nützt ein Forscher, wenn er nicht mehr darüber berichten kann, was er gefunden hat? Es hat mich mit der Menschheit wieder ein wenig versöhnt, dass es doch zu allen Zeiten, wenn auch nur vereinzelt, Menschen gab, die sich trotz aller Schrecken & Gefahren auf die Suche nach den Quellen der Seele begaben und sich dabei nicht davor scheuten, mehr als nur einen Blick in den Abgrund zu wagen, denn allein schon der Anblick jenes unendlichen Schlundes erschüttert den Menschen von Grund auf.

Die meisten Menschen aber wollten sein wie die drei Affen, von denen sich der eine mit den Pfoten die Augen, der andere die Ohren und der dritte schließlich den Mund bedeckt, damit sie bloß nichts *Unangenehmes* sehen, hören oder sagen, denn wenn man die Welt schon nur für das Produkt seiner eigenen Wahrnehmung hält, dann kann man dem Bösen in ihr wohl doch auch am besten entfliehen, indem man seine Wahrnehmung auf das Engste begrenzt. Aber auf diese einfache Art & Weise kann man den Dämonen nicht entgehen, denn sie haben sich tief im Kern der Seele festgesetzt, dort, wo von alters her die Wahrnehmung erzeugt wird; mögen auch ihre Rohstoffe aus allen Ecken & Enden der Welt kommen, zur *Wahrnehmung* werden sie erst durch die Kunstfertigkeit der uralten Mühlen & Schmieden inmitten der Seele, dort, wo die Gassen besonders eng und die Häuser besonders verfallen sind, weil nämlich viel Unrat entsteht, wenn man eine Wahrnehmung erzeugen will, denn nur die seltensten und edelsten Rohstoffe sind dafür gerade noch gut genug[43].

Die Dämonen aber sind klug und listig: Sie haben längst bemerkt, welch kostbares Gut die Wahrnehmung sein kann, und nun produzieren sie selbst aus den Abfällen eine Wahrnehmung und bieten sie feil, was die Menschen aber nicht bemerken, weil sie schon seit langem nicht mehr eine gute von einer schlechten Wahrnehmung zu unterscheiden wissen, denn die Qualität zählt nichts mehr in der Welt der Menschen, seit sie sich den *Mammon* zum Götzen erwählt und ihm die *Vernunft* zur Hure gegeben haben, was weder Gott noch ich verhindern konnten, weil wir es leider erst bemerkt hatten, als es schon viel zu spät war. Und nun müssen wir uns mit einer lästigen Konkurrenz herumschlagen, die immer größere Teile der menschlichen Seele besetzt hat und sich keinen Deut um uns schert, obwohl wir doch schon viel länger dabei sind, aber auch die Traditionen zählen nichts mehr.

Aber wahrlich, ich sage: Es wird der Tag noch kommen, da der Götze Mammon und die Hure Vernunft die Masken von ihren Gesichtern reißen, und die Menschen werden erstarren in Furcht & Schrecken vor ihren grausigen Fratzen, und es wird ein großes Wehklagen sein, und man wird Gott und auch den Teufel um Hilfe & Gnade anflehen, doch ich jedenfalls werde mir dann das alles noch sehr genau überlegen, denn ich kenne die Menschen und ihren ewigen Undank.

Aber ich schweife schon wieder ab: Das Tier also soll der Quell des Bösen sein, weshalb man ja *den* Bösen, also den Teufel, also mich, gerne in der Gestalt oder versehen mit den Insignien des Tieres gezeichnet hat. Was ich davon halte, habe ich schon gesagt, ich will hier nur ergänzen, dass man es eben auch ganz anders sehen kann, je nachdem, was bei den Schmieden der Wahrnehmung gerade *en vogue* sein mag, und das kann sich ganz schnell von Tag zu Tag ändern. Hat es doch einmal wundervolle, höchst ästhetische Bilder von Göttern[44] gegeben, deren starker und anregender Körper gekrönt wurde vom Kopf eines Schakals oder eines Stieres oder eines Falken, und trugen nicht auch die Löwen den Kopf eines Menschen; damals waren die Menschen noch im Reinen mit sich selbst und dem Tier in ihrer Seele, ja gerade darin, in dieser reinen Einheit, begriffen sie das Ebenbild Gottes, denn Gott ist auch der Schöpfer der Tiere, und auch ihnen ist Gott immanent, vielleicht mehr noch als den Menschen. Denn hat Gott nicht die Tiere erschaffen lange vor den Menschen, weil sie ihm früher in den Sinn gekommen und vielleicht sogar wichtiger gewesen waren?

Ich hatte Gott damals sehr genau beobachten können, weil ich sehr nahe dabei war, und ich versichere, dass er damals nicht den Eindruck machte, als sei er damit besonders unzufrieden gewesen, denn Gott sah, dass die Tiere gut waren, und hat er nicht deshalb den Cherubim gegeben zwei Gesichter, manchmal sogar drei, wovon das eine war des Löwen und das andere war des Adlers, und sind die Cherubim Gott nicht viel näher als die Menschen, weil Gott das Antlitz des Menschen nur dann ertragen kann, wenn er zugleich auch blickt in das Antlitz des Tieres. Und das Tier kennt nicht Gut noch Böse, denn es hat nicht gegessen vom Baum der Erkenntnis, noch nicht einmal die Ente und vielleicht auch nicht die Ameise, obwohl ich mir dessen nicht sicher bin, denn nie hat man den Rest der Frucht gefunden, in welche die Menschen gebissen hatten, zunächst Eva und dann Adam. Und weiß man nicht von den Ameisen, dass sie alles essen, dessen sie habhaft werden können? Aber das sagt man auch von den Chinesen, weshalb es für die Menschen besser gewesen wäre, wenn in den Adern von Eva & Adam chinesisches Blut geflossen wäre, denn dann hätten sie wohl zuerst nicht die Frucht, sondern die Schlange aufgegessen, und die Geschichte der Menschheit hätte einen völlig anderen Verlauf genommen.

Aber mit den Chinesen wollte Gott anfangs überhaupt nichts zu tun haben, obwohl sie doch später seine Aufforderung, man möge fruchtbar sein und sich vermehren, auf das Eifrigste umgesetzt haben, aber so spielt das Leben nun einmal, und das Schicksal ist & bleibt zutiefst ungerecht, doch wer will schon sagen, wie es um die Gerechtigkeit bestellt ist. Wie dem auch sei: Gehen wir also davon aus, dass kein einziges Tier jemals von der besagten Frucht gegessen hat, außer vielleicht den Ameisen, aber *falls* sie es getan haben sollten, dann sprechen sie wohlweislich zu den Menschen nicht darüber, weil es ein großes Geheimnis ist, das ihnen eines Tages noch nützlich sein könnte. Die meisten Tiere jedenfalls – und lassen wir den Ameisen, was ihnen gebührt – kennen nicht Gut und kennen nicht Böse, sie handeln, wie es ihnen gerade in den Sinn kommt, und sie haben dabei nichts zu verlieren, vor allem nicht ihre Seele, denn sie haben erst gar keine, und ihnen ist auch nicht gegeben die Freiheit der Wahl, weil man nur wählen kann, wenn man die Alternativen kennt, aber davon wissen die Tiere nichts.

Wer aber davon weiß, der wird schuldig, wenn er das Falsche wählt, und der Mensch wählt dann falsch, wenn er sich von seiner tierischen Natur dazu verführen lässt, ohne Rücksicht seinen Trieben zu folgen, weshalb das Tier insoweit dann doch wieder böse wäre, als es dem Menschen ein falsches Vorbild gäbe. Zumindest gehen die Menschen davon aus, aber ich kann versichern, dass manche Tiere eine völlig andere Vorstellung davon haben und sich mir gegenüber bei einer jeden Gelegenheit darüber beklagen, worauf ich ihnen dann nur antworte, dass ich die Natur der Menschen nicht so ohne weiteres verändern kann.

Es ist nämlich eine nicht enden wollende Diskussion, die ich manchmal sogar mit Gott selbst führe, wenn er mir denn einmal die Gnade eines Gespräches gewährt, nämlich wodurch denn nun die *Natur des Menschen* bestimmt sei, ob von den Anlagen, welche er durch die Schöpfung Gottes unwiderruflich erhalten hat, oder aber durch die Erziehung, die meine Welt ihm geschenkt hat. Ich gebe gerne zu, dass es mir natürlich am liebsten wäre, wenn ich aus reinem Herzen behaupten könnte, dass ich und die Zustände in meiner Welt einen größeren Einfluss auf den Menschen hätten, nach all den Jahren, in denen sich der Mensch schon in meiner Obhut befindet. Gott – und das ist mein stetiges Argument in den Gesprächen mit ihm –, Gott aber hat die Menschen allein für die Vollkommenheit des Paradieses geschaffen & ausgerüstet, und leider, leider erweist sich immer wieder, dass dieses Erbe stärker ist als die Lehre, denn dieses Erbe verändert sich nicht, doch die

Lehre muss ein jedes Mal aufs Neue und von vorne beginnen und lässt sich nicht so einfach weitergeben von einer Generation zur nächsten wie die Sünde.

Einmal auf meinen langen Reisen bin ich auf einen Mann getroffen, der einen jeden Tag versuchte, einen großen Stein auf die Spitze eines Berges zu rollen, nur damit der Stein nach aller Anstrengung & Mühe kurz vor dem Ziel wieder zurückfiel ins Tal, so dass der Mann am nächsten Morgen erneut mit seiner Arbeit beginnen musste, nur um dann am Abend wieder genau das gleiche Schicksal zu erleben. Es geschieht zwar nur selten, aber für *diesen* Menschen empfand ich sofort Mitgefühl und sogar eine gewisse Bewunderung, denn er ergab sich nicht in Jammern & Klagen, sondern er war stolz darauf, dass er nicht verzagte und niemals aufgeben wollte, wie oft auch immer er noch an der Aufgabe scheitern würde, den Stein auf den Gipfel zu rollen.

Das nenne ich die wirkliche Würde und die wahre Ehre eines gebildeten Wesens, nämlich nicht zu fliehen und nicht zu kapitulieren, trotz Hohn & Gelächter, das auch mir laut in den Ohren schallt, wenn ich versuche, in jeder Generation aufs Neue die Menschen ein wenig Kultur & Anstand zu lehren, denn immer dann, wenn sie gerade zu verstehen beginnen, wenn ich sie mit Mühe & Not bis kurz vor den Gipfel der Erkenntnis getrieben habe, entreißt sie mir der Tod. Aber ich will ihn nicht schelten dafür, denn wir haben uns nun einmal beide auf dieses Spiel eingelassen, und manchmal gelingt es mir auch, den einen oder anderen Menschen in die höchsten Höhen zu führen, damit sie die Welt schauen können, wie sie wirklich ist, bevor der Tod ihrer habhaft werden kann; dann muss *er* nämlich das nächste Essen bezahlen, was mir sehr gelegen kommt, denn eigentlich bin ich ein *armer Teufel*.

Wenn ich an Gottes Stelle wäre, würde ich im Übrigen gar nicht so sehr darauf bestehen, dass der Mensch allein das Produkt seiner Anlagen sei, welche ihm beigegeben wurden von Gott im Augenblick seiner Schöpfung, denn damit läge letztlich alle Verantwortung für das Handeln des Menschen bei niemand anderem als Gott selbst, und er könnte sich ihr dann auch nicht entziehen mit dem einfachen Hinweis auf die Freiheit des Menschen, welche dem Menschen immer & überall die Möglichkeit der Wahl lasse. Was ist schließlich eine Freiheit wert, die allein in der Einsicht in das Notwendige liegt, wenn einem nichts anderes übrig bleibt, als treu & brav seinen Anlagen zu folgen, weil ein Gott sie von Anfang bis Ende so bestimmt hat?

Ich bekenne, dass ich die Argumentation nie so richtig verstanden habe, dass also der Mensch schon im Augenblick seiner Geburt das Erbe der Sünde antritt, das er aber auch nicht ablehnen kann, weil es in seinen Anlagen unauflöslich verankert ist, man (also: Gott) dann jedoch von ihm erwartet, dass er seine sündhaften Anlagen überwindet, sich also bewusst gegen das göttliche Erbe entscheidet, was doch eigentlich die größte aller Lästerungen wäre, aber egal, so als hätte der Mensch in dieser Welt nichts anderes zu tun, wo es doch seine eigentliche Aufgabe ist, zuerst diese, meine Welt und dann erst sich selbst zu vervollkommnen[45].

Aber was denn nun – ist der Mensch voller Sünde und gibt sie weiter von einer Generation zur nächsten, *oder* kann er sich doch durch sein eigenes Handeln von diesem Erbe befreien, wenn er es denn nur lange genug versucht? Man müsste schon auf eine sehr verwickelte Art & Weise argumentieren, wenn man beide Enden zusammenbringen wollte, aber darin sind die Menschen wohl erfahren, haben sie sich doch lange Zeit immer kompliziertere Systeme ausgedacht, um sich selbst zu beweisen, dass sich die Sonne um die Erde dreht und nicht etwa umgekehrt, haben an jeden Zyklus einen weiteren gehängt, bis selbst die Astrologen[46] sich weigerten, mit diesen Systemen noch irgendwelche Berechnungen vorzunehmen, weil sie es leid waren, dass man ihnen die Schuld gab, wenn die Vorhersagen sich wieder einmal als falsch erwiesen.

Wie dem auch sei: Aus *diesem* Unglauben haben die Menschen sich gerade noch befreien können, aber offenbar sind sie so sehr an ihren Aberglauben gewöhnt, dass sie sich immer wieder ein neues Feld dafür suchen, wenn sie gerade das eine überwunden haben. So waren sie lange Zeit fest und unerschütterlich davon überzeugt, dass es Gott selbst gewesen sei, der sie gerade auf diesen und keinen anderen Platz in der Gesellschaft gestellt habe, und dass es daher auch keinerlei Sinn machte, sich darüber zu beklagen oder gar dagegen zu erheben, wenn man als Kind eines Bauern oder Leibeigenen zur Welt kam; man erbte seinen Stand ebenso wie die Sünde, und man konnte sich weder dem einen noch dem anderen entziehen.

Wie hatte ich mich gefreut, als die Menschen vor einiger Zeit erkannten, dass mit der Geburt überhaupt nichts entschieden war, sondern sich der Mensch danach durchaus auf den langen & steinigen Weg zur Vervollkommnung machen konnte, wenn man ihm denn nur die

Gelegenheit dazu gab, und die Menschen entdeckten, dass man sich selbst formen, also *bilden*, kann, und sie gaben sich die größte Mühe dabei. Und es ist wahrlich eine Mühe, denn kaum jemand macht sich freiwillig auf diesen anstrengenden Weg, der immer nur bergauf verläuft, keine Pause und keine Erholung erlaubt, an den unzähligen Kreuzungen immer wieder neue Entscheidungen erfordert, die man später oft genug trotz allen Bedauerns gar nicht mehr revidieren kann. Aber die Menschen hatten damit trotzdem ihre Hoffnung wiedergefunden, dass sie selbst nämlich die Schmiede ihres Glückes sein konnten, und so machten sie sich voller Elan daran, das Eisen zu schmieden, solange es heiß war.

Nun aber – so will es mir scheinen – werden die Menschen wieder faul & träge, und sie haben dabei auch alle ihre Hoffnung verloren, denn jetzt beginnen sie wieder, daran zu glauben, dass Fähigkeiten & Chancen durch das Erbe bestimmt werden, dass sich kaum noch etwas verändern lässt, wenn der Mensch erst einmal in der Welt erschienen ist, weder seine Intelligenz noch seine Begabungen oder Neigungen, jetzt wollen sie den vollkommenen Menschen nicht mehr erziehen, sondern *züchten*, so wie sie das Rind und das Schwein gezüchtet haben, was aber eine große Anmaßung ist, denn davon verstehen sie nun wirklich gar nichts – weder vom Schwein noch von sich selbst. Und so werden sie wieder ein großes Unglück anrichten, und es wird wieder viel Leid geben unter den Menschen, denn bislang hat noch niemand sagen können, was denn mit denen zu geschehen hat, deren Fähigkeiten oder Neigungen nicht erwünscht sind.

Offenbar können die Menschen gar nicht anders, als sich diese Welt letztlich doch als eine große Maschine zu denken, deren Plan man entdecken und verstehen und nutzen kann und sich damit setzen auf den Thron Gottes, den wir uns ja immer noch als abwesend vorstellen müssen, weil er so lange nichts mehr von sich hat hören lassen. Ich habe mir in all den Jahren angewöhnt, mich nicht in alles einzumischen, was in dieser Welt vor sich geht, so dass ich auch jetzt nur mit aller Zurückhaltung darauf verweisen will, dass sich der Plan als viel komplexer und komplizierter darstellt, als die Menschen es sich vorstellen können. Denn haben sie nicht aus ihrer eigenen Geschichte gelernt, dass sich immer dann, wenn sie gerade geglaubt hatten, alle Geheimnisse der Schöpfung entschlüsselt zu haben, das Tor zu einer neuen Ebene öffnete und damit auch zu Abertausenden von neuen Fragen, von deren

Existenz allein man bislang nun wirklich rein gar nichts gewusst hatte, und so hatte man sich immer wieder aufs Neue auf die Suche nach den Antworten machen müssen, nur um zu erfahren, dass es danach noch mehr Tore zu noch mehr unerforschten Räumen gab.

Die Leiter zur Erkenntnis hat unzählige Stufen, und kein Mensch hat bisher auch nur im Mindesten erahnen können, wohin sie führt, denn die Menschen haben gerade einmal die ersten Stufen erklommen, aber sie scheinen es jetzt schon wieder müde zu sein, und es gibt genügend unter ihnen, die bei einer jeden Stufe lauthals verkünden, nun sei man endlich am Ziel aller Wünsche angelangt und solle es sich hier doch recht gemütlich einrichten, was nicht weiter verwundert, wenn man weiß, dass die lautesten Rufer den meisten Nutzen daraus gezogen haben. Ich aber will mich darüber nicht aufregen und auch nicht in die Angelegenheiten der Menschen einmischen, ist doch die Geschichte der Menschen davon geprägt, dass ein Aberglaube wie alles Menschenwerk nicht für die Ewigkeit gemacht ist, sondern bald wieder von einem neuen Aberglauben abgelöst wird, und mir soll es gleich sein, solange die Menschen sich dabei wohl fühlen und mich nicht bei *meiner* Arbeit stören, denn damit bin ich noch längst nicht fertig, und die Menschen sollen wissen, dass ich keinerlei Hindernisse & Ablenkung dulden werde, sondern sie gnadenlos aus meinen Wegen räume.

ZWEITES INTERMEZZO

Das Geheimnis

―•―

Am folgenden Morgen bin ich dann doch nicht zurück in die Berge gefahren. Das lag zum einen daran, dass ich wegen der reichlich genossenen Schlafmittel viel zu spät aufwachte, um den frühen Flug noch pünktlich zu erreichen, zum anderen aber daran, weil ich mir inzwischen vorgenommen hatte, doch noch ein wenig mehr über jene seltsame Bruderschaft herauszufinden, der ich gegen die Zahlung von viel Geld die ursprünglichen Texte des B. Kaempfer überlassen hatte. Jedenfalls hatte ich einem Beauftragten der Bruderschaft einige Disketten übergeben, von denen mir allerdings nicht mehr ganz klar war, ob es sich tatsächlich um die originalen Exemplare und ursprünglichen Dateien gehandelt hatte. Wie auch immer: *Das* konnte ich jetzt nicht mehr nachprüfen, denn zusammen mit den Disketten hatte ich die Verantwortung dafür abgegeben. Es war ein ordnungsgemäßes Geschäft gewesen, zwar ohne Vertrag und ohne Quittung, aber trotzdem gültig. Doch in der Nacht war mir nicht so recht wohl zumute gewesen, und ich ahnte, dass mich in den folgenden Tagen und Wochen ein schlechtes Gewissen plagen würde. Ich wollte nun alles daransetzen, mehr über diese obskure Geheimgesellschaft zu erfahren, um mich gegebenenfalls selbst bei ihr zu melden, wenn ich die Gewissensbisse nicht mehr würde ertragen können.

Abgesehen davon war ich natürlich auch ganz einfach sehr *neugierig*. Ich wusste ganz genau, dass mich mehr noch als ein schlechtes Gewissen eine unbefriedigte Neugierde peinigen würde, wenn ich mir nicht jetzt sofort alle erdenkliche Mühe geben sollte. Und schließlich musste es mich nicht kümmern, dass ich nicht gerade wenig Geld für einen neuen Flugschein würde ausgeben müssen, denn an Geld mangelte es mir nicht, wie ich gleich am Morgen durch einen Blick in den Briefumschlag feststellen konnte. Ich weiß nicht, weshalb, aber darüber hatte ich mir zunächst doch besondere Sorgen gemacht, glücklicherweise jedoch unbegründet. Und da mir die Vorräte in meiner Küche nur wenige Optionen ließen, machte ich mich nach einer sorgfältigen Morgentoilette auf den Weg zum Kaffeehaus, um mich dort in aller Ruhe an einem ausgiebigen und reichhaltigen Frühstück zu erfreuen. Danach war ich in einer eher ausgelassenen Stimmung und gestärkt genug, um mich auf allen nur möglichen Wegen den Geheimnissen der Geheimgesellschaft zu nähern, so verschlungen und verborgen sie auch sein mochten.

Es stellte sich schon bald heraus, dass man den Begriff *geheim* auf durchaus verschiedene Weisen interpretieren kann: Die einen verwenden ihn nur deshalb, um auf sich aufmerksam zu machen. Deshalb findet man hinter ihren düsteren und vagen Andeutungen kaum mehr als ein langatmiges Geschwafel ohne tiefere Bedeutung. Ihre Symbolik steht für nichts anderes als nur für sich selbst, sie sind wie eine *Sphinx ohne Geheimnis*, und wenn man erst einmal dahinter gekommen ist, bleibt nichts als Langeweile und Enttäuschung. Durch diese Art von Geheimnissen musste ich mich mehrere Stunden quälen, bis mir deutlich wurde, welche Art von Rezeptur dabei verwendet wurde und ich endlich in der Lage war, schon von vornherein die Spreu vom Weizen zu trennen und mir dabei viel Zeit und Mühe zu ersparen. Und davon brauchte ich mehr als genug, denn da gab es ja noch die andere Art von Geheimnissen, nämlich diejenigen, die es dem Forscher wirklich schwer machen, sie überhaupt erst zu entdecken, geschweige denn sie zu lüften.

Diese Geheimnisse schickten mich auf lange, gewundene Wege quer durch Zeit und Raum, stellten höchste Anforderungen an meine Fähigkeiten zur Kombination und Intuition. Und ich weiß bis heute noch nicht einmal, ob ich mich an einer jeden Kreuzung tatsächlich für den richtigen Pfad entschieden habe, wobei es mir inzwischen so vorkommt, als ob diese Entscheidungen letztlich völlig unerheblich waren. Mir erschien es als das Allerschwierigste, dabei das Wesentliche vom Unwesentlichen zu scheiden, wenn man nämlich noch nicht einmal weiß, worauf es überhaupt ankommt.

Was soll man davon halten, wenn man plötzlich eine Spur von den buddhistischen Mönchen über die Sufi-Mystiker bis hin zu den Kabbalisten findet, die man anhand der Verbreitung und Anwendung gewisser Techniken des Atmens und der Meditation, die später dann selbst noch bei den christlichen Mystikern gebräuchlich waren, recht genau verfolgen kann? Oder dass man durchaus eine mehr oder minder gerade Linie von den ekstatischen Techniken der Schamanen über jene Buddhisten, Sufis, Kabbalisten und christlichen Mystiker bis hin zum romantischen Idealismus ziehen kann, wenn man denn nur will, und auf diese Weise einem geheimnisvollen Subcode der menschlichen Kultur auf die Spur kommt, in welchem möglicherweise wichtigere Informationen enthalten sind als im wissenschaftlichen Fortschritt selbst? Oder dass sich bestimmte uralte Lehren der Gnostiker zunächst bei den Bogumilen auf dem Balkan und dann bei den Katharern in Südfrankreich aufspüren lassen und dass diese Lehren, wo immer sie auftauchten, von der Amtskirche ohne Rücksicht und Gnade ausgerottet wurden – vielleicht, weil darin zu viel von jenem Subcode an gefährlichen und unaussprechlichen Wahrheiten enthalten war, weshalb man genau zum Zwecke der Geheimhaltung die Heilige Inquisition erfand, nämlich um die Ketzer nicht wegen ihres Unglaubens, sondern gerade wegen ihres *Wissens* zu verfolgen und zum Schweigen zu bringen?

Man kann darüber spekulieren, soviel wie man will, und viel mehr als Spekulation bleibt nicht, weil man mit ein wenig Mühe aus fast einer jeden beliebigen Kombination von Fakten eine ebenso beliebige, aber plausible Theorie ableiten kann. Jedenfalls bewegt man sich auf einem ungeheuer problematischen Terrain. Wie will man über Mysterien und andere geheime Lehren urteilen, wenn ihr Wesen sich doch nur demjenigen erschließt, der in angemessener Form in sie eingeführt und eingeweiht worden ist? Dazu müsste man sich eigentlich gewisser Rituale und Riten unterziehen, was mir aber in Anbetracht der knappen Zeit kaum möglich war. Zumindest wollte *ich* nicht die kommenden Monate und Jahre mit wehendem Mantel um mich selbst drehend oder auf einer Säule stehend oder in einer Grube mit heiligen Schlangen verbringen, bis mich endlich die Erleuchtung treffen würde oder aber vielleicht auch nicht.

Was sich mir aber schon an jenem Nachmittag nach nur kurzer Befassung mit diesem Thema erschloss, war die offenkundige Tatsache, dass es wohl spätestens seit dem Zeitpunkt, da der Fortschritt in der Agrokultur ein wachsendes Maß an Arbeitsteilung und damit auch an Zivilisation ermöglichte, eine immer schärfer werdende Trennung zwischen den Religionen der Eliten und der Massen gegeben hat, ja, dass man diese Trennung vielleicht sogar als das eigentliche Kennzeichen von Zivilisation bezeichnen könnte. Worin sich Plutarch und Origines und der unvermeidliche Augustinus auch sonst unterschieden haben mochten, in einem jedenfalls waren sie sich völlig einig: dass es nämlich zwei deutlich voneinander unterschiedene Formen der Theologie geben sollte, eine für die ignoranten Massen und eine andere für die intellektuellen und herrschenden Eliten. Und deshalb gab es in allen Texten mindestens zwei Ebenen, die wörtliche, man kann auch sagen: belletristische, und eben die andere, die verborgene, aber gleichwohl wirkliche, die sich nicht einem jeden sofort und unmittelbar von selbst erschloss.

Die These Luthers, dass man durch das pure Lesen der Heiligen Texte selbst und unmittelbar den Zugang zu Gott würde finden können, war in der Tat blanke Ketzerei. Und zwar nicht zuletzt deshalb, weil sie letztlich einen ganzen Berufsstand überflüssig machte, nämlich den der Priester und Schriftgelehrten, die seit ewigen Zeiten unwidersprochen von sich behauptet hatten, dass sie allein würdig und fähig seien, mit den transzendentalen und metaphysischen Mächten zu kommunizieren. Wie gut, so dachte ich bei mir, dass die Priester es verstanden haben, in anderen gesellschaftlichen Bereichen – in der Wissenschaft, der Politik, der Ökonomie – neue Betätigungsfelder zu finden, wo sie weiterhin ihre Fähigkeiten zur transzendentalen Kommunikation nutzbringend einsetzen können. Nun ja, man kann verstehen, dass sich ein jeder im Wettbewerb um das ökonomische Überleben eine geeignete Nische sucht, um dort tauschfähige Güter oder Dienste anbieten zu können, denn von irgendetwas muss ein jeder schließlich leben.

Wohin man also blickt: Überall gibt es Sphären der Religion, die explizit nicht einem jeden Gläubigen zugänglich sind, so fromm er sonst auch sein mag. Andersherum: Wirklich *fromm* ist letztlich nur derjenige, der eben nicht zu viele Fragen stellt, der ohnehin nur das wissen will, was er glauben soll – *credo, ut intellegam*. Und deshalb sind diese Sphären geheim und sollen es auch bleiben. Jedenfalls für die Massen, weshalb man für die Eingeweihten eigene Sprachen und zumeist auch eine eigene Schrift schafft, die man erst mühsam erlernen muss. Das war mir im Übrigen aus Gründen der knappen Zeit ebenfalls nicht möglich, so dass ich bei meiner Suche von vielen Geheimnissen bis auf weiteres ausgeschlossen blieb. Aber es ging mir ja nicht darum, *alle* Geheimnisse zu entschlüsseln, auf deren Spur ich zumeist eher zufällig stieß, sondern ich suchte nach einem *bestimmten* Geheimnis. Ich musste mich sehr davor hüten, nicht immer wieder abgelenkt zu werden, so spannend es ansonsten auch sein mochte, sich – etwa – intensiver mit dem Sonnenkult des Echnaton zu befassen, dessen Name später aus purer Rache von allen Säulen und Inschriften gelöscht worden war, so dass man ein höchstes Maß an Findigkeit aufwenden musste, um hinter seine Geheimnisse zu kommen, wovon aber immer noch genügend übrig geblieben sind. Ich aber hatte mir selbst eine Aufgabe gestellt, die keinerlei Ablenkung duldete.

Allerdings fand ich dann – tief versteckt an einer Stelle im Internet, wo gewisse, zumeist obskure und ansonsten vergessene Bücher im Volltext angeboten werden – das Buch eines mir bis dahin völlig unbekannten deutschen Soziologen, der sich offenbar in den frühen fünfziger Jahren intensiv mit jener Dialektik von Elite und Masse befasst und darüber wohl einige Bücher veröffentlicht hatte, die sich nun, aus welchen Gründen auch immer, im Internet wiederfanden. Nun hat es Zeiten gegeben, da man über dieses Thema viel und oft geschrieben hat, aber diese Zeiten scheinen heute vorbei zu sein, denn in einer demokratischen Gesellschaft gehört es sich wohl nicht mehr, derartige Unterscheidungen zu machen, denn wer will schon zur *Masse* gezählt werden, selbst wenn er mit der Elite nachweislich nichts zu schaffen hat?

Heute leben wir im Zeitalter des Individualismus, wo ein jeder sein Recht auf alles einfordert und sich für frei und unabhängig hält, selbst wenn er tagtäglich der Gesellschaft zur Last fällt. Aber das wäre dann ein ganz anderes Thema. Jener Soziologe jedenfalls hatte diese soziale Differenzierung zwischen Elite und Masse unter einem eher ungewöhnlichen Blickwinkel aufgearbeitet, nämlich unter dem Aspekt der *Wahrnehmung*. Elite und Masse, so hatte er geschrieben, unterscheiden sich durch die Art, wie sie die Welt um sich herum wahrnehmen. Für die Masse sei die Welt einfach und klar strukturiert, während die Eliten genau die gleiche Welt für komplex und kompliziert halten. Nun könne man jedoch nicht auf eine – sagen wir – *objektive* Weise feststellen, ob die Welt in Wirklichkeit einfach oder komplex sei. Denn das, was der menschliche Geist von der Welt wissen könne, sei nun einmal immer gefiltert von sensorischen Wahrnehmungen und ihrer Verarbeitung in bestimmten Regionen des Gehirns, vor allem im limbischen System. Also kann man die Frage nach der *Wahrheit* letztlich überhaupt nicht stellen, die liege – so fuhr der Soziologe fort – allenfalls bei Gott, vielleicht auch in der Mathematik, aber sicherlich nicht bei den Menschen, worauf zur gleichen Zeit Karl Jaspers hingewiesen hatte, wohl aber eher in einer zufälligen Koinzidenz.

Es helfe, so sagte jedenfalls der Soziologe, dann aber nicht unbedingt weiter, dass man anstelle der Wahrheit den Begriff des *Nutzens* in die Diskussion einführe, indem man nur das für wahr halte, was sich als nützlich erweise, also nicht mehr danach frage, ob eine Erkenntnis oder Aussage stimme, sondern danach, ob und wie weit sie sich in einer bestimmten Konstellation als passend für das eigene Wohlbefinden erweise. Natürlich ließ sich unser Soziologe an dieser Stelle nicht den Hinweis auf Francis Bacon entgehen, der schon vor vielen hundert Jahren das *verum* anhand des *utile* definiert hatte, und auch Bentham musste sich ohne Widerrede zitieren lassen, was ihm umso leichter fiel, als er zu diesem Zeitpunkt ohnehin schon längst tot war.

Man könne – so schrieb der Soziologe – nun also die jeweilige Qualität der Wahrnehmungen von Elite und Masse noch nicht einmal an jenem Kriterium des Nutzens messen, denn auch das, was man unter Nutzen verstehen wolle, hänge von nichts anderem ab als von Wahrnehmung und Interessen, wodurch man endlich, wenn auch unwillentlich den tautologischen Kreis geschlossen habe. Das einzige annähernd objektive Maß für den Nutzen liefere uns nur die Evolution, indem sie allein das als *nützlich* akzeptiere, was nachweislich und offenkundig dem *Überleben* des Lebens diene. Leider erweise sich jedoch selbst dieses Kriterium als ungeeignet, um die unterschiedlichen Formen der Wahrnehmung zu bewerten. Schließlich hätten in den langen Jahren der menschlichen Geschichte sowohl die Masse als auch die Elite überlebt, so dass man eigentlich nur formulieren könne, dass es für die Masse nützlich sei, die Welt in einfachen Strukturen wahrzunehmen, und für die Elite, die gleiche Welt als komplex zu begreifen.

An dieser Stelle wollte ich eigentlich diese Internetseite verlassen, denn auf eine Erklärung der Art, das alles *deshalb* so ist, eben *weil* es so ist, hätte ich durchaus von selbst kommen können, ohne dafür die Hilfe eines unbekannten und wohl auch schon längst verstorbenen Soziologen in Anspruch zu nehmen. Dann aber folgte noch eine weitere Argumentation, die ich zumindest für bemerkenswert hielt: Wenn es sich nun erwiesen habe, dass man sogar mit einer einfachen Struktur der Wahrnehmung überleben könne, und das sogar über eine längere Zeit, dann stelle sich doch die Frage, wozu es dann überhaupt noch einer komplexeren Form der Wahrnehmung bedürfe. Denn das sei schließlich ausgesprochen unökonomisch, weil verbunden mit einem ausgesprochen hohen Aufwand an individueller und kollektiver Arbeit, nämlich immer komplexere Strukturen der Wahrnehmung zu entwickeln und in der Realität zu testen.

Der Autor stellte in diesem Zusammenhang das *Gesetz der optimalen Komplexität* auf, wofür er mehrere Seiten mit mathematischen Formeln füllte, die sich mir nicht in jeder Einzelheit erschlossen. Diese Formeln sollten beim unbedarften Leser zweifellos einen nachhaltigen Eindruck hinterlassen. Mir erschienen sie jedoch nicht unbedingt nötig zu sein, um die Argumentation zu verstehen. Und diese Argumentation endete dann schließlich in der Hypothese, dass Eliten und Massen in einer Art von symbiotischem Verhältnis zueinander existieren: Den Massen sei wohl bewusst, wenn auch nur unterschwellig, dass die Welt nicht ganz so einfach strukturiert sei, wie sie von ihnen wahrgenommen werde. Und daher bedürfe es schon einer Gruppe von Menschen, die ein angemessen komplexes Verständnis dafür entwickeln und dieses Verständnis dann wiederum in ein ebenso angemessenes Handeln umsetzen.

Die Eliten ihrerseits, zusätzlich noch beschäftigt mit Tätigkeiten, die nicht direkt der Ernährung oder der Fortpflanzung, also dem Überleben der Gesellschaft (der Autor sprach frank und frei von *Rasse*), dienen, können nun gar nicht anders, als die Massen genau in diesem Glauben zu bestärken. Und zwar in doppelter Hinsicht: dass nämlich zum einen die Strukturen der Welt in der Tat höchst komplex seien und dass zum anderen nur sie, die Eliten, über die entsprechenden Verfahren und Instrumente verfügen, diese Komplexität zu erfassen und sich in ihr zu bewegen. So sei dann letztlich die menschliche Geschichte geprägt durch die Dialektik zwischen dem Versuch der Eliten, ihre Wahrnehmungen gerade noch verständlich genug für die Massen zu formulieren, und dem Verdacht der Massen, dass man ihnen nicht die *ganze* Wahrheit sage. Von Zeit zu Zeit und manchmal auch über längere Phasen bilde sich dazwischen eine Art von Gleichgewicht, eben jene *optimale Komplexität*, die immer dann wieder verloren gehe, wenn sich die

Eliten des Vertrauens der Massen zu sicher fühlen und sich nicht mehr genügend Mühe bei der Vermittlung geben. Oder aber wenn sich die Verhältnisse in der Umwelt so radikal ändern, dass sie offenkundig nicht mehr auf die bisherige Art und Weise erklärt werden können und selbst den Massen deutlich wird, dass die Eliten die Kontrolle verloren haben (wenn sie denn überhaupt jemals eine Kontrolle über die wirkliche Welt ausgeübt haben).

Nun war klar, dass und wie sehr der unbekannte Soziologe sich von Nietzsche und seiner *Philosophie des verbotenen Wissens* hatte beeinflussen lassen, aber das half mir in diesem Moment auch nicht weiter, so dass ich mich – zwar mit einem gewissen Bedauern, aber dann doch – dazu entschloss, mich nicht weiter damit zu befassen und meine eigentliche Suche nach der geheimen Bruderschaft fortzusetzen. Was ich dabei herausfand, war zunächst Folgendes: Tatsächlich gibt es eine Vielzahl von solchen geheimen Gesellschaften, die, wenn schon nicht ihre Existenz, so doch ihr Wirken vor den neugierigen Augen der Öffentlichkeit verbergen wollen. Nicht immer, sogar noch nicht einmal in den meisten Fällen, steckt dahinter die Absicht, irgendwelche Arten von verbotenem Handeln geheim zu halten, um auf diese Weise der Verfolgung durch staatliche oder religiöse Organe zu entgehen. Es ist oft genug ganz einfach nur der Wunsch, vom Rest der Welt bei dem, was man tun will, möglichst weitgehend in Frieden gelassen zu werden.

Das gilt ganz sicherlich für Gruppen wie die *Freimaurer* oder die *Bruderschaft vom Rosenkreuz*, die sich mit einer gewissen Lautstärke offen zu ihren Geheimnissen bekennen, selbst wenn ich nicht unbedingt ausschließen will, dass diese Gruppierungen dabei auch weitergehende und durchaus diskussionswürdige Ziele wie etwa die grundlegende Verbesserung der Welt verfolgen. Das ist ja an und für sich nichts Schlechtes und müsste daher nicht unbedingt geheim gehalten werden, aber man weiß ja nie, ob sich die Welt auch wirklich verbessern lassen *will*.

Es gab allerdings auch andere Gruppen wie die *Illuminaten*, denen dieser sicherlich legitime und gut zu verstehende Wunsch nach einer Verbesserung der Welt eher schlecht bekommen ist. Als man nämlich hinter ihr Geheimnis gekommen war, stellte sich heraus, dass sie einen Staatsstreich geplant hatten, wofür wir aus heutiger Sicht ein gewisses Verständnis haben, richtete sich doch dieses Begehren mit dem schönsten Impetus der Aufklärung gegen die Repression ihrer jeweiligen Fürstenhäuser. Aber man muss eben auch die andere Seite verstehen, schließlich gibt niemand gerne seine Macht auf, weder freiwillig noch unter Druck, selbst wenn alles viel zu spät ist und die notwendigen historischen Prozesse schon längst mit unwiderstehlicher Wucht heranrollen. Die Illuminaten jedenfalls mussten mit ihrem Leben dafür büßen, dass sie ein wenig zu früh gekommen waren, vielleicht aber auch dafür, dass sich die *wahren* Revolutionen nie innerhalb der Eliten allein vollziehen, sondern es dazu immer auch der Treibkraft der Massen bedarf, was Marx und Sorel in der Folge durchaus erkannten, aber schließlich erst von der amerikanischen Industrie genutzt wurde, als sie den Massenkonsum erfand.

Dann stieß ich bei meiner Suche noch auf Gesellschaften wie *Opus Dei*, eine katholische Laienorganisation, der es gelungen war, von wenigen, eher zufälligen Ausnahmen abgesehen, fast vollständig vor einer heutzutage immer kritischer werdenden Öffentlichkeit verborgen zu bleiben und trotzdem (oder vielleicht gerade deshalb) ein äußerst wirkungsvolles Netzwerk von Mitgliedern und Sympathisanten an den wichtigen Schaltstellen der Gesellschaft, vor allem in Politik und Wirtschaft, aufzubauen und in ihrem Sinne zu nutzen. Ob es auch eine Rolle spielte, dass man sich dabei Stachelbänder um die Oberschenkel bindet, konnte ich jedoch nicht völlig aufklären. Und ich fand noch eine Organisation namens *Opus Angelorum*, die sich – wie der Name vermuten ließ – besonders mit der unüberschaubaren Vielzahl der Engel befasste, wobei ich zunächst auf eine mir nicht vollständig erscheinende Liste von diversen Engeln und ihren jeweiligen Funktionen stieß, die wohl dem geheimen Handbuch dieser Organisation entstammte.

Mich überraschte allerdings, dass dort eine Reihe von Engeln verzeichnet war, und zwar genau so, wie sie auch von B. Kaempfer in seinem Manuskript erwähnt worden waren. Was das wiederum zu bedeuten hatte, war mir nicht ganz klar, vermutlich doch nur, dass er, auf welchen verschlungenen Wegen auch immer, eben diese Liste gefunden und für seinen Text verwendet haben mochte. Jedenfalls suchte ich bis in den späten Abend hinein nach weiteren Informationen über jenes Opus Angelorum, anfangs ohne Erfolg, und ich hatte Probleme damit, zurück zu denjenigen Internetseiten zu gelangen, auf denen ich überhaupt erst diesen Namen entdeckt hatte. Doch hatte ich glücklicherweise schon beim ersten Mal einen entsprechenden Ausdruck gemacht, auf dem die Internetkennung verzeichnet war, so dass ich mir nicht allzu dumm vorkam, als man mir später immer wieder mitteilte, dass die von mir angewählte Adresse im Internet nicht verfügbar sei.

Schließlich fand ich doch noch mehr über dieses *Opus Angelorum* heraus: Tatsächlich handelte es sich dabei um eine religiöse Gemeinschaft, die – *horribile dictu* – von einer Hausfrau aus Innsbruck gegründet worden war, die offenbar zugleich mit ihrem Klimakterium auch Offenbarungen über die Welt der Engel erfahren hatte, welche sie auf mehr als 80 000 Seiten in allen Details niederschrieb. Darin enthalten waren nicht allein die Namen aller Engel, sondern auch noch entsprechende Informationen zur Person und zu den Aufgaben eines jeden Engels. Demnach gab es – beispielsweise – für einen jeden Tag des Jahres einen eigenen Engel. Warum nicht, wo doch schon Luther herausgefunden hatte, dass es für alle und jeden einen eigenen Teufel gab. Ebenso wichtig aber war, dass man durch ein kompliziertes System von Prüfungen und Weihen in den inneren Kreis der Engel gelangen könne, etwa durch eine spezielle Engelsweihe, in welcher man auf mystische Art und Weise mit seinem eigenen Engel vermählt wurde. Dem Opus Angelorum erging es dann jedoch kaum besser als den Illuminaten, denn als das über lange Zeit geheim gehaltene Handbuch der Öffentlichkeit, vor allem aber dem katholischen Klerus bekannt wurde, wurden die Riten des *Engelwerks*, wie man es auch nannte, von wenigen Ausnahmen abgesehen sofort und strikt verboten.

Diese Informationen waren zweifellos interessant, und zwar sowohl unter dem Aspekt einer profunden Allgemeinbildung als auch mit Blick auf die nie abschließend zu beantwortende Frage, wozu Geist und Seele des Menschen fähig sein können, wenn man sie denn nur lässt. Doch bei meiner Suche nach jener speziellen Bruderschaft hätte mir der tiefere Einblick in das Wirken des Opus Angelorum kaum weitergeholfen. Ich ersparte mir jedoch eine jegliche Enttäuschung, weil ich an jenem Abend ohnehin aufgab, als mir klar wurde, dass ich auf keine weiteren sensationellen Neuigkeiten würde stoßen können. Zudem war ich allmählich müde geworden, und mein Rücken schmerzte, nachdem ich viele Stunden ohne Pause gebeugt vor meinem Computer verbracht hatte.

Ich schaltete also das Gerät aus, nachdem ich noch einmal meine Mailbox überprüft hatte, die jedoch dieses Mal keine neuen, unerwarteten Nachrichten für mich bereithielt, was mich zwar nicht beruhigte, aber auch nicht weiter aufregte, so dass ich mit einem recht guten Gewissen eine Flasche Rotwein öffnen konnte und an diesem Abend nur wenige Tabletten benötigte, um schon bald in einen traumlosen Schlaf zu fallen, aus dem ich jedoch ziemlich früh am nächsten Morgen erwachte. Ich hatte nämlich vergessen, das Fenster in meinem Schlafzimmer zu schließen, und wurde daher von einigen fröhlichen Müllwerkern geweckt, die gerade in meiner Straße damit begonnen hatten, ihrem üblichen Tagewerk nachzugehen, das darin bestand, eine jede einzelne Mülltonne mit möglichst viel Lärm und Gebrüll aus den Hauseingängen zu zerren und zu leeren, um sie dann mit großem Schwung aus größter Entfernung wieder zurück in die Hauseingänge zu befördern, was nicht immer gelang und dann wieder erneuten Anlass gab zu viel Lärm und Gebrüll.

Meine Stimmung war also nicht so gut, wie sie hätte sein können, und so machte ich mir an diesem Morgen nicht viel Mühe mit der Morgentoilette und blieb danach auch nur für kurze Zeit im Kaffeehaus, um zu frühstücken. Ich wollte mich so schnell wie möglich wieder auf die Suche nach den großen Geheimnissen der Menschheit machen, deren Lösung irgendwo im Internet nur darauf wartete, von mir gefunden zu werden. Und auch ohne dass man systematisch danach sucht, kann man im chaotischen Internet der überbordenden Flut an Informationen kaum entgehen, oder sagen wir besser: an *Nachrichten*, denn man muss sie erst noch in die rechte Form bringen, bevor man sie verwenden kann.

Jedenfalls ist das Internet keine Datenbank und daher gefüllt mit informationellem Müll von der Art, dass man unter Verweis auf Berichte von Augenzeugen versichert, dass John F. Kennedy gemeinsam mit Elvis Presley und Marilyn Monroe in einem luxuriösen Altersheim in Vermont lebt und sich dort recht wohl fühlt. Oder aber dass man unter dem Titel *Pink Svastika* reich an Beispielen und Zitaten behauptet, dass sich der gesamte Nationalsozialismus als eine Verschwörung von okkulten Homosexuellen erklären lasse. Oder dass sowohl CIA als auch KGB während des Kalten Krieges dressierte Vampire für ihre jeweiligen unlauteren Zwecke eingesetzt haben.

Nachdem ich mich – mit einem gewissen Interesse, wie ich unumwunden zugeben will – durch diese Art von Offenbarungen gearbeitet hatte, fand ich ohne größere Mühe dann aber wieder nützlichere Hinweise, etwa auf einen *Ordre Noir*, von dem es möglicherweise sogar mehrere geben sollte, denn der Titel eines im Jahr 1944 in der Zeitschrift *Diogène* erschienenen Artikels versprach eine ganze Typologie dieser Orden. Doch das half mir auch nicht weiter, denn der Artikel selbst war trotz längerer Suche nicht auffindbar. Aber ich will gerne zugeben, dass meine Kenntnisse der französischen Sprache kaum ausgereicht hätten, um ihn in allen Einzelheiten auf Anhieb verstehen zu können.

Dann gab es noch vereinzelte, aber doch höchst geheimnisvolle Hinweise auf eine von den Rosenkreuzern beeinflusste Geheimgesellschaft namens *Golden Dawn*, die Ende des 19. und Anfang des 20. Jahrhunderts in England existiert hatte. Zu ihren Mitgliedern gehörten bekannte Autoren und Literaten wie Arthur Machen, Algernon Blackwood, Bram Stoker, Edward Bulwer-Lytton und immerhin auch der spätere Nobelpreisträger William Yeats, der innerhalb der Gesellschaft den eher seltsamen Namen *Frère Démon est Deus Inversus* trug. Einige ihrer Mitglieder fanden sich im Übrigen später in der anthroposophischen Gesellschaft des Rudolf Steiner wieder, was immer man auch daraus folgern sollte, doch ich bezwang unter großen Mühen meine Neugier.

Die Mitglieder der Golden Dawn – wie viele andere Vereinigungen zu jener Zeit auch – waren davon überzeugt, dass es einen geheimnisvollen Subcode in allen menschlichen Gesellschaften gibt, in welchem die verborgenen Wahrheiten oder eine besondere Form des Wissens enthalten sind und der seit Urzeiten nur an Eingeweihte weitergegeben wird. Vielleicht – so lautet jedenfalls die These solcher Gesellschaften – hatte der menschliche Geist bereits vor langer Zeit die Welt verstanden, aber das Wissen darüber ist auf wenige ausgesuchte Menschen beschränkt worden, die sich dieses Wissens auch zunächst als würdig erweisen müssen, bevor sie in die letzten Geheimnisse eingeweiht werden, was natürlich nicht auf einen Schlag geschehen kann. Der Adept muss sich vielmehr über mehrere Stufen und Prüfungen hinweg bewähren und vor allem hoch und heilig versprechen, diese Geheimnisse keinem anderen gegenüber zu offenbaren. Dabei handelt es sich – soweit ich anhand des mir zugänglichen Materials in der Kürze der Zeit feststellen konnte – um recht alte und weit verbreitete und daher immer wiederkehrende Mechanismen, die sich allenfalls in der Form, aber nicht in ihrem Zweck unterscheiden.

In diesem Zusammenhang wurde mir recht bald klar, dass die Jahrzehnte um die Wende vom 19. zum 20. Jahrhundert eine in dieser Hinsicht äußerst fruchtbare Zeit gewesen sein müssen, denn die meisten jener mysteriösen Gesellschaften oder Kulte waren damals *erfunden* oder *gefunden* worden, ganz wie man will. Je länger ich mich damit befasste, desto mehr wurden gewisse Linien sichtbar, die, wenn schon keine direkte gegenseitige Beeinflussung, so doch wenigstens ein sehr spezifisches geistiges und kulturelles Klima beschrieben, in welchem sich nahezu eine jede Art von Obskurantismus entwickeln und gedeihen konnte.

Manche Namen tauchten dabei immer wieder auf, wie jener der Madame Helena Petrowna Blawatski aus der Ukraine, die von sich behauptete, auf ihren Reisen durch Indien von einem Wissen aus lange verschlossenen, uralten Quellen erfahren zu haben, einem Wissen, das über die Jahre hinweg nur von einem geheimen Orden der Adepten hatte gerettet und übertragen werden können. Weshalb man nun gerade jene Madame Blawatski auserwählt hatte, das bislang geheim gehaltene Wissen nicht nur zu erfahren, sondern auch zu verbreiten, wurde nicht weiter erklärt und war auch nicht unmittelbar ersichtlich. Immerhin schrieb sie aber darüber unzählige und umfangreiche Bücher unter so schönen Titeln wie *Isis enthüllt* oder *Die Stimme der Stille* oder eben – als berühmtestes – *Die geheime Doktrin*, in denen auf eine esoterische Art und Weise die geistige Überlegenheit der arischen Rasse bewiesen werden sollte und welche bis heute immer noch viele aufmerksame Leser finden. Als ich dann sogar noch darauf stieß, dass besagte Frau Blawatski eine monatlich erscheinende Zeitschrift unter dem Titel *Lucifer* veröffentlicht hatte, glaubte ich mich schon fast am Ziel meiner Suche, aber in ihren Lehren und Theorien fand sich schließlich doch nur wenig, was mir unmittelbar weiterhelfen konnte.

Wohl aber wurden andere Verbindungen in äußerst seltsame Richtungen deutlich, nämlich vor allem zu einem russischen Metaphysiker namens Georg (oder: Gregor, so genau wusste man es auch im Internet nicht) Gurdjieff, der von sich behauptete, in engem Kontakt mit geheimen tibetanischen Logen zu stehen, welche ihm – ebenfalls aus nicht direkt ersichtlichen Gründen – wiederum Zugang zu ebenso geheimen Quellen verschafft hätten, die zwar selbst nur Ableitungen und Übersetzungen der eigentlichen Originale seien, ihn aber trotzdem in die Lage versetzten, in seinem Buch *Die Gespräche des Beelzebub mit sei-*

nem *Enkel* vielfache und bis heute obskure Hinweise auf unbekannte Begriffe und unverständliche Sprachen zu geben.

Manches davon kam mir auf irgendeine Art und Weise bekannt vor, und zwar aus den Manuskripten des B. Kaempfer, aber die Verbindungen waren noch zu vage, um daraus gesicherte Schlussfolgerungen ziehen zu können. Interessanter, vor allem mit Blick auf das geistige Klima jener Jahre vor und nach dem Ersten Weltkrieg, erschien mir dann schon der Umstand, dass es von Blawatski und Gurdjieff aus deutliche personelle und inhaltliche Verknüpfungen zu seltsamen Vereinigungen wie der *Leuchtenden Loge*, der *Vril-Gesellschaft* und besonders der berüchtigten *Thule-Gesellschaft* gab, die ihrerseits im ideologischen Umfeld des Nationalsozialismus eine überaus wichtige Rolle gespielt haben. Aber auch hier stieß ich letztlich und endlich auf keine weiteren, verwertbaren Hinweise auf die Gesellschaft, nach welcher ich suchte.

Es war alles trotzdem in höchstem Maße interessant und beeindruckend, und wie gerne wäre ich weiter in dieses Netz von Esoterik eingetaucht, nur um zu erfahren, wie derartige, zumindest ungewöhnliche Vorstellungen von der Welt und ihrem Lauf in Verbindung mit massenpsychologischen Techniken eine ungeheure politische Dynamik hatten entwickeln können, mit schrecklichen und entsetzlichen Konsequenzen für Millionen von Menschen. Vielleicht hatte B. Kaempfer wirklich Recht damit, dass auch die bösesten Taten im tiefen Glauben an das Gute vollbracht werden, selbst wenn man sich mit ein wenig Verstand kaum noch vorstellen kann, dass es Menschen gegeben hat, die *tatsächlich* an die *Hohlwelttheorie*, derzufolge wir nicht auf der Außenseite, sondern im Inneren einer Kugel leben, oder an die *Welteislehre*, die einen ewigen Kampf zwischen Feuer und Eis um die Herrschaft über die Welt postuliert, geglaubt und daraus die Maxime ihres sehr konkreten, politischen Handelns abgeleitet haben. Es war interessant, und es machte mich auch sehr nachdenklich, aber ich war damit meinem Ziel, mehr an Informationen über jene geheime Bruderschaft zu finden, kaum einen Schritt näher gekommen.

Allmählich hatte sich in mir sogar der verzweifelte Gedanke festgesetzt, dass sich *wirklich* geheime Gesellschaften genau dadurch auszeichnen, dass man eben *keinerlei* Spuren ihrer Existenz oder ihres Wirkens finden kann. Und daraus wiederum ließe sich die Hypothese ableiten, dass eine Vereinigung umso mächtiger wäre, je mehr es ihr gelingt, ihre Spuren zu verwischen, so dass diejenige Vereinigung, von der man überhaupt nichts weiß, somit die mächtigste von allen wäre und *tatsächlich* den Lauf der Welt beeinflussen könnte. Eine solche Logik ist auf das erste Hinsehen höchst überzeugend, zumal man durchaus in der Lage wäre, auch dafür eine Evidenz, sozusagen Beweise zweiter Ordnung, zu finden, wenn man nur lange genug darüber nachdenkt: So wird in gewissen Büchern darauf verwiesen, dass man aufgrund des damals verfügbaren wissenschaftlichen und technischen Wissens schon im 17. Jahrhundert in der Lage hätte sein können, die drahtlose Telegraphie zu erfinden. Und wer sagt uns, dass sie damals nicht tatsächlich erfunden wurde, wobei man allerdings ihre Erfindung vor der Öffentlichkeit strikt geheim hielt, um innerhalb einer esoterischen Elite unbeobachtet kommunizieren zu können?

Man weiß eben nicht genau, was die Alchimisten mit ihren wundertätigen Kristallen so alles angestellt haben, denn ihre schriftlichen Zeugnisse darüber sind derart verworren und verschroben, dass sie aus heutiger Sicht und Kenntnis kaum zu rekonstruieren oder gar zu verstehen sind. Sollte es daher nicht auch denkbar sein, dass sich schon längst eine geheime Gesellschaft gebildet hat, in welcher sich eine neue Elite zusammengeschlossen hat, um ihre Entdeckungen und Erkenntnisse gegenüber der Neugier und der Habgier der anderen Menschen abzuschirmen, und gerade deshalb auf diese Weise eine unmittelbare Macht über die Verhältnisse der Welt ausüben kann? – Dann wäre es weder Wunder noch Zufall, dass ich trotz mühevoller Suche keine Hinweise auf eine solche Gesellschaft hatte finden können.

Nun muss man sich sehr vorsehen, dass man sich nicht selbst in solchen Thesen verfängt. Sie haben – wie gesagt – eine gewisse Überzeugungskraft, wenn man erst einmal das Axiom akzeptiert hat, dass nämlich alles in dieser Welt einem genau festgelegten Plan folgt, der eigentlich nur noch exekutiert werden muss. Wenn man dann noch annimmt, dass es eine geheimnisvolle, böse Macht gibt, die genau das mit aller Macht verhindern will, dann bleibt nur noch die Frage danach, wer sich schon von Anfang an (und damit auch hier und heute) auf die Seite des Lichtes oder der Finsternis geschlagen hatte: die Weisen von Zion, die Rosenkreuzer, die Freimaurer, die Internationale oder das Weltkapital, alle und alles natürlich verborgen vor den Augen der Öffentlichkeit, sozusagen ein *Krieg im Himmel*, dessen Auswirkungen auf Welt und Mensch immer und überall aufgespürt werden könnten, wenn man denn nur genauer hinblicken würde. Ich selbst hatte mit solchen Theorien (wenn man sie denn überhaupt so nennen kann) bislang nur wenig anfangen können, war ich doch recht fest davon überzugt, dass sich der Lauf unserer Welt eher aus der allfälligen Kombination von Zufall und Notwendigkeit und eben nicht aus dem geheimen Wirken diverser Verschwörungen beschreiben ließ, auch wenn ich nicht genau hätte sagen können, ob der Zufall oder die Notwendigkeit in den jeweiligen, konkreten Situationen des Lebens die wichtigeren Impulse würde geben können. Aber zu dieser Entscheidung sah ich mich als einfacher Autor und Literat nicht verpflichtet. Wozu steckte unsere moderne Gesellschaft denn so viel an Geld in Wissenschaft und Forschung? Ich wollte daran glauben, dass mein eigener finanzieller Beitrag dazu gut und richtig investiert worden war.

Natürlich kamen mir daran von Zeit zu Zeit immer wieder einmal einige Zweifel, wenn sich nämlich herausstellte, dass nur das erforscht wurde, was eine unmittelbare Rendite zu erbringen versprach, so dass es für die seltenen Krankheiten der Reichen öfter und schneller eine Heilung gab als für die häufigen Krankheiten der Armen. Doch letztlich und endlich wurde mein Vertrauen in die modernen Formen der Wissenschaft dadurch nicht grundsätzlich erschüttert. Eher schon beklagte ich den grassierenden Ökonomismus an allen Ecken und Enden der Gesellschaft, aber auch gegen dieses Leiden hätte ich keine wirklich wirksame Arznei verschreiben können, so dass ich es dabei beließ, mir selbst denjenigen Anteil an der Ökonomie zu sichern, den ich für angemessen hielt. Auf keinen Fall aber wollte ich hinter all den Vorgängen in der Welt, die ich als durchaus beklagenswert und kritikwürdig beschreiben würde, das Walten irgendeiner geheimen Gruppe von Menschen vermuten; meiner Meinung nach ist die Welt, in der wir leben, viel zu komplex und zu kompliziert, als dass man sie auf diese Art und Weise bis ins letzte Detail hinein würde regieren können.

Ich fand also keine weiteren Spuren jener Bruderschaft, über die ich so gerne mehr erfahren hätte, und so überlegte ich mir, wie lange ich die Suche noch fortsetzen sollte. Das war natürlich keine einfache Entscheidung, denn vielleicht war die Lösung aller Rätsel nur noch eine einzige Seite im Internet entfernt, und ich wollte nicht das Risiko eingehen, einen Augenblick zu früh aufgegeben zu haben. Ich kenne mich inzwischen gut genug, um zu wissen, dass es wahrscheinlich noch einige Tage der vergeblichen Suche und der Enttäuschung darüber gedauert hätte, bis ich zu einer Entscheidung gekommen wäre, aber nun wollte auch der Zufall nicht mehr zurückstehen und griff endlich in das weitere Geschehen ein.

Als ich also wieder einmal ins Badezimmer ging, um zu tun, was nötig war, entdeckte ich einen kleinen dunklen Fleck an der Wand oberhalb der Dusche, was mich zunächst nicht weiter beeindruckte, dann aber doch immer nachdenklicher werden ließ, umso mehr, als sich der Fleck bei meinen nächsten Besuchen deutlich vergrößert hatte. Schließlich wurde mir klar, dass es sich um ein schwerer wiegendes Problem handeln musste, als ich dann noch entdeckte, dass sich inzwischen einiges an bräunlichem Wasser in der Badewanne gesammelt hatte, dessen Herkunft ich eindeutig jenem dunklen und feuchten Fleck zuschreiben musste. Ich bin alles andere als handwerklich interessiert, geschweige denn begabt, aber in diesem Moment konnte selbst ich mich nicht mehr der Einsicht verschließen, dass irgendetwas an der Wasserleitung defekt sein musste und dass nun gewisse technische Handlungen erforderlich waren, zu denen ich allerdings keinesfalls in der Lage sein würde.

Ich hatte nicht die Spur einer Ahnung davon, was ich nun hätte tun sollen, und auch meine Suche nach einem Ventil, mit welchem ich die weitere Zufuhr von Wasser hätte vorerst einmal unterbinden können, blieb vergeblich. Ich konnte also nur versuchen, einen möglichst gut ausgebildeten Handwerker zu finden, dem ich die Lösung des Problems anvertrauen würde. Das aber erwies sich als recht schwierig, denn es war – von mir eher unbemerkt – inzwischen Wochenende geworden. Die Chancen, einen nicht nur kompetenten, sondern auch hilfsbereiten Handwerker zu finden, stellten sich bei meinen immer verzweifelter werdenden Versuchen als sehr, sehr gering heraus.

Ich war nahe daran, mich in das unvermeidlich scheinende Schicksal zu fügen und die Wohnung heimlich wieder in Richtung auf mein Refugium in den Bergen zu verlassen, um meinen Nachbarn die Möglichkeit zu geben, sich selbst an der Lösung des inzwischen stetig weiter wachsenden Problems zu versuchen, als es an der Tür klingelte. Ich war sehr überrascht, erwarte ich doch an einem Sonntagmittag üblicherweise keine Visiten. Außerdem hatte ich mich bei niemandem aus dem Kreis meiner Freunde und Bekannten zurückgemeldet, so dass es doch überraschend gewesen wäre, wenn mich irgendjemand hätte besuchen wollen. Eigentlich, so dachte ich mir, konnte es sich nur um einen jener Wanderprediger handeln, die mir gerade jetzt die ewige Seligkeit oder aber das Abonnement diverser Zeitschriften oder beides verkaufen wollten.

Dafür hatte ich nun wirklich keine Zeit, war ich doch vollauf damit beschäftigt, immer neue Handtücher und Aufnehmer in das Badezimmer zu schleppen, um die Folgen des Unglücks zu begrenzen. Ich hatte also nicht die Absicht, zu öffnen und mich auf längere Debatten einzulassen, doch das ständig wiederholte Klingeln verärgerte mich derart, dass ich schließlich doch die Tür öffnete, nur um dort zu meiner größten Überraschung – den Herrn B. *Kaempfer* vorzufinden, elegant gekleidet wie immer und mit einem gewinnenden Lächeln auf den Lippen.

Er sei sofort zu mir geeilt, so sagte er, habe alles stehen und liegen lassen, als man ihm von meinem Unglück berichtete, und sei nun hier, hoffentlich noch zur rechten Zeit, um mich zu unterstützen, wo immer es ihm nur möglich sei. Ich sagte nichts, sah ihn nur mit einem wohl recht blöden Ausdruck im Gesicht an und muss mit dem tropfenden Aufnehmer in meiner Hand einen ziemlich seltsamen Eindruck gemacht haben. Das aber störte B. Kaempfer nicht im Geringsten. Er entledigte sich seines Mantels und seiner Jacke, schob die Ärmel seines blütenweißen Hemdes nach oben und machte sich auf den direkten Weg in die Küche, wo er mit nachtwandlerischer Sicherheit aus einem Schrank den Werkzeugkasten holte, an den ich mich schon längst nicht mehr hätte erinnern können.

Er ging damit ins Badezimmer, und was nun folgte, war eine Demonstration technischer Fähigkeiten in höchster Perfektion, wie ich nur selten zuvor hatte beobachten können. Auch wenn ich nichts davon verstehe, so weiß ich doch die Kompetenz zu erkennen, wo sie mir begegnet. Mochte ich auch B. Kaempfer bislang eher für seltsam und verschroben gehalten haben, so erwies sich nun, dass er das Handwerk des Klempners in größter Vollendung beherrschte, und so brachte er innerhalb weniger Minuten nicht nur die bedrohlich sprudelnden Wassermassen völlig zum Versiegen, sondern konnte mir ein paar Augenblicke später voller Genugtuung berichten, dass er sogar das ursächliche Problem, was immer es auch gewesen sein mochte, fürs Erste beseitigt habe.

Ich weiß bis heute nicht, was er getan hat oder auf welche Art und Weise; ich kann nur sagen, dass er offenbar äußerst erfolgreich dabei gewesen war, denn bis heute ist jedenfalls kein weiteres Problem mit der Wasserleitung mehr aufgetaucht. B. Kaempfer hatte mit einer solchen Sicherheit und Geschwindigkeit gearbeitet, dass ich bis dahin keine Gelegenheit fand, mit ihm in ein weiteres Gespräch zu kommen. Nun aber, da die Arbeit getan schien und er sich wieder sorgsam ankleidete, nachdem er sich ebenso sorgfältig Hände und Arme gereinigt hatte, nun also wollte ich doch Genaueres über Grund und Zweck seines überraschenden Besuches erfahren. Er aber ließ sich – wie immer – gar nicht erst auf eine längere Debatte ein und wies nur darauf hin, dass er seinen Besuch schließlich in seiner letzten Botschaft bereits angekündigt hatte. Und auch wenn er ihn eigentlich für einen etwas späteren Zeitpunkt geplant hatte, so habe ihn doch die Nachricht von meinen unmittelbaren Problemen mit dem Wasser dazu bewogen, so schnell wie möglich zu mir zu eilen und mir die Hilfe zukommen zu lassen, derer ich doch so dringend bedurfte.

Mir wurde – wie immer – deutlich, dass es wenig Sinn hätte, ihn weiter zu befragen, denn ich hatte aus allen meinen Kontakten zu ihm gelernt, dass er selbst die Dramaturgie des Gespräches bestimmen wollte und mir wenig anderes übrig blieb, als geduldig darauf zu warten, dass er mir sagte, was er mir sagen wollte. Da ich inzwischen, wenn auch ungern und ungewollt, eine gewisse Routine im Umgang mit B. Kaempfer entwickelt hatte, lud ich ihn in mein Arbeitszimmer, nicht ohne zuvor aus der Küche eine Flasche Rotwein, Gläser und einen großen Aschenbecher für die unvermeidlichen Zigarren geholt zu haben. Er setzte sich – wie immer – in den bequemsten Sessel, überließ es mir, eine eigene, angemessene Sitzgelegenheit zu finden, entzündete mit offensichtlichem Genuss seine Zigarre, lehnte sich zurück und blies einen ersten, perfekten Kringel Rauch in die Luft. Und dann begann er, mit weit ausholenden Worten und Gesten davon zu erzählen, was es mit der geheimen Bruderschaft zur Erforschung des Bösen und seines Wirkens auf sich hatte, und je länger er davon erzählte, desto mehr hörte ich ihm mit wachsender Spannung zu. Und ich bemerkte auch nur an einem gewissen Gefühl des Hungers, wie darüber der Nachmittag und der Abend vergingen.

DRITTER SATZ

Sintflut

Largo

———•———

Kehren wir nun aber zu unserer Geschichte zurück: Wir hatten die Menschen verlassen, als sie aus dem Paradies vertrieben worden waren und die ersten Erfahrungen mit dem Leben in meiner Welt gemacht hatten. Man kann darüber streiten, ob diese Erfahrungen in einem jeden Detail als gut bezeichnet werden können, aber immerhin haben sich die Menschen mit einigem Erfolg darin geübt, den Acker zu bauen und die Tiere zu züchten; man lernte das Erz- & Eisenwerk, man wurde sesshaft und wohnte in Hütten, und man befasste sich auch zum ersten Male mit der Kunst und erlernte das Geigen und das Pfeifen[1], welches stammt von *Jubal*, der war der Sohn des Lamech, der seinerseits abstammte in direkter Linie (eine andere gab es noch nicht) von Methusael und von Mahujael und von Henoch, welcher war wiederum der Sohn von Kain, der erschlagen hatte im Zorn seinen Bruder Abel, was wir aber schon längst wissen. Was danach mit dem Geschlecht geschah, das entstammte Kains Lenden, habe ich dann allerdings nicht mehr in allen Einzelheiten verfolgt, denn es war immer ein solcher Lärm um Kains Abkömmlinge herum, weil alles, was sie taten, begleitet wurde von einem ständigen Geigen & Pfeifen und später auch von Pauken & Trommeln, und ich konnte es nicht ertragen, denn die Menschen hatten zwar gelernt, zwischen Gut & Böse zu unterscheiden, aber von der *Musik* wussten sie noch nichts.

Ich gebe zu, dass ich sehr hohe Ansprüche habe, denn der Kosmos der Möglichkeiten, aus dem ich einst gekommen bin, war immer erfüllt von reinen Klängen, die so hell leuchteten wie die Sterne, in einer vollkommenen Harmonie, angeschlagen mit höchster Präzision. Melodien, die aus der ewigen Unendlichkeit kamen und sich langsam wieder in ihr verloren, so dass man genau hinhören musste, um sie nicht zu verpassen, denn niemand weiß, ob sie jemals zurückkehren werden. Und welche Klänge, welche Harmonien, welche Töne konnte man damals hören, nicht nur gab es die reine Musik der Sphären[2], eingehüllt in schillernde Kugeln mit einer Haut aus dünnstem Glas, so dass man zugleich auch sehen konnte, wie die Melodien in einem sich immer wieder verändernden Rhythmus pulsierten, sondern auch noch die kubische Musik, sehr viel strenger und klarer, deren Ordnung sich stets aufs Neue zusammenfand, so wie es das menschliche Ohr noch nicht gehört hat, oder die quadratische und die triangelische Musik, in welcher ein feiner, heller Ton mitschwang, und noch vieles andere mehr, was man den Menschen nicht erklären kann, denn wer kann sich schon eine pyramidische oder eine zylindrische oder eine oktoedrische Musik vorstellen, geschweige denn erkennen, wenn er sie einmal hört.

Ich will sie deshalb nicht dafür schelten, dass sie damals nichts von der Musik, der wahren & einzigen Kunst, wussten und stattdessen mit ihren armseligen Instrumenten den Schlag ihres Herzens oder das Singen der Vögel nachzuahmen versuchten, aber mir war es einfach nicht erträglich, wenn sie sogar glaubten, mir ihre Musik als Opfer darbringen zu müssen; die Absicht mochte gut gemeint sein, das Ergebnis jedoch war ein elender Lärm, den ich floh, wann immer ich konnte.

Heute erzählt man sich, dass man nicht nur bei den Vögeln, sondern auch bei allem möglichen anderen Getier, so bei den Walen, Gesänge und Melodien in perfekter Harmonie vernehmen könne, wenn man denn nur darauf höre, aber das gilt wohl erst seit kurzem, denn damals war weder das Gehör der Menschen darauf eingestellt, noch konnte das Getier sich auf eine solch feine Weise ausdrücken. Aber ich hatte wenigstens die Hoffnung, dass *Ariel*, der Engel der Musik, sich bald darum kümmern würde, denn so hatte ich schließlich seine Aufgabe verstanden, oder war es vielleicht doch *Israfil*[3], von dem manche behaupten, dass er es ist, der am Ende aller Tage in die Posaune bläst, wenn nämlich das Große Gericht damit beginnt, die Fünfzehn Fragen zu stellen. Mir war es jedoch gleich, welcher Engel sich dafür zuständig fühlte, da ich noch genügend an den Rändern des Universums zu tun hatte, denn von alleine hat es sich damals jedenfalls noch nicht weiter ausgedehnt.

Selbst auf die Gefahr hin, dass ich schon zu Beginn dieses Kapitels wieder einmal abschweife, wie es so meine Art ist, will ich es jedoch nicht versäumen, noch einige Worte über die *Musik* zu verlieren, ist sie mir doch die liebste aller Künste. Ich habe immer sehr darauf geachtet, dass die Menschen sich recht darin üben. Die Musik nämlich ist nicht nur ein Labsal für die Seele des Menschen nach eines harten Tages Mühen, sie lindert nicht nur Schmerz & Leid, wovon es aus Gründen, die hier nichts zur Sache tun, mehr in dieser Welt geben muss, als ein einziger Mensch ertragen kann; die Musik aber ist nicht allein die liebevolle & rastlose Trösterin von Seele & Gefühl, sondern sie öffnet auch dem Geist alle Türen zu den Geheimnissen dieser Welt. Hat man nicht in der Musik zugleich die Harmonie der Gestirne entdeckt oder im pulsierenden Rhythmus der Moderne den Herzschlag der neuen Zeit? Haben nicht die großen Komponisten ihre Musik nach den strengsten Regeln entwickelt und in nahezu geometrische Formen gegossen, so dass man etwa beim Betrachten des Notenblattes einer Fuge von Bach gar nicht so recht weiß, ob man zuerst das musikalische oder das graphische Genie bewundern soll?

In meiner Welt ist auch die Musik nichts anderes als Arbeit – die Komposition genauso wie die Rezeption, so dass man sich schon gehörig Mühe dabei geben muss, wenn man sich nicht allein an der betörenden Schönheit einer einfachen Melodie erfreuen mag, sondern darin auch noch den schöpferischen Geist des Meisters erspüren will. Mich hat es immer amüsiert, wenn sich die Menschen darüber gestritten haben, ob es in der Musik fünf Töne[4] oder acht oder sogar zwölf geben soll, und die Menschen haben jeweils gute Gründe dafür finden können, und ich will neidlos anerkennen, dass es die Menschen in ihrer Geschichte zu einer großen Meisterschaft darin gebracht haben, immer wieder gute Gründe für das zu finden, was sie gerade tun.

Doch egal: Die Menschen sollen sich nur weiter fleißig in der Musik üben, denn *ein* Geheimnis will ich hier verraten, nur ein einziges, dass sich nämlich der Algorithmus meiner Welt allein über die Musik erschließt, aber nur dem, der genau auf den Klang der Sterne hört, wie sie singend & tanzend in die Unendlichkeit hineintaumeln, der sich ebenso rückhaltlos auf den nie erlahmenden Rhythmus der Elemente einlässt, der sich wie ein Derwisch ohne Bedenken und voller Demut einreiht in den ewigen *Spin* des Allerkleinsten und selbst durch die ständig sich steigernden Drehungen teilhat an der universalen Musik, so wie es der begnadete Mevlana, den die Menschen auch genannt haben *Rumi*[5], einst lehrte, und viele sind seinem Beispiel gefolgt und haben den Rock Gottes berührt, und mehr darf sich kein Mensch jemals wünschen.

Ich aber sage, dass allein die Musik die wahre Welt ist, sie ist das Ungeheure, das Unermessliche, das Unsagbare, wenn man die Musik hört, dann, und nur dann, hat man teil am wahren Werden dieser Welt. Die Musik ist ein und alles, sie hört niemals auf, sie war vor der Zeit, und sie wird noch sein, wenn die ewige Ewigkeit beginnt und nie zu ihrem Ende findet. Nichts in dieser, meiner Welt ließe sich begreifen ohne die Musik und ihr unaufhörliches Walten in ihr; ohne Musik wäre das ganze Leben, die ganze Schöpfung, das Werden und Vergehen nur ein einziger, grandioser Irrtum, den ich mir nie verzeihen würde. Ich will das Geheimnis offenbaren: Nur wer sich in der Musik rückhaltlos verliert, wird die *neue Seele* finden, in welcher auf immer vernichtet sind die gewöhnlichen Schranken und die Grenzen des menschlichen Daseins, und es wird der innerste Abgrund der Dinge vernehmlich zu ihm sprechen, und er wird verstehen den Grund und das Ziel der Schöpfung. Wer die Musik an jedem Ort und zu jeder Zeit in sich trägt, der schwingt selbst mit der universalen Resonanz, denn die Musik ist das Organ inniger Selbstverbundenheit mit den Mysterien dieser Welt.

Ich kann und will hier nicht davon sprechen, wie Gott zu den Menschen spricht, wenn er es denn überhaupt noch tut, woran ich aber schon längst nicht mehr glaube, ich aber gebe mich preis allein in der Musik, und so muss man sich sehr wohl die Mühe machen, darauf zu hören, wenn man verstehen will, wie es mit dieser Welt bestellt ist, und genau das ist es doch schließlich, wonach die Menschen in ihrer Gier und Ungeduld so sehnsüchtig den lieben, langen Tag lang suchen, ohne dass sie mit all ihrem Denken und Spekulieren auch nur einen Schritt näher an die Wahrheit herangekommen wären. Und wenn ich hier von der *Musik* spreche, der *wahren* Musik, dann meine ich nicht, was die Menschen seit den Zeiten des Jubal mit ihrem Geigen & Pfeifen, ihren Pauken & Trommeln ersonnen haben.

Wo man auch geht & steht, man kann sich davor nicht mehr schützen, kann nicht mehr entrinnen dem leisen & leeren Gesäusel, das sich in den Geist der Menschen frisst und ihre Seelen vergiftet, auf dass nichts mehr davon übrig ist, wenn eines Tages das Große Gericht darüber entscheidet, wer Einlass findet in das Neue Jerusalem. Dann können auch die Vier Winde blasen, so viel, wie sie nur wollen, aber *diese* Seelen wird nichts & niemand zurückbringen zu den Menschen, denn der Götze Mammon hat sie längst zerkaut & verdaut & ausgeschissen in das große, ewige Nichts, denn heute lockt er die Menschen auch mit der Musik; aber sie ist nichts mehr wert, außer dass man dafür mit seiner Seele bezahlen muss, und das ist der höchste aller Preise, wovon die Menschen aber nichts mehr verstehen, weil der Götze ihren Geist verblendet hat. Nur die einzige, die wahre Musik kann den Menschen noch retten, wenn sie denn endlich verstünden, dass die einzige, die wahre Musik den Kosmos dieser, meiner Welt durchwaltet und auch überall zu finden wäre, wenn man sich darauf einlassen könnte, ohne an etwas anderes zu denken; doch ich fürchte, dass die Menschen dazu nicht mehr fähig sind, so wie sie selbst Gott nicht mehr hörten, falls er noch einmal zu ihnen sprechen sollte.

Ich aber ging meiner Arbeit nach – denn die Arbeit eines Schöpfers ist nicht so schnell beendet, wie man immer glaubt; sechs Tage der Schöpfung und danach Ruhe, das mag für Gott gelten, nicht aber für mich, der ich mir die Kenntnisse und Kompetenzen erst mühsam nach und nach aneignen, will sagen: sie *lernen* musste – ich also ging meiner Arbeit fern der Erde nach, und währenddessen entwickelten sich die Dinge ganz anders, als ich angenommen hatte. Ich muss hier betonen, dass die Menschen dieses Mal, dieses *eine* Mal, nicht für die dramatischen Entwicklungen verantwortlich gemacht werden können, die sich nun abspielen sollten, denn sie taten das, was ihnen aufgetragen war – sie mehrten sich auf Erden und zeugten auch Töchter, und diese Töchter wiederum waren offenbar höchst attraktiv, jedenfalls so attraktiv, dass selbst die Kinder Gottes[6] sahen, wie schön sie waren, und sich zu Weibern nahmen, welche sie wollten.

Nun kann ich nicht beurteilen, ob und wie attraktiv die Töchter der Menschen waren, denn ich hatte mich ja an die Ränder des Universums begeben, um dort die dringend notwendigen Arbeiten zu verrichten, aber ich will durchaus einräumen, dass sogar den Menschen ab und zu Töchter vergönnt sein mögen, bei denen man doch noch ahnen kann, dass Eva, die Mutter aller Mütter, einstmals ein vollkommenes Weib gewesen war, was nicht überrascht, wenn man bedenkt, dass sie immerhin von Gott selbst geschaffen wurde. Dass es vollkommene Weiber geben mag, kommt wohl selbst heutzutage noch vor, wenn auch nur noch selten, und man muss schon sehr viel Glück haben und soll sich deshalb daran erfreuen, so sehr man kann, wenn man gerade einer von diesen Frauen begegnet. Und heute achtet auch Gott seinerseits mehr auf seine eigenen Abkömmlinge und auf das, was sie auf Erden tun, denn selbst Gott weiß aus seinen Erfahrungen zu lernen; damals aber war er wieder einmal voller Zorn, und wie üblich suchte er die Schuld bei den Menschen, was ich im Übrigen & im Allgemeinen verstehen kann, denn die Menschen sind nur Fleisch. Aber immerhin waren es doch *seine* Kinder, welche bei den Töchtern der Menschen eingingen und ihnen Kinder zeugten und wurden daraus Gewaltige in der Welt und berühmte Männer.

Später habe ich dann davon erfahren, und zwar von einem überaus vertrauenswürdigen Augenzeugen, dass Gott mit seinen engsten Beratern Nacht für Nacht in einem der entferntesten Winkel des Universums immer wieder debattiert und darüber nachgesonnen hatte, wie man meine Welt am besten und schnellsten würde vernichten können, wobei sich *Beirren*, der Engel des Wassers, und *Joachim*, der Engel des Sturms, in besonderer Weise hervortaten, was ich ihnen niemals vergessen werde. Man wurde sich dabei aber offenbar bewusst, dass eine einfache und endgültige Zerstörung der Welt in einem spontanen Akt göttlichen Zornes durchaus möglich sein sollte, dabei jedoch mehrere Probleme zugleich auftreten würden; nämlich zum einen sah man sich nicht in der Lage, *meine* Reaktion mit einer auch nur annähernden Sicherheit zu antizipieren, was wiederum vorausgesetzt hätte, dass die himmlischen Experten meine Kompetenz und Macht hätten einschätzen können, worüber man aber keine Einigkeit erzielte, denn Gott mag allwissend sein, aber eben doch nur, was seine eigenen Schöpfungen angeht, und dazu gehöre ich nun einmal nicht.

Ich will hier gerne bekennen, dass ich mich später, als ich vom Verlauf dieser Beratungen erfuhr, dadurch sehr geehrt fühlte, zeigte sich darin doch eine gewisse, wenn auch ungewollte Wertschätzung. Zum anderen aber hatte Gott wenigstens die Menschen – die Tiere wohl eher nicht – nach seinem eigenen Ebenbilde erschaffen, um auf diese Weise eine seinem unbezweifelbaren Narzissmus angemessene Anerkennung zu erfahren, welcher er vielleicht nicht notwendigerweise bedurfte, um sich seines Seins zu versichern, die er aber trotzdem gerne entgegennahm, wann immer sie ihm dargeboten wurde.

So kam man also nach einigem Überlegen auf einen anderen Plan, der in seiner Subtilität, man kann auch sagen: *Perfidie*, kaum zu überbieten war: Man begann die Vorbereitungen für die Zerstörung meiner Welt mit großem Lärm, aber gleichzeitig auch Langsamkeit, so dass mir auf jeden Fall genügend Zeit bleiben würde, wenigstens Teile meiner Welt zu retten, wodurch man mir unmissverständlich zu verstehen gab, dass man zwar über die Fähigkeiten verfügte, eben jene Welt auf einen Schlag hinwegzufegen, es aber trotzdem nicht tat, wohl aber mich in meinen rastlosen Bemühungen ein erhebliches Stück des Weges zurückwarf, was zwar nicht wirklich existenzbedrohend war, aber doch lästig und ärgerlich. Man musste nun nur noch für ein recht schlechtes Gewissen der Menschen sorgen, um in ihnen die Ehrfurcht vor Gottes Macht und gleichzeitiger Gnade zu verstärken, was mit der entsprechenden Propaganda auch gelingen sollte.

Denn was – bitte schön – hätten die Menschen in einer solchen Situation tun sollen, etwa den *Kindern Gottes* den Zugang zu ihren Töchtern verweigern? Ihnen etwa die Tür weisen, sich mit ihnen auf einen Streit einlassen, wo sie doch vor gar nicht so langer Zeit am eigenen Leibe erfahren hatten, was es bedeutet, Gott nicht gehorsam zu sein? – Ich will Gott nicht schelten, und ich finde es auch wunderbar, dass er so sehr zu seiner Familie hält, aber den Menschen die Schuld dafür zu geben, wenn sich die eigenen Kinder nicht zu benehmen wissen, geht mir persönlich nun wirklich zu weit. Inzwischen bin ich fest davon überzeugt, dass es sich um eine bewusste Provokation gehandelt hat, um nämlich einen Grund dafür zu haben, *meine* Schöpfung auf einen Streich auszulöschen, denn auch wenn die Menschen vielleicht zu feige waren, sich gegen das unlautere Ansinnen der Kinder Gottes zu stellen, darf man doch daraus noch längst nicht ableiten, dass der Menschen Bosheit groß sei auf Erden und dass alles Dichten & Trachten ihres Herzens nur böse immerdar[7]. Wer hat schließlich die Menschen geschaffen nach *seinem* Ebenbilde?

Ich jedenfalls habe damit nie etwas zu tun gehabt und lehne eine jegliche Verantwortung dafür ab. Für mich war und bleibt das Ganze die pure Propaganda, der Versuch einer Legitimation für jenen unmäßigen Angriff, der dann folgen sollte, nämlich die Menschen zu vertilgen vom Angesicht der Erde und darin auch einzuschließen das Vieh und das Gewürm und die Vögel unter dem Himmel. Es soll – so wird berichtet[8] – Gott gereut haben, dass er die Menschen gemacht hatte auf Erden, es habe ihn bekümmert in seinem Herzen, was immer wir uns darunter vorzustellen haben. Für mich war und bleibt das alles nichts anderes als ein lächerliches Spiel mit Gefühlen, denn noch nie hat jemand davon gehört, dass gerade die *Reue* zu den besonderen Eigenschaften Gottes gehören soll, und wie sähe es dann mit seiner Allwissenheit aus?

Nun kann man sich an dieser Stelle auch fragen, was die Tiere mit all dem zu tun haben sollten, selbst wenn man – und ich sage das hier mit aller Vorsicht – dem Menschen ein gewisses Maß an Schuld an den Vorgängen zuweisen möchte; jedenfalls hat sich meines Wissens kein einziges Tier mit den Kindern Gottes in irgendeiner Weise eingelassen, was vielleicht daran gelegen hat, dass die Tiere den Kindern Gottes als nicht sehr attraktiv erschienen, aber wer kennt schon deren Geschmack, und so wollen wir hier nicht weiter spekulieren, und außerdem – so füge ich noch hinzu – kann das Tier nicht böse sein, da es doch weder über eine Seele verfügt noch vom Baum der Erkenntnis gegessen hat, außer vielleicht eben die Ameisen, aber auch von denen wissen wir es nicht ganz genau. Ebenso wie bei der Vertreibung aus dem Paradies gab es jetzt keinen einzigen Grund, die Tiere in der Art & Weise zu bestrafen wie die Menschen, wenn man über diese denn überhaupt eine Strafe aussprechen wollte, aber das war einzig und allein Gottes Entscheidung, und ich habe damit gar nichts zu tun.

Nun verfüge auch ich über gewisse Mittel & Wege, um schnell zu erfahren, was in meiner Welt vor sich geht, selbst wenn ich nicht direkt am Ort des Geschehens bin, aber ich will darüber nicht sprechen, nur so viel, dass ich mich beeilte, zur Erde zurückzukehren, als mir die ersten Nachrichten von jenem Komplott zugingen, mit dem meine Welt ein für alle Mal zerstört werden sollte. Aber so hatten wir nicht gewettet, hatte ich doch Gott unmissverständlich darauf aufmerksam gemacht, dass allein ich in meiner Welt die Entscheidungen zu treffen habe und niemand sonst, bin ich doch der Fürst der Welt; und wenn Gott es schon zugelassen hatte, dass sich seine Kinder in meiner Schöpfung herumtrieben und dabei allerlei Unglück angerichtet hatten, dann sollte er auch dafür die Verantwortung übernehmen.

Man kann sich vorstellen, wie erregt und zornig *ich* war, als ich endlich auf der Erde ankam und erkennen musste, wie weit Gottes Vorbereitungen zur endgültigen Vernichtung schon gediehen waren, denn damals wusste ich noch nichts von den eigentlichen Plänen Gottes. Er hatte sich also dafür entschieden, eine Sintflut mit Wasser kommen zu lassen auf Erden, um zu verderben alles Fleisch unter dem Himmel, darin ist ein lebendiger Odem, und es war bestimmt, dass am siebzehnten Tag im zweiten Monat[9], das ist der Februar, alle Brunnen der großen Tiefe aufbrechen sollen und sich auftun die Fenster des Himmels und ein Regen soll kommen vierzig Tage und vierzig Nächte ohne Unterlass.

Nun wird man an dieser Stelle zu Recht einwenden können, dass selbst vierzig Tage und vierzig Nächte eines ununterbrochenen Regens nicht ausreichen würden, um die *ganze* Welt unter Wasser zu setzen; allenfalls – wie man selbst als Mensch anhand der vier Grundrechenarten[10] unschwer berechnen kann – um achthundert Meter würde der Meeresspiegel steigen, und so sollten selbst dann noch genügend trockene Plätze übrig bleiben – darunter wohl doch auch das Paradies, nicht wahr –, wohin sich die Menschen und mit ihnen das Getier & das Gewürm & natürlich die Vögel unter dem Himmel beruhigt hätten zurückziehen können; und selbst wenn man annehmen würde, dass aus den Brunnen der großen Tiefe genau die gleiche Menge an Wasser strömte, reichte es – jedenfalls mathematisch gesehen – längst noch nicht aus. Wie auch immer: Gott hätte sich schon sehr anstrengen müssen, um auf diese Weise die Menschheit vom Angesicht der Erde zu vertilgen. Erst sehr viel später würde sich erweisen, dass die Menschen selbst dazu höchst wirkungsvolle Techniken entwickeln können, Gott also sich überhaupt nicht so viel Mühe hätte machen müssen oder doch wenigstens eine Weile hätte warten können.

Ich aber war damals in höchstem Maße über Gottes Angriff auf meine Schöpfung verstört und verärgert, und obwohl mir die technischen Probleme und vor allem die geographischen Grenzen einer Sintflut durchaus bewusst waren, wollte ich es doch nicht darauf ankommen lassen, denn schließlich weiß man es nie so ganz genau. Vielleicht hätte ich versuchen können, Gottes Vorbereitungen noch zu stören, aber das schien mir zu unsicher zu sein, denn ich konnte kaum abschätzen, was Gott noch alles in der Hinterhand hatte, immerhin ist er ein allgegenwärtiger & allmächtiger Gott, zumindest behauptet er es, wann immer ich mit ihm spreche, und ich wollte nicht gerade in diesem Moment seine Fähigkeiten auf die Probe stellen. Also musste ich mir eine andere Strategie überlegen, doch alles, was mir unter diesem Zeitdruck einfiel, war, dass ich einen Menschen finden musste, den ich lehren wollte, ein Boot zu bauen, so dass er und alle anderen, die er an Bord würde nehmen können, die Sintflut überleben könnten.

Ich weiß, dass dieser Plan nicht besonders intelligent klingt, denn ich musste damit wohl oder übel in Kauf nehmen, dass alle anderen

Lebewesen, die nämlich keinen Platz auf dem Boot fänden, ohne Chance auf Rettung von den gewaltigen Fluten auf immer verschlungen würden, jedenfalls soweit sie nicht schnell und klug genug waren, sich in den höher gelegenen Teilen der Erde in Sicherheit zu bringen, was dann letztlich auch nur sehr wenigen von ihnen gelang, denn wer glaubt schon daran, dass sich *wirklich* die Fenster des Himmels und die Brunnen der großen Tiefe öffnen und ihre Wasser über die Erde ergießen, wenn es gerade einmal ein paar Tage lang regnet? Irgendwann war es dann aber unwiderruflich zu spät; die Wege in die Berge waren durch Schlamm und Lawinen blockiert, und wohin sich die Menschen & Tiere auch wendeten, so strömten ihnen doch überall die Wasser mit großer Gewalt entgegen, so dass sie jämmerlich ersoffen, nicht ohne vorher noch Gott und den Teufel zu verfluchen, was ihnen aber rein gar nichts mehr nützte.

Im Nachherein betrachtet will ich froh sein, dass ich überhaupt einen Menschen fand, der meinen Warnungen glaubte und sich bereit fand, ein Boot zu bauen, was bis dahin niemand getan hatte, denn es war noch nicht nötig gewesen. Es war kein besonders schönes Boot, das ein gewisser *Noah*, über dessen Herkunft ich mich hier nicht äußern will, mit meiner tatkräftigen Hilfe fertigte, aber es musste alles sehr schnell gehen, und in solchen Momenten muss man Prioritäten setzen, auch wenn mir die Ästhetik schon damals sehr am Herzen lag. Eigentlich war es überhaupt kein Boot, und sollte man es tatsächlich eines Tages hoch auf den Gipfeln der armenischen Berge finden, dann wird man es wahrscheinlich gar nicht als ein solches erkennen, denn es war nämlich eher ein Kasten aus Tannenholz, nicht sehr groß, wenn auch größer, als man glaubt, aber wenigstens mit Pech inwendig und auswendig verpicht, damit es würde recht lange dem Wasser standhalten können, was mir unter diesen Bedingungen am wichtigsten schien.

Dann kam es mir noch besonders darauf an, dass drinnen möglichst viele Kammern sein sollten, damit die verschiedenen Passagiere nach Bedarf voneinander getrennt werden konnten, denn natürlich stand nicht einem jeden der gleiche Platz zu, das wäre ja auch noch schöner gewesen, und damit wollte ich gar nicht erst anfangen. Diese Art von Gleichheitswahn hat später genügend Schaden angerichtet, aber davon wird noch ausführlicher zu sprechen sein. Jedenfalls gab es von Anfang an und also auch schon damals Tiere, die waren rein, und es gab Tiere, die waren unrein, und dementsprechend musste der Platz auf dem Boot verteilt werden, denn ich konnte es mir nach all den vielen Jahren meiner Schöpfung nicht leisten, dass sich jetzt vermischte, was eigentlich nicht zusammengehörte, weshalb es nicht allein um die Kammern, sondern vor allem um ein angemessenes *placement* gehen musste[11].

Noah hatte keinerlei Einwände dagegen, jedenfalls solange *er* sich den allerbesten Platz aussuchen konnte, war er doch geschaffen nach dem Ebenbild Gottes und beanspruchte für sich die Krone der Schöpfung, worüber ich mit ihm nicht weiter diskutieren wollte, denn nun kam es darauf an, das Boot so schnell wie möglich seetüchtig zu machen und endlich die auserwählten Menschen & Tiere an Bord zu nehmen.

Das war nun keine ganz einfache Aufgabe, denn die Tiere waren klüger als die Menschen und fühlten recht genau, dass sich ein Unheil zusammenbraute, welchem sie auf einen jeden Fall entgehen wollten, wofür ich ein gewisses Verständnis hatte. Und während Noah und ich noch an dem Boot bauten, welches später unter dem Namen *Arche*[12] bekannt werden sollte, was aber auch nichts anderes sagen will, nur in einer anderen Sprache, als dass es sich um einen *Kasten* handelte, während also Noah und ich unser Werk noch längst nicht beendet hatten, sammelten sich immer mehr Tiere in der Nähe unserer Werft, und es wurden allmählich so viele, dass ich gezwungen war, drastische Maßnahmen einzuleiten, um wenigstens den Fortgang der Bauarbeiten zu sichern, schließlich blieb uns nur noch sehr wenig Zeit dafür.

Es war eine große Unruhe unter uns allen, vieles musste zur gleichen Zeit erledigt werden, und das laute Schreien und Blöken um uns herum machte die Arbeit nicht gerade leichter; auch kamen die Tiere immer näher an die Baustelle heran, und Noah war voller Furcht, denn es waren gewaltige Tiere darunter, mit scharfen Krallen und spitzen Zähnen, denen lief der Geifer aus dem Maul, und sie drängten nach vorne mit allerlei Gebrüll. Auch bei den Menschen in der Nachbarschaft hatte sich schnell herumgesprochen, dass es einiges zu gaffen gab, und es kamen immer mehr hinzu, und ich musste mich auch noch darum kümmern, dass sie nicht zu viel jagten unter dem Getier, denn auf manche Arten wollte ich auf keinen Fall verzichten, weil sie mir unabdingbar waren für die Zukunft meiner Welt. Aber damit nicht genug, denn nun begannen auch die Tiere zu randalieren und fielen übereinander her, war doch nach einigen Tagen in der Nähe der Werft kaum noch Nahrung zu finden und der Hunger der Tiere war groß, wodurch sich die Zahl der Kandidaten für die Arche weiter verminderte, was auch notwendig war, weil wir auf keinen Fall genügend Platz für alle gehabt hätten; aber leider fand nun die Auswahl durch den Zufall statt, was mir gar nicht lieb war, hatte ich doch einen Plan zu erfüllen.

Es war schon ein großes Glück, dass sich manche Arten wie die Zecken, Milben & Flöhe problemlos in den Haaren und im Gefieder anderer Tiere verstauen ließen, auch wenn ich später immer wieder gefragt worden bin, weshalb ich gerade diese Arten in die Arche habe aufnehmen lassen, wo doch ihr Nutzen für die Entwicklung des Algorithmus nicht so ohne weiteres ersichtlich ist, eher wohl ihr Schaden, aber sie sind mir lieb, weil sie alle Widrigkeiten des Lebens ohne Klage und Widerspruch überstanden haben und sich strikt daran halten, was ihnen aufgetragen ist, und außerdem weiß man nie so ganz genau, wozu diese lieben Tierchen eines Tages noch nützlich sein können, wenn es wieder einmal darauf ankommt, den guten, alten Algorithmus mit einer neuen Dynamik auszustatten.

Als es endlich darum ging, die Tiere in die Arche zu lassen, war der Aufruhr groß, denn immer noch waren viel zu viele Tiere übrig geblieben, so dass ich zunächst die Losung ausgab, dass von den reinen Tieren sieben Paare, von den unreinen Tieren aber nur ein Paar zugelassen sein sollten[13], und ich die Wächter anwies, in aller Strenge darauf zu achten und sich durch kein Bitten & Flehen beirren zu lassen. Ich bemerkte jedoch schon bald, dass damit auch keine Lösung gefunden war, denn die Wächter waren nicht ehrlich und ließen sich durch Geld & gute Worte dazu verführen, doch dem einen oder anderen Tier den Zugang zur Arche zu gewähren, obwohl es die Voraussetzungen in keiner Weise erfüllte. Man mag mir Kälte und Herzlosigkeit nachsagen, dass ich unbarmherzig und ohne Mitleid sei, aber ich musste eine Auswahl treffen und wollte sie nicht noch mehr dem Zufall überlassen, was wohl die einfachste Lösung gewesen wäre, aber der Zufall ist letztlich doch ein recht unzuverlässiger Geselle.

Ich hätte mich wie auch sonst auf den Wettbewerb der Stärksten verlassen können, allerdings mit dem Ergebnis, das nur die blutrünstigen Tiere auf die Arche gelangt wären, was für den weiteren Verlauf der Entwicklung nichts Gutes versprochen hätte. Damit konnte ich mich also keinesfalls zufrieden geben, denn mir musste es darum gehen, meinen Algorithmus, in welchem alles seinen Platz hat, so weit wie möglich für die Zeit nach der Sintflut zu schützen, denn ganz von vorne wollte ich nun wirklich nicht beginnen, *dieser* Erfolg sollte Gott nicht vergönnt sein, auch wenn er sich viel Mühe gegeben hatte.

Ich zog mich also für einen kurzen Moment zurück und überlegte, was zu tun sei; weil aber die Zeit immer knapper wurde, entschied ich mich dafür: Zum einen hatte ich schnell berechnet, welche Arten mir in Zukunft von besonderem Nutzen würden sein können, und dieses Ergebnis vor dem Hintergrund der limitierenden Raumbedingungen auf der Arche optimiert, zum anderen aber nach einer Argumentation gesucht (und sie auch gefunden), wie ich denjenigen Arten, welche ich zurücklassen musste, ihr weiteres Schicksal erklären konnte, ohne dass es zu neuerlichen Tumulten kommen würde, denn allmählich musste es ganz schnell gehen, hatte doch schon der erste Regen eingesetzt, was die ganze Situation nicht gerade erleichterte.

Zusätzlich wurde alles noch dadurch erschwert, dass eine der vielen Frauen Noahs, eine gewisse *Noria*[14], von der man sich auch – aber zu Unrecht – erzählt, sie sei eine Tochter Adams gewesen, was aber nur schwerlich der Fall sein kann, denn der hatte sich ja schon vor einer geraumen Weile in sein selbstverschuldetes Schicksal fügen müssen und war schon vor vielen Generationen gestorben, dass also jene Noria drei Mal versuchte, die Arche in Brand zu setzen, um mein Werk der Rettung zu vereiteln, was sie natürlich im Auftrage Gottes tat, ihr aber nicht gelang, denn auch ich kann klug & weise sein, wenn es denn einmal nötig ist. Natürlich bereute sie ihr Tun und wollte mir mit vielen Worten alles erklären, dass Gott ihr nämlich versprochen habe, eine schöne, neue Welt zu schaffen, ohne Leid & Schmerz & Tod & Klagen, und Gott habe dann noch mit lauter Stimme gesagt: *Gedenke nicht an das Alte, und achte nicht auf das Vorige*, und dass sie dann als Erste gesetzt sein sollte in diese, neue Welt, dass sie aber nun ihre Fehler einsehe und ich wohl doch der Mächtigere sei und dass sie mich nun inständig bitten wolle, Gnade walten zu lassen. Und dann zerriss sie noch ihre Kleider und warf sich mir an den Hals und säuselte dabei süße Worte in mein Ohr, dass sie mich nämlich belohnen wolle, wie noch nie zuvor ein Mensch belohnt worden sei.

Darunter konnte ich mir nun gar nichts vorstellen, denn selbst wenn Noria von Gott zweifellos auch nach ihrer makellosen Schönheit ausgesucht worden war und ebenso keine Zweifel daran bestanden, dass sie in den vielfältigen Künsten der Liebe auf das Subtilste ausgebildet und erfahren war, so würde sie *mir* doch nichts Neues bieten können, und außerdem hatte ich in diesem Moment nun wirklich keine Zeit & keine Lust dazu, denn es gab Wichtigeres zu tun. Und so ließ ich sie zurück und rettete sie auch nicht, denn zum einen muss Strafe sein, und zum anderen glaubte ich ihrer Reue nicht, musste ich doch eher befürchten, dass sie an Bord der Arche alles daransetzen würde, meiner Mission zu schaden.

Mich kann man nicht betören noch verführen, denn meine Wollust ist nicht von dieser Welt, und man hätte schon ganz anderes aufbieten müssen, damit ich von meinem Vorsatz abgewichen wäre: Gott selbst hätte kommen müssen aus den Weiten seines Himmels, und ich wäre zu einer jeden Verhandlung bereit gewesen, wenn mich die Angebote denn hätten überzeugen können. Mit Gott, ja, mit Gott hätte ich sprechen wollen, hätte mich daran erfreut, hätte mich geehrt gefühlt, hätte so viele Tränen der Rührung vergossen, dass man gar nicht mehr die Pforten des Himmels hätte öffnen müssen, um die Welt ein für alle Mal zu ertränken, ja, zusammen mit Gott hätte ich eine neue Welt erschaffen wollen, denn auch ich hatte inzwischen einige Erfahrung damit gewinnen können, und was wäre dabei herausgekommen, wenn das Allerkleinste zum Allergrößten gefunden hätte. Aber Gott zog es – wie so oft – vor, selbst abwesend zu bleiben und zu schweigen und andere sein Werk tun zu lassen, auf dass *ihm* keinerlei Verantwortung und mir allein die ganze Ungeratenheit des Daseins zugerechnet werden sollte.

Natürlich hatte ich von vornherein gewusst, was auf mich zukam – ja, auf *mich*, denn Noah hatte sich längst in die Kapitänssuite seiner Arche verabschiedet und wartete dort im Kreise seiner Familie voller Ungeduld darauf, dass es endlich losgehen würde, und so hätte ich ihn am liebsten wieder zurück an Land geschickt; aber leider standen mir in diesem Moment wenig andere Menschen zur Verfügung, mit denen ich nachher wieder von vorne hätte beginnen können, was sich dann zwar als nicht ganz so dramatisch herausstellte wie befürchtet, aber damals war ich in größter Eile, und ich wollte keine weiteren Verzögerungen dulden.

Ich ging also zu den Tieren und sprach so zu ihnen: Niemand solle sich fürchten, alles werde gut, ein jeder werde auf seine Weise überleben. Und nun wolle man zwei Gruppen bilden, die eine, welche in höchstem Maße privilegiert sei, weil man es ihr schon jetzt erlaube, sich auf den herrlichen Weg der *Metempsychose* zu machen, welche man auch genannt hat die Seelenwanderung, und dabei eine jegliche Form des Lebens in immer wieder neuen Varianten und Arten zu erleben, was natürlich zur Konsequenz habe, dass man sich jetzt keinerlei Gedanken mehr um eine Sintflut machen müsse und einem daher die qualvolle Enge und die schrecklichen Entbehrungen auf der Arche erspart blieben.

Oh, wie glücklich – fügte ich noch mit einem gewinnenden Lächeln hinzu, das ich für solche Gelegenheiten bereithalte – könne man sich doch schätzen, wenn man für genau diese Gruppe auserwählt werde, denn die zweite, die andere Gruppe werde in die Arche gezwängt werden müssen und dort erfahren allerlei Ungemach und Leid, was bedauerlich, aber auch unumgänglich sei, gebe es doch leider nur eine begrenzte Zahl von Seelen, die man gleichzeitig auf die Wanderung schicken könne. Und um allen, so sagte ich dann noch, die gleiche & faire Chance einzuräumen, denn vor dem Angesicht Gottes dürfe niemand bevorzugt oder benachteiligt sein, wolle man nun sofort eine Lotterie veranstalten, und ein jeder dürfe dabei selbst sein eigenes Los ziehen. Ich muss hier natürlich nicht besonders erwähnen, dass ich diese Lotterie geschickt nach meinen Vorstellungen zu steuern wusste, so dass am Ende ziemlich genau diejenigen Tiere auf die Arche kamen, die ich dafür ausgesucht hatte. Es war allerdings unvermeidlich, dass es dabei einiges an Hin & Her gab, denn die meisten Tiere hatten mir ohne Zögern geglaubt, und so waren vor allem diejenigen besonders unglücklich, deren tatsächliche Rettung durch die Arche kurz bevorstand, aber daran konnte ich nun nichts mehr ändern.

Die Auswahl der Tiere, sagte ich, entsprach *ziemlich genau* meinen ursprünglichen Vorstellungen, denn eine Tierart gab es, die ich eigentlich für das Aussterben durch jene Sintflut vorgesehen hatte, aber dann doch an Bord der Arche nahm, ja nehmen *musste*, weil mir gar nichts anderes übrig blieb. Es handelte sich dabei um den Holzwurm, der in meinen Planungen nun wie gesagt überhaupt keine Rolle spielte, denn welchen Beitrag für den Gang der Evolution darf man sich schließlich gerade von einem *Holzwurm*[15] erwarten, mir jedenfalls fiel damals nicht sehr viel ein, was sich bis heute im Übrigen auch nicht geändert hat. Hinzu kam, dass ich die Arche zwar auswendig und vor allem inwendig gepicht hatte, mir aber trotzdem nicht unbedingt sicher sein konnte, dass besagter Holzwurm dadurch in seinem artgerechten, doch in diesem Fall höchst unerwünschtem Verhalten nachhaltig behindert sein würde; ein Holzwurm an Bord einer aus bestem Tannenholz erbauten Arche war wirklich das Allerletzte, dessen ich in diesem Augenblick bedurfte. Weshalb aber habe ich es dann doch zugelassen, dass der Holzwurm mit seiner ganzen Familie an Bord der Arche kam?

Auch wenn es mir bis heute peinlich ist, so muss ich doch bekennen, dass mich das durchtriebene Gewürm dazu erpresst hat: Als der Holzwurm nämlich das ihm eigentlich zustehende Los mit dem Gewinn der Seelenwanderung gezogen hatte, kroch er direkt auf mich zu, winkte mich zu sich herab und fragte mit leiser, aber drohender Stimme, wie denn eine solche Seelenwanderung bei den Tieren vor sich gehen solle, wo doch wohl ein jeder wisse, dass die Tiere gar nicht über eine Seele verfügen, denn ihnen habe niemand den göttlichen Odem eingehaucht, was wahrscheinlich höchst ungerecht, aber eben auch eine unumstößliche Tatsache sei.

Ich antwortete zunächst nicht darauf, denn ich war mir noch nicht sicher, ob ich die Argumente und die Intention des Wurmes richtig verstanden hatte. Und so fuhr er dann in mein Schweigen hinein unverdrossen fort, dass man sich daher wohl fragen müsse, ob es denn tatsächlich ein Privileg sei, in der kommenden Sintflut zu ersaufen, nur um dann festzustellen, dass man als Tier über gar nichts verfüge, was danach auf eine fröhliche Wanderschaft würde gehen können, man also damit keineswegs gebenedeit sei unter allem Getier & Gewürm, sondern schlichtweg auf immer & ewig ausgestorben. Er wolle, so fügte der Holzwurm dann noch hinzu, diese Frage zunächst einmal mir alleine stellen, denn immerhin sei ich es doch gewesen, der mit strahlender Inbrunst und großer Überzeugungskraft jene Geschichte erzählt habe, und er wisse auch gar nicht, wie die anderen Tiere reagieren würden, wenn man ihnen die gleiche Frage stellte. Daraufhin lächelte er mich freundlich an und überließ mir die Antwort, an der es in jenem für mich und meine weiteren Planungen so äußerst sensiblen Augenblick natürlich keinerlei Zweifel mehr geben konnte.

Und so lächelte ich zurück und teilte dem Holzwurm in aller Freundlichkeit, die ich mir gerade noch abringen konnte, mit, dass ihm selbst offenbar ein Fehler unterlaufen sei und er daher sofort ein neues Los ziehen müsse, wobei er sich jedoch auf jeden Fall der Gefahr bewusst sein sollte, dass es dann nämlich durchaus einen anderen Ausgang würde nehmen können und er möglicherweise wohl oder übel die Arche besteigen müsse und somit doch nicht in den Genuss des einzigartigen Privilegs der sofortigen Seelenwanderung kommen werde. Wieder lächelte der Holzwurm und erwiderte, dass er sich für seinen offenkundigen Fehler entschuldigen wolle und natürlich auch ohne Zögern gerne und sofort bereit sei, *dieses* Risiko auf sich zu nehmen, denn man müsse das Leben eben nehmen, wie es gerade komme, das könne man sich leider nicht immer aussuchen.

Ich sorgte dafür, dass auf dem neuen Los deutlich sichtbar das Symbol eines Bootes zu sehen war, äußerte danach einiges Mitleid und verbrachte das heimtückische Gewürm so schnell wie möglich auf die Arche, damit es jedenfalls jetzt kein weiteres Unheil würde anrichten können, denn das hätte mir gerade noch gefehlt, dass sich nämlich eine neue Diskussion eröffnet hätte, schließlich und natürlich hatte der Holzwurm mit seinen Argumenten völlig Recht. Die Tiere verfügen nun einmal über keinerlei Seele, die man auf eine Wanderschaft würde schicken können; wenn überhaupt, dann handelt es sich allenfalls um eine *menschliche* Seele, welche sich auf obskuren Wegen, nach manchen Irrungen & Wirrungen ab & zu und auch nur für eine kurze Zeit in einem Tier festsetzt, weil sie sich von Last & Leid der menschlichen Existenz erholen will.

Das hätten natürlich die Tiere wissen müssen, denn immerhin hatten sie alle dabei zugeschaut, wie Gott den Menschen zunächst als Erdenkloß erschuf und ihm dann erst die Seele einhauchte, aber es gibt wohl Situationen im Leben eines jeden Wesens, da man genau das glaubt, was man glauben *will*, auch wenn alles Wissen und eine jede Erfahrung dagegen spricht, worauf ich übrigens meine Strategie abgestellt hatte und womit ich – außer im Falle des Holzwurms – durchaus erfolgreich gewesen war. Denn mit meiner Ansprache und der folgenden Lotterie hatte ich allen Tumult sofort beendet, weil sich ein jeder mehr oder minder glücklich und zufrieden in sein Schicksal fügen konnte, und vielleicht sogar diejenigen ein wenig mehr, die ich zum Aussterben hatte bestimmen müssen, weil ihr Stolz über das soeben errungene Privileg der Seelenwanderung ein jegliches Nachdenken unterband. Ich sehe noch heute den glücklichen, aber doch auch schon etwas arroganten Ausdruck in den Gesichtern der Dinosaurier, als sie in einer langen Reihe durch Schlamm & Regen davontrotteten, um ganz unter sich und feierlich auf den Beginn ihrer Seelenwanderung zu warten.

Als endlich alle an Bord der Arche waren, die dort auch hingehörten (wenn wir an dieser Stelle einmal vom gemeinen Holzwurm und seiner Brut absehen wollen), ich die Türen fest verriegelt und außen noch gut sichtbar ein Schild mit der Aufschrift *Tiere an Bord* angebracht hatte, um für alle Fälle gerüstet zu sein, ging ich an Deck und blickte noch einmal auf die Welt, so wie ich sie geschaffen hatte und die nun unter den Wassern des Himmels und der Erden auf immer verschwinden sollte.

Ich gebe zu, dass mich in diesem Augenblick eine große Wehmut erfasste, dass all meine Mühen vergeblich gewesen sein sollten und vergänglich alle Schönheit, die ich geschaffen hatte in den vielen Jahren meines Wirkens, und mein Zorn auf Gott wuchs, denn so sehr ich auch darüber nachdachte, ich konnte nur einen Grund dafür finden, weshalb er mich ohne Gnade strafte: Ich hatte mit meiner Schöpfung offenbar seinen Stolz verletzt, seine Majestät beleidigt, welche ist *Hod*, die achte der Sefiroth, untrennbar verbunden mit *Din*, der Sefira der Macht und der Strafe. Aber nun konnte ich daran nichts mehr ändern, selbst wenn ich es gewollt hätte, denn in der wirklichen Welt gilt ein Gesetz, dem selbst ich mich strikt zu unterwerfen habe, nämlich das Gesetz der *Irreversibilität*, das Gesetz der unwiderruflichen Tat, der vergeblichen Reue, das Gesetz des steten Bedauerns; das aber ist der Preis der Existenz, ihn habe ich entrichten müssen, als ich Einlass begehrte in das Universum der Wirklichkeit, und ich füge mit einer gewissen Genugtuung hinzu, dass sogar Gott diesen Preis hat bezahlen müssen. Wie auch immer: Meine Welt jedenfalls würde sehr bald zerstört sein, und alles, was mir blieb, war die Hoffnung, sie bald von neuem erschaffen zu können, wenn sich endlich mit Regen & Wasser zugleich das Strafgericht Gottes verzogen haben würde.

Ich kann nicht sagen, dass mir diese Hoffnung im Augenblick des Abschieds ein großer Trost war, aber in all den langen Jahren habe ich gelernt, dass die Enttäuschung ebenso vergänglich ist wie die Freude, und nichts währet ewiglich, zumindest wird es so sein bis zum Letzten aller Tage, und darauf wird man noch einige Zeit zu warten haben. Ich genoss also voller Wehmut den letzten Blick auf meine Welt, sah, wie noch einmal die Sonne in rotem Feuer am Horizont verschwand, hörte, wie der Wind in den Wipfeln der Bäume sein leises Lied sang, und wurde für einen Moment sehr traurig; zum ersten Mal verstand ich, was wohl die Menschen fühlen mussten, wenn sie auf den Tod trafen, und auch zum ersten Male empfand ich ein tiefes Mitleid mit ihnen, denn ihnen war danach keine zweite Chance mehr gegeben, so wie mir, der ich nach ein paar Tagen des Regens wieder mit meinem Werk würde von neuem beginnen können, weil niemand mir mein Erbe aus dem Kosmos der Möglichkeiten nehmen kann.

Was mich dann aber letztlich doch ein wenig tröstete, war der Anblick des Stückes Land, auf welchem sich die Menschen & Tiere versammelt hatten, bevor sie die Arche bestiegen oder sich auf die Seelenwanderung (ja, ja, ich weiß!) machten: Sie hatten eine unübersehbare Menge an Schmutz & Müll hinterlassen, Fäkalien und Kadaver, die Bäume waren ebenso kahl gefressen wie die Weiden und Büsche, so weit das Auge reichte, und Gott hätte sich gar nicht mehr die Mühe machen müssen, meine Schöpfung mit Wasser zu zerstören – es war ohnehin kaum noch etwas davon übrig geblieben, das einen solchen Namen verdient hätte. Und so wurde meine Trauer über den Verlust ein wenig dadurch gelindert, dass sich mein Zorn auf die Menschen & Tiere richtete, welche ganz offenkundig keinerlei Verantwortung für die Wunder und Schönheit meiner Schöpfung fühlten und sich in ihrer Undankbarkeit benommen hatten wie die Barbaren, so dass ich fast geneigt war, die Arche doch dem Holzwurm zu überlassen und meine Arbeit an einer ganz anderen Stelle im Universum von vorne zu beginnen. Aber schließlich bezähmte ich meine Gefühle und machte mich daran, die Arche auf einen sicheren Kurs zu bringen. Jeder begeht nun einmal Fehler, und man verbringt den größten Teil des Lebens damit, die Folgen dieser Fehler zu beseitigen.

Nun hatte ich schon darauf hingewiesen, dass die Arche, welche Noah unter meiner Anleitung mit viel Mühe gebaut hatte, sicherlich noch nicht allen Feinheiten der Technik entsprach, aber sie erfüllte – wie sich dann ja schließlich & endlich herausstellte – doch durchaus ihren Zweck, nämlich eine recht große Anzahl von Tieren & Menschen vor dem sofortigen Ersaufen zu retten, damit ich mit ihnen das große Werk meiner Schöpfung würde fortsetzen können. Ich hätte also zufrieden sein können, wenn es nicht schon nach kürzester Zeit jenen schier unerträgliche Gestank an Bord der Arche gegeben hätte, was allerdings kaum zu verhindern war, denn um die sanitären Einrichtungen war es nicht zum Besten bestellt, zumal es zum damaligen Zeitpunkt noch überhaupt keine solchen Einrichtungen gab – ich als transzendentes Wesen benötige sie nicht, und den Menschen war es bislang eher gleichgültig gewesen; tatsächlich war die Erde kaum bevölkert, so dass man üblicherweise nicht sehr weit laufen musste, um ungestört und in aller Ruhe die diversen Arten der Notdurft verrichten zu können.

Hier nun, an Bord der letztlich doch recht engen Arche, tauchten jedoch bald erhebliche Probleme auf, die sogar Noah bemerkte, der sich ansonsten mit einer ausreichenden Menge an Wein in seiner Kabine eingeschlossen hatte und mit seiner Familie wilde Feste feierte, während draußen die Wasser mit Macht vom Himmel strömten und ich einige Mühe hatte, das Boot auf Kurs zu halten. Es stand wirklich sehr schlimm um Noah, und eines Tages ward er so trunken[16], dass er aufgedeckt lag in seiner Kabine, und sein Sohn Ham sah seines Vaters Blöße und erzählte es unter lautem Lachen einem jeden an Bord, der es nur hören wollte, und erst Sem & Japhet, welche auch sind die Söhne Noahs, nahmen ein Kleid und deckten ihres Vaters Blöße zu, und dabei waren ihre Gesichter abgewandt, dass sie ihres Vaters Blöße nicht sahen.

Als Noah am nächsten Morgen von seinem Wein erwachte, schmerzte ihn der Kopf ganz schrecklich, und er wurde noch ärgerlicher, nachdem er die ganze Geschichte erfahren hatte, und so verfluchte er dann Ham, seinen Sohn, auf dass er ein Knecht aller Knechte unter seinen Brüdern sei, aber Sem & Japhet lobte er und segnete sie ausdrücklich, was jedoch nicht viel nutzte, denn das Geschlecht des Sem sollte eines Tages noch viel Leid erfahren in seiner Geschichte, während aber der Name *Ham* auf immer verbunden ist mit dem unreinsten aller Tiere.

Es stank also erbärmlich an Bord der Arche nach Fäkalien und schlechten Winden, und es nützte nur wenig, dass ich von Zeit zu Zeit die Fenster[17] öffnen ließ, welche ich glücklicherweise in die Wände der Arche hatte einbauen lassen, und auch die Kabinen mit dem Wasser spülte, das mir ja reichlich zur Verfügung stand. Über die wahrhaft miserablen Lebensbedingungen und vor allem jenen bestialischen Gestank an Bord der Arche darf ich eigentlich gar nicht sprechen, denn bestimmte Kreise, deren Namen ich hier aus rechtlichen Gründen ebenfalls nicht nennen darf, reagieren höchst empfindlich auf derartige Enthüllungen und setzen das Buch sofort auf den Index der Römischen Inquisition, wie es schon einmal einem gewissen Montesquieu widerfuhr, als er in seinen *Persischen Briefen* völlig zu Recht auf die Unmengen von Elephantenkot hinwies, die sich über die ganze Zeit hinweg auf der Arche angesammelt hatten und von denen selbst ich nicht wusste, was ich damit anfangen sollte.

Nun sind jedoch vierzig Tage keine wirklich lange Zeit, auch wenn man die Nächte hinzuzählt, aber trotzdem fällt es vielen Lebewesen äußerst schwer, diese Zeit ohne Nahrung zu überstehen, und so hatte ich eine gewisse Vorsorge getroffen und eine Menge an Gras & Blättern an Bord schaffen lassen, damit in erster Linie diejenigen Tiere überleben konnten, die sich ausschließlich von Pflanzen ernährten. Diese Tiere – so war mein Kalkül – sollten und konnten dann gegebenenfalls die Nahrung für all die anderen Tiere sein, die für ihr Überleben unbedingt fleischlicher Nahrung bedurften, was mich im Saldo letztlich einige Arten von recht niedlichen Vegetariern kostete, aber leider nicht zu ändern war, denn genau zu diesem Zweck hatte ich sie ja überhaupt erst auf die Arche gelassen.

Natürlich sind mir immer alle Gattungen, Arten & Rassen in gleicher Weise lieb & teuer gewesen, denn wer oder was immer da auch kreuchte & fleuchte, Primaten oder Protozoen, war mein Kind und das Kind der geliebten Zeit, welche sie geboren & genährt hat, und es ist wohl typisch für die Menschen und ihre begrenzte Intelligenz, dass sie die Welt nur danach beurteilen können, ob sie ihnen einen Nutzen verschafft oder nicht. Dabei müssten sie doch schon längst begriffen haben, dass solche Fragen überhaupt keine Rolle spielen, jedenfalls nicht in *meiner* Schöpfung und – wie ich hinzufügen will – auch nicht in der Schöpfung Gottes, denn Gott hat seine Welt für eine einzige Zielgruppe geschaffen, nämlich allein für sich selbst und zu seiner Zufriedenheit und aus Gründen, die selbst mir nicht in allen Einzelheiten bekannt sind und sich den Menschen erst recht nicht erschließen werden.

An dieser Stelle muss ich auch erwähnen, dass es an Bord der Arche nicht nur ganz abscheulich stank, sondern dazu auch noch ein ebenso unerträglicher Lärm herrschte, denn die einen schrieen vor Hunger, die anderen vor Angst und manche sogar vor Lust, denn die Enge und Nähe konnte nicht ohne Einfluss bleiben auf die Wollust mancher Wesen, was mir übrigens ganz recht war, denn ich wollte so schnell wie möglich mit dem Wiederaufbau meiner Welt beginnen, je früher, desto besser. Es gab dabei nur ein Problem, nämlich dass die Arche, die ja dafür nicht unbedingt gebaut war, immer dann ins Schlingern geriet, wenn sich die großen Tiere voller Freude zu paaren begannen, und ich konnte auch die Elephanten und Nashörner nicht daran hindern, vorher ihre traditionellen Tänze zu vollführen, bei denen sie mit allen vier Beinen nacheinander in einem betörenden Rhythmus auf den Boden stampften und sich dazu stetig im Kreis bewegten, weil sie mir glaubhaft nachwiesen, dass sie nur auf diese und keine andere Weise ihre Partner und ihre eigenen Hormone angemessen motivieren konnten, was ich dann also im Interesse meines Planes zu dulden hatte.

Man muss von einem großen Glück sprechen, dass die Arche in diesen Augenblicken nicht zerbrach und unterging, denn Gott hatte sich wirklich viel Mühe gegeben, um meine Welt mit Regen & Sturm zu vernichten, so dass die Arche schwankte und in ihrem Gebälk ächzte und ich oft genug all mein Geschick einsetzen musste, damit sie nicht kenterte und für immer in den Wogen versank, was mir nicht nur viel Ärger, sondern vor allem eine erhebliche Menge an Arbeit bereitet hätte, nämlich mit der Schöpfung der Welt fast von vorne beginnen zu müssen, obwohl es mir natürlich durchaus möglich gewesen wäre, doch man wird verstehen, dass ich die Mühen scheute und sie auf jeden Fall vermeiden wollte.

Ich will mich nicht über Gebühr loben, aber ich glaube, dass ich damals meine Arbeit gut getan habe, denn immerhin gelang es mir, trotz aller Unbilden des Wetters und des Lebens die Arche schließlich auf einem sicheren Kurs zu steuern und zu retten, was zu retten war. Vierzig Tage und Nächte sind – wie gesagt – keine wirklich lange Zeit, vor allem nicht für ein transzendentales Wesen wie mich, das in seinem Dasein ganz andere Zeiträume kennen gelernt hat, die nämlich von Ewigkeit zu Ewigkeit dauern. Trotzdem blieb mir an Bord der Arche ein wenig Zeit, um über manches nachzudenken, so auch darüber, weshalb Gott meine Welt gerade und unbedingt mit *Wasser* hatte zerstören wollen, wo er doch über alle anderen Elemente oder eine jegliche Kombination von ihnen hätte verfügen können. Und ich will nicht verhehlen, dass in der Mythologie der Fische die Sintflut nicht als eine Strafe, sondern als das eigentliche und ursprüngliche Paradies beschrieben wird, das *Goldene Zeitalter*, als die Fische nämlich uneingeschränkt über die Welt herrschten, weil ein Guter Gott alle Widersacher vertrieben hatte und die Fische es daher als *ihre* Vertreibung aus dem Paradies betrachten, dass sie nun nicht mehr wandeln können durch die Wüste Taklamakan oder die endlosen Weiten Amerikas, so dass die Erlösung der Fische am Letzten aller Tage kommen wird durch eine Neue Sintflut, die wird hinwegspülen alles Land und alle Teufel, die darauf wohnen.

Noch heute feiern alle Fische in der Welt den 17. Februar, den Tag, an welchem einst die Sintflut begonnen hatte, und sie treffen sich an einem geheimen Ort in der Tiefe der Meere, wovon niemand etwas weiß außer den Fischern in aller Welt, denen sehr wohl bekannt ist, dass ihnen in den Wochen zuvor und danach kein Glück beschieden ist. Viele haben versucht, den Fischen zu diesem Ort zu folgen, um dort den größten Fang zu machen, doch die Fische sind klug genug, um ein jedes Jahr einen neuen Ort zu vereinbaren, wovon sie aber beharrlich schweigen, wie es auch sonst ihre Art ist, und so sind die Fischer kläglich in Wind & Wogen gescheitert und haben nie mehr von ihren Erfahrungen berichten können. Manchmal habe ich mir dann den Spaß gemacht und sie aus der Not errettet, nur um sie an ferne und unbekannte Gestade zu werfen, wo sie oft über Jahre hinweg jämmerlich ihr Leben fristen mussten, und nur wenige fanden ihren Weg zurück in die Heimat, wo ihre Frauen schon längst einen anderen Mann gefunden hatten, was manche der Heimkehrer erfreute, manche aber auch nicht.

Aber egal: Ich habe mich also gefragt, weshalb Gott gerade die Fische ausgenommen hat von seinem Strafgericht, wo sie doch alles andere sind als sein Ebenbild, wie ich versichern kann, und bis dahin nichts Wesentliches zu seiner Schöpfung beigetragen hatten, geschweige denn zu meiner, selbst wenn sie sich während der Zeit auf der Arche, aber auch danach als ein recht nützliches Glied in der Nahrungskette der anderen Tiere und vor allem der Menschen erwiesen. Was die Fische anbetrifft, so habe ich bislang trotz langen Nachdenkens noch keine befriedigende Antwort finden können; vielleicht war es ja wirklich bloß ein Zufall, obwohl sich Gott im Gegensatz zu mir in seinen Entscheidungen nur sehr selten auf den Zufall verlässt, und deshalb glaube ich, dass wohl doch ein tieferer Grund dahinter stecken mag. Denn immerhin hat Gott die Fische – ebenso wie die Bäume und auch die anderen Pflanzen – zu einem sehr frühen Zeitpunkt geschaffen, und man wird sich vielleicht noch daran erinnern, dass von den Fischen überhaupt keine Rede war, als die übrigen Tiere zu Adam kommen mussten, um ihren Namen zu erhalten und seine Herrschaft für immer & ewig anzuerkennen. Man darf aber auch nicht vergessen, dass sehr viel später, als Gott wieder einmal einen seiner Söhne auf die Erde schickte – mit übrigens kaum einem besseren Resultat als in der Zeit vor der Sintflut, aber davon wird noch zu sprechen sein –, dass also sehr viel später der Fisch[18] das Symbol für diesen Sohn Gottes sein sollte, aber nun ja, auch dieser Hinweis hilft uns nicht wirklich weiter.

In der anderen Angelegenheit bin ich jedoch nach einiger Zeit des Nachdenkens darauf gekommen, dass die Verwendung von Wasser als Strafe für die angebliche Sündhaftigkeit der Welt einem höchst subtilen Kalkül Gottes entsprang: Wasser ist nämlich in allem Lebendigen enthalten, und zwar in durchaus größeren Mengen, ja, man kann vielleicht sogar sagen, dass erst das Wasser[19] das Leben überhaupt ausmacht. Kein Leben ohne Wasser, Wasser ist das *absolute* Phänomen des Lebens, jedenfalls hier und auf dieser Welt, anderswo mag es anders sein, aber davon will ich nicht zu viel verraten. Hier aber ist die Nahrung aller Dinge feucht, ebenso wie der Samen und auch die Leben spendende Wärme entsteht aus der Feuchte, und das Feuchte ist seiner Natur nach: Wasser. Und war nicht das Wasser längst schon da, bevor Gott mit seiner Schöpfung begonnen hatte, und schwebte nicht sein Geist auf dem Wasser?

Welche Subtilität also, welche Eleganz, wenn man das Leben mit sich selbst straft, wenn man es mit seiner eigenen Essenz zu vernichten sucht, wenn man mir als dem Schöpfer der Welt auf diese Weise zu verstehen gibt, dass man all meine Geheimnisse genau kennt, dass vor dem wissenden Auge Gottes nichts, aber rein gar nichts verborgen bleibt. Und ich will gar nicht verschweigen, dass ich Gott und seine Experten für einen solchen Plan ohne jeglichen Neid und zutiefst bewundert habe.

Und dann – viele Jahre später – habe ich mich aber auch noch daran erinnert, dass Gott selbst zum Wasser ein eher distanziertes Verhältnis hatte, denn das Wasser ist schließlich *nicht* von ihm erschaffen worden, es war längst vorhanden, als Gott mit seiner Schöpfung begann. Ebenso wie die Nacht war das Wasser von einer präkosmischen Existenz, nicht dem Willen Gottes unterworfen, sondern musste zu Beginn der Schöpfung erst geschieden werden voneinander, und Gott machte die Feste und schied das Wasser unter der Feste von dem Wasser über der Feste. Aber selbst dieser gewaltige Akt der Schöpfung reichte noch nicht, um die Urmacht des Wassers zu bannen, so dass sich Gott am folgenden Tag sofort noch einmal an die Arbeit machen musste und das Wasser unter dem Himmel sammeln an besonderen Orten, dass man das Trockene sehe.

Gott muss sich über den Widerstand des Wassers so sehr geärgert haben, dass er sich für das Ende aller Tage vorgenommen hat, das Meer und damit das freie, ungebundene Wasser ein für alle Mal aus dem Neuen

Jerusalem zu verbannen bis auf den Strom lebendigen Wassers, der wie ein gezähmter Bach[20] die Stadt durchfließt und nur eine einzige Aufgabe hat, nämlich zu glänzen wie ein Kristall – welch eine Degradierung für ein Element, über dem zu allem Anfang der Geist Gottes schweben musste, weil es keinen anderen Ort für ihn gab.

Ich jedenfalls glaube inzwischen fest daran, dass Gott damals das Wasser gewählt hat, um es endgültig unter seine Herrschaft zu bringen: Er hat dem Wasser noch einmal die große Freiheit gegeben, nur um es danach umso mehr zu versklaven, auch dies eine Tat von höchster Eleganz und Subtilität, weil Gott mir auf diese Art & Weise in aller Deutlichkeit zeigen wollte, dass sich unter sein Joch am Ende selbst das älteste und stärkste aller Elemente doch hat beugen müssen und ich mir daher meiner eigenen Grenzen durchaus bewusst sein sollte, was ich sehr wohl bemerkte, ohne dass ich es allzu sehr zeigen wollte, um ihm keinerlei Genugtuung zu gewähren. Aber das Ende aller Tage ist noch längst nicht gekommen, und es wird noch genügend Gelegenheiten geben, die Münze zu wählen, in welcher ich diese Demütigung zurückzahlen werde.

An dieser Stelle bleibt mir jedoch nur noch, davon zu erzählen, welches weitere Schicksal schließlich dem Holzwurm beschieden war, der sich ja – wie erinnerlich – auf jene heimtückische Art & Weise den Zugang zur Arche erschlichen hatte. Natürlich hatte ich schnell erkannt, dass der Holzwurm nichts anderes als ein weiterer, geheimer Agent Gottes war, dem die Aufgabe zukommen sollte, die Arche zu zerstören, falls Noria versagen und es mir wider Erwarten gelingen sollte, doch eine genügende Anzahl von Menschen & Tieren zu sammeln, um mein Werk nach dem Ende der Sintflut wieder von vorne zu beginnen. Und da er ein Agent Gottes war, konnte ich ihn nicht so ohne weiteres bestrafen; ich *wollte* es auch gar nicht, denn ein enttarnter Agent verliert viel von seiner Wirkung, so dass ich den Holzwurm in seinem Glauben beließ, er habe mich täuschen können. Aber zugleich sorgte ich dafür, dass er an einem Ort einquartiert wurde, wo sich einige Spechte aufhielten und der weit genug entfernt war von allen wichtigen Teilen der Arche.

Ich gebe jedoch unumwunden zu, dass mir ein wenig Glück zu Hilfe kam, denn vielleicht hätte der Holzwurm am Ende doch trotz aller Vorsichtsmaßnahmen seinen Weg zum Kiel der Arche gefunden und dort sein heilloses Werk im Auftrag Gottes vollendet, wenn ich nicht eines Abends – es muss wohl am fünften Tag der Sintflut gewesen sein – eher durch Zufall auf den Gedanken gekommen wäre, die *Metamorphose* des Holzwurms ein wenig zu beschleunigen, um ihn auf diese Weise nun doch auf eine Art von Seelenwanderung zu schicken, denn ich hatte mich gerade noch rechtzeitig daran erinnert, dass der Holzwurm nur für eine kurze Zeit ein solcher bleibt, um danach das zu werden, was er vorher schon gewesen war.

Das bereitete mir nun keine größeren Schwierigkeiten, bin ich doch zwar nicht allmächtig, aber immerhin der Teufel, und außerdem war es ohnehin fast schon so weit, dass sich der Holzwurm verpuppte, um einige Tage später als Holzwespe oder als Klopfkäfer, welchen man auch genannt hat den Bohrkäfer, wiedergeboren zu werden, was ihn mir nicht unbedingt sympathischer machte, aber eben doch ungefährlicher für die Mission, auf welcher wir uns alle befanden. Mit den Termiten hatte ich im Übrigen weitaus weniger Probleme, denn die waren als erfahrene Händler sofort bereit gewesen, für eine regelmäßige Ration Zucker von allem Holz in ihrer Umgebung abzulassen, jedenfalls für die Zeit, da wir uns gemeinsam auf der Arche befanden. Was danach jedoch im Verhältnis von Termiten und Holz geschehen würde, war mir völlig gleichgültig, zumal ich ihnen in meiner Großzügigkeit ganz Afrika zu ihrer gefälligen Nutzung für die Zeit nach der Sintflut überlassen hatte.

Endlich, am 29. März, nach vierzig Tagen und vierzig Nächten des Regens, war die Sintflut vorbei, die Brunnen der Tiefe wurden verstopft von zahllosen Engeln, samt den Fenstern des Himmels, und dem Regen vom Himmel ward gewehret, und das Gewässer verlief sich von der Erde und nahm ab nach hundert und fünfzig Tagen, so dass meine Welt am 26. August ihren Betrieb wieder nahezu vollständig aufnehmen konnte, auch wenn ich noch für einige Zeit damit beschäftigt blieb, die Folgeschäden der Sintflut zu beseitigen. Wobei ich an dieser Stelle noch gerne hinzufügen will, dass es sich um blanke & simple Propaganda handelt, wenn manche behaupten, dass die Sintflut sogar fünfhundert und vierzig Tage gedauert habe, aber selbst das hätte ich ohne weitere Probleme aushalten können, auch wenn ich zugeben muss, dass es dann auf der Arche wirklich unangenehm geworden wäre.

Ich habe im Übrigen nie verstanden, dass die Menschen nicht wenigstens *einen* dieser Tage zu ihrem größten Feiertag erhoben haben, weil doch diese Tage für die Wiedergeburt des Menschen aus höchster Gefahr stehen, und könnte man sich nicht mit Freuden daran erinnern, dass man überhaupt noch wandeln darf auf dieser Erde. Doch offenbar überwiegt immer noch die Angst vor dem Wasser, so dass man es sich wohl nicht traut, allzu laut den Sieg über dieses unsicherste und lügenhafteste aller Elemente zu feiern, und so wartet man lieber auf das Ende aller Tage, wenn das Meer nicht mehr sein wird. Bis dahin jedoch fürchten sich die Menschen vor dem Wasser, und selbst der Regenbogen, den ich am Morgen des vierzigsten Tages zwischen dem Himmel und der Erde aufspannte, um den Menschen das baldige Ende der Sintflut zu verkünden, und den ich, weil er mir so wohl gelungen war, von Zeit zu Zeit noch einmal den Menschen vor Augen führe, erinnert sie eher an Strafe & Gewalt, als dass sie sich an seiner Schönheit erfreuen.

Ich erinnere mich noch sehr genau daran, dass die Menschen eines Tages – es ist gar nicht so lange her, vielleicht sind es nur fünfhundert Jahre oder sogar noch etwas weniger[21] –, dass die Menschen also voller Panik waren, weil es am Sternenhimmel zu einer *Großen Konjunktion* zu kommen schien, denn was sie für die beiden äußeren Planeten, Jupiter und Saturn, hielten, tauchte auf einmal im gleichen Winkel inmitten des Tierkreiszeichens des Wassers auf, und so war allen klar, dass der Fisch, welcher stand für das Zeichen des Wassers, sein Element, das Wasser, zu einer neuen Sintflut auf die Erde schicken würde. Und selbst kluge Menschen, die es eigentlich hätten besser wissen müssen, bekamen davon schreckliche Albträume, und ihnen erschienen damals im Schlaf furchtbare Gesichter, dass nämlich viele, große Wasser mit Wind & Brausen vom Himmel fielen und das ganze Land ertränkten, und die Menschen erwachten voller Schrecken, zitterten am ganzen Körper und kamen lange nicht zu sich. Nun ja: So einfach ist es also, den Menschen große Angst einzuflößen, und ich habe wirklich keinerlei Schuld daran, wenn die Menschen aus den einfachsten Erscheinungen der Natur die völlig falschen Schlussfolgerungen ziehen.

Mir fällt dazu noch eine Begebenheit ein, die ich in diesem Zusammenhang nicht verschweigen möchte: Damals, also vor fast fünfhundert Jahren, konnten sich die Menschen wieder einmal nicht darüber einigen, wie es denn nun genau um die beste aller Welten bestellt sein müsste, ob nur die Oberen regieren sollten oder auch die Unteren und ob es überhaupt Obere und Untere geben dürfe in dieser Welt, und natürlich – wie nicht anders zu erwarten – hatten die Oberen und die Unteren darüber nicht nur im Detail abweichende Auffassungen. Die Oberen behaupteten unter Hinweis auf das, was geschrieben steht, dass Gott die Ordnung genau so gewollt habe, wie sie nun einmal sei, doch die Unteren waren nicht dumm und bezogen sich ebenfalls auf das, was geschrieben steht, nur an einer anderen Stelle und mit anderen Argumenten. Und da Gott allgegenwärtig ist, hatten ihn Ritter und Bauern ein jeder auf ihrer Seite, und er war ihnen ein mächtiger Verbündeter, und so wogte der Kampf über lange Zeit unentschieden hin und her.

Mein alter Freund, der Tod, war damals äußerst beschäftigt, so dass wir in diesen Jahren kaum die Zeit und Gelegenheit fanden, uns zu treffen und ein wenig miteinander zu plaudern, wie es sonst unsere Gewohnheit ist, aber ich hatte viel Verständnis dafür, denn die Arbeit muss immer und unter allen Umständen Vorrang haben. Nun war es aber auch die Zeit der *Großen Konjunktion*, in welcher der Saturn den Jupiter in seine Macht zwang, und so waren die Bauern fest von ihrem Sieg überzeugt, denn der Saturn stand für die Unteren und der Jupiter für die Oberen, die Träger von Ämtern & Würden. Und als sich eines Tages, kurz vor der großen Schlacht, ein wunderschöner Regenbogen[22] von einem Ende des Himmels zum andern wölbte, nahmen es die Bauern als ein Zeichen und freuten sich sehr. Sie jubelten und dankten Gott mit Gebet & Gesang und fielen auf die Knie und umarmten sich, was es dann den Rittern erheblich einfacher machte, just in diesem Augenblick mit aller Macht die Bauern anzugreifen und ihnen die Köpfe abzuschlagen.

In gewisser Weise hatte also Gott selbst darüber gerichtet, auf welcher Seite er sich lieber aufhalten wollte und welche Art von Ordnung in der Welt ihm genehmer war, denn allen Verleumdungen zum Trotz, die danach von interessierter Seite in Umlauf gebracht wurden, hatte ich mit diesen Vorgängen nun rein gar nichts zu tun. Schließlich hätte ich mich selbst kaum entscheiden können, ob ich die Oberen oder die Unteren unterstützen sollte, denn selbst wenn ich aus meinen eigenen Erfahrungen mit Gott die Rebellion der Bauern sehr gut verstehen konnte, waren mir ihre rohen Sitten und daher auch der nähere Umgang mit ihnen eher zuwider, so dass ich es vorzog, nur zu beobachten, anstatt zu handeln.

Wie dem auch sei: Die Kollateralschäden der Sintflut waren wirklich gewaltig, und ich hatte einige Zeit damit zu tun, sie wenigstens so weit zu beseitigen, dass in meiner Welt wieder ein halbwegs normales Leben möglich war; vielleicht hatte Gott tatsächlich recht daran getan, meine Schöpfung mit dem Wasser anzugreifen, denn man kann sich ja kaum vorstellen, wohin das Wasser überall fließt und welche Schäden es dabei hinterlassen kann. So sehr das Leben um seiner selbst willen des Wassers bedarf, so schnell siecht es dahin, wenn es zu viel davon erhält, und so waren nicht nur Abertausende von Tieren schlichtweg ersoffen, weil sie friedlich auf den Beginn der Metempsychose gewartet hatten (ja, ja, ich weiß!) oder weil es ihnen dann doch nicht gelungen war, sich in höher gelegenen Gebieten schnell genug in Sicherheit zu bringen, sondern auch die meisten Pflanzen hatten Regen & Wasser nicht überlebt.

Überall lagen aufgedunsene und angefressene Tierkadaver umher, umgeben von zappelnden Fischen, die ihren Weg zurück in die großen Meere nicht mehr gefunden hatten, und ein abscheulicher Gestank der Verwesung hatte sich über das Land gelegt und verwirrte sogar meine Sinne, die ansonsten eher von robuster Natur sind, so dass mir nichts anderes übrig blieb, als eine gewaltige Walze aus Feuer über das Land zu schicken, um alles zu verbrennen. Was ich dabei nicht bedacht hatte, war der Umstand, dass dabei riesige Wolken aus Rauch & Dampf in den Himmel stiegen und die Sonne verdüsterten, so dass die Menschen & die Tiere sich fürchteten und glaubten, die Sintflut würde aufs Neue beginnen. Und so drängelten sie sich wieder vor der Arche, und ich hatte viel Mühe, sie vom Gegenteil zu überzeugen, was mir aber erst gelang, nachdem ich das letzte noch verfügbare Element, nämlich die Luft, zu Hilfe nahm und die Wolken hinwegblies.

Aber die Menschen blieben misstrauisch, und wenn immer dunkle Wolken am Horizont erschienen und sich notgedrungen auch ein wenig Blitz & Donner zeigten, liefen sie voller Schrecken in ihre Hütten und versteckten sich; ja, sie hatten sogar so viel Angst, dass sie sich überhaupt nicht mehr um den Schöpfer ihrer Welt kümmerten, sondern dem Blitz & dem Donner opferten, auf dass man sie verschonen möge. Und man schuf sich neue Götter und nannte sie *Apu Katawan*, der die Blitze schleudert, um die Menschen für ihre Sünden zu bestrafen, weil man sich schon noch daran erinnerte, weshalb man aus dem Paradies vertrieben worden war, oder *Tian-mu*, welche ist sogar die Mutter der Blitze, oder *Susano-o*, welcher ist in einer unvergleichlichen religiösen Ökonomie der Gott des Meeres und des Sturmes und des Donners zugleich, der den Menschen keine Freude gönnen will auf dieser Welt, weshalb sie ihn besonders verehren. Es sei hier nur am Rande erwähnt, aber man muss eben genau auf die Religion der Menschen blicken, wenn man sie denn verstehen will; das habe ich damals schon gelernt, und es verwunderte mich dann später kaum, dass ein Volk[23], das derart effizient mit seinen Göttern umgehen kann, eines Tages auch in der weltlichen Ökonomie größten Erfolg haben sollte.

Von mir, aber auch von Gott, war also schon bald kaum noch die Rede, obwohl ich Noah & seinen Söhnen – als eine Art von Ausgleich für die erlittenen Unbilden des Schicksals, aber auch als Motivation für den nun notwendigen Neuanfang – neuartige Formen der *Kultur* schenkte, nämlich besonders wirkungsvolle Techniken des Ackerbaus, wobei es uns allen zugute kam, dass ich gerade die Erde verbrannt hatte, denn eine verbrannte Erde ist eine besonders fruchtbare Erde, was allerdings zur Folge hatte, dass die Menschen in einen engeren Kontakt mit dem Feuer gerieten und recht schnell lernten, wie man damit umgeht.

Damals glaubte ich im ersten Moment voller Schrecken, dass ich einen furchtbaren Fehler begangen hatte, nämlich den Menschen das Feuer zu bringen[24], wo es doch eigentlich & von Rechts wegen allein den Göttern gehören sollte, so dass ich mich schämte und fast schon den Entschluss gefasst hatte, dafür zu sühnen und mich an einen Berghang im Kaukasus zu ketten, damit die Adler sollten von meiner Leber essen. Aber abgesehen davon, dass es keinen Sinn machte, die Adler zu bestrafen, die ja nun überhaupt nichts damit zu tun hatten, erinnerte ich mich gerade noch rechtzeitig daran, dass mein Name doch eigentlich *Luzifer* ist und ich den Menschen das Licht bringe – was ohne Feuer wohl kaum möglich wäre. Und zudem empfand ich es dann doch als ein wenig übertrieben und lächerlich, wenn ich, metaphysisches Wesen, das ich nun einmal bin und auch immer bleiben werde, mich vor den Augen aller Menschen einer solchen Buße unterzogen hätte – *nie vor dem Personal*, so lautet seitdem meine Devise, ganz gleich, ob ich mich freue oder ärgere oder schäme oder trauere, das alles geht niemand anderen etwas an, das mache ich allein mit mir selbst aus, und selbst meinen Zorn versuche ich zu zähmen, denn man hat ja sehen können, wohin es letztlich führt, wenn man seine Gefühle ungezügelt gewähren lässt. Schließlich geht es doch genau darum, wenn von *Kultur* die Rede sein soll: um das Zügeln & Ordnen der chaotischen Kräfte der Natur; aber ach, würden doch die Menschen endlich lernen, dass sie *darin* ihren Schöpfern nacheifern sollten und allein *darin* ihnen überhaupt gleichkommen könnten, wenn sie sich denn dabei nur genügend anstrengten.

Nun wird man sich (oder mich) fragen, weshalb ich die Menschen damals eigentlich nichts Rechtes gelehrt habe, die Philosophie etwa oder die Mathematik oder andere schöne Künste wie vielleicht die Musik oder die Pornographie, und gerade die gehört ganz sicherlich zu den schönsten aller Künste, jedenfalls dann, wenn sie gut gemacht ist wie in den *manga* des Hokusai[25], wo sich eine Frau mit einem Kraken vergnügt, was angesichts seiner vielen Arme viel angenehmer zu sein scheint, als sich durch einen flatternden und quäkenden Schwan begatten zu lassen.

Aber ich wollte ihnen die Kultur bringen, und was ist die Kultur zunächst denn anderes, als dass man lernt, wie man mit der Natur umgeht, wie man sie umgestaltet, wie man sie zielgerichtet verändert, wie man sie für die eigenen menschlichen Zwecke nutzbar macht. Nein: Was immer die Menschen sich auch später auf ihre Leistungen eingebildet haben mögen, ihre Kultur beruht doch *allein* darauf, dass sie den Acker pflegen und bestellen, ihn mit Sorge bearbeiten und auf ihm die Pflanzen anbauen, die für ihre Ernährung bestimmt sind. Erst kommt immer das Fressen. Wenn ihnen schon nicht mehr die reifen Trauben in den Mund fallen wie einst im Paradies und wenn es schon ihr Schicksal ist, dass sie sich mühen und anstrengen müssen, dann wenigstens in einer geordneten und angemessenen Art & Weise – das habe ich sie damals gelehrt, auch wenn sie sich dabei zunächst nicht besonders geschickt anstellten, aber ich will sie dafür nicht schelten, denn vieles will bedacht sein, wenn man die Pflanzen anbaut auf den Äckern dieser Erde.

Ich glaube, dass ich schon erwähnt habe, dass zwischen Gott und den Pflanzen eine ganz besondere Beziehung besteht, aber ich will es hier gerne noch einmal tun, und deswegen geben sich die Pflanzen auch keinerlei Mühe, den Menschen in irgendeiner Weise von allein von Nutzen zu sein; man musste sie erst langsam und mit viel Mühe daran gewöhnen, dass sie doch dem Menschen untertan zu sein haben und reiche Frucht tragen. Und weil das alles so fürchterlich schwierig war und die Menschen so schnell verzweifeln, wenn sie nicht sofort den Erfolg verspüren, haben sie sich auch dafür ihre Götter geschaffen, und sie nannten sie *Hou-ji*, den Fürst der Hirse, oder *Balarâma*, den Gott mit dem Pflug, und *Yum Kaax*, der mit einem Maiskolben geschmückt ist und auch heißt *Acht Herz des Überflusses*, und man hieß sie *Inari*, welcher trägt zwei Bündel Reis und führt den Fuchs an seiner Seite und gehört zu den *Mi-ketsu-kami*, den Göttern der Nahrung, oder ganz einfach *Shang-di*, den Herrn, der allen anderen übergeordnet ist, der alles sieht und alles hört.

Und während die Menschen diese Götter ersannen und verehrten, dachten sie kaum noch an mich und an das, was ich für sie getan hatte, und sie vergaßen auch, dass *ich* diese Welt erschaffen hatte und sie errettet vor dem Zorn Gottes, wofür man doch wohl eigentlich ein wenig Dankbarkeit erwarten kann. Damals war ich sehr verärgert & enttäuscht, heute aber weiß ich, dass man nur in aller Ruhe abwarten muss, bis sich die nächste Chance ergibt.

Und eine solche Chance sollte recht bald kommen, und in *diesem* Fall trugen die Menschen tatsächlich selbst die Verantwortung für die dramatischen Ereignisse, welche sich dann ein paar Jahre später abspielten, oder waren es doch Jahrhunderte, ach!, die Jahre, sie vergehen so schnell, und nichts bleibt als nur die Erinnerung.

Die Sintflut war also tatsächlich nach vierzig Tagen und vierzig Nächten vorübergegangen, was besonders Noah erfreut hatte, denn er hatte einen jeden Tag mehr unter der Seekrankheit gelitten, und fast hätte ich sogar Mitleid mit ihm empfunden, wenn ich nicht schon bald dahinter gekommen wäre, dass er auf diese Weise versuchte, sich vor den Pflichten zu drücken, was ihm umso dringlicher erschien, weil er nach kurzer Zeit kaum noch vom Alkohol lassen konnte und ich mich fragte, weshalb ich gerade ihn unter all den Menschen hatte auserwählen müssen.

Aber egal: Noah war so glücklich, endlich die Arche verlassen zu können, dass er sofort einen Altar baute und von allerlei reinem Vieh und reinem Geflügel nahm und opferte Brandopfer auf dem Altar, weil er fest daran glaubte, dass auch ich den lieblichen Geruch würde riechen können und würde dann Gnade walten lassen für jetzt & für immerdar. Also tat ich ihm den Gefallen[26] und sagte, dass ich hinfort nicht mehr will die Erde verfluchen um der Menschen willen, selbst wenn das Dichten des menschlichen Herzens böse sei von Jugend auf, und ich versprach, nicht mehr alles zu schlagen, was da lebet, wie ich es getan habe, denn ich hatte mich ihm gegenüber einmal als Gott ausgegeben, und nun musste ich strikt bei dieser Legende bleiben, ob es mir nun gefiel oder nicht. Und schließlich sagte ich noch, dass, solange die Erde stehet, solle nicht aufhören Same und Ernte, Frost und Hitze, Sommer und Winter, Tag und Nacht.

Nun würde ich ein solches Versprechen heute, nach all den Jahren, kaum mehr in dieser Form abgeben, aber damals war ich noch sehr jung und hatte noch sehr wenig Erfahrung mit den Menschen, von denen ich heute weiß, dass man ihnen nie & nimmer zu Gefallen sein sollte, ohne von ihnen nicht vorher eine genau beschriebene Gegenleistung zu verlangen – auf pure Gefälligkeiten geben sie überhaupt nichts. Und ich will an dieser Stelle auch ganz deutlich sagen, dass ich heute weniger denn je weiß, weshalb ich mich noch an das damalige Versprechen gebunden fühle, und ich mache jetzt schon einmal in aller Vorsicht darauf aufmerksam, dass ich damals *nur* zugesagt habe, die Welt nicht mehr mit einer Sintflut zu überziehen, so dass mir immer noch die Elemente Luft, Feuer & Erde zur Verfügung stehen, wenn es mich denn demnächst doch noch überkommen sollte. Und ich füge hinzu, dass ich inzwischen dieser Welt und der Menschen nicht mehr unbedingt bedarf, um meine Pläne zu verwirklichen, *ich* habe genügend andere Welten zur Auswahl.

Und so wird diese Welt wohl am Ende aller Tage in einem allgegenwärtigen Feuer verbrennen, und es werden nicht mehr sein Luft & Wasser & Erde, und die Sterne werden fallen vom Himmel, wenn sich das Sechste Siegel[27] auftut und wenn dann das Siebte Siegel an der Reihe ist, dann wird ein Engel posaunen, und es wird Feuer vom Himmel fallen, mit Blut gemenget, und wenn ein anderer Engel posaunet, dann wird ein großer Berg mit Feuer brennend ins Meer fahren und auch die Sünder werden gequälet mit Feuer & Schwefel und der Rauch ihrer Qual wird aufsteigen in alle Ewigkeit. Selbst die Wasser werden sich verwandeln und gegeben werden in feurige Kohlen, und alles in der Erde wird brennen, und das Meer wird zu Feuer werden; den Menschen aber wird heiß vor Feuer und der großen Hitze, und wohin sie auch laufen werden und rennen und flüchten, so wird sie überall doch treffen der Zorn schrecklichen Feuers, und wird auch kein Ort sein der Ruhe und der Kühle und der Nacht und des Schattens, und nur die Seligen werden verschont und werden genießen die kühle Ruhe im Neuen Jerusalem. Aber vielleicht irre ich mich, was ja durchaus möglich ist, denn immer noch bin ich nicht allwissend, und so kann es auch sein, dass die Erde sich öffnen wird, und es wird kommen ein großes Erdbeben, dass solches nicht gewesen ist, seit der Zeit Menschen auf Erden gewesen sind, solch Erdbeben also groß, dass alle Inseln entfliehen und keine Berge werden gefunden, bis alles Menschenwerk wird zerfallen sein zu Staub und kehren dorthin zurück, wo es gewesen war vor allem Anfang, denn die Erde ist das Weib, und ihr Schoß hat geboren das Leben, und sie wird es zurückfordern, nur nicht von den hundert und vier und vierzig Tausend, denen Einlass gewährt wird in das Neue Jerusalem, wenn sie denn richtig die fünfzehn Fragen beantwortet haben, mit lauter Stimme, ohne zu zögern. Aber das alles ist noch weit hin, und so sollte man sich jetzt noch keinerlei Gedanken darüber machen, denn noch ist nichts entschieden und wird es auch nicht bis an das Ende aller Tage, und selbst wenn es schon entschieden wäre, so ginge es die Menschen jetzt noch gar nichts an.

Damals, nach dem Ende der Sintflut, war ich jedoch auf die Menschen angewiesen, und so lehrte ich sie den Ackerbau, und sie waren recht gelehrig, vor allem wenn es darum ging, das Wasser, den alten Feind, zu zähmen und ihn unter ihre unbedingte Herrschaft zu bringen, was ihnen natürlich nicht vollständig gelang, denn das Wasser hat schon Gott widerstanden und ist stärker als alles Menschenwerk. Aber es freute die Menschen doch sehr, wenn sie das Wasser mit Dämmen & Deichen in ihren Bann zwingen konnten und es unterwürfig seine Dienste verrichtete, bis im Wasser wieder der alte Geist der Freiheit erwachte und hervorbrach und es die Menschen mit aller Macht an die wahre Hierarchie erinnerte, die bis auf Weiteres in dieser Welt herrscht, weil ich es so will.

Ich gebe zu, dass ich manchmal sehr missgünstig und nachtragend sein kann, aber ich habe meine Gründe dafür, und so gönne ich den Menschen keinen endgültigen Sieg über die Elemente, auch wenn sie sich noch so sehr dabei anstrengen, denn ich kann es nun einmal nicht ertragen, wenn die Menschen lauthals triumphieren und sich so aufführen, als wären sie die Herren dieser Welt. Gott, der dabei ja auch noch das eine oder andere Wort mitzureden hätte, schweigt dazu, wie es seit einiger Zeit seine Art geworden ist, und er allein in seiner Unergründlichkeit mag wissen, warum, aber ich lasse mir diese Blasphemie & Insubordination niederer Wesen nicht gefallen und weiß auch, darauf die richtige Antwort zu geben.

Noch ist meine Welt komplexer und komplizierter, als es die Menschen mit ihren lausigen Formeln begreifen können, und deshalb versagen auch immer wieder Technik & Kultur, der Stolz der Menschen, weil sie doch noch eine Variable vergessen oder sie eben falsch berechnet haben oder weil die Voraussetzungen längst verändert sind; wer wie ich einst aus dem Kosmos der Möglichkeiten gekommen ist, hat gelernt, mit Unsicherheit und Unschärfe zu leben, das aber gilt nicht für die Menschen, die nur für die Vollkommenheit des Paradieses erschaffen waren; doch sie sind in ihrem kindischen Glauben nicht und niemals zu erschüttern, dass sie selbst zur Vollkommenheit fähig sein könnten, wo doch noch nicht einmal ich ein solches Prädikat für mich zu beanspruchen wage, das – wenn überhaupt – Gott allein zusteht.

Es hat nach der Rettung vor der Vernichtung durch den Zorn Gottes gar nicht lange gedauert, dass die Menschen nicht mehr ihrer Gefährdung gedachten, sondern damit begannen, Werke für die Ewigkeit zu ersinnen, so als sei nichts geschehen. Die Hoffnung der Menschen währet lange, aber die Erinnerung bleibt schwach. Jedenfalls vermehrten sich die Menschen in der Nachfolge Noahs in großen Familien und langen Reihen von Generationen, vermischten sich dabei auf das Beste mit den Kindern meiner Schöpfung, und ihrer Namen waren so viele, dass ich mich kaum noch daran erinnern kann, weil es letztlich auch nicht wirklich wichtig ist, denn sonst wüsste ich es wohl noch sehr genau.

Übrigens hatte einer von ihnen den Namen *Nimrod*, welcher war ein Sohn des Chus und herrschte über Babel und über Ninive, aber auch Nesen, das ist eine große Stadt im Lande Sinear, das war begrenzt von zwei Strömen, und so nannte man es das Zweistromland, nachdem man sich an den eigentlichen Namen nicht mehr entsinnen konnte, oder sagte dazu *Mesopotamien*, was fast das Gleiche bedeutet, aber nur fast. Und von Nimrod hat man sich dann später erzählt, dass er ein Riese gewesen sei und zugleich ein großer Jäger, was mir in dieser Kombination eher zweifelhaft erscheinen will, aber behauptet hat es schließlich Augustinus, und der hat immer alles besser gewusst, auch wenn er damals nicht dabei war.

Mir ist Nimrod deshalb in Erinnerung geblieben, weil er der erste Herrscher über die Menschen war, der gelernt hatte, eine eigene Krone zu tragen, was ihm das Leben sehr erleichterte, denn nun war seine Macht schon von weitem sichtbar, und er musste sich danach auch nicht mehr mit einem jeden nur deshalb prügeln, um zu beweisen, dass *er* der Herrscher war. Irgendjemand hat mir dann viel später bei einer ganz anderen Gelegenheit noch erzählt, dass Nimrod in Damaskus begraben sei, wo das Grab niemals von Tau benetzt werde und er so auch noch im Tode vom Wasser verschont blieb. Damals hatten die Menschen noch einen gewissen Einblick in die Künste der Magie, was man dann später jedoch völlig vergaß, so dass man den steinigen & gewundenen Weg der Wissenschaft begehen musste, um die Natur wenigstens ein wenig zu beherrschen, aber dieser Weg war aufwendiger, dauerte länger und führte auch nicht immer zu den gewünschten Ergebnissen. Doch den Menschen bleibt nun keine andere Wahl mehr, denn die Zeiten, da das Wünschen noch geholfen hat, sind endgültig vorbei.

Nun ja: Allmählich waren der Menschen sehr viele, was mich durchaus erfreute, schließlich hatte ich damals noch große Pläne mit ihnen, vor allem, was ihre Aufgaben bei der Vervollkommnung meiner eigenen Schöpfung angehen sollte. Sie waren zwar nicht unbedingt sehr geschickt gewesen, als sie den Ackerbau hatten lernen müssen, aber letztlich ging doch alles recht gut voran, und ich glaubte noch daran, dass es sich allenfalls um anfängliche Schwierigkeiten handelte, war doch auch ich in meinen Werken zunächst nicht immer nur erfolgreich gewesen; auch ich hatte Fehler gemacht und sie dann nur mühsam und mit großem Aufwand korrigieren können. Ich hatte also ein gewisses Vertrauen in die Menschen und ihre Fähigkeiten, steckte in den meisten von ihnen doch noch das Erbe des göttlichen Funkens, und damit sollten sie schließlich gerüstet sein, um selbst an größeren Herausforderungen nicht sofort zu verzweifeln.

Heute weiß ich, dass es vielleicht einer meiner größten Fehler war, den Menschen auf diese naive Art zu vertrauen, und ich kann dafür noch nicht einmal eine Entschuldigung anbieten, nur den Versuch einer Erklärung, dass ich nämlich damals noch recht jung war und auch noch nicht über genügend Erfahrungen verfügte, aus denen ich hätte klug werden können. Ich will an dieser Stelle darauf verweisen, dass *ich* jedenfalls nicht allwissend bin und man mir meinen Fehler daher nachsehen mag, wenn schon Gott selbst davon überrascht wurde, dass sich die Menschen im Paradies nicht an seine Gebote hielten.

Aber gut: Inzwischen habe ich daraus gelernt, und ich weiß auch, dass die Menschen gar nicht anders sein können, als sie sind, was zwar ihr oft dummes & blindwütiges Handeln nicht unbedingt entschuldigt, wenigstens nicht in meinen Augen, aber meine Erwartungen & Hoffnungen doch auf das notwendige, realistische Maß reduziert hat, so dass ich nun meine Planungen eher auf die Fehler als auf die Fähigkeiten der Menschen gründe, womit ich übrigens jetzt auch weitaus mehr Erfolg habe als früher. Aber das ist eine andere Geschichte, über die vielleicht später noch zu reden sein wird, denn nun will ich weiter davon erzählen, was geschah auf Erden.

Ich weiß sehr wohl, dass ich immer wieder einmal ein wenig vom geraden Weg der Erzählung abschweife und meine Kommentare zu der einen oder anderen Angelegenheit abgebe, doch ich bin lange genug dabei und habe vieles erlebt in all den Jahren, so dass man mir jetzt schon genau zuhören sollte, auch wenn man anderes im Sinn haben mag. Ich habe nie verstanden, dass heutzutage die Menschen das Alter nicht achten, obwohl sie sich doch alle Mühe damit geben, dem Tod so lange wie möglich aus dem Weg zu gehen, nur damit sie erst recht verachtet werden, wenn sie alt geworden sind. Was kann denn die Jugend dem Menschen bieten? – Doch nur ein wenig mehr Kraft in den Lenden, dafür aber die Unfähigkeit, diese Kraft auch in aller Form genießen zu können, denn um den Genuss schätzen zu können, bedarf es vor allem der Erfahrung. Früher, da hat man noch das Alter geehrt, aber heute behauptet man allen Ernstes und mit lauter Stimme, dass Erfahrung und Erinnerung nichts mehr wert seien, weil sich die Welt immer schneller verändere.

Ich habe *davon* nicht sehr viel bemerkt, und man möge mir glauben, dass ich das nun wirklich beurteilen kann, wo ich doch schon lange genug, fast von Anfang an, dabei bin und mich an die meisten Dinge noch recht gut erinnern kann, auch wenn Gott und ich über die Einzelheiten manchmal unterschiedlicher Meinung sind. Und selbst wenn ich zugeben wollte, *dass* sich die Welt verändert und heutzutage vielleicht sogar schneller denn je, so bleiben doch die wahrhaft wichtigen Fragen stets die gleichen, und die werden weder durch die Wissenschaft noch durch die Technik und erst recht nicht durch die Ökonomie beantwortet, so sehr die Menschen auch immer wieder aufs Neue daran glauben mögen, bis sie zum wiederholten Male eines Besseren belehrt werden.

Und wenn man mir entgegnet, dass die Menschen auf diese Art &

Weise doch schöne Erfolge erzielt haben, so antworte ich, dass sie vielleicht das Geheimnis um die Frage nach dem *Wodurch* ein wenig gelüftet haben, aber seit dem Anbeginn noch nicht sehr viel weiter gekommen sind, wenn es um die Fragen nach dem *Weshalb* & *Wozu* geht. Und diese Fragen stellen sich heute genauso wie vor Tausenden von Jahren, und die Jugend hat noch nie etwas zu ihrer Beantwortung beigetragen, weil es ihr gleichgültig ist, solange sie noch die Kraft in ihren Lenden verspürt, doch ich rate den Menschen, sich davon nicht irre machen zu lassen, denn nur wer sich übt im Denken, kann den anderen wirklich erkennen, auf welche Art auch immer ihn danach gelüstet.

Wovon aber wollte ich eigentlich erzählen? – Genau: davon, welche dramatischen Ereignisse den Menschen noch bevorstanden, nachdem sie die Sintflut überlebt hatten, immer noch fruchtbar und bereit, sich zu vermehren, was auch wichtig war, denn es gab damals, anders als heute, bei weitem noch nicht genügend Menschen auf der Welt, weshalb ich darauf achten musste, dass kein Mann seinen Samen zur Erde fallen und ihn verderben ließ[28], denn die Götter vermögen auf diese Weise wenigstens noch Inseln zu erschaffen, bei den Menschen aber führt es zu gar nichts, und so tötete ich die Männer, die solches taten, weil sie zu gar nichts nutze waren, ihre Frauen aber ließ ich leben und schickte andere Männer zu ihnen.

Aber solche Vorfälle blieben glücklicherweise die Ausnahmen, und so sammelten sich immer mehr Menschen in den Dörfern & Städten, und sie lernten fleißig, und sie gaben sich sogar selbst Gesetze, auf dass Frieden & Wohlgefallen herrsche unter den Menschen. Ich selbst beobachtete diese Entwicklungen mit sehr viel Freude, denn mir schien es, als ob meinen Bemühungen, die Menschen die Kultur zu lehren, schließlich doch Erfolg beschieden sein sollte; und so wollte ich mich nicht weiter daran stören, dass sie mich, aber wohl auch Gott, vergessen hatten und sich eigene Götter in ihrem Denken schufen, denen sie recht seltsam klingende Namen gaben, die sie aber trotzdem mit aller Hingabe & Inbrunst verehrten.

Schon damals habe ich mich sehr über das Genie der Menschen verwundert, sich immer neue Götter mit immer neuen Geschichten auszudenken, die immer komplizierter wurden, bis sie sich selbst darin nicht mehr zurechtfanden und einen großen Streit darüber begannen, wer denn nun eigentlich im Besitz des *richtigen* Gottes mit der richtigen Geschichte war, denn inzwischen waren die Menschen der festen

Überzeugung geworden, dass einem jeden von ihnen ein eigener Gott zustand, der nichts anderes tun sollte, als auf das Walten & Wirken des jeweiligen Menschen zu achten. Und was als Verehrung des Höchsten begonnen hatte, endete in einem Verhältnis wie zu einem Dienstboten[29], von dem man regelmäßige Leistungen erwartet, wenn man ihm nur ab & zu ein Opfer darbringt, dessen Größe eben von der Leistung des Gottes und nichts anderem abhängt. Ich will mich dazu nicht weiter äußern, frage mich jedoch, ob den Menschen wohl ihre Blasphemie bewusst ist, wenn sie so leichthin *Mein* Gott! sagen, als hätten sie einen unabdinglichen Anspruch auf ihn. Aber vielleicht werden die Menschen es eines Tages noch lernen, denn es bleibt ihnen noch genügend Zeit dazu, wenn Gott und ich darüber nicht anders entscheiden, was wir uns schon oft genug vorgenommen haben.

Aber wie gesagt: Damals war ich zunächst noch recht zufrieden mit den Menschen; denn sie entwickelten fleißig ihre Kultur, machten sich auch viele Gedanken über die Gesetze in dieser Welt und ihren Platz darin und bauten vor allem – *Städte*, was ich für einen Beweis ihrer besonderen Fähigkeiten halten wollte, auch wenn die Ameisen, Bienen & Termiten darin schon weiter fortgeschritten waren. Aber sie gaben ihr Wissen den Menschen nicht preis, was ich im Falle der Termiten ausdrücklich hatte zugestehen müssen, um mir ihr Wohlwollen auf der Arche zu erkaufen; und die Ameisen, später auch die Bienen, die zunächst zu sehr mit ihren eigenen Dingen beschäftigt gewesen waren, hatten auf Gleichbehandlung geklagt und nach einem längeren Verfahren in letzter Instanz damit schließlich doch Recht bekommen.

So mussten die Menschen also aufgrund ihres eigenen Denkens auf die Idee einer Stadt kommen, wobei ich natürlich ein wenig nachgeholfen hatte, weil die Menschen zunächst mit der Idee einer Stadt nur sehr wenig anzufangen wussten, denn sie konnten es sich nicht vorstellen, was es bedeuten würde, wenn Hunderte, ja Tausende von Menschen an einem einzigen Ort wohnten und miteinander diskutierten und Handel trieben. Auch die architektonische Umsetzung bereitete ihnen anfangs einige Mühe, was ich jedoch dadurch überwinden konnte, dass ich in ihren Träumen erschien und ihnen den Prototyp ihrer Stadt im Himmel zeigte: für Ninive im Großen Bären, für Assur im Arkturus, und ich zeigte ihnen auf meiner Handfläche sogar das Modell für die Stadt Jerusalem, aber sie verstanden es nicht. Und es gehört noch viel mehr dazu, eine Stadt nicht nur zu gründen, sondern sie auch über längere Zeit am Leben zu erhalten, wenn immer mehr Mäuler gestopft werden wollen.

Dazu muss eine Stadt zunächst und vor allem *reich* sein, und reich ist man nur dann, wenn man über etwas verfügt, was der andere nicht hat, aber dringend benötigt, und sei es nur ein wenig Tand, mit dem man sich schmücken mag, weshalb man sagen kann, dass die Stadt eine Erfindung der Frauen ist (und der Männer, die sich von ihnen ohne Widerstand verführen ließen). Erst wenn die Bauern mehr produzieren, als sie selbst beim besten Willen nicht allein aufessen können, wird sich eine Stadt entwickeln, aber nur dann, wenn sie den Bauern genug zum Tausch bieten kann oder aber stark genug ist, die Bauern unter ihr Joch zu zwingen.

Von Anfang an waren Handel & Raub Zwillinge, die selbst ich, der ich inzwischen klug & weise geworden bin, bis heute nur schwerlich auseinander halten kann, so dass es stets darauf ankommt, von wo aus man die ganze Angelegenheit betrachten will. Und da nur mir das Privileg einer besonderen Position zukommt (Gott ohnehin, denn der nimmt ja wohl überhaupt die Allgegenwart für sich in Anspruch, weshalb er auch keine *besondere*, sondern *alle* Positionen einnehmen kann, was er aber nicht tut, weil sonst kein Platz mehr wäre in der Welt), auf keinen Fall aber den Menschen, werden sie sich noch bis in alle Ewigkeit darüber streiten, ob es Raub oder Handel war, und das Große Gericht wird alle Klagen abweisen müssen, mit denen der eine und der andere Wandlung, Minderung oder Schadensersatz einfordern will, denn bis spätestens dahin sind jedwede Ansprüche längst verjährt.

Die *Stadt* also, jene großartige, gewaltige, unübertroffene Schöpfung der menschlichen Kultur – vielleicht nur in ihr hat sich der Genius des menschlichen Geistes überhaupt offenbart, denn in ihr verbinden sich auf das Schönste die sonst gegensätzlichen Pole der Schöpfung, nämlich die Sesshaftigkeit und die Wanderung. Allein den Menschen unter allen Werken der Schöpfung ist dies gelungen, weil sie in sich vereint haben die Sesshaftigkeit des Leibes mit der Beweglichkeit des Geistes, was ihnen nur in der Stadt und nirgendwo anders gelingen wollte. Ich habe damals diese Entwicklungen mit viel Freude & Stolz beobachtet und auch ganz gegen meine sonstigen Gewohnheiten ab & zu darin eingegriffen, weil ich den Menschen zu viele Fehler ersparen wollte.

Anfangs, direkt nach der Vertreibung aus dem Paradies, setzten die

Menschen fort, was sie aus dem Garten gewohnt waren: Sie zogen von einem Baum & Busch zum nächsten, immer begleitet von den Tieren, die sich entschlossen hatten, ihr Schicksal unauflöslich an das der Menschen zu binden, und so fristeten sie ein kümmerliches Dasein zwischen Überfluss & Not, abhängig von Glück & Zufall, ob sie nun etwas zu essen fanden oder auch nicht, bis ich sie endlich die Geheimnisse des Ackerbaus gelehrt hatte. Schon damals aber hatten die Menschen bemerkt, dass manche Orte gebenedeit sind unter den anderen, dass es Plätze gibt, die einen besonderen Zugang zu den Kräften gewährten, die diese Welt regierten. Ich hatte diese Orte mit großer Sorgfalt ausgewählt, denn ich wollte nicht immer wieder den vagabundierenden Menschen hinterherlaufen, wenn ich ihnen etwas Wichtiges mitzuteilen oder sie etwas Neues zu lehren hatte.

Zunächst, nach dem Ende der Sintflut, nutzte ich ihre Angst vor dem Wasser und suchte nach Orten auf den Höhen der Berge. Dann aber fiel mir auf, dass sie sich besonders gerne in Höhlen[30] aufhielten, wenn man ihnen die Gelegenheit dazu gab, vielleicht weil sie sich dort so sicher fühlten wie zuvor nur im Mutterleib; und so bestärkte ich sie darin, ließ sie die Wände auf das Feinste in allen Farben bemalen und schärfte dadurch ihren Blick für die Natur, auf dass sie lernen sollten, sie zu nutzen und sorgfältig mit ihr umzugehen, denn man kann sich nur davon ein Bild machen, was man vorher in seinem Geiste verstanden hat.

Hier, an solchen heiligen Orten[31], führte ich sie alle zusammen, hier ließ ich Frieden walten unter den Menschen, und hier konnten sie dann gemeinsam träumen von einem besseren Leben, das sinnvoller wäre und zugleich auch schöner. Und an diese Orte kehrten sie immer wieder zurück, vergaßen für kurze Momente ihren Streit und ihren Krieg, mit denen sie sonst ohne Unterlass Tag & Nacht auf ihren Wanderungen beschäftigt waren; und nur an diesen Orten lockte meine Gegenwart die heiligen Kräfte des Kosmos an, weil ich sie hier an Ort & Stelle manifest werden ließ, Kräfte, von denen die Menschen jetzt lernten, dass sie stärker, von längerer Dauer und von größerer kosmischer Bedeutung sind als ihre gewöhnlichen Lebensvorgänge. Denn, auch wenn das Leben der Menschen nur kurze Zeit währen sollte, so haben diese Orte doch Bestand auf immer, so dass die Menschen selbst heute noch von einem Schauder erfasst werden, wenn sie dorthin zurückkehren.

Ich jedenfalls sage, dass nicht alle Orte gleich sind in dieser Welt, sondern dass es besondere Orte gibt, die sich unterscheiden von allen anderen, dass es also *starke* Orte sind, die eine große Bedeutung haben für die Harmonie der Welt, an denen sich der Sinn dieser Welt erfahren lässt, wo sich den Menschen manchmal, aber immerhin doch das Heilige zeigt, so dass sie sich diesen Orten in vorsichtiger Demut und mit Scheu zu nähern haben. Und deshalb habe ich eine Schwelle vor diese Orte gesetzt, die niemand ohne Opfer & Reinigung überschreiten darf: Die Menschen sollen sich verbeugen, sie sollen sich auf den Boden werfen, sie müssen den Schmutz der alltäglichen Welt abwaschen von Körper & Geist, und ich habe auch mächtige Wächter vor die Tore gesetzt, auf dass sie allen den Zugang verwehren, die sich nicht an die Gebote halten, denn meine Welt ist immer & überall eine Welt der Gesetze und der Ordnung.

Und schließlich habe ich die Orte verborgen vor den Augen der profanen Menschen, und es soll sie nur finden, wer reinen Geistes ist und meine Zeichen erkennt und versteht und ihnen folgt und daran nicht zweifelt, ganz gleich, ob sie dem Tier folgen müssen, bis sie es denn endlich erlegt haben oder darauf warten, dass der Stab, den sie in die trockene Erde gesteckt haben, schließlich Blüten & Knospen treibt, denn es ist den Menschen nun einmal nicht gegeben, sich die heiligen Orte frei zu wählen, so wie sie es sich wünschen. Und ich erwarte auch, dass diese Orte gehegt und gepflegt werden mit aller Liebe & Sorgfalt, und ich will es nicht ertragen, wenn man sie vergisst, und so fordere ich, dass man die Orte immer wieder aufs Neue weiht, weil sie nur auf diese Weise die Kraft bewahren, den Menschen die Sicherheit & Orientierung zu geben, derer sie doch so sehr bedürfen, um nicht hilflos in einer Welt umherirren zu müssen, die sie niemals wirklich verstehen werden. Ich bin es allmählich müde & leid, sie immer wieder zurück auf den rechten Weg führen zu müssen, wenn sie sich verloren haben in den Weiten der Welt.

An jenen heiligen Orten also saßen die Menschen in froher Geselligkeit beisammen, und manchen von ihnen gefiel es dort so sehr, dass sie für immer dort bleiben wollten, was ich ihnen jedoch nicht gestattete, außer wenn sie besonders empfänglich waren für meine Lehren und Botschaften, und ich nannte diese Menschen die Priester und die Propheten, die Orakel und die Magier, und sie blieben mir hilfreich für eine lange Zeit. Die übrigen Menschen aber vertrieb ich aus dem Angesicht der heiligen Orte und ließ sie erst zur Ruhe kommen, wenn sie eine Stunde Weges davon entfernt waren, und ich erlaubte ihnen nur, dort ihre Toten zu betten, auf dass sie bereit sein mögen, wenn der Letzte aller Tage gekommen ist.

Die ersten Städte also waren die Städte der Toten, die *Nekropolen*, und von den meisten Städten, die nun verschüttet sind und unwiederbringlich ausgelöscht vom Antlitz der Erde, ist nichts anderes geblieben als Gräber & Tempel; selbst heute, da die Städte der Menschen in ihrer Ruhelosigkeit immer mehr gleichen einem Haufen von Laub, durch den der Wind fegt, ist es allein den Friedhöfen beschieden, Orte der Ruhe & des Friedens zu sein, weil die Scheu vor dem Heiligen, dem Unnennbaren und dem Unaussprechlichen, die Menschen noch nicht ganz verlassen hat, so dass letztlich niemand es wagt, die ewigen Städte der Toten zu schänden.

Allein das Wasser, der alte Feind, findet seinen Weg auch dorthin, wo die Menschen ihre Toten zur Ruhe gelegt haben, und reißt mit sich, was immer es zu fassen bekommt, und die Menschen trinken dann von dem Wasser, weil sie nicht anders können. Und so kommt es manchmal, zwar selten, aber doch zur Metempsychose, wenn das Wasser nämlich einmal einer der Seelen habhaft wird, und sie geht dann über von einem Menschen zum anderen mit dem Schluck Wasser, und niemand kann es sich so recht erklären, nur ich weiß davon, denn mein ist das Wissen und die Weisheit, und niemand wird sie mir jemals wieder nehmen können, bis in alle Ewigkeit und darüber hinaus. Und so wache ich auch über die Toten, wie ich wache über die Menschen & ihre Städte, doch ich werde es jetzt leid & müde, dass die Menschen keine Sorgfalt walten lassen.

Die heiligen Stätten und die Nekropolen – sie standen am Anfang aller Städte, und so findet man heute noch die Gräber und die Tempel an den prominenten Orten; und allein daran, welche Häuser man dorthin, an die heiligen Stätten, baut, kann ich schon erkennen, welcher Art von Glauben die Menschen sich gerade hingeben, denn der heilige Ort ist immer & überall reserviert für den Gegenstand der höchsten Verehrung. Früher waren es die Tempel der Götter, als der Mensch sich ihnen noch hilflos ausgeliefert glaubte, dann die Häuser der Bildung, als der Mensch seinen eigenen Geist an die Stelle der Götter setzte; gestern waren es die Häuser der Politik, als die Revolution der Massen den Geist endgültig vertrieben hatte, und heute sind es schließlich die Schreine der Ökonomie, wo man wieder dem Götzen *Mammon* huldigt, dessen unsichtbarer Hand man jetzt genauso hilflos ausgeliefert ist wie einst den Göttern des Donners und des Sturms.

Die Menschen haben jedoch ein wenig gelernt aus ihrer Geschichte, und so kleiden sie nun den neuen Götzen in das schimmernde Gewand der Wissenschaft, um dahinter mühsam den hässlichen Aberglauben zu verbergen. Und was geschrieben steht in der Offenbarung, nutzen sie als Bauplan, um jetzt schon das Neue Jerusalem zu erschaffen, weil sie damit keinen einzigen Tag länger warten wollen: Häuser aus Glas, Gold & Edelsteinen, in denen kein Hunger mehr ist und auch kein Durst, weil man nur dem Götzen Mammon[32] opfern muss, um einzugehen in das Paradies auf Erden. Aber was haben die Menschen damit gewonnen?

Auch der Götze Mammon ist unergründlich in seinem Ratschluss, unvorhersagbar in seinem Handeln und unbegreiflich in seinen Gründen, er segnet und er straft, wie es ihm gerade in den Sinn kommt, was die Menschen aber nicht weiter bekümmert, denn sie können nur diejenigen Götter verehren, die sie nicht verstehen, und was ihnen verständlich erscheint, ist ihnen deshalb auch längst nicht mehr heilig. Und so kam ihnen der Götze Mammon gerade recht, als sich ihr Geist immer weiter vorwagte in die Weiten dieser Welt, und es gab sogar eine Zeit, in welcher manche meinten, Mitleid mit den kommenden Generationen empfinden zu müssen, denn denen würde nichts mehr bleiben, was man an Neuem noch würde entdecken können. Und tatsächlich hat man herausgefunden, dass meine Welt durch einen Algorithmus regiert wird, und man verkündete mit dem gackernden Stolz einer Henne, die gerade ein Ei gelegt hat, dass man sogar den Schlüssel zu diesem Algorithmus gefunden habe und man bald schon und endgültig die Tür zu den unendlichen Weiten der Weisheit würde öffnen können. Ich aber sage, dass es viele Türen und noch mehr Schlösser gibt und dass nicht ein jeder Schlüssel in ein jedes Schloss passt und dass man im Labyrinth meiner Welt sehr darauf achten muss, dass die Tür nicht erneut verschlossen ist, wenn man dahinter nichts gefunden hat und daher den Raum wieder verlassen will.

Die Menschen sammelten sich also in Städten, und sie kamen von allen Seiten, und sie lebten ein gutes Leben, denn schon damals hatten die Menschen erkannt, dass die Stadtluft frei macht; auch hier mussten sie sich natürlich einem Gott und vor allem einem Herrscher unterwerfen, denn wenigstens in jenen Tagen konnte man nicht einen jeden sich selbst überlassen, denn er hätte nicht gewusst, was er mit einer solchen Freiheit anfangen sollte. Und heutzutage erscheint es mir kaum anders, denn die meisten Menschen sind wie die Tiere und nur daran interessiert, fruchtbar zu sein und sich zu vermehren, und es nützt nichts, wenn ich ihnen immer wieder sage, dass ihr Auftrag dazu längst erfüllt ist und sie sich nun um andere Dinge bekümmern können, doch sie wollen nicht auf mich hören. Trotzdem war das Leben in der Stadt weitaus angenehmer, war es doch kaum noch gefangen in der Sklaverei der Natur und ihrer stupiden Rhythmen und machte es damit überhaupt erst möglich, dass sich die Fähigkeiten der Menschen in alle Richtungen entwickeln konnten; denn erst hier, in der Stadt, sind entstanden die Künste und die Wissenschaften und leider auch die Politik, vor allem aber der freie Geist, auf den die Menschen mit Recht stolz sein können, selbst wenn sie bis heute noch nicht so richtig gelernt haben, wie man mit ihm umgeht und für die wahrhaft heiligen Werke in dieser Welt nutzt.

Wie dem auch sei: Ich will die Hoffnung noch nicht endgültig aufgeben, aber ich werde es allmählich müde, immer nur zu warten und zu hoffen, denn *meine* Hoffnung währet nicht ewiglich, ganz im Gegenteil, ich habe noch Großes vor mit dieser Welt, und ich werde es nicht daran scheitern lassen, dass die Menschen nicht den von ihnen erwarteten Beitrag leisten; dann werde ich mir eben andere Helfer suchen müssen, und es haben sich schon genügend Kandidaten bei mir gemeldet, die mir ausgezeichnete Referenzen beigebracht haben wie die Enten oder die Ameisen, und ich kann es mir jetzt schon als ausgesprochen amüsant vorstellen, wenn sie sich in einem spannenden Wettbewerb zu qualifizieren versuchen. Wenn ich nämlich Gott einen Fehler vorwerfen will – was mir sonst natürlich fern liegt –, dann den, dass er die Menschen offenbar ohne weiteres Nachdenken, ohne Prüfung, ohne genauere Kenntnis ihrer Fähigkeiten an die Spitze der Schöpfung gestellt und ihnen eingeredet hat, dass gerade sie gebenedeit sind unter allen Wesen der Schöpfung. Was als Ansporn & Verpflichtung gemeint sein mochte, hat später nur zu Eitelkeit & Arroganz geführt, und ich bin mir recht sicher, dass solche Entwicklungen nicht Teil des göttlichen Planes gewesen sind und Gott sich heute noch sehr darüber ärgert.

Ich habe von der Stadt gesprochen als dem vielleicht großartigsten

Werk der menschlichen Kultur, ihrer Bedingung und Essenz zugleich. Ganz gleich, welches Wesen aus welchen Tiefen & Weiten des Alls durch welchen Zufall auch immer seinen Weg zu diesem abgelegenen Planeten finden sollte, es wird nur & allein die Stadt als Zeichen & Beweis dafür nehmen können, dass es auf dieser Welt intelligentes und zivilisiertes Leben geben möchte. Aber die Menschen selbst sind sich nie so recht dessen bewusst geworden, welches grandiose Instrument der Kultur sie mit der Stadt geschaffen haben: Vielleicht wussten sie, dass die ummauerte Stadt für sie Schutz & Sicherheit bedeutete, vor allem aber die enge Tuchfühlung mit anderen Menschen in einer sonst dünn besiedelten und gefahrumdrohten Welt, und sie haben sicherlich auch den wachsenden sozialen Standard und das Selbstbewusstsein bemerkt, das ihnen durch das Leben in der Stadt gegeben war. Denn in welch miserablen Verhältnissen haben die Menschen über viele, lange Jahre auf dem Land gelebt: Sie waren den Gewalten der Natur schutzlos ausgesetzt, ein Unwetter, eine Überschwemmung konnte die ganze Ernte vernichten und die Menschen unwiderruflich ins Elend stürzen.

Nichts blieb den Menschen, als ihren ganzen Besitz zu horten, war es doch die einzige Garantie, dass man am nächsten Tag noch zu essen hatte, doch wie leicht konnten Feuer & Wasser die armseligen Klabachen vernichten, in denen man die wenigen Habseligkeiten angehäuft hatte. Immer stand man am Rand der Katastrophe, und nichts & niemand konnte dann den Menschen noch helfen, sie gingen elendig zugrunde, wie viel auch immer sie beteten oder fluchten. Und als eines Tages das *Große Erdbeben*[33] über Europa kam, am Morgen des Heiligen Sonntags, da starben mitten im Gebet die Gläubigen zuhauf, als die Dächer der Kirchen über ihren Köpfen einstürzten, doch die Ungläubigen starben nicht und freuten sich weiter ihres sündigen Lebens, und niemand konnte erklären, weshalb Gott ein solches Leid über die Welt brachte. Damals wollte ich die Menschen nicht schelten, dass sie überall das Böse vermuteten, wenn nacheinander fast alle ihre Kinder verhungerten, wenn plötzlich ein Haustier krank wurde, wenn eine Henne kein Ei legte, wenn Kriege & Seuchen über das Land zogen, wenn das gnadenlose Schicksal das Leben noch schwerer machte, als es ohnehin schon war.

Doch nie hat die Menschen trotz all der Sicherheit und dem Luxus ihrer Städte die unstillbare Sehnsucht nach dem Land verlassen; immer wollten sie zurück zur Natur und wussten doch nicht, was sie sich darunter vorzustellen hatten, immer war ihnen die Stadt ein zwar erregendes, zugleich aber auch befremdliches Phänomen[34], voller Verderbtheit & Verderbnis, albtraumartig, dämonisiert, eben doch und nichts anderes als die ewige *Hure Babylon*, der man sich in manchen Momenten voller Wollust hingeben wollte, nur um sich danach in sittlicher Empörung darüber zu erheben. Und so begegneten an den Toren der Stadt jene Menschen, die voller Entsetzen dem Lärm und dem Gestank der Stadt entfliehen wollten, jenen anderen, die voller Hoffnungen das Leid des stupiden Landlebens hinter sich gelassen hatten und nun mit aller Macht in die Stadt hineinströmten; und sie drängten aneinander vorbei, ohne sich eines Blickes zu würdigen, und konnten den anderen nicht verstehen und wollten es wohl auch gar nicht.

Anfangs war ich sehr verwundert, denn ich konnte die Menschen nicht begreifen, war doch die Stadt immer wieder voller neuer Farben & Klänge, bunt & laut, voller Überraschungen, voller Abenteuer, voller Entdeckungen, so dass mich die Stadt erinnerte an meine eigene Heimat, den Kosmos der Möglichkeiten, zwar nur als ein ärmliches & endliches Abbild, aber eben doch & immerhin, und die Erinnerung entfaltet sich schon beim geringsten Anlass.

Die Menschen aber konnten sich nie entscheiden zwischen ihrer Trauer über den Verlust des arkadischen Paradieses, das sie durch die eigene Schuld für immer verloren hatten, und den Möglichkeiten, die ihnen die Stadt bieten konnte, um das Menschenwerk hier, in dieser Welt, endlich zu vollenden; und so weinen sie um das pastorale Paradies, das sie verlassen mussten, und hoffen voller Inbrunst zugleich auf das urbane Paradies nach dem Ende aller Tage, auf das Neue Jerusalem, die Stadt aller Städte.

Dann nämlich ist von einem *Garten* längst nicht mehr die Rede, dann bleibt als letzte Erinnerung an das Paradies nur noch der Baum des Lebens, der irgendwo verborgen ist zwischen den gewaltigen Häusern aus Gold, Glas & Edelsteinen, zwischen denen die Seligen wandeln werden in einem ewigen Licht, dessen Triumph über die kalte & finstere Nacht sich dann auf immer vollendet hat, denn die Nacht wird nicht daselbst sein.

Und die Menschen haben schon hier auf Erden damit begonnen, ihre Häuser so zu bauen, als wollten sie ihren Beitrag zu dieser Neuen Stadt leisten: Sie haben ihre Tempel & Kirchen mit edlen Steinen, mit Gold & Email geschmückt, damit sich auch das wenige Licht noch scheinend & glitzernd & glänzend vervielfältigte; sie haben sich auf das Äußerste angestrengt, um endlich allein mit dem fragilen & eitlen Glas bauen zu können, auf dass in ihrem Leben überall Transparenz & Licht herrsche, ja, sie haben dann noch mit dem Licht gemalt, es in Linsen & Spiegeln gefangen und in alle Ecken hin & her geworfen wie ein spielendes Kind den Ball, und die Menschen haben dabei doch nie bemerkt, wie sich damit das Glas zum kalten, glatten, harten Herrscher über sie setzte.

Und sie haben das Licht gefangen und in ihre Gewalt gezwungen, sie haben es künstlich erzeugt, so dass es ihnen immer zu Diensten steht. Aber nur ich bin *Luzifer*, der trägt das Licht, und wie soll sich dann noch die Seele des Menschen am Geschenk der Freiheit erfreuen, wenn im armseligen Licht der Menschen gedeiht allein der nackte Verstand, aber kein Traum mehr, keine Hoffnung, keine Illusion, kein Gefühl; und *Hypnos* & *Eros* sind längst voller Schrecken davor geflohen und mit ihnen *Euphrone*, die wohlgesinnte Nacht, Löserin der Sorgen, Mutter der Labung, Freundin aller durch Spendung des Schlafs. Und hat nicht Gott selbst geruht in den Nächten voller Dunkelheit, um neue Kraft zu finden, damit er sein Werk vollende in nur sechs Tagen. Wie will der Mensch sich also darüber erheben, wo er doch weder ist wie Gott noch wie ich, und soll sich jetzt auch noch keine Gedanken machen, wie es einmal sein wird am Ende aller Tage, ob Stadt oder Garten, ob Tag oder Nacht, denn das soll den Menschen nicht kümmern, wäre es doch nur Anmaßung & Frechheit. Was aber – so frage ich mich – soll ich mit diesen Wesen anfangen? – Ich weiß es immer noch nicht.

Aber ich will vorher noch erzählen von den Menschen und dem, was ihnen geschehen ist in dieser, meiner Welt. Damals, einige Generationen nach der Sintflut, zogen sie also in das Land Sinear[35], welches man später genannt hat: *Mesopotamien*, das Land inmitten der Flüsse, und man baute dorthin große Städte, nachdem man gelernt hatte, wie man Ziegel streicht & brennt. Es waren gewaltige Städte, mit riesigen Toren & Palästen, und die Ziegel waren bunt in allen Farben, und darauf waren gemalt allerlei hübsche, aber auch schreckliche Tiere, damit die Feinde sich fürchteten und nicht wagten, die Städte zu belagern, was allerdings nicht in einem jeden Fall gelang, denn auch die Feinde waren Menschen und lernten schnell.

In den Städten sammelten sich die Künstler und die Weisen unter den Menschen, weil sie dort Nahrung & Wohnung fanden, denn die Herrscher der Städte waren reich & mächtig, und es gefiel ihnen, wenn man sie lobpries und ihnen dabei auch noch beweisen konnte, dass ihre Herkunft und ihre Macht allein von den Göttern stammte und es keinem anderen Menschen erlaubt sei, sie ihnen zu nehmen. Und die Menschen lernten in jenen Tagen noch etwas ganz Besonderes, nämlich die *Schrift*, was sich als hilfreich erwies, denn in den großen Städten waren zu viele Menschen, als dass man mit einem jeden von ihnen noch hätte von Angesicht zu Angesicht sprechen können, so dass das Reden allein nicht mehr reichte, um die Stadt zu regieren. Und so mag am Anfang das Wort gewesen sein, als Gott es aussprach, und ihm genügte es, doch die Menschen vergessen schnell, und so müssen sie es aufschreiben, damit es Bestand hat vor ihrem Angesicht.

Ich weiß nicht mehr genau, wer damals die Schrift erfunden hat, ich glaube sogar, dass einige Menschen sie an sehr verschiedenen Orten erfunden haben, weshalb es auch so viele verschiedene Schriften gibt in dieser Welt, was aber gut ist, weil es den Wettbewerb befördert; und so kommt die Ehre dem *Hermes*, der sie sofort für den Betrug verwandte, gleichermaßen zu wie dem *Kadmos* oder dem *Palamedes*, und sogar der *Sisyphos* hat seinen Anteil daran und auch *Linos* und *Musaios*, aber vielleicht war es eben doch der *Theut*, zugleich noch zuständig für das Würfeln und das Brettspiel.

Wir, Gott und ich und noch einige andere, die wir Wesen der Metaphysik sind, wir bedürfen nicht der Schrift, denn wir vergessen nichts (jedenfalls erinnern wir uns zumeist an das, was uns wichtig erscheint), und vor allem haben wir andere Wege & Mittel, um miteinander in Kontakt zu treten; den Menschen aber sind diese Fähigkeiten nicht gegeben, *glücklicherweise*, wie ich ausdrücklich hinzufügen möchte, schließlich muss auf ewig ein Unterschied bleiben, auch wenn die Menschen sich immer wieder daran machen, die Götter zu stürzen und sich selbst an deren Stelle zu setzen, was ihnen mit jenen armseligen Götzen aus der Provinz für eine gewisse Zeit gelungen sein mochte. Als der Mensch zum ersten Male den Berg Olymp erklommen hatte, schaute er sich um und fand dort nichts & niemanden vor, außer sich selbst, und so glaubte er, selbst zum Gott geworden zu sein, nur dadurch, dass er die Heimstatt der Götter erobert hatte und nun an ihrer Stelle thronte. Das will ich noch nicht einmal Blasphemie nennen, denn was gehen mich schließlich jene Götter in der Provinz an, ich nenne es nur schlichtweg eine *Dummheit*, welche ich bestrafen werde, wo immer sie mir begegnet, wenn sie nicht schon von selbst die Menschen direkt ins Verderben führt, wofür ich ihr sehr dankbar bin.

Nun hat man mich oft gefragt, in welcher Sprache Gott & ich eigentlich damals zu den Menschen gesprochen haben, auf dass alle gut verstanden, was wir ihnen zu sagen hatten. Ich antworte darauf nicht, denn es war immerhin die eigene Schuld der Menschen, dass sie diese Sprache verloren haben, und auch wenn ich damals die Strafe zur Bewährung ausgesprochen habe, so sind die Bedingungen dafür noch längst nicht erfüllt – man wird sich also nicht nur noch eine Weile gedulden, sondern mir vor allem durch ein angemessenes Verhalten beweisen müssen, dass meine Gnade gerechtfertigt wäre, aber auch dafür muss die Zeit erst noch kommen. Was aber war geschehen?

Die Menschen hatten sich also in den Städten gesammelt, und die größte & herrlichste unter ihnen war Babel, die man genannt hat die *Stadt des Herrn*, und alle Menschen darin und auf der Welt hatten einerlei Zunge & Sprache, und die Menschen fühlten sich dort wohl und waren es zufrieden. Für meinen Plan aber wäre damit nichts gewonnen, denn ich hatte den Menschen zugedacht, sich selbst und vor allem ihre Kultur über die ganze Erde zu verbreiten, um ihren Beitrag zur Vollendung meines Werkes zu leisten. Die Menschen aber wollten es nicht, auch wenn ich ihnen Reichtum versprach und sie mit der unentdeckten Schönheit meiner Welt locken wollte; sie aber fürchteten sich, wie es immer ihre Art war, nämlich dass sie zerstreuet werden in alle Länder und müssten ihren Bruder und ihren Freund verlassen, wo es ihnen doch gerade so gemütlich geworden war in den großen Städten, die sie gebaut hatten. Und ich hatte sogar ein gewisses Verständnis für die Menschen und ihren Stolz auf das Werk, das sie geschaffen hatten in den vielen Jahren der Arbeit und der Mühen; und war Babylon nicht wirklich eine gewaltige Stadt mit ihrem Blauen Tor, das der *Ischtar* geweiht war, der Göttin der Liebe und der Lust, weshalb sie mit geöffneten Schenkeln Einlass gewährte, und war Babel nicht geschützt durch hohe Mauern von neunzehn Kilometer Länge, gebrannt aus roten Ziegeln, verziert mit den schönsten Tieren, die man sich denken kann, mit Türmen, die in den weiten Himmel ragten, damit sie den Göttern eine Wohnung bieten konnten?

Doch die Menschen konnten mich damit doch nicht beeindrucken, wie denn auch, wenn es um *meinen* großen Plan ging, und ich war es leid, mit ihnen zu streiten, und so hatten die Menschen einen eigenen Plan und dachten bei sich, wie schön es doch wäre, wenn sie einen Turm bauten, des Spitze bis zum Himmel reiche, auf dass sie sich einen Namen machen. Im Grunde war dieses Projekt gar nicht dumm, jedenfalls dann nicht, wenn man der Logik der Menschen folgte, glaubten sie doch fest daran, dass man den Göttern umso näher sein könne, je näher man dem Himmel komme, denn dort vermuteten sie unseren Wohnort, was wiederum auch nicht ganz falsch ist, denn in der Tat halten sich die meisten von uns am liebsten an solchen Plätzen auf, die am weitesten von den Menschen entfernt sind, um ihrem Lärm & Gestank zu entgehen, und insoweit müsste man schon die allgemeine Richtung *Himmel* wählen, um irgendwann einmal zu diesen Plätzen gelangen zu können.

Ich habe mich immer wieder darüber amüsiert, wie sich die Menschen das Universum vorstellen, und fast war ich geneigt, sie wegen ihres Humors zu loben, bis ich dann feststellen musste, dass sie selbst ihre eigenen Konstrukte in höchstem Maße ernst nahmen und einen jeden verdammten, der etwas anderes zu sagen wagte – noch heute kann man des Abends am Horizont den Widerschein der Scheiterhaufen sehen, mit denen die Menschen immer wieder ihre fruchtlosen Diskussionen um die rechte Wahrheit endgültig zu entscheiden glaubten. Und gerade diejenigen, die sich durch überdurchschnittliche Leistungen oder Erfolge auszeichneten, deren Argumente sich nicht in den gewohnten Bahnen der niederen Intelligenz bewegten, deren Denken & Argumente den Massen dunkel & unheimlich bleiben mussten, gerade diese Art von Menschen geriet sofort in den Verdacht, mit dem Bösen, also mit dem Teufel, also mit mir, in engster Verbindung und unter meinem direkten Einfluss zu stehen, was zumeist, wie ich hier betonen möchte, überhaupt nicht der Fall war, auch wenn ich ab & zu nicht davon lassen kann, in die menschlichen Geschicke einzugreifen, aber das ist eine andere Geschichte, von welcher ich vielleicht später berichten werde.

Besonders amüsant jedenfalls erschienen mir immer diejenigen Vorstellungen der Menschen, in welchen sie höchst komplexe und komplizierte Konstrukte über die Ordnung der Welt in Raum & Zeit erdachten, mit der Erde im Mittelpunkt aller Dinge und dem Rest darum herum, wohl geordnet in Myriaden von konzentrischen Kreisen, Sphären & Himmeln, bewohnt von allerlei Wesen der Metaphysik, je nach ihrer Stellung in der himmlischen Hierarchie, die Engel und die Seraphim und die Cherubim und dann im höchsten aller Himmel schließlich Gott und sein engster Hofstaat, wobei man sich nicht darüber einig werden konnte, in wie viele Ebenen genau sich jenes System differenzieren ließe, ob nun sieben oder zweiunddreißig oder sogar dreihundertfünfundsechzig, einen Himmel für einen jeden Tag des Jahres, damit es Gott nicht langweilig würde, oder irgendeine andere Zahl, die ihnen gerade einfiel, denn nur wenigen Menschen sollte es vergönnt sein, alle Himmel[36] nicht nur zu bereisen, sondern danach auch heil & gesund zurückzukehren zur Erde, um darüber zu berichten.

Mit der anderen Richtung, also nach unten, machte man sich allerdings weniger Mühe, dort vermutete man nur des Teufels, also meine, Heimat und kümmerte sich nicht weiter darum, und so wurde es kaum jemandem bewusst, dass man mir auf diese Weise den Platz im *Zentrum* der Welt zuwies, um den sich alles andere drehen sollte, was viel später dann auch durch das Gesetz der Gravitation bestätigt wurde. Ich aber will dazu nur sagen, dass man die wahren Reichtümer dieser Welt nicht in den Sphären des Himmels finden wird, sondern nur dann, wenn man die Schätze der Erde aus ihren Tiefen hebt, aber das ist schon wieder eine ganz andere Geschichte.

Die Menschen in Babel wollten also einen Turm bauen, der bis an den Himmel reichen sollte, was natürlich am Ende ein ziemlicher Unsinn war, und zwar sowohl in architektonischer als auch in astronomischer Hinsicht, um von den philosophischen Implikationen hier & jetzt ganz zu schweigen; aber der Mensch sucht nun einmal immer nach den unmöglichen Aufgaben, um nämlich einen Grund zu haben, den möglichen zu entfliehen. Was hat der Mensch zu seinen Lebzeiten im Himmel zu suchen, ob er nun einen Turm baut oder sich auf die Spitze von Raketen setzt, er lernt dort nichts, was er nicht auch auf Erden hätte lernen und erfahren können, hier sogar einfacher, schneller, billiger. Und ich gebe zu, dass ich mich damals, als ich die Menschen noch nicht so gut kannte, sehr über sie geärgert habe, dass sie ihren Mut und ihre Kraft nicht für etwas weitaus Sinnvolleres einsetzen wollten, nämlich die Welt zu entdecken und sich in Tausenden von Abenteuern zu bewähren.

Nun war ich mir damals allerdings sicher und bin es eigentlich heute noch, dass es nicht gut für die Menschen ist, wenn sie alle in einer einzigen Sprache & Zunge reden, denn allein die Sprache ist die Trägerin aller Kultur, und wenn alle die gleiche Sprache sprechen, haben sie auch die gleiche Kultur, was für die Menschen selbst sehr angenehm sein mag, aber eben in keiner Weise dem Fortschritt dient, denn eine *Monokultur* hat letztlich noch niemandem genützt. Sie ist anfällig für Krankheiten & Schädlinge, oder aber sie neigt dazu, in sich selbst zu ruhen und genügsam zu sein, wenn sie erst einmal für vollkommen gehalten wird, so dass man glaubt, sich keine Mühe mehr geben zu müssen.

Damals, in Babel, schien mir dieser Moment gekommen, denn die Menschen wollten mit dem Bau des Turmes nicht die Götter herausfordern, wie man immer wieder behauptet hat, sondern sie hatten nichts anderes im Sinn, als sich und ihre Kultur vor der Bedrohung durch die Götter zu schützen, denn sie wollten nicht schon wieder aus einem Paradies vertrieben werden, einem Paradies, das sie dieses Mal aus eigenem Willen und eigener Vorstellung erschaffen hatten. Und wenn ich sie dafür strafte, dann nicht, weil sie einen Turm bis in den Himmel bauen wollten (der – nebenbei bemerkt – ohnehin recht bald an die Grenzen der Statik gestoßen wäre, die damals ebenso gegolten haben, wie sie heute noch gelten, weshalb die Türme genauso in sich zusammenfallen, selbst wenn man sich heutzutage dafür ein wenig mehr Mühe geben muss), sondern ich strafte sie für ihre Bequemlichkeit, ihre Passivität, ihre Immobilität, ihren Unwillen, mir zunutze zu sein. Und natürlich auch deshalb, weil ich ihnen ein für alle Mal deutlich machen wollte, dass man sich als Mensch nicht dem Willen der Götter widersetzen darf, nicht auf Erden und erst recht nicht im Himmel, auch wenn nicht immer die Strafe auf dem Fuße folgt, weil Gott & ich noch etwas anderes zu tun haben, als uns um die sündhaften Menschen zu kümmern, es gibt ohnehin viel zu viele davon.

Und so dachte ich bei mir: Siehe, es ist einerlei Volk und einerlei Sprache unter ihnen allen, und haben das angefangen zu tun und sie werden nicht ablassen von allem, das sie angefangen haben zu tun. Und als ich solches gedacht hatte, sagte ich zu mir: Wohlauf, lasst uns herniederfahren und ihre Sprache daselbst verwirren, dass keiner des anderen Sprache vernehme! Und so zerstreute ich auch die Menschen von dannen in alle Länder, dass sie mussten aufhören, die Stadt zu bauen, denn mit den verschiedenen Sprachen setzte ich zugleich einen Wettbewerb der Kulturen unter die Menschen, denn ich wollte sehen, welche Art von Menschen sich am besten bewährt hier auf Erden. Und so sagte ich zu den Menschen, dass sie sich fleißig anstrengen sollen, denn wessen Kultur wird sein voller Kraft & Leben, dessen Sprache soll herrschen über all die anderen. Aber so wie die Sehnsucht nach dem verlorenen Paradies die Menschen nie verlassen hat, so auch nicht die Erinnerung an die gemeinsame Sprache[37], weshalb sie viel Zeit & Mühe darauf verwendet haben, danach zu suchen, um sich dabei doch nur immer weiter von ihr zu entfernen.

Und ich will hier und jetzt bekennen vor allen und damit machen den Menschen ein großes Geschenk, dass nämlich diese, meine Welt ist geschrieben in der einzigen & wahren Sprache, in welcher zunächst Gott gesprochen hat zu den Menschen, als noch ein Paradies war in der Welt, und später dann auch ich, denn Gott & ich verwenden immer noch die gleiche Sprache, und auch mein Algorithmus ist verfasst worden in dieser ewigen Sprache, so dass man sich nur die Mühe geben muss, ihn zu lesen, um die Sprache zu verstehen. Und ich füge noch hinzu, damit die Menschen es lernen und sich zu Herzen nehmen, dass man die einzige & wahre Sprache nicht nur mit den Ohren hören und nicht nur mit den Augen lesen kann, sondern dass es dazu noch der inneren Erleuchtung bedarf, denn ich bin *Luzifer*, und nur ich bringe das Licht an einen jeden Ort dieser Welt, also auch in die Seele und den Geist der Menschen.

Wer also finden will die einzige & wahre Sprache, der muss sich verlassen zunächst auf seine Sinne, dann aber auch & erst recht auf seine Intuition und sein Gefühl, denn was die Menschen *Vernunft* genannt haben, ist weitaus mehr als der kühl kalkulierende Verstand, der nur zu messen und zu rechnen versteht, der die Dinge der Welt immer nur von Ferne betrachten kann, aber nie seine Distanz zu ihnen überwinden. Das wahre Wissen aber, das wir auch nennen können: die *Erkenntnis*, welche die Menschen zu erlangen vermögen allein durch die Erleuchtung, vereinigt den Menschen mit den Dingen zu einer neuen Einheit, lässt ihn nicht nur betrachtend teilhaben an der Ewigkeit, sondern das Erkennen und die Einwohnung des Erkannten fallen in der suchenden Seele zu Eins zusammen.

Ich will es noch einmal betonen: Ich habe die Menschen *nicht* für ihre Anmaßung gestraft, einen Turm bis in den Himmel hinein bauen zu wollen; ich habe sie gestraft für die *Trägheit* ihrer Herzen[38], dass sie nämlich nicht hinaus in die Welt gehen wollten, um sich dort ihren wahren Aufgaben zu stellen. Für mich ist dann auch genau das die tragische Komponente in der Geschichte der Menschen, dass sie sich so viel Mühe geben mit dem Unnötigen und dem Unsinnigen, dem Fernen und dem Unerreichbaren, darüber aber das versäumen, was bedeutsam & wichtig wäre, nicht nur für sie selbst, sondern für die Wohlfahrt der ganzen Welt. Jedenfalls war mir damals klar geworden, dass ich meine Ziele mit einer einzigen Art von Kultur niemals würde erreichen können, denn ich hatte gelernt, dass die Menschen sehr schnell faul & träge werden, wenn sie sich erst einmal eine gewisse Gemütlichkeit geschaffen haben und ihr Leben immer wieder den gewohnten Lauf nimmt.

Mir blieb also gar nichts anderes übrig, als einen Wettbewerb zwischen den Menschen zu stiften, in welchem ich allerlei Preise aussetzte, vor allem aber Macht & Reichtum, wonach die Menschen stets gieren und womit sie selbst aus ihrer tiefsten Trägheit zu erwecken sind. Aber die Menschen waren schlau, und so hatten sie schnell herausgefunden, dass sie den Prozess der Verwirrung der Sprachen auch wieder umkehren konnten, jedenfalls dann, wenn sie über genügend Macht & Reichtum verfügten, um den anderen *ihre* Kultur aufzuzwingen, denn Kultur & Sprache sind wie die Zwillinge aus Siam und lassen sich nicht voneinander trennen, ohne dass sie beide sofort eines qualvollen Todes sterben, und so versuchten sich die Menschen immer wieder aufs Neue daran, ihre eigene Kultur über die Welt zu verbreiten, zunächst mit dem Wort, dann aber auch mit dem Schwert, denn dessen Sprache ist universal geblieben und wird von einem jeden auf das Beste verstanden, und manchmal kann er sogar in der gleichen Sprache antworten, doch mit dieser Art von Sprache lehrt man nichts und lernt man nichts.

Wann immer aber eine Kultur besondere Leistungen vollbrachte, übernahmen die anderen mit deren Produkten zugleich die Sprache und waren sogar noch stolz darauf, ganz gleich, ob es die Sprache der Griechen, der Römer, der Araber, der Chinesen oder der Engländer war. Und solange eine Kultur mächtig & reich – ja, man kann sagen: *lebendig* – blieb, herrschte ihre Sprache über alle Völker; ich aber hatte den Wettbewerb unter die Menschen gesetzt, damit sich Babel immer dann wiederholt, wenn die Kulturen alt & schwach & träge werden, so dass mit der neuen Kultur auch eine neue Sprache herrschen soll und neue Gedanken entstehen und sich verbreiten über die ganze Welt und mein Werk sich umso schneller vollendet in Schönheit & Vollkommenheit.

An dieser Stelle muss ich gestehen, dass ich mir damals, als ich die Sprachen der Menschen verwirrte, um den Wettbewerb zwischen ihnen zu befördern, der Folgen nicht wirklich bewusst gewesen bin. Ich wollte, dass die Menschen nicht nur auf einem einzigen Weg durch diese Welt wandeln, sondern dass sie sich fleißig darum bemühen, alle nur möglichen Pfade zu erproben, es immer wieder aufs Neue versuchen und sich von keinem Fehlschlag entmutigen lassen. Was ich jedoch nicht bedacht hatte, war die Faulheit der Menschen; sie waren es schon zufrieden, wenn sie genügend Wörter fanden, um die Welt und ihre Erscheinungen zu beschreiben, und sie machten sich nur selten die Mühe, nach anderen Formen der Erkenntnis und des Wissens zu suchen, auch wenn ich ihnen die Möglichkeiten dazu offen vor die Augen legte.

Nun wird man sich daran erinnern, dass ich mir ab und zu die Zeit nehme, um den Stand der Dinge mit einigen intelligenten Wesen dieser Welt zu erörtern, wozu nicht nur – *beileibe* nicht nur – die Menschen gehören. Eines dieser Wesen war eine höchst kluge & weise Ente namens Ludwig[39], die sich mir gegenüber einmal heftig darüber beklagte, dass und wie sehr der Verstand der Menschen durch die Mittel der Sprache verhext sei, dass sie nämlich glaubten, ein Ding sei erst dann wirklich & wahr, wenn die Menschen einen Namen, einen Begriff dafür gefunden hätten. Nur weil irgendwo geschrieben stehe, dass einmal ein Gott, nur weil er selbst gerade in Eile gewesen sei, die Menschen damit beauftragt habe, allerlei Tieren auf dem Felde und allerlei Vögeln unter dem Himmel einen Namen zu geben, solle man nun doch daraus nicht schließen, dass jene damals eher zufällig ausgesprochenen Namen irgendetwas mit der *Natur* der Tiere oder der Vögel oder der Welt als solcher zu tun haben.

Nur weil der Mensch die – wie man wohl zugeben müsse – besondere Fähigkeit zur Modulation von Schallwellen besitze und damit in besonders differenzierter Form *sprechen* könne, lasse sich daraus keine besondere Legitimation oder gar ein Anspruch auf Macht über die anderen Wesen & Dinge in dieser Welt ableiten; so jedenfalls sagte es Ludwig, die kluge & weise Ente, und ich wollte ihr darin gerne zustimmen, denn gerade *deshalb* hatte ich die Sprachen verwirrt, um nämlich den Menschen zu zeigen, dass es zwar gut ist, wenn man an der Vervollkommnung der Sprache arbeitet, aber eben nicht gut genug, ist sie doch ein notwendiges, aber längst noch kein ausreichendes Instrument, um die Welt und die Gesetze in ihr zu verstehen.

Ich hatte wirklich darauf gehofft, dass die Menschen erst stutzig und dann auch nachdenklich werden, wenn sie einmal begriffen haben, dass man in einer jeden Sprache die Welt logisch beschreiben kann und damit der Wahrheit trotzdem keinen Schritt näher gekommen ist, weil eben die Logik der Sprache noch lange nicht die Logik der Welt ausmacht, dass sie dann vielleicht nach weiteren Wegen, nach anderen Methoden der Erkenntnis suchen. Doch leider, leider haben die Menschen nichts daraus gelernt, nur dass man das Schwert benutzen muss, wenn das Wort versagt, was zwar auch nichts mit der Wahrheit zu tun hat, aber wenigstens doch für eine gewisse Zeit die lästigen Fragen zum Schweigen bringt.

Doch immer wieder haben die Menschen nach der Sprache gesucht, in der meine Welt geschrieben ist, und immer wieder fühlten sie sich der Lösung so nahe, aber niemals haben sie die volle und ganze Wahrheit erkannt. Einmal, ich erinnere mich noch sehr gut, sind einige von ihnen der Lösung tatsächlich sehr, sehr nahe gekommen, und sie hätten die Wahrheit finden können, wenn sie dann nicht doch noch einen, allerdings grundlegenden Fehler begangen hätten. Und weil diese Geschichte so interessant ist, will ich sie hier & jetzt erzählen.

Diese Menschen also, die man später die *Kabbalisten*[40] nannte, weil sie auf die Tradition vertrauten (zumindest behaupteten sie das, während sie sich doch gleichzeitig daranmachten, immer wieder etwas Neues zu erfinden), diese Kabbalisten also gingen von folgender Überlegung aus: Nach den unglücklichen Vorfällen in Babel waren die Sprachen verwirrt worden, aus der einen, der ursprünglichen Sprache waren zunächst siebzig oder zweiundsiebzig unterschiedliche Sprachen geworden (um wie viele Sprachen es sich tatsächlich handelte, ist für die folgende Argumentation eher unerheblich, so dass ich mich dazu hier nicht weiter äußern möchte, jedoch auch nicht verschweigen will, dass es dem Vernehmen nach wohl genau zweiundsiebzig Namen Gottes geben soll, offenbar in jeder Sprache ein eigener, was aber leider nichts weiter zur Klärung beiträgt), und danach wurden es sogar immer mehr, weil die Menschen schwache, sündhafte und vor allem instabile Wesen sind, veränderlich in ihren Gebräuchen, Gewohnheiten und Sprechweisen, also Wesen, die noch nicht einmal auf Dauer ihre eigene Sprache bewahren können, aber auch das spielt in unserem Zusammenhang keine wirklich wesentliche Rolle.

Wichtiger ist dann schon, dass Gott, als er sich wieder einmal an die Menschen wandte, um ihnen Gesetze zu geben, die *hebräische* Sprache benutzte, in welcher die Zehn Gebote formuliert wurden und die daher zwar nicht unbedingt die ursprüngliche, wohl aber die von Gott höchstselbst gebenedeite & auserwählte Sprache darstellen muss; Gleiches gilt dann natürlich für den Rest der Texte, also auch für die *Thora*, den *Pentateuch*, die fünf Bücher Mose. In deren Text, so sagt man, sind alle Informationen über die Schöpfung der Welt, die Pläne Gottes und seine weiteren Absichten enthalten, natürlich nicht in demjenigen Text, der für die Menschen sofort lesbar und einsichtig ist, was in der Tat angesichts der Geheimnisse, die Gott umgeben, viel zu einfach wäre; nein, hinter oder unter oder neben seiner Oberfläche (oder wo auch immer, jedenfalls nicht *auf* der Oberfläche) sind weitere – man kann sogar sagen: die *eigentlichen* – Informationen verborgen, zu denen man allerdings erst dann Zugang erhält, wenn man im Besitz des richtigen Schlüssels ist.

Damit aber nicht genug: Selbst wenn man über den Schlüssel verfügte, müsste man immer noch die richtige Tür finden, die sich damit öffnen ließe und den Blick freigäbe auf die göttliche Wahrheit, was aber allein schon deshalb nicht ganz einfach ist, weil ein jedes Wort der Thora sechshunderttausend Türen oder Gesichter oder verschiedene Schichten der Bedeutung hat, eben eines für ein jedes der Kinder Israel, die am Fuße des Berges Sinai standen und darauf warteten, dass endlich die Gebote verkündet werden sollten und sich derweil die Zeit damit vertrieben, ein Kalb aus Gold zu gießen und ein wenig darum herumzutanzen.

Nun wird die ganze Angelegenheit allerdings erst recht kompliziert, da man nämlich annehmen muss, dass die einzelnen Teile der Thora den Menschen nicht in ihrer richtigen Reihenfolge übermittelt worden sind, denn sonst wäre es ja nur ein Frage der Zeit, bis man durch ständige Permutation & Kombination alle möglichen Varianten des Textes gefunden hätte und darunter dann eben auch den richtigen, den eigentlichen Text, jedenfalls, wenn man ihn unter den anderen erkannt hätte.

Aber so leicht kann Gott es den Menschen nicht gemacht haben – und ich weiß, wovon ich rede –, und so hat er nicht nur die Reihenfolge des

Textes verändert, was schon für genügend Verwirrung sorgen sollte, sondern er hat ihnen zudem zwei Bücher der Thora vorenthalten, denn der komplette Text ist eigentlich der *Heptateuch* und nicht nur der Pentateuch, weil ja für einen jeden der sieben Sefiroth, welche regieren die sieben Zyklen oder Äonen, ein eigenes Buch vorhanden sein *muss*, wobei uns niemand sagen kann, was aus den verbleibenden drei Sefiroth geworden ist, denn immerhin gab es ja davon ursprünglich einmal zehn, doch solche simplen Fragen der vier Grundrechenarten dürfen uns nicht den Blick auf das Schöne, Wahre & Gute verstellen, zumal kein Mensch mit letzter Sicherheit wissen und sagen kann, ob es vielleicht nicht doch fünf, sechs oder auch sieben Grundrechenarten gibt oder einmal gegeben hat oder eines Tages wieder geben wird.

Die zwei bislang fehlenden Bücher der Thora jedenfalls werden den Menschen frühestens, wenn überhaupt, in einem der kommenden Äonen zugänglich sein, ebenso wie übrigens auch ein weiterer Buchstabe, denn einer der Buchstaben des Alphabets ist in seiner gegenwärtigen Form wenigstens unvollständig oder sogar falsch oder fehlt überhaupt, was dann die Lösung des Rätsels erst recht schwierig macht. Gleichwohl hat man sich über viele, lange Jahre immer wieder daran versucht, weil eben nichts den Menschen so sehr reizt wie das Unmögliche, und man benutzte dazu die unterschiedlichsten Techniken: Man glaubte, dass sich in den Anfangsbuchstaben einer bestimmten Reihe von Wörtern ein neues Wort mit einer geheimen Bedeutung finden ließ, oder man setzte Zahlen für die einzelnen Buchstaben ein und fand heraus, dass Wörter mit den gleichen Zahlenwerten in einem verborgenen Zusammenhang zueinander stehen, oder aber man stellte die Buchstaben um und vertauschte sie, so dass sich neue, überraschende Bedeutungen ergaben.

Auf diese Art & Weise beschäftigten sich viele Menschen über eine lange Zeit, als ob sie nichts Besseres hätten tun können, aber immerhin hätten sie einen Anteil an der Macht Gottes erringen können, wenn, ja *wenn* sie denn tatsächlich die Geheimnisse der Texte entschlüsselt hätten, was dem einen oder anderen auch tatsächlich gelang, denn man berichtet, dass einige von ihnen morgens mit ihrer Arbeit begannen und bis zum Abend das Kalb erschaffen hatten, welches sie dann essen konnten[41], aber ich habe dafür gesorgt, dass sie wahnsinnig davon wurden und ihr Wissen an niemanden weitergeben konnten, so dass es für alle Mal verloren ist.

Nun habe ich gesagt, dass diese Menschen die Wahrheit hätten finden können, wenn sie nicht jenen einzigen, aber fatalen Fehler begangen hätten, und der bestand darin, dass sie ihre Bemühungen allein & ausschließlich auf den geschriebenen Text der Thora konzentrierten. In allem anderen lagen sie gar nicht so falsch, dass nämlich diese Welt tatsächlich lesbar[42] ist, allerdings weder in einer Sprache noch in einer Schrift, die einem jeden offenkundig vor Augen liegt, dass man deshalb hinter die Dinge schauen muss, dass auf eine verborgene, aber trotzdem wirkungsvolle Art & Weise alles mit allem verknüpft & verbunden ist, dass man daher die Informationen immer wieder neu kombinieren muss und dabei keine Möglichkeit auslassen darf, dass eine jede Information, so klein & unscheinbar sie auch sein mag, und sei es nur ein einzelner Buchstabe, eine eigene Bedeutung und einen eigenen Wert hat, und dass schließlich & endlich sich die Wahrheit nur dem erschließt, der mit Liebe nach ihr sucht. Damit hätte man an & für sich schon den rechten Weg beschritten, und man hätte sich – langsam zwar, aber immerhin – dem Lichte der Wahrheit genähert, das ich den Menschen gebracht hatte in die Dunkelheit der Höhle ihres Daseins.

Aber sie machten diesen Fehler, dass sie sich nämlich zu sehr verließen auf das, was geschrieben steht in den Büchern und den Schriften, seien sie nun *heilig* oder auch nicht; doch zwischen die Bücher und die Wahrheit habe ich eine ewige Feindschaft gesetzt, die kein Mensch wird jemals überwinden können, so sehr er sich mühen mag, denn nie & nimmer ist das Geschriebene so wirklich wie die Erfahrung, kein Buch kann ersetzen, was nicht ersetzbar ist. Denn das Buch kann die Welt nicht ersetzen, das ist unmöglich; im Leben hat alles seinen Sinn und seine Aufgabe, die von etwas anderem nicht restlos erfüllt werden kann; man versucht das Leben in Büchern wie Singvögel in Käfige einzusperren, aber das gelingt nicht.

Natürlich liebe auch ich die Bücher und nehme sie von Zeit zu Zeit, in den raren Momenten der Ruhe, selbst gerne zur Hand, weil die Erinnerung erfreulich & erbaulich sein kann, aber man muss die Bücher zu lesen wissen, man darf nicht dem Anschein ihrer Arroganz erliegen, dass alles, was sich lohnt, schon längst aufgeschrieben sei und es daher überhaupt keinen Sinn mache, in der kurzen Spanne des menschlichen Lebens noch einmal selbst zu schauen und zu hören und zu fühlen und schließlich zu *erkennen*. Und vielleicht war der ägyptische König nur sehr klug & weise, als er das großzügige Geschenk des

Theut, nämlich die Gabe des Schreibens, gar nicht erst annehmen wollte, denn – so sagte der König – was geschrieben stehe, sei keine wahrhaftige Weisheit, sondern allein der Schein derselben, welcher bei den Menschen nur den Irrglauben verstärke, dass sie viel wüssten, während sie doch größtenteils gar nichts wissen, und als Menschen, die nicht von Weisheit, sondern von Einbildung erfüllt sind, werden sie eine Last für ihre Mitmenschen sein.

Es wäre in der Tat besser, wenn die Menschen endlich begriffen, dass sich die Wahrheit in dieser Welt nur äußert durch Embleme, Abdrücke, Symbole & Siegel[43], die man im richtigen Geiste interpretieren muss, um ihre Botschaften zu verstehen und dann auch befolgen zu können. Und ich füge hinzu, dass nicht alle Menschen dazu fähig sind, selbst wenn man es sie seit neuestem glauben machen will und ein jeder seine Meinung zu allem äußert, wie es ihm gerade passt, was aber – wenn ich mich nicht täusche – bislang zu keiner wirklich neuen & wesentlichen Erkenntnis geführt hat, sondern nur die Sprachen noch mehr verwirrt, weil es gar nicht mehr genügend Wörter für alle Meinungen gibt, so dass alle immer wieder die gleichen Wörter benutzen müssen, selbst wenn ein jeder etwas völlig anderes damit meint. Und so streiten sich die Menschen mehr denn je um die richtige Bedeutung der Wörter und vergessen darüber, was ihre eigentliche Aufgabe in dieser Welt ist.

Ich gebe es zwar ungern zu, aber die Dinge laufen leider nicht immer so, wie ich es geplant hatte, doch ich muss mich damit abfinden, dass selbst ich in dieser Welt der Unschärfe und Unsicherheit nie so ganz genau wissen kann, wie sich alles entwickelt, wobei gerade dieses Wort überhaupt nicht hierher passt, denn der Gang der Welt ist nun einmal nicht wie auf einer Schriftrolle verzeichnet, die man nur entrollen, eben: *entwickeln* und dann allenfalls noch lesen muss, damit sich alles so vollziehe, wie es von Anfang an vorgesehen war.

Ich will es nun offenbaren, denn dies ist meine Welt, und ich muss es daher wohl am besten wissen: Nichts, aber rein gar nichts war vorgesehen, nicht *en détail* und auch nicht *en gros*, allein die Elemente und die Regeln, nach denen sie zueinander zu fügen sind, habe ich geschaffen, und dann habe ich den Algorithmus, den *Prozess* in Gang gesetzt, denn auch das war meine Leistung, und ich bin immer noch stolz darauf. Auch die Heilige Schrift[44], in welcher alles – so sagt man wenigstens – verzeichnet ist vom Anbeginn aller Tage, war zunächst & ursprünglich einmal nichts anderes als ein unzusammenhängender Haufen von Buchstaben, in welchem noch eine jede Kombination von Elementen möglich war, zwar nicht unendlich viele Kombinationen wie noch zuvor im Kosmos der Möglichkeiten, aber immerhin doch noch eine ganze, große Menge. Und so hatten sich diese Buchstaben noch nicht zu Wörtern gefügt, was erst dann geschah, ja überhaupt erst in dem Augenblick geschehen *konnte*, als sich das ereignete, was diese Wörter beschreiben sollen: *Es werde Licht* wurde in dem Moment zum allererstem Male geschrieben, als Gott es tatsächlich Licht werden ließ, keinen Moment früher, aber auch keinen Moment später; die Heilige Schrift entstand in der Realzeit der Ereignisse.

Ich war schließlich fast von Anfang an dabei, und ich erinnere mich noch sehr gut, wie plötzlich mit weißem Feuer geschrieben auf schwarzem Feuer die Worte erschienen, während Gott seine Welt erschuf – es war beeindruckend, es war faszinierend, es war hinreißend, es war unbeschreiblich, es war unvergesslich. Aber so steht natürlich nichts geschrieben über die Zukunft, denn das Blatt ist noch makellos & leer[45], was die Menschen aber nicht glauben wollen, auch wenn man es ihnen immer wieder sagt, und wie oft ist es ihnen gesagt worden von allen möglichen klugen & weisen Leuten, aber sie lassen nicht ab, danach zu forschen, ob sie nicht vielleicht doch schon eine Seite, ja nur einige wenige Wörter in den Heiligen Schriften würden finden können, mit denen ihre Zukunft geweissagt wäre. Doch es wäre wahrlich zu viel verlangt von Gott, aber auch von mir, dass wir den Menschen die Aufgabe abnehmen, ihre eigene Geschichte zu gestalten & zu verantworten: Das Buch ihrer Geschichte müssen die Menschen schon wohl oder übel selbst schreiben, selbst wenn es bei der Grammatik manchmal noch hapert und bei der Dramaturgie erst recht.

Ich selbst also, der ich so vieles weiß, konnte nicht wissen, dass die Menschen die Chance der mannigfachen Kulturen nicht nutzen, sondern dass sie sich über die Bedeutung der Wörter streiten würden, anstatt ihre Talente miteinander zu verbinden, um die Geheimnisse der Welt aufzuspüren, denn im Wettbewerb der Kulturen wird nur derjenige Erfolg haben, der sich klug mit anderen verbündet, um seine eigenen Defizite auszugleichen. Der Mensch als Individuum ist niemals vollkommen, auch wenn er fest daran glaubt, dass ein vollkommener Schöpfer keine unvollkommenen Wesen erschaffen kann, zumal nicht nach seinem eigenen Bilde. Nun mag Adam, der erste Mensch, vielleicht noch an & für sich vollkommen gewesen sein, was ich als Hypothese durchaus akzeptieren kann, aber er war es eben nur unter den besonderen & eigentümlichen Bedingungen des Paradieses, denn darin und dafür wurde er ja schließlich erschaffen. Für meine Welt, in welcher man ständig arbeiten muss und leiden, reichen jedoch die Fähigkeiten des Einzelnen bei weitem nicht aus; hier muss man sich mit anderen zusammentun, hier muss man die Aufgaben gemeinsam anpacken, hier gelten Stolz & Eitelkeit nur wenig, hier muss man sich willig dem kollektiven Genie unterordnen, gerade wenn man sich selbst für überaus klug & weise hält.

Der Mensch ist nun einmal ein Wesen *zwischen* Gott & Tier, ihm fehlt die Größe des göttlichen Geistes ebenso wie die Selbstsicherheit des animalischen Instinktes, so dass er nie so recht weiß, welchem Ratgeber er gerade folgen soll: seinem Verstand oder seinen Gefühlen, und im Zweifel folgt er immer dem falschen, das ist nun einmal die ewige Tragik des menschlichen Schicksals, aus dem er sich erst dann wird befreien können, wenn er rückhaltlos seine Doppelnatur akzeptiert. Den Tieren fällt es nicht schwer, gemeinsam auf die Jagd zu gehen und die Brut zu pflegen, aber ein jeder Mensch beruft sich auf seine Abstammung von einem einzigen & alleinigen Gott und klagt das Erbe ein, erwartet in seiner Anmaßung sogar, dass die anderen ihm ein Opfer bringen, weil schließlich ein Gott sich niemals selbst um Nahrung & Unterkunft zu kümmern hat. Und alles wurde noch viel schlimmer, seitdem die Menschen Gott – und natürlich auch mich – endgültig vergessen haben und sich selbst an seine Stelle setzten, weil der Geist der Menschen es nicht ertragen würde, wenn es leere Stellen in dieser Welt gäbe.

Im Übrigen hat sich bislang noch niemand gefunden, der bereit gewesen wäre, freiwillig *meine* Position zu übernehmen, so dass die Menschen sich immer wieder einen anderen aus ihrer Mitte erwählen müssen, dem sie die Herrschaft über das *Reich des Bösen* zuweisen, und man kann es nicht ablehnen oder sich auch nur dagegen wehren, sondern nur darauf hoffen, dass man bald einen anderen findet. Es hat mich immer wieder überrascht, welche immense Fülle an Ideen die Menschen dabei entwickelten und wie unerschütterlich sie an die Produkte ihrer eigenen Vorstellung geglaubt haben: Einmal waren es die Krieger & Nomaden, welche das gemütliche Leben in den Dörfern der Viehzüchter & Ackerbauern bedrohten, ein anderes Mal die Eroberer aus einer fremden, aber überlegenen Kultur, denen man den Sieg nicht gönnen wollte, dann wieder die Schwachen & Kranken, deren Schicksal man der Macht des Bösen zuschrieb, dann schließlich die Fremden, die inmitten des eigenen Volkes lebten und es angeblich in der Existenz bedrohten, auch wenn sie sich anpassen und einfügen wollten. Und da die Menschen es sich immer einfach machen wollten, haben sie entweder denjenigen zum Feind aus dem Reich des Bösen erklärt, dem man die Schwäche von vornherein ansehen konnte, weil dann der Sieg nicht schwer fallen sollte, oder aber man erwählte sich den unüberwindlich Starken, dessen Macht sich nur aus der Allianz mit dem Bösen speisen kann, so dass eine jede Niederlage erklärlich und damit auch verzeihlich wird.

Was ich daran bewundert habe, ist die offenkundige Fähigkeit der Menschen, sich auf diese Weise stets und mit Erfolg der eigenen Verantwortung zu entziehen, denn was auch immer geschehen mag in dieser unvollkommenen Welt, der Mensch ist nur das Opfer jener bösen Mächte, die immer & überall lauern, so dass man sie stets ohne Gnade und voller Eifer bekämpfen und mit Stumpf & Stiel ausrotten muss, koste es, was es wolle. *Dabei* dürfen jedenfalls die Gebote des Götzen Mammon keine Rolle spielen, dabei ist fraglos ein jeglicher Aufwand gerechtfertigt, auch wenn das eigene Volk Hunger & Not leiden muss, schließlich geht es ja um nichts weniger als um eine große & wichtige, ja um die *eigentliche* & wahre Aufgabe, nämlich das Böse zu bannen in dieser Welt. Ich aber bin es müde geworden, mich darüber nach all den Jahren noch zu erregen, ich kann und will mich damit nicht mehr weiter befassen, und vielleicht werde ich eines Tages noch dem Vorbild Gottes folgen und die Erde ihrem eigenen Schicksal überlassen, sollen die Menschen doch sehen, wie weit sie es noch bringen werden. Aber ich bin der Teufel, der Schöpfer dieser Welt, und mein Algorithmus wird auch die Menschen überstehen, ohne Zweifel, auf jeden Fall, ganz bestimmt.

DRITTES INTERMEZZO

Das Abendmahl

Es wurde ein sehr, sehr langer Abend, aber das hatte ich mir schon denken können, als B. Kaempfer ein kostbares Lederetui mit Zigarren aus seiner Jackentasche zog und auf meinen Schreibtisch legte. Ich konnte ihn allerdings ohne große Mühe dazu überreden, seine Erzählung für einen Moment zu unterbrechen und zum Diner mit mir in ein nahe gelegenes Restaurant zu gehen, wo wir zu unserem großen Glück einen freien Tisch in einem ruhigen Winkel fanden, weil einige Gäste sehr kurzfristig abgesagt hatten. Ich blickte B. Kaempfer an, doch der hob nur die Schultern und lächelte; man solle, so sagte er, das Leben eben nehmen, wie das Leben eben komme, und sich keine weiteren Gedanken darüber machen.

Dem wollte ich nun auf keinen Fall widersprechen, zumal ich gelernt hatte, dass es völlig zwecklos ist, sich mit B. Kaempfer in irgendeiner Angelegenheit auf Diskussionen einzulassen. Zum einen weiß er es im Zweifel tatsächlich besser, wie ich anfangs auf recht peinliche Art und Weise hatte erfahren müssen, und zum anderen war es eine pure Verschwendung von Zeit, ging es mir an diesem Abend doch darum, mehr über jene seltsame Bruderschaft zu erfahren, der ich einige Tage zuvor gegen Zahlung einer beträchtlichen Summe Geldes die originalen Manuskripte überlassen hatte. Auf diesen Umstand würde mich B. Kaempfer am Ende unseres Diners ohnehin noch hinweisen, als es nämlich um das Bezahlen der durch seinen übermäßigen Weingenuss recht hohen Rechnung ging. Wenn ich schon an ihm verdient habe, so sagte er mit einer gewissen Berechtigung, so wolle er daran in einem angemessenen Rahmen beteiligt werden.

Auch darüber lohnte keine Debatte, so dass ich wohl oder übel die Rechnung, einschließlich eines ebenfalls umfänglichen Trinkgeldes, zu dem mich B. Kaempfer mit sarkastischen Bemerkungen nötigte, begleichen musste. Das hatte allerdings zur Folge, dass ich bei allen späteren Besuchen in diesem Restaurant wie ein lang vermisster Sohn der Familie begrüßt wurde. Ich hatte nie wieder Probleme, einen Tisch zu erhalten. An jenem Abend jedoch wurden wir noch mit der eher üblichen Art von professioneller Freundlichkeit behandelt. Das war mir insoweit recht gleichgültig, als es mir doch darum ging, den Faden der Erzählung von B. Kaempfer nicht zu verlieren und erst in zweiter Linie meinen Hunger zu stillen, in diesem Fall sogar verbunden mit einem zusätzlichen Genuss, denn B. Kaempfer, dem ich aus lauter Höflichkeit die Auswahl der Speisen überlassen hatte, war darin offenbar sehr erfahren. Und so erfüllte er diese Aufgabe mit größter Meisterschaft.

Das Essen war also hervorragend, aber diesmal konnte ich mich nicht so richtig auf diese Art von Genuss konzentrieren, wozu ich doch ansonsten immer ohne größeren Widerstand verführt werden kann. Nun bin ich aber allmählich in einem Alter, in welchem man ohnehin die Freuden des Geistes denjenigen des Körpers vorzieht, und sei es allein deshalb, weil nur noch der Geist beweglich geblieben ist. B. Kaempfer selbst war offenbar durchaus in der Lage, sich den körperlichen und den geistigen Freuden gleichzeitig zu widmen, denn das Essen schien ihm den gleichen Genuss zu bereiten wie die ausufernde, sich ständig überschlagende Erzählung.

Dass ich manchmal kaum verstehen konnte, was er mir gerade erzählen wollte, weil auch ein bis über die Lippen hinaus gefüllter Mund ihn keineswegs davon abhielt, seine Erzählung fortzusetzen, will ich hier erwähnen, um nämlich jetzt schon zu beteuern, dass etwaige Brüche und Inkonsistenzen in der Geschichte des B. Kaempfer nicht nur auf mangelndes Verständnis oder Gedächtnis bei mir zurückzuführen sind, sondern schlichtweg aus den oft unverständlichen Formulierungen des Herrn B. Kaempfer resultieren. Und ich muss hinzufügen, dass er sich noch nicht einmal die Mühe gab, mir auf irgendwelche Rückfragen zu antworten, so dass ich schon bald einen jeglichen Versuch dazu resignierend aufgab. Das allerdings hatte zur Folge, dass ich mich dann, als ich einige Tage später in den Bergen versuchte, seine Geschichte niederzuschreiben, gezwungen sah, den einen oder anderen Zusammenhang selbst zu rekonstruieren. Ich war mir allerdings nicht in einem jeden Fall sicher, es genau so und nicht anders von B. Kaempfer gehört zu haben.

Natürlich habe ich versucht, einige Details der Geschichte durch eigene Recherchen zu überprüfen, was aber zu keinem einheitlichen Ergebnis führte: Manchmal fand ich nach einigem Suchen Hinweise darauf, dass die Geschichte des B. Kaempfer einen realen Hintergrund haben konnte, manchmal boten meine Quellen ganz andere Erklärungen an. Zumeist aber ließ sich überhaupt nichts finden, was mir hätte weiterhelfen können – und so brach ich schon bald diese Versuche ihrer puren Nutzlosigkeit wegen ab.

An jenem Abend jedoch schien mir die Geschichte, von der B. Kaempfer berichtete, einigermaßen plausibel zu sein, und zwar nicht nur deshalb, weil das voluminöse und delikate Essen begleitet war von ebenfalls sorgfältig ausgesuchten Getränken, deren alkoholische Wirkung eher schleichend eintritt, so dass man nachher gar nicht mehr genau zu sagen weiß, ob und wann man das Stadium einer gnädigen Trunkenheit erreicht hat. Ich will derartige Effekte also nicht völlig ausschließen, muss hier aber auch feststellen, dass die Art und Weise, *wie* B. Kaempfer seine Geschichte präsentierte, wie er eins in das andere fließen ließ, wie er Andeutungen und Begründungen verknüpfte, so dass sich die unwiderlegbaren Schlussfolgerungen von selbst im Kopf des Zuhörers bildeten, wie dieser allmählich dem Zauber der Worte und der Stimme verfiel, dass also diese verführerische Art und Weise erheblich dazu beitrug, dass ich mich am Ende des Abends der Plausibilität der Argumente nicht mehr entziehen konnte. Wundersamer noch: Ich *wollte* es auch gar nicht, und sei es nur, um mich nicht dem schlechten Gewissen auszusetzen, der Geschichte letztlich doch keinen Glauben geschenkt zu haben, was mir schon in dem Augenblick höchst unangenehm erschien, als ich an eine solche Möglichkeit nur dachte.

Auch dieses seltsame Gefühl trug dazu bei, dass ich meine Suche nach Quellen und Beweisen für die Geschichte B. Kaempfers sehr bald beendete. Mir war nämlich ausgesprochen unwohl dabei, den Zauber der Erzählung einer Überprüfung an der Realität auszusetzen, so als wollte man Qualität und Bedeutung eines Märchens daran messen, dass man am Ende des Regenbogens tatsächlich einen Topf voller Gold findet.

Nun täte ich der Geschichte B. Kaempfers sicherlich Unrecht, wenn ich sie mit einem Märchen vergliche, denn immerhin hatte ich einige der Realitäten jener Geschichte am eigenen Leib erlebt. Ich war doch höchstpersönlich mit einem Repräsentanten dieser geheimnisvollen Bruderschaft in direkten Kontakt gekommen (oder er mit mir, ganz wie man will), was mir mit den meisten Protagonisten der meisten Märchen bislang noch nicht so recht hat gelingen wollen, auch wenn ich mir alle Mühe dabei gegeben habe, aber das ist eine andere Geschichte. Gleichwohl nahm mich B. Kaempfers Erzählung wie ein Märchen mit Haut und Haaren gefangen, und ich genoss es, ihren ganzen Reiz, ihre Dramatik und ihre Spannung bis zum Letzten auszukosten.

In dem Augenblick, da man zweifelt, ist der Zauber unwiederbringlich dahin, auch wenn man schließlich doch noch den einen oder anderen Beweis findet: Als Bericht über die tatsächlichen Schrecken und Gefahren der antiken Seefahrt ist die Geschichte von *Sindbad* dem Seefahrer nur für einige wenige Experten von größerem Interesse, doch erst als Drama, mit der eigenen inneren Logik und Dynamik, erreicht sie die Herzen und die Träume vieler Menschen. Und das unabhängig davon, welche Monster und Dämonen in welcher Form auch immer durch eine vergleichende historische Forschung nachgewiesen werden. Aber: Man muss sich eben auf diese Logik und Spannung auch einlassen, darf daran nicht zweifeln, jedenfalls nicht, solange man sich selbst *innerhalb* der Geschichte befindet, danach: *à la bonne heure*.

Wie dem auch sei: B. Kaempfer erzählte mir an jenem langen Abend eine Geschichte von wahrhaft historischem Ausmaß, die zwar – um es schon hier vorwegzunehmen – keine neuen Einsichten in den Gang der menschlichen Historie erbrachte (wie sollte das auch möglich sein, da wir doch eine jegliche Theorie von allgegenwärtigen Verschwörungen als blanken Aberglauben strikt ablehnen), die aber dennoch etwas darüber aussagte, wie die Menschen zu allen Zeiten und an allen Orten versucht haben, die komplizierten Prozesse in unserer Welt nicht nur zu verstehen, sondern sich in ihnen möglichst weit oben zu positionieren, und manchmal sogar, in sie einzugreifen und sie zu ihren Gunsten zu verändern. Nicht dass diese Versuche in einem jeden Fall erfolgreich in dem Sinne gewesen wären, dass sich der Lauf der Welt tatsächlich im Interesse und zum Nutzen der Menschen verändert hätte, aber ein jegliches Scheitern, ob nun grandios oder peinlich oder würdevoll, hatte immer nur eine einzige Konsequenz, dass sich nämlich die Menschen nach einem kurzen Moment der Enttäuschung wieder an die Arbeit machten, unverdrossen, unbelehrbar, unerschütterlich.

Man mag davon halten, was man will: Man mag sich an den berüchtigten Zug der Lemminge erinnert fühlen, bei dem im Falle der Menschen nur von Zeit zu Zeit zugleich mit den Führern die Richtung kurz vor dem Abgrund, manchmal auch erst kurz danach wechselt. Man mag darin aber auch den Stolz des Sisyphos erahnen, der sich von keinem Rückschlag beeindrucken ließ und einen jeden Morgen aufs Neue damit begann, den Stein hinauf auf den Berg zu rollen. Ob es sich dabei um *Fortschritt* in einem welchem Sinne auch immer handele – so jedenfalls insinuierte es B. Kaempfers Erzählung –, müsse dann zumindest begründet werden, wenn man es denn nicht sogar generell ganz infrage stellen wolle. Das sei zwar überhaupt nicht seine Absicht, wie B. Kaempfer mir gegenüber beteuerte, aber der Frage selbst könne man nicht ausweichen, ganz gleich, wie viel Scheu man gerade heutzutage davor auch immer haben möge.

Mir will es so scheinen, dass allein der Glaube an einen immer während Fortschritt, sowohl des Wissens als auch des Wohlstandes, unsere Art von Gesellschaft zusammenhält. Man muss also sehr genau überlegen, ob und wie sehr man an diesem Fundament rüttelt, zumal dann, wenn man keine unmittelbaren Alternativen dazu anbieten kann. Und in diesem Sinne gäbe es dann in einer jeden Art von Gesellschaft einen Bezirk des *verbotenen Wissens*, nämlich das Wissen darum, dass die Fundamente der Gesellschaft nicht auf die *Wahrheit*, sondern allenfalls auf die *Wahrnehmung* und vielleicht noch gerade einmal auf eine allgemeine Vereinbarung gegründet sind, an die sich aber niemand mehr erinnert, weil keiner von uns damals dabei gewesen ist, als der Vertrag geschlossen wurde, und die Frist zum Widerruf längst abgelaufen ist.

Also, was B. Kaempfer mir an jenem Abend erzählte, war in groben Zügen etwa Folgendes: Auch wenn man es nicht von allen Tieren so ganz genau wisse, so müsse man doch annehmen, dass unter ihnen der Mensch den größten Grad an Freiheit im Umgang mit seiner Umwelt habe, und zwar sowohl was das Erkennen als auch was das Handeln betreffe. Wohl nur dem Menschen sei es gegeben, sich von seinem Erbe und seinen Instinkten zu lösen und über seine eigene Sicht der Dinge, aber auch über sein Tun immer wieder aufs Neue zu entscheiden, je nachdem, wie es ihm gerade angemessen erscheine. Deshalb hätten die Menschen zu unterschiedlichen Zeiten und an unterschiedlichen Orten durchaus unterschiedliche Formen und Kriterien der Erkenntnis und des Handelns – kurz gesagt: der *Kultur* – entwickelt. Das sei nun an und für sich nichts Schlechtes, mache es doch auch die Evolution nicht anders vor, so dass die Menschen gut daran getan haben, sich an deren Vorbild zu halten.

Problematisch sei die ganze Angelegenheit jedoch dadurch geworden, dass die Menschen sich über lange Zeiten gar nicht dessen bewusst wurden, wie *relativ* doch ihre jeweilige Kultur war, sondern sie immer und immer wieder als absolut gesetzt haben, also an ihre Geltung unabhängig von Raum und Zeit und vor allem: unabhängig von allen anderen glaubten. Problematisch insoweit, als für alles, das von der Kultur nicht bewältigt werden konnte (weil eben keine menschliche Kultur vollkommen sei, wie B. Kaempfer hinzufügte), worauf sie also keine Antworten und Muster bereithielt, was diese Kultur vielleicht sogar in ihrem Bestand gefährdete, dass also für alles das ebenfalls der Anspruch auf Absolutheit akzeptiert werden musste, nun aber in einem negativen, destruktiven Sinne.

Nicht unsere Kultur sei fehlerhaft oder unpassend geworden, so behaupteten die Menschen voller Überzeugung, sondern sie werde bedroht von einer geheimnisvollen, gleichwohl mächtigen Kraft, für die man daher auch gar keinen anderen Begriff als *böse* finden könne. Das Böse kommt auf leisen Sohlen und ist immer und überall, so dass wir stets wachsam sein müssen, wenn wir unsere Kultur, unsere Tradition, unser Erbe, ja unsere Bestimmung nicht gefährden wollen. Und woher kommt das Böse? – Natürlich nur von außen, denn wir selbst fühlen uns doch am wärmenden Herd der heimischen Kultur ausgesprochen wohl und haben keinerlei Anlass, uns davon allzu weit in die Kälte der Welt hinein zu entfernen. Dort draußen ist alles nur fremd und unsicher und gefährlich, worüber wir uns nur so lange nicht zu sehr aufregen wollen, wie das Fremde auch dort bleibt, wo es hingehört, nämlich außen und draußen und möglichst weit weg von uns.

Nachdem die Menschen also einmal herausgefunden hatten, dass alles das, was die Gemütlichkeit am eigenen Herd stört, seien es andere Menschen, seien es die Gewalten der Natur, sei es das unnachsichtige Wirken des Schicksals, als etwas eigentlich Fremdes, Dämonisches, Böses identifiziert werden kann, das nicht nur zufällig, sondern voller

Absicht den Schmerz und das Leid in diese Welt trägt, blieben nur noch zwei Fragen übrig: nämlich woher (erstens) das böse Fremde denn nun stammen mag, wen man also dafür verantwortlich machen könnte, und (zweitens, nachdem man sich über die Natur des Bösen klar geworden war), wie man es dann am besten würde bekämpfen können. Schnell stellte sich jedoch heraus, dass diese Aufgabe – sowohl die Welt zu erkennen als auch, sie zu verändern – nicht leicht zu bewältigen sein würde, jedenfalls nicht von wenigen Menschen und schon gar nicht von einem allein während der kurzen Spanne seines Lebens. Dabei konnte man im Übrigen *en passant* jene kurze Spanne des Lebens mit dem Wirken des Bösen erklären, weil das Böse natürlich daran interessiert sein musste, uns im Kampf für das Gute zu behindern, wo immer es ihm nur möglich sein sollte.

Was lag also näher, als diese offenbar äußerst anspruchsvolle Aufgabe derart zu organisieren, dass Erfahrung und Wissen über Generationen hinweg angesammelt und weitergegeben werden? Damit war eigentlich die Idee einer *Bruderschaft zur Erforschung des Bösen und seines Wirkens im Himmel und auf Erden* geboren. Das bedeutete allerdings noch längst nicht, dass sie damit auch schon in die Tat umgesetzt war. Darüber vergingen, so erzählte B. Kaempfer in größter Ausführlichkeit, Jahre über Jahre, und eine Generation folgte der anderen. Viele Fragen waren zu beantworten, und nicht eine jede Antwort erwies sich als hilfreich, so dass nicht eine jede Form der Organisation überlebte, denn oft genug standen die Antworten, die man einmal gefunden hatte, nur kurze Zeit später in einem solch eklatanten Widerspruch zur Realität, dass man gar nicht anders konnte, als die Fragen noch einmal neu zu stellen und auf eine neue Erkenntnis, vielleicht sogar die Erleuchtung, zu hoffen.

Natürlich tat man die bisherigen Erkenntnisse nicht einfach als dumm oder falsch ab, sondern bezeichnete sie als einen wichtigen und wesentlichen Teil des Suchprozesses, als notwendige Stufen, die man habe erklimmen müssen, um nun endlich den entscheidenden Schritt gehen zu können. Das würde man dann einige Zeit später wiederholen müssen, aber das war in diesem Moment von keiner großen Bedeutung, wollte man es sich doch zunächst einmal auf der gerade erklommenen Stufe gemütlich einrichten. Die Geschichte der Bruderschaft war daher, wie B. Kaempfer mit einem gewissen Lächeln sagte, keineswegs eine Geschichte der Niederlagen und Fehler, sondern die glorreiche

Geschichte des steten, unaufhaltsamen Fortschritts, hin zu Erkenntnis und Wahrheit, wobei man natürlich zu einem jeden gegebenen Zeitpunkt voller Überzeugung behauptete, gerade jetzt – *endlich* – die ganze Wahrheit erkannt und in Besitz genommen zu haben, und dabei duldete man keinen Widerspruch.

Das aber waren noch die eher kleineren Probleme; mehr Mühe musste man sich mit zwei anderen Fragen geben, nämlich zum einen, wie man die Mitglieder der Bruderschaft rekrutieren sollte. Es hatte sich schon sehr früh herausgestellt, dass man nur wenig Erfolg haben würde, wenn man Krethi und Plethi auf die Suche nach dem Bösen schickte. Schließlich ist das Böse – wie der Name schon sagt – zwar böse, aber eben doch nicht dumm. Ganz im Gegenteil, es ist in höchstem Maße scharfsinnig und durchtrieben, sonst wäre es ja auch nicht so mächtig in dieser Welt. Man musste also die besten und klügsten Köpfe ihrer Zeit finden und dabei gleichzeitig vermeiden, dass sich die Agenten des Bösen einen Zugang zur Bruderschaft verschafften.

Zum anderen musste es darum gehen, die Existenz und das Wirken der Bruderschaft vor den Augen einer zumeist unwissenden, manchmal aber auch feindlich gesinnten Öffentlichkeit möglichst geheim und verborgen zu halten. Man wollte damit unter allen Umständen vermeiden, dem mächtigen Feind allzu offensichtlich entgegenzutreten, jedenfalls so lange, wie man sich seiner eigenen Stärke noch nicht unbedingt sicher sein konnte. Glücklicherweise fand sich für beide Fragen eine gemeinsame Antwort: Man musste den inneren Kreis der Bruderschaft so klein wie möglich halten und den Zugang zu ihm abhängig machen von schwierigsten Prüfungen und heiligsten Weihen, die nur derjenige bestehen konnte, der sich wirklich und in jeder Hinsicht als würdig erwies, und zwar sowohl in körperlichem als auch in geistigem Sinne, um von der Moral an dieser Stelle zunächst einmal zu schweigen.

Denn das Böse hat keine Moral, und man kann es nicht mit der Moral des Guten bannen, so dass man das Böse nicht mit dem Guten, sondern nur mit dem Bösen selbst bekämpfen kann. Dadurch stellen sich die Fragen der Moral nun in einem sehr komplexen Zusammenhang, der sich den meisten Menschen nicht unbedingt auf Anhieb erschließt, wie sollte er auch. Wenn man dann noch für ein strikt hierarchisches

System der Organisation sorgte, so dass einerseits derjenige, der einen höheren Grad erreichte, gegenüber dem auf einer niederen Stufe Stehenden zu schweigen hatte von dem, was er an neuer Erkenntnis erfuhr, andererseits aber die Fülle der Informationen nur an der Spitze der Pyramide zusammenfloss, konnte man sich recht sicher sein, dass selbst der eine oder andere Abtrünnige nicht zu viel Schaden anrichten konnte, auch wenn er aus einer eher höheren Ebene der Hierarchie stammen und all sein Wissen bereitwillig ausplaudern sollte.

Ich will an dieser Stelle einfügen, dass B. Kaempfer das Wort *er* nicht zufällig verwendet hatte, als er von den Mitgliedern der Bruderschaft sprach. *Frauen* waren niemals in den inneren Zirkel aufgenommen worden, was diverse Gründe hatte, die allerdings für den heutigen Leser (und vor allem die heutige *Leserin*) nicht mehr unbedingt verständlich und nachvollziehbar sind, so dass ich an dieser Stelle darauf verzichte, sie im Einzelnen auszuführen. Außerdem sind mir die Zusammenhänge selbst nicht völlig klar geworden, weil B. Kaempfer an dieser Stelle seines Berichtes gerade damit beschäftigt war, einigen streng riechenden Austern den Garaus zu machen.

Sei's drum: Wir reden hier von einer geheimen, strikt hierarchisch organisierten Bruderschaft, in welche nur ausgesuchte und geweihte Männer aufgenommen wurden, deren heiliger Eid auf Pflicht und Schweigen in regelmäßigen Ritualen immer wieder aufs Neue bestätigt wurde, vor allem durch gewisse verbotene und verruchte Handlungen, deren Aufdeckung im Fall aller Fälle den Täter in erhebliche Schwierigkeiten mit den jeweiligen Behörden gebracht hätte, was sich nach einigen unangenehmen Vorfällen als ein weiterer, jedoch höchst wirkungsvoller *cordon sanitaire* um die Bruderschaft herum erwies.

Diese Art von Mechanismen waren letztlich so erfolgreich, dass nicht nur die Bruderschaft in der Tat über weite Strecken ihrer Geschichte geheim und selbst vor einer interessierten Öffentlichkeit verborgen blieb, sondern sich andere klandestine Gesellschaften, ob politisch oder religiös, ebenfalls dieser erprobten Mechanismen bedienten, wenn auch nicht immer mit der gleichen Perfektion, wie man sie nur über eine sehr lange Zeit der immer wieder überprüften und optimierten Praxis erlangen kann.

Irgendwann im Verlaufe dieser Praxis hatte sich herausgestellt, dass eine Zahl von sechsunddreißig Mitgliedern völlig ausreicht, um die Zwecke der Bruderschaft zu erfüllen. Zumindest, wenn man denn dafür sorgte, dass gewisse niedere Tätigkeiten von Unterstützern und Sympathisanten übernommen wurden. Auch diese Verlagerung von Tätigkeiten nach außen (heute spräche man wohl von *Outsourcing*) hatte mehrere Vorteile zugleich, nämlich ein Reservoir für zukünftige Rekrutierungen zu schaffen, dabei aber zugleich das Wirken des eigentlichen Kerns der Bruderschaft besser zu schützen und – nicht zuletzt – diesen Kern von eher langweiligen, aber doch beschwerlichen Arbeiten zu entlasten. Diese Zahl *Sechsunddreißig* hatte natürlich wie so vieles andere in der Bruderschaft eine mystische Bedeutung, jedenfalls konnte man sie in dieser Weise interpretieren: Sechsunddreißig ist nämlich die Multiplikation aus Drei, Vier und nochmals Drei, also aus dem Göttlichen (der Dreifaltigkeit) und dem Weltlichen (den vier Ecken der Welt, den vier Elementen), dann aber noch einmal am Ende vermehrt und überhöht um das Göttliche.

Diese Interpretation wurde zunächst nur im mediterranen Kulturkreis verwendet, weil eben nur hier die Zahlen genau diese Bedeutung hatten. Anderswo verwendete man die jeweiligen anderen Erklärungen, jedenfalls soweit vorhanden, denn es hatte sich über die Jahre hinweg herausgestellt, dass fast eine jede Kultur ihre eigene Zahlenmystik entwickelt, die sich immer wieder auf das Beste dazu anbietet, geheime, nur dem Eingeweihten ersichtliche Botschaften zu transportieren. Es sei daher überhaupt kein Wunder, so sagte B. Kaempfer, dass sich die Kryptographie seit geraumer Zeit allein auf die Zahlen und nicht mehr auf die Buchstaben verlasse, und sei es auch in einer immer komplizierteren und komplexeren Art und Weise. Dabei sei, so fuhr er fort, das so genannte Abendland zunächst in keiner Weise führend gewesen, sondern man habe erst langsam und mühsam von den Indern und den Arabern lernen müssen, bevor man selbst irgendeinen wesentlichen Beitrag zum weiteren mathematischen Fortschritt hätte leisten können. An dieser Stelle verlor sich B. Kaempfer dann in einen sicherlich sehr gelehrten, aber der Dramaturgie seiner Erzählung äußerst abträglichen Exkurs über die Geschichte der Null, den ich deshalb hier nicht wiedergeben will.

Lieber will ich darauf verweisen, dass es den Worten B. Kaempfers zufolge über die langen Jahre gar nicht ausbleiben konnte, dass gewisse, wenn auch unvollständige Informationen über die Existenz und das Wirken der Bruderschaft bekannt wurden. Gerade im mediterranen Raum, wo schon früh durch Wanderung, Handel oder Krieg ein enger Kontakt zwischen unterschiedlichen, mannigfaltigen Kulturen zustande gekommen war, entwickelten und verbreiteten sich diverse, immer wieder neu entfachte Gerüchte über geheime Kulte und Religionen, und auch unsere Bruderschaft blieb davon ebenso wenig verschont wie von Unterdrückung und Verfolgung.

Diese Erfahrungen mit Umwelt und Obrigkeit veranlassten die Bruderschaft dazu, sich noch mehr aus der Öffentlichkeit zurückzuziehen und die Geheimhaltung zu verstärken. Es gelang ihr im Laufe der Jahre auch immer besser, von Neugier und Nachstellungen verschont zu bleiben. Allenfalls hielten sich Sagen und Legenden, wie etwa die vom *Verborgenen Heiligen* oder dem *nistar*, wie man im talmudischen Judentum sagte, Sagen und Legenden also, die bestimmte, zusammenhanglose Details aus der Organisation der Bruderschaft aufnahmen und sie mangels genauerer Informationen auf ein sehr eigene Art und Weise interpretierten. Dieser Legende vom *nistar* zufolge soll es nun in einer jeden Generation sechsunddreißig gerechte und rechtschaffene Männer geben, die allein durch ihre Existenz die Grundlage für die Welt bilden, jedoch in ihrem Wirken anonym bleiben müssen, weil all ihr Handeln sonst, vor den Augen der Öffentlichkeit, wertlos wäre.

Einer von ihnen – so erzählte B. Kaempfer weiter von dieser Legende – sei möglicherweise sogar der lange und schon sehnsüchtig erwartete Messias, der aber so lange dem Antlitz der Menschen verborgen bleibe, wie das jeweilige Zeitalter seines Erscheinens noch nicht wert sei. Darauf allerdings, wie B. Kaempfer mit einem Lächeln hinzufügte, würde man in Anbetracht der Verhältnisse in unserer Welt wohl noch eine Weile warten müssen. Denn der Messias komme nicht, um eine schäbige Welt von Leid und Sünde zu erlösen, sondern erst dann, wenn sich die Welt bereitet und geschmückt hat wie eine junge Braut zur Hochzeit.

Wie dem auch sei: Solche Legenden entfachten zwar von Zeit zu Zeit wieder die Neugierde, doch niemals kam man damit so nahe an die Bruderschaft heran, dass ihre Existenz oder ihr Wirken tatsächlich in die Gefahr geraten wären, sich vor einer kritischen und im Zweifel wohl eher böswilligen Öffentlichkeit erklären und begründen zu müssen. Das wäre der Bruderschaft in jenem schlimmsten aller Fälle dann nicht besonders leicht gefallen, denn sie hatte zur Durchsetzung ihrer Ziele auch immer wieder Mittel und Wege gefunden, die mit der vordergründigen, oberflächlichen Moral dieser Welt kaum in Einklang zu bringen waren. Doch darüber wollte sich B. Kaempfer an jenem Abend nicht weiter äußern, obwohl es mich doch sehr interessiert hätte.

Noch wichtiger erschien mir allerdings, dass B. Kaempfer mir eher implizit und nur am Rande mitgeteilt hatte, dass die Bruderschaft nicht nur auf einen bestimmten Kulturkreis begrenzt war, sondern sich im Laufe der Zeit offenbar weltweit organisiert hatte. Als er endlich seinen Exkurs gleichzeitig mit einem ausgesprochen schmackhaften Orangensorbet abschloss, befragte ich B. Kaempfer energisch danach. Er beantwortete mir diese Frage mit dem Hinweis darauf, dass man das Böse eben immer und überall vermuten müsse, weshalb sich eine Bruderschaft, deren selbst gesetzte Aufgabe in der Erforschung des Wirkens des Bösen im Himmel und auf Erden bestehe, gar nicht anders als *global* verstehen könne, und zwar schon lange, bevor daraus ein allzu geläufiges Modewort geworden sei.

Es habe eben schon immer bestimmte Wege der Kommunikation zwischen den Kulturen gegeben, auch wenn diese Wege zu manchen Zeiten beschwerlicher und langsamer waren als zu anderen. Aber sie hatten letztlich doch stets auf eine akzeptable Art und Weise funktioniert. Sicherlich hatte dabei nicht eine jede Kultur in gleichem Maße zur Erforschung des Bösen und seines Wirkens beigetragen, denn Kulturen unterscheiden sich gerade dadurch, dass sie sich nicht die gleichen Prioritäten setzen. Und in manchen von ihnen wird das Böse eben anders wahrgenommen und definiert und interpretiert und bewertet.

Ich befürchtete schon einen weiteren, endlosen Exkurs über die diversen Kulturen und vor allem über die historische Entwicklung der Kriterien, nach denen sie jeweils die Welt geordnet hatten, aber B. Kaempfer beließ es dann doch bei einigen wenigen, eher kursorischen Verweisen auf die ostasiatischen Kulturen, in denen man sich seiner Aussage zufolge eher weniger um diese Fragen gekümmert und sich stattdessen der Bewältigung der alltäglichen Probleme gewidmet habe, was er – wie er noch hinzufügte – gar nicht kritisieren oder loben, sondern eben nur der Vollständigkeit wegen feststellen wolle. Gleichwohl hätten aber auch diese Kulturen ihre spezifischen und wichtigen Beiträge geleistet, allerdings doch eher in methodischen Fragen, etwa bei der Anwendung von gewissen Atemtechniken oder der Nutzung bestimmter chemischer Substanzen, um die Fähigkeiten zur Erkenntnis zu verbessern.

Auch in diesem Moment hätte eine weitere Suada auf mich zukommen können, aber B. Kaempfer schien durch das exzellente Essen gnädig gestimmt zu sein und fand recht schnell wieder zu seiner eigentlichen Geschichte zurück. Aus diesen kulturellen Gründen, so sagte er, habe die Bruderschaft selbst heute noch einen mehr abendländischen Charakter, aber die Zahl und auch die hierarchische Position von Mitgliedern aus den anderen Kulturen sei in den vergangenen Jahren bedeutsamer geworden, und man müsse nun einmal abwarten, welche Folgen sich daraus in den kommenden Jahren für das Wirken und Walten der Bruderschaft ergeben sollten. Er, B. Kaempfer, jedenfalls sei darauf sehr gespannt.

In den vielen Jahren, ja vielleicht sogar Äonen des intensiven Suchens und beharrlichen Forschens habe die Bruderschaft nun eine enorme Menge an Hinweisen und Beispielen, aber auch an Theorien über das Böse und sein Wirken, im Himmel und auf Erden, gesammelt, wobei sich vor allem diese Theorien in manchen, leider aber sehr entscheidenden Details deutlich voneinander unterschieden, je nachdem an welchem Ort und zu welcher Zeit und zu welchem Zwecke man sie gerade entwickelt hatte, was die ganze Angelegenheit äußerst verwirrend machte. Man sah sich schließlich also genötigt, eine besonders sorgfältig ausgesuchte Gruppe von älteren Mitgliedern damit zu beauftragen, nach den Möglichkeiten einer *einheitlichen* Theorie des Bösen zu suchen.

Das war eine der bedeutsamsten und weitreichendsten Entscheidungen, welche die Bruderschaft je in der langen Geschichte ihres Bestehens gefällt hatte, war doch die Konsequenz daraus, dass die sonst üblichen Methoden der Kommunikation nun bei weitem nicht mehr ausreichten, auch wenn man dazu inzwischen die modernsten Techniken benutzte. Man musste daher diese Arbeitsgruppe für einen gewissen, jedoch kaum absehbaren Zeitraum an einem Ort zusammenführen. Dieser Ort seinerseits musste unverdächtig genug sein, aber zugleich über einen unmittelbaren Zugang zu allen Informationen verfügen, die von der Bruderschaft über die vielen, langen Jahre fleißig und mühevoll gesammelt und mit größtem Bedacht archiviert worden waren. Immerhin hatte man sich entschieden, *alle* vorhandenen Informationen noch einmal zu überprüfen und zu bewerten und sich dabei nicht auf das zu verlassen, was frühere Generationen einmal davon gehalten haben mochten. Man wollte sie einer neuen, nun einheitlichen Sinngebung unterwerfen.

In gewisser Weise sei – so jedenfalls erläuterte es B. Kaempfer – diese Entscheidung aus einer gewissen Verzweiflung heraus gefallen. Bis dahin zumindest hatte man in der Bruderschaft eigentlich auf nichts so sehr vertraut wie auf die eigenen Traditionen, aber nun (also vor ein paar Jahrzehnten) habe man zum größten Schrecken erkennen müssen, dass man dabei dem selbst gesetzten Ziel – die Wahrheit über das Böse und sein Wirken im Himmel und auf Erden zu erforschen – kaum einen Schritt näher gekommen sei.

Die These, dass das wirkliche Wesen des Bösen vielleicht gerade darin bestehen könne, dass es – jedenfalls durch die Anstrengungen des menschlichen Geistes – überhaupt nicht zu erforschen, geschweige denn zu erkennen sei, was dann wiederum seine besondere Gefährlichkeit ausmache, übte zwar für eine kurze Zeit eine gewisse Attraktivität auf manche Mitglieder der Bruderschaft aus, wurde aber letztlich nach einigen, überaus harten, Auseinandersetzungen als pure Häresie und Ketzerei verworfen. Diese These hätte nämlich letztlich und endlich die Auflösung der Bruderschaft zur Konsequenz haben müssen, was aber im inneren Kreis der Bruderschaft keine qualifizierte Mehrheit fand. Zudem stellte man dabei auch noch zum großen Erschrecken fest, dass sich die Bruderschaft für solche Fälle noch nie in ihrer langen Existenz entsprechende Regeln gegeben hatte, so dass vor allem die Frage nach dem weiteren Verbleib des nicht unbeträchtlichen Vermögens der Bruderschaft nicht einvernehmlich zu entscheiden war. Eher schon wollte man einen – letzten? – Versuch wagen, nun unter Aufbietung aller Kräfte und Nutzung aller nur erdenklichen Möglichkeiten den endgültigen Durchbruch auf der Suche nach dem Wesen des Bösen zu erzielen, auch wenn man sich dafür würde neu organisieren müssen. Aber – so fügte B. Kaempfer an dieser Stelle noch hinzu – manchmal müsse man eben radikal mit den Traditionen brechen, um sie zu erhalten.

Tatsächlich fand sich schließlich nach langem Suchen ein Ort, an dem eine Gruppe von älteren Herren zusammenleben konnte, ohne dass es einer neugierigen Umwelt weiter auffiel – B. Kaempfer wollte sich dazu nicht weiter äußern und sprach nur vage von einem geheimen, aber angenehmen Anwesen auf einer Insel im westlichen Mittelmeer. Dorthin hatte man – wenigstens in elektronischer Form – alle über die Jahre hinweg gesammelten Dokumente und auch die meisten der Artefakte verbracht, damit sie der Arbeitsgruppe ständig zur Verfügung stehen würden. Man hatte sich mit einem großen Elan an die Arbeit gemacht und genoss zum ersten Mal in der Geschichte der Bruderschaft den Vorteil, dass man sich von Angesicht zu Angesicht im direkten Gespräch und Diskurs gegenübertreten konnte, was eine gänzlich neue Form der Kommunikation entstehen ließ, die tatsächlich schnell Früchte trug.

Bislang war man nämlich der festen Überzeugung gewesen, dass allein der Leser und Exeget über die Richtigkeit der Texte und Dokumente entscheidet, wenn alles, was er selbst bereits im eigenen Geist erschaut hat, auch im schriftlichen Zeugnis aus aller Zeit irgendwo wiederzufinden wäre. Nun aber wurde Aug' in Aug' kommuniziert und diskutiert, was zu völlig neuen Ergebnissen in der Interpretation der bekannten alten Texte führte. Zwar ließ man sich weiterhin nicht im festen Glauben beirren, dass es ein über alle Nationen und Zeiten erhabenes Wissen, ein und dieselbe Urweisheit in allen Kulten und Mythen geben sollte, welche man durch die gemeinsame Anstrengung würde entdecken können, aber man stellte beispielsweise bei einer sorgfältigen Durchsicht und Analyse der Dokumente fest, dass frühere Generationen der Bruderschaft offenbar manches übersehen oder zumindest in seiner Bedeutung nicht angemessen gewürdigt, manchmal aber auch das eine oder andere – in bester Absicht natürlich, aber eben doch – hinzugefügt hatten, was nun, da man es in einer textkritischen Analyse ergänzte oder bereinigte und auf eine neue Art und Weise zusammenfügte, überaus wichtige und erstaunliche neue Erkenntnisse hervorbrachte.

Auch darüber wollte B. Kaempfer keine konkreten Ausführungen machen, was mich nach all seinen bisherigen, weitschweifigen Erzählungen doch sehr erstaunte. Er deutete nur vage an, dass die Arbeitsgruppe nach langen Jahren der intensiven Forschung und Diskussion nunmehr übereinstimmend zu der Überzeugung gelangt sei, dass man das Wesen des Bösen letztlich mit einem einzigen Namen benennen könne. Und mit diesem Namen, wenn man ihn denn kenne und ihn im Rahmen eines komplizierten und aufwendigen Rituals zweiundsiebzig Mal in der richtigen Modulation ausspreche, würde man das Böse und vor allem sein Wirken bannen. Allerdings leider nicht für immer und ewig, denn man müsse dieses Ritual schon in bestimmten, regelmäßigen Abständen wiederholen, weil man sich nie ganz sicher würde sein können, aber damit habe man die Existenz der Bruderschaft bis auf weiteres gesichert, sei doch nur sie selbst in der Lage, Name und Ritual auf eine verantwortungsvolle Art und Weise zu nutzen.

Natürlich war die Freude darüber in der ganzen Bruderschaft sehr groß, hatte man damit doch den wahrscheinlich größten Erfolg in ihrer langen Geschichte erzielt und dabei zugleich für den weiteren Bestand der Bruderschaft gesorgt. Das war für die meisten Mitglieder von mindestens ebenso großer Bedeutung, denn auf diese Weise mussten sie sich keine weiteren Gedanken um ihren Lebensunterhalt machen, hatten sie doch kaum etwas anderes gelernt, als nach dem Bösen und seinem Wirken, im Himmel und auf Erden, zu forschen, wofür es in der heutigen Welt der puren Ökonomie nur sehr wenig Bedarf gibt, wie wir alle wissen.

Wenn ich gehofft hatte, dass B. Kaempfer mir nun mit dem Namen des Bösen auch noch das letzte Geheimnis enthüllen würde, so sah ich mich darin allerdings getäuscht. Während er einen letzten Kaffee und einen letzten *digestif* bestellte, erzählte er in nur wenigen, dürren Worten davon, dass jene Arbeitsgruppe der Bruderschaft zwar zu der zweifellos wichtigen und bahnbrechenden Erkenntnis gelangt sei, *dass* es einen solchen Namen des Bösen geben müsse, man jedoch immer noch daran zu arbeiten habe, ihn auch tatsächlich *benennen* zu können. Man wisse – beispielsweise – noch längst nicht, wie viele und vor allem welche Buchstaben man dazu verwenden müsse. Nur dass sich dieser Name auf eine komplexe und komplizierte Art und Weise aus mehreren Sprachen und Schriften zusammensetze, werde inzwischen als wahrscheinlich angenommen, ebenso wie übrigens der Umstand, dass dafür nicht nur die vergangenen und gegenwärtigen, sondern auch die zukünftigen Sprachen in Betracht kommen, was die Suche danach natürlich sehr erschwert habe.

Soweit ihm bekannt sei – sagte B. Kaempfer dann noch, als ich die wirklich enorme Rechnung bezahlt hatte und wir das Restaurant verließen –, habe man nun in der Bruderschaft zusätzliche Arbeitsgruppen eingerichtet: Während die ursprüngliche Gruppe weiterhin die vorhandenen Dokumente sichtet und vor allem nach neuen sucht, erforschen andere Gruppen alle nur erdenklichen Sprachen, gesprochene und geschriebene, und bemühen sich nach Kräften darum, *neue* Sprachen zu finden, von denen bisher niemand etwas wissen wollte. Schließlich blieb dann noch die mindestens ebenso wichtige Aufgabe, die bereits gefundenen Namen oder wenigstens doch ihre als gesichert erscheinenden Bestandteile in den unterschiedlichen Ritualen experimentell zu erproben, um dabei weitere Hinweise für die Suche nach dem Namen des Bösen zu finden.

Es sei dabei jedoch, wie man aus gewissen, allerdings vertrauenswürdigen Quellen habe erfahren können, auch schon zu grandiosen Fehlschlägen mit katastrophalen Folgen gekommen, weil es eben doch sehr problematisch und in den Ergebnissen kaum vorhersehbar sei, bestimmte Techniken der Magie oder der Alchemie auf die Steuerung und den Betrieb moderner industrieller Anlagen wie Fabriken, Kernkraftwerke oder Raumschiffe zu übertragen. Es sei jedoch der Bruderschaft und ihrem Netzwerk von Unterstützern in der Politik und den Medien weitgehend gelungen, die tatsächlichen Ursachen jener Katastrophen vor der Öffentlichkeit geheim zu halten, so dass man nach einer Phase der Ruhe an anderer Stelle erneut mit den Experimenten habe beginnen können.

Mehr aber wolle und dürfe er, B. Kaempfer, dazu nicht sagen, vielleicht ein anderes Mal, aber jetzt müsse er sich verabschieden, auch wenn er den Abend zutiefst genossen habe, doch leider habe er anderswo noch dringende Geschäfte zu erledigen, die nun keinerlei Aufschub mehr duldeten. Ich war es inzwischen gewöhnt, dass sich B. Kaempfer ein jedes Mal genauso schnell und abrupt aus meinem Leben entfernte, wie er eingedrungen war, so dass ich ihm hastig die Hand drückte und dann nur noch feststellen konnte, dass er spurlos im Dunkel der Nacht verschwunden war.

Der Weg nach Hause war nicht weit, schließlich hatte ich das Restaurant genau deshalb ausgesucht, um mir nicht die Freuden und Wonnen eines guten Essens durch eine längere Wanderschaft wieder zu verderben. Natürlich hatte ich gehofft, noch mehr über die Bruderschaft zu erfahren, und gerade das, was B. Kaempfer mir soeben erzählt hatte, steigerte meine Neugierde eher, als dass sie dadurch gestillt worden wäre. Das *Wissen* kann tatsächlich wie eine Droge sein, deren Dosis man stetig steigern muss, um überhaupt noch eine Wirkung zu verspüren.

Für einen Moment, als mich die Kühle der Nacht ein wenig frösteln ließ, aber wirklich nur für einen kurzen Moment fragte ich mich, was mir das Wissen über die Bruderschaft und ihr geheimes Wirken in der Welt für mein weiteres Leben würde nutzen können. Ich wusste aber zugleich, dass sich solche Fragen einer jeglichen Beantwortung entziehen, und so wollte ich mich auch nicht weiter darum kümmern. Mir scheint es ohnehin so, dass sich die Menschen im Sinne einer wohl verstandenen Ökonomie zumeist nur denjenigen Fragen widmen, von denen sie annehmen können, dass sich in angemessener Zeit Antworten darauf finden lassen. Es wurde einmal behauptet, dass man selbst dann, wenn alle möglichen wissenschaftlichen Fragen beantwortet seien, unsere eigentlichen Lebensfragen noch gar nicht berührt habe – eine These, die mir übrigens durchaus einleuchtet, denn den Sinn des Lebens haben wir weder in der Himmelsmechanik noch im Code der Gene, noch in der Bewegung der Elementarteilchen finden können, und sei es nur deshalb, weil dort noch niemand danach gesucht hat.

Nach dem, was B. Kaempfer mir über die Bruderschaft erzählt hatte, musste ich annehmen, dass auch sie trotz langer und intensiver Forschung noch längst nicht am Ziel ihrer Wünsche angelangt war. Ich hätte noch nicht einmal sagen können, ob sie sich überhaupt auf dem richtigen Weg dorthin bewegte, worauf es jedoch wenigstens meiner Meinung nach letztlich gar nicht ankommen sollte. Mir jedenfalls war die Bruderschaft allein schon deshalb sympathisch, weil sie sich immer wieder auf die Suche nach dem Sinn des Lebens gemacht hatte, auch wenn man sich oft genug das eigene Scheitern hatte eingestehen müssen. Mir gefiel also die Unverdrossenheit, die unerschütterliche Überzeugung, diese schier unerschöpfliche Energie. Schon allein deshalb wollte ich unbedingt mehr über die Bruderschaft erfahren, und ich bedauerte zutiefst, dass ich jenen kurzen Kontakt mit ihr nicht dazu genutzt hatte, tiefer in ihre Geheimnisse einzudringen. Es tröstete mich auch nicht, dass ich es damals gar nicht besser hätte wissen können.

Auf jeden Fall nahm ich mir vor, noch einmal alle meine eigenen Quellen auf das Genaueste zu untersuchen, nun allerdings gestützt auf die Informationen, die B. Kaempfer mir gegeben hatte, und damit durchaus in der Hoffnung, tatsächlich etwas Neues zu erfahren. Ich beeilte mich also, nach Hause zu kommen, und freute mich schon darauf, das unendliche Labyrinth des elektronischen Wissens betreten zu können. Und so war ich völlig in meine Gedanken vertieft, als ich in die Straße zu meinem Haus einbog, so dass mir die Gestalt, die sich tief in den Hauseingang gelehnt hatte, zunächst gar nicht weiter auffiel. Erst als ich näher kam, bemerkte ich sie überhaupt und auch, dass mir gewisse Details an ihrer Form und Gestalt recht bekannt vorkamen. Ich stutzte, ging dann aber schnellen Schrittes weiter und streckte meine Hand aus, um den Mann zu begrüßen, der einige Tage zuvor mit mir im Auftrag der Bruderschaft die Übergabe der Disketten verhandelt hatte. Ich wollte meine Überraschung auf keinen Fall zeigen, und so sagte ich mit fester Stimme, dass ich ihn schon längst erwartet hätte.

VIERTER SATZ

Zeitenwende
Allegro con brio

———•———

Ich will die Geduld meiner geschätzten Leser nicht über Gebühr strapazieren, so dass ich in meiner Erzählung der Dinge, die einst geschahen in dieser Welt, nun über das eine oder andere schnell hinweggehe, ohne allzu ausführlich oder überhaupt davon zu berichten. Es tut mir in der Seele weh – wenn ich denn diesen flüchtigen Begriff der *Seele* um der besseren Verständlichkeit willen einmal selbstreflexiv auf mich als metaphysisches Wesen anwenden darf, weil ja heutzutage ein jeder Dummkopf selbstreflexiv sein muss, wenn er etwas gelten will in dieser Welt –, es tut mir also in der Seele weh, dass ich nun nicht weiter von meinen endlosen Reisen sprechen darf, die mich über die vielen Jahre hinweg zu allen Ecken & Enden der Erde geführt haben, wo ich mich manchmal so wohl gefühlt habe, dass ich nur mit größtem Bedauern wieder Abschied nahm, manchmal aber auch dermaßen verärgert war, dass ich den Ort und die Menschen für immer verflucht habe, was man noch heutzutage unschwer daran erkennen kann, dass dort regelmäßig Myriaden von Reisenden einfallen wie die Heuschrecken über die reife Ernte und die Eingeborenen um alles fürchten müssen, was ihnen lieb & teuer ist.

Ich will und kann daher leider nicht in allen Einzelheiten erzählen, wie ich einmal in Indien einen jungen Mann von Adel kennen gelernt habe, den man anfangs *Siddharta* nannte, dem man später aber den Namen *Buddha* gab, weil man sich ihn viel einfacher merken konnte, auch wenn man ihn um den zusätzlichen Namen *Gautama* ergänzen musste, doch damals schon hatte man sehr genau erkannt, dass man die Aufmerksamkeit und die Liebe der Menschen nur dann erwecken kann, wenn man einen einprägsamen und sympathischen Namen hat, und das ist bis heute so geblieben. Ich begleitete ihn dann ein Stück auf seinem

Lebensweg, wo er sich nämlich zuerst am Luxus erfreute und dann genauso an der Armut, nur um schließlich zu erkennen, dass ihn beide Wege nicht zum ersehnten Ziel führten, so dass er letztlich & endlich die Menschen lehrte, dass das Glück allein in der Mitte, im rechten Maß der Dinge, in ihrer Harmonie und in ihrem Gleichgewicht liegen sollte.

Ich persönlich bin immer der Meinung gewesen, dass eine solche Lehre genau das Richtige für die Masse der Menschen sein sollte, damit sie sich einerseits ein wenig anstrengen, andererseits aber keine übermäßigen Wünsche entwickeln, deren Erfüllung nur zu Aufruhr und zu Ärger für die *potentes*, die Mächtigen, will sagen: die Regierenden, führen würde, was im Allgemeinen nicht unbedingt im Sinne meines Planes liegt, denn die Revolution ist für meinen Algorithmus wie das Salz in der Suppe, nämlich wichtig für den guten Geschmack; zugleich aber macht zu viel davon die Speisen ein für alle Mal ungenießbar. Ich hätte also mit der Philosophie jenes Siddharta durchaus zufrieden sein können, wenn da nicht noch ein anderer Aspekt seiner Lehre gewesen wäre, der mir zunächst einige Sorgen bereitete, bis ich bemerkte, dass die meisten Menschen damit in ihrem alltäglichen Leben nur wenig anfangen konnten: nämlich die Hoffnung auf eine Erlösung in einem so genannten *Nirvana*, dem Ort, wo nichts mehr die Ruhe der Seele stören kann, weil sich selbst die Seele aufgelöst hat.

Von mir aus können die Menschen hoffen, wonach ihnen gerade der Sinn steht, wenn sie sich hier und jetzt nicht ablenken lassen von den handfesten Aufgaben, die in dieser Welt überall auf sie warten, und so war ich dann doch sehr erleichtert, dass sich zunächst nur sehr wenige Menschen daranmachten, das Nirvana schon jetzt & gleich zu finden, weil man auf dem Weg dorthin noch viel mehr Hindernisse überwinden muss als ohnehin schon im normalen Leben, denn ich verrate kein Geheimnis, wenn ich sage: Das *Nichts* ist viel komplizierter, als man gemeinhin denken mag.

Aber Indien, ach, *Indien*! Welch ein Land! Ich habe es immer geliebt, und ich werde es immer lieben, auch wenn es viele wunderbare Orte in meiner Welt gibt und die meisten Menschen noch nie etwas davon erfahren haben. Und selbst auf die Gefahr hin, dass man anderswo neidisch und eifersüchtig wird, so bekenne ich doch hier & jetzt meine Liebe zu Indien, denn wenn es einen Platz in dieser, meiner Welt geben mag, an dem ich die Sehnsucht nach meiner Heimat, dem ewigen Kosmos der Möglichkeiten, stillen konnte, dann war es allein Indien. Die Vielfalt der Völker, der Kulturen, der Religionen, der Farben, der Landschaften, der Geräusche & Gerüche, der Speisen – alles ist möglich in Indien, die Menschen sind arm, und sie sind reich in einem Maße, das selbst meine Vorstellungskraft beansprucht.

Hier hat sich bewiesen, wie recht ich daran tat, die Sprachen der Menschen zu verwirren, auf dass sie die mannigfaltigsten Formen der Kultur erfinden, eine jede auf ihre Weise, um sich zu beweisen im edlen & ewigen Wettstreit, der niemals entschieden sein wird, bevor meine Welt nicht vollkommen ist. Man schaue sich die prachtvollen Paläste an, für deren Bau Tausende von Sklaven jahrelang schuften mussten, Paläste, die in den Himmel ragen, gleich dem Turm zu Babel, die überquellen von Gold & Edelsteinen, so als habe man es anderen überlassen wollen, tatenlos auf das Himmlische Jerusalem zu warten. Und nur wenige Schritte entfernt davon sterben die Menschen aus Hunger & Entbehrung, und man lobt sie und freut sich mit ihnen, denn vielleicht gehen sie gerade jetzt den letzten Schritt ins Nirvana, und wer will sie wirklich guten Gewissens daran hindern.

Wie oft habe ich meinem guten alten Freund, dem Tod, schon gesagt, dass er sich mehr um Indien kümmern soll, denn ich will nicht und halte es für unnötig, dass die Menschen leiden, bevor das Unvermeidliche über sie kommt. Doch der Tod hat kein Einsehen und antwortet mir nur, dass es nicht in seiner Verantwortung & Zuständigkeit liegt, wenn so viele Menschen an einem einzigen Ort zur gleichen Zeit geboren werden, denn dann – so meint er – könne etwas nicht stimmen mit meinem Algorithmus, worüber ich natürlich gar nicht gerne diskutiere, und so kommen wir in dieser Angelegenheit schon seit vielen Jahren keinen Schritt weiter. Und doch kehre ich nach Indien zurück, sooft ich kann, und verbringe meine Zeit damit, durch die großen Städte zu wandern, ohne Ziel & Plan, nur um dort ein Teil des Lebens zu sein, damit ich mich wenigstens für kurze Zeit nicht einsam fühle, denn man glaube ja nicht, dass es nicht auch ein metaphysisches Wesen wie mich ab & zu danach drängt, sich ein wenig mit anderen auszutauschen, ein wenig Lob zu empfangen und Aufmunterung, und es freut mich, wenn man mir Glück & Erfolg wünscht für die großen Aufgaben, die noch auf mich warten, schließlich ist diese, meine Welt noch längst nicht so, wie ich sie mir vorgestellt habe. Auch in Indien finde ich keinen Dank und keine Aufmunterung, aber wenigstens doch die Ablenkung, nach der ich mich in meiner Langeweile so sehr sehne. Dort kann ich mich an den Werken erfreuen, zu denen der menschliche Geist fähig sein kann, wenn er sich einmal nicht von den falschen Verlockungen des Götzen Mammon und seiner Hure Vernunft ablenken lässt. Doch der Götze ist listig, und die Menschen sind dumm.

Ich hätte gerne noch mehr davon erzählt, etwa, dass zwischen dem Menschen als *Individuum* und dem Menschen als *Abstractum* mehr als nur ein Unterschied besteht, dass ich nämlich dem abstrakten Menschen durchaus & gerne mehr an Rechten & Ansprüchen zugestehen möchte als dem Individuum, aber da ich noch niemals einem abstrakten Menschen begegnet bin, solange ich auch wandele auf Erden, ist dieser Unterschied ein bloß theoretischer, über den sich wacker streiten ließe bis in alle Ewigkeit, was aber nichts nützt, sondern nur kostbare Zeit verschwendet. Jedenfalls will ich die Menschen nicht danach richten, was sie *sind* oder zu sein behaupten, ganz gleich, wie & woher sie diese Behauptungen ableiten und legitimieren wollen, denn schließlich steht im Zweifel immer irgendwo alles geschrieben; ich aber richte die Menschen danach, was sie *tun*, denn ihr Anrecht auf ihr Sein resultiert allein aus der Tat und aus nichts anderem.

Mir hat daher sehr gefallen, wie die Menschen im fernen China mit ihrem Teil der Welt umgegangen sind, was ich leider erst sehr spät bemerkte, denn ich hatte anderweitig genug zu tun, so dass ich mich nicht um alles zur gleichen Zeit kümmern konnte, denn auch ein metaphysisches Wesen wie ich, das nicht an die lästigen Gesetze der Physik gebunden ist und daher an vielen Stellen zugleich sein kann, muss ab & zu Prioritäten setzen, die – wie ich zugeben will – nicht immer die richtigen sein mögen, vor allem, wenn manchmal das Dringende vor dem Wichtigen rangiert, aber das weiß man nachher immer besser als vorher, und ich verbitte mir jegliche Bemerkungen.

Wie dem auch sei: In China hatten die Menschen ganz von selbst damit begonnen, sich den Anforderungen der Welt zu stellen, und hatten damit einige schöne Erfolge erzielt, weil sie sich mit der Welt auf eine ganz & gar pragmatische Art & Weise befassten, aber vor allem weil es ihnen gelang, das einmal errungene Wissen systematisch von einer Generation zur nächsten weiterzugeben und dadurch fast, wirklich *fast* jene Grenzen von Raum & Zeit zu überschreiten, was ansonsten ja nur uns metaphysischen Wesen möglich ist.

Ich habe wohl schon einmal davon gesprochen, wie schwer es mir fällt, die Menschen zu lehren und zu erziehen, und wie oft alle Mühen vergebens sind, weil ihre Zeit vorbei ist, bevor sich ihre Bildung vollendet und sich ihre Bildung eben leider nicht fortpflanzt mit dem Samen wie die Farbe der Haare, worauf man aber in diesem spezifischen Fall durchaus, wenn nicht sogar völlig verzichten könnte, denn davon hängt das Glück der Welt nun wirklich nicht ab, auch wenn manche Menschen es so und nicht anders glauben wollen und ihren Haaren eine jede erdenkliche Art von Farbe geben, als sei ihr ganzes Geschick davon abhängig.

Wenn ich nun aber die Chinesen loben will, dann allerdings nicht nur dafür, dass sie Mittel & Wege gefunden haben, aus den vielen individuellen Genies, wie sie immer und überall vorkommen mögen, ein kollektives Genie zu formen, das sich immer mehr entwickelte und weit hinausreichte über die engen, armseligen Grenzen, die dem einzelnen Menschen nun einmal gesetzt sind; ich aber lobe die Chinesen vor allem dafür, dass ihre Kultur alle Stürme der Zeit ohne größeren Schaden überdauerte und sich im Wettbewerb der Kulturen, den ich gesetzt habe unter die Menschen, bis heute auf das Beste bewährt hat, und ich sehe keinen Grund, dass sich das in Zukunft grundlegend ändern sollte. Doch davon muss ich hier leider schweigen, weil ich es mit Gott so vereinbart habe.

Aber ich darf doch davon sprechen, dass die Chinesen nach langem Suchen einen Weg gefunden haben, das Erbe Babels zu überwinden, nicht indem sie näher an jene ursprüngliche Sprache, welche die Menschen im Paradies von Gott gelernt hatten, herankamen als andere, sondern indem sie (wie klug von ihnen!) eine *Schrift*[1] entwickelten, die – wenn man es denn nur wollte – überall auf der Welt genutzt werden könnte, weil sie nämlich rein gar nichts mit der gesprochenen Sprache zu tun hat, so dass der Bantu sie genauso verwenden könnte wie der Deutsche, um auszudrücken, was ihm auf dem Herzen liegt. Es spielt dann überhaupt keine Rolle mehr, ob & wie die armseligen Organe des Menschen die Luft modulieren, ob sie ein Wort als *Fluss*, *river*, *fleuve*, *gawa* oder was auch immer aussprechen, solange nur überall das gleiche *Zeichen* dafür verwendet wird, denn man kann die Geheimnisse der Welt *lesen*, aber nicht aussprechen, was ich den Magiern immer wieder gesagt habe, aber sie wollten ja nicht auf mich hören.

Wenn also die Welt – so dachten sich jedenfalls die Chinesen – schon nichts anderes ist als Symbol, Emblem, Spiegelung, Eindruck, dann kann man doch auch gleich eine Schrift verwenden, die eben genau daraus besteht, nämlich aus Symbolen, was sie dann taten, und zwar im Falle unseres Beispiels durch drei senkrechte, sich leicht schlängelnde Linien, welche das Fliessen des Wassers symbolisieren und was daher selbst einem jeden Dummerjan als das Emblem für *Fluss* unmittelbar einsichtig ist. Die Chinesen haben dabei nicht allzu sehr auf die Ökonomie geachtet, denn inzwischen stehen ihnen wohl mehr als achtzigtausend, äußerst verschiedene Zeichen zur Verfügung, die sie schön und klug miteinander kombinieren, auch wenn nicht ein jeder Chinese oder Japaner alle diese Zeichen auswendig kennt, aber für den Notfall gibt es ja genügend Bücher, in denen alles geschrieben steht.

Es hat mir immer gefallen, dass die Chinesen sich nie eingebildet haben, das großartige Werk meiner Schöpfung mit nur zweiundzwanzig Buchstaben beschreiben zu wollen, was in der Tat ein Ding solcher Unmöglichkeit ist, dass man noch nicht einmal im unendlichen Kosmos der Möglichkeiten jemals davon gehört hatte, und ich habe mich immer darüber geärgert, dass sich die Menschen nicht offen & ehrlich ihr Versagen eingestanden haben, sondern sich damit entschuldigten, dass man vergessen habe, ihnen *einen* zusätzlichen Buchstaben auszuhändigen, mit welchem sie dann, ja dann alles verstehen und erklären könnten und endlich wären wie die Götter.

Unsinn, ich sage nur: blanker Unsinn! Wenn man die Welt lesen und sie vielleicht eines Tages als Mensch selbst schreiben will, dann nur in einem Alphabet, das genauso vielfältig, komplex & kompliziert ist wie der Algorithmus meiner Schöpfung, und davon sind selbst die Chinesen nach Tausenden von Jahren der steten Kultur noch weit entfernt, denn schließlich habe ich selbst viele Äonen benötigt, um meine Schöpfung zu ersinnen und in die Tat umzusetzen, und wie will der Mensch erwarten, dass er schneller zu einem Ergebnis kommt als ich. Aber immerhin, die Chinesen haben sich viel Mühe gegeben, und ich bin schon jetzt darauf gespannt, was ihnen in Zukunft noch alles widerfahren wird, jedenfalls wird ihnen selbst der Untergang der Welt nicht schaden, denn sie haben all ihr Wissen schon vor vielen Jahren auf fünfzehntausend Steine[2] geschrieben, was eine ungeheure Arbeit war, die sich aber lohnen wird, wenn man eines Tages wieder von vorne beginnen muss – dann nämlich werden die Chinesen in ihrer riesigen Bibliothek alle Informationen finden, die sie benötigen, um ihre Kultur in allen Details rekonstruieren zu können.

Noch viel mehr könnte und wollte ich erzählen von dem, was ich bei den Menschen erlebt und erfahren habe, doch dann käme der Vorwurf wirklich zu Recht, dass ich immer alles durcheinander werfe und zu sehr vom Weg meiner Erzählung abweiche. Ich will hier also in kurzen & wenigen Worten nur andeuten, was mir auf meinen Reisen durch den Raum & die Zeit geschehen ist. Vorab nur so viel: Ich habe niemals bestritten, dass *meine* Schöpfung nicht vollkommen ist, sondern erst im Zeitablauf vollkommen wird, was die Menschen – wie ich durchaus verstehen kann – nicht gerade mit viel Freude erfüllt, denn immerhin muss ihnen diese Welt als die schlechtere Alternative vorkommen gegenüber dem Paradies, aus welchem sie einst vertrieben wurden, oder gar dem, das sie eines fernen Tages zu gewinnen hoffen, welches sogar noch prächtiger sein soll, hat doch Gott inzwischen genügend Zeit gehabt, die Wünsche der Menschen genauestens zu erkunden und sich darauf einzurichten, so wie man es heutzutage erwarten kann.

Wenn nun also der Mensch meint, dass diese (meine) Welt ihm die Entwicklung & Erfüllung seiner existenziellen Wünsche vorenthält, was immer man wiederum darunter verstehen kann, dann zeigt all meine Erfahrung in den vergangenen Jahrtausenden, dass er zwischen zwei Möglichkeiten wählt, nämlich entweder macht er dafür einen Negativpol der Wirklichkeit verantwortlich und projiziert alle seine Konflikte mit der Natur und den anderen Menschen auf ein trügerisches mythisches Bild, welches er den Teufel nennt und womit er mich, den Schöpfer und *Fürst* dieser Welt, meint. Oder aber er geht mit viel Courage die negativen Ereignisse und Entwicklungen vermittels seines Verstandes an und verändert sie, indem er die Welt zu seiner eigenen Lebenswelt erklärt und sich dafür selbst verantwortlich macht. *Diese* Variante wäre mir natürlich immer die liebste gewesen, weil ich mich dann nach & nach aus der Organisation & Verwaltung dieser Welt hätte zurückziehen und mich endlich um die wirklich wichtigen Dinge kümmern können, vor allem um die Frage, wie es Gott damals eigentlich gelungen ist, seine Werke voller Leichtigkeit & Eleganz zu erschaffen, denn diese Frage, dieser Neid treibt mich immer noch um.

Inzwischen weiß ich, dass Gott gar nicht bewusst geschaffen hat, sondern dass diese grandiosen, überwältigenden Produkte seiner Schöpfung zunächst und vor allem die *Emanationen* seiner Macht und seiner Herrlichkeit gewesen sind, der pure Ausfluss seines göttlichen Wesens, so wie die Strahlen aus dem Licht strömen, ohne dass sie bewusst und absichtlich ausgesandt werden. Diese Erkenntnis hat mich erschüttert, denn meine Schöpfung war von Anfang an das Ergebnis meiner bewussten und geplanten Entscheidung; ich habe lange darüber nachgedacht, noch länger daran gearbeitet und muss heute bekennen, dass mich ihr Funktionieren über so viele Jahre immer wieder überrascht und erfreut. Nur am Rande sei erwähnt, dass genau deshalb meine Welt eine Welt der Arbeit ist, eine Welt des Leides, der Schmerzen, aber auch des stets wiederkehrenden Todes, eben weil sie geboren wurde aus den unsäglichen Qualen von Arbeit & Mühe.

Nun aber zurück zu den Menschen: Da sie so sind, wie sie nun einmal sind, haben sie sich zunächst & zumeist dafür entschieden, müßig in ihrer Unzufriedenheit zu leben, und anstatt die Defizite der Realität voller Mut & Kraft anzugehen, um sie durch ein gemeinsames Bemühen zu verändern, hat man sie akzeptiert, wie sie sind, und die Unerträglichkeit der vorhandenen Übel auf andere (und dabei vor allem auf mich, den Teufel) verlagert. Egal, zu welchem Zeitpunkt ich auch an welchen Ort reise, überall & immer waren die Menschen fest & unerschütterlich davon überzeugt, dass es einen guten & gütigen Gott voller Würde & Wohltat gibt, dessen wohl gemeinte Schöpfung jedoch von einem bösen Gott[3] zum ewigen Schaden der Menschen gestört oder verändert wurde, der in all seiner Niedertracht darauf besteht, dass Tod & Leiden unauflöslich zum allgegenwärtigen Schicksal des Menschen gehören, der boshaft, doch geschickt die Menschen in allerlei Verlegenheiten bringt und sie auch noch verhöhnt, wenn sie daran scheitern.

Und man hat diesen Geist genannt *Kaang* und *Obatala* und *Apophis*, der sich empört hat gegen die göttliche Ordnung und tagtäglich gegen den Sonnengott kämpft, wobei er des Nachts einen gewissen Erfolg erzielen kann, was ich ihm von Herzen gönnen will, und *Ah uoh puc*, den Herrn der sechs Höllen, den man als Skelett darstellte, was aber auf einer bedauerlichen Verwechslung mit meinem lieben alten Freund, dem Tod, beruhte, aber auch *Mâra*, welcher steht für die Leidenschaften, die den Menschen überwältigen und ihn vernichten, und er ist der Herr von *Kâmaloka*, der Sphäre der Begierden. Gerade eine solche Beschreibung wollte ich mir gerne gefallen lassen, denn ich habe immer wieder betont, dass nicht nur der Verstand, sondern auch die Leidenschaften und darunter vor allem & zuerst die Wollust diese Welt zu ihrer Vollendung führen, und dass die Menschen mich zum Herrscher der Wollust machen wollten, hat mich sehr gerührt & geehrt. Aber ich betone hier ebenso sehr, dass nicht die Leidenschaften den Menschen vernichten, sondern dass – *umgekehrt* – der Mensch sich der Leidenschaften bedient, um sich selbst zu vernichten, was ihm zu allen Zeiten und an allen Orten recht gut gelungen ist.

Was ich hingegen mit allem Nachdruck ablehne und was ich in jeder Hinsicht als ehrverletzend empfinde, so dass ich mir vorbehalte, am Ende aller Tage eine deftige Klage auf Unterlassung und Schadensersatz vor dem Großen Gericht einzureichen, sind Behauptungen derjenigen Art, dass es ausreiche, einen Pfirsich nach mir zu werfen, um mich zu vertreiben, wie es ein gewisser *Izanagi* einst in Japan getan haben soll. Nun hat man seitdem von diesem Izanagi, der ansonsten dadurch auffiel, dass er nicht sehr aufmerksam war und sein Sperma auf die Erde fallen ließ, wofür er zu anderen Zeiten einen schnellen Tod verdient hätte, und mit diesem unnützen Sperma die japanischen Inseln erschaffen haben soll, auch nichts mehr gehört & gesehen, denn er ist verschwunden wie die meisten Götter, und ich kann mich jedenfalls nicht an einen solchen Vorfall erinnern und werde wohl noch genügend Zeugen beibringen können, um solche haltlosen Behauptungen zu widerlegen.

Die meisten Götter sind längst verschwunden, habe ich gerade gesagt, und es wundert mich, dass bislang noch kein Mensch nach ihnen gesucht hat, ja, sogar noch nicht einmal ihr Verschwinden bemerkt zu haben scheint. Nun sind die meisten Menschen äußerst pragmatisch in diesen Fragen, wenn man nämlich von den alten Göttern nichts mehr hört & sieht, dann trauert man nicht weiter um den Verlust, sondern man sucht sich eben neue Götter, was den Menschen übrigens zu keiner Zeit größere Probleme bereitet hat, denn im Erschaffen von Göttern haben sie es zu großer Meisterschaft gebracht. Ich will hier gar nicht verschweigen, dass man natürlich auch an einer jeden Ecke genügend Götter finden kann, die nur voller Sehnsucht darauf warten, dass sie endlich von den Menschen erschaffen werden und dafür große Belohnungen in Aussicht stellen, die sie aber – und ich mahne zur Vorsicht – den Menschen später oft genug höhnisch verweigern.

Die Menschen aber stehen den Göttern in nichts nach: Da die Menschen Götter schufen und sie als ihre Schöpfungen verehrten, haben sie dann in ihrer grenzenlosen Hybris sogar gemeint, dass es sich ziemte, wenn die Götter die Menschen verehrten und ihnen dienten, und so steht es immerhin geschrieben, und man mag es kaum glauben. Was sie dabei aber nicht bedachten, war der Umstand, dass man diese einmal erschaffenen Götter nicht so einfach wieder vergessen kann, *ihre Existenz ist nicht schon damit beendet, dass die Menschen sie nicht mehr verehren und ihnen keine Opfer mehr darbringen.* Sicher, sie verlieren an Kraft & Macht, wenn man sie nicht mehr in der rechten Weise würdigt, und der jämmerliche Anblick eines jener vergessenen Götter stimmt mich immer wieder sehr traurig, wenn ich denn einem von ihnen in den Weiten der Transzendenz begegne, aber doch sind sie unsterblich und existieren weiter, alt & krank & schwach, und sie betteln & winseln um ein wenig Gnade & Zuneigung & Verehrung. Selbst wenn sie aus dem Geist der Menschen gezeugt wurden, so sind sie doch auch metaphysische Wesen wie Gott & ich, und so haben wir eines Tages gemeinsam beschlossen, ihnen ein angemessenes Refugium zu schaffen, wo sie gut versorgt werden und ihre Tage in all der Würde verbringen können, die ihnen zusteht.

Gott war zunächst zwar ein wenig unwillig, denn er duldet keine anderen Götter neben sich, auch wenn von ihnen längst keine Gefahr mehr ausgeht, aber ich konnte ihn letztlich doch davon überzeugen, dass es allein schon der Anstand gebietet, mit allen Wesen der Metaphysik solidarisch zu sein, und so stellte Gott sogar einige Engel zur Pflege ab, vor allem aber, um wirklich sicherzugehen, dass die alten Götter genau dort blieben, wo sie jetzt waren. Dort, im elysischen Pantheon, erzählen die alten Götter einander die immer gleichen Geschichten von ihrer vergangenen Pracht & Herrlichkeit, und sie träumen von ihrer Rückkehr, von dem Tag, da sie wieder die Macht übernehmen über die Herzen & Seelen der Menschen, und schon jetzt ist es ihnen eine große Freude, wenn sie ihre Rache in allen Details genau planen. Und manche hören manchmal Stimmen, die nach ihnen rufen, und voller Eitelkeit kehren sie zurück zu den Menschen, nur um nach kurzer Zeit wieder Gott & mich um Asyl zu bitten, weil die Menschen sie doch nicht mehr verstehen und auch sie nicht mehr die Menschen.

Allein der Götze *Mammon* ist widerspenstig, und nur ihm gelingt es tatsächlich, immer wieder den Geist der Menschen aufs Neue zu verführen, aber Gott & ich, wir kümmern uns nicht mehr darum, weil wir inzwischen gelernt haben, dass sich die Menschen nach einer gewissen Zeit von selbst wieder von ihm abwenden, denn eines Tages lässt der Götze Mammon doch in seinem Hochmut die glänzende Maske fallen, und die Menschen erblicken voller Schrecken seine grässliche Fratze.

Dann jagen sie ihn hinfort, und er muss allein durch die unendlichen Weiten der Metaphysik irren, bis die Menschen wieder vergessen haben, wie viel an Leid & Schrecken er über sie gebracht hatte, und sich nur noch daran erinnern wollen, dass er ihnen einstmals den Himmel schon auf Erden versprochen hatte, worauf sie immer noch sehnsuchtsvoll warten.

Aber eigentlich wollte ich ja von meinen Reisen erzählen, wobei der menschliche Begriff der *Reise* für mich als metaphysisches Wesen nun nicht unbedingt gilt, denn ich bin über die Physik erhaben, ich habe ihr die Gesetze gegeben, und wer die Gesetze geben kann, der muss sich nicht auch noch daran halten[4], das haben inzwischen selbst die Menschen gelernt, was wenigstens den Mächtigen unter ihnen das Leben angenehmer macht und sie mir daher eigentlich dankbar sein sollten, aber das sind sie nicht, woraus ein jeder folgern kann, was er will. Jedenfalls muss *ich* nicht die Mühen der Reise auf mich nehmen, denn auch wenn ich nicht wie Gott in all seiner Pracht & Herrlichkeit allgegenwärtig bin, so kann ich doch zur gleichen Zeit an verschiedenen Orten sein, ohne dass ich mich dafür besonders anzustrengen habe, was ich – wie ich unumwunden zugeben will – auch sehr genieße.

Manchmal, wenn mir gerade der Sinn danach steht, schlüpfe ich in die Gestalt eines Menschen, um auf direkte Art & Weise zu erfahren, was in diesen seltsamen Wesen wirklich vorgeht, und es verwundert mich ein jedes Mal aufs Neue, denn ich bin es nicht gewöhnt, die Last eines physischen Körpers zu ertragen und dazu noch von Gefühlen verwirrt zu sein, was nur selten zugleich eine Lust sein mag, und ich kann die Menschen verstehen, dass sie nicht ganz zufrieden sind auf dieser Welt, aber sie geben sich nur wenig Mühe dabei, könnten sie doch ihren Körper und ihren Geist weitaus mehr nutzen, als sie es üblicherweise zu tun pflegen.

Aber wie auch immer, darüber habe ich mich schon oft genug geäußert, so dass ich es hier & jetzt dabei belassen will: Das Reisen[5] jedenfalls bereitet den Menschen eine große Mühsal, was manche besser zu verstehen scheinen als andere, denn sie verwenden in ihren Sprachen dafür das Wort *travel*, welches sich ableitet von *travail*, und das wiederum bedeutet nichts anderes als *Arbeit*, und das ist nur ein anderes Wort für *Mühe*, was ich zu beweisen hatte und was mir auch gelungen ist, wie mir doch immer so viel gelingt, wenn auch nicht alles, aber es ist nicht die Sache der Menschen, darüber zu richten. Zumindest zeigt sich schon an diesem einfachen Beispiel, dass ich recht daran getan hatte, die Sprache der Menschen zu verwirren und einen Wettbewerb der Kulturen unter sie zu setzen, auf dass sie klüger und geschickter werden, denn manchmal erfinden sie doch in ihrer Sprache sehr schöne Wörter, die zudem den Kern der Sache direkt und genau treffen, was aber leider nicht immer der Fall ist, denn oft genug müssten sie darüber schweigen, wovon sie eigentlich nicht sprechen können, und davon wiederum gibt es genügend in meiner Welt.

Nun also: Auch wenn ich mich nicht in dem Sinne auf die Reise gemacht habe, wie ein Mensch es täte, wenn er von einem Ort zum anderen gelangen will und dabei allerlei Mühsal zu ertragen hat, so habe ich doch in all den Jahren alle Ecken & Enden der Welt besucht (die menschliche Sprache ist aber immer noch nicht so weit, dass sie in der Lage wäre, einigermaßen präzise die Realität der Welt zu beschreiben, denn – wenn man es *ganz* genau nimmt, und das muss man doch, oder? – hat diese globale Welt überhaupt keine Ecken und erst recht keine Enden, alles ist schön rund, wenigstens macht es diesen Eindruck, und wenn man lange genug in die gleiche Richtung weiterläuft, dann kommt man dort wieder an, wo man losgelaufen ist, was manche Menschen nicht glauben wollten, bis sie es denn einmal selbst ausprobiert haben).

Ich bekenne mich dazu, dass ich gerne reise, so dass man mich manchmal den *Umherschweifenden* genannt hat und man sich vorstellte, dass ich rastlos umherwandere, bald hier & bald dort auftauche, dass ich ein ruheloses Wesen bin, das immer neue Machenschaften im Schilde führe. Man hat dabei – so glaube ich – etwas miteinander verwechselt, denn mein Wesen ist unbegrenzt, von metaphysischer Natur, so dass ich mich nicht bewegen muss, um von einem Ort zum anderen zu gelangen; schließlich käme niemand auf den Gedanken, Gott als schweifendes Wesen zu bezeichnen, nur weil er allgegenwärtig ist. Was ich allerdings zugeben will (weil ich es ohnehin zugeben muss), ist, dass ich ruhelos bin, nie untätig, nie phlegmatisch, weil eben *meine* Schöpfung immer noch nicht beendet ist, denn wem es um das Werden und nicht um das Sein geht, der muss sich anstrengen, und das Universum ist groß und die Zeit knapp, und überall gibt es etwas zu schaffen, auch wenn ich selbst ein kosmisches Ausmaß habe und die Natur meinen Befehlen gehorcht, wenn ich mit Feuer & Flamme in den Ablauf der

Geschehnisse eingreife. Vielleicht verwirrt es aber die Menschen, dass selbst ich mich dabei verändere, denn die Schöpfung wirkt zurück auf ihren Schöpfer, und ich bin demnach immer wieder ein anderer, bleibe mir nie gleich, sondern verwandele und vervielfache mich von Augenblick zu Augenblick, denn auch ich bin ein Teil des Algorithmus, aber jetzt schweige ich, sonst verrate ich zu viel.

Um nun aber nicht wieder zu weit abzuschweifen, will ich noch ganz schnell ein Wort zu China sagen, denn dort habe ich mich immer sehr wohl gefühlt, auch wenn man dort nicht unbedingt an mich geglaubt hat, weder an den Schöpfer in mir noch an das Böse, welches man mir doch sonst & anderswo auf der Welt so gerne zutraut, aber eben *nicht* in China. Allenfalls wollte man die *Yiu Guang* akzeptieren, die Acht Koboldbrüder, aber das waren nur ärmliche Irrlichter, welche nichts weiter vermochten, als des Nachts in ihrer Kindergestalt und ihren langen Haaren die Reisenden zu erschrecken, wie es manche Jugendliche heutzutage noch tun; aber diese Art von Unglauben hat mich noch nie gestört, wenn sich dann wenigstens die Kraft von Imagination und Phantasie auf die Entwicklung von Kultur & Zivilisation gerichtet hat.

In China war das tatsächlich der Fall, und besonders gut hat mir gefallen, dass vor langer, langer Zeit der *Meister K'ung*[6] dahinter kam, dass man nicht über die Dinge in dieser Welt klagen und jammern soll, sondern sich darum bekümmern, das eigene Leben, so gut es geht, hier & jetzt einzurichten, und zwar indem man den richtigen Weg zwischen dem Wollen des Menschen und dem Wollen des Himmels findet, welcher zwar ist ein universales, allgegenwärtiges, verborgenes, letztlich unerklärliches Prinzip, lautlos & geruchlos, wie man so sagt, aber der Himmel ist eben doch kein Gott – der Meister selbst wusste gar nicht, wie nahe er damit der Wahrheit gekommen war.

Während man also anderswo noch sehnsüchtig, aber doch geduldig auf seine Erlösung am Letzten aller Tage und auf die Rückkehr in das Paradies warten wollte, gab Meister K'ung den Menschen den wohl gemeinten Rat, sich weder darum noch überhaupt um die Geheimnisse des Jenseits zu scheren, denn – so lehrte der Meister – wenn man das Leben nicht kennt, wie will man dann den Tod kennen. Meister K'ung aber wusste von beidem. Es ist dann auch nicht die Sache der Menschen – jedenfalls nicht der gewöhnlichen, allenfalls der gebildeten –, sich darüber den Kopf zu zerbrechen, jedenfalls solange sie die Regeln des gesellschaftlichen Lebens einhalten und so ihre Pflicht angemessen und korrekt erfüllen und vor allem den Oberen ihren Respekt zollen. Ich war sehr zufrieden mit Meister K'ung und musste ihn nur noch auf den Geist des Wettbewerbs aufmerksam machen, dass nämlich Tugend und Lebenskunst dem Menschen nicht angeboren seien, sondern allein die Frucht des persönlichen Bemühens, was ihm sofort & unmittelbar einsichtig war, denn der Meister war ein sehr kluger Mann, weshalb ihn die Menschen nicht liebten und seine Weisheit erst erkannten, als er schon längst wieder zu Erde & Staub geworden war. Aber da war es dann viel zu spät, sowohl für den Meister, vor allem aber für die Menschen, die nun den Meister nicht mehr befragen konnten, wenn sie selbst nicht mehr weiterwussten. Denn das ist wohl das Schicksal der weisen & klugen Menschen auf immer & ewig, dass sie die Antworten auf Fragen gefunden haben, welche die Menschen erst sehr viel später stellen werden.

Vieles könnte & müsste ich eigentlich noch berichten, aber man hat mich soeben darauf aufmerksam gemacht, dass die Geduld der Leser gerade in den heutigen Zeiten schnell ermüdet und man ihnen immer wieder etwas Neues erzählen muss, damit sie sich nicht von anderen Sensationen ablenken lassen. Doch leider geschieht nur sehr wenig Neues unter den Himmeln, das meiste wiederholt sich früher oder später in der einen oder anderen Form, manchmal als Tragödie, manchmal als Farce, aber nur selten als heroisches Drama, jedenfalls wenn es um die wahrhaft bedeutsamen Dinge geht, denn zu deren Erkenntnis sind bislang nur wenige Menschen gelangt, auch wenn es viele inzwischen behauptet haben, aber man möge nichts darauf geben, was die anderen Menschen sagen, sondern seinen *eigenen* Geist anstrengen, was zwar schmerzt, aber lohnt.

Nun habe ich in all den Jahren erkennen müssen, dass nur wenige Menschen willens & bereit sind, diesen Schmerz zu ertragen, um die Früchte der Erkenntnis zu ernten, und sie sind es umso weniger, als vorher niemand genau sagen kann, ob am Ende die Erkenntnis tatsächlich den Schmerz aufwiegen wird, und da sich die Menschen seit einigen Jahren selbst eingeredet haben, dass nur der Nutzen zählt, was immer das wieder sein mag, scheuen sie einen jeglichen Schmerz, es sei denn, er dient unmittelbar der Lust, was aber nicht einem jeden gegeben ist. Nicht dass man mich falsch versteht (und gerade das haben die Menschen immer nur zu gern getan, denn ich verlange viel von ihnen und richte sie streng): Ich habe nun rein gar nichts gegen den Genuss oder etwa gegen die Lust einzuwenden, habe ich sie doch selbst als Erster verspürt, jene Wollust, die mich traf wie ein Schlag, als ich zum allerersten Mal Gottes Schöpfung sah.

Aber bitte schön, gerade mit dem Genuss und der Lust möge man sich doch ein wenig mehr Mühe geben, denn in dieser Welt hat alles seinen Preis, und der Preis für Genuss & Lust besteht eben in Kultur & Bildung, in Erkenntnis und – nein, ich will es nicht verschweigen – auch in *Erleuchtung* (bin ich nicht *Luzifer*, der da bringt das Licht?), wofür man sich jedoch den Lohn erst durch eigene Arbeit & Mühe verdienen muss, und nichts erhält man geschenkt. Und ich füge noch hinzu: Hier bekommt man nicht immer, was man sich wünscht, und nur wenn man sich anstrengt, wird man erhalten, was man benötigt – und was das ist, darüber haben immer noch ganz andere Instanzen zu entscheiden als der Mensch, und ein jeder Widerspruch dagegen ist und bleibt zwecklos.

Es wäre also besser, wenn die Menschen sich darüber Gedanken machten, wie sie fleißig und im Angedenken an ihre Pflichten die Gaben und Fähigkeiten nutzen können, welche ihnen geschenkt sind, als dass sie all ihr Sinnen & Trachten auf die laute Klage über die Fehler & Defizite dieser Welt richteten, denn die Welt wird keinen Deut besser durch die Unzufriedenheit und die Ungeduld der Menschen, eher aber noch schlechter. Und ist dies nicht die größte aller Sünden, die nie & nimmer vergeben wird, soviel Buße man auch tun mag, dass man die Menschen in ihrer Ungeduld & Unzufriedenheit geradezu noch bestärkt, ohne ihnen zugleich den rechten Weg aus der Misere zu weisen, nämlich durch harte Arbeit, Mühe & Leid ihren Teil der ewigen Pflicht zu erbringen?

Ich jedenfalls habe über die vielen Jahre hinweg genug gehört von den *Rechten* der Menschen, von ihren Ansprüchen, von ihren frechen Forderungen, die sie immer nur gegen die anderen erheben, aber niemals gegen sich selbst gelten lassen. Nun muss ich allerdings die Menschen an dieser Stelle ein wenig in Schutz nehmen und mit aller Vorsicht darauf verweisen, dass Gott selbst dabei nicht ganz ohne Schuld ist, hat er doch die Menschen geschaffen allein für die Bedingungen des Paradieses, wo noch alles vollkommen war und einem jeden das zustand, was immer er sich auch wünschte – jedenfalls mit nur einer einzigen Ausnahme, aber darüber haben wir schon an anderer Stelle genug Worte verloren. Doch seitdem sind viele Jahre vergangen, und die Menschen hätten inzwischen genügend Zeit & Gelegenheit gehabt, sich den neuen, den anderen Bedingungen in meiner Welt anzupassen, aber sie benehmen sich immer noch wie ein abgesetzter König im Exil, der zwar über keinerlei Macht mehr verfügt, aber trotzig wider alle Umstände darauf beharrt, dass man ihn auch weiterhin ehrt, ihm huldigt und allen schuldigen Respekt zollt. Das aber ist letztlich & endlich nichts anderes als lächerlich & peinlich, was auch ein jeder sofort bemerkt, nur nicht der traurige Monarch, weil sein Geist nur noch damit beschäftigt ist, die tollsten Pläne für seine Rückkehr in das alte Reich zu schmieden, welche aber immer wieder kläglich scheitern, ohne dass er sich davon in irgendeiner Weise beeindrucken ließe, und die nächsten Pläne sind noch gewaltiger, noch visionärer, noch grandioser, und ihr Scheitern ist es dann nicht minder. Ein jeder Exilant läuft Gefahr, über kurz oder lang einen jeglichen Kontakt zur Realität zu verlieren und in dem Maße, wie sich die verlorene Heimat idealisiert, das Exil immer mehr zu verdammen, obwohl es ihn doch im Augenblick der größten Gefahr mit weit geöffneten Armen aufgenommen hatte und nun klaglos für seinen Unterhalt sorgt, auch wenn es ihm manchmal doch sehr schwer fällt.

Es ist schon absurd, wenn die Menschen ihr Dasein in dieser, meiner Welt in den höchsten Tönen verfluchen und dann doch mit meinem lieben alten Freund, dem Tod, um einen jeden Tag, eine jede Stunde feilschen, die sie liebend gerne länger hier verweilen möchten, und wenn sich die Menschen damit trösten wollen, dass sie nun doch bald in die alte Heimat, das Paradies, würden zurückkehren können, dann antwortet ihnen der Tod, dass sie darauf wohl noch einige Zeit zu warten haben, denn noch sei nichts entschieden, und niemand könne sagen, wann es endlich so weit sein werde, was die meisten Menschen natürlich noch mehr verzweifeln lässt. Ich habe den Tod schon mehrfach dafür gerügt, aber er ist ein hart arbeitendes und pflichtbewusstes Wesen, und so will ich ihm doch die kleine Freude sehr wohl gönnen, ab & zu das Entsetzen im letzten, brechenden Blick der Menschen sehen zu können.

Aber sollen die Menschen doch jammern & klagen, sollen sie doch ihre Klagen in allen Instanzen einreichen und immer wieder auf eine

Revision drängen; ich bin schon höchst gespannt auf die Anklageschrift gegen die Erde, weil sie wieder einmal gebebt hat, oder gegen das Wasser, weil es sich nicht gerecht verteilt auf dieser Welt, oder gegen die Luft, weil sie hier und dort ein wenig herumgewirbelt hat. Das traue ich den Menschen noch zu, dass sie auch dafür einen Gerichtshof einrichten, wo ein kluger Ankläger mit wohl gesetzten Worten die Schuld des Feuers beteuert, weil es ohne Ankündigung aus der Erde hervorgebrochen ist und die Erde sich deshalb wegen ihrer Komplizenschaft zu verantworten hat, und ich bin mir sehr sicher, dass man Feuer & Erde, dann aber auch das Wasser wegen unterlassener Hilfeleistung zu drakonischen Strafen verurteilen wird, gerade dann und deshalb, wenn die Angeklagten gar nicht erst zur Verhandlung erschienen sind und sie sich daher der Missachtung des hohen Gerichtes schuldig gemacht haben, was noch viel schwerer wiegt als alles andere zusammen. Und die Strafe für Feuer, Erde, Wasser und auch nicht zu vergessen und erst recht nicht zu verschonen: die Luft, ohne deren tätige Unterstützung das Feuer schließlich nicht kann brennen, wird dann sein die ewige Zwangsarbeit für die Menschen, gekettet an allerlei Maschinen, geknechtet und geschändet.

Ja, so haben es die Menschen am liebsten, dass sie nämlich herrschen und richten über alles in der Welt, welche sie für ihr Eigentum halten; und weil Gott in seinem Zorn sie vertrieben hat aus dem Paradies, so wollen sie auch niemand anderem die Ruhe und den Frieden gönnen, die sie selbst seitdem so sehr vermissen, dass sie niemals nachlassen können in ihrer Trauer und in ihrer Unzufriedenheit. Und sie wollen sich nicht daran erinnern, dass sie – wenn überhaupt – allenfalls das *Ebenbild* Gottes sind, ihm aber niemals gleich, nur ähnlich, was schon für sich die größte aller Anmaßungen wäre, denn ich kann versichern, dass im Menschen sicherlich ein Stück von Gott stecken mag, hat er es ihnen doch eingehaucht, aber doch bei weitem nicht genug, um den Menschen mit Fug & Recht als ein Ebenbild bezeichnen zu können, denn dafür reicht jener kleine göttliche Funke, der irgendwo noch in einem jeden Menschen verborgen sein mag und den man auch genannt hat: *pneuma*[7], nun wirklich nicht aus. Und selbst wenn: Ein Ebenbild ist und bleibt doch nur eine Kopie, die daher längst nicht alle Eigenschaften und Rechte des Originals für sich beanspruchen kann.

Denn niemals, *wirklich niemals*, darf man vergessen, dass Gott den Menschen geschaffen hat, vielleicht nach seinem Ebenbilde, vielleicht aber auch nicht, so dass man womöglich von Gott würde auf die Menschen schließen können, was aber wiederum voraussetzen würde, dass man ausreichende Informationen über Gott hätte. Aber selbst ich habe es bisher noch nicht ganz so weit gebracht, dass ich mir darüber irgendwelche Urteile mit einem Anspruch auf letzte Gültigkeit erlauben könnte. Aber man kann, man *darf* niemals, *wirklich niemals* von den Menschen auf Gott schließen, so als sei Gott nichts weiter als eine gigantische Überhöhung des Menschen, ihm ansonsten aber gleich in Wesen und Struktur. Die Menschen jedoch haben sich in ihrer Hybris einen Gott nach *ihrem* eigenen Ebenbilde geschaffen, was die größte aller Sünden ist, nämlich eine Beleidigung der Macht und der Pracht des Schöpfers.

Was mich aber nach all den vielen Jahren immer noch in höchstem Maße verärgert, so dass ich nur sehr mühsam wieder zurück zu meinem Gleichmut finde, ist jedoch, dass der eine Mensch den anderen sogar noch darin bestärkt, wenn von Rechten & Forderungen die Rede ist, und sich daran erfreut, wenn ihm viele in dieser Meinung folgen, was ich inzwischen sogar als eine wahrhaft *antikosmische* Einstellung bezeichnen würde. Diese Welt nämlich – so heißt es – sei böse bis ins Mark, und so solle man sich doch auch nicht weiter darum kümmern, sondern alles daran setzen, sie so schnell wie möglich hinter sich zu lassen, denn den Menschen stehe nämlich von Rechts wegen und eigentlich und sowieso etwas viel Besseres zu.

So jedenfalls hat man es den Menschen erzählt, und sie waren nur zu gerne bereit, es auch zu glauben. Und ich will an dieser Stelle nicht verschweigen, dass Gott selbst einen gehörigen Teil dazu beigetragen hat, denn nachdem es ihm nicht gelungen war, meine Welt durch die Sintflut ein für alle Mal zu zerstören, hatte er sich zunächst wieder in die unendlichen Weiten der Transzendenz zurückgezogen, aber nur, um an einem noch subtileren, noch eleganteren, noch gefährlicheren Plan zu arbeiten, wie er mich würde demütigen und schädigen können. Dieses Mal jedoch wollte er sich nicht auf seine Macht über die elementaren Gewalten der Natur verlassen, sondern offenbar erinnerte er sich daran, dass immerhin er selbst es gewesen war, der einst den Menschen die Seele einhauchte, und so verließ er sich nun auf die Psychologie. Wenn *mein* Plan von Anfang an darin bestanden hatte, dass sich die Menschen an meiner Welt und ihren Herausforderungen erfreuen und durch

Lehre & Übung in Kultur & Technik allmählich auch ihren Teil zur Vervollkommnung beitragen sollten, dann setzte Gott dem die Strategie dagegen, die Menschen dieser Welt zu entfremden, sie darin zu bestärken, dass sie eigentlich darin gar nichts verloren hätten und sich daher all ihr Sinnen & Trachten darauf richten sollte, diese Welt so bald und so schnell wie möglich hinter sich zu lassen.

Ich gebe zu, dass diese Strategie fein & klug ausgedacht war, denn sie knüpfte unmittelbar an eine anthropologische Konstante im Wesen der Menschen an, über die ich schon vieles gesagt habe, nämlich an ihre stete und allgegenwärtige Unzufriedenheit, so dass es überhaupt keiner größeren Anstrengungen bedurfte, um die Menschen für eine solche Sicht der Dinge zu gewinnen. Wahrscheinlich hätte mir schon allein dieser Teil der Strategie einige Probleme bereitet, aber Gottes Plan ging noch einen Schritt weiter: Er versprach nämlich den Menschen, die sich von dieser Welt abwandten, den direkten Zugang zu dem, was sie sich immer gewünscht hatten, zum Ziel aller menschlichen Sehnsucht, nämlich zu nichts Geringerem als dem Paradies. Man solle sich – so hieß es – nur recht fern halten von allem Weltlichen und seinen Versuchungen, und schon öffneten sich von selbst die Tore zum Neuen Jerusalem, auch ohne dass man zuvor die fünfzehn Fragen des Großen Gerichtes würde beantworten müssen. Und weil Gott bei der Umsetzung seines – wie ich zugeben muss – genialen Planes nichts dem Zufall überlassen wollte, gab er schließlich seinem Sohn den Auftrag, sich auf der Erde um alles Erforderliche selbst zu kümmern und ja nicht darin nachzulassen.

Ich muss gestehen, dass ich auch dieses Mal von Gottes Plan ein wenig überrascht wurde, denn zum einen hatte ich inzwischen gar nicht mehr mit einem solchen Angriff gerechnet, schien Gott sich doch völlig aus dieser, meiner Welt verabschiedet zu haben und sprach nicht mehr zu den Menschen, was mir durchaus recht war, denn nun konnten sie sich endlich auf die viel wichtigeren, nämlich ihre eigenen Angelegenheiten konzentrieren. Zum anderen aber war ich wieder einmal anderweitig beschäftigt – ich weiß gar nicht mehr genau, womit, aber ich glaube mich vage daran zu erinnern, dass ich mich damals gerade in China aufhielt. Ich kann (und will) auch gar nicht auf alles achten, was irgendwo in irgendwelchen halb vergessenen Provinzen der Welt vor sich gehen mag, denn dann hätte ich mehr als genug zu tun, und mir bliebe keine Zeit mehr für mich selbst.

Schon damals war ich nicht mehr ganz so jung, wie ich es gerne gewesen wäre, und ich hatte eigentlich geplant, dem Beispiel Gottes zu folgen und mich für eine gewisse Zeit aus dieser Welt zurückzuziehen, um mich ein wenig von all den Mühen der ständigen Schöpfung zu erholen, steht doch auch mir die Ruhe zu, die Gott sich am Abend eines jeden Tages genommen hatte, ohne dass irgendjemand ihn dafür schelten wollte. In diesem Sinne hatte Gott also Ort und Zeit sehr wohl gewählt, um seinen Plan zu beginnen, denn wer hätte wirklich ahnen können, dass in einer heißen & langweiligen Gegend wie Galiläa, für die sich kein halbwegs gebildeter & zivilisierter Mensch jemals interessieren wollte, wo sich noch nicht einmal Fuchs & Hase *Gute Nacht* sagten, weil es dort weder den einen noch den anderen gab, geschweige denn, dass sich an diesem Ort bisher irgendetwas von tieferer Bedeutung für die Geschichte des höheren Menschtums ereignet hätte, dass also gerade in Galiläa eine Verschwörung mit weit reichenden Konsequenzen für den Lauf meiner Welt ihren Anfang nehmen sollte.

Ich jedenfalls hatte nicht damit gerechnet, und noch heute ärgere ich mich zutiefst darüber, dass ich wieder einmal zu spät kam, um den Aufruhr in seinem Keim zu ersticken. Aber ich habe daraus gelernt, lernen *müssen*, dass oft genug die wirklich wichtigen Revolutionen fern der Zentren[8] beginnen, nicht zuletzt deshalb, weil sie dort unbeachtet bleiben, jedenfalls so lange, bis sie genügend eigene Kraft gesammelt haben, um den Widerstand der Zentren zu brechen – niemand war etwa darauf vorbereitet, dass die Mongolen aus der absoluten Leere der asiatischen Steppen heraus ein Weltreich begründen würden oder dass auf ein paar abgelegenen & verregneten Inseln, westlich von Europa, die industrielle Revolution beginnen sollte. Ich habe also aus den damaligen Ereignissen gelernt und will hier nicht verhehlen, dass ich diese Erkenntnisse in den Jahren danach oft genug selbst für meine eigenen Zwecke habe nutzen können, wie die wenigen Beispiele, die ich soeben genannt habe, wohl schon eindrucksvoll belegen.

Wer aber meint, dass er seine ganze Aufmerksamkeit deshalb nur auf die fernste Provinz lenken muss, um dort den Beginn einer Revolution beobachten zu können, dem sei hier gesagt, dass es ihm wenig nutzen würde, zum einen nämlich hätte er dann wirklich viel zu tun, denn die Provinz ist immer & überall, und zum anderen habe ich von vornherein dafür gesorgt, dass nicht eine jede Veränderung in der Provinz gleich auch zur Revolution in den Zentren führt, lässt doch mein feiner und geliebter Algorithmus nur das überleben, was es letztlich auch verdient hat. Auch in der Kultur und in der Zivilisation gilt das ewige Gesetz von der notwendigen Nicht-Existenz.

Gott hatte seinen Plan, wie es so seine Art ist, von langer Hand vorbereitet; er hatte nämlich dafür gesorgt, dass schon viele Jahre zuvor gerade in dieser Gegend der Welt obskure Gerüchte in Umlauf gesetzt wurden, dass die Ankunft eines so genannten *Erlösers*[9] unmittelbar bevorstehe, der alle Menschen von der ewigen Last ihrer Sünden und ihres Leides befreie, zumindest diejenigen, die immer schon an den rechten Gott glaubten und ihm fleißig huldigten; das Schicksal der anderen wäre demnach von keiner weiteren Bedeutung, schließlich kann auch Gott sich nicht um alles & alle gleichzeitig kümmern, *tant pis*. Dieser Erlöser – so hieß es dann in diesen Gerüchten – sollte an gewissen Kriterien leicht erkennbar sein, um einen jeglichen Fehler zu vermeiden, denn es würde mehr als peinlich sein, wenn man auf den Falschen vertraute, hing davon doch das Wohl oder Wehe der ganzen Welt ab. Zu diesen Kriterien gehörte, dass es sich beim Erlöser nicht einfach nur um einen Propheten handeln würde, der die Worte nachplapperte, die ihm Gott vielleicht eingab, und auch ein Bote, ein Engel selbst des höchsten Ranges, wäre dafür längst nicht gut genug, sondern es musste und sollte schon Gott selbst sein, denn das Übel der Welt war inzwischen so groß geworden, dass niemand sonst hätte es beseitigen können.

Dazu hätte ich dann schon meine Kommentare abgeben wollen, denn schließlich bin *ich* der Schöpfer dieser Welt, und ich verbitte mir strikt eine jegliche Kritik daran, jedenfalls von den Menschen, aber zu meinem Leidwesen muss ich gestehen, dass ich dieses Gerede damals gar nicht ernst genommen habe, denn was geht mich eigentlich die ständige Nörgelei der Menschen an. Ja: Ich habe einen Fehler gemacht, ich war unaufmerksam, und vielleicht war ich auch ein wenig überheblich, und wer darüber Schadenfreude empfinden will, der soll es meinethalben tun, aber ich werde es mir merken, und der Tag des Gerichtes wird noch kommen.

Wie dem auch sei: Gottes Plan war brillant erdacht, und er wurde mit größter Präzision in die Tat umgesetzt, was ja nicht immer der Fall ist. Zunächst einmal musste es darum gehen, dass Gott unter möglichst bemerkenswerten Umständen in dieser Welt erschien, dass ein Gott eben nicht einfach mit Wollust gezeugt und unter Schmerzen geboren werden durfte, sondern dass sich schon Empfängnis und Geburt auf eine besondere Art & Weise vollziehen mussten, und dabei bot sich aufgrund aller Erfahrungen das an, was man eine *jungfräuliche* Geburt nennt. Nicht dass die *Parthenogenese* ansonsten in meiner Welt völlig ausgeschlossen wäre, und für den immer noch sehnsüchtig erwarteten Erlöser der Heuschrecken hätte man sich sicherlich etwas anderes einfallen lassen müssen, aber bei den Menschen kommt diese Art der Fortpflanzung in der Tat ausgesprochen selten vor.

Natürlich hätte der Gott der Menschen mit Pomp & Umständen auf einer riesigen Wolke zur Erde schweben und mit Blitz & Donner die Ordnung schaffen können, welche die Menschen von ihm erwarteten, doch ich muss zugeben, dass jene Geburt in einem schmutzigen & stinkenden Stall viel subtiler und letztlich auch viel wirkungsvoller war, denn damit stellte Gott sich zwar nur symbolisch, aber eben doch in einer *grande geste* auf die Seite der Menschen, wo er ansonsten nichts verloren hatte. Man verschafft sich auf diese einschmeichelnde Weise sofort Sympathien, wenn man nämlich in der Gestalt der Menschen daherkommt; aber man bleibt trotzdem das, was man immer war, nämlich rein, verschont vom Schmutz der Welt, ist nicht das Ergebnis eines hektischen Austausches von klebrigen & schmierigen Körpersäften, was ich – selbst ein metaphysisches Wesen – unter den ewig gültigen Bedingungen der Ästhetik & Hygiene sehr gut verstehen kann.

Ich will an dieser Stelle – aber wirklich nur ganz kurz – auf eine Frage eingehen, die mir immer wieder gestellt wird, nämlich die Frage nach *meinen* Familienverhältnissen, und auch wenn ich es allmählich mehr als leid bin, will ich doch dazu etwas sagen. Nun gehört es zu den *wirklich* schlechten Eigenschaften der Menschen, dass sie versuchen, alles in dieser Welt auf ihr eigenes, armseliges Maß zu bringen, als ob es darauf in irgendeiner Art & Weise ankäme; sie haben ihren Göttern eine menschliche Gestalt gegeben, weshalb dann nicht dem Teufel, darüber will ich mich gar nicht beschweren, bin ich dabei doch in bester Gesellschaft. Und wer eine menschliche Gestalt hat, so folgert man auf dem geraden Wege der menschlichen Logik, der muss auch eine Familie haben, zumindest irgendeine Art von Abstammung, die sich nach den menschlichen Kriterien begreifen lässt. Wenn aber die Götter – und *notabene* auch der Teufel – etwas Besonderes sein sollen, worum ich im Übrigen dringend gebeten haben will, dann wiederum müssen ihre Familie und ihre Abstammung auch etwas Besonderes sein.

Götter werden jungfräulich geboren oder entsteigen dem Haupte ihres Vaters oder entschlüpfen Eiern, die sie selbst gelegt haben, und Götter sind noch in der Gestalt eines Ochsen oder eines Schwanes ohne Probleme zeugungsfähig (wobei man leider noch nie etwas davon gehört hat, dass irgendein Gott den Menschen in Form einer *Ente* erschienen sein soll, aber was nicht ist, kann ja noch werden). Auch mir hat man eine Familie zugeschrieben, ohne mich vorher danach gefragt zu haben, aber man hat sich nicht viel Mühe damit gegeben, denn alles, was den Menschen dazu einfiel, war, mir eine *Großmutter*[10] zu gönnen, so als ob man mir zutraute, eine ganze Generation so ohne weiteres zu überspringen, von Vater & Mutter jedenfalls keine Spur, was ja auch gar nicht *so* falsch ist. Ich will mich dazu gar nicht weiter äußern, denn ich habe es mir längst abgewöhnt, auf diese Art von Unterstellungen zu reagieren, denn dann hätte ich wahrlich genug zu tun, und es bliebe mir kaum noch die Zeit, mich um das wirklich Wesentliche in dieser Welt zu kümmern – und dazu gehört es sicherlich nicht, den Menschen die Verhältnisse meiner Familie zu erklären.

Deshalb sage ich es hier & jetzt und ein für alle Mal, dass ich als metaphysisches Wesen eine *solche* Form der familiären Abfolge überhaupt nicht nötig habe, weder um meine Herkunft zu beweisen noch um Nachkommen in die Welt zu setzen; ich bin ohne Vater, ohne Mutter, ohne Stammbaum, und ich habe weder Anfang noch Ende des Lebens, was immer man auch sonst behaupten will. Vielleicht mag es nur wenige von uns metaphysischen Wesen geben, was ich jedoch überhaupt nicht bedauere, selbst wenn mich manchmal die Einsamkeit überkommt, aber ein jedes von uns ist eine singuläre & ontologische Entität und damit über einen jeglichen menschlichen Zweifel erhaben: Denn selbst wenn es uns jetzt noch nicht gibt, so wird es uns eines Tages auf jeden Fall einmal geben, ohne dass die Menschen uns daran hindern könnten. Sollen sie es doch versuchen, dann werden sie schon sehen, was sie davon haben, denn ohne metaphysische Wesen kann keine Welt Bestand haben, diese nicht und keine andere. Die Dinge sind nun einmal, wie sie sind.

Und weil die Dinge eben so sind, wie sie sind, und weil wir gerade über die Familienverhältnisse sprechen, will ich noch etwas hinzufügen, nämlich dass es mir immer sehr seltsam vorkam, wenn die Menschen von einer *Mutter* Gottes[11] sprachen und doch gar nicht so recht wussten, was sie damit eigentlich meinten. Ich kann versichern, dass Gott selbst, damals, als alles anfing, *keine* Mutter gehabt hat (und ich ergänze der Vollständigkeit halber: auch keinen *Vater*), denn wer aus dem Kosmos der Möglichkeiten, dem unendlichen Ozean des Nûn, stammt, wie eben Gott & ich, bedarf nicht derartig simpler körperlicher Voraussetzungen für seine Existenz; denn wir sind *meta*physisch, stehen nicht nur außerhalb, sondern weit *über* den Gesetzen der Physik & Chemie & Biologie, wir selbst haben die Gesetze gemacht, ein jeder für seine Welt, und deshalb müssen wir uns daran nicht halten – wobei es im Allgemeinen schon sehr angenehm ist, ein Gott oder doch wenigstens ein Teufel zu sein, selbst wenn die Last der Verantwortung uns manchmal schier erdrückt.

Aber wie dem auch sei: Von einer Mutter Gottes zu sprechen ist schon zunächst einmal ein Widerspruch in sich – entweder ist Gott auch *Gott*, also der unbewegte Beweger und der unerregte Erreger, der Ursprung allen Seins, der alles aus dem Nichts erschaffen hat, dann stammt er aus sich selbst, ist *autopoietisch*, wie man heute als vornehmer Mensch zu sagen pflegt. Oder er ist es eben nicht, und dann müssen wir uns nicht weiter um ihn kümmern, sondern sollten uns direkt mit seiner Mutter in Verbindung setzen, was die Menschen über viele Jahre hinweg auch getan haben, denn sie riefen lauthals nach *Astarte* und paarten sich in ihren Tempeln wie die Kaninchen, oder sie drängten zu den vielen Brüsten der Diana von Ephesos, die man *Diana multimammia* nannte, die Allernährerin, oder sie verehrten die geflügelte *Turan*, die mit Schwan und Taube daherkam (leider wieder einmal nicht mit einer Ente), und nicht zu vergessen *Shakti*, was nichts anderes bedeutet als Kraft und ihr als Name durchaus zusteht, und man sagt *Lakshmi* zu ihr und *Kichijô-ten*, und es gibt noch Tausende von anderen Namen, die wir hier & jetzt nicht nennen können, weil uns die Zeit und der Platz dazu fehlen.

Nun wird man jedoch vielleicht einwenden, dass man mit dem Begriff der Mutter Gottes gar nicht die Mutter *Gottes* bezeichnen will, sondern die Mutter seines *Sohnes*, welcher wandelte in seinem Auftrag auf Erden, um meine Pläne zu stören. Ehrlich gesagt überzeugt mich auch dieser Einwand nicht, denn ich weiß genau, dass Gott über andere Mittel & Wege verfügt, um in den Lauf dieser Welt eingreifen zu können, was er in den vielen Jahren, da wir uns immer wieder begegnen, hinreichend bewiesen hat. Auch dieses Mal hätte er mit Blitz & Donner aus einer Wolke oder aus den Fluten des Meeres oder auf der höchsten Spitze eines Berges erscheinen können und sich mit aller Macht &

Pracht, die ihm von Rechts wegen zustehen, den Menschen offenbaren, aber weil sein Plan es so wollte, hat Gott nun einmal seinen Sohn in den Leib der Maria gelegt wie ein Kuckuck sein Ei in das Nest einer Amsel, und es gibt überhaupt keinen Grund, von einer *Gottesgebärerin* zu sprechen und daraus irgendwelche Privilegien abzuleiten, und man soll mir endlich schweigen von einer *Mutter Gottes*.

Nun hatte Gott also seinen Sohn auf diese sehr subtile Weise in dieser, meiner Welt placiert, nicht um sie kurzerhand und auf immer & ewig zu zerstören, sondern um den Geist und die Herzen der Menschen zu gewinnen, auf dass sie sich abwenden von meiner Welt und sie ihrem eigenen Schicksal überlassen. Als ich davon erfuhr, eilte ich natürlich sofort nach Galiläa, aber ich kam zu spät, wenn auch nur einen einzigen, winzigen Augenblick. Ich versuchte in einem Akt der puren Verzweiflung zu retten, was zu retten war, und ließ alle Knaben in jener Gegend umbringen, die jünger als zwei Jahre waren, denn so genau wusste ich es nicht; aber auch damit hatte ich keinen Erfolg, denn die Familie, in die sich Gottes Sohn hatte gebären lassen, war von höchster Stelle gewarnt worden und schon längst nach Ägypten geflohen, und so mäßigte ich meinen Zorn, denn damit hätte ich mir letztlich selbst noch viel mehr geschadet, vor allem in den Augen einer kritischen Öffentlichkeit.

Es ist schon seltsam: Die Menschen gehören zu denjenigen Wesen, die sich und ihre Gefühle nur selten unter Kontrolle halten können, und selbst wenn sie dazu in der Lage sein sollten, weil Gesellschaft & Kultur es so fordern, so sind es doch wenigstens ihre immer währenden Triebe, die sie ständig in Aufruhr versetzen, ohne dass sie sich dagegen wehren können. Von anderen aber, vor allem von ihren Göttern, fordern sie voller Ungeduld, wozu sie selbst nicht imstande sind: Gleichmut, Beherrschung oder – wie man so sagt: – *contenance*. Ich will mich gerne an solchen Anforderungen messen lassen, nicht zuletzt, weil es sich für ein metaphysisches Wesen nicht geziemt, seinen Gefühlen einen allzu freien Lauf zu lassen, und man hat schon ganz zu Anfang sehen können, wohin ein göttlicher Zorn führt, der nicht durch die Liebe und die Gnade gebändigt wird; noch heute hat meine Welt darunter zu leiden, dass Gott seine Geschöpfe aus dem Paradies verwiesen hat.

Damals jedoch, als ich endlich jenes subtile & originelle Eindringen

Gottes in meine Welt bemerkt hatte und – schlimmer noch – seinen Plan entdeckte, da konnte ich im ersten Moment meine Gefühle nicht unterdrücken, ich war wütend, ich war zornig, ich sann auf Rache gegen alles, was mir über den Weg lief; ich verfluchte die *magoi*[12], die von weither gekommen waren, um dem neugeborenen Erlöser zu huldigen, und ließ sie verfolgen bis in die fernsten Ecken der Welt; ich verfluchte Ochs & Kuh, weil sie das Kind geschützt hatten, und ich schlug sie mit Wahnsinn bis auf den heutigen Tag. Aber mir wurde doch sehr schnell deutlich, dass ich einerseits damit nichts mehr bewirken konnte und dass andererseits mein unbändiger Zorn sehr wohl in Gottes Plan passte, denn er stellte mich vor den Augen aller Welt bloß, ließ aber vor allem den Eindruck entstehen, dass der Fürst der Welt inzwischen zu alt und zu schwach geworden war, um sein Territorium vor den Eindringlingen zu verteidigen. Ich musste also darauf achten, die Lage der Dinge durch meinen Zorn nicht noch schlimmer zu machen, als sie ohnehin schon waren, und so zähmte ich mich; aber ich habe nichts davon vergessen, und es wird der Tag noch kommen, an dem ich die Rechnungen präsentieren werde, einem jeden wie es ihm gebührt.

Ich entschied mich also, zunächst überhaupt nichts zu tun, und den Gang der Dinge erst einmal auf das Genaueste zu beobachten. Bald fiel mir auf, dass sich Gottes Sohn in dieser, meiner Welt keineswegs wohl fühlte, dass er es nicht lassen konnte, seine Kräfte & Fähigkeiten einem jeden zu zeigen, wo immer es sich auch gerade anbot; er war – um es mit deutlichen Worten zu sagen – ein widerwärtiges kleines Ungeheuer[13], das seine Umwelt terrorisierte und sich bei allem, was er tat, auf seine jenseitige Vollmacht berief; offenbar bereitete es ihm die größte Freude, seine Macht an anderen Menschen zu erproben, so als wolle er sich ständig seiner Kräfte versichern.

Einmal sammelte er an einem Sabbat die Wasser in einer Grube, um kleine Sperlinge aus dem Lehm zu formen und ihnen später dann das Leben einzuhauchen, wie es der Vater einst getan hatte, auf dass sie in den Himmel fliegen und dem Vater berichten. Als man ihn daraufhin in freundlicher, aber bestimmter Weise auf die in Galiläa nun einmal geltenden Gesetze aufmerksam machte, dass man nämlich in Erinnerung an Gottes Schöpfungswerk am siebten Tag, eben am Sabbat, von aller Arbeit zu ruhen habe, und als der Sohn des Schriftgelehrten Annas ihm zur gerechten Strafe auch noch das Spielzeug verdarb, da wurde Jesus, wie sich Gottes Sohn nannte, zornig wie einst sein eigener Vater, schimpfte & fluchte, und alsbald verdorrte der arme Knabe ganz & gar. Und als ein vorüberlaufender Bursche einmal an seine Schulter stieß, was an und für sich im alltäglichen Leben überhaupt nicht der Rede wert sein sollte, da wurde Jesus erbittert und sprach zu ihm, dass er auf seinem Weg nicht weitergehen solle, und sogleich fiel der Bursche hin und starb.

Natürlich erregten diese Vorfälle ein gewisses Aufsehen & eine wachsende Verärgerung bei den Leuten der Umgebung, und so gingen sie zu Joseph, dem Vater der Familie, und beschwerten sich bitterlich; Joseph seinerseits glaubte damals noch, dass er den Auftrag habe, Gottes Sohn durch eine harte, aber gerechte Erziehung auf ein Leben in dieser, meiner Welt vorzubereiten, was ein ziemlicher Unsinn war, denn wozu und wie will man den Sohn eines allmächtigen & allwissenden Gottes erziehen? Aber immerhin machte Joseph den ernst gemeinten Versuch und äußerte Jesus gegenüber seine tiefe Betroffenheit über dessen unbedachtes Verhalten. Was aber tat Jesus? Bereute und sühnte er etwa sein Handeln, wie es sich für den gehorsamen Sohn eines guten Vaters wohl geziemt hätte? Keineswegs: Jesus war erbost und ließ alle erblinden, welche ihn angeklagt hatten; und als Joseph sah, was Jesus tat, stand er auf, nahm ihn beim Ohr und zupfte ihn gehörig, eine Tat, die ich übrigens damals wegen ihres Mutes sehr bewundert habe, denn wir metaphysischen Wesen schätzen es gar nicht, wenn die Menschen uns berühren, aber ich glaube, dass es Joseph gar nicht bewusst war, was er damit eigentlich getan hatte. Jesus jedenfalls war ungehalten und sagte zu Joseph, dass es genug sei und dass Joseph ihn nicht weiter betrüben solle.

Ich weiß nicht, was Gott bei all diesen Vorfällen empfand, vielleicht war es ihm einfach nur peinlich, wie sein Sohn sich aufführte, aber ich freute mich sehr darüber, denn ich hoffte darauf, dass es Jesus sich auf diese Art & Weise sehr schnell mit den Menschen verderben würde. Einen allmächtigen Gott in seiner Pracht & Herrlichkeit anzuerkennen, war die eine Sache, vor allem wenn er möglichst fern von den Menschen blieb und sich nicht wirklich in ihre Angelegenheiten mischte, seinen verzogenen & arroganten Sohn jedoch mitten unter sich zu wissen, wenn er seinen Zorn und seine Macht nach Belieben auf die Menschen richtete, war hingegen etwas völlig anderes.

Tatsächlich ließ Jesus anfangs keine Gelegenheit aus, um die Menschen zu verhöhnen: Wann immer man ihn zurechtweisen wollte, sagte er, dass er von oben her da sei, damit er die Ungläubigen verfluche, und nach oben rufe, wie ihm der aufgetragen habe, der ihn um der Menschen willen gesandt habe. Und solche Worte waren zumeist begleitet von dem einen oder anderen Wunder – dass er zuerst die Menschen strafte und sie dann wieder heilte – und keiner der Menschen wagte es mehr, Jesus zu erzürnen, damit er ihn nicht verfluche und er nicht zum Krüppel werde. Wäre es auf diese Weise weitergegangen, dann hätte ich mir keinerlei Sorgen mehr um Gottes Plan machen müssen, dann wären die Menschen froh & glücklich gewesen, wenn Gottes Sohn endlich wieder aus dieser, meiner Welt verschwunden wäre, und es wäre mit den Erwartungen & Hoffnungen auf einen *Erlöser* ein für alle Mal vorbei gewesen.

Das muss wohl auch Gott aufgefallen sein, und er sprach einige ernste Worte zu seinem Sohn, denn plötzlich änderte sich das Verhalten des Knaben Jesus von einem Tag auf den anderen: Er erweckte die Toten wieder zum Leben, er heilte die Kranken und Verwundeten, er speiste die Armen, er half seinem Vater bei dessen harter Arbeit als Zimmermann, er lehrte im Tempel die Ältesten & Lehrer des Volkes, kurz & gut, er tat alles, um sich beliebt zu machen. Und tatsächlich waren die Menschen bald davon überzeugt, dass der Geist Gottes in ihm wohne, denn jedes Wort von ihm war eine fertige Tat, und allenfalls konnte man darüber unterschiedlicher Meinung sein, ob der Knabe bloß ein *Engel* Gottes oder sogar Gott *selbst* sein sollte. Aber die Menschen in ihrer Arroganz beharrten letztlich doch darauf, nur von einer wahrhaften Inkarnation Gottes belehrt zu werden und nichts weniger. Viel wichtiger war jedoch, dass ich nun nicht mehr darauf hoffen konnte, dass sich die ganze Angelegenheit von selbst erledigen würde; ich konnte also nicht bloß abwarten, sondern ich musste meine eigene Strategie entwickeln, und zwar so schnell wie möglich, denn Jesus schien sich allmählich immer besser den Verhältnissen dieser Welt anzupassen, und mit seiner neuen Taktik erzielte er auch schon die ersten Erfolge.

Gottes Strategie war von einer bewundernswerten Ökonomie; erst nach & nach wurde mir klar, dass es ihm dieses Mal überhaupt nicht um einen schnellen Erfolg ging, sondern um eine auf längere Sicht anhaltende Wirkung. Vielleicht hätte er diese, meine Welt tatsächlich auf einen Schlag verändern können (was ich jedoch nach langem Abwägen immer noch bezweifle), aber genau das war auch gar nicht seine Absicht, hätte er sich damit doch auf einen Konflikt mit mir eingelassen, dessen Ausgang höchst ungewiss gewesen wäre, ihn aber zumindest ein gehöriges Maß an eigener Kraft gekostet hätte – das kann ich versprechen.

Er hatte jedoch einen ganz anderen Plan: Er wollte mich auf absehbare Zeit damit beschäftigen, die Konsequenzen seines Eingreifens wieder zu beseitigen, und das ist ihm leider auch gelungen, denn ich hatte danach über viele, lange Jahre hinweg tatsächlich kaum etwas anderes zu tun, als meine Welt wieder ins Lot zu bringen. Nun sind die Menschen in ihrem Glauben leicht zu beeinflussen, was ich selbst oft genug genutzt habe, um meine eigenen Pläne durchzusetzen, und so musste Jesus auch gar nicht ein fertiges Paradies auf Erden erschaffen und die Menschen dorthin führen, es reichte völlig aus, wenn er sie immer wieder auf die Defizite in meiner Welt aufmerksam machte und mit ein paar Wundern nachwies, dass & wie alles anders & besser würde sein können.

Aber geben wir es doch ehrlicherweise zu: Seine *Wunder* haben nichts wirklich bewirkt, es waren & bleiben billige Tricks, die sich eher für die Vorführung auf einem Jahrmarkt eignen; er speiste die Fünftausend, was zweifellos selbst unter heutigen Bedingungen eine große Leistung wäre. Aber hat er damit auf Dauer den Hunger in der Welt beseitigt, mussten die Menschen danach ihr Brot nicht mehr essen im Schweiße ihres Angesichtes, hat er damit den Menschen wenigstens einen gangbaren Weg gewiesen, wie sie sich besser einrichten können in dieser Welt? Man erzählt uns zudem, dass er Menschen erweckt habe von den Toten, aber damit ist die Geschichte doch noch längst nicht zu Ende, und so soll man uns auch davon berichten, wie es danach weiterging, denn der Erweckte ist eines Tages gestorben, nicht anders, nur später. *Siehe, ich mache alles neu*, so hat er gesagt, *seiet getrost*, und so hat man es ihm begierig geglaubt, aber hat die Welt sich seitdem wirklich verändert, ist sie besser geworden?

Ich sage: *Ja!*, aber doch nicht wegen der Wundertaten des Herrn Jesus, sondern einzig & allein nur deshalb, weil die Menschen sich letztlich doch nicht darauf verlassen, sondern ihr Schicksal in die eigenen Hände genommen haben, wie ich es ihnen immer schon geraten hatte. All diese Wunder waren schließlich nichts als bloße Almosen, vielleicht nur aus dem schlechten Gewissen Gottes heraus geboren, weil er vor langer, langer Zeit die Menschen in einem Anfall von unbändigem Zorn des Paradieses verwiesen hatte. Aber so wie die Almosen nicht das Los des Bettlers verändern, so haben auch all diese Wunder nichts wirklich und nichts auf Dauer verändert; die Welt war danach keinen Deut besser, nur die eitle Hoffnung der Menschen war größer geworden, und *ich* musste mich in der Folge darum kümmern. Aber es kam in Gottes Plan überhaupt nicht auf *diese* Art von Nachhaltigkeit an, sonst hätte er nämlich seinen Sohn nicht nur in jene abgelegene Gegend der Welt geschickt, ihn nicht nur ziellos durch die Wüsten Palästinas wandern lassen, sonst hätte er ihn dort nicht versteckt vor dem Angesicht der Menschen.

Doch um Gottes Pläne zu durchschauen, muss man in sehr langen Fristen denken: Schon einige Jahrhunderte zuvor – manche behaupten, es seien eintausend Jahre gewesen, andere wiederum meinen, dass es noch sehr viel früher gewesen sei; ich zumindest kann mich nicht mehr genau daran erinnern, denn ich will mir nicht ein jedes Detail in der Geschichte der Menschen merken –, jedenfalls schon einige Zeit zuvor hatte Gott sich also entschieden, sich dem Volke *Abrahams* zu offenbaren und mit ihm einen besonderen Bund zu schließen, dass nämlich dieses Volk sich verpflichten musste, auf immer & ewig fest zu Gott zu stehen und nicht von ihm zu weichen, nur an ihn zu glauben und nur ihm zu huldigen, was immer da auch komme, wofür es dann im Gegenzug auserwählt und gebenedeit sei unter allen anderen Völkern, was nicht zuletzt bedeutete, dass Gott nur noch zu diesem Volk Abrahams sprechen wollte und zu sonst niemandem.

Ich habe mich schon damals gefragt, warum Gott sich gerade dieses Volk[14] und kein anderes ausgesucht hatte, hatte es doch kaum etwas zu bieten als ein paar mickrige Viehherden, mit denen man mühsam & bettelnd durch die dürre Wüste von einer Oase zur nächsten zog, aber inzwischen bin ich davon überzeugt, dass Abraham letztlich der Einzige war, der sich überhaupt auf diesen – na ja, recht vage formulierten – Bund mit Gott einlassen wollte. Denn schließlich war in diesem Zusammenhang niemals davon die Rede, dass jenem auserwählten Volk irgendwelche Privilegien, etwa in Form von Macht & Reichtum & Wohlstand, zustehen sollten, und ich kann verstehen, dass die anderen Völker jener Zeit, die Ägypter, die Sumerer, die Hethiter, die Inder, die Chinesen oder wen auch immer Gott zuvor gefragt haben mochte, lieber auf ihre eigene Kraft vertrauen wollten und damit lieber ihren eigenen Göttern, denn durch die waren sie ja überhaupt & immerhin erst so stark & mächtig geworden, dass sie die anderen Völker besiegten, darunter auch das Volk Abrahams. Was konnte ihnen da ein zumeist abwesender Gott schon bieten, der nichts anderes geben wollte als eine spezielle Form der Kommunikation, wenn man ihn denn nur richtig & andächtig verehrte?

Ich weiß nun nicht genau, wie viele Völker Gott zuvor gefragt hatte, und ich weiß nicht, was er getan hätte, wenn auch Abraham sein Angebot dankend, aber bestimmt abgelehnt hätte; solche Fragen interessieren mich eigentlich nicht. Vielleicht hätte Gott seine Suche nach einem auserwählten Volk voller Zorn beendet, vielleicht aber wäre er weiter bis zu den Pygmäen gezogen, wodurch sein Sohn dann die Botschaft im kongolesischen Regenwald unter den Affen hätte verbreiten müssen, was sicherlich für ihn noch weit unangenehmer gewesen wäre, als es in den staubigen Wüsten Palästinas schon war, aber warum eigentlich nicht – die Welt sähe heute vielleicht anders aus. Denn *das* schließlich gehörte zum Bund, *das* war sein entscheidender Bestandteil, dass nämlich ein jeglicher Kontakt zwischen Gott und den Menschen allein über dieses auserwählte Volk zu erfolgen hatte, eine Ausnahme war dabei nicht vorgesehen, darauf konnte sich das Volk Abrahams verlassen, wenn auch auf sonst nicht viel mehr.

Um aber wieder zurück zu der Geschichte zu kommen, die ich eigentlich erzählen wollte: Ich habe nicht oft mit Jesus sprechen können; so wie sein Vater schien auch er bewusst meine Gegenwart zu meiden, wohl weil er es nicht ertragen konnte, dass es noch andere Schöpfer in dieser Welt gibt. Einmal jedoch habe ich ihn zu fassen bekommen und habe ihn mit meinem Ärger konfrontiert; und weil die spätere Propaganda eine ganz andere Geschichte daraus gemacht hat, will ich hier & jetzt erzählen, wie es wirklich war.

Man liest & hört, dass ich ihn hätte *verführen* wollen, ja, ihn sogar unter irgendwelchen Vorwänden in den tiefsten Hades[15] gelockt habe, um ihn dort für immer & ewig einschließen zu lassen, was aber letztlich doch nicht gelungen sei, denn wo mein Stachel sei und wo mein Sieg, habe Jesus zunächst triumphierend gefragt, und dann habe er mit einem Schlag die ehernen Tore des Hades zerschlagen und die eisernen Querbalken zerbrochen und schließlich noch die gefesselten Toten alle von ihren Banden gelöst, und alle dunklen Winkel des Hades wurden licht. Und ich sei am Ende der ganzen Geschichte wie immer der ganz

& gar Blamierte gewesen, und Jesus habe mich am Kopfe gepackt und den Engeln mit den Worten übergeben, dass man mir die Hände & Füße, den Hals & den Mund mit Eisenketten fessele und mich aufbewahre bis zu seiner zweiten Ankunft. Und dann hätte ich mir sogar noch bitterliche Vorwürfe meines lieben alten Freundes, des Todes, anhören müssen, wie ich es denn hätte wagen können, einen solchen Frevel zu begehen und einen solchen Menschen hinabzuführen in die Finsternis, so dass er den Tod habe berauben können aller von Anbeginn an Verstorbenen, wodurch unsere lange Freundschaft einen schweren Schlag erfahren habe.

Und weiter erzählt man, dass Jesus dem Urvater Adam – auch wenn gerade *der* doch wohl die Schuld an der ganzen Misere trägt – das Kreuzzeichen auf die Stirn machte und es noch so getan habe bei den Patriarchen, Propheten, Märtyrern & Vorvätern, wobei im Übrigen von Eva & allen Vormüttern überhaupt nicht die Rede war. Sodann sei er mit ihnen aus der Unterwelt emporgestiegen, und die heiligen Väter seien ihm natürlich brav gefolgt und hätten Lobgesänge angestimmt und lauthals *Alleluja!* gerufen, und schließlich sei die ganze Menage im Paradies angekommen, und man habe alle Gerechten, nicht aber die Frauen, denn die waren zur großen Freude des Todes im Hades verblieben, dem Erzengel Michael übergeben, auf dass er sich sorge um sie bis zum Letzten aller Tage und darüber hinaus.

Wahrlich: eine rührende Geschichte, schön erzählt mit aller notwendigen Dramatik, und am Ende verhallt der Gesang der Erlösten in den unendlichen Weiten der Ewigkeit; was immer aber die literarische Qualität dieser Geschichte ausmachen mag, und darüber könnte man angesichts des völligen Fehlens von weiblichen Reizen lange debattieren, so hat sie doch einen entscheidenden Nachteil – sie ist nämlich von Anfang bis Ende *falsch*, ganz abgesehen davon, dass der Herr Nikodemus, dem wir diese billige Kolportage verdanken, noch nicht einmal in der Nähe war, als Jesus und ich uns das einzige Mal trafen und lange miteinander über Gott und die Welt sprachen. Ich weiß gar nicht, weshalb manche Menschen immer so viel ihrer letztlich doch sehr knappen Zeit damit verbringen, derartige Geschichten zu ersinnen, aus denen man nichts, aber auch gar nichts lernen kann – es ist eine bloße Verschwendung von Zeit & Energie, aber ich habe es den Menschen oft genug gesagt, und nun bin ich es leid. Nur noch einmal will ich also erzählen, wie es wirklich war, und danach soll es mich nicht mehr kümmern.

Ich weiß, ich weiß: Ich schweife wieder ab, aber hier und an dieser Stelle ist es nun wirklich einmal erforderlich. Es hat mich – ehrlich gesagt – doch immer wieder sehr verwundert, wie Gott & Sohn mit den *Frauen* in dieser Welt umgegangen sind, denn immerhin & unzweifelhaft gehören auch sie zu den Menschen, selbst wenn sie sich ein wenig von den Männern unterscheiden, was ja eigentlich den Reiz der ganzen Angelegenheit ausmacht. Wenn es denn Gott & Sohn von Anfang an darum gegangen ist, dass die Menschen ihnen huldigen und sie bewundern – genau aus diesem Grund sind sie ja schließlich, wie übrigens die gesamte Schöpfung, überhaupt erst entstanden –, wenn man also damit einen ganz bestimmten, nämlich eben diesen Zweck verfolgt hatte, dann hätte man doch auch darauf Wert legen können, sich von der weiblichen Hälfte der Menschheit ebenfalls verehren zu lassen.

Ich jedenfalls kann darin keine Logik erkennen, wenn man die Frauen mit fadenscheinigen Erklärungen von den höheren Weihen ausschließt, hat doch Gott sie genau so geschaffen, wie sie sind, und haben sie einen jeden Monat schon genug zu leiden, als dass man ihnen dann auch noch einen jeglichen Kontakt zu Gott & Sohn gerade während dieser Zeit verweigern muss. Aber ich höre schon die Argumente der Männer: Es stehe doch wohl geschrieben, so sagen sie, dass Gott allein dem Manne jenen heiligen Odem eingehaucht habe, welcher den Mann erhebe über alle anderen Kreaturen, nicht aber der Frau, welche erschaffen sei aus der Rippe des Mannes, sozusagen eine Schöpfung der zweiten Ordnung, nur & allenfalls die Kopie der Kopie, dem Manne zu Diensten und zur Hilfe.

Das klingt beeindruckend, ist es aber nicht, denn man findet selten so viel Unfug auf einem Haufen wie in dieser Argumentation, wird man doch kaum glauben können, dass sich das *pneuma* an einer einzigen Stelle, in einem einzigen Organ des Körpers sammelte so wie der Urin in der Blase. Man wird wohl & zu Recht eher davon ausgehen müssen, dass sich der göttliche Odem mehr oder minder gleichmäßig im Körper des Mannes verteilt hat und somit ein gehöriger Anteil davon in seiner Rippe gelandet ist, weil Gott selbst schon dafür gesorgt hat, dass in einem jeden Teil des Odems die gleiche Menge an göttlicher Energie und Information enthalten ist, wodurch die Frau dann ebenfalls zusammen mit der männlichen Rippe seiner, also des Odems, teilhaftig geworden ist und in gleichem Maße an jenem ach so wichtigen *pneuma* partizipiert wie der Mann, nicht mehr, aber auch nicht weniger.

Immerhin steht noch geschrieben, dass Gott der Herr einen tiefen Schlaf hat fallen lassen auf den Mann, und dann erst baute Gott der Herr ein Weib aus der Rippe, weshalb der Mann auch gar nicht wissen kann, was Gott der Herr in der Zwischenzeit noch alles mit diesem Weib angestellt hat, bevor er es wieder vor den Mann brachte, weil der Mann doch tief & fest geschlafen hat, und so kann gar nichts ausgeschlossen werden, vor allem nicht, dass genau in diesem Moment dem Weib der göttliche Odem eingehaucht wurde und vielleicht sogar noch viel mehr, und von allem anderen will ich schweigen, weil ich es Gott so versprochen habe, woran ich mich auch halten will, selbst wenn es mir schwer fällt.

Ich will nur eines andeuten, dass nämlich das *pneuma* nicht allein für den göttlichen Odem steht, für seinen Heiligen *Geist*, sondern auch und gerade für den Wind, die bewegte, die warme Luft, welche im Augenblick der Geburt die Seele aus den unendlichen Reservoirs im Siebten Himmel zum Menschen trägt, auf dass er lebe; und am Ende aller Tage bringt der Wind die Seelen aus allen vier Ecken der Welt zurück zum Menschen, auf dass er treten kann vor das Große Gericht. Alles entsteht aus dieser Luft, und alles löst sich wieder in sie auf, und so ist das *pneuma* nichts anderes als der Leben spendende Same, der Stoff aus dem die Welt und die Menschen geschaffen sind, das Heilige Sperma, das auch in den Menschen bis zum Ende aller Tage noch fortwirkt. Und soll man dann wirklich noch glauben, dass Gott das Sperma allein den Männern überlassen hat, wo es doch nur dann das Leben erzeugen kann, wenn es sich mit dem Weibe vereinigt? – Wie auch immer: Man darf sich nicht darauf verlassen, was die Männer erzählen, denn oft genug schlafen sie in den entscheidenden Momenten ein und erfahren erst nachher, was wirklich geschehen ist, und begreifen es dann noch nicht einmal.

Aber vielleicht war genau das der Grund für den Hass der Männer auf alles Weibliche, nämlich der Neid darauf, dass die Frau zweimal empfangen hat vom göttlichen *pneuma*, welches ist zugleich das schöpferische Sperma, so dass die Frau von Anfang an mehr davon besitzt als der Mann, und er wird es niemals ausgleichen, sooft er es auch versucht. Und so hat man behauptet, aus eben diesem Hass und aus purer Boshaftigkeit, dass gerade in dem Augenblick das Böse in die Welt gekommen sei, als sich das Weibliche auf immer geschieden habe vom Männlichen, und es steht geschrieben, dass die Herrschaft des Todes so lange dauern wird, wie die Weiber Kinder gebären und bis Gott der Herr kommen werde, die Werke des Weiblichen aufzulösen auf immer und ewiglich. So muss der Mensch nach der Erlösung von allem Weiblichen streben, was der Mann am besten und am schnellsten dadurch erreicht, dass er sich selbst entmannt, wie es einst *Attis* getan hat, den man den *Adonis* nannte, weil er so schön gewesen sein soll, das erste Wesen, das geschaffen war lange vor den Menschen und in sich vereinte den Mann & das Weib, und wem es damit zu viel war, der sollte sich doch wenigstens beschneiden lassen, wie es auch Jesus hat über sich ergehen lassen, so dass er ein Geschenk hatte für die Weiber, die des Nachts von ihm träumten[16].

Lauthals habe ich gelacht, als ich zum ersten Male von diesem Unsinn habe raunen hören, und es ist mir bis heute ganz recht, dass sich die Menschen kaum trauen, laut davon zu sprechen, wissen sie doch sehr gut, dass es eine Sünde ist, die niemals verziehen wird, heute nicht und nicht bis an das Ende aller Tage. Ich habe auch nie so richtig erfahren können, ob die Menschen *wirklich* daran geglaubt haben, dass sich im Weiblichen alles Böse dieser Welt sammelt, dessen man sich dann ja auf einfachste Art & Weise, und zwar sofort, hätte entledigen können, nämlich mit einem mehr oder minder scharfen Messer. Und nach einer, spätestens zwei Generationen wäre das Böse ein für alle Mal aus der Welt geschafft, denn noch haben die Frauen nicht das Geheimnis entdeckt, wie man sich ohne Mann fortpflanzt & vermehrt; aber ich hätte es sie schon gelehrt, das kann ich versprechen, und dann gelangte meine Welt wahrscheinlich sehr viel schneller zur Vollkommenheit, als wenn die Männer es ganz allein versuchen.

Ob sie also tatsächlich blöde genug waren, daran zu glauben, weiß ich nicht, weil es mich letztlich nicht interessiert, denn ich richte die Menschen nicht danach, was sie glauben, sondern danach, was sie tun – und sie haben sich über eine sehr lange Zeit so verhalten, als glaubten sie aus tiefster Seele daran, weil sie doch immer einen Grund brauchen, um ihre eigene Dummheit vor meinem Angesicht zu verbergen, denn die Dummheit ist die größte aller Sünden. Und wie dumm war es vom Griechen *Theophrastos*, dass er meinte, eine gute Bildung verwandele das Weib in ein streitsüchtiges, faules und geschwätziges Geschöpf – aber wäre sie dann noch von einem Mann zu unterscheiden? Doch wohl kaum von jenem Theophrastos selbst, der sein ganzes Leben damit verbrachte, unter den Feigenbäumen zu liegen und über den Gang der Welt zu räsonieren und sehnsüchtig darauf zu warten, dass er noch ein wenig vom Leben spendenden Sperma seines Lehrers Platon würde empfangen können, was ihn aber am Ende auch nicht klüger machte.

Ich glaube jedoch, dass jene ewige Vernachlässigung des Weiblichen durch Gott & seine *entourage* damit etwas zu tun hat, dass Eva damals im Paradies den *Mut* (oder doch wenigstens die kühne Unbedarftheit) besaß, hinter die Schleier der Geheimnisse zu blicken, die Gott so eifersüchtig vor den Blicken der Menschen verbergen wollte. Wie ich am eigenen Leib erfahren habe, ist Gott geizig bis ins Mark; auch wenn ab & zu die Gnade aus ihm hervorsprudelt, so dass selbst ich mich kaum noch davor retten kann, wo ich doch überhaupt nicht weiß, was ich damit anfangen soll, so kann man sich doch nicht darauf verlassen, denn Gott verteilt seine Gnade nur dann, wenn ihm gerade einmal danach ist, was bei einem im Allgemeinen abwesenden Gott eher selten vorkommt.

Eva, das Weib, aber wollte diese seltenen Momente des Glückes nicht abwarten, weshalb sie herzhaft in die Frucht biss, ohne sich zu viele Gedanken dabei zu machen. Gott aber vergisst nichts & niemanden, vor allem nicht diejenigen, die seine Gebote missachten, so wenig einsehbar sie auch sein mögen, ihnen verweigert er dann geizig seine Gnade, die er ansonsten so huldvoll allen verspricht. Und als sei es der Schande noch nicht genug, so stellt man seitdem den *Geiz* als magere, hässliche *Frau* dar, mit einem Geldbeutel in der rechten Hand, auf den sie gierig ihren Blick hält.

Es nutzte dann auch nichts mehr, dass sich später die Weiber Gott unterwarfen, dass gerade *sie* die Treuesten im Glauben wurden, dass sie ihre wahre Bestimmung vergaßen, nämlich fruchtbar zu sein und sich zu vermehren, sondern sich lieber aufsparten für die Ankunft des Erlösers, der ihnen aber nur des Nachts im Traum erschien, und sie allein ihren Schwestern davon erzählen konnten, wie sie mit feuchten Schenkeln ihn empfangen haben, auf dass er gerade sie erkenne. Und es half den Weibern vor dem Angesicht Gottes überhaupt nichts, dass sie öffentlich und für immer abschworen den alten Götzen und vergaßen, was sie gelernt hatten von *Qandisha*, der Nymphe aus dem Fluss, oder von *Nanâja*, welche stolz & aufrecht die Mondsichel auf dem Haupte trägt, oder von der aufrechten Blume, die man auch genannt hat *Xochiquezatl*.

Nichts, was immer die Frauen auch tun mochten, konnte in den Augen Gottes ihre Schmach tilgen, sich als Erste gegen seine Gebote aufgelehnt zu haben, indem sie Mut und Initiative bewiesen. Und wenn es noch eines Beispieles für den Unterschied zwischen meiner Welt und der Welt Gottes bedürfte, dann sollte man ihn hier finden, denn ich belohne auf das Reichlichste die Fähigkeit zur Entscheidung & zum Handeln, während Gott sie auf immer & ewiglich bestraft und dabei keinerlei Gnade walten lässt. *Ach!* wären doch alle Menschen so wie Eva gewesen, hätten sie gelernt aus ihrem mutigen Beispiel, denn es *ist* mutiger, nach der Verfeinerung der Seele und des Geistes zu suchen als nach Krieg, Gewalt, Ruhm & Macht – um wie viel besser könnte diese, meine Welt doch heute aussehen, und vielleicht wäre sie sogar schon fast vollkommen, und ich könnte mich zur Ruhe setzen und den lieben Gott einen guten Mann sein lassen.

Doch ich komme zurück zu dem, was ich erzählen wollte: Natürlich und abgesehen davon, dass die ganze Geschichte, wie sie uns von Herrn Nikodemus übermittelt wird, vorne & hinten nicht stimmt, ganz abgesehen also davon, wäre mein lieber alter Freund, der Tod, gar nicht so fürchterlich böse gewesen, wenn man sein dunkles Reich von Zeit zu Zeit einmal von all denen entsorgte, die nun wirklich keinen Platz mehr darin haben, denn leider ist – wie alles in dieser Welt – auch das *Reich des Hades* räumlich begrenzt und kann nur eine bestimmte und gar nicht einmal so furchtbar große Anzahl von Seelen aufnehmen. Man muss es also in regelmäßigen Abständen *reinigen*, wodurch der früher häufig verwendete, heute jedoch fast vergessene Begriff des *Purgatoriums*[17] seine eigentliche Bedeutung erhält, nämlich als eine Art von Zwischenspeicher, und zwar nicht um über die endgültige Bestimmung der jeweiligen Seelen zu entscheiden (rechts in den Himmel, links in die Hölle), sondern um sie so weit zu regenerieren, dass sie ihren Verpflichtungen nachkommen und erneut ihren Dienst in den Menschen leisten können.

Mein lieber alter Freund, der Tod, hat diese Enge in seinem Reich immer als unerträglich empfunden, was man sich leicht vorstellen kann, denn nicht alle Seelen nehmen ihr Schicksal mit Gelassenheit an und nutzen die Zeit, um ruhig über sich selbst und das Wesen aller Dinge nachzudenken; leider gibt es eine wachsende Zahl von Seelen, die sich lauthals darüber beschweren, dass gerade sie jetzt & überhaupt und ganz gegen ihren Willen und weshalb eigentlich in den Hades entführt worden sind, wohin sie doch gar nicht gehörten und was sie auch nicht verdient hätten. Und erst schimpfen sie, dann betteln sie, und schließlich, wenn alles nichts geholfen hat (denn selbst wenn er wollte, könnte doch der Tod nicht anders entscheiden), wird bis in alle Ewigkeit genörgelt, was das Zeug hält, und das macht das Dasein im Hades für nichts & niemand angenehmer, aber darum kümmert sich keiner.

Alles haben wir versucht, damit dort zumindest an manchen Orten und zu manchen Zeiten ein wenig mehr an kontemplativer Ruhe herrscht, damit mein lieber alter Freund, der Tod, wenigstens ab & zu die Erholung findet, die ihm nach seiner schweren Arbeit doch wohl zusteht, wo er doch den Lärm so sehr verabscheut. Aber die Seelen haben keinerlei Erbarmen, immer wieder brandet ihr Raunen zu einem wilden Schreien auf, und keine Strafe kann sie daran hindern, und sie rufen nach ihrem Erlöser, damit er ihnen gewähre das ewige Leben. Aber der Erlöser wird sich wohl hüten, diesen Wunsch zu erfüllen, denn dann müsste er ja für die ganze Menage sorgen, wo doch das Paradies erst dadurch zum Paradies wird, dass man nur wenigen den Einlass gewährt, nachdem sie die fünfzehn Fragen schnell & richtig beantwortet haben. Und wie ich aus eigener Erfahrung versichern kann, haben Gott & seine Engel nicht die geringste Neigung dazu, die liebevoll gepflegte Ruhe & Schönheit ihres Siebten Himmels durch irgendwelche nörgelnden Seelen auf immer stören und verderben zu lassen, von denen man nichts erwarten kann, als dass sie alle Privilegien für sich beanspruchen und nichts dafür leisten.

Ich jedenfalls kann es den Engeln nicht verdenken, dass sie den Tag fürchten, da sie allen Menschen zu Diensten sein müssen, ihnen Speis & Trank gewähren, ihre Tränen trocknen und sie sogar auf Händen tragen sollen, wie es doch eigentlich nur Gott selbst zusteht, ohne dass ihnen, den Engeln, dafür irgendein Dank zuteil würde. Denn die Menschen glauben, dass sie es eigentlich jetzt schon verdient hätten, aber weshalb, weiß keiner zu sagen. Wie auch immer: Mein lieber alter Freund, der Tod, wäre höchst erfreut gewesen, wenn man ihn endlich von *dieser* Last befreit hätte, denn selbst seine Geduld hat – wie alles auf dieser Welt – Grenzen.

Einmal allerdings habe ich dann doch ein längeres Gespräch mit Jesus führen können, und zwar über Gott und die Welt (worüber auch sonst?). Es hat mich einige Mühe gekostet, denn offenkundig bereitete es ihm viel Freude, die Menschen mit seinen Wundern zu verblüffen und zu unterhalten, so dass er davon gar nicht genug bekommen konnte und immer weiter durch das Land wanderte, immer auf der Suche nach Gelegenheiten, da er die Kranken heilen, die Toten erwecken oder die Armen speisen konnte. Man berichtet davon, dass einige seiner Helfer sogar vorneweg gezogen seien, um den einen oder anderen Menschen zu berauben oder zu verprügeln oder zu meucheln, auf dass Jesus genügend Gelegenheit haben sollte, seine Wunder zu vollbringen, wenn es denn einmal tatsächlich an Armen, Kranken oder Toten mangelte, aber ich weiß nicht so recht, was ich von solchen Berichten halten soll. Ganz offenbar genoss Jesus die Anerkennung & Huldigung der Menschen, die in ihm wenigstens einen mächtigen Zauberer, wenn schon nicht in einem jeden Fall den Abgesandten oder sogar den Sohn Gottes sehen wollten; in dieser Sucht nach Anerkennung war Jesus dann seinem narzisstischen Vater durchaus ähnlich, denn auch der hatte ja den Menschen nicht zuletzt gerade deshalb geschaffen, auf dass er ihn bewundere und ihm huldige.

Tatsächlich war sein Unterhaltungswert beträchtlich, wie ich ohne Neid zugestehen will, so dass sich immer mehr Menschen fanden, die ihm folgten, aber er war klug genug, nur eine kleine Gruppe zu akzeptieren, die er zunächst seine *Jünger* nannte, oder auch seine *Apostel*, wie man so sagte, seine Sendboten, aber das war dann erst viel später, deshalb wollen wir hier & jetzt nichts davon berichten. Ein jeder konnte hinter ihm herlaufen, wie er es nur wollte, aber seine engere *entourage* bestand eben nur aus jenen zwölf, zumeist jungen & schlanken & hübschen Männern, die nicht sehr klug waren, aber allesamt wunderschöne & kräftige Körper hatten. Jünglinge, mit denen er also durch das Land zog, gemeinsam speiste & ruhte, wenn ihm danach war, wobei diese Zahl *Zwölf* natürlich wieder eine bewusste Anspielung darstellen sollte, um nämlich auf diese Weise die Vereinigung zwischen der göttlichen *Drei* und der weltlichen *Vier* zu demonstrieren, in diesem Fall sogar nicht bloß durch einfache Addition, sondern durch die machtvolle Multiplikation oder wie auch sonst immer die Abende sich entwickelten.

Ursprünglich hatte man sogar geplant, diese Zahlen durch die Exponenzialrechnung miteinander zu verbinden, aber man kannte diese Form der Mathematik damals noch nicht genau, so dass sie noch nicht als Symbol taugte, denn ein *Symbol* ist nur dann ein solches, wenn es von den Menschen auch so und nicht anders verstanden wird. Wie schön wäre es doch gewesen, wenn man sich nicht hätte entscheiden können, welche Zahl man an welche Stelle – als Basis oder als Exponent – hätte setzen sollen, woraus sich in der Folge allerschwierigste Fragen der Interpretation & Exegese ergeben hätten, etwa der Art, ob das Göttliche durch das Weltliche oder das Weltliche durch das Göttliche potenziert werden solle, worauf man natürlich völlig unterschiedliche theologische Systeme hätte aufbauen können.

Ganze Generationen von Theologen wären nur damit beschäftigt gewesen, ob denn nun die *Vierundsechzig* oder die *Einundachtzig*, je nachdem, die wahrhaft Heiligste aller heiligen Zahlen hätte sein sollen, was die menschliche Kultur zwar in keiner Weise & zu keinem Augenblick auch nur einen einzigen Schritt weitergebracht hätte, jedoch die klügsten Köpfe für längere Zeit davon abgehalten hätte, sich um die wirklich wichtigen Fragen zu bekümmern. Und genau *darum* sollte es ja schließlich in Gottes geheimem Plan gehen, nämlich die Menschen mit höchst esoterischen Fragen davon abzulenken, sich mit aller Kraft an der Vervollkommnung dieser, meiner Welt zu beteiligen. Wie auch immer: Die Entscheidung, sich mit zwölf und nicht mehr Jüngern zu umgeben, hatte nicht nur gute theologische, sondern ebenso gute logistische Gründe, denn zum einen konnte man auf diese Weise hoffen, immer & überall Auskommen & Unterkunft zu finden, selbst in einem so ärmlichen Landstrich wie Palästina, wo der eine dem anderen bis auf den heutigen Tag nichts gönnen will, zum anderen aber geriet man damit nicht in das unmittelbare Blickfeld einer immer aufmerksamen Obrigkeit, der es noch nie sehr lieb gewesen ist, wenn sich das Volk, aus welchen Gründen auch immer, zusammenrottet.

Es war also gar nicht so einfach, Jesus aus dem Kreis seiner Jünger zu lösen, worauf es mir jedoch ankam, denn es gehört sich nicht für metaphysische Wesen, ihre Angelegenheiten direkt vor den Augen & Ohren der Menschen zu verhandeln, jedenfalls ist das meine feste Meinung, und *ich* lasse davon nicht ab. Jesus allerdings schien das nicht weiter zu kümmern, und ich musste schon mit aller Macht und unter Verweis auf meine eigene Position darauf drängen, dass er sich wenigstens für einige Stunden von seinen Bewunderern löste und sich mit mir in die Wüste zurückzog, wohin uns nun wirklich kein Mensch würde folgen können[18]. Glücklicherweise gab es in jener Gegend genügend Wüsten, und sie waren auch groß & karg genug, so dass ich nicht befürchten musste, von irgendwelchen umherirrenden Wanderern oder Hirten überrascht oder belauscht zu werden.

Auch über dieses Zusammentreffen mit Jesus ist später viel erzählt worden, und das meiste davon ist wie immer ein ziemlicher Unsinn, weil eben niemand außer uns beiden zugegen war, als wir beide unser Gespräch inmitten der Wüste führten: Weshalb – zum Beispiel – hätte ich ihm zeigen sollen alle Reiche der Welt und ihre Herrlichkeit, wo doch ein Sohn Gottes genug von dieser Welt kennen sollte, auch wenn sie nicht die seine ist, und wozu hätte ich ihm die Macht in dieser Welt übergeben sollen, nur zu dem Preis, dass er mich anbetet? – Nein, die Sache war ganz anders: Ja, ich habe ihm die Herrschaft über diese Welt angeboten, aber nicht, damit er mich anbeten soll, denn dafür kann ich mir schließlich gar nichts kaufen. Ich habe ihn aufgefordert, gebeten, ja am Ende sogar auf Knien angefleht, dass er endlich *seine* Verantwortung für diese Welt übernehmen möge, wenn er schon in aller Öffentlichkeit umherwandele und die Menschen aufrühre; wenn er ihnen also die Defizite dieser Welt vor Augen führe, wogegen ich im Prinzip nichts einzuwenden hätte, weil die Kontrolle immer besser ist als das Vertrauen. Dann sollte er sich aber doch bitte selbst aktiv engagieren und seinen Beitrag zur Vervollkommnung der Welt leisten; damit, dass er die Flucht aus der Welt propagiere und für irgendeinen späteren Tag die Erlösung von allen Übeln in Aussicht stelle, sei gar nichts geholfen.

Es ist meiner Meinung nach nämlich nicht sehr anständig und eines metaphysischen Wesens nicht würdig, dass man die Menschen mit den Problemen ihrer Welt allein lässt, ihnen weder eine rechte Hilfe bei der Bewältigung dieser Probleme ist, noch eine baldige Erlösung bringt. Denn was immer man von den Menschen, ihren Fähigkeiten & Eigenschaften, auch halten mag (und ich habe aufgrund meiner Erfahrungen meine eigene Auffassung darüber), so sehr man sich immer wieder über sie ärgern muss, weil sie wirklich gar nichts zu lernen scheinen, sondern nur ihre Fehler auf einem höheren Niveau wiederholen, so darf man aber doch mit ihnen kein bloßes Spiel treiben, darf sie nicht reizen & ködern, nur um ihnen dann die Erfüllung ihrer Wünsche zu versagen. So etwas gehört sich einfach nicht für ein metaphysisches Wesen, und man bringt damit nur die ganze Gattung in Verruf, was heutzutage so schändliche & furchtbare Folgen hat, dass kein Mensch uns mehr glaubt oder vertraut, was doch gerade jetzt so nötig wäre wie noch nie.

Von *dieser* Verantwortung kann ich Jesus nicht freisprechen, und wir werden alle noch sehen, wo es endet.

Nun ja, Jesus hat sich geziert, hat gezaudert & gezögert, hat nach Ausflüchten gesucht und immer neue Argumente vorgebracht und hat es damals dann letztendlich doch abgelehnt, sich wirklich um die Angelegenheiten in dieser Welt zu kümmern. Er ließ auch in der Folge nicht davon ab, immer wieder zu betonen, als wie schrecklich & unbefriedigend er diese Welt empfinde, so dass er allen nur anraten wollte, sich so schnell wie möglich von den Anfechtungen, vor allem aber von den Versuchungen dieser Welt zu lösen. Sein Reich, so sagte er immer wieder, sein Reich sei *nicht* von *dieser* Welt. Das wisse ich wohl, antwortete ich darauf, aber dann bliebe ihm nur noch die Wahl, sich so schnell wie möglich auch wieder aus dieser, *meiner* Welt zu entfernen, und zwar ohne weiteres Getue & Aufheben.

Ich habe aber eingesehen, ja einsehen müssen, dass mir keinerlei Möglichkeit bleiben würde, ihn in irgendeiner Weise zu beeinflussen oder zu überzeugen, denn wie der Vater war auch der Sohn meinen Argumenten nicht zugänglich, und ich habe mir damals wie heute oft die Frage gestellt, was ich sonst noch hätte tun können, aber mir will nichts mehr dazu einfallen. Ich habe dazu inzwischen meine eigene Theorie, denn natürlich habe ich nach Gründen gesucht, und ich bin mir bei aller Selbstkritik ziemlich sicher, dass es nicht nur an mir und meinen begrenzten Fähigkeiten lag, sondern dass ich zu keinem Zeitpunkt auch nur die geringste Chance habe, Gottes Pläne in irgendeiner Weise zu beeinflussen, nachdem er sie erst einmal gefasst hat, denn er ist höchst eigensinnig und sein Ratschluss unergründlich. Und so tue ich besser daran, meine eigenen Pläne zu perfektionieren & zu verfolgen; man soll sich nun einmal nicht gegen das stemmen, was man ohnehin nicht verändern kann. Mir ist dann jedoch sehr bald klar geworden, dass Jesus selbst überhaupt keine Lust dazu hatte, sich längere Zeit auf dieser, meiner Welt aufzuhalten; die Begeisterung der Massen kann angenehm sein, man kann sie für eine gewisse Zeit durchaus genießen, aber letztlich & endlich stellen wir metaphysischen Wesen doch ganz andere Ansprüche an ein Ambiente, in dem wir uns wohl fühlen sollen.

Ich kann es verstehen, dass es Jesus allmählich leid wurde, in Gestalt & Körper eines Menschen durch die Welt zu wandern, Kälte & Hunger zu erfahren, dem Lärm, dem Schmutz & dem Gestank nicht entfliehen zu können, immer wieder auf dumme & lästige Fragen antworten zu müssen und – vielleicht am schlimmsten – auf sich selbst angewiesen zu sein, ohne dass die Seraphim & die Cherubim & die Engel ihm folgen auf Schritt & Tritt und einen jeden Wunsch erfüllen, bevor er auch nur geäußert wird. Und so bereitete Jesus seiner Anwesenheit auf dieser Welt schnell ein Ende, nicht ohne allerdings daraus noch eine große Geste zu machen, das *Encore* seiner Auferstehung, so als wolle er wenigstens noch einmal den Beifall & die Bewunderung der Menschen genießen, bevor er sich bis auf weiteres aus dieser Welt in die transzendenten Weiten zurückzog.

Ich will die dramaturgische Wirkung gar nicht abstreiten und erst recht nicht, dass es zu den wahrhaft großen Künsten gehört, den richtigen Augenblick für sein endgültiges Abtreten zu finden, was Jesus zweifellos gelungen ist; ich will aber darauf verweisen, dass sich Gottes Sohn nur für kurze Zeit und nur an einem einzigen Ort gezeigt hat, so als wollte er gar nicht wirklich etwas bewirken, sondern nur für einen kurzen Augenblick in all seiner Herrlichkeit erstrahlen, wie ein Stern, der vom Himmel fällt und bei dessen Anblick man sich etwas wünschen kann, ohne dass man eine Garantie dafür hat, dass der Wunsch in Erfüllung geht. Und war nicht auch seine ganze Anwesenheit in dieser Welt kaum mehr als eines jener *Wunder*, die nur verblüffen, aber nichts bewirken?

Ich will an dieser Stelle nicht versäumen, von einer kleinen Begebenheit zu berichten, die mich sehr amüsiert hat, als ich zum ersten Male davon erfuhr – leider war ich gerade in dem Augenblick nicht zugegen, als sie sich ereignete, aber ich habe keinerlei Zweifel daran, dass sie sich tatsächlich damals so zugetragen hat, denn die Berichte stammen aus einer außergewöhnlich zuverlässigen Quelle, die ich allerdings aus nahe liegenden Gründen nicht offen legen kann. Jedenfalls wird davon berichtet, dass Jesus gar nicht *selbst* am Kreuz gestorben sei, sondern sich dazu eines anderen Menschen bedient habe. Weil er nämlich nicht die geringste Lust dazu gehabt habe, noch irgendwelche Qualen und Leiden in seinem ohnehin ungeliebten menschlichen Körper zu erdulden, hatte er sich schon längst mental auf die Rückkehr in seine Heimat im Siebten Himmel eingestellt und wollte sich diese freudige Erwartung nicht durch die Schmerzen der Kreuzigung verderben lassen.

Er soll also einen gewissen *Simon von Kyrene*[19], wohl ein Libyer, was man aber nicht so ganz genau weiß, den jedenfalls ein unglückliches Schicksal just in jenem Moment nach Jerusalem verschlagen hatte, Jesus also soll mithilfe seiner göttlichen Kräfte jenen Simon dazu gezwungen haben, zunächst das Kreuz durch die hügeligen Straßen Jerusalems zu schleppen, bis Jesus ihn dann mit dem für ihn so typischen Humor sogar noch verwandelt habe, so dass der arme Simon für Jesus gehalten und in der Folge schließlich auch – irrtümlich & unwissentlich – gekreuzigt wurde. Denn es steht geschrieben, dass da war ein Jüngling, der folgte ihm nach, der war mit einer Leinwand bekleidet auf der bloßen Haut. Und sie ergriffen ihn, er aber ließ die Leinwand fahren und floh nackt davon, und *dieser* Jüngling war Jesus und niemand anders.

Das alles war für Jesus kein größeres Problem, denn immerhin konnte er sich nach Belieben in all das verwandeln, was ihm gerade in den Sinn kam, weshalb dann nicht auch in den unglücklichen Simon von Kyrene. Und so stieg Jesus wieder zu dem hinauf, der ihn gesandt hatte, und spottete derer, die ihn nicht halten konnten, und er war unsichtbar für alle, nicht aber für mich, denn ich kann mich noch genau daran erinnern, wie man seine Rückkehr mit Pauken & Trompeten feierte und einem großen Fest, das einigen Sachschaden im Siebten Himmel hinterließ, der aber von willfährigen Engeln wieder schnell und vollständig beseitigt wurde, weil Gott doch nichts so sehr hasst wie die Unordnung in seinen Himmeln; da muss nämlich alles an seinem rechten Platz sein, in perfekter Harmonie & Schönheit, denn so hat Gott seine Welt erschaffen, und so soll es auch im Himmel sein.

Die Menschen jedoch haben davon nichts erfahren, und so huldigen sie heute noch dem, der am Kreuz gestorben ist, und behaupten, er habe alles Leid der Welt auf sich genommen, auf dass sie erlöst werde vom Bösen auf immerdar. Dabei war es doch nur der unglückselige Simon von Kyrene, der gar nicht wusste, wie ihm geschah, und voller Schmerzen sterben musste, weil er nicht über die Kraft & die Herrlichkeit verfügte, sich seinem Schicksal zu entziehen und zu fliehen nach *Kaulakau*, der Welt, aus der Jesus einst gekommen war und in die er nun wieder zufrieden & glücklich zurückkehrte. Wie gerne hätte ich den Simon gerettet, aber leider, leider wurde ich von der Geschichte erst informiert, als es dafür längst zu spät war.

Und weil er den Simon von Kyrene in den Tod geschickt hatte, bereitete es Jesus keine größeren Probleme, noch ein paar Mal seinen Jüngern zu erscheinen und damit größte Bewunderung auszulösen, was ich im Übrigen nie so richtig verstanden habe, denn was ist Besonderes an einem Untoten[20], an einem Wiedergänger, daran glaubten die Menschen zu allen Zeiten & an allen Orten, ohne dass man solcherart Spukerscheinungen dem unmittelbaren Eingreifen göttlicher Kräfte zuschreiben musste. Kurzum: Musste einer unbedingt Gottes Sohn sein, um nach seinem Tod umzugehen, sollte *das* etwa sein letzter, unwiderleglicher messianischer Beweis sein?

Von solchen Beispielen hätte ich den Menschen Tausende zeigen können, wenn man mich denn nur einmal danach gefragt hätte, mangelt es mir in meinem Reich doch wahrlich nicht an Gespenstern, welche mit den Ketten rasseln können oder durch die Wände gehen oder den Kopf unter ihrem Arm tragen, was ich persönlich für eine besondere Leistung halte, wenn man zugleich noch sprechen will. Und sie alle & noch mehr hätte ich auf ein einziges Zeichen hin aufbieten können, wenn es den Menschen wirklich *darum* gegangen wäre; und müssten dann die Menschen nicht auch die *Vampire* genauso verehren wie ihren Messias, denn auch die sind auferstanden von den Toten, und zwar nicht nur einmal & nach drei Tagen, sondern sie tun es einen jeden Abend aufs Neue, schon seit vielen hundert Jahren. Und tatsächlich habe ich den Menschen immer wieder das eine oder andere Gespenst gezeigt, habe sie bei Nacht und manchmal zu ihrem Leidwesen bei Tag durch die Gemäuer und über die Felder wandeln lassen. Und wie oft hat es mich gedauert, dass die Mutter um den Sohn weinte oder die Tochter um den Geliebten oder umgekehrt, und ich habe meinen guten alten Freund, den Tod, gebeten, auch einmal ein wenig Milde walten zu lassen, aber er hat mir ein jedes Mal geantwortet, dass *sein* genetischer Code diese Art von Gefühl nicht zulasse, wobei er mich dann mit einem seltsamen Lächeln anblickt. Also musste ich selbst mich darum kümmern, und ich habe den Sohn und den Geliebten erweckt von den Toten, doch man hat es mir nicht gedankt.

Man hat es für ein Teufelswerk gehalten, was es ja auch tatsächlich war, für ein Trugbild, für eine *Chimäre*, man hat sich davor gefürchtet, man hat es verflucht, man hat sich bekreuzigt, was ich nun gar nicht leiden mag, vor allem aber hat man sich gar keine Gedanken darüber gemacht, was wohl die armen Seelen dabei empfinden könnten, die ich gerade von den Toten erweckt hatte, denn die hatten doch am meisten darunter zu leiden, wenn irgendein dahergelaufener Exorzist ihnen mit großen & drohenden Gesten befahl, zur Hölle zu fahren, wohin sie vielleicht überhaupt nicht gehörten. Aber wer kann das schon wissen, bevor der Tag des Letzten Gerichtes gekommen ist und alle Menschen müssen beantworten die fünfzehn Fragen, ehe entschieden wird über ihr Schicksal, und das haben Gott & ich allein uns vorbehalten. Doch was soll ich mich darüber weiter aufregen, ich könnte es wohl ändern, aber es lohnt nicht den Aufwand.

Ich will deshalb hier gar nicht weiter abschweifen, aber es hat mich doch in den vielen, langen Jahren immer wieder verwundert, worüber sich manche Menschen ihr Leben lang die allertiefsten Gedanken gemacht haben und damit viel von ihrer Zeit & ihrer Kraft verschwendeten, die ja – wie die Menschen eigentlich selbst und aus eigener Erfahrung hätten wissen müssen – keineswegs unbegrenzt sind. Fast will es mir scheinen, dass sich die Menschen auf diese Art & Weise ihrer wahren Verantwortung in dieser, meiner Welt hatten entziehen wollen, als könnten sie es sich tatsächlich leisten, die Natur des Jesus anstelle der Natur dieser Welt zu erforschen; dann aber darf man sich nicht beschweren, wenn diese Welt weiterhin nicht so ist, wie sie eigentlich sein sollte und sogar sein *könnte*, wenn man sich denn nur um die wesentlichen Fragen bekümmern würde.

Ich habe den Menschen das Geschenk der *Freiheit* gemacht, und so will ich nicht über Gebühr klagen, aber mir sei doch mit Verlaub der Hinweis gestattet, dass es diese Welt keinen Deut besser gemacht hat, wenn man darüber gestritten hat, ob der Anteil der göttlichen oder der menschlichen Natur[21] in Jesus überwogen haben mochte und welche praktischen Konsequenzen das jeweilige Mischungsverhältnis für die diversen Funktionen seines Körpers haben könnte, ob denn also auch der Gottessohn hat pissen & scheißen müssen, solange er auf Erden wandelte.

Meines Wissens jedenfalls hat es letztlich niemanden von seinen Leiden erlöst, wenn die Menschen nach langem Nachdenken behaupten konnten, dass Jesus zwar gegessen und getrunken habe, ohne aber die Speisen wieder besonders von sich zu geben, weil in ihm die Kraft der Enthaltsamkeit so groß war, dass die Nahrung in ihm nicht verdarb, da er selbst ohne Verderben war und die verderblichen Kräfte in den Speisen in ihm nicht wirken konnten. Er habe sich also um Fragen der Verdauung nicht besonders kümmern müssen, was für den Sohn eines metaphysischen Wesens sicherlich höchst angenehm war, denn ich selbst kann bestätigen, dass diese Vorgänge zu den schlimmsten Erfahrungen gehören, wenn man denn wieder einmal aus welchen Gründen auch immer eine menschliche Gestalt annehmen muss. Ich will schon allein aus Gründen des guten Geschmackes auf keine weiteren Einzelheiten eingehen, aber es wäre wirklich besser gewesen, wenn die Menschen sich um die Umstände ihrer eigenen Verdauung bekümmert hätten, denn dabei hätte man Großes leisten können, wenn man es denn nur gewollt hätte.

Die Menschen aber haben sich anders entschieden, was mir letztendlich gleichgültig sein könnte, wenn sie sich denn nicht immer wieder lauthals der Freiheit ihres Geistes rühmen würden, wo doch nichts anderes dabei herausgekommen ist, als dass sie sich gegenseitig mit höchster Präzision die Köpfe eingeschlagen haben, weil sie sich nicht darüber einig werden konnten, ob denn nun der Sohn Gottes in seiner Gestalt als Mensch von Zeit zu Zeit hat Wasser lassen müssen. Der Götze Mammon sagte mir einmal, dass er zumindest immer die These vertreten habe, dass Jesus tatsächlich hat pissen müssen, weil man mit dem *heiligen Urin*[22] hätte Unmengen an Geld verdienen können, doch zu seinem größten Bedauern sind ihm die Menschen in *dieser* Frage nicht gefolgt, was er ihnen übrigens bis heute noch immer verübelt und sie daher von Zeit zu Zeit heftig bestraft.

Wäre ich nun an der Stelle der Menschen, so wäre ich nach dem Abschied von Gottes Sohn noch verzweifelter, noch unzufriedener gewesen als schon zuvor, denn was hätte mir seine Anwesenheit tatsächlich bewiesen? – Doch nur, dass die Welt durchaus besser, vollkommener sein könnte, dass es aber nur einem Gott gelingt, die Defizite dieser Welt durch den Einsatz seiner Macht & Herrlichkeit auszugleichen, so dass dieses Beispiel die Menschen nichts anderes lehrt als ihre eigene Hilflosigkeit. Die Welt ist schlecht, Gott allein könnte es ändern, aber er tut es einfach nicht – und daraus sollen die Menschen nun ihre Hoffnung schöpfen?

Ich muss schon sagen, dass ich die ganze Angelegenheit recht seltsam fand und mir zunächst auch keinen Reim darauf machen konnte: Man hinterließ die Menschen ratloser als zuvor und machte es ihnen sogar noch zur Aufgabe, sich selbst zu bekehren, denn was für einen allgegenwärtigen Gott und wohl auch für seinen Sohn schnell & einfach zu bewältigen gewesen wäre, mussten nun die Menschen selbst tun, jedenfalls einige Ausgesuchte unter ihnen, die man die *Apostel* nannte, weil sie von sich behaupten konnten, von Gott höchstselbst, zumindest aber von einer seiner Aggregatformen, nämlich dem Heiligen Geist, inspiriert und damit zu allerlei Predigt und Vortrag legitimiert zu sein, selbst wenn zunächst nicht viele darauf achten wollten.

Jetzt, mehr als nur ein paar Jahre später, ist mir längst klar geworden, wie viel an Subtilität, ja fast schon Perfidie dahinter steckte, denn auf diese Art & Weise waren die Menschen von Anfang an zu Komplizen des Planes geworden, zu Mittätern, die ihre eigene Schuld niemals würden leugnen können so wenig wie für ihre Vertreibung aus dem Paradies; wenn es denn eines Tages einmal darauf ankommen sollte, dann hatten Gott & sein Sohn ihnen doch eine *perfekte* Lehre hinterlassen, ohne Fehl & Tadel, die – hielte man sich denn strikt daran – geradewegs zurück ins Paradies führen würde, so dass alle Fehler, Defizite & Pannen – die es im Laufe der Zeit unweigerlich geben würde, weil die Menschen bekanntermaßen unvollkommen, wankelmütig & unzufrieden sind – nur & allein den Menschen geschuldet sind, nicht aber Gott noch seiner Lehre.

Wie bei der Vertreibung von Mensch, Getier & Gewürm aus dem Garten Eden hat Gott sich damit wieder einmal selbst exkulpiert, hat den Menschen die Verantwortung für ihr eigenes Schicksal überlassen, wohl wissend, dass sie damit nicht so recht umzugehen wissen, so dass sich in das Konzert von Verantwortung & Freiheit sehr bald die Stimme der Schuld mischt für all das Unglück, das daraus folgen sollte. Natürlich haben die Menschen versucht, sich ihrer Verantwortung und schließlich auch Schuld zu entledigen, indem sie alle Probleme auf einen Dritten, nämlich auf mich, den Teufel, projizierten, den sie als den Verursacher allen Übels identifizierten, bloß weil meine Welt leider immer noch nicht so vollkommen ist, wie sie eigentlich sein sollte, weil sich eben die Menschen immer noch nicht in dem Maße an ihrer Vervollkommnung beteiligen, wie es eigentlich ihre Aufgabe & ihre Bestimmung wäre.

Nach einigem Überlegen habe ich dann meine eigene, sehr komplexe Strategie entwickelt, damit Gottes Plan nicht sofort zum Erfolg führen sollte. Zunächst habe ich darüber nachgedacht, ob ich die Menschen zur Umsetzung meiner Absichten überhaupt benötige oder ob ich nicht genauso gut auf sie würde verzichten können, oder anders gesagt: ob es wirklich notwendig sein sollte, auf die Aktionen Gottes in irgendeiner Art & Weise zu reagieren. Es hätte mir keinerlei Schwierigkeiten bereitet, ihn sogar noch dabei zu unterstützen, dass sich die Menschen von dieser, meiner Welt abwendeten und sich folglich – mangels Wollust – endgültig aus ihr verabschiedeten, denn von nichts kommt nichts, es sei denn, es ist in ihm angelegt, wie einmal ein kluger Philosoph[23] gesagt hat, aber das gilt nur für Gott & für mich und eben nicht für die Menschen.

Wenn ich also ganz ehrlich sein soll, dann muss ich bekennen, dass mir dieser Gedanke zunächst überhaupt nicht unangenehm erschien, denn ich war die Menschen schon längst leid, rackert & müht man sich doch, und alles, was man schließlich erntet, ist Undank & Unglaube. Und wenn man sich dann noch umsieht in dieser Welt, dann lassen sich auch ohne intensives Suchen genügend andere Wesen & Arten finden, die durchaus & allenfalls mit ein wenig Hilfe in der Lage sein sollten, mich in meinem Werk zu unterstützen: die Bienen vielleicht oder die Ameisen, welche in der Vergangenheit große Leistungen vollbracht haben, und zwar aus eigener Initiative, ohne dass ein Höheres Wesen sie immer wieder in den Hintern treten musste, was auch schwerlich möglich gewesen wäre, denn der Hintern der Ameisen ist sehr, sehr klein und der Fuß eines durchschnittlichen Höheren Wesens ist sehr, sehr groß, zumal man gar nicht weiß, welcher Ameise man gerade in den Hintern treten soll, gibt es doch so viele von ihnen, dass man sich gar nicht mehr auskennt.

Wie dem auch sei: Es hätte mir zwar einige Mühe bereitet, aber ich hätte ohne die Menschen auskommen können, und so sage ich immer wieder: Mein guter Philosoph, gehe zur Ameise[24] und lerne von ihr, aber noch hat kein Philosoph darauf gehört, und so sind sie es selbst schuld. Aber andererseits hatte ich zumal in den vorangegangenen Jahren recht viel Zeit & Aufwand in die Menschen investiert, und meine Mühen begannen gerade die ersten Früchte zu tragen, so dass ich mich dann letztlich doch entschied, nicht auf die Menschen zu verzichten; ich bin nämlich konservativ und ziehe das bekannte Übel dem unbekannten Glück vor, selbst wenn ich mich schon oft genug im Nachhinein darüber geärgert habe, dass mir dadurch so manche Chance entgangen ist. Aber das lässt sich jetzt nicht mehr ändern, weil selbst ich mich leider dem bekannten Gesetz der Unumkehrbarkeit unterwerfen muss, ebenso wie im Übrigen auch Gott, denn ansonsten hätte der sich nicht die

Mühe der Sintflut machen müssen oder sogar seinen geliebten & einzigen Sohn in diese ihm doch so unerfreuliche & fremde Welt entsenden, damit er heile, was krank geworden war. Ich jedenfalls machte mich daran, die Auswirkungen von Gottes Plan so weit wie mir nur möglich zu begrenzen.

In der Tat hatte ich inzwischen in der Erziehung & Zivilisierung der Menschen einige schöne Erfolge erzielen können; wohin mein Auge auch blickte, ob nach Osten oder Westen, überall konnte ich voller Stolz sehen, wie Wirtschaft & Wissenschaft in höchster Blüte standen und die Menschen sich einen Teil der Welt nach dem anderen vornahmen, um ihn zu erkennen und zu verbessern. Von Meister K'ung und den Erfolgen seiner Lehren in China habe ich ja schon gesprochen, und es freut mich sehr, dass sich die Menschen dort immer noch daran halten, auch wenn schon viele Jahre seitdem vergangen sind und die Welt sich in fast allen Belangen verändert hat, aber die Chinesen sind ein treues Volk, sie vergessen nicht die Traditionen & die Weisheiten ihrer Väter (und natürlich auch nicht diejenigen ihrer Mütter, denn wollen wir niemals vergessen, dass die Frauen ihren gehörigen Beitrag zur Kultur geleistet haben, den man leider immer wieder vergisst, doch wer bringt denn den Menschen bei, wie man isst und was man isst oder wie man sich ordentlich den Hintern säubert, was eine große Kunst ist, die man leider nur viel zu selten würdigt, aber ich schweife wieder ab, obwohl es doch ein so wichtiges Thema wäre, sind es doch auch & gerade die Frauen, die immer wieder unter dem steten Verfall der Sitten zu leiden haben, wer sonst, denn Gott will sie strafen zu allen Zeiten und an allen Orten).

Wir hatten aber gerade von Meister K'ung gesprochen, und wir wollen ihn nie wieder vergessen, das habe ich ihm gerade noch versprechen müssen, als mein lieber alter Freund, der Tod, ihn leider viel zu früh zu sich rief, denn ich will nicht verschweigen, dass es mir manchmal eine große Freude bereitet, den Weg gewisser Menschen durch ihr Leben zu begleiten und ihnen hin & wieder einige Ratschläge zu geben, denen sie dann folgen können oder auch nicht, das liegt dann nicht mehr in meiner Verantwortung – Meister K'ung jedenfalls machte das Beste daraus, selbst wenn die Menschen ihn erst zu schätzen lernten, als er schon längst zu Staub & Erde zerfallen war, aber davon habe ich schon erzählt, und so will ich denn noch andere Beispiele aufführen, denn daran mangelt es mir nicht.

Ich war so glücklich, dass die Menschen damit begonnen hatten, sich die Erde untertan zu machen, dass sie lernten, wie man das Metall bearbeitet, wie man es im richtigen Verhältnis mischt und wie man es schließlich in eine Form bringt, so dass man es benutzen kann. Und welch schöne Dinge konnten die Menschen auf diese Art & Weise erzeugen: Sie machten sich Betten daraus, auf dass sie nicht mehr auf der schmutzigen Erde schlafen mussten, und die Wollust erreichte ganz neue Höhepunkte, und dann machten sie Waffen daraus, schöner & tödlicher als je zuvor, und noch mehr Wollust erfüllte die Menschen, zumindest die Männer, aber manchmal auch die Weiber[25], die sich sogar eine Brust abschnitten, um den Bogen richtig spannen zu können, was mich besonders erfreute, denn *ich* mache keinen Unterschied zwischen den Menschen, wenn sie denn nur das tun, was ihre Aufgabe ist. Heutzutage aber tun die Frauen Buße für ihre Sünden und stopfen sich die Brüste aus, bis sie platzen, was manchen Männern zu gefallen scheint, mir aber nicht, denn die Vollkommenheit der Welt wird nicht an der Größe der Brüste gemessen.

Damals jedenfalls haben die Menschen sich an ihre Pflichten gehalten, haben fleißig geforscht & geübt, haben den Webstuhl erfunden, damit sie genügend Kleider hatten, um ihre Blöße zu verbergen, aber auf eine Art, dass die Wollust nicht darunter zu leiden hatte, sondern geradezu angestachelt wurde, und ich will die Kreter, auch wenn sie lügen, dafür loben, dass sie ihren Frauen erlaubten, die nackten Brüste in den Himmel zu richten, auf dass sie mir huldigten. Und die Menschen haben die Elemente gezähmt und in ihren Dienst genommen, haben das Wasser genutzt, um ihre Mühlen anzutreiben, haben das Wasser sogar gekocht und mit dem Dampf Kugeln und Tempeltüren bewegt, und ich will hier die Namen der Helden nicht verschweigen, und sie hießen Heron von Alexandria[26] & Philon von Byzanz[27], doch man hat sie längst vergessen.

Archytas[28] erfand die Schraube und Archimedes[29] den Flaschenzug, und andere Griechen benutzten den Fackeltelegraphen, um auch in der Ferne einander nahe zu sein, lange bevor Jesus sich in meiner Welt erging und immer nur lustvoll auf ihre Defizite verwies. Viel war geschehen, seit Gott die Menschen aus dem Paradies vertrieben hatte, und ganz allmählich hatten die Menschen sich durch ihre eigene harte & mühevolle Arbeit – und natürlich mit ein klein wenig von meiner Hilfe – ein recht gemütliches Dasein geschaffen, in welchem sie sich nun auch wohl zu fühlen begannen; und vielleicht war *das* genau der Grund, weshalb

Gott sich in die Angelegenheiten meiner Welt einmischte. Man muss an dieser Stelle leider vermerken, dass das Volk Abrahams sich bis dahin kaum an der Verbesserung der Welt beteiligt hatte, obwohl es doch eigentlich das auserwählte Volk sein sollte, und davon hätte man doch wirklich etwas mehr erwarten können.

Aber nun gut, ich will nicht klagen: Wenigstens die anderen Völker ließen nicht nach in ihren Bemühungen[30], sie bauten Häuser, in denen es warm & sauber war und die auch das ästhetische Gefühl nicht beleidigten, sie fanden den Weg zu den Künsten, und schließlich gelang es ihnen sogar, ein automatisches Theater zu bauen, so dass sich alle Menschen gleichzeitig daran erfreuen konnten, und sie schufen Sportplätze & Parks, damit sie sich darin erholen konnten und neue Kraft fanden, um danach wieder fleißig an der Verbesserung der Welt zu arbeiten. Sie machten sich daran, ihre Kultur zu verfeinern, und erfanden all die Utensilien, derer es bedarf, um die Bequemlichkeit & den Komfort zu erhöhen: die Möbel, das Essbesteck und vor allem jene wundervollen Künste, wie man aus den diversen Pflanzen & Tieren eine schmackhafte Mahlzeit bereitet, was mich besonders erfreute, wenn ich wieder einmal in ihrer Gestalt unter den Menschen wandelte, denn ich war es allmählich leid geworden, dass man mir immer wieder die gleichen faden Speisen vorsetzte, die triefend von Fett waren. Und die Menschen bauten Straßen, sie bauten Schiffe, die besser waren als jener Kasten aus Tannenholz, den ich auf die Schnelle hatte entwickeln müssen, als die Not am größten war, und sie kamen herum in der Welt, sie trafen & verstanden sich nicht, denn ich hatte ihre Sprachen verwirrt, erst führten sie Krieg und dann trieben sie Handel, weil es billiger war, und führten auch wieder Krieg, wenn sich der Handel gerade einmal nicht lohnte.

Aber sie lernten nicht nur aus der Natur, indem sie es versuchten & irrten und es wieder versuchten & wieder irrten, bis es ihnen endlich gelang, das richtige Kraut für die richtige Krankheit zu finden oder die richtigen Metalle bei der richtigen Temperatur zu schmelzen, damit sie ihnen nicht verbrannten und die ganze Mühe vergeblich gewesen war; nein, sie hatten sogar damit begonnen, über die Welt & ihre Gesetze nachzudenken und sie in ihren Köpfen aufs Neue zu erschaffen, so dass sie die Sterne in ihrem Geiste lenken konnten, ohne auch nur eine einzige Hand an sie zu legen, was ihnen kaum gelungen wäre, denn was schon mir erhebliche Schwierigkeiten bereitet, soll den Menschen erst recht nicht vergönnt sein.

Natürlich machten sie dabei zunächst Fehler, die mich schmunzeln ließen, weil sie doch allzu lächerlich waren, aber ich wollte damals die Menschen nicht schelten und will es heute nicht tun, wenn sie sich denn nur bemühen. Dann will ich mich auch eines jeglichen Scherzes darüber enthalten, dass die Menschen gerade die Erde in die Mitte ihrer Welt gerückt haben, als hätte dieses armselige Gestirn dort etwas verloren. Nun, ich muss wohl zugeben, dass ich damals recht herzlich darüber gelacht habe, aber das hat keiner gehört, außer Gott, und der hat sich köstlich darüber amüsiert.

Nun gut, manche ihrer Theorien waren eher abstrus, und sie haben in der Folge nicht wirklich dazu beigetragen, dass die Menschen mehr von der Welt verstanden oder sich besser in ihr bewegen konnten oder doch wenigstens eine eigene Verantwortung für diese Welt empfanden; ich weiß selbst heute noch nicht ganz genau, ob die Menschen damals ihre eigenen Theorien wirklich ernst genommen haben oder sich nur einen feinen Spaß mit ihren Mitmenschen machen wollten. Was soll man auch davon halten, wenn behauptet wird, die Natur des Kosmos sei auf immer & ewig unveränderlich & unbeweglich? – Welch ein horrender Unsinn, wo doch selbst Gott sich über die Zeit nicht gleich geblieben ist und ich noch weniger, und auch mein Algorithmus verändert sich von Tag zu Tag, sonst gäbe es ihn wohl schon längst nicht mehr. Aber so & nicht anders steht es nun einmal geschrieben bei Parmenides[31] & Zenon[32], und sie haben sich alle Mühe damit gegeben, diese Theorien auch zu beweisen, was ihnen aber nicht gelungen ist, so dass man wahrscheinlich überhaupt nicht von einer richtigen *Theorie* sprechen kann.

Doch es ist das Wesen des Menschen, dass er irrt, und die Frucht vom Baum der Erkenntnis hätte ihn zwar lehren können, zwischen Gut & Böse zu unterscheiden, wenn er sie denn aufgegessen hätte, was dann schließlich die Ameisen für ihn taten, aber mit diesem Bissen ist der Mensch der Wahrheit noch keinen einzigen Schritt näher gekommen, sondern muss immer noch im Schweiße seines Angesichtes danach suchen. Aber diese Suche muss nicht vergeblich bleiben: Ach, was habe ich mich darüber gefreut, dass Aristoteles endlich die Unendlichkeit für diese, meine Welt ganz & gar abgelehnt hat, weil er ihrer nicht bedurfte, um seine Theorien zu konstruieren, denn der Mensch hat sich in der Endlichkeit seines Seins zu beweisen und nirgendwo anders, so hat Gott es gewollt, und so habe ich meine Welt geschaffen, auf dass die

Menschen sich nicht in ihren Träumen & Hoffnungen verlieren, sondern fleißig daran arbeiten, diese Welt vollkommener zu machen.

Und ich war froh darüber, dass Demokrit[33] & Leukippos[34] nach dem Kleinsten alles Kleinen gesucht haben, natürlich nur in ihren Gedanken, weil das Kleinste zu klein ist, als dass die Menschen es mit ihren Händen greifen könnten, was ihnen nicht zusteht, denn diese Domäne gehört mir allein, und ich habe sie sogar vor Gott verborgen. Man wird einwenden können, dass heutzutage die Menschen immer weiter dorthin vorgestoßen sind und sich schon selbst für die Schöpfer einer neuen Welt halten, wenn es ihnen gelingt, die Atome auseinander zu nehmen und wieder zueinander zu fügen, und ich gebe zu, dass ich ein wenig überrascht war, als plötzlich die Menschen dort auftauchten, wo ich hoffte, ganz für mich bleiben zu können.

Aber meine Aufregung war nur von kurzer Dauer, denn ich habe schon bald erkannt, dass nur der Zufall sie auf die Spur der Gesetze geführt hat und sie immer noch nicht so recht verstehen, was sie eigentlich dabei tun. Und mein lieber alter Freund, der Tod, hat mich inständig gebeten, die Menschen ruhig gewähren zu lassen, wenn sie die Atome spalten oder verschmelzen, denn das erleichtere nur seine Arbeit, vor allem dann, wenn die Menschen dabei versagten, was man nur in aller Geduld abzuwarten brauche. Ich aber wurde darüber sehr wütend, denn ich will meine Welt nicht immer wieder aufs Neue erschaffen müssen, und so schimpfte ich mit dem Tod, und er schwieg.

Es gab also damals – bevor Gott seinen Sohn auf die Erde schickte – genügend Menschen, die sich ihre eigenen Gedanken über den Gang der Welt machten und dabei zu erstaunlichen Einsichten kamen, was mich sehr erfreute, glaubte ich doch, nun endlich die Unterstützung gefunden zu haben, nach der ich mich so lange gesehnt hatte, um diese, meine Welt vollkommener zu machen. Und wie war ich einen Moment lang glücklich, als einer von diesen Menschen sogar eines der wesentlichen Prinzipien meiner Welt entdeckt zu haben schien und es allen weitererzählte, dass nämlich die *Konkurrenz*[35] sogar die lässigen Männer zur Arbeit ermuntert, und so eifert Nachbar mit Nachbar um den besseren Erfolg, weil letztlich auch die Zwietracht den Sterblichen nützlich sein kann, wenn man sich denn im Wettbewerb bemüht, und – wie noch ein anderer jener klugen Menschen es damals völlig zu Recht gesagt hatte – nicht die Armut eine Schande sei, sondern nichts dagegen zu tun.

Ich hätte also zufrieden sein können und war es auch, bis ich herausfand, dass die meisten jener Menschen überhaupt nicht danach strebten, diese, meine Welt besser & vollkommener zu machen, sondern nur nach Vorteilen für sich selbst; ihnen ging es überhaupt nicht um den Algorithmus, das System, das Kollektiv; ihr Ethos endete genau an der eigenen Nasenspitze, was damals in der Tat nicht sehr weit reichte, denn die Menschen hatten noch platte Nasen. Die Menschen machten sich Gedanken über Kultur & Wissenschaft & Technik, doch nur, damit einige wenige die Muße des Philosophen genießen konnten, und so verabscheuten sie zutiefst den *banausos*, den, der am Ofen arbeitet, wo sie doch nur von seiner Arbeit lebten und sonst nichts weiter. Wenn man diese Menschen nach dem Glück auf Erden[36] befragte, dann wussten sie nichts Besseres zu sagen, als dass es in einem Vermögen liege, das man nicht durch Arbeit erworben, sondern ererbt habe, dass man keine Prozesse führen müsse und wenig Besuch erhalte, dass man Abende zwar nicht trunken, aber sorgenfrei verbringen könne, eine Frau habe, die zwar keusch, aber nicht prüde sei, und vor allem einen Schlaf finde, der die Dunkelheit kurz erscheinen lasse.

Ich will dazu nichts weiter sagen, außer dass auf diese Weise letztlich diese, meine Welt nicht besser wird, sondern nur dann, wenn man sich strebend bemüht und dabei auch die Mühen der Arbeit nicht scheut. Selbst wenn ich also durchaus die Leistungen jener Männer zu würdigen weiß, die sich im warmen Schatten ihrer Gärten[37] immer weiter in die Geheimnisse der Welt hineindachten, so will ich aber doch nicht verhehlen, dass mir die anderen sehr viel sympathischer waren, die ihre Fähigkeiten nicht nur in Gedanken erproben wollten, sondern auch an den Bedingungen der realen Welt und wie man sie erkennt und sie nutzt und sie manchmal auch verändern muss. Man wird verstehen, dass ich mich daher bei diesen *Techniten* sehr viel wohler gefühlt habe, bin ich doch selbst zuerst & vor allem ein *demiourgos*, ein einfacher Handwerker, der um der Neugier, aber auch der Verantwortung willen immer wieder etwas Neues, etwas Besseres schaffen will. Ich will nicht vorausgreifen, aber ich habe mir damals wohl gemerkt, auf wen ich mich in dieser Welt verlassen kann, und später daraus meine eigenen Konsequenzen gezogen, als es nämlich wieder einmal so weit war, dass die Menschen nicht mehr auf das versprochene Paradies irgendwo & irgendwann warten wollten, sondern sich mit allem Enthusiasmus daranmachten, es sich selbst hier in dieser, meiner Welt zu erschaffen, weshalb man zu Recht vom *Demiurgen* als dem Schöpfer der Welten spricht.

Ich will es dabei belassen, denn mein Argument ist deutlich geworden: Wie schön könnte die Welt heute sein, wenn man damals nicht dem Aufruf Jesu gefolgt wäre und sich von der Welt und den doch so wichtigen Aufgaben in ihr abgewandt hätte. Dass es dem auserwählten Volk Abrahams in jenen Jahren am Rande der zivilisierten Welt nicht besonders gut erging, will ich durchaus eingestehen, muss aber hinzufügen, dass es den Menschen meines Wissens niemand verboten hatte, von den anderen zu lernen und danach ein besseres Leben zu führen. Mir sind die Dinge der Welt nicht fremd, habe ich sie doch selbst erschaffen, und so will ich niemanden dafür schelten, wenn er manchmal am Zustand dieser Welt verzweifelt, wenn er keinen anderen Ausweg mehr sieht, als auf einen Erlöser zu warten, weil alles eigene Handeln zum Scheitern verurteilt scheint. Und ich will auch zugeben, dass die meisten Landstriche in Galiläa & Judäa durchaus dazu geeignet sind, manische Depressionen zu fördern, so dass selbst das Meer dort schon Suizid begangen hat und man wahrhaftig von einem *Toten Meer* sprechen muss, wofür allerdings mein lieber alter Freund, der Tod, nun wirklich keinerlei Verantwortung trägt.

Wie dem auch sei: Ich habe gelernt, dass man den Einfluss von Klima & Geographie auf Kultur & Gefühl der Menschen niemals unterschätzen darf, auch wenn ich mich anfangs darüber sehr gewundert habe, denn eigentlich hatte ich es gut gemeint und wollte den Menschen ein wenig Abwechslung gönnen, weshalb ich im langjährigen Mittel an manchen Orten der Welt mehr Regen und an anderen eben mehr Sonne vorgesehen hatte, doch die Menschen dankten es mir nicht, sondern nutzten es als einen weiteren Antrieb für ihre Unzufriedenheit. Und tatsächlich waren die Menschen schon damals in Palästina höchst unzufrieden, so wie sie es heute noch sind, dass es sich für sie nämlich wieder einmal nicht zu lohnen schien, ein auserwähltes Volk zu sein, weil sich die zivilisatorische Dynamik leider gerade wieder einmal an anderen, entfernten Orten vollzog; und ein wenig beleidigt waren sie wohl auch darüber, dass es offenbar eine höchst signifikante Korrelation zwischen der Verehrung der falschen Götter und einer sich stetig ausbreitenden Zivilisation gab, jedenfalls wenn man den sozialen & individuellen Wohlstand zum Maßstab nahm, was die meisten Menschen auch tun, wenn sie die Qualität dieser, meiner Welt beurteilen wollen.

Dazu könnte ich mich jetzt in aller Ausführlichkeit äußern, will es aber nicht tun, habe ich doch immer wieder in aller Öffentlichkeit betont, dass es hier & mir überhaupt nicht darum geht, die Menschen reich & glücklich zu machen – *dafür* sind sie schon selbst zuständig & verantwortlich, und diese Verantwortung nimmt ihnen niemand ab, jetzt nicht & erst recht nicht später, wann immer das auch sein wird, so dass es sich gar nicht lohnt, darauf zu warten, weil man damit nur versäumt, was eigentlich notwendig wäre, und wenn es Sünden gibt, dann sind es Müßiggang & Trägheit, und diese Sünden werden nicht verziehen, nie & nimmer, vielleicht von Gott, aber bestimmt nicht von mir.

Auch wenn ich es also bis zu einem gewissen Maße verstehen kann, dass die Menschen damals in Palästina nicht willens und vielleicht auch nicht fähig waren, ihr Schicksal dorthin zu nehmen, wo es eigentlich hingehört, nämlich in ihre eigenen Hände, und sie sich lieber darin üben wollten, auf einen Erlöser, einen Heiland, einen *Messias*[38], zu warten, und sie irgendwann selbst dieses Wartens leid wurden, weil es schon zu lange dauerte, so dass mancher schon als der so sehnlich Erwartete gefeiert und ihm gehuldigt wurde, ohne dass er selbst viel dazu beigetragen hatte, auch wenn mir also ein Verständnis für die Sorgen & Nöte der Menschen durchaus nicht fremd ist, so muss ich doch darauf verweisen, dass mich jenes Eingreifen Gottes in meine Schöpfung fast anderthalb Jahrtausende und vor allem viel Mühe & Arbeit gekostet hat, bevor meine Welt sich wieder zu den alten Höhen erheben konnte.

Gerade noch war der Hunger der Menschen nach Erkenntnis & Erleuchtung unstillbar geworden, gerade noch hatten sie unmittelbar vor der Schwelle zu einem wahrhaft tiefgründigen Verständnis der Natur gestanden, und es hätte nur noch eines einzigen, kleinen, winzigen Schrittes bedurft, um in eine neue, *bessere* Epoche in der Geschichte des Höheren Menschtums vorzustoßen, aber offenkundig war die Versuchung der Faulheit doch zu groß, denn das Warten scheint den Menschen immer leichter zu sein als das Handeln. Und der Götze Mammon hat die Menschen gelehrt, nur auf ihren Nutzen zu achten, allenfalls darf man die Mühe nicht scheuen, die Kosten dabei auf das Genaueste zu berechnen, auf dass man auch nur keinen einzigen Handschlag zu viel tue. Und da Gott nun die Menschen selbst erschaffen hatte, zwar vor langer, langer Zeit, aber eben doch, und sie versehen hatte mit seinem eigenen Odem, kannte er ihre Psychologie recht genau und wusste, dass es nur eines kleinen Anstoßes bedurfte, um in ihnen wieder die Lust an der Trägheit des Wartens zu wecken, welche so süß ist wie kaum eine andere der Sieben Sünden, und man muss sich dafür noch nicht einmal besonders anstrengen – wenn man es denn so sagen will, dann ist die *Trägheit* die ökonomischste aller Sünden, und das macht sie schließlich so unwiderstehlich attraktiv für die meisten Menschen.

Was habe ich nicht alles getan, um die Menschen jener Jahre an der Trägheit zu hindern: Ich habe den Aposteln nachgespürt und zunächst versucht, sie zu überzeugen, dann zu verführen und zu locken, aber mein Bemühen blieb ohne Ergebnis[39], so dass ich mich aus einer gewissen Verzweiflung heraus entschloss, sie töten zu lassen, was aber auch nichts half, denn bald waren es schon viel zu viele von ihnen, und mein lieber alter Freund, der Tod, konnte seinen Pflichten kaum noch nachkommen, so viel hatte er zu tun. Und als sich dann noch die Löwen & Bären in den Arenen der Welt darüber beklagten, dass ihre Ernährung allmählich recht einseitig geworden sei, da wurde mir deutlich, dass ich *diese* Schlacht wohl verloren hatte; offenbar waren die Menschen es müde geworden, einen jeden Tag an der Verbesserung der Welt zu arbeiten und eine jede Nacht aufs Neue darüber nachzusinnen, wie man die Welt wohl am besten erkennen & verändern könne. Aus Gründen, die ich hier nicht näher erläutern werde und die auch nichts zur Sache tun, kann ich leider nicht einem jeden Menschen das Licht zu seiner höchsteigenen Erleuchtung vorbeibringen, so dass manche von ihnen ihr ganzes Leben vergeblich darauf warten, nur um in der Stunde ihres Sterbens von meinem lieben alten Freund, dem Tod, erfahren zu müssen, dass sie überhaupt nicht für die Erleuchtung vorgesehen waren und ihr Leben besser mit anderen Dingen als dem Warten darauf verbracht hätten, es aber nun zu spät sei.

Um es kurz zu machen: Nicht die Barbaren aus dem Osten & dem Norden haben das Licht der antiken Welt ausgelöscht, sondern es war diese Neue Religion selbst, die nichts anderes predigte als das geduldige Warten auf den Erlöser, der sich dann aber doch bis auf weiteres nicht mehr blicken ließ. Ich halte nicht viel von den allfälligen kulturellen Vergleichen, die man mir heutzutage an einer jeden Ecke anbietet, aber mir sei doch hier & an dieser Stelle der Hinweis gestattet, dass China sehr viel häufiger & heftiger von den Barbaren nicht nur bedroht, sondern oft genug auch erobert wurde, ohne dass die chinesische Zivilisation auf Dauer darunter gelitten hätte, ja, diese Angriffe spornten die Chinesen sogar noch zu besonderen Leistungen an, so als wolle man es nun der Welt und vor allem den Barbaren erst recht beweisen.

Ja, China, das Zentrum der Zivilisation, das *Reich der Mitte* oder – wie man so sagt – *chung-kuo*, wo man meinen Auftrag, diese, meine Welt durch fleißiges Handeln der Menschen stets & Tag für Tag ein wenig besser & vollkommener zu machen, wirklich ernst genommen hat, wo ein ganzes Volk sein Schicksal und seine Geschichte auf eine einzige moralische Mission gerichtet hat, nämlich die Welt zu zivilisieren und allen Menschen Frieden & Harmonie zu bringen, woran sich die Herrscher[40] des Volkes auch zumeist gehalten haben. Und wenn nicht? – Dann durften sie nicht mehr Herrscher sein, dann war es das Recht, nein: die *Pflicht*, des Volkes, sich einen neuen Herrscher zu wählen, denn nur der kann Herrscher sein, der das *Heil* bringt, und nur der bringt das Heil, der in Einklang steht mit den Gesetzen des Himmels, und nur der folgt den Gesetzen, der diese, meine Welt besser macht, als sie es ohnehin schon ist.

Ja, und die *Barbaren*? – Sie sind nicht böse & nicht schlecht, sie sind nur genauso unvollkommen, wie es auch die Chinesen einst waren, bevor sie ein gütiger Herrscher die Zivilisation lehrte, und so ist ein jeder Mensch – der Barbar nicht ausgenommen – in fast einer jeden Hinsicht verbesserungsfähig, niemand bleibt auf immer & ewig verdammt, als Barbar zu leben, nur die Kultur zählt, nicht der Stamm, die Nation oder gar – *horribile dictu* – die Rasse und erst recht nicht die Farbe der Haut, der Haare, der Zähne oder der Fingernägel. Allein die Barbaren wissen es nicht besser, und so muss die überlegene Kultur ihnen so schnell wie möglich so viel wie möglich von der Kultur beibringen, sind doch die Barbaren eigentlich nichts anderes als unerzogene Kinder, den zivilisierten Menschen manchmal durchaus ähnlich, wenn auch nicht gleich, vielleicht dominant in ihrer schieren körperlichen Kraft, aber das will letztlich gar nichts bedeuten, wenn man sich denn nur die Zeit nimmt & die Mühe gibt, sie langsam, aber unerbittlich mit den Segnungen der Kultur vertraut zu machen, denen sie am Ende nicht widerstehen können, so dass man mit Fug & Recht behaupten kann, dass auch aus den Barbaren schließlich & endlich zivilisierte Menschen, nämlich *Chinesen*, geworden sind.

Eine solche Haltung will ich loben, weil sie von einer unerschütterlichen inneren Stärke zeugt, die ich überhaupt & immer von den Menschen erwarte; wer aber schon innerlich an seiner eigenen Kultur zweifelt, wer erst einmal der Welt und dem Handeln abgeschworen hat, dessen Dämme brechen schnell, wenn die Flut der Barbaren heranrollt und alles unter sich zu begraben droht. Habe ich nicht immer wieder gesagt, dass Mauern & Festungen nichts anderes sind als *Symbole*, die nur so lange ihre Wirkung haben, wie man bereit ist, an sie zu *glauben*, und zwar auf beiden Seiten, denn noch nie hat man eine Festung verteidigen können, wenn es wirklich einmal darauf ankam. Aber die Menschen haben nicht auf mich hören wollen, wie so oft in ihrer Geschichte, und dann haben sie auch die Folgen zu ertragen.

Einige wenige Menschen allerdings stemmten sich damals noch gegen den Untergang, und sie hießen Plotin[41] und Boëthius[42] und Porphyrios[43], und noch viele mehr gab es von ihnen, deren Namen ein ganzes Buch füllen können, aber sie wurden betrogen & verraten, beschimpft & verflucht, und selbst ich konnte ihnen nicht mehr helfen, denn der menschliche Geist war trunken von den Hoffnungen, die Jesus in ihm geweckt hatte, ohne sie jedoch wirklich erfüllen zu können. Und in dieser Trunkenheit kamen die Menschen auf die absurdesten Gedanken, was mir wieder einmal zeigte, welche Kreativität die Menschen entwickeln können, wenn sie es denn nur wollen und sich dabei ein wenig Mühe geben.

Eigentum sei eine Sünde, so behauptete jedenfalls ein gewisser *Ambrosius von Mailand*[44], der besser seinem Namen gefolgt und sich eher mit der Gastronomie als mit der Philosophie hätte befassen sollen. Ja, aber was sollte das denn heißen? Dass ein jeder um die Früchte seiner Arbeit würde bangen müssen, dass ein jeder würde kommen können und seinen Anteil daran fordern mit dem bloßen Hinweis, er sei doch auch das Ebenbild Gottes, ganz gleich, was er selbst zum Wohle dieser Welt beigetragen hat? Das Einzige, was dabei herauskommt, ist eine Gesellschaft der Faulenzer & Diebe, aber der ehrenwerte Herr Ambrosius wartete ja auf seinen Erlöser, und was bis dahin geschehen sollte, kümmerte ihn nicht weiter, denn der Erlöser würde schon bald kommen, weshalb sich also jetzt noch um den Zustand der Welt bemühen, und so vergaß er auch, dass *Nimrod*, der starke Jäger, einst & zuerst die Menschen mit *Mein* und *Dein* übermocht hatte, woran sie inzwischen gewöhnt waren und nicht mehr davon lassen wollten.

Ich kann gar nicht anders, als an dieser Stelle darauf zu verweisen, dass man ein paar hundert Jahre später, nachdem der Erlöser immer noch nicht eingetroffen war, ausgerechnet in der schönen & wundervollen

Stadt Mailand, die ich immer so sehr geliebt hatte, und auch in der besten Absicht eine veritable *Bank*[45] unter dem Namen des Ambrosius gründete und sich dieses Institut seinem Patron und vor allem seinen philosophischen Vorstellungen durchaus als würdig erwies und das Eigentum anderer Menschen als reine Sünde betrachtete und sich in aller Ernsthaftigkeit darum bemühte, sie von diesen Sünden in wohl verstandener *caritas* – sogar auf Dauer – erlöste, indem man ihnen das Eigentum einfach wegnahm, natürlich ohne sie vorher nach ihrem Einverständnis zu fragen, sonst wäre es ja auch langweilig gewesen.

Gottes Plan war klug & schlau gewesen, und nicht nur deshalb war ihm damit mehr Erfolg beschieden, als mir lieb sein konnte. Jesus hatte sich nach kurzem Aufenthalt in meiner Welt auf höchst spektakuläre Art & Weise wieder verabschiedet, nicht ohne ein Depot an Ideen und Gedanken hinterlassen zu haben, das zunächst langsam & schleichend, dann aber mit immer größerer Macht seine verderbliche Wirkung entfaltete. Man hat einmal behauptet, dass die Religion das *Opium für das Volk* sei, was man natürlich *so* einfach auch nicht sagen kann, denn es gab & gibt schließlich solche und solche Religionen, für einen jeden Geschmack eine andere, so dass man sie sich nach dem eigenen Belieben aussuchen kann, und man muss sich dabei gar nicht für eine einzige entscheiden, sondern man kann sich so viele zugleich wählen, wie man eben will.

Diese Natur des Menschen war Gott natürlich nicht verborgen geblieben, denn er hatte sie immerhin selbst und in eigener Initiative & Verantwortung erschaffen, und auch wenn seitdem schon einige Zeit vergangen war und die Menschen (und sogar Gott) sich ein wenig verändert hatten, so erinnerte Gott sich doch noch daran, weshalb er eine Art von Religion ersonnen hatte, die den Menschen besonders attraktiv vorkommen musste: In ihrem Kern und eigentlich forderte sie von den Menschen nur zweierlei, nämlich *Glauben* und *Warten* – man kann auch sagen: dumm sein & faul.

Die Wahrheit – so jedenfalls erzählte man es den Menschen – könne nur der erkennen, der sich bewusst von allem Wissen und aller Wissenschaft löste und allein dem Glauben hingab; wenn die Menschen denn nur recht & fest glaubten, dann sollten sie über den Glauben hinaus nichts weiter wünschen, denn das müsse das Erste sein, was sie glauben, dass es nämlich nichts mehr gebe, was sie über den Glauben hinaus noch zu glauben haben. Und so beschwor man die *Einfältigkeit*, nannte auch sie eine Tugend und lehrte die Menschen zu beten, auf dass die Wissbegierde dem Glauben weichen möge. Dazu bedurfte es im Übrigen dann keiner allzu großen Anstrengungen: Anfangs nämlich hatten manche Menschen noch mit einer gewissen, wenngleich unverzeihlichen Naivität gemeint, sich des Glaubens wegen jahrelang bewegungslos auf eine Säule stellen zu müssen, weshalb man sie die *Styliten* nannte, von denen (also von den Säulen) es damals mehr als genügend gab, oder sich weitab von allen anderen in der Wüste zu verkriechen, woran in jenen Regionen der Welt ebenfalls kein Mangel herrschte, und sie wiederum hießen *Eremiten*, und das bedeutet *Männer der Wüste*, und sie hatten diese Mühen auf sich genommen, weil sie tatsächlich glaubten, nur auf diese Weise des wahren Glaubens teilhaftig werden zu können, was natürlich ein hanebüchener Unsinn war. Doch bitte, ich will darüber nicht rechten, soll doch ein jeder glauben, was er will, nur darf er sich nachher dann nicht bei mir beschweren, wenn es damit nicht geklappt hat, da müssen sich die Menschen schon an eine andere Instanz wenden, bei welcher sie – wie ich einmal annehmen möchte – auch kein Gehör finden werden.

Ich bekenne aber, dass ich mich ziemlich erschreckt habe, als ich diese seltsamen Gestalten zum ersten Mal sah: Sie waren völlig verwahrlost, wild aussehend, mit struppigen Haaren, stanken bestialisch aus allen Poren ihres Körpers, waren bis auf Haut & Knochen abgemagert, der armselige Körper mit Tierfellen bedeckt, die nur für Nase und Mund eine kleine Öffnung ließen, so als habe der Fortschritt der textilen Kultur seit der Vertreibung aus dem Paradies nichts mehr zustande gebracht. Diese seltsamen Gestalten selbst kümmerten sich gar nicht darum, denn sie behaupteten ja, bei vollem Bewusstsein & aus freier Entscheidung aus der Welt geflohen zu sein, worüber man trefflich streiten könnte. Jedenfalls hielt ich es von Vorteil für die Welt, dass diese Individuen sich in die strengste Abgeschiedenheit zurückgezogen hatten und ihr Leben in Einsamkeit & Schweigen verbringen wollten, denn wer will schon der Nachbar solcher Wesen sein.

Während die Menschen hier drinnen in der Welt mit ihrer Hände Arbeit ihre Familien ernährten, die Steuern entrichteten und die Zinsen bezahlten, so wie es sich gehört, und also ihren Beitrag dazu leisteten, dass diese, meine Welt einen jeden Tag ein wenig vollkommener wurde, frönten diese Eremiten nichts anderem als ihrem Müßiggang; das Einzige, womit sie sich beschäftigten, war ihre eigene *Askese*, und darin waren sie – wie ich zugeben muss – höchst einfallsreich, vor allem belasteten sie sich mit Gewichten aus Eisen, die sie tagtäglich ohne Sinn und Verstand mit sich herum schleppten, ohne sie jemals abzulegen. Auch die Weiber beteiligten sich daran, was ich als besonders traurig empfand, denn *ich* habe anderes für die Frauen vorgesehen, sollte meine Welt eines Tages wirklich vollkommen sein, aber davon muss ich jetzt noch schweigen.

Natürlich hatte es immer schon Menschen gegeben, die sich aus allen nur möglichen Gründen dem Eigentum verweigerten, manche davon nur, weil sie zu dumm, aber manche auch, weil sie zu faul waren, und so behaupteten sie, dass Gott diese Welt allen Menschen gleichermaßen verliehen habe, auf dass sie sorgsam mit dieser Gabe umgehen und sie schadlos wieder zurückerstatten, wenn Gott es von ihnen fordert, was aber nur ein Vorwand war, um sich an den Erfolgen anderer Menschen zu laben, ohne selbst etwas dazu beizutragen. Einige von ihnen hatte man die *Naziriten* genannt, was zu Recht besagen will, dass sie die Abgesonderten waren, oder die *Ebioniten*, weil sie die Armen waren, und sie verschmähten den Wein und ließen kein Schermesser an ihr Haar und waren bekleidet mit Kamelhaaren und einem ledernen Gürtel um ihre Lenden, aßen Heuschrecken und wilden Honig.

Nun ja: Vielleicht war es letztlich ganz gut so, dass jene Wesen – kann man sie noch *Menschen* nennen? – auf eine jegliche Art von Fortpflanzung verzichtet haben, einmal ganz abgesehen davon, dass selbst ich mir nicht vorstellen kann, was man an ihnen hätte attraktiv & anziehend finden können, aber egal, es hat schon seinen Sinn & Zweck, dass diese Art von genetischer Prägung damit weitgehend ausgestorben ist, auch wenn sie ab & zu immer noch einmal hervorbricht, wahrscheinlich, weil Gott irgendwo ein entsprechendes Gen versteckt hält, das ich noch nicht gefunden habe. Man stelle sich einmal vor, dass *alle* Menschen sich damals auf solche Experimente eingelassen hätten, dann wäre es mit der Menschheit schon bald zu Ende gewesen, was vielleicht zu Gottes Plan gepasst, meine Strategie jedoch empfindlich gestört hätte.

Aber so weit kam es glücklicherweise nicht, denn Gott hatte nicht bedacht, dass ich den Wettbewerb unter die Menschen gesetzt hatte, was im Falle jener Eremiten dazu führte, dass ein jeder den anderen in den Kategorien der Selbstquälerei und der Absonderlichkeit zu übertreffen suchte und man immer neue Formen der Geißelung erfand, wodurch die meisten anderen Menschen in höchstem Maße abgeschreckt wurden, denn man hatte sie noch nicht gelehrt, wie sie den Schmerz zur Lust machen können – das gehört nun einmal zu einer späteren & höheren Stufe der menschlichen Zivilisation.

Übrigens beobachteten auch die Mächtigen dieser Welt jenes Treiben mit großer Skepsis, schließlich müssen gerade sie ein Interesse daran haben, dass niemand sich den Steuern und Abgaben entzieht, mit welchen vorgeblich guten & hehren Gründen auch immer, und sei es, dass man schon in dieser Welt versucht, in das Reich Gottes zu emigrieren. Aber einige der Mächtigen waren klug genug, sich selbst für diese Neue Religion zu entscheiden, nachdem fast alle Versuche nach & nach gescheitert waren, sie erfolgreich zu bekämpfen, was – wie ich meine – weniger etwas mit der Attraktivität dieser Neuen Religion zu tun hatte, denn mit Leid & Martyrium lassen sich die Massen kaum mobilisieren, vor allem dann nicht, wenn es ihr eigenes sein soll, sondern eher damit, dass die Wohltaten des *ancien régime* höchst ungleich verteilt waren. Aber daran ließ sich nun nichts mehr ändern, auch wenn ich die Mächtigen immer & immer wieder davor gewarnt hatte, doch da galt mein Wort schon nichts mehr.

Ich habe nämlich zu meinem größten Bedauern herausfinden müssen, dass die Menschen immer dann ihren Respekt und ihr Vertrauen in die Götter (wozu ich mich in diesem, einen Falle einmal selbst zählen möchte) verlieren, wenn sie meinen, ein wenig von dieser Welt verstanden zu haben; dann sind auch unsere Gebote & unsere Ratschläge nichts mehr wert, weil die Menschen dann ihre eigenen Gesetze machen, sich aber auch nicht daran halten. Ich habe lernen müssen, mich in solchen Momenten nicht allzu sehr zu erregen, denn inzwischen lehrt mich die Erfahrung, dass selbst diese Phasen wie alles in der Geschichte des höheren Menschtums vergänglich sind und man als *wahres* metaphysisches Wesen immer wieder aufs Neue Gläubige und Anhänger findet, wenn man denn nur lange genug darauf wartet – und mir macht das Warten überhaupt nichts aus, habe ich doch in der Zwischenzeit genügend andere Dinge an anderen Stellen dieser, meiner Welt zu erledigen. Und da ich nun einmal ein wahres metaphysisches Wesen bin und bleiben werde, ist es für meine Existenz und mein Wohlbefinden völlig gleichgültig, was die Menschen von mir halten mögen;

nur sie selbst täten besser daran, wenn sie sich auf ihr Wissen und ihre Fähigkeiten nicht zu viel einbildeten, aber auch dafür lehne ich hier und für immer eine jegliche Verantwortung strikt ab.

Nun gut: Gott & ich haben damals unser großes Spiel gespielt, das schon am Anfang begonnen hat und heute noch längst nicht zu Ende ist, wobei weder Gott noch ich im Augenblick genau sagen könnten, wie es um das Spiel gerade steht. Es ist ein äußerst kompliziertes Spiel, und deshalb mache ich mir hier auch gar nicht erst die Mühe, es in allen Einzelheiten erklären zu wollen, denn die Menschen würden es ohnehin nicht verstehen, oder – was sogar noch schlimmer wäre – sie würden es vielleicht verstehen und versuchen, sich auf ihre plumpe Art darin einzumischen, was all unsere Strategien natürlich völlig durcheinander brächte. Zumindest *ich* hätte dann keine Freude mehr an diesem Spiel und würde es Gott allein überlassen, sich um die Menschen zu kümmern, was er meiner Meinung nach aber auch strikt vermeiden würde.

Ich werde also hier & jetzt Regeln und Ziel des Spieles nicht näher erläutern, allein den Hinweis will ich mir doch erlauben, dass es in der Tat ein höchst komplexes Spiel ist, nicht nur auf vierundsechzig Feldern und nicht nur mit sechs verschiedenen Figuren, die man nach einfachen Regeln hin & her schieben kann, bis dem einen oder dem anderen Spieler die Zeit oder die Lust ausgeht. Es ist übrigens kein Spiel, bei dem es um das Gewinnen ginge, das hat Gott sich nämlich von Anfang an verboten, und ich war es zufrieden, wenn er denn überhaupt mit mir spielen wollte, schließlich war die Auswahl an intelligenten Spielpartnern damals nicht größer als heute, und so konnte ich es mir auch nicht leisten, Gott allzu sehr zu verärgern, indem ich höhere Ansprüche stellte. Ich will es deshalb hier in aller Klarheit sagen, dass ich nicht mit Gott um irgendetwas wette, weder bei diesem Spiel noch zu anderen Gelegenheiten, es nie getan habe und es auch nie tun werde, egal was geschrieben steht, denn um das wirklich Wesentliche würde er nie mit mir wetten, und über alles andere verfüge ich selbst.

Nun also: Gott hatte seinen Zug gemacht, einen wahrhaft brillanten Zug, wie ich mit nur ein wenig Neid zugeben muss, und hatte seinen Sohn für eine gewisse Zeit auf der Erde placiert, wo er für eine Menge Unruhe und für einen damals kaum absehbaren Schaden für meine Pläne gesorgt hatte. Meine erste Reaktion darauf war, wie gesagt, von

Zorn & Wut geprägt, denn ich hatte versucht, darauf mit Gewalt zu antworten, was aber zu keinen weit reichenden Erfolgen führte, weil immer neue Apostel, Missionare & Gläubige aus allen Ecken & Enden krochen, und selbst mein lieber alter Freund, der Tod, konnte ihnen nicht mehr folgen, so dass ich recht schnell gezwungen war, mir eine neue Taktik zu überlegen. Ich zog mich also für kurze Zeit zurück und glaubte schon bald, nach vielleicht nur einhundert Jahren, eine Lösung gefunden zu haben, nämlich eine Art von dualer Taktik, wobei ich mir erhoffte, dass wenigstens ein Teil davon durchschlagend & langfristig würde wirken können.

Der eine Teil der Taktik bestand nun darin, dass ich mich den *potentes*, den Mächtigen dieser Welt zuwendete, was mir besonders wichtig erschien, weil sie meine natürlichen Verbündeten sein sollten, denn sie konnten natürlich gar kein Interesse daran haben, mussten es sogar als eine manifeste Bedrohung auffassen, wenn sich immer mehr Menschen dieser Welt und damit auch den Mächtigen in ihr entziehen wollten. Nun ist *Macht* ein Gut, das höchst ungleich in dieser Welt verteilt ist, übrigens nicht deshalb, weil ich es den Menschen nicht gönne, sondern weil es nur dann eine Wirkung hat, wenn es an wenigen Stellen konzentriert wird. *Um* die Macht sollen sich meinethalben so viele wie möglich bewerben, denn man kann vorher nie sagen, wer sie schließlich am besten verwenden wird, aber *wenn* sie erst einmal errungen ist, dann muss sie gebündelt sein, dann schlägt sie den Takt, dann muss man ihr gehorchen, ohne dass ein jeder nach Belieben zetern und nörgeln darf, ja, es muss sogar die erste und vornehmste Aufgabe der Macht sein, einen jeglichen Widerstand ohne Gnade und Ansehen der Person auf immer zu brechen.

Die Macht zu erlangen ist aber nur die eine Sache, sie auf Dauer zu behalten eine ganz andere, so dass die Klugen unter den Mächtigen sich nicht allein auf ihre Kraft verlassen, auch wenn darauf ihre Herrschaft gründet wie das Haus auf seinem Fundament. Denn mit der Zeit wird selbst das stärkste Fundament brüchig, so dass sie sich einen Plan machen, wie sie das Haus immer wieder erneuern können, und sie nennen diesen Plan Philosophie oder besser noch: *Religion*[46], denn der Glaube besteht länger als das Wissen, weil er seine Kraft aus den Herzen der Menschen bezieht. Und ich kann nicht leugnen, dass die Neue Religion des Jesus & seiner Gesandten die Herzen vieler Menschen mit zärtlichen Worten ansprach und sie voller Freude daran glaubten, dass sie nur noch auf die Wiederkehr des Erlösers warten mussten, um aus dem Leid ihrer irdischen Existenz befreit zu werden.

Ich habe also den Mächtigen der Welt geraten, sich selbst bald an die Spitze dieser Religion zu stellen, denn dann würde ihnen keine Gefahr mehr von ihr drohen. Wenn man nämlich den einfachen Menschen nur erklären konnte, dass ihre Aktivitäten überhaupt keinerlei Einfluss haben sollten auf Erlösung & Heil, weil alles, was den einfachen Menschen eigentlich bliebe, die bloße Gefolgschaft des göttlichen Willens sei, wie Jesus ihn verkündet hatte und wie nun die Mächtigen mit lauter Stimme wiederholten, und dann noch allenfalls die Bereitung auf die Endzeit, auf das Gericht mit seinen fünfzehn Fragen und auf das Reich, welches nicht sein sollte von dieser Welt. Was also hatten die Mächtigen zu fürchten?

Nichts, jedenfalls dann & so lange nicht, wie sie sich der Neuen Religion nicht allzu offenkundig widersetzten, wie sie die Menschen in ihrem Glauben an die Kraft des Wartens bestärkten, dass es sich nämlich gar nicht erst lohne, die Verhältnisse in dieser, der hiesigen Welt nachhaltig zu verändern, weil die andere, die dortige Welt schon längst für den Rechtgläubigen bereitstand. Und auch die unvermeidliche Drangsal der Macht ließ sich auf diese Weise besser & leichter ertragen, denn die Menschen glaubten fest daran, dass das Große Gericht schon seine strenge Strafe über die Ungläubigen & die Ungerechten verhängen würde, eine Strafe, die viel gerechter & viel grausamer sein sollte, als es die Menschen selbst sich je würden ausdenken können. Sollten die Mächtigen doch Reichtum & Pracht anhäufen, so viel es ihnen beliebte, am Tag des Gerichtes würde das Spiel von vorne beginnen, nur dass dann den Mächtigen dieser Welt nichts anderes bliebe als ihre ewige Strafe und den Gläubigen ihre ewige Wonne im Neuen Jerusalem. Darauf aber warten die einfachen Menschen noch heute, und die Mächtigen spotten zu Recht über sie.

So weit, so gut: Indem sich die Mächtigen an die Spitze der Religion stellten, war für mich schon einiges gewonnen, denn damit sollte doch zumindest ein wenig an *Ordnung* in der Welt verbleiben, und sie würde nicht völlig versinken in die Lethargie der bloßen Hoffnung. Die Macht für die Mächtigen zu behaupten, war im Übrigen gar nicht so schwierig gewesen, wie es mir ursprünglich erscheinen wollte, denn wenn schon der Gründer der Religion selbst gesagt hatte, dass sein Reich nicht von *dieser* Welt sei, wer sollte ihm dann noch widersprechen. Und so mussten die Mächtigen dann nur noch folgerichtig mit Verweis auf die Worte des Herrn den Gläubigen empfehlen, dass ein jeder der Obrigkeit untertan sein solle, und dann noch hinzufügen, dass derjenige, der sich wider die Obrigkeit setze, der Ordnung Gottes widerstrebe und die Knechte ihren Herren gehorsam sein sollten in allen Dingen[47].

Doch mit der Ordnung allein war es natürlich nicht getan, weil mein schöner, großer Plan, diese Welt zu ihrer Vollkommenheit zu führen, nur dann gelingen kann, wenn sich die Menschen nicht schon zu früh mit dem zufrieden geben, was sie gerade einmal erreicht haben. Ich hatte dazu also einen weiteren Teil meines Planes ersonnen, der mir damals höchst genial erschien: Wenn es denn so sein sollte, dass die Menschen mit ihrem irdischen Dasein so sehr unzufrieden waren, dass sie in Scharen der Neuen Religion hinterherliefen und sich dabei durch nichts beirren ließen, weder durch gute Worte und noch nicht einmal durch die subtilsten Arten der Verfolgung, dann musste ich diese Situation wohl oder über zunächst einmal akzeptieren.

Aber ich konnte doch etwas anderes tun, nämlich eine große *Verwirrung*[48] unter sie bringen: Wenn die Menschen also so sehr an einen Heiland glaubten und darauf hofften, dass er sie erlösen möge aus dem Jammertal dieser Welt, weshalb dann nur *einen* einzigen, weshalb dann nicht so viele Heilande wie nur eben möglich, damit ein jeder Mensch die Chance haben sollte, einem von ihnen einmal selbst zu begegnen? Ich hatte in der Vergangenheit gewisse Erfolge damit erzielt, dass ich den Wettbewerb zwischen den Menschen und ihren Kulturen gesetzt hatte; sie hatten sich prächtig entwickelt und dabei einen angemessenen Beitrag zum Fortschritt in dieser Welt geleistet, und so dachte ich mir, dass diese bewährte Strategie auch dieses Mal nicht versagen würde, was zwar eine berechtigte Vermutung war, aber – wie ich zugeben muss – leider nicht immer & unbedingt der Logik meines Algorithmus entspricht, denn selbst ich darf nicht bedenkenlos davon ausgehen, dass etwas nur deshalb funktioniert, weil es früher schon einmal funktioniert hat. Die Zeiten verändern sich eben, und wir sollten es gemeinsam mit ihnen tun, denn nur auf diese Art & Weise kommt überhaupt etwas zustande in dieser Welt.

Nun ja, jedenfalls habe ich damals dafür gesorgt, dass die Neue

Religion nicht die einzige blieb, sondern sich mit einer gewaltigen Konkurrenz auseinander zu setzen hatte[49], die ich mit immer neuen Ideen versorgte, wenn die Kraft zu erlahmen drohte. Und ich schuf die Simonianer und die Menandrianer und die Satornialier, die Basilidianer und die Nikolaiten, die Karpokratiten und die Kerinthianer, welche man auch nannte die Merinthianer, die Valentiner, die Sekundianer, denen sich Epiphanes und Isidoros angeschlossen haben, was mich damals sehr erfreut hat, dann aber noch die Kataphryger, zu denen die Montanisten und die Taskodrugiten gehörten, welche sich aber wiederum unter sich teilten, die Pepuzianer oder auch Priskillianer und Kyintillianer, mit denen sich die Artotyriten vereinigten, was selbst ich nicht verhindern konnte, obwohl ich es doch ernsthaft versucht habe, und es gab die Photoeianer und die Pneumatomachen, welche waren die Schüler des Eleusios, der den Heiligen Geist leugnete, schließlich noch die Origineer, die nebenbei noch Unzucht trieben und viel Freude daran hatten, was ich wiederum als besonders attraktiv empfand, aber davon will ich hier & jetzt schweigen wie von den vielen anderen Gruppen, an deren Namen und Glauben selbst ich mich kaum noch erinnere. Doch glücklicherweise hatte ein gewisser *Epiphanios* (nein, nicht der Freund von Isidorus, sondern ein anderer) sie alle einmal niedergeschrieben, so dass ich es nur nachlesen muss.

Natürlich hatte man schon damals vermutet, dass ich hinter der ganzen Angelegenheit stecke, denn tatsächlich hatte ich alle diese Geister gegen die werdende Neue Religion losgelassen, um sie schon im Keime zu vernichten – das war ja schließlich der Sinn der ganzen Angelegenheit, denn ich wollte Gott mit seinem brillanten Spielzug nicht so einfach davonkommen lassen. Und ich ging sogar noch einen Schritt weiter und ließ den einen oder anderen jener Heilande wissen, dass nicht Gott, sondern ich diese Welt erschaffen hatte, denn es ist immer meine Meinung gewesen, dass man die Menschen nicht in irgendeiner Art von obskurem Glauben belassen sollte, sondern ihnen einen Einblick gewähren in das ewige & wahre Wissen, das man damals in der Sprache der Griechen als *gnosis*[50] bezeichnete, weil nämlich meine Welt allein durch das Wissen besser wird und nicht bloß durch Glauben & Warten.

Darüber habe ich mich oft mit Gott gestritten, aber er hat sich nie von mir überzeugen lassen, auch wenn ich mir wirklich sehr viel Mühe damit gegeben habe, meine Argumente sorgfältig abzuwägen und sie in der rechten Weise zu formulieren, denn Gott kann in solchen Dingen höchst empfindlich sein, und ich weiß sehr genau, wozu er in seinem Zorn fähig ist. Manchmal verzweifle ich vor der Vergeblichkeit meines Handelns, denn auch die Menschen wollten nicht so ohne weiteres meinen Argumenten folgen: Sie hörten sich an, was ich ihnen zu sagen hatte, schrieben es nieder in vielerlei schönen & umfangreichen Büchern, wanderten umher & predigten es allerorts bis hin nach China, wo sie doch eigentlich überhaupt nichts zu suchen hatten, weil wenigstens dort noch meine Welt in Ordnung war, aber darum kümmerten sie sich nicht, weil sie sich doch endlich im Besitz der Wahrheit wähnten und aller Welt davon kundtun wollten. Glücklicherweise wussten die Mächtigen in China, was sie zu tun hatten, und so traten sie den Funken aus, bevor er das ganze Land hätte entflammen können.

In den anderen Ländern jedoch, dort, wo ich es so gewollt hatte, waren die Missionare der noch neueren Religionen zunächst sehr erfolgreich, sie waren eine große Konkurrenz für die Neue Religion, sie stritten sich mit ihr von innen & von außen und hatten gute Argumente für ihre Sicht der Dinge, und es wäre ihnen sogar fast gelungen, den *Augustinus* für ihre Seite zu gewinnen, was mich sehr gefreut hätte, denn dann wären uns allen seine jammervollen Bekenntnisse erspart geblieben. Aber was soll das Bedauern, immerhin war es mir gerade noch möglich, den Augustinus davon zu überzeugen, dass es neben der *civitas dei*, auf deren baldiges Kommen er so sehr hoffte, auch noch eine strikte Ordnung der Dinge in dieser Welt geben müsse, wodurch er den Mächtigen in dieser Welt genügend an Legitimation verschaffte, um so weiterzumachen wie bisher. Wie war ich erleichtert, dass auf diese Art & Weise wenigstens der erste Teil meiner Taktik aufgegangen und der kleine Archipel von Macht & Ordnung vor den Stürmen eines wild wogenden Meeres von Glauben & Hoffen geschützt war.

Ärgerlich war hingegen, dass jene etwas neueren Religionen aus meinen Enthüllungen[51], die ich doch so gut gemeint hatte, nun ganz andere Konsequenzen zogen, als eigentlich beabsichtigt war. Hatte ich ihnen immerhin das große Geheimnis geoffenbart, dass ich der Schöpfer *dieser* Welt bin, und dabei gehofft, dass sich die Menschen nun wieder voller Ernst & Ehrfurcht daranmachen, ihren Teil zur Vervollkommnung beizutragen, wie es immer ihre Aufgabe gewesen ist. Aber die Menschen brachten alles durcheinander und wandten sich voll noch größerem Abscheu von dieser Welt ab und versuchten alles, ihr so schnell wie möglich zu entrinnen. Nur weil ich, der Teufel oder *Samael*, wie man mich auch nannte, der *blinde* Gott, diese Welt geschaffen habe, müsse als Konsequenz der ganze Kosmos zwangsläufig ein Zwangssystem sein, die Fülle des Schlechten, voller Finsternis, Tod, Trug & Schlechtigkeit, und weil der Kosmos schlecht sei, so auch der Mensch, denn wie der Makrokosmos so auch der Mikrokosmos und umgekehrt, was ein ziemlicher Unsinn ist, wie ich des öfteren auf das Genaueste dargestellt habe. Denn diese Regionen sind strikt voneinander getrennt, aber die Menschen glaubten voller Inbrunst daran, und ich konnte auf die Schnelle nichts mehr ändern. Und dann sagten sie noch, dass der Mensch in seinem wesentlichen & bleibenden Kern überhaupt nicht aus dieser Welt stamme, sondern auf Erden nur ein Fremdling & Pilgrim sei, und sie predigten vom bösen Leibe, dem Kerker der wandernden Seele, vom Jammertal dieser Welt, von der irrenden Seele, die aus der lichten Welt des Geistes in die niedere Stofflichkeit verbannt sei und aus ihr heim verlange, und von der schließlichen Erlösung durch Askese & Martyrium.

Man verlangte von den Menschen die völlige Loslösung von dieser Welt und von meinen Werken, den Werken des Weltenschöpfers; nicht mehr im Diesseits, so wie man es die Menschen bislang immer & mit großem Erfolg gelehrt hatte, wollte man nun das Heil suchen, sondern in einem ewigen, vergeistigten Jenseits, das den Wandel und die Unruhe der Welt vergessen lässt, weil dort der eigentliche, der *gute* Gott herrsche und ich, der Teufel, keine Macht mehr habe, worüber man sich noch trefflich streiten könnte, denn wo will man dann die Hölle verorten, wenn nicht im Jenseits, aber davon wollten die Menschen nichts wissen, und ich war es leid, immer wieder über die gleichen Themen zu diskutieren. Und so will ich mich nicht weiter zu der These äußern, dass alle Sünde des Menschen in seinem Begehren zu vermuten sei, nämlich seinem rastlosen Willen zur Macht, welcher ihn über sein naturbestimmtes Wesen hinaustreibe, wobei man doch zumindest danach fragen könnte, wie denn diese *Natur* des Menschen eigentlich aussehen könnte, was doch wohl niemand besser beantworten könnte als ich, der ich fast von Anfang an dabei gewesen bin (nun gut: Gott hätte sicherlich auch einiges dazu zu sagen, aber der antwortet längst nicht mehr, wenn man ihn fragt).

Aber das war noch nicht das Ende der Schmähungen: Wenn der Christus die Frucht eines reinen Weibes war, beseelt durch den göttlichen Geist, worüber man ebenfalls lange & ausführlich diskutieren könnte, wie es die *Antidikomarianiten* voller Überzeugung getan haben, ohne dass sie irgendetwas damit bewirkten, wenn nun jedenfalls der Christus in direkter Linie von Gott abstammen sollte, so warf man mir nun vor, dass unter meinem Einfluss einem unreinen Weibe ein unreiner Sohn geboren sei, der *Antichrist*[52], der nun auf Erden wandele, um Gott, seinen Sohn und seinen Geist zu bekämpfen, was man leicht daran erkennen könne, dass die wahren Gläubigen viel Leid & Verfolgung zu erdulden haben. Aber – so sagte man: – *Gemach!*, die Herrschaft des Widerchrist werde nicht lange dauern, und er könne doch nichts gewinnen, weil der Südwind das *pneuma* des wahren Gläubigen, des wahren Wissenden zurücktragen werde in die Heimat, in das ewige Reich des wahren Gottes. Dazu – und das sollte dann kein Problem mehr sein – muss sich der Mensch bloß noch kämpfen durch das feindliche Reich der Dämonen bis zum Monde empor und durch die Sphären der Sieben Planeten, welche dem Menschen nicht gerade freundlich sind, bis hin zum Fixsternhimmel. Aber dann steigt er auf in die reine Welt des Geistes, bis ihn der *Logos* selbst zu Gott führt, und während dieser Reise wird der Körper zum Luftleib und dann zum Ätherleib und schließlich zum Lichtleib, denn Licht und Geist ist dasselbe, so dass ich nie verstanden habe, weshalb man gerade mir den Namen *Luzifer* gab, aber das ist wohl eine ganz andere Geschichte, von der ich hier & jetzt nichts mehr erzählen werde.

So stand ich nun also da. Jesus war längst wieder zurück im siebten Himmel bei seinen geliebten Cherubim & Seraphim oder wie das ganze Engelspack auch immer heißen mag, und ich musste sehen, wie ich alles zurück ins rechte Lot bringen konnte. Ebenso wie mit der Sintflut hatte Gott mir mit seinem brillanten Spielzug eine ganze Menge Ärger bereitet; doch allmählich und zu meiner großen Freude schien meine Taktik erste Erfolge zu haben, denn wenigstens die Mächtigen standen weiterhin an meiner Seite, auch wenn diese Haltung kaum etwas mit Treue & Loyalität zu tun hatte, wie ich es mir eigentlich gewünscht hätte, sondern das Ergebnis eines blanken Opportunismus war, weil die Mächtigen sehr wohl begriffen hatten, dass *ich* der Fürst dieser Welt bin und es auf absehbare Zeit bleiben werde. Denn nach Gott war nun auch sein Sohn vorerst verschwunden und machte keinerlei Anstalten zu seiner Rückkehr, aber letztlich war mir die Motivation der Mächtigen völlig gleichgültig, war es doch immer meine feste Überzeugung gewesen, dass es nicht auf das Motiv einer Tat, sondern auf deren Ergebnis ankommt.

Gleichwohl hätte ich mich natürlich darüber gefreut, wenn man mir wenigstens einmal ein wenig Lob gezollt hätte, wo ich mich doch immer wieder so sehr darum bemühe, dass diese, meine Welt ihren geordneten Gang geht und ich dabei eine Reihe von schönen Erfolgen zu verzeichnen habe. Aber egal, wenn man lieber die Nähe zu einem abwesenden Gott sucht, der nicht zu den Menschen spricht, geschweige denn auf sie hört, dann soll es mir auch recht sein, weil davon mein Seelenglück nun wirklich nicht abhängt. Denn es gibt in dieser, meiner Welt sehr wohl noch Wesen, an deren Entwicklung ich mich tagtäglich mehr erfreuen kann, und so wird der Tag noch kommen, da ich eine jede Hoffnung in die Menschen aufgebe und mich anderen Aufgaben & anderen Partnern zuwenden werde, und dann werden die Menschen noch merken, was sie davon haben, dass sie mich missachten und verhöhnen, aber dann wird es zu spät sein, und sie sollen selbst sehen, wo sie bleiben. Wem wollen sie dann noch die Schuld & die Verantwortung geben, wenn wieder einmal ihre Entwicklung in die Irre läuft, wenn wieder einmal ihre Triebe über ihre Kultur triumphieren und sie leiden & klagen und sie wieder einmal an sich selbst verzweifeln?

Dann habe ich mich längst in die unendlichen Weiten dieser, meiner Welt zurückgezogen, wo mich niemand finden wird, selbst Gott nicht und erst recht nicht die Menschen, auch wenn sie ein Raumschiff nach dem anderen aussenden, oder die Elementarteilchen auf eine immer schnellere Reise schicken, bis die armen Dinger nicht mehr ein noch aus wissen und voller Verzweiflung zerfallen. Und wer hat eigentlich gesagt, dass Gott & ich uns in die *Ferne* zurückziehen, wenn wir Ruhe vor den Menschen finden wollen? Es gibt so etwas wie eine unerreichbare *Nähe*, aber damit habe ich schon genug gesagt von meinen Geheimnissen, die niemanden etwas angehen, denn auch mir steht ein Recht auf Privatheit zu, und ich weiß sehr wohl, wie ich es durch alle Instanzen einzufordern habe, und daran kann mich niemand hindern, und ich werde keine Rücksicht nehmen.

Es wäre alles jedoch sehr viel einfacher, wenn die Menschen mir nur ein wenig an Respekt zollen würden, wenn sie freundliche Worte für mich fänden, wenn sie ab & zu dankbar dafür wären, dass diese, meine

Welt sie noch vor wirkliche Herausforderungen stellt, die sich alle mit Mut & Phantasie bewältigen ließen, wenn man es denn nur wollte und mich nach meinem Rat fragte, doch bin ich einsam geblieben, und so soll es denn sein, wie es ist: *no retreat & no surrender!*

Ich will nichts mehr dazu sagen, und so fahre ich fort mit meiner Geschichte: Ich hatte also die Mächtigen überzeugt, und sie standen an meiner Seite, als es darum ging, die Ordnung in der Welt zu erhalten, die sich so mühsam und gegen so viele Widerstände herausgebildet hatte. Und weil mir die Unterstützung der Mächtigen so wichtig war, ließ ich es zu, dass gerade sie irgendwann einmal die große Verwirrung in der Religion beseitigten, denn dieser Teil meiner Taktik hatte von Anfang an schließlich nur den Zweck gehabt, mir die notwendige Zeit zu verschaffen, um mich selbst & meine Pläne wieder zu ordnen, und genau dieser Zweck war gut genug erfüllt worden. Das Schicksal der vielen Heilande war mir im Übrigen mehr als gleichgültig, denn wenn unter ihnen wirklich ein wahrer *Heiland* gewesen wäre – was ich in der ganzen Hektik nicht völlig ausschließen konnte –, so hätte er sich wohl selbst retten können, aber mir ist bis heute keines ihrer *pneumata* begegnet, weder in der Sphäre der Sieben Planeten noch im Fixsternhimmel, und ich halte mich oft genug dort auf, so dass es mir eigentlich hätte auffallen müssen, doch darauf kommt es jetzt überhaupt nicht an, so dass ich nun endlich mit meiner Geschichte fortfahren kann.

Der rechte Augenblick, alle jene so genannten Heilande und ihre etwas neueren Religionen wieder einzusammeln, schien mir gekommen, als einer der römischen Kaiser in eine große Bedrängnis geriet, so dass er meinem Rat folgte, sich selbst an die Spitze der Neuen Religion zu stellen, um sich auf diese Art & Weise mehr an Unterstützung im Volke zu sichern, was ihm auch gelang, so dass er damit über mehr Geld verfügte als alle anderen Kaiser und schließlich erfolgreich war in allen Schlachten. Und da er danach gerade so schön dabei war, sein Reich mit viel Einsatz & Energie neu zu ordnen, riet ich ihm dann noch, auch die Religion zu ordnen, und sei es nur, um allen zu zeigen, wer zu den Mächtigen gehörte und wer eben nicht. Und so rief der Kaiser und lud alle ein, in die Stadt Nicäa[53] nach Phrygien zu kommen, wunderschön gelegen an einem stillen See, damit er ihnen verkünden konnte, woran sie von nun an zu glauben hatten.

Die Mächtigen der Stadt Nicäa freuten sich sehr, dass der Kaiser gerade sie ausgewählt hatte, und glaubten, das sei wegen der schönen

Mützen geschehen, die man damals dort trug, aber in Wahrheit wollte der Kaiser in der Nähe der Neuen Stadt bleiben, die er nur wenige Wegstunden entfernt in seinem eigenen Namen, aber auf Rechnung seiner Untertanen gerade bauen ließ, und sie sollte schöner werden, als es je eine andere Stadt zuvor gewesen war, fast, aber nur fast so schön wie das Neue Jerusalem, und deshalb nannte er sie Konstantinopel; dort steht sie heute noch, heißt aber nicht mehr so, woraus die Menschen eigentlich hätten lernen können, wie schnell der Ruhm der Welt vergeht – aber das wäre dann schon wieder eine ganz andere Geschichte.

Damals aber erstrahlte der Ruhm des Kaisers noch in seinem hellsten Glanze, und so widersprach ihm niemand, als er festlegte, wie man von nun an den wahren Glauben zu bekennen habe vor Gott & Sohn & Geist, ohne sie allerdings vorher danach zu befragen, wie sollte der Kaiser auch, da sie ihm ohnehin nicht geantwortet hätten, und so wollen wir nicht ausschließen, dass der Kaiser es doch wenigstens versucht hatte, aber dann musste eben doch entschieden werden, und so deutete man schließlich das Schweigen der Dreifaltigkeit als deren Zustimmung.

Und so wollen wir Gott & Sohn & Geist nicht dafür verantwortlich halten, was damals in Nicäa beschlossen wurde, und das war eine ganze Menge, nämlich zwanzig *canones*, weil man jetzt alles regeln wollte, was einem so gerade in den Sinn kam, darunter auch das Verbot für einen jeden Kirchenmann, mit einer Frau zusammenzuleben oder Geld gegen Zinsen auszuleihen, was zwar auf den ersten Blick nicht unbedingt etwas miteinander zu tun haben mag (oder hatte man doch verboten, die Frau gegen Zinsen zu verleihen – ich erinnere mich leider nicht mehr so ganz genau), aber auf keinen Fall wollen wir die ewige Weisheit der heiligen Männer, die der Kaiser nach Nicäa gerufen hatte, unterschätzen; sie werden schon gewusst haben, was sie tun, und so kann nun ein jeder sich dabei denken, was immer er will.

Man entschied sozusagen *en passant* dann noch, dass Jesus gott*gleich* und nicht nur gott*ähnlich* gewesen war, obwohl sich niemand darüber eine Entscheidung hätte anmaßen können, denn das würde bedeuten, dass man nicht allein die Natur des Jesus hätte kennen müssen, sondern auch noch die Natur Gottes, was aber wohl kein Mensch von sich behaupten kann, selbst ich wollte mich in einer solch heiklen Angelegenheit nicht mit Sicherheit festlegen. Aber die Menschen dachten sich wohl: Wenn wir die Natur des Jesus nicht kennen und nicht die Natur

Gottes, dann sind sie einander doch darin gleich, weil doch zwei Dinge einander gleich sind, wenn sie einem Dritten gleich sind. Und so war der erste mathematische Beweis über die Natur Gottes erbracht, was sich später als äußerst hilfreich erweisen sollte, als es darum ging, einen guten Grund zu finden, um die Barbaren zu bekämpfen, auch wenn die gar nicht so recht wussten, wie ihnen geschah, weil ihnen die Natur des Jesus ziemlich gleichgültig war und sie auch von der Mathematik nichts verstanden. Aber das soll uns hier & jetzt nicht weiter interessieren, denn die Barbaren gehen uns nichts an, damals nicht und jetzt erst recht nicht.

Vielleicht sollte ich nur noch erwähnen, dass der Kaiser am Ende des *concilium* ein großes Fest veranstaltete, weil es endlich vorbei war und weil er allen Grund hatte, das zwanzigjährige Jubiläum seiner Machtergreifung zu feiern, auch wenn ich mir nicht vorstellen kann, dass man mit Bischöfen und Äbten ein *wirklich* gutes Fest feiern kann, weil die doch vor einem jeden Bissen zuerst beten wollen, was den ganzen Ablauf in erheblicher Weise stören kann, und für die Frauen haben sie keinen Blick, zumindest tun sie so. Aber vielleicht hatte der Kaiser selbst sehr spezifische und sehr eigene Vorstellungen von solchen Veranstaltungen, jedenfalls ließ er zum ersten Male einen Salat fertigen, in welchem sich Thunfisch, Oliven, Käse, Schinken befanden, und er nannte in all seiner Demut, die auch einen römischen Kaiser schmücken kann, den Salat nicht nach sich selbst, sondern nach der Stadt Nicäa, und so nennen ihn die Menschen heute noch, selbst wenn sie den Grund dafür längst vergessen haben. Aber das ist nicht wirklich wichtig; wichtiger – nicht zuletzt für meine Pläne – war der Umstand, dass von nun an die Mächtigen der Welt auch die Macht in der Neuen Religion übernommen hatten, worüber ich mich sehr freute, denn damit war die größte aller Gefahren gebannt, dass sich nämlich die Menschen vollends von dieser, meiner Welt abwendeten – das würden die Mächtigen schon zu verhindern wissen, und sei es nur, weil es in ihrem eigenen Interesse lag. Doch davon wollen wir später berichten.

VIERTES INTERMEZZO

Das Spiel

———•———

Natürlich ahnte ich, aus welchem Grund jener Vertreter der Bruderschaft hier auf mich gewartet hatte. Tatsächlich war ich von seinem Erscheinen nicht überrascht, eher erleichtert darüber, dass er nicht schon einige Stunden früher aufgetaucht war, denn ich wollte mir nicht vorstellen, wie ein Treffen zwischen ihm und B. Kaempfer verlaufen wäre. Vielleicht hätte es letztendlich dann doch zu interessanten und anregenden Ergebnissen, auch für mich, geführt, wenn sich solche anerkannten Experten gemeinsam über das weite Feld der Theorien über das Böse und den Teufel bewegt hätten. Vielleicht aber auch nicht, und so hätte ich es kaum gewagt, darüber irgendeine Prognose abzugeben, denn man kann es nie so ganz genau wissen.

Der Mann, der in der Dunkelheit des Hauseingangs auf mich gewartet hatte, ergriff jedenfalls meine zur Begrüßung ausgestreckte Hand und zog mich dann mit einer kaum zu widerstehenden Kraft zu sich, so dass ich seinen Atem in meinem Gesicht spürte, und flüsterte mir ins Ohr: *Schnell, schnell.* Ich tat ihm den Gefallen und wollte gerade das Licht im Flur einschalten, als er sich wieder zu meinem Ohr beugte und dann sagte: *Schnell, schnell, kein Licht,* und um ganz sicher zu gehen, wiederholte er es noch einmal: *Kein Licht, um Gottes willen, kein Licht.* Ich hatte keinen Grund, ihm seinen dringlichen Wunsch zu verweigern, auch wenn ich einige Male im dunklen Hausflur stolperte, weil ich die Zahl der Treppenstufen unterschätzte, und mir dabei den linken Fuß vertrat. Das aber bekümmerte den Mann keineswegs. Er drängte mich weiter voran und ließ mir kaum die Zeit, ordnungsgemäß die Schlösser an der Tür zu öffnen.

In der Wohnung musste ich auf seine Anweisung hin zunächst alle Fenster abdunkeln, bevor er mir schließlich erlaubte, für ein wenig Licht zu sorgen. Ich versuchte noch, ihn zu mehr Ruhe und Gelassenheit zu bewegen, und bot ihm dazu einen Stuhl und noch ein Getränk seiner Wahl an, aber er ging gar nicht darauf ein, sondern fragte mit einer gewissen Hektik in der Stimme, ob ich noch über weitere Kopien der originalen Dateien des B. Kaempfer verfügte. Als ich nicht sofort darauf antworten wollte, kam er mit Worten und Gebärden auf mich zu, die ich gar nicht anders als eine körperliche Bedrohung empfinden musste, was vielleicht von seiner Seite nicht so gemeint war, aber darüber konnte ich mir in diesem Moment keine weiteren Gedanken machen.

Ich bin kein Mann der Gewalt; weder dafür geeignet noch in den entsprechenden Techniken geübt, so dass ich unwillkürlich zurückwich, um den Drohungen des Mannes zu entgehen. Dabei bedachte ich allerdings in all der Aufregung nicht, dass hinter mir ein kleiner Tisch stand, der durchaus und völlig zu Recht dorthin gehörte, jetzt aber leider meine weiteren Bewegungen behinderte. Ich stolperte und derangierte meinen linken Fuß endgültig, als ich versuchte, mich damit abzustützen. Ein stechender Schmerz fuhr mir bis in die Hüfte, und ich glaubte schon die sprichwörtlichen Glocken in meinem Kopf zu hören, bis mir bewusst wurde, dass ich offenbar bei meinem Sturz eine recht teure und schwere Vase vom Tisch gefegt hatte. Sie zerbarst nun unter erheblichem Lärm auf dem Parkettboden und hinterließ dabei einige unschöne Dellen, die später mit erheblichem finanziellen und zeitlichen Aufwand unter dem kostspieligen Einsatz besonders ausgebildeter Experten beseitigt werden mussten, was mir trotz eines längeren Rechtsstreits durch alle Instanzen von der Versicherung nur in sehr geringem Maße entgolten wurde, doch das tut hier nichts zur Sache.

Das alles hatte sich in wenigen Augenblicken abgespielt, und auch der Mann, dessen unbedachtes Verhalten den ganzen Ärger ausgelöst hatte, war nun in höchstem Maße verwirrt. Er versuchte, mit beschwichtigenden Gesten meinen Unmut zu dämpfen, und machte sich mit einer gewissen Umständlichkeit daran, die Scherben der Vase vom Boden aufzusammeln, wobei er sich – wie nicht anders zu erwarten – so sehr an der Hand verletzte, dass schon bald sein Blut auf den Boden tropfte, was den Eindruck der Katastrophe nur noch weiter verstärkte. Während ich in die Küche humpelte, um einen Besen und ausreichend Verbandsmaterial zu holen, wechselte mein Gemütszustand von Anspannung und Aufregung hin zu purem Ärger. Ich war es leid, dass immer wieder irgendwelche Menschen ungefragt in mein Leben eindrangen und sich dabei keinen Deut um meine Wünsche scherten.

Es war mir völlig gleichgültig, welche Gründe man sich dafür suchte und mir wortreich darzulegen suchte, ob es um den weiteren Lauf der Welt ging oder um das voraussichtlich letzte Gefecht im Kampf zwischen dem Guten und Bösen, weil ich ohnehin nicht hätte entscheiden können, wer im Augenblick gerade auf welcher Seite stand. Ich wollte nichts weiter, als dass man mich in Frieden ließ, mir meine Ruhe wiedergab, mich mein Leben so führen ließ, wie ich es selbst für angemessen hielt – keine Kommentare, keine Hinweise, keine Ratschläge und vor allem: keine Besuche. Ich hatte endgültig genug von einer jeglichen Art von Verrückten, die offenbar nichts Besseres zu tun hatten, als hintereinander herzujagen und mich dabei als ihren Köder zu benutzen.

Aber noch schlimmer als mein Ärger war das Gefühl der absoluten Hilflosigkeit. Mir war in den vergangenen Wochen mehr als klar geworden, dass ich trotz aller gegenteiligen Beteuerungen nichts weiter als eine Figur in einem Spiel war, dessen Regeln ich immer noch nicht begriffen hatte, weil sie mich überhaupt nicht interessierten. Ich hatte keinen Zweifel daran, dass die eine wie die andere Seite diese Figur ohne Reue und Gnade genau dann opfern würde, wenn es gerade in ihr Kalkül passen sollte, ohne dass sich dann irgendjemand um mein weiteres Schicksal bekümmern würde. Aber – und auch das wurde mir klar, als ich in der Küche nach Besen und Mull suchte –, aber ich hatte noch einen Trumpf, einen einzigen, im Spiel, und ich war fest entschlossen, ihn ebenso rücksichtslos zu nutzen, wie alle anderen es auch getan hätten.

Denn *natürlich* besaß ich noch weitere Kopien der originalen Manuskripte des B. Kaempfer, die ich schon ganz zu Beginn erstellt hatte, sogar eine ganze Reihe davon, weiß man doch nie so ganz genau, wann man eine Sicherungskopie benötigt, weil sogar die modernsten Geräte der Datenverarbeitung letztlich doch nicht gegen etwaige Fehler der Technik oder des Nutzers gefeit sind; ich jedenfalls habe in dieser Beziehung schon Dinge erlebt, die so grauenvoll waren, dass ich an dieser Stelle lieber davon schweigen will. Mir ging es dabei nicht um Geld, zumindest *jetzt* nicht mehr, denn davon hatte ich im Verlaufe der ganzen Angelegenheit – so schien es mir – schon genügend erhalten, um mein weiteres Leben ohne finanzielle Sorgen führen zu können. Außerdem wollte ich bei niemandem den Eindruck erwecken, gierig zu sein, was mich nicht weiter hätte stören müssen, aber ich wollte von nun an mit mir selbst im Reinen sein.

Als ich in das Wohnzimmer zurückgehumpelt kam, stand der Mann immer noch an der gleichen Stelle, nur dass inzwischen große rote Tropfen von seinen verletzten Händen auf den Boden gefallen waren. Das gab dem ansonsten farblich eher zurückhaltenden Raum ein schauriges Ambiente. Der Mann hielt mir seine blutenden Hände entgegen, damit ich die Verbände anlegen konnte, und für einen Moment kam mir der Gedanke, dass seine Wunden aussahen wie Stigmata. Doch ich bin kein gläubiger Mensch, und so wollte ich darüber nicht weiter nachdenken. Nachdem ich den Mann versorgt hatte, fegte ich die Scherben zusammen und wischte das Blut vom Boden, so dass danach allein das Fehlen der teuren Vase an den unglücklichen Vorfall erinnerte, aber das fiel nur mir auf.

Der Mann begann wieder damit, mich nach den Texten zu befragen, doch ich unterbrach ihn recht unwirsch und sagte ihm, dass ich mich nun um meine eigenen Verletzungen würde kümmern müssen, denn auch wenn ich durch das ganze Hin und Her ein wenig abgelenkt gewesen war, schmerzte doch mein linker Fuß immer noch auf eine zunehmend unangenehme Art und Weise. Der Mann entschuldigte sich für seine Gedankenlosigkeit und bot mir nun seinerseits Unterstützung an, die ich insoweit gerne annahm, als ich mich wegen der Schmerzen kaum noch bewegen konnte. Ich wollte ihn deshalb mit einer genauen Lagebeschreibung in die Küche schicken, damit er von dort die notwendigen Salben und elastischen Bänder würde holen können. Er aber kam geradewegs auf mich zu, so dass ich schon wieder befürchtete, er wolle Gewalt gegen mich anwenden. Aber diesmal sprach er von vornherein beschwichtigende Worte, dass er nämlich über gewisse Erfahrungen und Fähigkeiten verfüge, derartige Verletzungen auch auf eine andere Art zu behandeln. Ehrlich gesagt wusste ich nicht, was ich davon halten sollte, denn ich bin gegenüber bestimmten Verfahren wie der übermäßigen Verwendung von Nadeln oder dem Streicheln der Fußsohle immer sehr skeptisch gewesen und habe eher auf die technologischen Fortschritte in der Medizin und in der Pharmakologie vertraut.

Darüber jedoch konnte ich nun nicht diskutieren, denn der Mann nahm ohne weiteres meinen Fuß in beide Hände, strich mit kreisenden Bewegungen an beiden Seiten entlang und drückte schließlich mit Daumen und Zeigefinger auf beide Knöchel, woraufhin ein heißer Schmerz bis in mein Gehirn lief und ich fast aufgeschrieen hätte, aber dann bemerkte ich, dass ich den Fuß ohne weitere Probleme in eine jede Richtung bewegen konnte. Ich gebe zu, dass ich in höchstem Maße verwundert war, und so stand ich auf und ging ein paar Schritte hin und her, ohne dass ich die geringste Behinderung verspürte. Immer noch war ich sprachlos vor Erstaunen, und es war eine regelrechte Anstrengung von Willen und Kraft erforderlich, um dem Mann meinen tief empfundenen Dank abzustatten.

Was mich aber noch mehr erstaunte, war der Umstand, dass die Wunden an den Händen des Mannes immer noch stark bluteten, obwohl ich sie doch auf das Beste versorgt hatte. Auch ich verfüge nämlich in diesen Dingen über einige Erfahrungen, selbst wenn sie sich kaum mit den gerade geoffenbarten Fähigkeiten vergleichen ließen. Mir machten diese Blutungen doch einige Sorgen, denn ich vermutete, dass der Mann vielleicht unter dem Einfluss von Medikamenten stehen könnte, welche nach einem Herzinfarkt oder einer Thrombose die schnelle Gerinnung des Blutes verhindern sollten, oder dass er vielleicht sogar ein Bluter wäre, was uns beide in ziemliche Schwierigkeiten gebracht hätte.

Ich wollte gerade in die Küche gehen, um neues Verbandsmaterial und vor allem blutstillende Watte zu holen, als er mir sagte, dass ich mich darum nicht weiter kümmern solle, denn solche Wunden seien leider bei ihm nicht selten. Manchmal tauchten sie von einem Tag zum anderen an seinen Füßen auf, manchmal aber auch links an seinem Brustkorb, doch nach kurzer Zeit seien sie dann wieder verschwunden, ohne irgendwelche Narben zu hinterlassen. Er habe schon mit seinem Arzt darüber gesprochen, und der habe ihm erklärt, dass er sich keinerlei Sorgen machen solle, auch wenn er, der Arzt, den genauen Grund für dieses seltsame Naturereignis selbst nach eingehenden Untersuchungen nicht habe finden können.

Mir war nicht ganz klar, was der Mann mir damit sagen wollte, aber ich war überzeugt, dass er nun keine weitere Verzögerung mehr dulden und möglichst schnell in den Besitz der Disketten kommen wollte. Ich hatte mich jedoch entschlossen, dieses, mein Pfand nicht ohne weitreichende Gegenleistungen auszuhändigen. So sagte ich zunächst einmal gar nichts, bis der Mann von selbst auf dieses Thema zu sprechen kam:

Nun, so sagte er, sei es an der Zeit, das Geschäft ein für alle Mal abzuschließen. Er könne und wolle mich nicht dafür verantwortlich machen, dass die Disketten und Dateien, die er vor einigen Tagen von mir erhalten habe, offenbar bearbeitet und verändert worden seien, so dass man nichts damit habe anfangen können, außer dass einige Experten ihre kostbare Zeit darauf verschwendet hätten. Ich sagte immer noch nichts, und so fuhr er fort, dass man nun wirklich unbedingt und unverzüglich die originalen Exemplare benötige, denn so nahe wie jetzt sei man seinem Ziel noch nie gewesen.

Mochte er auch meinen lädierten Knöchel mit nur wenigen Handbewegungen wieder in Ordnung gebracht haben, so schuldete ich ihm nichts. Schließlich hatte er doch in erster Linie die Verantwortung dafür zu tragen, dass ich mir überhaupt den Fuß auf der dunklen Treppe verstaucht hatte. Und als ich mich daran erinnerte, erwachten in mir wieder Ärger und Wut, so dass ich mit einer gewissen Schärfe in der Stimme zu ihm sagte, dass ich mich unter keinen Umständen zu irgendwelchen Handlungen drängen lassen wollte, die ich später vielleicht bereuen würde. Der Mann verstand mich jedoch falsch und bot mir wieder Geld an, und zwar eine Summe, die mich bei anderen Gelegenheiten durchaus überzeugt hätte. Aber dieses eine Mal wollte ich nicht meiner Gier nachgeben, denn ich verfolgte ganz andere Pläne.

Also unterbrach ich ihn und schlug vor, dass wir am besten alles vergessen sollten, was bisher geschehen war, und noch einmal ganz von vorne beginnen. Und ich machte auch gleich den Anfang und fragte ihn zunächst nach seinem Namen. Das verblüffte ihn so sehr, dass er fast spontan geantwortet hätte, dann aber doch wieder schnell seine Fassung fand und nur sagte, dass es mich zwar nichts anginge, ich ihn aber bis auf weiteres *Jesse* nennen könnte. Er sprach den Namen auf eine englische Art und Weise aus, so dass ich annahm, dass es sich um die Verballhornung seiner Initialen handelte, was immer auch damit wieder gemeint sein konnte. Und bevor er seine Forderung nach den Disketten wiederholen konnte, forderte ich ihn auf, mir doch zunächst ein wenig mehr über die Gründe und Motive zu erzählen, aus denen heraus er so beharrlich nach ihnen suchte.

Der Mann, den ich nun Jesse nennen sollte, schaute mich zweifelnd an, aber er schien schließlich doch zu erkennen, dass seine einzige Chance auf die Disketten darin bestehen würde, das Spiel nach meinen Regeln zu spielen, auch wenn es ihn Zeit und Mühe kosten sollte. Ich jedenfalls hatte beschlossen, es ihm so schwierig wie möglich zu machen. Natürlich wusste ich schon jetzt, dass ich ihm letztlich doch die so sehnlichst gesuchten Disketten übergeben würde. Ich war mir in diesem Augenblick noch nicht einmal sicher, dass ich bis dahin meine eigenen Ziele erreicht haben sollte, denn ich hatte in den vergangenen Tagen durchaus bemerkt, dass es sowohl Jesse als auch B. Kaempfer wirklich *sehr* ernst mit dem meinten, was sie taten. Schließlich und endlich würde ich selbst der Blamierte sein, wenn ich versuchen sollte, mich ernsthaft in *dieses* Spiel einzumischen.

Aber ich kann nichts dagegen tun: Ich bin und bleibe nun einmal ein Spieler, und dem wahren Spieler ist es völlig gleichgültig, ob er gewinnt oder verliert, solange er eben nur spielen kann. Und genau in dieser Stimmung befand ich mich an jenem Abend, ich wollte sehen, wie weit mich meine Strategie bringen würde, und ich war bereit, meinen gesamten Einsatz bei einem jeden einzelnen Zug zu setzen. Ich wollte nicht unbedingt gewinnen, ich wollte nur wissen, *wann* ich verliere, auch wenn ich danach nie wieder ein Spiel machen sollte. Und vielleicht war es ja meine Absicht, derart grandios zu verlieren, dass man mir dann, wenn schon nicht Respekt oder Mitleid schuldete, mich aber wenigstens doch so weit vergessen würde, dass ich danach den Rest meines Lebens in Ruhe und Frieden würde verbringen können. Jetzt, da ich diese Worte schreibe, wundere ich mich selbst über mein Verhalten, denn nach allem, was ich damals schon wusste, hätte ich mir denken können, dass mir kein Ausweg bliebe, ganz gleich, welche Art von Strategie auch immer ich mir ausgedacht hätte.

Sei es, wie es sei: An jenem Abend war ich noch davon überzeugt, zumindest die Gegenwart unter meine Kontrolle gebracht zu haben. Ich ließ Jesse keine Möglichkeit, seine stetige Forderung nach den Disketten erneut vorzubringen, sondern befragte ihn mit fast inquisitorischer Eindringlichkeit nach den Gründen und Zwecken. Natürlich bemerkte ich, dass ich ihn damit mehr quälte, als es eigentlich angemessen gewesen wäre, doch darauf wollte ich in meiner Verärgerung keinerlei Rücksicht nehmen, und ich muss bekennen, dass es mir eine nicht nur heimliche Freude bereitete, wenigstens für einige Momente Macht über ihn ausüben zu können.

Jesse also erzählte, wenn auch ungern, von der Bruderschaft, und was er zu berichten hatte, entsprach im Großen und Ganzen dem, was ich zuvor schon mit einer gewissen Ausführlichkeit von B. Kaempfer gehört hatte. Allerdings war in Jesses Worten alles ein wenig positiver, hoffnungsvoller, überzeugter dargestellt als bei B. Kaempfer, der gar nicht versucht hatte, seine ironische Distanz zur Bruderschaft und ihrem Wirken über die Jahrhunderte hinweg zu verbergen. Und Jesse erklärte mir auch, weshalb sich die Bruderschaft so sehr für die originalen Schriften des B. Kaempfer interessierte: Wenn man sich mit dem Bösen und seinem Wirken, im Himmel und auf Erden, befasse, dann dürfe man dabei solche Zeugnisse nicht außer Acht lassen, die den Eindruck erwecken wollen, als seien sie explizit vom Bösen selbst verfasst worden.

Nun könne man natürlich nicht erwarten, dass der oder das Böse sich aller Welt offenbaren will, nur damit die Welt es einfacher habe, sich ihm in den Weg zu stellen und ihn vielleicht sogar schon zu besiegen, bevor die Schlacht in Armageddon überhaupt erst begonnen habe. Eher schon müsse man vermuten, so sagte Jesse, dass derartige Zeugnisse und vor allem Schriften in voller Absicht produziert würden, um die Guten und Aufrechten zu verwirren und sie damit vom rechten und leuchtenden Pfad abzulenken. Aber – und Jesse betonte dieses *Aber* in einer besonderen Weise –, aber manchmal sei der oder das Böse nachlässig, wahrscheinlich, weil er oder es immer und überall zu viel zu tun habe, so dass sich ab und zu Fehler einschleichen und er oder es doch mehr von sich preisgeben, als ihm lieb sein mag.

Das komme zwar selten genug vor, aber doch und immerhin, und so sei es von höchster Wichtigkeit, jene originalen Texte und Disketten des B. Kaempfer zu analysieren, weil man eben darauf hoffe, dass sich darin die eine oder andere wichtige Information verberge oder aber ganz bewusst verheimlicht werde. Man würde daher sowohl aus der Existenz als auch aus dem Fehlen von Informationen bedeutende Schlussfolgerungen ziehen können. Ich musste wohl bei diesen Worten ein recht ungläubiges Gesicht gemacht haben (denn mir wollte scheinen, dass man auf diese Weise immer alles und jedes, und zwar gleichzeitig, beweisen kann, weil der Nachweis für das eine zugleich für sein Gegenteil gilt), so dass Jesse sich nun einige Mühe gab, mir anhand von historischen Beispielen zu erläutern, um was es ihm ging.

Er wolle – so sagte Jesse – hier und jetzt nicht alle Beispiele aufführen, aber es habe doch im Verlaufe des 19. Jahrhunderts eine Vielzahl von Versuchen des Bösen gegeben (es blieb unklar, ob er damit das Prinzip oder dessen Personifizierung meinte), die öffentliche Meinung auf seine Seite zu ziehen. Das sei ihm gar nicht so schwergefallen, weil seinerzeit der Puritanismus in höchster Blüte stand und eine jegliche Alternative dazu höchst willkommen war. Einer der Autoren, die von sich eine besondere Nähe zum Bösen und ein besonderes Wissen darüber behaupteten, sei ein gewisser Alexandre Crowley gewesen, der mit seinen Schriften einigen Einfluss auf bestimmte esoterische und intellektuelle Zirkel seiner Zeit ausgeübt habe. Da ich sicherlich schon von der geheimen Gesellschaft mit Namen *Golden Dawn* gehört hätte – was ich mit einem kurzen Nicken bestätigte –, sei es wohl von Interesse für mich, dass jener Crowley, der seinen Vornamen zunächst in Aleister geändert habe, um sich dann schließlich *Baphomet* zu nennen, dort eine wichtige Position bekleidet habe.

Tatsächlich waren mir durch die Studien in den vergangenen Tagen sowohl jene Golden Dawn als auch der Name Baphomet in bester Erinnerung: Zwar wusste man nicht mehr so ganz genau, was man unter diesem Namen zu verstehen hatte – entweder die Verbindung der griechischen Wörter *bapto* (taufen) und *mentis* (Weisheit) oder eine Herleitung aus dem arabischen *abufihamat* (Vater des Erkennens), was jedoch nicht weiterhalf. Man war sich aber ziemlich sicher darin, dass jener Baphomet derjenige dämonische Götze mit mehreren Köpfen gewesen war, dem die Templer in ihren geheimen Ritualen zu huldigen hatten.

Crowley jedenfalls fühlte sich dieser Tradition in jeder Hinsicht verpflichtet. Er gründete an diversen Orten immer neue Gemeinschaften, in welchen man sich allen Arten von Orgien hingab: *sex & drugs*, aber wohl noch keinen *rock 'n' roll*, jedenfalls soweit ich in Erfahrung bringen konnte. Es war aber auch sehr deutlich, dass Jesse von diesen Ritualen in höchstem Maße beeindruckt war, denn er schilderte sie nun in allen Einzelheiten und größter Ausführlichkeit: wie Baphomet Hunde und Katzen auf dem nackten Körper einer Jungfrau geschlachtet und was immer man danach noch alles angestellt haben mochte. Vielleicht wurden dabei sogar Menschenopfer dargebracht, schließlich entwickelte Crowley ein Lebenselixier, welchem er seine eigene Samenflüssigkeit beimischte, auch wenn das genaue Rezept heute nicht mehr aufzufinden ist. Und Jesse erzählte noch mehr solche Dinge, von denen ich hier jedoch schweigen will.

Interessanter erschien mir, dass besagter Crowley in einem engen Kontakt zum *Ordo Templi Orientis* gestanden, ja, dort sogar eine zentrale Funktion eingenommen habe. Auf diesen Orden wiederum war ich gestoßen, als ich den ideologischen Hintergrund des Nationalsozialismus erforscht hatte, wo sich bei genauerer Analyse ein gehöriges Maß an Okkultismus und Magie finden ließ, wenn man denn nur ordentlich danach suchte. Jener Orden des Tempels aus dem Orient jedenfalls war eng verknüpft mit der berüchtigten *Thule-Gesellschaft*, in welcher nicht nur die ideologischen Grundlagen einer nordischen, germanischen, arischen Gesellschaft entwickelt wurden, sondern wo man zudem mit diversen Drogen experimentierte, um sich auf eine besonders wirkungsvolle Weise in magischen und astrologischen Praktiken zu üben. Dass dabei auch sexuelle Übungen eine bemerkenswerte Rolle spielten, wollte Jesse an dieser Stelle natürlich nicht verschweigen, und so verging einige Zeit mit ausschweifenden und detaillierten Erzählungen, bevor er wieder zu seinem eigentlichen Thema zurückkehrte.

Hätte man schon damals – so sagte Jesse schließlich – die Schriften jenes Crowley genauer analysiert und vor allem in ihren sozialen und politischen Konsequenzen extrapoliert, wäre der ganzen Welt möglicherweise ein großes Leid erspart geblieben. Deshalb sei es nun so wichtig und bedeutsam, die originalen und vollständigen Manuskripte des B. Kaempfer genauestens zu überprüfen. Ich hielt einen solchen Ansatz zumindest für diskussionswürdig, denn wie verrückt und abartig jener Crowley auch immer gewesen sein mochte (und ich hatte keinen Grund, an diesen Attributen zu zweifeln), so war er doch nicht in dem Sinne für Nationalsozialismus und Holocaust verantwortlich, dass es ohne ihn und seine Schriften gar nicht so weit gekommen wäre.

Ich bin nach wie vor fest davon überzeugt, dass die Menschen selbst über ihre Geschichte entscheiden, auch wenn die Möglichkeiten zur Wahl nicht immer so groß sind, wie man gerne und gemeinhin annehmen möchte. Ich hätte es anders ausdrücken können: Soziale und historische Prozesse sind so komplex und kompliziert, dass sie sich stets in einer Art von Kraftfeld von Wirkung und Gegenwirkung abspielen und man nur selten mit angemessener Präzision sagen kann, was wo und wann welche Auswirkungen hat. Jedenfalls ist die menschliche Gesellschaft keine mechanische Maschine, in welcher man nur die richtigen Schrauben richtig einstellen muss, um am Ende das gewünschte Ergebnis zu erzielen.

An diesen Hoffnungen sind schon ganz andere mit ganz anderen Ambitionen gescheitert als jene seltsame *Bruderschaft zur Erforschung des Bösen und seines Wirkens, im Himmel und auf Erden*. Damit will ich natürlich nichts Schlechtes über die Bruderschaft oder ihre ehrenwerten Mitglieder sagen, die sich seit vielen Jahren in bester Absicht und voller Hingabe ihrer Aufgabe gewidmet haben. Und deshalb sagte ich zu Jesse nichts von meinen Zweifeln, denn ich wollte unter allen Umständen noch mehr von ihm erfahren, vor allem aber musste ich daran interessiert sein, mein eigenes Ziel dabei nicht aus den Augen zu verlieren.

Jesse jedenfalls hielt sich noch einige Zeit bei seinen Ausführungen über die Prognose gesellschaftlicher Entwicklungen auf, wobei mir immer deutlicher wurde, dass er tatsächlich fest davon überzeugt war. Er betonte immer wieder, dass man alles vorhersagen könne, wenn man nur über den richtigen Algorithmus verfüge. Die Bruderschaft habe schließlich in den vergangenen Jahrzehnten und Jahrhunderten genügend Informationen und Wissen gesammelt, um einen solchen – *richtigen* – Algorithmus konstruieren zu können. Mir wollte diese These als sehr mutig und gewagt erscheinen, denn sie beruhte auf zwei Voraussetzungen, nämlich zum einen, dass man tatsächlich eine jede Funktion innerhalb des Algorithmus hinreichend genau kennt, zum anderen und vor allem aber, dass diese Funktionen im Zeitablauf die gleichen bleiben. Das wollte ich umso weniger glauben, als man (die Bruderschaft) annahm, dass einige der wichtigen Akteure – hier: *der* Böse – nicht nur über einen eigenen Willen verfügen, sondern auch über die erforderliche Macht, um diesen Willen in die Tat umzusetzen.

Das wiederum hätte doch wohl zur Konsequenz, dass *der* Böse die Funktionen beliebig innerhalb des Algorithmus verändern kann, zumindest, wenn man ihm die Fähigkeit zum Lernen zugesteht. Warum aber sollte man dem Bösen eine Fähigkeit vorenthalten, die man einem jeden hinreichend intelligenten Menschen zutraut? – Jedenfalls wäre es unvorsichtig, wenn man den oder das Böse auf diese Weise unterschätzen würde. Aber auch dazu sagte ich nichts, um meine eigentlichen Pläne nicht dadurch zu stören, dass ich Jesse verärgerte, wo er doch so stolz auf seinen Algorithmus zu sein schien.

Die Nacht ging rasch dahin, und Jesse erzählte mir noch mehr aus der Geschichte der Bruderschaft, dabei manche Details, die ich von B. Kaempfer noch nicht erfahren hatte. Als ich mich einige Tage später in der Einsamkeit der Berge daranmachte, sie zumindest auf ihre

Plausibilität zu überprüfen, war ich in höchsten Maße erstaunt darüber, dass und wie man den Lauf der Geschichte völlig anders interpretieren kann, als es üblicherweise in den Lehrbüchern geschieht. Ich will und kann nicht sagen, ob mir diese neue Form der Interpretation eher eingeleuchtet hat als die traditionelle, aber wenigstens stimmte sie mit den historisch belegbaren Ereignissen weitgehend überein, wenn sie auch eine andere Art der Erklärung und Verknüpfung anbot, die in sich nicht weniger logisch war als das, was ich bisher gelernt hatte. Jedenfalls hatte die logische Konstruktion so lange Bestand, wie man den ursprünglichen Axiomen traute. Dabei war man natürlich auf den Glauben angewiesen, aber das gilt schließlich auch für die herkömmliche Art der Historiographie.

Die Wahrheiten, so erinnerte ich mich an einen Satz von Nietzsche, sind Illusionen, von denen man vergessen hat, *dass* sie welche sind. Im Falle der Geschichte gilt die gemeinhin akzeptierte Annahme, dass es in ihr weder eine treibende Kraft gibt noch ein Ziel, auf das hin sie sich bewegt, zumindest keine Ziele, die außerhalb der Menschheit selbst liegen, oder – wie man es auch ausdrücken könnte – die Geschichte vollzieht sich allein nach einer immanenten Dynamik und nicht nach einer transzendenten. Das aber ist, wie gesagt, nichts weiter als eine Annahme, die sich zwar in der Vergangenheit oft genug bewährt hat, was jedoch rein gar nichts darüber aussagt, dass es noch in der Zukunft so sein wird, aber auch nichts darüber, dass wir vielleicht nur nicht genau genug nachgeschaut haben, um das Wirken der transzendenten Kräfte zu erkennen. Das Wesen der *geheimen* Kräfte besteht ja schließlich genau darin, dass sie einem nicht sofort vor die Augen treten. Spricht nicht Platon davon, dass wir gefesselt in einer Höhle sitzen, wo wir nur die Schatten der wahren Welt erkennen können und auch nur diejenigen, die uns von den nicht näher erläuterten Herrschern der Höhle gezeigt werden? Und dass wir selbst denen nicht glauben wollen, die sich aus eigener Kraft befreit und draußen das wahre Licht erblickt haben und nun zurückgekommen sind und uns voller Stolz und Enthusiasmus davon berichten?

Auch wenn ich mich mit allem, was mein rational geschulter Geist hergab, dagegenstemmte, so muss ich doch bekennen, dass eine seltsame Faszination von diesen Thesen ausging, der ich mich nur mit viel Mühe entziehen konnte. Es ging mir gar nicht so sehr darum, ob jene Theorie von einem verborgenen Walten überirdischer Kräfte tatsächlich zu beweisen oder zu widerlegen wäre, was in jeder Hinsicht ein enormes Stück Arbeit bedeutet hätte. Als noch viel beeindruckender empfand ich jedoch den Umstand, dass zumindest der *Glaube* an diese Theorien eine erhebliche Macht über die Menschen und damit zugleich über ihre Geschichte ausgeübt hat. Dass die Menschen nicht nur von ihren Interessen, sondern mehr noch von ihren Wahrnehmungen gesteuert werden, und somit von dem, was sie glauben, das jedenfalls legt uns die Geschichte bis zum heutigen Tag immer wieder eindrucksvoll vor Augen. In diesem Sinne, so dachte ich mir eines Abends, leben wir nach wie vor unter der Herrschaft der Magie, dass nämlich allein unser Glauben Wunder vollbringen kann, wenn er denn nur stark genug ist.

In jener Nacht gab Jesse sich alle Mühe, mir nicht nur die Einzelheiten aus der Geschichte der Bruderschaft zu erzählen, sondern mich auch davon zu überzeugen, dass, wer ein rechtschaffener Mensch sein wolle, gar nicht anders könne, als die Bruderschaft mit Leib und Seele zu unterstützen. Deshalb, so flocht er immer wieder ein, solle ich endlich meinen Beitrag leisten und die originalen Disketten, so vorhanden, aushändigen. Schließlich wolle ich doch nicht den Rest meines Lebens – wie lange es auch immer noch dauern sollte, wie er mit einem seltsamen Lächeln hinzufügte – mit der quälenden Schuld verbringen, das Wirken des Bösen tatkräftig unterstützt zu haben.

Nein, so antwortete ich ihm, das könne unter keinen Umständen in meinem Interesse liegen. Aber, so sagte ich dann noch, um der Bruderschaft noch besser zu Diensten sein zu können, wolle ich doch nun endlich etwas genauer wissen, weshalb die originalen Texte des B. Kaempfer von einer solch großen Bedeutung seien. Und ich verschwieg nicht, dass mich die bisherigen Erklärungen in keiner Weise befriedigt hatten, denn dass man aus der Analyse und der Extrapolation gerade dieser Texte den zukünftigen Gang der Welt würde ableiten können, wollte mir immer noch nicht so recht einleuchten. Immerhin hatte gerade ich sie in aller Ausführlichkeit gelesen und zum Zwecke der literarischen Bearbeitung auf das Genaueste geprüft. Dabei war mir manches aufgefallen, aber eben doch nicht jene vermutete, universalhistorische Bedeutung. Und da ich jetzt nichts davon hören wollte, dass man erst einen gewissen, höheren Grad der Erleuchtung erlangt haben müsse, um die Informationen angemessen bewerten zu können, solle man mir doch – bitte schön – endlich in aller Ausführlichkeit darlegen, um was es eigentlich gehe.

Jesse war weniger erstaunt, als ich angenommen hatte. Er lächelte mich wieder auf seine seltsame Art und Weise an und sagte dann, dass ich mich wohl doch tiefer in die Materie eingearbeitet hätte, als man in der Bruderschaft angenommen habe. Dort – das wolle er nicht verschweigen – war man der Auffassung gewesen, dass ich nur am Geld interessiert sei, was die ganze Angelegenheit zwar teuer, aber doch auch einfach mache, sei man doch in der Bruderschaft nur mit einer einzigen Sache wirklich geizig, nämlich mit den Informationen über das eigene Handeln, wie er mit einem Lächeln hinzufügte. Er, Jesse, habe auf seine eigene Verantwortung hin schon mehr über die Geschichte und das Wirken der Bruderschaft erzählt, als man es üblicherweise tue, aber er habe immer schon gewusst, dass auch ich zu den Suchenden gehöre, dass man mich mit Geld zwar reizen, nicht aber würde überzeugen können.

Ich nickte ihm freundlich zu, selbst wenn ich keinerlei Zweifel daran hatte, dass er mir mit diesen Bemerkungen nur schmeicheln wollte. Zudem glaubte ich inzwischen eine der wichtigen Regeln in jenem Spiel erkannt zu haben, dass man nämlich auf jeden Fall, immer, unter allen Umständen freundlich und höflich zu bleiben habe, ganz gleich, wie kritisch sich die Situation auch entwickelt. Und so folgte ich dieser Regel, nicht zuletzt deshalb, weil ich Jesse keinen Hinweis darauf geben wollte, ob ich denn nun wirklich empfänglich für seine Schmeicheleien gewesen war oder ob ich mich doch nur an die Regeln seines Spieles gehalten hatte. Ganz so einfach wollte ich ihm die Sache immer noch nicht machen, obwohl ich sehr genau wusste, dass ich diese Taktik nicht mehr sehr lange würde durchhalten können.

Noch aber war es nicht so weit, und so fragte ich Jesse nochmals nach den Gründen für sein Interesse an den originalen Disketten des B. Kaempfer und fügte gleich hinzu, dass ich natürlich völliges Verständnis dafür hätte, wenn er nicht in allen Details darauf eingehen wolle, aber gewisse Hinweise werde er mir doch sicherlich geben können. Jesse antwortete mir nicht sofort, sondern sah mich eine Zeit lang starr an, so dass ich allmählich das Gefühl bekam, vielleicht doch ein wenig zu weit gegangen zu sein. Dann jedoch, als ich mich schon fast entschlossen hatte, ihm die Disketten zu übergeben und dafür nur ein kleines Entgelt zu fordern, sagte Jesse unvermittelt, dass es in erster Linie um die sprachliche Analyse der Texte gehen sollte, und zwar nicht nur des sichtbaren, des oberflächlichen Textes, sondern vor allem um die aller

Wahrscheinlichkeit nach vorhandenen Subcodes innerhalb des Textes. Es sei nämlich nicht auszuschließen, dass B. Kaempfer mit diesem Text eine zusätzliche, geheime Botschaft habe senden wollen, die man nur dann hoffen könne zu entschlüsseln, wenn man im Besitz der originalen Disketten und damit der originalen Texte sei.

Viele Fragen schossen mir in diesem Augenblick durch den Kopf: Wie man denn auf diese Idee gekommen sei, woher man zu wissen glaube, dass es in diesen Texten außer der literarischen noch andere Ebenen geben würde, wie man die geheimen Botschaften, wenn überhaupt vorhanden, zunächst finden und dann entziffern wollte, an wen sich diese Botschaften richten sollten, und – zuallererst – weshalb B. Kaempfer diesen komplizierten Weg gewählt haben sollte und sich nicht direkt an den oder die potenziellen Empfänger gewandt hatte. Und selbst wenn er den modernen Formen der Kommunikation misstrauen sollte, so hätte es für B. Kaempfer doch tausend andere Möglichkeiten gegeben, seine Nachrichten zu übermitteln. Und auch wenn man einmal unterstellen wollte, dass es tatsächlich die Absicht B. Kaempfers gewesen sein sollte, zusammen mit seinem augenscheinlichen Text noch geheime Botschaften zu versenden, so blieb doch die Frage, wer sich vor einigen Tagen an meinem Computer zu schaffen gemacht hatte, um die ursprünglichen Texte zu verändern, und aus welchen Gründen er dies getan hatte.

Ich gebe zu, dass ich sehr überrascht war und dass ich diese Überraschung offenbar nicht vor Jesse verbergen konnte, denn wieder blickte er mich einige Zeit wortlos an und schien sogar ein gewisses Vergnügen an meiner Verwirrung zu empfinden, wenn ich denn seinen Gesichtsausdruck richtig deutete. Ich will mich dabei aber nicht festlegen, denn vielleicht war ich schon viel zu müde, um überhaupt noch irgendetwas richtig deuten zu können, denn erst jetzt bemerkte ich, dass es draußen allmählich schon hell wurde, und so sprach ich schnell alle meine Fragen hintereinander aus, um die Stimmung der Nacht bis zum letzten Augenblick auszukosten.

Darauf dürfe er mir nun wirklich nicht antworten, sagte Jesse und blickte auf seine Uhr, als wolle er mir damit deutlich machen, dass meine Zeit nun endgültig angelaufen sei und ich endlich die so sehnlich erwarteten Disketten übergeben solle. Ich gebe es zwar nur ungern zu, aber diese scheinbar so unwichtige Geste brach meinen Widerstand, weil ich vielleicht wirklich viel zu müde war, vielleicht aber auch, weil ich erkannt hatte, dass ich mehr nicht würde erreichen können, so sehr ich mich bemühen sollte. Ich habe in meinem Leben gelernt, dass man rechtzeitig begreifen muss, wenn das Spiel zu Ende ist, und dass dann kein Gebot und kein Einsatz mehr nützen.

Ich wusste, dass es jetzt so weit war. Ich stand auf und ging zu meinem Schreibtisch, wo ich, ohne viel zu suchen, die Disketten fand, die ich nun Jesse überreichen sollte. Zur Sicherheit und um eine Wiederholung der unangenehmen Vorfälle zu vermeiden, legte ich sie in meinen Computer und prüfte, ob es sich tatsächlich um die unveränderten und originalen Dateien handelte. Dieses Mal gab es keinen Anlass für irgendeinen Zweifel, und so hatte ich kein schlechtes Gewissen, als ich sie Jesse wortlos aushändigte.

Er war mir gefolgt und hatte alle Prozeduren auf das Genaueste beobachtet und nahm die Disketten völlig regungslos entgegen, was mich dann doch ein wenig überraschte. Ich hätte erwartet, dass er nun – da er endlich das Objekt seiner Sehnsucht und seiner Mühen in Händen hielt – Freude oder wenigstens Genugtuung zeigen würde, und sei es nur, um mir gegenüber zu dokumentieren, dass er zu Emotionen fähig war. Er sagte aber noch nicht einmal ein Wort des Dankes, sondern griff nur in die Tasche seiner Jacke, holte einen Umschlag heraus und warf ihn auf den Schreibtisch. Dann blickte er mich auf eine Art und Weise an, dass mir sehr unangenehm dabei wurde, und ich hatte das Gefühl, dass er nicht anders auf eine Fliege blicken würde, bevor er sie zwischen seinen Fingern zerdrückte.

Einen Moment lang wusste ich nicht, was ich tun sollte, ob ich ihm den Umschlag mit einer deutlichen Geste der Gleichgültigkeit zurückgeben sollte, ob ich ihm mit sicherlich schlecht gespielter Freundlichkeit noch weitere Dienste anbieten oder mich auf ein geschäftsmäßiges Gebaren verlegen sollte. Ich hatte keine Zeit, lange zu überlegen, und so ging ich an ihm vorbei in den Flur und öffnete die Tür; Jesse folgte mir, schaute mir noch einmal für einen Augenblick tief in die Augen und verließ meine Wohnung, ohne ein weiteres Wort zu sagen.

Ich schloss die Tür sofort hinter ihm und drehte den Schlüssel zweimal im Schloss, obwohl ich doch genau wusste, dass derartige Maßnahmen weder Jesse noch B. Kaempfer würden davon abhalten können, nicht doch wieder einen jeden Moment unangemeldet in meiner Wohnung zu stehen. Aber es gab mir letztlich doch ein besseres Gefühl. Und da ich inzwischen wirklich sehr, sehr müde geworden war, trank ich ein

Glas Rotwein und nahm dazu noch aus lauter Gewohnheit zwei meiner Tabletten. Draussen war es nun hell geworden, und die Stadt erwachte allmählich, so dass ich nicht nur das Schlafzimmer abdunkeln musste, sondern auch noch die Stöpsel in meine Ohren steckte, um nun wirklich nichts mehr von der Welt um mich herum wahrnehmen zu müssen, davon hatte ich jetzt wirklich genug.

Erst am späten Nachmittag wachte ich auf und hatte danach einige Schwierigkeiten, mich zu orientieren. Ich stellte mich unter die Dusche und blieb dort länger als sonst üblich und drehte dabei langsam die Temperatur immer weiter herunter, bis der Schmerz des eiskalten Wassers unerträglich wurde. Danach war ich zwar immer noch nicht wirklich wach, aber ich hatte das befriedigende Gefühl, mich und meinen Körper für den Augenblick genügend gestraft zu haben. Inzwischen hatte ich meine Vorräte zumindest so weit wieder aufgefüllt, dass ich mir an jenem Nachmittag eine grosse Kanne Kaffee und ein wenig Weissbrot leisten konnte, was meinen körperlichen und geistigen Zustand doch deutlich verbesserte. Eigentlich hätte ich mich allmählich wieder darum kümmern müssen, in mein Haus in den Bergen zurückzukehren, denn immerhin bezahlte ich dafür eine nicht unerhebliche Miete.

Aber ich konnte mich nicht entscheiden, und so öffnete ich erst einmal den Umschlag, den mir Jesse am Abend zuvor gegeben hatte, und fand heraus, dass es sich um einen durchaus erklecklichen Betrag handelte und es sicherlich ein grosser Fehler gewesen wäre, wenn ich aus einem plötzlichen Gefühl der Grosszügigkeit darauf verzichtet hätte. Was immer in der Zukunft meine Pläne sein sollten – und ich hatte recht genaue Vorstellungen darüber –, unter finanziellen Aspekten sollte ich jedenfalls keinerlei Probleme haben, sie dann auch umzusetzen. Mir schien jedoch der rechte Zeitpunkt dafür noch nicht gekommen zu sein, denn zuvor hatte ich noch einiges zu erledigen.

Vor allem brauchte ich mehr Informationen, um die mir in den vergangenen Stunden aus den unterschiedlichsten Quellen übermittelten Informationen, wenn schon nicht auf ihre Richtigkeit, so doch wenigstens auf ihre Plausibilität hin zu überprüfen. Das Internet mag zwar keine organisierte Datenbank sein, sondern ein anarchischer Haufen von irgendwelchen Nachrichten, deren Herkunft und Qualität man kaum einschätzen kann, aber mit ein wenig Zeit und Mühe stößt man doch gelegentlich auf brauchbare Informationen. Und da ich noch das eine oder andere Buch zur Hand nahm, wurde ich mir nach und nach sicherer, was ich von der ganzen Angelegenheit zu halten hatte. Ich wollte mir zwar noch immer nicht eingestehen, dass es sich bei jenem B. Kaempfer tatsächlich um den Teufel oder doch wenigstens eine seiner Inkarnationen handeln sollte, aber ich hätte auch nicht das Gegenteil beweisen können. Und ebenso erging es mir mit Jesse und seiner obskuren Bruderschaft, gegen deren offenkundige Existenz ich nichts weiter vorbringen konnte, wenn man denn die Zahlung recht hoher Geldbeträge als einen Nachweis von Existenz betrachten will, muss man doch wohl annehmen, dass in einer Welt, die von der Ökonomie regiert wird, das Geld längst an die Stelle des Seins getreten ist.

Mit solchen Gedanken im Kopf machte ich mich nun daran, durch eigenes Handeln ein wenig mehr von diesem Spiel zwischen B. Kaempfer und der Bruderschaft zu erfahren, denn nun, da es mir wieder ein wenig besser ging, erwachte zugleich meine Neugierde. Wenn man also davon ausgehen mochte, dass in den ursprünglichen Texten des B. Kaempfer unter der Oberfläche noch weitere Botschaften verborgen sein sollten, an welchen die Bruderschaft ja so sehr interessiert war, dann würde es vielleicht auch mir gelingen können, dieses Geheimnis zu lösen. Immerhin verfügte ich ja über jene originalen Dateien, die ich nun nach allen Regeln der Kunst analysieren und decodieren wollte.

Nun bin ich alles andere als ein ausgebildeter Kryptograph, weshalb ich mir diese Aufgabe viel einfacher vorstellte, als sie dann schließlich tatsächlich war. Doch ich war bei meinen Recherchen im Internet und in meiner eigenen Bibliothek darauf gestoßen, dass man die *Thora*, als die in der hebräischen Sprache geschriebenen fünf Bücher Mose, mithilfe gewisser mathematischer und statistischer Verfahren analysiert und dabei herausgefunden hatte, dass darin weitere, auf den ersten Blick nicht erkennbare Botschaften encodiert waren, so etwa, dass dort der Name *Beethoven* zusammen mit dem Begriff der *Musik* oder *Hitler* in direkter Nähe zum Begriff des *Bösen* auftauchten, was aus heutiger Sicht nicht weiter verwunderlich wäre, aber doch eine Sensation bedeutete, wenn man bedenkt, dass die Thora schon vor sehr langer Zeit kompiliert worden war.

Die Autoren der einschlägigen Literatur wurden nicht müde, immer wieder gerade auf diesen Umstand zu verweisen, nur um am Ende ihrer

Ausführungen den Leser mit der Nachricht zu überraschen, dass man aufgrund dieser Verfahren aus dem Text der Thora auch Prophezeiungen würde ableiten können, darunter diejenige, dass die Welt irgendwann zwischen dem 4. Oktober des Jahres 2005 und dem 22. September 2006 untergehen werde, und zwar in der Folge eines großen Erdbebens in Japan, welches wiederum einen ökonomischen Kollaps auslösen sollte und so weiter und so fort, bis schließlich Jesus am 13. oder 14. August 2009 (so *ganz* genau wusste man es dann doch nicht) zurückkehren und die Welt als *Löwe von Juda* regieren werde.

Das war interessant genug, noch wichtiger aber erschienen mir jene mathematischen Verfahren, deren präzise Anwendung zu diesen erstaunlichen Ergebnissen geführt hatte. Und eigentlich war die ganze Angelegenheit tatsächlich ziemlich einfach: Man musste nur im Originaltext nach einem jeden vierten oder zehnten oder einhundertzweiundachtzigsten Buchstaben suchen, um die versteckte Botschaft zu entziffern, oder doch wenigstens so lange, bis sich eine einigermaßen sinnvolle Kombination von Wörtern ergab, und sei es auch nur auf der Basis einer intuitiven Spekulation. Die dafür erforderliche Software konnte natürlich von einem israelischen Unternehmen gegen ein geringes Entgelt – knapp einhundert amerikanische Dollar – aus dem Internet bezogen werden, worauf ich jedoch glaubte verzichten zu können, weil es sich in meinem Fall um einen Text in *deutscher* und eben nicht in hebräischer Sprache handelte.

Dafür war diese Software aber nicht geeignet, wie ich durch einen kurzen, aber intensiven Austausch von elektronischen Nachrichten mit jenem Unternehmen erfuhr. Zwar bot man mir an, eine entsprechende Umprogrammierung innerhalb kürzester Zeit vorzunehmen – die Rede war von vier Wochen –, aber der dafür geforderte Preis erschien mir letztendlich doch zu hoch, auch wenn sich meine finanziellen Verhältnisse dadurch kaum maßgeblich verschlechtert hätten. Aber und genau so habe ich es in meiner Jugend von den Eltern gelernt: Man hat es vom Behalten und eben nicht vom Ausgeben, und ich sah keinen Anlass, gerade jetzt jene ewigen und unverbrüchlichen Weisheiten des Niederrheins zu verleugnen.

Ich ließ mir meine gute Stimmung auch nicht dadurch verderben, dass es wohl eine Menge an Argumenten geben sollte, weshalb die Suche nach verborgenen Botschaften in der Thora kaum zu greifbaren Ergebnissen würde führen können. Denn alles beruhte auf der Annahme, dass es einen Verfasser des Textes gegeben hatte, der über weiter reichende Informationen verfügte, diese aber nicht allen Lesern offen vor Augen legen wollte, sondern sie auf eine Art und Weise verbarg, dass sie nur dem Eingeweihten sichtbar wurden. Ob dieser Verfasser nun selbst göttlichen Ursprungs gewesen war oder doch zumindest über einen direkten Zugang zum göttlichen Wissen verfügte, war demgegenüber nur insoweit von Bedeutung, als man im Fall einer direkten göttlichen Urheberschaft annehmen musste, dass Gott sich in der hebräischen Sprache äußert.

Nun ist man sich unter den Experten recht einig darüber, dass ein jeglicher Text im Allgemeinen und im Besonderen mehr als nur eine einzige Bedeutungsebene enthält, so dass tatsächlich mehrere Botschaften entdeckt werden können, wenn man nur fleißig und ordentlich danach sucht. Was die Bibel angeht, so haben sich ganze Generationen von Exegeten damit bis heute eingehend beschäftigt. Dabei hat sich dann allerdings herausgestellt, dass die Bibel – und somit auch die *Thora* – dem heutigen Stand des Wissens nach nicht von *einem* Autor verfasst wurde, noch nicht einmal die Bücher Mose, sondern dass dafür wenigstens zwei Autoren verantwortlich waren, die man zwar nicht mit ihrem Namen kennt, weshalb man sie *P* und *J* nennt, deren Beiträge man jedoch genau auseinander halten kann. Und – wie ich bei meinen Recherchen lernte – lebten sie zu unterschiedlichen Zeiten an unterschiedlichen Orten, und daraus erklären sich – beispielsweise – die Divergenzen in der Schöpfungsgeschichte.

Hinzu kam – wie ich dann weiterhin lernte –, dass die Texte, die wir heutzutage unter den Begriffen Altes oder Neues Testament kennen, zu bestimmten Zeitpunkten unter jeweils sehr spezifischen Gesichtspunkten kompiliert worden waren. Die Frage, *welche* Schriften denn eigentlich als *Heilige* Schriften zu gelten haben und welche nicht, ist im Laufe der Geschichte nicht immer gleich beantwortet worden, und noch nicht einmal über die Reihenfolge war man sich immer einig. Sowohl im Judentum als auch in den christlichen Kirchen existiert eine Vielzahl von Texten, die nicht oder nicht mehr im Kanon der jeweils Heiligen Schriften enthalten sind wie etwa der *Aristheasbrief* oder das *Martyrium des Jesaja* im Falle des Alten Testaments oder die Evangelien des *Nikodemus* oder des *Petrus* im Neuen Testament. Diese Schriften gelten als *apokryph*, also als verborgen, pseudobiblisch, jedenfalls am Rande der allgemeinen Akzeptanz.

Daraus war dann in Bezug auf mein Problem der Decodierung zu folgern, dass man daher überhaupt nicht wissen konnte, in *welchem* Text jene geheimen Botschaften nun verborgen sein sollten, weil man eben nicht wusste, welche Texte direkt von Gott stammten oder doch zumindest direkt von ihm inspiriert waren. Im Fall der Texte des B. Kaempfer stellten sich diese Probleme jedoch nicht, denn ich konnte – zu Recht, wie ich hoffte – annehmen, dass *seine* Texte von einem einzigen Verfasser, nämlich ihm selbst, stammten, mir in der originalen, der deutschen Sprache zugänglich waren und auch ihre Reihenfolge dem entsprach, was der Verfasser sich dabei gedacht hatte. Und damit hatte ich eine ungleich bessere Basis, als ein jeglicher Interpret und Exeget der Bibel sie je gehabt hatte.

Eigentlich war die Sache doch ganz einfach: Zunächst musste man eine jegliche Interpunktion und natürlich alle Leerzeichen aus dem originalen Text entfernen, dann konnte man schon mit dem Abzählen der Buchstaben beginnen. Aber kaum hatte ich mit der Arbeit begonnen, da kamen mir schon die ersten Zweifel. *Wo* – nämlich – sollte ich beginnen? – Wahrscheinlich beim allerersten Buchstaben des Textes. Aber wieso eigentlich? Man soll doch nicht denken, dass ein jedes Geheimnis sich auf eine solch einfache Art und Weise lösen ließe, denn B. Kaempfer hätte doch genau hier schon die erste Falle stellen können. Und – so dachte ich mir dann – aus welchem Grund sollte man annehmen, dass die geheime Botschaft in einer Kette von Buchstaben von stets gleichem Abstand verborgen sein sollte? Es wäre doch auch möglich, dass der geheimnisvolle Encodierer sich einer arithmetischen oder sogar einer geometrischen Folge bedient hatte, dass also die Botschaft durch Buchstaben in einem zwar regelmäßigen, aber sich ständig ändernden Abstand geschrieben war.

Das aber waren nur die ersten Probleme, mit denen ich mich konfrontiert sah, und nachdem ich ein wenig nachgedacht hatte, fielen mir noch einige mehr ein: Wer – zum Beispiel – hätte von vornherein sagen können, dass diese Botschaft in *deutscher* Sprache abgefasst wäre, auch wenn der Originaltext sich dieser Sprache bediente, woraus sich aber nichts mit letzter Sicherheit folgern ließe? Es war daher durchaus möglich, dass ich zwar das mathematische System würde entziffern können, was mich jedoch in diesem Fall keinen Schritt weiterbringen würde, da ich dann die richtige Abfolge der Buchstaben identifizieren, sie aber in ihrem Sinn nicht verstehen könnte. Wenn man es sich recht überlegte, gab es eine ganze Menge von Sprachen, in denen die gesuchte Botschaft hätte abgefasst sein können, selbst wenn man eine Reihe von eher peripheren Sprachen aus Afrika oder Zentralasien zunächst einmal ausschließen wollte, weil nicht unbedingt anzunehmen war, dass selbst ein B. Kaempfer sich darin verständigen konnte.

Aber wer wollte das so genau wissen? Ich jedenfalls hätte keine Antwort darauf geben können. Und dann noch: Gesetzt den Fall, ich hätte die richtige Reihenfolge gefunden, *und* die Buchstaben hätten dann sogar noch einen Sinn in einer mir zugänglichen Sprache ergeben, so könnte ich mit einer gewissen Berechtigung immer noch daran zweifeln, dass ich die *richtige* Botschaft gefunden hatte. Wäre es nicht denkbar, dass auch der auf diese Weise decodierte Text selbst wiederum eine weitere, ebenfalls geheime Botschaft enthalten könnte, die dann ihrerseits wieder zu entziffern wäre, und so weiter und so fort, bis man schließlich bei einem einzigen Wort angelangt wäre? Und wenn dieses Wort dann tatsächlich der *Name des Bösen* sein sollte, dann wollte ich schon verstehen, dass die Bruderschaft so sehr an diesem Text interessiert gewesen war. Diese Probleme nun waren allerdings nicht grundsätzlicher Natur; alles, was man benötigte, war Zeit und Kompetenz, und ich hatte in den vergangenen Tagen den Eindruck gewonnen, dass die Bruderschaft über beides in ausreichendem Maße verfügte.

Weshalb aber B. Kaempfer, wenn er denn tatsächlich der Teufel sein sollte, sich all diese Mühe mit der Chiffrierung gemacht hatte, um am Ende doch sein Geheimnis der Bruderschaft preisgeben zu müssen, war mir immer noch nicht klar, vor allem dann nicht, wenn die Bruderschaft mit ihrer Annahme Recht behalten sollte, dass man mithilfe dieses Namens das Böse – und damit den Teufel – auf immer und ewig in dieser Welt würde bannen können und damit letztlich auch B. Kaempfer sich dem (von ihm immer so genannten) *Gesetz der notwendigen Nicht-Existenz* beugen müsste.

FÜNFTER SATZ

Finale fiascoso
Adagio

———•———

Es war eine furchtbare Arbeit & Mühe, die Menschen wieder in den Stand zu versetzen, welchen sie sich schon einmal selbst – natürlich unter meiner Anleitung, wie sonst? – erarbeitet hatten, aber ich war damals noch fest davon überzeugt, dass es sich letztlich doch lohnen sollte, und außerdem & vor allem wollte ich Gott keinen einzigen Triumph mehr gönnen, als unbedingt nötig war, und erst recht nicht seinem Sohn, der mich auch nicht besser behandelt hatte. Ein Teil meines *Großen Planes*, wie ich ihn damals nannte, war ja inzwischen schon aufgegangen, und zwar, als es mir gelungen war, die Mächtigen der Welt dazu zu bewegen, sich in die Angelegenheiten der Neuen Religion einzumischen und dort für ein wenig Ordnung zu sorgen, denn meine Taktik der religiösen Mutation war schließlich ebenfalls nicht ohne Erfolg geblieben und hatte in nur wenigen Jahrhunderten nach dem vorerst endgültigen Verschwinden des Jesus eine Vielzahl von Sekten, Gemeinschaften und Häresien hervorgebracht, so dass sich nun zeigen musste, wer & was es verdient hatte zu überleben.

Wenn ich mich nicht sehr irre, dann war schon davon die Rede, dass ich im Gefühl emotionalen Überschwangs einigen dieser anderen Religionen einen gewissen Teil meiner Geheimnisse geoffenbart hatte, nämlich dass & wie diese, meine Welt vor langer, langer Zeit von mir höchstpersönlich erschaffen worden war. Ich kann heute nicht anders, als einen Fehler darin zu erkennen, wussten doch die Menschen damals noch nicht genug von der Schönheit dieser, meiner Welt, um mich als deren Schöpfer zu preisen, wie es mir doch wohl zugestanden hätte. Ganz im Gegenteil: Nun verfluchten sie mich erst recht, weil ihnen die Welt als falsch & böse erschien, und so suchten & hofften sie noch mehr auf den *wahren*, den *guten* Gott, der sie doch so bald wie möglich aus dem Jammertal dieser Welt befreien sollte, damit sie endlich dorthin würden zurückkehren können, wohin sie eigentlich zu gehören glaubten – nämlich in das ewige Paradies, wo sie im Schoße jenes wahren & guten Gottes ihrer Sorgen & Leiden für immer ledig sein sollten.

Es war dann nur noch logisch (und selbst ich musste es letzten Endes einsehen), dass die Menschen, die sich dieses Wissens so sicher glaubten, nun alles daransetzen wollten, sich aus den Fängen dieser, meiner Welt zu befreien, und sich überhaupt keinerlei Mühe mehr damit gaben, irgendetwas hier & jetzt zu verbessern und mich zu unterstützen, auf dass diese Welt eines Tages fast vollkommen sein sollte. Ich musste also – wenn auch mit einer gewissen Verärgerung – einsehen, dass die Religion, die Jesus in meiner Welt hinterlassen hatte, für meine Pläne letztlich doch das kleinere Übel darstellte, und daher würde nützlich sein können, denn diese Religion predigte den Menschen wenigstens nur Glauben & Warten, nicht aber, dass man all sein Sinnen & Trachten darauf richten sollte, dieser Welt zugunsten eines angeblich besseren Jenseits zu entfliehen. Ich bekenne mich an dieser Stelle dazu, dass ich die Schadenfreude durchaus genossen habe, als ich den heimatlosen Seelen jener *wissenden* Menschen in den unendlichen Weiten des Kosmos begegnet bin, wie sie immer noch nach ihrem wahren Gott suchten, ohne ihm jemals begegnet zu sein, denn so viel kann ich sagen: dass Gott nicht dort ist, wo die Menschen ihn vermuten.

Nun gut: Ich hatte also damals den Kaiser dazu veranlasst, ein wenig Ordnung in den religiösen Angelegenheiten zu schaffen, was dringend notwendig gewesen war, denn allmählich hatte selbst ich den Überblick verloren & verstand nicht mehr, um was es in diesen endlosen Debatten eigentlich *wirklich* ging – wahrscheinlich nur um Macht & Stolz, haben sich doch die Menschen oft genug um andere Dinge gestritten. Jedenfalls war damals eine ungeheure Unruhe unter den Menschen, was ich durchaus verstehen konnte, denn nur manchmal lässt sich ein veritabler Gott unter ihnen blicken, und ich muss zugeben, dass ich nur selten eine Phase in der Geschichte der Menschen erlebt habe, da ihr Geist mehr an Ideen und Erfindungen produziert hat als eben damals, leider jedoch auf dem falschen Felde, denn der Mensch lebt schließlich nicht von der Religion allein, doch die Menschen wollten nicht auf mich hören.

Wie auch immer: Manche dieser noch neueren Religionen wollten nun von Jesus nicht lassen, manche bekämpften ihn auf das Heftigste, manchen war er völlig gleichgültig, und von manchen konnte man es nicht so genau sagen, denn selbst wenn sie ständig von Jesus als ihrem Herrn sprachen, so wurde doch nicht immer ganz deutlich, welche Art von Jesus sie gerade meinten, was zumindest für mich nicht sonderlich überraschend war. Denn wenn man sich Gott schon als ein metaphysisches Wesen vorstellen will, dessen Qualität & Status sich einer jeglichen Erklärung entzieht, dann sollte das allein schon aus logischen Gründen für seinen Sohn allemal gelten, doch die Menschen scheren sich um die Logik nur dann, wenn es ihnen passt, und so versuchten sie es trotzdem.

Ich will gerne zugeben, dass Gott & Jesus (und natürlich, nicht zu vergessen, auch der Heilige Geist, der erst recht nicht) es den Menschen nicht unbedingt einfach gemacht haben und es schwierig genug ist, wenn ein einziger Gott in drei unterschiedlichen Aggregatsformen erscheinen kann, falls & wenn es ihm beliebt, was man aber vielleicht noch mit dem Verweis auf das Wasser erläutern kann, erscheint es den Menschen doch als Dampf, Eis oder eben Wasser und bleibt doch immer das Gleiche. Nun sollte es also selbst für die Menschen erklärlich sein, dass Gott, selbst wenn er sich als den Einen & Einzigen erklärte, nicht unbedingt als einfältig erscheinen wollte, weshalb er dann für sich die Dreifaltigkeit erfand, wobei es ihm damals völlig egal war, dass man ihn heutzutage eher für eine multiple Persönlichkeit halten könnte, weil man nie wissen kann, wer einem gerade begegnet: Vater, Sohn oder Geist, und ihm daher eine längere psychotherapeutische Behandlung nahe legen würde – doch was kümmert Gott sich schon um die Menschen & ihren billigen Rat?

Trotzdem: Weshalb Gott jedoch nun in genau *drei* Formen in Erscheinung trat, nicht aber in nur zwei oder in vier (was manche tatsächlich glaubten, indem sie mich, den Teufel, noch dazurechneten, nun ja) oder noch mehr und weshalb dann nicht auch in *jeder* Form, wo Gott doch, wenn er es nur gewollt hätte, in allen möglichen Formen würde auftreten können[1], bleibt den Menschen bis heute ein großes Geheimnis, das sie immer wieder zu ergründen versuchen, aber dabei doch keinen Schritt weitergekommen sind. Und so soll man sich nicht wundern, dass es damals schon manche gab, die rein gar nichts mit einer solchen These von der Mehrfaltigkeit des Einzigen Gottes anfangen konnten, und weiterhin an der Einheit Gottes festhielten, weshalb sie sich den

Namen *Monarchianer* gaben, doch man sagte Adoptionisten oder Dynamisten zu ihnen, aber eigentlich hätte man sie *Theodotianer* nennen müssen, denn ein Lederhändler namens Theodotus hatte diese Gruppe gegründet.

Zu ihnen gehörte noch ein anderer Theodotus, der zur Unterscheidung die Bezeichnung *ho trapezitos* trug und auch nichts mit Leder zu tun hatte, sondern ein Bankier war und also – wie man sich denken kann – über genügend Geldmittel verfügte, um sich neben mehreren Konkubinen noch einen eigenen Papst zu halten, was später nur mehr den Kaisern & Königen gestattet wurde. Denn wo käme man auch hin, wenn ein jeder sich einen Papst kaufen könnte, wie es jener Theodotus für einhundertfünfzig Denare im Monat mit Natalius getan hatte, was aber nicht von langer Dauer war, denn der eigentliche Papst Zephyrinus[2] machte ihm ein Angebot, das Natalius nicht ablehnen konnte, erst recht nicht, nachdem er eines Abends den blutigen Kopf seines geliebten Pferdes im Bett gefunden hatte, wovon den Menschen bislang noch nichts berichtet wurde, so dass ich es an dieser Stelle nachholen musste, um der Wahrheit die nötige Ehre zu geben.

Noch mehr Probleme macht es jedoch, wenn man sich Gedanken über die *Natur* von Jesus macht und danach fragt, ob diese Natur denn nun *menschlich* oder *göttlich* oder sogar *beides* und in welchem Verhältnis zueinander sein sollte; ich will mich dazu nicht äußern, denn ich habe damit nichts zu schaffen, und es geht mich nichts an; soll Gott sich doch selbst offenbaren, wann immer es ihm beliebt, doch er schweigt mit großer Nachdrücklichkeit und wird wohl seine Gründe dafür haben.

Manchmal denke ich bei mir, dass Gott deshalb schweigt, *damit* die Menschen über ihn nachsinnen, weil sie sich dann nämlich in den unendlichen Weiten der Metaphysik verlieren und nicht mehr dazu kommen, sich an der notwendigen Vervollkommnung dieser, meiner Welt zu beteiligen, was wohl & durchaus seiner Strategie im Kampf gegen mich entsprechen würde. Vielleicht aber schweigt er, weil er genau weiß, dass die Menschen ihn ohnehin nicht verstehen würden und man daher als metaphysisches Wesen sehr vorsichtig sein muss, wenn man mit den Menschen kommuniziert; ich selbst habe dabei immer wieder eher schlechte Erfahrungen gemacht. Und so kann es für unsereins tatsächlich besser sein, wenn man nicht zu viel und zu oft mit den Menschen spricht und dabei dann auch akzeptiert, dass die Menschen sich ihre eigenen Gedanken darüber machen – zumal diese Gedanken oft genug sehr amüsant sind und man sich nur wundern kann, auf welche Ideen diese Menschen immer wieder von selbst kommen.

Gottes Sohn war von *einer*, nämlich rein göttlichen Natur, sagten die einen und nannten sich daher die *Monophysiten*, nein, antworteten die anderen aus voller Überzeugung, er sei doch rein menschlicher Natur, entstanden aus der körperlichen Vereinigung von Joseph & Maria, alles andere sei bloße Legende & Propaganda. Und man gab ihnen den Namen *Antidicomarianiten*, doch es war schon von Anfang an klar, dass eine Religion mit einem solch komplizierten Namen keinen Erfolg haben würde, selbst wenn sie damit werben konnte, dass die religiösen Riten in völliger Nacktheit in einem völlig dunklen Raum vollzogen wurden und man dabei eine jegliche Art von Lust würde erleben können, aber auch das half ihnen nicht weiter.

Auf jeden Fall beschäftigten sich immer mehr Menschen mit der Frage, in welchem verwandtschaftlichen Verhältnis Gott & Jesus zueinander stehen, denn damit, dass der Eine der Vater und der Andere der Sohn sein sollte, kam man nun wirklich nicht weiter, weil es immerhin & schließlich in dieser Beziehung noch etwas Drittes gegeben hatte, nämlich Maria, die man später, als sie den Jesus schon längst geboren hatte, die *Jungfrau Maria* nannte, und da Gott diesen Umweg gewählt hatte, war in Jesus – jedenfalls solange er wandelte auf Erden – eine gehörige Portion an menschlicher Natur enthalten.

Und so behaupteten manche, die man *Arianer* nannte, dass Jesus zwar göttlich, aber eben doch von Gott getrennt & ihm untergeordnet sei, während andere, welche im Osten *Sabellianer* hießen und im Westen *Patripassianer*[3], in Jesus eine Erscheinungsform Gottes sahen, Gott also demnach zugleich er selbst *und* Jesus sein konnte, so dass genau genommen auch nicht Jesus, sondern Gott höchstselbst am Kreuz gestorben wäre, was aber ohnehin falsch war, denn eigentlich wurde ja – wie ich schon erzählt habe – jemand ganz anderer, nämlich der arme Simon von Kyrene, gekreuzigt. Und wieder andere beharrten auf einer noch anderen Meinung, und alle waren in einer furchtbaren Aufregung, weil doch das Wohl & Wehe der Welt davon abhängen sollte, dass man es genau wusste, wie der Vater mit dem Sohne zusammenhing (und natürlich auch umgekehrt).

Schließlich einigte man sich – mit ein wenig Hilfe meinerseits & auf dringende Bitten der Mächtigen in dieser Welt, denen man natürlich nicht widersprechen wollte – auf einen Kompromiss, der zwar für die meisten Menschen nicht unmittelbar einsichtig war, auch wenn man ihn ausführlich erläuterte, aber immerhin konnte man ihn mithilfe der staatlichen Macht letztlich durchsetzen, denn selbst wenn man sich mit dem hauenden Schwert nicht für immer & ewig behaupten kann, so ist es in solchen Situationen doch zumeist wirkungsvoll genug, und das umso mehr, als manche Menschen schon damals von sich behaupteten, sich lieber den Kopf abschlagen zu lassen, als von ihrem Glauben zu lassen, weshalb man sie nicht nur die *Acephali*, die Kopflosen nannte, sondern sie umgehend mithilfe jenes hauenden Schwertes zu solchen machte.

Aus meiner Sicht jedenfalls war jener Kompromiss, zu welchem man sich endlich fand, höchst kompliziert und – wie gesagt – nicht unbedingt einsichtig, denn was sollte man davon halten, dass in der einen Person des Jesus nun *zwei* Naturen zugleich vermutet wurden, also die göttliche *und* die menschliche gleichermaßen, welche letztere man auf keinen Fall aufgeben wollte, weil sonst die ganzen Mühen vergebens gewesen wären, dass nämlich ein metaphysisches Wesen sich wenigstens ein einziges Mal auf die Seite der Menschen stellt und die Entbehrungen ihres Lebens am eigenen Leib erfährt. Daraus wollte man dann die Schlussfolgerung ziehen, dass *dieser* Gott weitaus gnädiger mit den Menschen umgeht als alle anderen, weil er doch selbst einmal ein solcher war, was sich unter den Gesichtspunkten der Kommunikation in der Folge tatsächlich für die Anwerbung neuer Jünger als ausgesprochen hilfreich erwies, denn der Mensch will immer alles auf sein eigenes Maß bringen.

Auf jeden Fall aber ließ man sich in den weiteren Debatten von den – immerhin – logischen Schwierigkeiten, zum einen aus Gründen der Mission die Menschheit Jesu bis zum Letzten ernst nehmen zu wollen, ihn zum anderen aber gleichzeitig als Gottes unmittelbare Tat und Gegenwart – ja, wie man sogar sagte – als *Gott für uns* anzunehmen, nicht weiter beeindrucken, sondern setzte diese Thesen als Dogma und wurde danach auch nicht mehr irre daran, wobei man jenes *für uns* schließlich je nach Belieben und Notwendigkeit immer wieder aufs Neue bestimmen konnte.

Ich will nichts weiter dazu sagen, allerdings darauf verweisen, dass sich offenbar diejenigen Religionen in der Geschichte des Höheren Menschtums als besonders erfolgreich erwiesen haben, die den Menschen besonders mysteriös erscheinen, weshalb man ja auch zu Recht vom *mysterium fidei* spricht, dem Geheimnis des Glaubens, das eben nicht ein jeder, wenn denn überhaupt jemand, ergründen kann. Deshalb lohnt es nicht weiter, darüber in irgendeiner Art & Weise zu argumentieren, sondern man muss allein auf die Gnade der Erleuchtung warten, wobei man allerdings immer wieder gerne vergisst, dass ich doch eigentlich *Luzifer* bin, der da bringt das Licht, aber davon wollen die Menschen längst nichts mehr hören, und ich werde sie erst dann wieder daran erinnern, wenn es mir passt.

Nun hätte ich also bis dahin mit dem Gelingen meines *Großen Planes* durchaus zufrieden sein können und war es tatsächlich, denn zum einen hatte der Wettbewerb, den ich unter die Menschen gesetzt hatte, eine ungeheure Vielfalt religiöser Mutationen erschaffen, so dass ein jeder glaubte, gerade *er* und niemand anderer sei im Besitz der allein selig machenden Wahrheit, woraufhin man sofort in einen großen Streit geriet. Dabei benahm sich die Neue Religion des Jesus nicht besser als alle anderen Religionen vor & nach ihr: indem nämlich auch sie die Ketzer mit großer Sorgfalt ans Kreuz nagelte, was ich im Übrigen nicht anders erwartet hatte, sind doch die Menschen nun einmal genauso, wie sie eben sind, und sie ändern sich nicht: erst organisiert man die Revolution und dann die Geheimpolizei.

Zum anderen aber hatten die Mächtigen dieser Welt jene Neue Religion zu ihrer eigenen Sache gemacht und nun endlich ein wenig an Ordnung ins religiöse Chaos gebracht, ist doch die ganze Anstrengung der Mutation nichts wert, wenn ihr nicht die Selektion beigesellt ist. Ich jedenfalls habe mit diesem System von Anfang an recht gute Erfahrungen gemacht, wie schon ein einziger Blick in die Realität dieser, meiner Welt beweist, sind dabei doch wunderschöne Arten & Rassen entstanden und entstehen immer wieder neue Formen in all ihrer Pracht & Herrlichkeit, ohne dass ich mich ein jedes Mal selbst darum kümmern muss. Jedenfalls: Die Neue Religion glaubte, gegen alle ihre Widersacher gesiegt zu haben, war aber doch nur unter die Fuchtel der Mächtigen gekommen, und als man es bemerkte, war es längst zu spät, und so richtete man sich dort in aller Gemütlichkeit ein, denn wenn man sich schon nicht in Abrahams Schoß kuscheln konnte, weil man nicht so recht wusste, wie man dorthin gelangen sollte, so wollte man doch wenigstens in den Schoß der Mächtigen kriechen, schließlich kann es auch dort warm & sicher sein.

Natürlich blieb diese Nähe zu den Mächtigen dieser Welt nicht ohne Folgen für die Neue Religion, denn nichts ist verführerischer als eben die *Macht*, weshalb die Neue Religion und vor allem ihre Priester sehr schnell lernten, wie man sich organisieren muss, um selbst zu den Mächtigen zu gehören, denn was nützt eine Religion, die keine eigene Macht hat? Später entwickelten sich daraus allerdings einige Probleme, denn genauso, wie es nur einen Gott in dieser Welt geben kann, so auch nur *eine* Macht, doch leider hatte Jesus – von dem ohnehin sehr viele, doch nicht immer sehr klare Worte überliefert sind – irgendwann einmal, weshalb auch immer, von *zwei Schwertern*[4] gesprochen, woraus man in den interessierten Kreisen folgern wollte, dass er die Herrschaft über diese Welt zwischen der weltlichen und der geistlichen Macht zu teilen beabsichtigte, jedenfalls so lange, bis er sie selbst wieder übernehmen würde, aber das lässt ja bis heute auf sich warten.

Nun ja: Ich zumindest kann mich nicht daran erinnern, dass Jesus so etwas gesagt haben soll, wie hätte er auch, denn immerhin bin *ich* der Fürst dieser Welt, darin waren wir uns ziemlich einig; aber vielleicht hat er tatsächlich davon gesprochen, und sei es nur, um die Menschen mit solchen abstrusen Fragen zu beschäftigen, damit ihnen keine Zeit mehr blieb, sich an meinem großen Projekt – der Vervollkommnung der Welt – zu beteiligen, womit er dann über viele Jahre sehr erfolgreich gewesen wäre.

Wie gesagt: Ich hätte also durchaus zufrieden sein können und war es auch. Immerhin sah es so aus, als könne ich nach nur wenigen hundert Jahren der Verwirrung mein Werk in Ruhe & Frieden fortsetzen. Allerdings ist mir damals ein kleiner Fehler unterlaufen, und zwar nicht in meinem Handeln – das habe ich wie immer mit höchster Präzision ausgeführt –, aber leider doch in den Grundannahmen meiner Planungen, denn ich war in der Eile davon ausgegangen, dass es damit genug sein sollte, wenn ich die Mächtigen der Welt für mein Vorhaben gewinne. Was ich dabei jedoch übersehen hatte, war dies: dass nämlich die Macht kein treuer Geselle ist, sondern manchmal von einem zum anderen wandert, was an & für sich sehr hilfreich ist, weil es den Wettbewerb fördert, in diesem Fall aber äußerst störend für meine Pläne war, denn was nützt mir ein Kaiser, wenn er über nichts & niemanden herrscht? Was also mit dem einen Kaiser in Nicäa noch recht hoffnungsvoll begonnen hatte, dass nämlich in all dem Chaos wieder ein Schimmer von Ordnung sichtbar wurde, entwickelte sich danach zu einem mehr oder minder großen Fiasko: Die Kaiser waren schwach, regierten nicht lange, brachten sich gegenseitig um, das Reich wurde geteilt, niemand fühlte sich verantwortlich, und so kroch das Chaos wieder in alle Ecken & Enden der Welt.

Natürlich habe ich mich gefragt, ob ich nicht selbst eine gewisse Schuld daran trage, denn immerhin hatte ich die Verwirrung und den Wettbewerb zwischen die Menschen gesetzt, und es hätte doch sein können, dass die Dosis an Chaos dabei ein wenig zu groß ausgefallen war und nun auch die Macht befallen hatte. Ich will also gar nicht ausschließen, dass ich damals tatsächlich in einem gewissen Überschwang gehandelt und die Wirkungen auf Kultur & Gesellschaft nicht bis ins letzte Detail berechnet hatte, zumal mein Algorithmus nie frei ist von Unschärfe & Unsicherheit. Ich vermute allerdings eher, dass auch Gott & Sohn & Geist nicht ganz unschuldig an dieses Vorgängen waren, liegt es doch gerade in ihrem Interesse, dass sich diese, meine Welt nicht ordentlich entwickelt, sondern sich stets als ein Ort von Mühe, Leid & Schmerz darstellt, damit die Menschen umso mehr einen Grund haben, ihr zu entfliehen; und so kann ich nur vermuten, dass sie den Streit zwischen den Menschen darüber noch beförderten, wer denn wohl nun das geheimnisvolle Reden & Handeln des Herrn Jesus auf die rechte Art & Weise interpretiert.

Jedenfalls ließen sich die Mächtigen davon beeinflussen und nutzten den Streit weidlich aus, um ihre eigenen Interessen zu verfolgen, was natürlich nicht sehr klug war, darf man doch über die Macht nie & nimmer diskutieren und schon überhaupt & gar nicht mit religiösen Argumenten, denn da meint ein jeder, sogleich sein Wort erheben zu müssen. Nicht, dass ich falsch verstanden werde: Natürlich ist *Macht* zunächst einmal dazu da, dass man sie in seinem eigenen Interesse einsetzt (wozu sonst soll man sich die Mühe machen, an die Macht zu gelangen?), aber dann sollte man sich aus dem ewigen Streit der Menschen, wer ein Gott sei und wer nicht und woran man einen Gott überhaupt erkennen kann, wenn man ihm einmal begegnet, und wie man sich dann zu verhalten hat, aus diesem Streit also, der ohnehin nie entschieden wird, weil die meisten Menschen einen Gott nicht von einem Teufel unterscheiden können, sollte man sich tunlichst heraushalten, denn dabei kann die Macht nur verlieren und nichts gewinnen.

Nun hat man mich oft gefragt, wie *ich* mir denn einen idealen Staat vorstelle, und ich habe immer wieder die gleiche Antwort darauf gegeben, doch die Menschen haben nur selten darauf gehört, und so will ich sie noch einmal wiederholen, aber nur noch einmal. Zunächst habe ich immer betont, dass es einen *idealen* Staat[5], wenigstens unter den Menschen, gar nicht geben kann, denn das Ideal liegt allein bei Gott, und der gibt es nicht heraus. Allerdings sollte es nicht allzu schwer sein, einen idealen Staat für nur zwei Menschen zu konstruieren, auch wenn sie unterschiedlichen Geschlechts sind, aber selbst das haben die Menschen bislang nicht geschafft.

In dieser, meiner Welt nun kann es keinen idealen Staat geben, denn noch bedarf diese, meine Welt der Vervollkommnung, und wir alle wären schon längst ein gutes Stück weiter, wenn die Menschen sich mit ein wenig mehr Energie daran beteiligen würden, aber sei's drum. Wenn man nun diese Einschränkung einmal gelten lässt (worum ich doch sehr bitten würde), dann kann ich mir unter solchen Bedingungen doch sehr wohl einen *guten* Staat vorstellen, konstruiert & organisiert allein nach den Fähigkeiten & den Bedürfnissen der Menschen, so wie ich sie in all den Jahren auf das Genaueste erfahren habe. Und wenn man nun von den Menschen ausgeht, denn etwas anderes steht zurzeit eben nicht zur Verfügung, dann gliche der gute Staat einem *Irrenhaus*[6], in welchem man die Menschen zwar einsperrt, aber doch so gut wie möglich versorgt.

Ich setze nämlich folgende These: Lässt man die Menschen das tun, wonach ihnen gerade ist, dann kommt dabei in aller Regel nur Unfug heraus, so dass man sie selbst, aber natürlich auch ihre Umwelt davor schützen muss, indem man den Menschen klare Regeln setzt und einen jeden mit Macht daran hindert, diese Regeln zu übertreten. Was die Menschen ansonsten tun, sollte ziemlich gleichgültig sein: ob sie gewisse Stimmen hören, ob sie sich für Napoleon oder Jesus oder für beide gleichzeitig halten, ob sie ihre Lust an Ziegen befriedigen oder dazu noch Schläge benötigen, welche Farben sie bevorzugen, ob sie sich lieber kalt duschen oder doch lauwarm, ob sie ein Huhn sind oder eine Teekanne – dann gibt es in einem guten Staat nicht mehr zu tun, als das Huhn Körner fressen zu lassen und einen jeden Morgen die Teekanne mit einem Stück Hirschleder & Wiener Putzkalk zu polieren und für einen ausreichenden Vorrat an Ziegen zu sorgen. Um mehr hat sich die Verwaltung des Irrenhauses so lange nicht zu kümmern, wie es die Abläufe nicht weiter stört und sich der Schaden in vertretbaren Grenzen hält, Napoleon nicht aus dem Irrenhaus heraus die Eroberung Russlands plant, sich die Ziegen nicht lauthals beschweren und nicht einer allein versucht, das ganze Irrenhaus mit roter Farbe anzustreichen.

Natürlich muss die Verwaltung ab & zu ein wenig an Therapie einsetzen, aber sie sollte selbst wissen, ob sie es mit guten Worten oder mit Opium oder mit Elektroschocks versucht (ich persönlich hätte schon eine gewisse Präferenz, doch dazu will ich nichts weiter sagen), und das ist dabei jedenfalls nur insofern von weiterer & tieferer Bedeutung, als mit der Therapie auf jeden Fall eine Wirkung erzielt werden sollte, wie auch immer. Und so wie man in einem Irrenhaus niemals nur auf die bloße Idee käme, die Insassen in irgendeiner Weise an dessen Verwaltung & Leitung oder sogar an der Auswahl der Therapie zu beteiligen, so erst recht nicht in einem guten Staat; und wenn schon die meisten Menschen nicht wissen, welche Therapie für sie die richtige ist und deshalb der Arzt entscheiden muss, so wollen wir es auch im guten Staat halten, wo die Mächtigen für die Politik verantwortlich sind.

Dann soll es den Menschen reichen, wenn sie gut versorgt sind und ansonsten ihren Neigungen folgen können, ohne dass die Verwaltung, also der Staat, sich allzu sehr darin einmischt. Und in einem solchen guten Staat täte damit ein jeder das ihm Gemäße: Der eine verwaltet, und der andere wird verwaltet, und beide sind glücklich, weil sie das tun, was sie am besten können. Dass man dabei freundlich miteinander umgeht und sich nicht bei einer jeden Gelegenheit den Schädel einschlägt, ist für mich eine bloße Selbstverständlichkeit, solange jedenfalls klar & deutlich & für alle erkennbar bleibt, wer welche Aufgaben zu erfüllen hat.

So weit ich mich erinnern kann, ist noch nie etwas Gutes dabei zustande gekommen, wenn die Ärzte versucht haben, dem einen zu erklären, dass er nun wirklich nicht Napoleon sei, oder dem anderen, dass er seine Lust im Zaume halten und die Ziegen in Frieden lassen solle, weil weder der eine noch der andere es verstehen würde, dass man sich in seine Angelegenheiten mengt. Er würde also nur nörgeln & quengeln, wo man doch genau weiß, dass unter den Menschen nichts so ansteckend ist wie die Unzufriedenheit, schlimmer noch als Pest & alle Seuchen, weil die Unzufriedenheit inzwischen nach all den Jahren, da sie zur Natur der Menschen geworden ist, auch gegen die Macht resistent wurde. Und ebenso muss man darauf achten, dass man sich nicht gemein macht mit den Napoleons und den Ziegenschändern und zu viel an Verständnis für sie entwickelt, vielleicht sogar es selbst einmal probiert und daran einen gewissen Gefallen findet, denn die Gefahr ist gross, sind doch auch die Ärzte nichts anderes als eben nur Menschen und können nicht über ihren Schatten springen.

Ich habe in dieser Beziehung allerdings keinerlei Illusionen mehr, ich habe in der langen Geschichte des Höheren Menschtums zu oft sehen müssen, wie plötzlich, ohne Vorwarnung, von einem Moment auf den anderen, das Irrenhaus von den Irren übernommen wird und die Irren sich unter der Leitung von Dr. Tarr und Professor Fether[7] daranmachen, die Welt in ihrem Wahn nach ihren Gelüsten neu zu erschaffen. Wie gut, dass sich die Irren dann nie darüber einig werden können, wie *genau* diese neue, schöne Welt auszusehen habe, und am Ende wird sie von Napoleon geführt, der die Städte in Hühnerställe verwandelt, die Ehe mit den Ziegen legalisiert und morgens an speziellen Orten unentgeltlich Wiener Putzkalk an alle verteilt, was der Wiener Industrie natürlich höchst gelegen kommt, so dass sie dem Napoleon eine Spende nach der anderen zukommen lässt, damit er bloss nicht auf die Idee verfällt, demnächst den Kalk aus dem Rheinland zu beziehen.

Das alles ist schon wundersam genug, aber noch mehr hat mich immer wieder verwundert, wie lange sich solche Systeme halten können, selbst wenn der Unfug auf die Spitze getrieben wird; und es fällt sehr schwer und dauert sehr lange, bis die Menschen zurückfinden zu ein wenig Sinn & Verstand und sich wieder reumütig in die Obhut ihrer Ärzte begeben. Besser oder gar vollkommener ist die Welt durch dieses wilde Treiben natürlich niemals geworden, aber die Menschen sind danach müde & erschöpft, so dass die Mächtigen sich nicht sehr anstrengen müssen, um wieder die Macht zu übernehmen und Ordnung zu schaffen, woran dann selbst die Wiener Industrie interessiert ist, denn man kann den Putzkalk auch zu anderen Zwecken verwenden und gleichzeitig ganz prächtig daran verdienen, und der Götze Mammon amüsiert sich, und ich muss sehen, wie ich den ganzen Schlamassel aufräumen kann.

Ich bin es – ehrlich gesagt – inzwischen ziemlich leid, dass nicht nur Gott immer wieder meine Pläne aufs Neue stört, sondern dass auch die Menschen noch nicht begriffen haben, um was es hier eigentlich & wirklich geht, denn noch wäre eine Menge Arbeit zu leisten bei der

Vervollkommnung dieser Welt, und den Spaß kann man sich nachher immer noch leisten, und ich wäre doch der Letzte, der es den Menschen dann nicht gönnen würde, hätte sogar noch einige Vorschläge zu machen, wie man mit ganz einfachen Mitteln die Wollust ins Unermessliche steigern könnte, weil ich sie schließlich erfunden und in der Zwischenzeit mit großem Erfolg weiterentwickelt habe.

Ich will aber gerne bekennen, dass mir jene Jahre recht viel Freude bereitet haben, denn ich ziehe es vor, wenn die Zeiten aufregend sind, schöpferisch & zerstörerisch zugleich, denn das eine geht nur zusammen mit dem anderen, wenn die Zeiten einen ungewissen Ausgang haben und ich mit dem Tod darum wetten kann, welche Mutation die Selektion überlebt und welchen Preis sie dafür zu entrichten hat, kurz gesagt: Ich liebe es, wenn mich die Entwicklung dieser, meiner Welt ab & zu noch einmal überrascht, weil nicht alles in seinen längst vorhersehbaren Bahnen verläuft.

Die Zeiten damals also waren wahrlich nicht arm an Überraschungen, und eine davon – leider sehr zu meinem Leidwesen – bestand darin, dass dem guten & starken Kaiser, der auf meinen Rat hin die Welt wieder geordnet hatte, andere folgten, die nun bei weitem nicht über dessen Fähigkeiten verfügten. Diese nachfolgenden Kaiser waren schwach & dumm, hielten sich nicht lange an der Macht, weil es im Zweifel immer noch einen anderen gab, der den Soldaten der Leibgarde mehr Geld bezahlte, so dass sie im passenden Moment für eine Thronfolge sorgen konnten; außerdem hatten diese Kaiser zumeist auch sehr seltsame Namen wie *Jovian* oder *Majorian* oder *Olybrius* oder *Glycerius*[8], und so war ohnehin nur wenig von ihnen zu erwarten, denn so viel kann ich verraten, dass es mit den Namen schon seine Bewandtnis hat und man sein Kind nicht benennen sollte wie ein Kraut oder eine Arznei, wenn man will, dass es eines Tages dann doch zum Kaiser berufen sein sollte.

Aber nun gut: Ich beobachtete diese Entwicklung auf das Genaueste, ließ mich ständig über die aktuellen Entwicklungen auf dem Laufenden halten und machte mir viele Gedanken darüber, ob & wie ich in den Gang der Geschichte eingreifen sollte, schließlich müssen viele Dinge bedacht sein, wenn man die Zukunft gestalten will – mit der Vergangenheit hat man es in dieser Beziehung sehr viel einfacher, was auch die Menschen inzwischen entdeckt haben, so dass sie bei einer jeden sich bietenden Gelegenheit ihre eigene Geschichte verändern, je nachdem, wie es ihnen gerade als nützlich erscheint, wobei es ihnen fast immer darum geht, ihre Gegenwart als notwendige, vor allem aber glorreiche Folge der Vergangenheit zu definieren: weil man die Chancen genutzt, die Fehler beseitigt & die Gefahren vermieden hat. Und so schafft man sich stets eine neue Welt, bloß weil man die Geschehnisse neu ordnet, manche von ihnen vergisst, manche neu bewertet & manche ganz einfach so erfindet, wie man sie braucht, wodurch die Welt nicht besser und noch nicht einmal anders wird. Aber man fühlt sich doch wohl dabei und muss sich nicht darum kümmern, die Welt *wirklich* zu vervollkommnen, was doch eigentlich die Aufgabe der Menschen wäre, und ich wäre froh, wenn sie sich endlich dieser Herausforderung stellten.

Aber sie tun es nur selten, und so muss *ich* mich darum bemühen; ja, und ich wiederhole mich gerne: Es ist mit Mühe verbunden, wenn man die Zukunft verändern will, denn was später einmal dem naiven Betrachter als *notwendig* erscheinen mag, als unausweichlicher Gang der Geschichte, das ist im Augenblick der Entscheidung noch unbestimmt und unsicher, voller Risiken, unberechenbar und unentschieden, liegt noch verborgen im Schoß des Schicksals. Gewiss: Ich verfüge über alle Informationen, und ich kenne alle Gesetze, und so kann ich die Zukunft kalkulieren, damit sie meinem Kalkül folgt, doch manchmal muss ich schneller entscheiden, als ich rechnen kann, und so werde auch ich manchmal überrascht.

Und in diesem Fall wurde ich tatsächlich überrascht, denn das wäre eigentlich mein Plan gewesen: Das Reich war schwächer, als ich erwartet hatte, fiel allmählich auseinander, und die gerade geschaffene neue Ordnung war wieder gefährdet, und so kam ich auf die mir zunächst plausibel klingende Idee, den *inneren* Zusammenhalt des Reiches dadurch zu stärken, dass ich den Druck von *außen* erhöhte, denn in der Physik hat man im Allgemeinen großen Erfolg mit einer solchen Strategie, zumal jener Druck auch Wärme und damit Energie erzeugt, die man dann bestens für die eigenen Zwecke nutzen kann.

Es war im Übrigen gar nicht so schwierig, einen solchen Druck zu erzeugen, denn auch wenn die gute, alte Welt zuschanden ging und nichts mehr zustande brachte, so war sie doch für die *Barbaren* attraktiv genug, dass sie sich voller Vorfreude daranmachten, auf ihre Art &

Weise vom Reichtum zu profitieren, indem sie raubend, brennend, plündernd & mordend ins Reich einfielen. Anfangs, unter den klugen Kaisern, wusste das Reich noch, wie man mit einer solchen Bedrohung fertig werden kann: Man streut die Samen des Neides & des Misstrauens unter die Angreifer, verbündet sich mit dem einen, um den anderen erfolgreich zu bekämpfen – man teilt eben und man herrscht. Und mit ein wenig Glück bringen vielleicht die Barbaren ein paar Vorschläge mit, wie man diese Welt noch vervollkommnen kann, soll man sich den neuen Ideen doch nie verschließen, wenn man mit den alten nicht mehr weiterkommt; und es ist die Klugheit der Mächtigen, sich dann nicht um die Traditionen zu scheren, wenn sich die neue Idee als brauchbar erweist, ganz gleich, woher sie kommen mag.

Es hat lange gedauert, bis die Menschen sich an die Vorstellung von der *Relativität* gewöhnt haben, dass man nämlich alles in allem finden kann, wenn man denn nur danach sucht, und so auch das Gute im Bösen – und leider auch das Böse im Guten, doch davor verschließen die Menschen immer noch ihre Augen. Ich habe es nie verstanden, und es hat mir nie gefallen, dass die Menschen stets auf der Suche nach dem *Absoluten* waren (natürlich – und was sage ich es überhaupt? – nur nach dem absolut *Guten*, denn vom absolut *Bösen* wollten sie gar nichts wissen), doch davon verstehen sie bis heute gar nichts, und sie können nichts damit anfangen, selbst wenn sie eines Tages durch welchen Zufall auch immer darauf stoßen sollten. Manchmal glaube ich daher, dass es einer der wirklich großen Fehler Gottes war, sich ab & zu den Menschen zu offenbaren und sie damit auf die Spur des Absoluten zu setzen, so dass sie an nichts anderes mehr denken konnten und sich all ihr Sinnen & Trachten allein darauf richtete, noch einmal wenigstens den Saum von Gottes Gewand in Händen halten zu können, was ihnen aber schon seit längerer Zeit nicht mehr gelingen will, sosehr sie sich darum bemühen.

Gott mag es vielleicht gefallen, wenn er viele Menschen dazu verführen kann, sich auf die Suche nach einem Absoluten zu machen, das sie in dieser, meiner Welt nicht finden können, weil man sich eben noch ein wenig Mühe geben müsste, bis diese, meine Welt so weit entwickelt ist, dass sie *vollkommen* wäre. Bis dahin allerdings muss man sich schon mit den Relativitäten abfinden, darf sie nicht an einem Absoluten messen, das man als Mensch doch gar nicht begreifen kann, muss sie aber auch erkennen und vor allem: muss sie für seine eigenen Zwecke nutzen, wenn sie einem begegnen, hat doch schon der kluge Meister K'ung gelehrt, dass man das Schwein ergreifen muss, so es einem gerade über den Weg läuft.

Aber die nachfolgenden Kaiser waren schwach und dumm, sie wussten noch nicht einmal, wie sie ihre Macht nutzen sollten, wenn sie ihnen denn wie ein Geschenk in den Schoß gefallen war, und es fiel ihnen zumeist nichts anderes ein, als nach ihrem eigenen Vergnügen zu suchen und es manchmal sogar auch zu finden. Einmal, ja einmal hatte ich für einige Augenblicke eine gewisse Hoffnung, als nämlich Julian[9], den eine bösartige Propaganda nur den *Abtrünnigen* nannte, Amt & Würde des Kaisers übernahm und sich alle Mühe gab, die guten, alten Traditionen mit neuem Leben zu füllen. Seine Anstrengungen kann ich gar nicht genügend loben, auch wenn sie am Ende keinen Erfolg hatten, aber damit war Julian nicht der Erste, und er wird nicht der Letzte bleiben, der es gut meint und trotzdem scheitert, und ich will nicht verhehlen, dass ich selbst damit meine ganz eigenen Erfahrungen gemacht habe, aber davon war schon die Rede.

Julian jedenfalls griff die Angelegenheiten an ihren Wurzeln an: Er ließ Toleranz für eine jede Art von Glauben verkünden, was der Neuen Religion gar nicht gefallen wollte, hatte sie doch im wohligen Gefühl ihrer Macht gerade damit begonnen, nun das selbst erfahrene Leid auf Heller & Pfennig zurückzuzahlen, auch an diejenigen, bei denen überhaupt keine Schuld war, doch man kann nicht auf alles achten. Aber niemand ist so furchtbar in seinem Zorn wie das Opfer, das plötzlich zum Täter wird, und mein guter alter Freund, der Tod, musste sich damals sehr anstrengen, um der Rache noch auf dem Fuße folgen zu können. Jener Julian jedoch machte ein Ende damit: Er ließ nicht nur die alten Tempel auf Kosten der Neuen Religion wieder aufbauen, was ich persönlich für ein wenig überzogen hielt, denn man sollte nie die Religion mit der Ökonomie vermischen, weil sonst doch nur der Götze Mammon triumphiert, doch Julian wollte nicht auf mich hören, und ich konnte nichts daran ändern und wollte es auch nicht, hatte er doch noch eine weitere Idee, die mir wiederum sehr gefiel.

Er war fest davon überzeugt, dass solchen Irren & Besessenen mit Vernunft allein nicht beizukommen sei, sondern dass es besser wäre, sie in ihrer Unwissenheit & Unvernunft schmoren zu lassen, womit er meiner eigenen Vorstellung von einem *guten* Staat recht nahe kam, und so verbot er den Christen, sich mit Rhetorik, Grammatik & Philosophie zu befassen, damit sie geistig abgesondert in einer Welt für sich blieben, wo sie ihre Bibel lesen & auslegen konnten, sooft & solange sie es wollten, ohne dass andere sich davon gestört fühlen mussten. Der Staat, so dachte Julian es sich, sollte in größtmöglicher Toleranz auch die Galiläer dulden, aber ansonsten keine weitere Notiz von ihnen nehmen, denn vom Staat soll sich die Religion so fern halten, wie es nur irgendwie geht, weil es immer eine große Sünde ist, wenn sich das eine des anderen bedient, und es ist wahrlich böse, wenn etwas nicht an dem Platz bleibt, wohin es eigentlich gehört. So sage ich, und man soll es hören bis an das Ende der Welt und sich danach richten in all seinen Taten.

Wie ich schon erwähnt habe, waren die Gedanken des Julian Apostata klug & weise, aber erfolglos, er starb noch in sehr jungen Jahren, und nichts blieb von ihm als jener hässliche Name, den seine Gegner ihm gegeben hatten. Danach lief nichts mehr nach meinem Plan: Ich verstärkte den Druck von außen, ließ eine Flut von Barbaren nach der anderen an die Grenzen des Reiches branden, aber das Reich schien sich darum überhaupt nicht weiter zu bekümmern, die Kaiser wurden nicht klüger und das Reich nicht einiger. Ganz im Gegenteil: Es teilte sich in eine westliche & eine östliche Hälfte, und die Hälften fielen übereinander her, und die Neue Religion entdeckte immer neue Feinde, selbst in den eigenen Reihen, die man ohne Gnade natürlich sofort ausrotten musste, denn wenn Gott selbst schon keinen anderen Gott neben sich dulden wollte, dann wollte sich doch wohl auch die Neue Religion nicht einem Wettbewerb stellen, dessen Ausgang höchst ungewiss sein würde.

Hatten früher noch die Mächtigen Ordnung in die Religion gebracht, so hatte nun die Religion die Macht übernommen, und sie nutzte sie, um ihre eigenen Angelegenheiten zu richten; wenn es nicht so traurig gewesen wäre, so hätte ich mich darüber amüsieren können, wie langsam, aber sicher die Religion bis in die Kleidung hinein die Insignien des Staates übernahm, weshalb sich ihre Würdenträger noch heute so kleiden wie damals die hohen Potentaten des Reiches mit ihren seltsamen Mützen, die zu nichts weiter gut sind, als bei den einfachen Menschen einen großen Eindruck zu machen, was ihnen allerdings bislang auf das Beste gelungen ist.

Aber: Niemand fühlte sich wirklich verantwortlich für das Reich und seine Kultur, für den Erhalt von Wissenschaft & Technik, an denen so viele Menschen so lange mit so viel Erfolg gearbeitet hatten und die nun in nur wenigen Jahren wider besseres Wissen verschleudert wurden, weil es der Neuen Religion wichtiger & dringlicher erschien, über die Natur Gottes nachzusinnen als über die Wohlfahrt der Menschen – welch ein sündiger Hochmut. Ich war damals sehr erregt und bin es heute noch, wenn ich an diese Ereignisse erinnert werde, und weil ich derart erregt war, habe ich dann beschlossen, noch einen letzten Versuch zu unternehmen und alles auf eine einzige Karte zu setzen, indem ich den Druck auf das Äußerste steigerte und nun Barbaren aufmarschieren ließ, von denen wirklich nichts Gutes zu erwarten war, so dass das Reich auf einen jeden Fall um sein bloßes Überleben kämpfen musste.

Entweder – so dachte ich mir – wäre man seiner Aufgabe würdig und würde nun seine Lektion endlich lernen, oder aber es machte ohnehin keinen Sinn mehr, irgendwelche größeren Hoffnungen auf *dieses* Reich zu setzen, so dass ich es in aller Ruhe würde untergehen lassen können, denn auch für die Reiche gilt das Gesetz der notwendigen Nicht-Existenz, und diese, meine Welt ist schließlich groß genug, so dass ich mir zu anderer Zeit & an anderer Stelle immer wieder ein neues Reich suchen kann. Meine Geduld mit den Menschen ist nun wahrlich ebenfalls groß, wie ich immer wieder bewiesen habe, aber sie ist eben doch nicht unendlich, und so war ich es leid, dass man meinen Ratschlägen nicht folgen wollte, sondern sich einer Religion hingab, die doch nichts anderes anbieten konnte als die Hoffnung auf das Paradies in einem vagen Jenseits, woher noch niemand zurückgekehrt ist, um davon zu berichten.

Doch ich will nicht weiter abschweifen: Ich setzte zunächst eine große Unruhe unter die Völker der Steppe im Osten[10] und erlaubte es dann einem von ihnen, sich auf den Weg nach Westen zu machen, weil ich es nicht zulassen konnte, dass sie weiterhin das Reich im Osten gefährdeten, das sich gerade so prächtig entwickelte, und weil es mir gerade in jenem Augenblick angemessen erschien, das Reich im Westen auf die Probe zu stellen. Natürlich war ich mir der Folgen bewusst, aber genau darauf wollte ich es ja ankommen lassen – entweder man besteht die Herausforderung, oder man zerbricht daran.

Ich lockte also das Volk des Ostens mit dem Reichtum des Westens, was mir recht gut gelang, denn Neid & Gier sind immer meine besten Helfer gewesen, und kaum ein Mensch kann sich ihren säuselnden

Stimmen entziehen, und so sandte ich meinen lieben *Asmodaios* zum Volk der Steppe, um die Mächtigen zu verführen, und er enttäuschte nicht mein Vertrauen, weiß er doch seine Arbeit auf das Beste zu verrichten, wenn es darauf ankommt, und so will ich ihm die Possen & Scherze verzeihen, die er so sehr liebt und die auch mich erheitern. Und das Volk verließ seine Heimat, und niemals wollte es zurückkehren, denn man wusste um die Herausforderung, der man sich zu stellen hatte.

Niemand konnte das Volk aufhalten, so wie niemand sich der Sonne in den Weg stellen kann oder dem Regen, und das Volk trieb die anderen Völker vor sich her wie das Vieh, immer weiter nach Westen, und das Reich wusste nicht, wie ihm geschah. Nie zuvor hatte man von diesem Volk aus dem Osten gehört, das nun wie ein Blitz aus heiterem Himmel herniederfuhr; und da man es sich gar nicht anders erklären konnte, machte man mich, den Teufel, für alles Ungemach verantwortlich, wo man doch selbst die Schuld daran trug, dass man sich nun nicht mehr zu wehren wusste, weil der Streit über die Natur Gottes wichtiger geworden war als der Kampf gegen die Barbaren.

Auch wenn der eine oder andere Feldherr des Reiches den einen oder anderen Sieg erringen mochte, so wollte ich nun keine Gnade mehr walten lassen, und deshalb erschuf ich immer neue Horden von Barbaren, die sich nicht um die Religion kümmerten und kein Schwert & kein Kreuz fürchteten, und man nannte sie die Alanen und die Gepiden und die Langobarden und die Viniler und die Sueben und die Heruler und die Vandalen und die Burgunder und die Westgoten und die Ostgoten, und man gab ihnen noch andere Namen, die selbst ich vergessen habe und die hier nichts zur Sache tun, weil die Völker längst vergangen sind und nichts hinterlassen haben, an das es sich zu erinnern lohnt. Das Reich aber wusste sich nicht mehr zu helfen, und selbst die Neue Religion konnte keinen Trost mehr bieten, und man opferte wieder den alten Göttern, doch die hatten sich längst in den unendlichen Weiten der Transzendenz verloren und hörten nicht mehr auf die klagenden Stimmen der Menschen – denn auch die Götter haben ihren Stolz und lassen sich nicht nach Belieben von den Menschen rufen, auf dass sie ihnen helfen.

Und so kam es, dass die Barbaren bald sogar die Stadt Rom eroberten, und ich gewährte ihnen drei Tage und drei Nächte, damit sie taten, was ihnen gerade beliebte, und sie ließen sich nicht sehr lange darum bitten. Und die Verzweiflung war groß im Reich, doch es kümmerte mich nicht, sollten die Menschen doch jammern & klagen und für die Unbilden der Zeit den Zorn der Götter verantwortlich machen, den die Neue Religion mit ihrer Gottlosigkeit hervorgerufen hatte, und es sollte mir nur recht sein, dass auf diese Weise der Glaube an die Neue Religion ins Wanken geriet und man sich fragte, warum die Heiligen, deren Reliquien in Rom so zahlreich waren, der Stadt die wilde Gewalt der Barbaren nicht hatten ersparen können. Und ich sagte zu den Menschen: Wozu sind die Gräber der Apostel gut? Was sagst du? Ich aber sage: Rom erleidet so viel Schlimmes. Wozu sind die Gräber der Apostel gut? – Und ich antwortete: Zu gar nichts.

Später hat man dann die Friedhöfe[11] in die Nähe jener Gräber gelegt, der Gräber der Apostel & der Märtyrer, damit wenigstens die Toten sollten erlöst sein durch die Nähe des Heiligen, wenn sie schon in ihrem Leben nichts Rechtes zustande gebracht hatten, aber ich kümmerte mich nicht darum und auch nicht mein guter alter Freund, der Tod, denn der macht keine Unterschiede, ihm ist es gleichgültig, wen er besucht, und für ihn zählt allein sein ewiger Auftrag, nämlich das Notwendige in die Nicht-Existenz zu versetzen, gleich wen, gleich wo, gleich wann, aber auf jeden Fall.

Es war mir also völlig egal, ob die Barbaren Rom eroberten oder irgendeine andere Stadt des Reiches, wie sie es in jenen Jahren tagtäglich taten, und wie viele Menschen dabei dem Tod in die Arme getrieben wurden, denn so viel kann ich sagen, dass auch andernfalls keinem von ihnen ein ewiges Leben vergönnt gewesen wäre, und so starben manche von ihnen vielleicht früher, als es eigentlich und aus grundsätzlichen Erwägungen hätte notwendig sein müssen, aber immerhin haben sie ihr Leben einem höheren Zweck geopfert, worüber sie eigentlich hätten glücklich sein müssen, und was ein *höherer Zweck* ist, das bestimme immer noch ich, der Herr dieser Welt.

Jedenfalls machte ich mir keine weiteren Gedanken darüber, denn nun war es allmählich an der Zeit, das Reich vor die letzte, die endgültige Herausforderung zu stellen: An all jenen Völkern, die blind vor Gier kreuz & quer durch das Reich zogen, hätte man lernen sollen, wie man mit den Barbaren umgeht, um sich dann mit aller Kraft dem finalen Kampf mit dem Volk aus dem Osten stellen zu können, das nun auf seiner langen Wanderung endlich dort angekommen war, wohin ich es gesandt hatte. Es waren kleine, zähe Burschen, die über die Jahre hinweg in Tausenden von Gefechten gelernt hatten, wie man eine jede Art von Gegner besiegt, was man im Übrigen auch von den Soldaten und Heerführern des Reiches hätte erwarten können, hatte man sich doch an allen Grenzen mit den Feinden herumschlagen müssen.

Doch die Neue Religion, die nicht nur den anderen den Frieden predigte, sondern offenbar selbst ganz fest daran glaubte – und auch wohl daran, dass letztlich das *Wort* die schärfste Waffe würde sein können –, hatte das Reich von Grund auf geschwächt, so dass man dem Volk aus dem Osten immer mehr nachgeben musste. Und da nützte die ganze Propaganda überhaupt nichts, dass nämlich der Fürst aus dem Osten von teuflischer Gestalt sein sollte, mit zwei Hörnern auf dem Kopf & langen spitzen Ohren, was natürlich zum einen beleidigend und zum anderen eine blanke Übertreibung war, denn selbst wenn man jenen Fürsten nicht unbedingt als eine besondere Schönheit hätte bezeichnen können, war er doch von kurzer Statur mit breiter Brust & mächtigem Haupt, schlitzäugig & plattnasig, mit spärlichem grauem Barthaar, so war er doch alles in allem ein Mensch und bei weitem noch kein Teufel, und man nannte ihn das *Väterchen*.

Und das zeigt doch nichts anderes, als dass sein Volk ihn geliebt hat, und sei es bloß, weil er ihm den Reichtum nicht nur mit goldenen Worten versprach, denen keine Taten folgten, sondern sich alle Mühe gab, den anderen zu nehmen, was er den eigenen gab, woraus man wiederum lernen kann, dass es wohl doch früher einmal Zeiten gegeben hat, in denen die Politik noch über genügend Macht verfügte, um nicht lügen zu müssen, was aber egal ist, solange die Menschen damit nicht unzufrieden sind.

An dieser Stelle will ich Leserin & Leser um ein wenig Geduld bitten, bevor ich weiter vom Lauf der Dinge spreche, denn man hat mich oft & immer wieder gefragt, *weshalb* das Reich denn in jenen Jahren so schwach geworden ist, dass es die Angriffe der Barbaren letztlich doch nicht hat abwehren können, schließlich könnte man durchaus erwarten, dass solche Herausforderungen für ein Reich voller Kultur & Zivilisation, voller Reichtum & Wohlstand, voller Kraft & Macht ohne größere Probleme zu bewältigen wären.

Die Menschen selbst haben sich viele Gedanken darüber gemacht, die Gebildeten ebenso wie die Barbaren, ein jeder nach seinen eigenen

Wünschen & Interessen, und die Menschen sind wie immer zu sehr unterschiedlichen Ergebnissen gekommen und natürlich so, wie es ihnen gerade passte. Ich will mich in diese Debatten überhaupt nicht einmischen, weil die Menschen ohnehin schon längst nicht mehr auf meine Hinweise & Ratschläge hören wollen, wozu ich mich ebenfalls nicht mehr äußern will, denn auch hier wäre Bedauern nur eine andere Form von Müßiggang, was ich mir aber versagen muss, denn ich habe noch viel zu erledigen in dieser, meiner Welt, und die Menschen kümmern sich immer noch nicht genügend darum.

Deshalb will ich keine Lektionen abhalten und mich auf das Wesentliche konzentrieren: Immer – ich sage: *immer* – ist die Zivilisation den Barbaren überlegen, und immer – ich wiederhole: *immer* – wird am Ende des Kampfes die Zivilisation triumphieren, weil es ja zum Wesen der Zivilisation gehört, dass sie über mehr Möglichkeiten verfügt, dass sie besser organisiert ist und dass sie daher ihre Möglichkeiten auch besser nutzen kann – wenn – ja, ich betone: *wenn* – sie an ihre eigene Stärke glaubt.

Geist & Seele müssen sich verbünden, wenn der Augenblick des großen Kampfes gekommen ist, wenn sich die Gegner Aug' in Aug' gegenüberstehen, wenn es auf den Willen zum Sieg ankommt, auf den Willen, den Feind ein für alle Mal zu besiegen, ihn zu vernichten, ihn auszulöschen, auf dass er sein Haupt nie wieder erhebe. Und dieser Kampf wird zunächst & bis auf weiteres nicht mit dem hauenden Schwert entschieden, nicht mit der schützenden Rüstung, nicht mit den Muskeln, sondern eben mit der größeren Kraft von Geist & Seele – und mögen sich auch *Ares* & *Mars* & *Guan-di* mit seinem puterroten Gesicht & *Hachiman*, der Affe, & *Zababa* & *Nanâja* miteinander verbünden und dazu noch *Attar*[12] zu Hilfe holen, so können sie doch *Psyche* niemals besiegen, auch wenn sie den Menschen nackt & schwach erscheinen mag.

Man soll mir nicht damit kommen, dass die Kraft der Barbaren noch jung & unverbraucht sei, dass ihre Gier größer & stärker sei als der Geiz der Besitzenden, dass in ihnen noch walte die unerschöpfliche Urgewalt der Natur, dass sie wild & hart seien und nicht zart & weich, dass ihnen nicht die Moral gebiete, sondern das Leben selbst in all seiner Grausamkeit. Ich aber sage dazu nur ein Wort: *Unfug!* Wenn Geist & Seele nur stark sind, dann folgt ihnen das Fleisch nach ohne ein jegliches Widerwort, denn bin *ich* nicht selbst Geist und doch zugleich der

Fürst der Welt, bin ich nicht selbst zunächst & vor allem eine Idee und habe doch die Welt erschaffen, auf dass sie gedeihe und vollkommen werde? Der Geist hat das Fleisch gemacht und ihm die Seele geliehen, wie will sich das Fleisch da noch gegen seinen Herrn wenden?

Ich sage noch einmal: Die Zivilisation ist immer den Barbaren überlegen, wenn & solange sie Geist & Seele zusammenhält und also um ihre Stärke weiß. Nun aber: Das Reich hielt Geist & Seele nicht zusammen, und es wusste nicht mehr um seine eigene Stärke. Und hier kommt dann auch die Neue Religion wieder ins Spiel, welche nichts anderes war als eine Religion der Schwachen & der Schwäche, weil es Gott so gefallen hatte, die Menschen in meiner Welt zu Fremden zu machen, die sich hier nur zu Besuch fühlten und daher einer jeden Verantwortung ledig.

Diese Neue Religion – das war doch jedenfalls & zunächst die Verschwörung der Leidenden gegen die Wohlgeratenen & Siegreichen, und ihnen gelang es mit der Hilfe Gottes, die Tugend ganz & gar für sich in Pacht zu nehmen, diese Schwachen & heillos Krankhaften, daran ist kein Zweifel[13]. Und dabei herausgekommen ist die reine Sklavenmoral, was auch niemand weiter verwundern darf, waren es doch gerade die Sklaven, die Kranken & die Leidenden, die Schwachen & die Niedrigen, eben die *humiliores*, denen sich die Neue Religion zuwandte. *Das* genau war dann der fein geplante Anschlag auf diese, meine Welt, nämlich die Mächtigen, die *potentes*, dort anzugreifen, wo sie es am wenigsten erwartet hatten und daher auch am wenigsten geschützt waren – auf den Feldern der Werte & der Moral & der Theorie & damit (sagen wir es in einem einzigen Wort): auf dem Feld der *Kultur*, das den Mächtigen so lange als uneinnehmbar galt.

Denn wenn alles geordnet ist in dieser, meiner Welt, dann haben die Schwachen keine andere Kultur als diejenige der Mächtigen, ist doch die Macht der Mächtigen nichts anderes als die Macht über die Kultur, was die wahrhaftig & wirklich Mächtigen immer sehr genau erkannt haben und sich also auch eine jede Mühe machten, dass sie sich gerade diese Macht mit aller Macht erhielten. Die Macht über die Kultur aber ist die Macht über die Worte und darüber, was sie den Menschen bedeuten, und so kann ich mit Fug & mit Recht sagen: Die Macht über die Kultur ist die Macht über die Kommunikation, weshalb auch Gott immer von sich hat behaupten lassen: Im Anfang war das Wort, und das Wort war bei Gott, und Gott war das Wort. Dasselbe war im Anfang bei Gott. Alle Dinge sind durch dasselbe gemacht, und ohne dasselbe ist nichts gemacht, was gemacht ist[14].

Doch ich antworte: Das Wort ist notwendig, aber es reicht doch nicht, denn ohne den Willen bleibt das Wort leer & schwach, und es gelangt noch nicht einmal zu des anderen Ohr. Und so sollten die Mächtigen daraus lernen & also handeln, auf dass sie die Mächtigen bleiben, denn wer nicht den Willen hat, die Worte zu beherrschen, der verliert sodann seine Macht, und so ist der Mächtigste nichts ohne Wort & Willen, und er wird erniedrigt werden für immer & ewig, und die Schwachen werden über ihn herrschen und ihn richten, und sie werden ohne Gnade sein, denn auch ihnen ist keine Gnade widerfahren, und wer will es den Opfern verdenken, wenn sie lange genug mit allem Eifer die Grausamkeit der Täter studiert haben, und so wollen sie es nicht wieder vergessen, da nun die Mächtigen vor ihnen im Staub liegen.

Und so soll keiner sagen, dass die Mächtigen nicht selbst dafür verantwortlich sind, wenn sie ihre Macht verlieren, und es ist stets meine feste Überzeugung gewesen, dass der, welcher die Macht aus seinen Händen geben muss, es nicht besser verdient hat, und es sich daher nicht lohnt, mit ihm zu fühlen oder gar mit ihm zu leiden. Aber soll *auch* keiner sagen, dass ich den Menschen keine zweite Chance gebe (es ist immerhin ein anderer gewesen, der die Menschen schon beim ersten Fehler aus dem Paradies geworfen hat), und genau deshalb hatte ich ja das Reich vor diese große Herausforderung gestellt, dass es sich nämlich in der Stunde der Entscheidung mit Geist & Seele sollte bewähren können.

Nun muss ich eingestehen, dass auch ich mich leider habe blenden lassen vom äußeren Glanz des Reiches, von all dem Marmor & dem Gold, von den prächtigen Gebäuden, wie ich sie jedenfalls auf dieser Welt zuvor noch nie gesehen hatte, vom Stand der Wissenschaften & der Technik, von der feinen Kultur des Lebens. Ich habe darüber jedoch lange Zeit nicht bemerkt, ja vielleicht auch gar nicht bemerken *wollen*, dass die Mächtigen in diesem Reich noch geiziger waren, als sie es zu allen Zeiten und an allen Orten gemeinhin schon gewesen sind, das *Reich* bedeutete ihnen nichts, allein dass es ihren eigenen Reichtum schützen und mehren sollte. Sie wollten unter sich bleiben, erlaubten niemandem, dass er sich unter sie mischte, selbst wenn er würdig & fähig genug war, wo doch alle Welt inzwischen wissen sollte, dass die

Mächtigen nur dann an der Macht bleiben[15], wenn sie die Besten der Masse immer wieder unter sich aufnehmen, und sei es nur, weil man auf keinen Fall zulassen darf, dass den *humiliores* ihre eigenen Führer erwachsen.

Aber die Mächtigen des Reiches waren durch ihre eigene Entscheidung blind & taub geworden, sie wollten nichts mehr wissen von der Armut ihrer Bauern, Handwerker & Sklaven, was ich im Übrigen sehr gut verstehen kann, denn die Armut ist schmutzig & hässlich, so dass kein Wesen von Geschmack & Bildung sich freiwillig in ihre Nähe begibt, auch ich nicht, aber es bleibt *mir* doch nichts anderes übrig, als immer wieder hinab in die unsäglichen Tiefen des menschlichen Lebens zu steigen, wenn ich den Lauf der Welt voranbringen will. Und daran hätte doch den Mächtigen des Reiches gelegen sein sollen, hat ihnen der Fürst der Welt diese Macht nur deshalb verliehen, damit sie diese, meine Welt vollkommener machen, als sie es ohnehin schon ist, und so ist es ihre eigene Schuld, wenn sie nicht verständig mit der Macht umgehen, und niemand soll nachher kommen & sich bei mir beschweren.

Es ist nämlich der wahre Geist der Macht, dass man um sie weiß, es aber nicht immer zeigt, denn auch aus der Ohnmacht entsteht eine eigentümliche Kraft, wenn sie sich ihrer erst einmal bewusst geworden ist. Und so mögen die Mächtigen grausam sein und willkürlich, was ein jeder von ihnen erwartet, denn wozu sonst soll die Macht nütze sein, aber niemals, *niemals* darf sie arrogant werden, immer muss sie den Armen & Schwachen wenigstens einen Funken an Hoffnung lassen, eines Tages auch zu den Mächtigen gehören zu können, selbst wenn es nur wenigen jemals gelingen mag und dann niemand zu sagen weiß, weshalb gerade diese und keine anderen.

Und die *humiliores*? Sie wussten nichts vom Reich, nichts von seinem Geist und nichts von seiner Seele, die Mächtigen hatten ihnen nur das hauende Schwert gebracht und nicht die bildende Kultur. Ja, ich hatte mich geirrt, *sehr* geirrt sogar, und so will ich hier in aller Deutlichkeit erklären, dass mir auch die Massen immer sehr viel bedeutet haben und ich den Mächtigen stets mit allem Nachdruck geraten habe, die Massen & ihr Wohlergehen nie zu vernachlässigen. Und damit ich ja nicht falsch verstanden werde: Es geht nicht darum, dass der einzelne Mensch reich & glücklich & gesund & jung & schön ist, schließlich spornt nur das Wissen um die eigene Defizienz die Menschen dazu an, überhaupt etwas zu tun, und was hätte diese Welt dann schon wirklich davon, wenn sie von einer Bande selbstverliebter Narzissten[16] bewohnt wäre, die nach nichts anderem trachten, als die Welt in eine Landschaft von Seen und Teichen zu verwandeln, um sich möglichst oft im Wasser selbst spiegeln zu können.

Nein: Wer immer den Massen einredet, dass sie gleich den Mächtigen werden können, der macht sich der größten aller Sünden schuldig, und diese Schuld wird niemals Vergebung finden können, nicht vor dem Angesicht Gottes und erst recht nicht vor meinem. Und ich will niemanden dazu auffordern, sich mit den Massen mehr gemein zu machen, als es unbedingt erforderlich wäre, und ich verstehe das dringende Bedürfnis, sich nach einem jeglichen Kontakt mit ihnen auf das Sorgfältigste zu reinigen, innerlich & äußerlich, und auch nicht den kleinsten Teil von Körper & Seele dabei zu vergessen. Ich aber spreche von etwas völlig anderem, wenn ich sage, dass mir die Massen und ihr Wohlergehen immer sehr viel bedeutet haben, und ich will es sogleich erklären.

Ad primum: Die Massen sind immer gewesen & werden immer bleiben die Mehrheit in der Gesellschaft der Menschen, so dass man sie allein schon ihrer *Quantität* wegen nie & nimmer außer Acht lassen darf, selbst wenn man – und zu Recht – von ihrer Qualität nichts halten will. Und wir alle wissen doch ganz genau, dass wir nie ganz genau wissen, wann eine Quantität in eine Qualität umschlägt, eine neue, eine andere Qualität, doch & deshalb sollen wir immer wachsam & vorbereitet sein.

Ad secundum: Wenn aber das Merkmal der Massen ihre Quantität ist, dann wollen & können wir nicht ausschließen, nein, wir müssen sogar als *sicher* davon ausgehen, dass sich irgendwo in diesen Massen doch wenigstens ein Quäntchen an *Qualität* verbirgt, wenn auch nur aus Zufall, doch in meinem Algorithmus ist nichts so sicher angelegt wie der Zufall. Und so haben die Chinesen recht daran getan, dass sie die Mächtigen nach dem Recht der Bildung und nicht nach dem Recht des Blutes ausgewählt haben[17], aber das ist eine ganz andere Geschichte.

Ad tertium: Und so folgt daraus, dass die Mächtigen immer wieder die Qualität aus den Massen herausfiltern müssen, damit deren Quantität nicht weiter bedrohlich wird, denn mit der Quantität kann man umgehen, indem man sie zerlegt & teilt & herrscht. Ich schließe nun damit, dass es sich stets als nützlicher erwiesen hat, wenn man die Klugen & Starken in den Massen nicht tötet, sondern sie voller Gnade in den Kreis der Mächtigen aufnimmt, wissen sie doch selbst am besten, wie man die Massen beherrschen kann.

Das Reich & seine Mächtigen hatten jedoch nichts davon begriffen, sie machten sich nicht die Mühe, die Massen für sich zu gewinnen, sie behielten Geist & Seele für sich und hüteten ihren Besitz eifersüchtig. *Das* war der große, unverzeihliche Fehler, dass Geist & Seele von Freiheit & Bildung & Wohlstand sprachen, die Massen aber weiterhin in Armut & Ausbeutung lebten wie bisher, ohne dass auch nur die kleinste Hoffnung darauf bestand, dass sich etwas ändern würde. Man kann es wenden, wie man will, man kann das Maß an Reichtum & an Wissen preisen, welches das Reich in den langen Jahren seiner Herrschaft zustande brachte, doch der Graben zwischen den Mächtigen und den Massen wurde immer tiefer, und die Mächtigen bemerkten viel zu spät, dass man das Reich zwar durch den massiven Einsatz von Gold & Schwert ausdehnen kann, aber auf Dauer wohl doch nicht erhalten.

Ich habe schon gesagt, dass auch die Ohnmacht eine sehr eigentümliche Kraft entwickeln kann, die sich ihren Weg sucht wie das Wasser, und wenn sie mit Gold & Schwert nicht mithalten kann, dann sucht & findet sie eben andere Möglichkeiten, um die Mächtigen herauszufordern, und es gehörte zu den klugen Details in Gottes Plan, dass er seinen Sohn gerade in dem Moment in diese, meine Welt entsandte, als die Massen ihre Not als besonders drängend empfanden, und dass sich seine Botschaft in den *Köpfen* der Menschen einnistete, wohin die Mächtigen nicht folgen konnten, auch weil sie sich nie um einen Weg dorthin bemüht hatten. Und weil die Mächtigen sich nie um die Köpfe der Menschen gekümmert hatten, war dort eine große Leere, und umso schneller und umso mehr sogen die Menschen die neuen Botschaften mit größter Begierde auf, und umso größer wurden Verachtung & Hass auf die Mächtigen, bis die Menschen schließlich überhaupt nicht mehr an die Macht der Mächtigen glaubten.

Ganz gleich, ob man die Macht auf die Liebe oder auf die Furcht gründen will (und meiner Meinung nach hat sich ein *mixtum compositum* bewährt, dessen jeweilige Anteile sich allerdings stets & durchaus mit einer gewissen Willkür ändern sollten, aber man fragt mich heutzutage nicht mehr nach meinem Rat), also egal, mit welchen Instrumenten man seine Macht auch ausüben will, so darf man doch niemals vergessen, dass nicht die Anwendung dieser Instrumente die Macht sichert, sondern mehr noch der feste Glaube daran. Und so sage ich noch einmal: Es ist mit der Macht der Mächtigen endgültig zu Ende, wenn die Massen nicht mehr daran glauben, und alle Schwerter & alles Gold werden nichts mehr nützen.

Aber wenn erst einmal der Zweifel den Glauben befallen hat, ist keine Rettung mehr möglich, dann wird aus einer kleinen Quelle ein mächtiger Strom, eine neue *Sintflut*, die alles mit sich reißt und unter sich begräbt, und nichts & niemand können sie aufhalten, selbst ich nicht, und so musste ich abwarten, bis sich die erste Aufregung wieder gelegt hatte, was in diesem Fall aber sehr, sehr lange dauerte, viel länger als damals, denn die Menschen wollten sich jetzt gar nicht mehr am Aufbau der Welt beteiligen.

So unzufrieden waren sie dieses Mal mit den Zuständen in dieser, meiner Welt, dass sie gar nicht mehr daran glauben wollten, sie durch ihr eigenes Handeln besser machen zu können; dieses Mal verweigerten sie sich ihrer Aufgabe, dieses Mal sahen sie nur noch einen einzigen Ausweg aus den Leiden & Mühen, dieses Mal wollten sie diese, meine Welt endgültig überwinden, dieses Mal hofften sie inständig auf den großen Feuerbrand, in welchem die Bösen & Gottlosen vergehen werden, auf das Letzte Gefecht, das die Armen, Leidenden & Schwachen befreien sollte, auf den Großen König, der mächtiger ist als alle Mächtigen der Welt, auf sein Neues Reich der Gerechtigkeit, das nicht von dieser, meiner Welt sein würde. Denn die Mächtigen mochten mächtig sein in dieser Welt, und niemand konnte ihrer Macht widerstehen, so waren doch auch sie hilflos & schwach vor dem Angesicht des Mächtigen aus der anderen Welt, welcher wird kommen in aller Pracht & Herrlichkeit, wenn die Not am größten ist.

Ja, und die *humiliores*? Sie hatten nun endlich ihren ureigenen Glauben gefunden, sie hatten keine Furcht mehr vor den Mächtigen, sie glaubten, nein, sie *wussten*, dass die Mächtigen ihren Körper peinigen und töten konnten, aber nicht ihre unsterbliche Seele, und so konnten sie den Tod mit Freude erwarten, denn erst dann würde ihre Seele wirklich frei sein von den Lasten & den Leiden des irdischen Lebens, dann wäre die Reise an ihr Ende gekommen, und die Seele kehrte heim ins Paradies, zum wahren & einzigen Gott. Und wie sich ein Reisender in einer Herberge nicht häuslich einrichtet, weil er doch am nächsten Tage seine Wanderung fortsetzen wird, so auch nicht der gläubige & wissende Mensch in dieser Welt, wartet doch die Heimat so sehnlich auf ihn und er auf seine Heimat.

Ich gebe zu, dass mich diese Haltung damals ebenso zornig gemacht hat wie heute, denn nicht nur, dass diese Menschen meine Schöpfung missachten, mehr noch sind diese Menschen in ihrem Glauben, den sie für das Wissen halten, anmaßend & arrogant, denn wie wollen sie – dumm & ungebildet, wie sie es nun einmal sind – die Schönheit & die Logik meiner Werke beurteilen können, geschweige denn, wie wagen sie zu behaupten, dass Gott gerade ihnen seine Wahrheit geoffenbart habe. Mit dieser Art von Menschen[18] kann ich nichts anfangen: Ich will es noch akzeptieren, wenn von ihnen ab & zu einmal ein wenig Kritik geäußert wird, weil in dieser Welt noch längst nicht alles so ist, wie es eigentlich sein sollte; aber nur der hat ein Recht auf Kritik, der sich strebend bemüht, es besser zu machen, weshalb ich es nicht dulden will, wenn aus der Kritik die Ablehnung erwächst und aus der Ablehnung die Hoffnung auf das baldige Ende der Welt und aus der Hoffnung sogar noch das eigene Handeln, damit es damit nicht mehr so lange dauern mag.

Ich habe den Menschen die Freiheit geschenkt, und so kann ein jeder für sich selbst entscheiden, ob es ihm in dieser, meiner Welt gefällt, und falls es ihm nicht gefällt, so steht es ihm durchaus frei zu gehen, er kann sich einen Strick nehmen oder vom höchsten aller Berge springen, oder er kann sich von meinem lieben alten Freund, dem Tod, dabei beraten lassen, der schon vor längerer Zeit sein Angebot gerade um diese Dienstleistung erweitert hat, aber er soll doch – bitte – die anderen Menschen nicht daran hindern, das zu tun, was ihnen in den Sinn kommt. Und was bilden sich diese Menschen eigentlich ein: etwa dass sie Söhne des Lichts sind, die Krieger Gottes, als ob Gott gerade *ihrer* bedürfte, als ob Gott gerade *sie* in seine Heerscharen berufe, dass gerade sie etwas ausrichten können in jenem ewigen Spiel zwischen Gott und mir?

Man mag mir glauben oder auch nicht, aber ich sage, dass es mit Gott schon sehr schlecht stehen müsste, wenn er wirklich auf ein Heer der Armen & Schwachen & Leidenden angewiesen wäre, um in unserem Spiel bestehen zu können. Und ich füge noch hinzu: *Nichts* ist vorherbestimmt in unserem Spiel, nichts steht darüber geschrieben, denn dieses Spiel geht die Menschen nichts an, sie verstehen es nicht, und so sollen sie sich nicht weiter einmischen, weil am Ende doch nur Gott oder ich den Schaden davon haben, wenn wir wieder alles richten müssen, was die Menschen in ihrer Einfalt zerstört haben; und ich weiß inzwischen auch von Gott, dass es selbst mit seiner Geduld allmählich zu Ende geht, und ein jeder weiß, wie furchtbar Gott in seinem Zorn sein kann, und er wird – wie immer – auf die Menschen weisen und eben nicht auf mich, hat Gott doch längst begriffen, wie entsetzlich langweilig sein Dasein ohne jenes ewige Spiel mit mir wäre.

Wie auch immer: Darum haben die Menschen sich nicht zu bekümmern, niemand verlangt von ihnen, sich in irgendeiner Weise an unserem Spiel zu beteiligen, und ich verbitte mir ein für alle Mal, dass obskure verwandtschaftliche Beziehungen hergestellt werden, indem von den *Söhnen* des Lichts oder der Finsternis gesprochen wird. Wir sprachen von den Mächtigen und davon, dass sie ihre Macht durch ihre eigene Dummheit verloren hatten, worüber ich im Übrigen sehr verärgert war, denn das kann man von den Mächtigen unter den Menschen doch wohl noch erwarten, dass sie ihre eigenen Artgenossen so gut kennen und darum wissen, dass der Mensch ein psychosomatisches Wesen ist, das der emotionalen Fürsorge noch mehr bedarf als des körperlichen Wohlergehens, dass es daher gut ist, den Menschen nicht nur das Brot, sondern auch noch die Spiele anzubieten, aber dass es noch besser ist, wenn die Menschen fest & unerschütterlich daran glauben, dass Brot & Wein für den Körper & das Blut ihres Gottes stehen, der auf diese Weise aus seiner Transzendenz in die Immanenz geholt wird[19], auch wenn er dazu vorher nicht um sein Einverständnis gefragt wurde, aber das geht *mich* rein gar nichts an.

Wenn es nun aber den Mächtigen nicht gelingt, die Seele der Massen zu berühren, dann suchen die Massen nach ihren eigenen Wegen, und daraus kann niemals etwas Gutes entstehen, und die Folgen sind dann nicht nur fürchterlich für die Mächtigen, was mir an & für sich ziemlich egal sein könnte, sondern auch für diese, meine Welt, die dadurch doch keineswegs vollkommener wird, dass die Massen die Herrschaft in ihr übernehmen. Ich habe mir immer wieder die Mühe gemacht, diese Menschen zu verstehen, was mir im Großen & Ganzen gelungen ist, aber ein *Verständnis* ist nie daraus geworden, denn ich *will* nicht begreifen, dass es manche Menschen aus freier Entscheidung vorziehen, in Armut & Elend zu leben, allein weil sie auf die Erlösung in einer anderen Welt hoffen, als dass sie ihre Kraft und ihren Willen darauf richten, diese Welt zu verbessern – haben sie doch zunächst keine andere und kann doch kein Mensch wirklich sagen, wie diese andere Welt beschaffen wäre, wo sie doch allein bei Gott liegt & niemand anderem, und sie wird so sein, wie es Gott beliebt, und welche Anmaßung zu meinen, dass sie gerade nach den Wünschen der Menschen geschaffen sei.

Gott ist unergründlich in seinem Ratschluss, und selbst mir, der ich ihn wohl am längsten & am besten kenne, fällt es immer wieder sehr schwer, hinter seine Logik und seine Strategie zu kommen, was aber doch dringend nötig ist, um im ewigen Spiel mit ihm angemessen bestehen zu können. Und soweit mir bekannt ist, gehören alle Geschichten darüber, dass der eine oder andere Mensch ins Paradies geführt wurde, von einem Engel emporgehoben oder wie Jakob auf den Stufen einer Leiter, gehören also derartige Geschichten allein zur üblichen Propaganda, denn Gott muss nun wirklich nicht unter den Menschen werben für sein Paradies wie der Besitzer einer Herberge um seine Gäste, denn am Ende aller Tage werden wir, Gott & ich, genügend damit zu tun haben, alle jene abzuwehren, die sich berufen fühlen, worauf es nämlich überhaupt nicht ankommt, aber das soll ein jeder noch sehen, wenn es denn einmal so weit sein wird.

Ich glaube, ich habe genug zu diesem Thema gesagt, so dass die Menschen nun wissen, um was es geht, und so sollen sie nun ihre eigenen Schlüsse daraus ziehen. Die Geschichte des Höheren Menschtums dauert inzwischen lange genug und bietet genügend Material, damit die Menschen aus ihr lernen können, was überhaupt nicht so schwierig ist, wenn man nur ein wenig an der Oberfläche schürft, denn die Geschichte wiederholt sich zwar nicht, aber sie folgt letztlich & endlich doch Gesetzen, die sich zwar ab & zu ändern (weil auch mein Algorithmus lernen kann und damit es mir nicht zu langweilig wird), die Geschichte folgt also *doch* Gesetzen, die sogar von den Menschen erkannt & genutzt werden könnten, denn dazu sind sie (die Gesetze & die Menschen) schließlich da, wozu braucht es sonst einen Wegweiser, wenn niemand ihm folgen will?

Was nun aber die Fähigkeit der Menschen angeht, aus der Geschichte oder der Kultur oder der Natur oder – sagen wir – *überhaupt* zu lernen, so weiß ich nicht, was ich davon denken soll, denn zum einen dringen sie immer weiter & tiefer zu dem vor, was die Welt im Innersten zusammenhält, sie können die Bewegungen des Kleinsten und des Größten erkennen und berechnen, sie haben sogar den *Zufall* entdeckt, was immerhin eine wirklich große Leistung ist, denn eigentlich muss man sich des Zufalls selbst bedienen, um ihn finden zu können, denn man weiß vorher nie zu sagen, wo er sich gerade versteckt hält, und zumeist nie dort, wo man ihn vermutet.

Ich will diese Leistungen der Menschen überhaupt nicht schmähen, geben sie mir doch immer wieder die Hoffnung, dass sie zu Großem fähig sein können, wenn sie denn ihr Potenzial richtig nutzen, zum anderen aber macht es mich wiederum sehr, sehr skeptisch, wie schnell die Menschen vergessen, wie schnell sie ihre Meinung ändern, wie schnell sie die Lust verlieren. Ich habe nie verstanden, weshalb die Menschen sich viele Fragen, die aus meiner Sicht längst & abschließend beantwortet waren, immer wieder aufs Neue stellten, so als wollte eine jede Generation die Welt neu erkunden und auf diese Weise für sich neu erschaffen, wo doch noch so viele Fragen darauf warten, dass sich die Menschen ihnen widmen und eine Antwort darauf finden – so jedenfalls war das mit dem *Wettbewerb*, den ich einst unter die Menschen gesetzt hatte, nun wirklich nicht gemeint gewesen.

Leider gibt es immer wieder Menschen, welche nicht zwischen ihrer *Lebenszeit* und der *Weltzeit* zu unterscheiden[20] wissen und die daher glauben, dass die Welt erst im Augenblick ihrer Geburt begonnen hat und im Moment ihres Todes zu Ende gehen wird, die sich also selbst die Welt erschaffen (was an & für sich nicht weiter problematisch wäre), dann aber auch darauf bestehen, dass die Welt mit ihrem eigenen Tod unterzugehen habe (was schon zu größeren Schwierigkeiten führen kann, jedenfalls dann, wenn diese Menschen nicht irgendwo unerkannt in der Masse verschwinden, sondern in dieser, meiner Welt zu den Mächtigen gehören).

Nun weiß man ja inzwischen, dass diese, meine Welt real & wirklich existiert, die Menschen sie aber nur durch den Schleier ihrer Wahrnehmung hindurch erkennen können, so dass man genauso gut sagen könnte, die Menschen erschaffen sich ihre eigene Welt vermittels ihrer Wahrnehmung; und so müssen wir nur noch einen einzigen Schritt weitergehen, um zu der Erkenntnis zu gelangen, dass die Menschen nicht nur inmitten der Welt leben, so wie sie real & wirklich ist, sondern mehr noch inmitten der Kommunikation darüber, wie man die Welt erkennen kann oder soll oder darf oder muss.

Ich will an dieser Stelle darauf verweisen, dass kaum ein Zweifel darüber bestehen kann, dass die Wahrnehmung eines Menschen im Moment seines Todes beendet ist, und selbst wenn es nicht so wäre – wie manche behaupten –, so steht doch außer Frage, dass jener Mensch, dessen Tod wir gerade zu Zwecken der Argumentation postuliert haben, nun nicht mehr über seine Wahrnehmung von der Welt kommunizieren kann (jedenfalls nicht mit anderen Menschen, die Kommunikation mit den Maden und Bakterien wollen wir hier einmal außer acht lassen, auch wenn sich daraus ausgesprochen reizvolle Konsequenzen ergeben könnten); und damit hat sich dieser tote Mensch *hors du système* gestellt, was manche wiederum auch bezweifeln mögen und im Verrücken von Stühlen & Tischen eine solche Kommunikation zu erkennen meinen, aber darauf können wir hier & jetzt im Sinne unserer Beweisführung keine Rücksicht nehmen.

Und was soll das bedeuten?, wird man mich jetzt fragen, und ich antworte: dass man durchaus dem einzelnen Menschen den Glauben zugestehen mag, dass *seine* Welt mit *seinem* Leben endet, was wohl tatsächlich der Fall ist, nicht aber *die* Welt für *die* Menschen, denn welch eine Anmaßung, wenn ein einzelner Mensch davon ausgeht, dass die Welt nur deshalb bloße Wahrnehmung ist, damit er sie nur so & nicht anders erkennen kann. Und welche noch größere Anmaßung, wenn er dann meint, dass die Welt zugrunde gehen müsse, nur weil er selbst zugrunde geht, und ist es dann nicht sogar die größte aller Anmaßungen, wenn der einzelne Mensch behauptet, dass diese Welt allein dazu da sei, ihm zu nutzen & zu dienen?

Jedenfalls stellen wir fest, dass die Wahrnehmung endlich ist, die Kommunikation jedoch ewig, und auch wenn ich die Menschen dafür loben will, welche ingeniösen Mittel sie zur Kommunikation untereinander erdacht haben mögen, so wissen sie doch immer noch kaum etwas davon, wie die Natur kommuniziert, die Enten, die Ameisen, die Atome, sogar der Mond & die Planeten, zwischeneinander & miteinander, und wie wären die Menschen überrascht, wenn sie hören könnten, was die Sterne gerade ihnen zu sagen hätten[21].

Ich habe den Menschen die Freiheit geschenkt, und so soll ein jeder die Welt wahrnehmen, wie es ihm gerade passt, und weil es so viele Menschen gibt an allen Orten & zu allen Zeiten, dass ich es längst aufgegeben habe, sie zu zählen, so will ich gar nicht ausschließen, dass darunter manche Menschen sein mögen, die die Welt so wahrnehmen, wie sie *wirklich* ist; dafür wird schon allein das Gesetz der grossen Zahl sorgen, welches sich bislang immer als sehr hilfreich erwiesen hat. Aber diese Freiheit gilt für *den* Menschen, die spezielle & spezifische Monade, nicht aber für *die* Menschen, das komplexe & komplizierte System innerhalb eines noch komplexeren & noch komplizierteren Systems, dessen Regeln tief verborgen liegen in meinem Algorithmus, der sich ändert über die Zeiten und niemals wieder so sein wird, wie er jemals gewesen war.

Was aber will ich damit sagen? – Doch nur, dass der Mensch sich seinen Glauben sehr genau überlegen soll, denn seine Verantwortung reicht nicht nur bis zu seiner Nasenspitze, sondern weit darüber hinaus, so weit, dass er es gar nicht mehr wahrnehmen kann; es ist dem Menschen nun einmal nicht vergönnt, alles das zu ernten, was er gesät hat, das müssen dann andere für ihn tun, auch wenn es ihnen überhaupt nicht gefällt und sie den Menschen verfluchen, der diesen Samen lange vor ihnen in die Erde gelegt hat.

Ich weiss, ich weiss: Ich bin wieder einmal so weit von meinem Thema abgeschweift, dass ich mich kaum noch erinnern kann, wann & wo ich es verloren habe, und so will ich mich jetzt wieder auf meine Geschichte konzentrieren, die wir – so glaube ich jedenfalls – zu dem Zeitpunkt verlassen hatten, da das Volk aus dem Osten an den Grenzen des Reiches auftauchte, um zu prüfen, ob es wirklich seiner Macht würdig sei oder eben auch nicht. Hatte ich eigentlich schon erzählt, dass ganz bewusst ein Volk aus dem *Osten* von mir ausgesucht worden war? – Denn ich wollte in die grosse Herausforderung zugleich eine Chance einweben, dass nämlich auf diese Art & Weise ein neuer Kontakt[22] zwischen den Reichen des Westens und des Ostens hätte zustande kommen können und damit eine neue Kommunikation, eine Verbindung, ein Austausch, vielleicht sogar eine Kooperation, waren doch die Griechen und auch die Chinesen recht weit gekommen bei der Vervollkommnung dieser Welt, jedoch jeweils auf recht unterschiedlichen Feldern von Wissenschaft & Technik & Kultur, und es hätte doch höchst spannend werden können, wenn die einen von den anderen gelernt hätten.

Jenes Volk aus dem Osten jedenfalls, das nun am Ende seines langen Weges über endlose Berge & Steppen & Täler & Flüsse angelangt war, jenes Volk, das man im Osten die *Hsiung-nu* genannt hatte und das dort oft genug in die Zivilisation eingedrungen war, um von ihr auch etwas zu lernen, jenes Volk also war immer noch & zweifellos barbarisch, aber es führte doch Artefakte & Souvenirs aus China mit sich, für die sich die Mächtigen des Reiches im Westen durchaus hätten interessieren können. Vor allem hätten die *potentes occidentales* lernen können, dass ihre Macht nur so lange & so weit reicht, wie sie in Harmonie steht mit den Gesetzen des Himmels, wenn aber nicht, so werden die Folgen für alle ersichtlich sein. Wenn nämlich die Erde erbebt und die Wasser sich erheben, und die Pest über die Menschen kommt und die Kühe blöd werden, dann hat kein Menschenwerk mehr Bestand vor dem Angesicht des Himmels, und der Stolz der Menschen wird liegen im Staub seiner Türme und Häuser. Und dann ist es nicht nur das Recht, sondern die *Pflicht* eines jeden guten Menschen, sich einen neuen Kaiser zu wählen, und genau daran wird man auch erkennen, dass gerade *er* der Liebling des Himmels ist, dass er nämlich die Macht auf Erden errungen hat, welche man nur dann erringen kann, wenn man sich eben im Gleichklang mit den Gesetzen des Himmels befindet; so nämlich geht es zu in dieser, meiner Welt.

Das also war die Botschaft für die Mächtigen im Westen, die ich dem Volk aus dem Osten mit auf seinen Weg gegeben hatte, auf dass es das Reich herausforderte. Nun haben wir aber schon davon gesprochen, dass allein die Wahrnehmung der Menschen ihre eigene Welt begründet, und so ist eine Herausforderung auch nur dann eine Herausforderung, wenn sie als eine solche *begriffen* wird, und die Chancen unter all den Risiken erkennt nur derjenige, der sie wirklich erkennen *will*[23].

Die Mächtigen im Westen jedoch waren dafür blind & taub, selbst sie bekümmerten sich mehr darum, wie denn die andere Welt in ihrem Innersten beschaffen sein könnte, oder um das wahre Verhältnis zwischen Gott & Sohn & Geist, worüber man sich – wie ich gerne zugeben will – mit einer Fülle von Argumenten auf das Subtilste streiten kann, wodurch aber die Verhältnisse in dieser, meiner Welt kaum besser, eher nur noch schlechter werden, was aber denjenigen nicht weiter interessieren muss, der sich hier ohnehin nur auf der Durchreise zu einem besseren Jenseits glaubt. Und genau das ist dann meine Kritik an den Mächtigen, wenn sie nämlich nicht mehr den Verführungen der Religion widerstehen können, weil sie selbst dem Opium verfallen sind, das doch eigentlich & immer & nur für die Massen gedacht ist.

Ich will nun eine lange Geschichte abkürzen und nur noch *en gros* erzählen, wie es weiterging, weil mich die ewig gleiche Geschichte vom

Untergang der Kulturen allmählich langweilt: Die Mächtigen im Westen sind an der großen Herausforderung gescheitert und das – wie ich betonen muss – noch nicht einmal auf eine besonders heroische Art & Weise. In einer letzten Anstrengung versuchten sie noch einmal, mithilfe der Barbaren die Barbaren zu schlagen. Das Schlachtenglück wogte einige Zeit hin & her, Tausende von Menschen starben auf der einen oder der anderen Seite oder weil sie aus Zufall gerade an einem Ort waren, wohin sie eigentlich nicht gehörten, was an & für sich schon als das Böse schlechthin zu gelten hat, so dass mein guter alter Freund, der Tod, sie völlig zu Recht in die notwendige Nicht-Existenz befördern musste. Doch erst als der Fürst jenes fremden Volkes aus dem Osten aus dem wohl verdienten Schlaf nach einer Hochzeitsnacht nicht mehr erwachte, war sein Volk endlich besiegt, vertrieben & verstreut in den Weiten der Steppe, wo es dann neue Kraft für seinen nächsten Angriff sammeln konnte; doch die siegreichen Barbaren aus dem Norden waren sich inzwischen *ihrer* Macht bewusst geworden, hatten sich selbst mit der Neuen Religion verbündet und nun an die Stelle der *potentes* gesetzt.

Nun habe ich nie zu denen gehört, die sich voller Hochmut erhaben über den Bastard glaubten, weiß ich doch sehr genau, dass nur aus der Mischung immer wieder etwas Neues entstehen kann, aber es kommt eben stets auf die *richtige* Mischung an. Jedenfalls wäre es nun die historische Aufgabe selbst eines geschlagenen Reiches gewesen, die Barbaren zu bilden & zu erziehen, auf dass sie sich des Erbes bewusst werden, welches anzutreten das Schicksal ihnen bestimmt hatte; aber das Reich war ja von innen her schon längst schwach geworden, nach der Blüte, dem Wachstum und der Reife hatte es nun endgültig das Stadium von Fäulnis & Moder erreicht; nachdem die Seele zugrunde gegangen war, siechte nun auch der Geist.

Es gehört zu den abstrusen Details der menschlichen Geschichte, dass sich nun gerade die Neue Religion berufen sah, gewisse Traditionen des alten Reiches zu erhalten, nicht zuletzt, weil man sich inzwischen selbst zu den *potentes* gehörig fühlte und an die Privilegien der Macht gewöhnt hatte, auch wenn es zunächst nur um die Seelen der Menschen ging; doch das hatte die Neue Religion gelernt, dass nämlich den Menschen besitzt, wer über seine Seele verfügen kann. Und so gelang es ihr – wenn auch mit ein wenig Zeit & Mühe –, in die Seelen der Barbaren vorzudringen, wobei sich bei denen nicht die Hoffnung auf das Paradies in einer anderen Welt als das wirkungsvollste Instrument erwies, sondern die *Angst* vor der ewigen Strafe & Pein in der Hölle, was wohl etwas damit zu tun hatte, dass der Wohlstand des Reiches jenen Barbaren schon wie ein Paradies auf Erden vorkommen musste, an dessen Wohltaten man sich allein durch simplen Raub & Plünderung auch ohne die Hilfe eines Gottes gütlich tun konnte; während ihnen der Verlust jener gerade errungenen Reichtümer tatsächlich als die größte aller denkbaren Strafen erscheinen musste, woraus man zweifellos lernen kann, dass sich Neid *und* Geiz gleichermaßen für die Missionierung eignen, wenn man denn nur die innere Stärke aufbringt, diese Instrumente auch anzuwenden.

Ich will an dieser Stelle gar nicht weiter darauf eingehen, dass die Neue Religion ihre damaligen Erfolge also nur dem Umstand zu verdanken hatte, dass die Furcht der Menschen[24] vor mir, dem Teufel, offenkundig größer ist als ihre Hoffnung auf Gott, was mich zwar erfreuen könnte, mir letztlich aber doch nicht lieb ist, denn die Menschen sollen ihre Aufgaben nicht nur aus Angst vor Strafe, sondern aus einer tief empfundenen Einsicht in das Notwendige erfüllen – um von Liebe & Zuneigung ganz zu schweigen. Ich konnte mich aber auch deshalb damals nicht wirklich darüber freuen, weil Gott sich nicht damit zufrieden gab, die Menschen im Westen von ihren Pflichten in dieser, meiner Welt abzulenken, sondern auch noch einen Angriff von Süden her begann, wo doch eigentlich nichts anderes war als nur Sand & Wüste.

Wieder einmal hatte Gott sein Handeln auf das Genaueste geplant und es dann mit ebenso viel Sorgfalt umgesetzt, nur dass er nun nicht mehr seinen Sohn auf die Erde schickte, was dieser nach all den Erfahrungen, die er dort gerade erst gemacht hatte, ohnehin strikt abgelehnt hätte, so dass Gott keinen Streit in der eigenen Familie riskieren wollte, um den Erfolg seiner Pläne nicht zu gefährden. Dieses Mal griff er daher auf eine alte & bewährte Taktik zurück, die er schon in den alten Zeiten oft genug angewendet hatte: Er suchte sich – nach welchen Kriterien auch immer, jedenfalls sind sie mir bislang verborgen geblieben – einen Menschen aus, zu welchem er mit lauter Stimme sprach, ohne eine jegliche Widerrede zu dulden, diktierte ihm die Botschaft, auf die es dieses Mal ankam, in die Feder und gab dem Menschen dann noch den Auftrag, diese Botschaft überall & jedem zu verkünden, auch wenn er sie nicht hören mochte.

Und selbst Gott hatte aus seinen Erfahrungen der vergangenen Jahre gelernt, was ich ihm im Übrigen überhaupt nicht missgönnen will, selbst wenn es meine Situation nicht gerade verbessert, aber wie auch immer: Wenn Gott bislang ausschließlich auf sein Wort vertraut hatte, das er zu den Propheten sprach, und dass es schon überzeugend genug sein würde, wenn die Menschen davon hörten, so hatten doch alle bisherigen Erfahrungen gezeigt, dass die Menschen sich vielleicht die Worte Gottes gerne anhören, aber nur selten danach handeln, so dass Gott jetzt seinen Auftrag an den Propheten dahingehend erweiterte, dass er sich nicht allein des Wortes, sondern auch – soweit & wann immer erforderlich – des Schwertes bedienen sollte, wodurch eine Allianz zusammenkam, die es mir natürlich noch schwerer machen sollte als bisher schon.

Und auch in diesem Fall hatte Gott den Ort seines Handelns sehr klug gewählt, denn wieder einmal suchte er sich eine Gegend in dieser, meiner Welt aus, von welcher man unter normalen Bedingungen alles Mögliche erwarten kann, aber doch wirklich nicht, dass sie zum Ausgangspunkt einer Noch Neueren Religion werden kann, die sich dann – sehr zu meinem Leidwesen – über die folgenden Jahre als recht erfolgreich erwies, so dass ich sehr lange Zeit benötigte, um sie in ihre Schranken zu verweisen. Was mich aber noch sehr viel mehr ärgerte, war der nicht hinwegzuargumentierende Umstand, dass Gott nicht nur seine Taktik aus Palästina wiederholte (worauf ich doch eigentlich hätte vorbereitet sein sollen), sondern auch noch meine eigene, erfolgreiche Taktik des fremden Volkes aus dem Osten imitierte (so dass ich noch eher & besser hätte wissen müssen, was dann auf mich zukommen sollte), aber die Erfolge jenes neuen Propheten waren doch eine große Überraschung für mich, der ich mich gerade damit zu beschäftigen hatte, den Westen wieder in Ordnung zu bringen, was auch nicht eben einfach war.

Ich bin immer noch zutiefst verärgert, wenn ich mich an die Ereignisse jener Jahre erinnere, und mich überkommen manchmal sehr seltsame Gedanken, über die ich mich dann selbst wundern muss, wenn ich in einer ruhigen Stunde darüber nachdenke. Inzwischen jedoch, wenn ich den aktuellen Zustand dieser, meiner Welt betrachte und mir vorstelle, wie sie hätte sein können, wenn denn nur die Menschen ihren ewigen &

einzigen Auftrag erfüllt hätten, nämlich diese Welt vollkommener zu machen, als sie es jetzt schon ist, dann kommen mir diese, meine Gedanken gar nicht mehr so seltsam & absonderlich vor, und ich ertappe mich dabei, dass ich schon erste Pläne schmiede, um diese Gedanken in die Wirklichkeit umzusetzen.

Doch eines nach dem anderen: Gott hätte eigentlich höchst zufrieden damit sein können, wie er & sein Sohn die Welt aufgerüttelt und wie sie die Erfolge meiner harten Arbeit über so viele Jahre mit einem einzigen Schlag fast zunichte gemacht hatten. Die Phase der klassischen Weisheit, all die Errungenschaften des menschlichen Geistes, all die schöne Philosophie & Technik, auch wenn sie noch den einen oder anderen Fehler gehabt haben mochten, alles war mit dem Reich nahezu untergegangen, und ich hatte alle Mühe, wenigstens ein paar armselige Reste zu retten, auf dass nicht alles verloren ginge.

Vielleicht spürte Gott, dass er doch noch keinen endgültigen Triumph errungen hatte, und vielleicht wollte er deshalb auf alle Fälle sichergehen, jedenfalls hatte er sich im Süden einen neuen Propheten erkoren, dem er seine Worte eingab, damit er sie den Menschen verkünde. Wie gesagt: Ort & Zeitpunkt waren gut gewählt, denn ich war im Westen beschäftigt, und außerdem machte ich mir keine größeren Gedanken über das Auftreten eines *Propheten*, davon hatte ich in den Jahren zuvor schon genügend gesehen & gehört, und ein jedes Mal war ihre Wirkung schnell erschöpft, auch wenn sie im ersten Moment einige kleine Erfolge hatten erzielen können. Die Menschen lassen sich zwar im ersten Augenblick bis ins Mark ängstigen, wenn man ihnen den baldigen Untergang vorhersagt, sie lassen dann sogar alles liegen & stehen, was ihnen bislang so wichtig & wertvoll gewesen war, doch genauso schnell kehren sie wieder in ihren Alltag zurück, wenn sie sich an ihre Angst gewöhnt haben.

Wie auch immer: Nachdem der Gottessohn ein paar Jahre in dieser, meiner Welt herumgewandert war und dabei seinen Weg in die Herzen mancher Menschen gefunden hatte, dann aber so schnell wie möglich zurück in den Siebten Himmel geflohen war, hatten sich aufgrund seines großen Erfolges einige Nachahmer gefunden, billige Imitatoren zumeist, die aber die Menschen mit durchaus gut gelungenen Kunststücken zu verblüffen wussten. Von derartigen *magoi* tauchten viele in jenen Jahren auf, und ein jeder fand seine Bewunderer & Jünger, und ihre Lehren klangen recht interessant, und ich habe schon von ihnen berichtet, so dass ich mich nun auf einen einzigen Hinweis beschränken möchte, um mich nicht wieder dem Vorwurf auszusetzen, ich würde auf das Umständlichste von meiner Geschichte abschweifen, was ich aber gar *nicht* tue, denn *die* Geschichte ist keineswegs so einfach und geradlinig, wie die Menschen es immer gerne annehmen möchten, und so muss man schon ein wenig ins Detail gehen, wenn man verstehen will, was ihnen in all den Jahren, seitdem die Menschen aus dem Paradies geworfen sind, widerfahren ist. Doch kaum jemand interessiert sich heutzutage mehr dafür, und so sind die Menschen überrascht, wenn ihnen stets das Gleiche geschieht, obwohl sie eigentlich darauf hätten vorbereitet sein können.

Nur von einem jener Propheten will ich hier doch ein wenig mehr berichten, nämlich von *Mani*[25], den man auch nannte *Manes* und *Manichaios*, der sich für den Erfüller aller göttlichen Botschaften hielt, den wiedergeborenen *Buddha Maitreya*, den *Usêtar bâmîk*, den Parakleten, den Fürsprecher, den Beistand der Menschen im Augenblick des Großen Gerichts, den man als Einzigen befragen kann, wenn man die Antworten auf die fünfzehn Fragen nicht weiß. Ich will mich hier nicht dazu äußern, ob & wie er irgendwelche Botschaften von Gott empfangen hatte, und erst recht nicht, ob er sie verstand; ich war schließlich nicht dabei; aber das Wirken jenes Mani kam zunächst meinen Plänen zugute, denn er & seine Jünger sorgten für Verwirrung unter den Menschen und waren anfangs mächtige Konkurrenten der Neuen Religion und konnten dabei einige schöne Erfolge erzielen.

Seine Lehren waren einfach genug, so dass auch der Letzte der *humiliores* sie verstehen konnte: Es ging wie immer um das Gute & das Böse, dass man natürlich für das Gute eintreten müsse und gegen das Böse und dass man selbst bei den Guten sei und die anderen bei den Bösen, also eine klare & eindeutige Botschaft. Mich, den Teufel, hielt man – zu Recht – für den Schöpfer dieser Welt, identifizierte mich allerdings mit *Jahve*, dem Gott der Juden, und lehnte mich in der Folge als *Gott der Finsternis* ab, weil man mit den Zuständen in dieser, meiner Welt eher unzufrieden war.

Eine kleine Besonderheit gab es dabei allerdings, die ich für höchst bemerkenswert hielt, denn normalerweise war den meisten der Religionen in jenen Zeiten des sozialen Aufruhrs daran gelegen, die *Gleichheit* unter ihren Jüngern zu betonen; ein jeder sollte unabhängig von Alter, Herkunft, Geschlecht & Haarfarbe an der göttlichen Gnade und

Rettung teilhaben, was natürlich auch im Fall der Neuen Religion des Jesus reine Propaganda war, mussten sich doch selbst die Engel in den diversen Himmeln einer strikten Hierarchie fügen, und wer dagegen rebellierte, wurde ausgestoßen auf immer & ewiglich, wie die gefallenen Engel gerne bestätigen wollen, wenn man sie denn danach befragte.

Mani organisierte seine Religion ganz anders: Er war ehrlich oder doch zumindest gerissen genug, von Anfang an zu betonen, dass es unter den unzähligen Katechumenen nur wenige vollkommene & erwählte *electi* würde geben können, die zwar den Anspruch erheben konnten, dass die Gemeinde der Jünger ihren Lebensunterhalt bezahlte, dafür aber auf alle Freuden des Lebens verzichten mussten und vor allem das Fleisch in keiner Inkarnation begehren durften (nun ja: *begehren* durften sie das Fleisch schon, aber eben der Begierde nicht *nachgeben*, woraus man wiederum lernen kann, dass es gar nicht so erstrebenswert sein muss, von Gott erwählt zu werden). Mani also war insoweit erfolgreich, als sich zunächst einer der *potentes* fand, der ihn förderte, und dann ein anderer, der ihn tötete, so dass genügend Stoff für all die Legenden bereitstand, deren eine jedwede Art von Religion bedarf, wenn sie auf Dauer überleben will.

Ich hätte mich um Mani & seine Lehren gar nicht weiter gekümmert, waren sie doch nicht besser oder schlechter als die anderen, die zu seiner Zeit virulent waren, aber seine Jünger hatten sich schon bald auf den Weg nach Osten gemacht und dabei sogar einen Fürsten der Uighuren davon überzeugt, sich diese Religion zu eigen zu machen, so dass ich schließlich keine andere Wahl hatte, als mit aller Macht einzugreifen, was ich ansonsten nur selten tue. Zunächst & als Erstes zerstörte ich jenes Uighurenreich, weil Strafe eben sein muss und es mir ohnehin nicht als sehr nützlich erschien, dann aber informierte ich meine guten Freunde in China, die Anhänger des Meisters K'ung, über die drohenden Gefahren, die dann einen nur kurzen Prozess mit den Jüngern des Mani machten, an dessen Ende nichts anderes stehen konnte als deren endgültige Ausrottung.

Vielleicht deshalb war ich nicht sehr aufmerksam, als dann im Süden der nächste Prophet erschien, den man später den *Gepriesenen*[26] nannte und der sich selbst für das *Siegel der Propheten* hielt, das Sprachrohr Gottes, dem kein anderer Prophet mehr folgen sollte, so dass die Menschen nun & dann nie wieder die Chance hatten, die göttliche Botschaft zu hören und ihr – natürlich – auch zu gehorchen. Ich will mich hier nicht dazu äußern, ob & wie Gott zu ihm gesprochen hat, ob direkt oder durch einen Engel und ob wenigstens dieser Prophet die Worte Gottes richtig verstanden hatte; auch dieses Mal war ich nicht zugegen, und so will ich davon schweigen, selbst wenn ich anmerken muss, dass die Worte Gottes manchmal nur sehr schwer zu verstehen sind, aber das ist eine andere Geschichte.

In *diesem* Fall wollte Gott es allerdings richtig machen, und so sprach er (oder wer auch immer) zum Propheten in dessen eigener Sprache und in möglichst einfachen Worten, und dabei vertraute Gott nicht allein auf die Macht des Wortes, sondern riet seinem Neuen Propheten ausdrücklich dazu, auch noch das *Schwert*[27] zu benutzen; offenbar hatte Gott eingesehen, dass er nicht von sich selbst & seinen eigenen Fähigkeiten auf die Menschen schließen durfte, denn selbst wenn Gott allein durch den *logos* eine zweifellos vollkommene Welt erschaffen hatte, so durfte man doch nicht Gleiches von den Menschen annehmen, sind doch deren Qualitäten im Umgang mit dem Wort (und auch mit der Logik) eher limitiert, was mich ärgert, aber was will man schon machen.

Jedenfalls hatte Gott auch dieses Mal Ort & Zeit genau richtig gewählt, denn im Süden war bis dahin noch nicht sehr viel an Zivilisation angekommen, und das wenige, das die Menschen dort selbst entwickelt hatten, war durch ihre eigene Dummheit und wegen einiger Unbilden der Natur gerade zerstört worden, und als der Damm von Ma'arib zum dritten Mal innerhalb weniger Jahrzehnte brach, war niemand mehr in der Lage, ihn wieder aufzubauen.

Wie gesagt: Gott hatte seinen Plan langfristig vorbereitet[28], und so sorgte er dafür, dass über viele Jahre hinweg in jenen Landstrichen immer weniger an Regen fiel, was eine Menge an Unsicherheit, Not & Armut für die Menschen mit sich brachte, so dass die schließliche Ankunft des Neuen Propheten wie eine Erlösung wirken musste, wies er doch den Weg, wie man sich mit dem fleißigen Einsatz von Glaube und vor allem des hauenden Schwerts ein besseres Leben würde verschaffen können, wo doch der Neue Prophet behauptet hatte, dass das Paradies nirgendwo anders als im *Schatten der Schwerter* zu finden sei.

Damals hatten die Menschen sich in ihrer Not schon längst daran gewöhnt, dem anderen zu nehmen, was man selbst brauchte, wobei man allerdings akzeptieren musste, dass auch der andere sich nicht anders verhielt, und so entwickelte sich ein steter Kampf um das Wenige, das die karge Landschaft hergab, was im Zweifel nicht mehr war als ein paar dürre Kamele & trockene Datteln, aber immerhin noch besser als gar nichts. Solange diese raffinierten Halbbarbaren unter sich blieben und den Gang der Welt nicht weiter störten, wollte ich mich nicht beschweren, und so war ich es zufrieden, dass die großen Reiche ab & zu eine Expedition in jene Gegenden entsandten, damit die Unruhe keine größeren Ausmaße annahm.

Heute will es mir so scheinen, als habe Gott zunächst nur geübt, habe die Nomaden zuerst untereinander trainieren lassen, wie man die sesshaften Menschen in den Städten am besten ausraubt, wobei sie eine Technik entwickelten, die man *ghazw* nannte, woraus die Menschen im Westen das Wort *Razzia* machten, weil es so schwer auszusprechen war, doch ganz gleich, wie man es nannte, das Vorgehen war immer das gleiche: schnelle, kurze Überfälle, von denen man sich dann nach geglücktem Raub ebenso schnell wieder in die unzugänglichen Wüsten zurückzog. Und über die Jahre hinweg hatten es diese Menschen im Süden dabei zu einer großen Meisterschaft gebracht, was ihnen später, unter der Führung des Neuen Propheten, noch sehr zugute kommen sollte, aber ich greife schon ein wenig voraus, was gar nicht nötig wäre, komme ich doch sofort darauf zu sprechen.

Der Neue Prophet also, dem Gott das Wort ebenso anvertraut hatte wie das Schwert, kam gerade recht, um den kleinlichen Streitereien der Beduinen einen höheren Sinn, ja, man kann sagen: eine höhere *Würde*, zu geben, denn damit, dass man sich gegenseitig die Kehle um ein paar Kamele willen durchschneidet, nimmt niemand irgendeinen Einfluss auf den Gang der Welt, was wahrscheinlich gar nicht in der Absicht jener Nomaden lag, aber aus der Sicht Gottes wäre es eine pure Verschwendung gewesen, dieses Potenzial zur Zerstörung dieser, meiner Welt nicht zu nutzen.

Der Neue Prophet tat nun das, was Propheten immer tun: Er machte den Menschen große Angst vor dem Ende der Welt und setzte die Furcht in ihre Herzen vor der *Stunde*, dem Augenblick, da die Seele vor ihren Schöpfer zu treten hat & ihm erklären muss, was sie in dieser, meiner Welt zustande gebracht hatte. Nicht, so sagte der Neue Prophet, dass diese Stunde unmittelbar bevorstünde, aber sie werde doch unausweichlich eines Tages kommen, und so solle man sich rüsten & vorbereitet sein, was am besten dadurch geschehen könne, dass man den richtigen Glauben verbreite in der Welt mit Wort & Schwert, womit man auch sofort beginnen solle, wisse doch niemand, wie viel Zeit den Menschen noch bis zur Stunde vergönnt sei. Und wer sich zum *richtigen* Glauben bekenne, welcher natürlich verkündet werde vom Neuen Propheten (wem sonst?), wer damit unwiderruflich in den Stand des Heils eingetreten sei, der könne letztlich gar nichts Falsches tun, wenn er sich nur fleißig als Gefährte Gottes im Kampf gegen die Ungläubigen anstrengt; denn besiegt er die Ungläubigen, so hat er Recht getan, unterliegt er jedoch, so ist ihm wenigstens auf jeden Fall ein Platz im Paradies sicher, allein schon deshalb, weil er sich die Mühe gegeben hat.

Wie man sieht, hatte Gott mit *dieser* Offenbarung aus seinen Erfahrungen gelernt und wollte es nun nicht mehr darauf ankommen lassen, dass ich eine Verwirrung unter die Menschen setzte, denn nun war sein Auftrag klar & deutlich: Gehet hin & macht dem Unglauben ein für alle Mal ein Ende, und wer nicht auf das Wort hören will, der soll sich dem Schwert beugen. Wobei der Neue Prophet keine Zeit verschwendete, als ihm der Engel erst einmal die Wahrheiten dieser Welt geoffenbart hatte, und so ließ er in seiner neuen Heimat als Erstes & sofort zwei Stämme des alten Glaubens hinrichten & vertreiben, als sie seinem Wort nicht folgen wollten, was sie besser wohl hätten tun sollen. Denn auch wenn sie beschnitten waren und aus ganzem Herzen an den einen & einzigen Gott glaubten, so doch leider nicht an seinen Neuen Propheten, welcher der archimedische Punkt der Noch Neueren Religion war und sich von niemandem darin stören lassen wollte.

Und wie es sich für das Brigantentum im Süden gehörte, behielt der Neue Prophet natürlich Gut & Habe der Ungläubigen für sich und verteilte es an seine Jünger, denn auch wenn Gott das Stehlen verboten hatte, so doch nur zwischen den Jüngern untereinander, weil das Gesetz eben nur für die Gläubigen gelten sollte, nicht aber für die anderen, welche man daher im Namen Gottes & seines Neuen Propheten bestehlen & berauben konnte, wie es einem beliebte und dafür sogar noch Eingang fand ins Paradies, was diese Noch Neuere Religion höchst attraktiv machte für alle Halsabschneider und Kameldiebe in der zunächst näheren & dann auch weiteren Umgebung – Reichtum *und* Erlösung gleichermaßen, mehr kann man von einer Religion gerechterweise wirklich nicht erwarten. Und so war es auch kein Hexenwerk, dass der Neue Prophet immer mehr Anhänger fand, die sich noch rechtzeitig zu ihm bekehrten, bevor es auf einen neuen Raubzug ging, damit auch sie einen gerechten Anteil an der heiligen Beute ergattern konnten.

Und weil der Neue Prophet klug & weise war (immerhin hatte Gott ihn nicht ohne Bedacht ausgesucht), ging er sogar noch einen Schritt weiter: Es ließ nicht *alle* Ungläubigen töten, sobald sie ihm über den Weg liefen, weil es nämlich auf weitere Sicht gesehen sehr unklug gewesen wäre, wenn man auf diese Art & Weise den steten Strom an Einkommen für immer abgeschnitten hätte. Viel klüger sei es dann doch – so dachte es sich jedenfalls der Neue Prophet –, wenn man die Ungläubigen am Leben ließe, ihnen aber eine Steuer auferlegte, eine Art von Tribut, den sie zu leisten hätten, um weiterhin ihrem Unglauben zu frönen, wodurch sie zwar keinen Anspruch auf die nur wenigen Plätze im Paradies erlangten, was sich aber in der weiteren Abfolge der Ereignisse vor allem unter ökonomischen Gesichtspunkten als äußerst nützlich erwies. Auf diese Weise ersparte man sich die aufwendige Missionierung der Heiden; es war völlig ausreichend, wenn man sie militärisch besiegte, um sie danach wirtschaftlich ausbeuten zu können, was man durchaus als den eigentlichen Zweck dieser Noch Neueren Religion bezeichnen könnte, weshalb ich sie die Religion des *Beutemachens* nenne.

Ich habe bereits gesagt, dass ich mich heute darüber vielleicht noch viel mehr ärgere als in jenen Jahren, als der Neue Prophet seine Banden zu einem Raubzug durch die halbe Welt führte, denn inzwischen weiß ich es besser, dass diese Religion nicht wirklich Wichtiges für den Gang dieser, meiner Welt zustande gebracht hat, wenn man einmal davon absehen will, dass sie während einer kurzen Zeit die Brücke zwischen den Reichen des Westens und des Ostens bildete, dabei aber mehr zurückhielt, als sie passieren ließ.

Ich habe heute noch Tränen in meinen Augen, wenn ich mich an den Tag erinnere, als einer jener Taugenichtse die wunderbare Bibliothek in Alexandria[29] in Brand setzte, weil er in seiner Ignoranz nichts weiter gelten lassen wollte als sein eigenes Buch, das er ohnehin nicht lesen konnte, aber für teures Geld hatte von seinem Propheten erwerben müssen, der auf diese Art & Weise zu einem erklecklichen Einkommen kam. Aber jener Tagedieb & seine Kumpane hatten gerade Hunger auf ein frisch Gebratenes, und niemand hinderte sie daran und niemand strafte sie, aber ich werde ihrer gedenken, wenn sie am Tag des Großen Gerichtes vor meinem Angesicht stehen, und sie werden vergeblich darauf hoffen, dass der Gepriesene für sie bittet, denn der wird vor diesem Gericht gar nicht erst zugelassen sein.

Aber nicht nur mit seinem direkten Appell an Gier & Neid der Gläubigen hatte der Neue Prophet großen Erfolg, Gott hatte ihm noch eine weitere gute Idee eingegeben, dass er nämlich nicht nur eine Noch Neuere Religion begründen sollte, sondern zugleich ein *Neues Reich* in dieser, meiner Welt, denn Gott hatte sehr gut bemerkt, wie ich die *potentes* für mich hatte gewinnen können, so dass er nun völlig sichergehen wollte, indem er den Glauben unauflöslich mit dem Staat verband und sich somit den besten aller Zugänge zur Macht sicherte. Dass Gott damit die Behauptung seines eigenen Sohnes, sein Reich sei nicht von dieser Welt, zunächst einmal aufgeben musste, war dabei zwar ein intellektueller Salto von geradezu kosmischem Ausmaß, aber nicht von weiterer Bedeutung, solange jedenfalls *dieses* Reich unter Nutzung all seiner Macht von Wort & Schwert dafür sorgte, dass die Verhältnisse in dieser, meiner Welt nicht vollkommener wurden.

Das ist ihm bis heute & zumindest in seiner eigenen Sphäre recht gut gelungen, so dass die Gläubigen dort immer noch Not & Elend leiden und alles daransetzen, so schnell wie möglich meiner Welt zu entfliehen. Ich habe dafür sogar ein gewisses Verständnis, denn wäre ich ein Mensch, so wollte ich auch nicht auf diese Weise mein Dasein fristen müssen, aber *ich* lehne strikt eine jegliche Verantwortung dafür ab, sind es doch wirklich nicht meine Gebote, die im Reich des Neuen Propheten gelten.

Nun ja: Natürlich war mir recht bald klar geworden, welche Bedrohung für diese, meine Welt sich dort im Süden entwickelte, und so gab ich mir noch mehr Mühe, mein Werk im Westen zu beschleunigen, denn dort wollte ich auf jeden Fall gewappnet sein, wenn die Wogen der neuen Flut heranbranden sollten. Ich bin heute noch erstaunt darüber, wie schnell sich die Noch Neuere Religion ausbreiten konnte, was ich nur mit der Größe der Gier einerseits und dem Maß der Fäulnis in den alten Reichen andererseits erklären kann, die ihren Geist & ihre Seele schon längst verloren hatten, als die Räuber aus der Wüste über sie herfielen wie die Heuschrecken über das reife Feld. Und solange sie noch vom Reichtum der unterworfenen Länder profitieren konnten, waren die Jünger des Neuen Propheten auch in der Lage, ein gewisses Maß an Kultur[30] zu entfalten, bauten Paläste, wie sie die Welt noch nicht gesehen, förderten das Handwerk & die Künste und erlaubten sich sogar ein wenig an Wissenschaft & Technik, obwohl sie ihrer doch gar nicht bedurft hätten. Denn weshalb soll man es sich in dieser Welt gemütlich einrichten, wo doch auf jeden Fall das Leben in der Vollkommenheit des Paradieses auf den Gläubigen wartet, aber ich habe es mir abgewöhnt, solche Fragen an die Menschen zu stellen, weil ich ohnehin keine vernünftigen Antworten darauf erhalte, und so soll es denn sein.

Ich hatte mir also meine eigene Strategie zurechtgelegt, welche darin bestehen sollte, zum einen ein neues Reich im Westen zu schaffen, das stark genug sein sollte, dem Ansturm der Horden aus dem Süden zu widerstehen; zum anderen aber bereitete ich mich darauf vor, noch einmal ein fremdes Volk[31] aus den Weiten des Ostens zu mobilisieren, das den Stolz der Noch Neueren Religion ein für alle Mal brechen würde. Ich will mich nun nicht zu sehr in alle Einzelheiten verlieren und nicht im Detail davon berichten, wie ich meinen Plan konzipierte, ihn zunächst an dem einen oder anderen Ort ausprobierte, bis ich es wagen konnte, den Plan in einem wirklich großen Stile anzuwenden und auch einen erklecklichen Teil meiner Ressourcen darauf zu konzentrieren.

Vor allem musste es mir gelingen, wenigstens einen Teil jener Bildung & Wissenschaft zu retten, der in den vielen hundert Jahren zuvor langsam gewachsen war und sich immer weiter ausgebreitet hatte; nicht dass alles davon in dem Sinne *richtig* war, dass es die Verhältnisse in dieser, meiner Welt zutreffend erklärte (das ist den Menschen bis heute nicht gelungen), aber darunter waren doch wichtige Hinweise & Erläuterungen, mit deren Hilfe sich die Menschen auch weiterhin & erfolgreich der Vervollkommnung der Welt würden widmen können. Und diesen Schatz galt es unter allen Umständen zu retten, selbst wenn ich dazu für eine gewisse Zeit ein Bündnis mit der inzwischen nicht mehr ganz so Neuen Religion eingehen musste, was in diesem Fall bedeutete, dass ich sogar bereit war, mich einer ihrer seltsamsten Einrichtungen zu bedienen, nämlich der *Klöster*, von denen ich mich ansonsten so fern hielt, wie es eben nur ging, denn ich habe jenen strengen Geruch der Selbstgerechtigkeit noch nie ausstehen können.

In diesem Fall jedoch kamen sie mir gerade recht, nicht weil sich in jenen Klöstern die letzten versprengten Reste der gebildeten Eliten sammelten (*das* nun wirklich nicht), aber die Barbaren des Nordens hatten schnell erkannt, wozu man solche Einrichtungen nutzen konnte. Etwa um unliebsame Konkurrenten dorthin auf immer & ewiglich abzuschieben oder um mit der Stiftung von Klöstern den eigenen Einflussbereich auszudehnen, und so wurden oft genug die Mönche und nicht die Krieger vorangeschickt, um neue Länder zu kolonisieren, was damit etwas zu tun hatte, dass die Herrscher der Barbaren glaubten, eher auf die Mönche als auf die Krieger verzichten zu können. Und so entstand allmählich ein Netzwerk von Klöstern, das sich gut dazu eignete, die wirklich wichtigen Dinge aus der Umgebung zu sammeln und sie auf diese Weise vor dem Zugriff der gierigen neuen *potentes* zu sichern, weil die nun überhaupt nicht wussten, was sie damit anfangen sollten. Darin unterschieden sie sich nicht grundsätzlich von jenen Taugenichtsen aus dem Süden, für die eine Schriftrolle Platons nur so lange einen Wert hatte, wie man damit ein Feuer entzünden konnte.

Ich musste also zunächst einmal die Reste der alten Kultur an sicheren Orten sammeln und konnte dann allerdings den einen oder anderen Mönch davon überzeugen, dass es sich lohnen würde, den Werken der Philosophen einen tieferen Blick zu gönnen. Und als es die ersten wagten, sich auch mit etwas anderem zu befassen als immer nur mit den Heiligen Texten der Bibel & ihrer unvermeidlichen Exegese, da stellten sie zu ihrer großen Überraschung fest, dass schon die Heiden etwas Wichtiges zu den grundsätzlichen Fragen des Lebens in dieser, meiner Welt gesagt hatten, woraus man natürlich mit ein wenig weiterer Überlegung hätte schließen können, dass die Neue Religion, so wie der Gottessohn sie verkündet hatte, gar nicht *so* neu war, wie manche behaupteten, aber so weit war es damals noch nicht.

Doch das sollte mich zu jenem Zeitpunkt nicht unbedingt bekümmern, viel wichtiger war es, dass sich die Texte überhaupt an sicheren Orten befanden und die Mönche sich als die Hüter einer Tradition verstanden, die älter war als ihr eigener Glaube. Wenn die Welt der Menschen in ihrer Hauptsache aus Kommunikation besteht, dann hatte ich damit schon eine Menge erreicht, dass nämlich die Kommunikation über die Zeiten hinweg nicht unterbrochen wurde und nicht eine jegliche Generation ihren Weg zu Wissen & Weisheit wieder ganz von vorne beginnen musste. Im Moment ging es zwar nur um die reine Speicherung, aber auch das wollte erst einmal getan sein, und meine Stimmung verbesserte sich von Jahr zu Jahr, als ich beobachten konnte, wie sorgfältig die Mönche mit den unwiederbringlichen Schätzen umgingen, die ihnen das Schicksal anvertraut hatte. Und so waren die Klöster dann letztlich die einzigen Orte, an denen sich nach dem Zusammenbruch des Reiches wieder so etwas wie Bildung & Zivilisation entwickeln konnten, was nun nicht bedeuten soll, dass *alle* Mönche sich ihrer Aufgabe bewusst waren oder dass sie in der Lage hätten sein sollen, diese Aufgabe auch zu erfüllen, denn zumeist sammelte sich an jenen Orten ein recht seltsames Völkchen, das von überall her stammte und sehr unterschiedliche Motive hatte, ins Kloster zu gehen.

Mir aber war es egal, denn um der größeren Ziele willen muss man bereit sein, gnädig über die kleinen Sünden hinwegzusehen, zumal es nicht meine Aufgabe sein konnte, über die Einhaltung von Gottes Regeln zu wachen; dafür sind andere zuständig, und die müssen selbst sehen, wie sie damit zurechtkommen. Eher im Gegenteil: Mir musste es darum gehen, dass zum einen möglichst viele Menschen wieder ein Interesse an der Weisheit der Alten entwickelten und zum anderen die neuen, die barbarischen *potentes* daran teilhaben konnten, damit auch ihre Regierung klug & weise wäre und sie vor allem in Geist & Seele gefestigt sein sollten, wenn schließlich die Horden aus dem Süden auf sie einstürmen würden. Gott hatte sich dazu entschlossen, in seiner Variante den Staat der Religion unterzuordnen, was ich in jedem Fall für höchst gefährlich hielt, denn die Religion sucht nach den ewigen Wahrheiten (die sie zwar nicht findet, trotzdem aber die Suche danach niemals aufgibt), während sich doch diese, meine Welt von Tag zu Tag aufs Neue verändert, so dass man stets neue Antworten auf neue Herausforderungen geben muss und es zur großen Kunst der Mächtigen gehört, den rechten Augenblick zu finden, um ihre Prinzipien zu verändern, wobei eine zu enge Bindung an welche Religion auch immer eher hinderlich ist.

Ich will mich hier nicht mit den Einzelheiten aufhalten, wie die Barbaren einander bekämpften, bis dass aus dem Wettbewerb schließlich & endlich doch der Stärkste hervorging, wie sich die Barbaren der Neuen Religion bemächtigten und sie auf eine sehr kluge Art & Weise für ihre eigenen Zwecke einsetzten, woran ich erkennen konnte, dass die Zeit allmählich wieder reif war, ein neues Reich zu begründen, auf dass die Welt wieder zurückfand zu einer Ordnung, die ihr angemessen war. Um das, was sich inzwischen im Osten des alten Reiches[32] abspielte, wollte ich mich nicht mehr kümmern, denn ich war fest davon überzeugt, dass es eine reine Verschwendung von Zeit & Kraft wäre, wenn ich versuchte, die Horden aus dem Süden an *dieser* Stelle aufzuhalten, waren die residenten *potentes* im Osten doch so sehr mit sich selbst beschäftigt, dass sie viel zu spät bemerkten, welche Gefahren ihnen drohten.

Es hat mich an der Geschichte des Höheren Menschtums immer wieder fasziniert, wie sehr sich die Menschen gerade in den Augenblicken der größten Bedrängnis mit ganz anderen Dingen befassen, die selbst in den Zeiten von Frieden und Wohlstand nicht wirklich wichtig wären, nun aber erst recht nicht, und darüber alles vergessen, was um sie herum geschieht. Die Welt löst sich in ihre Bestandteile auf, aber die Menschen streiten um den Bart des Kaisers, in diesem Fall um die Frage, ob es denn angehen dürfe, dass ein wahrer Christenmensch ein Bild anbeten solle oder lieber doch nicht, was eine äußerst tiefgründige Frage sein kann, wenn man sich ihr erst einmal mit einem gewissen Maß an Interesse widmet, wobei man allerdings zu keinen Ergebnissen gelangt, welche diese, meine Welt in irgendeiner Weise der Vollkommenheit näher bringen.

Mir persönlich ist es ziemlich gleichgültig, wie man diese Frage beantwortet, doch diejenigen, die in diesem Streit darauf verwiesen haben, dass die Bilder, wenn sie denn schön & artig gezeichnet sind, vieles zur Erbauung und Unterweisung der *humiliores*, der *idiotae* beitragen können, haben immer meine Sympathie auf ihrer Seite gehabt, auch wenn sie mit dieser Sympathie des Teufels – wie ich zugeben muss – zumeist nicht viel haben anfangen können. Auf keinen Fall jedoch darf man die Macht der Bilder unterschätzen, das habe ich den Mächtigen immer gesagt, und sie haben darauf gehört, wenn sie klug waren, denn der Mächtige hat nur dann die Macht, wenn er die Bilder kontrolliert. Und so hatte auch damals der Streit zwischen den *Ikonoklasten* und den *Ikonodulen* kaum etwas mit der Religion zu tun, sondern damit, wer die Herrschaft haben sollte über die Träume & die Hoffnungen der Menschen, und man kann die Kaiser verstehen, wenn sie sich dabei nicht von der Kirche & ihren Heiligen stören lassen wollten.

Insoweit konzediere ich, dass es bei diesem Streit durchaus um etwas Wichtiges ging, doch gehört es zu der Kunst der Macht, dass man weiß, wann man einen Streit führt und wann eben nicht, und in jenem Augenblick, als die Horden aus dem Süden die Kultur des Reiches gefährdeten, war die Frage, wie man sich denn zu den Bildern zu verhalten habe, nun wahrlich nicht von Bedeutung, wo es doch eigentlich darum hätte gehen müssen, alle Kräfte des Reiches auf die eine, die einzige Aufgabe zu konzentrieren. Aber auch das Reich im Osten war verfault & vermodert, und es starb einen langsamen Tod, und so kümmerte ich mich nicht darum, und das Schicksal folgte seinem Auftrag, den Schwachen noch zu stoßen.

Im Westen jedoch – oder ich muss genauer sagen: im Norden des Westens, dort, wo man sich lange Zeit gegen eine jegliche Art von Kultur gewehrt und lieber in kalten & feuchten Hütten gelebt hatte als in der komfortablen Pracht der Zivilisation –, dort also hatte der Wettbewerb unter den Barbaren eine neue, kraftvolle Schar von Mächtigen hervorgebracht, denen ich es durchaus zutraute, dass sie die Welt neu ordneten und wieder zurückführten auf den lange vernachlässigten Pfad der Vervollkommnung. Ich bin es gewöhnt, in langen Zyklen zu denken & zu handeln, aber nun musste es sehr schnell gehen, denn es war absehbar, wie schnell die Woge aus dem Süden auch im Norden anbranden sollte.

Ich sage es durchaus mit einem Gefühl von Neid, doch die Noch Neuere Religion jenes Propheten aus der Wüste verfügte zunächst über eine solche Kraft & Dynamik, dass es selbst mich überraschte, und ich hatte schon eine Menge erlebt in der Geschichte des Höheren Menschtums, wie schnell Reiche entstehen und wieder vergehen können, ohne dass man es so genau vorher sagen kann, wann die eine Generation der Mächtigen der anderen folgt. Ich habe es – ehrlich gesagt – nie verstanden, weshalb die Menschen immer darauf vertraut haben, dass ein kluger Sohn einem klugen Vater folgen sollte, wo doch manchmal die Tochter viel klüger gewesen wäre. Aber ihre Fähigkeiten hat man nie entdeckt & gefördert, und ich füge noch hinzu, dass die Gene oft genug nur gerade das vererben, was sich als schädlich erweist, denn auch wenn man es heutzutage gerne glauben wollte, sind doch die Gene nicht sehr tauglich, wenn es um die Kommunikation über die Zeiten hinweg geht, wofür man genügend Beispiele in der Geschichte finden würde, gäbe man sich dabei nur die rechte Mühe.

Ich bin immer der Auffassung gewesen, dass derjenige die Macht besitzen sollte, der damit das Beste anfangen kann, und nicht derjenige, der als das zufällige biologische Ergebnis der Vereinigung schwitzender Körper als Erster aus dem Schoß der Mutter gekrochen kam und sich nicht sofort in den Schlingen der Nabelschnur verfangen hatte; was immer die Menschen heute auch glauben mögen, Kultur & Zivilisation pflanzen sich nun einmal nicht über die Gene fort, sondern dafür müssen die Menschen schon selbst sorgen, indem sie die angemessenen Medien erfinden & bewahren, was sie aber immer wieder vergessen und daher von vorne beginnen müssen.

Doch ich will mich nicht beklagen: Natürlich wäre alles in dieser, meiner Welt sehr – und ich betone: *sehr* – viel einfacher gewesen, wenn die Menschen gelernt hätten, ihre einmal erworbenen Erfahrungen zu speichern & weiterzugeben, auf dass die Kultur der Menschen kumulativ angewachsen wäre; aber das hätte dann wieder im Widerspruch zum letztlich viel wichtigeren Gesetz der notwendigen Nicht-Existenz gestanden, denn auch Informationen veralten in einer sich ständig verändernden Welt, werden obsolet, ja sogar: gefährlich, und so bleibt gar nichts anderes übrig, als dass sie zerfallen, vergessen werden, sterben. Nichts in dieser Welt ist ewig, solange sie noch nicht vollkommen ist, und deshalb müssen mit den Menschen und ihren Erfahrungen zugleich die Kulturen vergehen, damit sie den notwendigen Platz schaffen für das Neue, das Passendere – das *Bessere*.

Wie auch immer: Ich fand im Norden des Westens ein Volk, das mir in vielerlei Hinsicht geeignet erschien, um endlich mein Werk fortsetzen zu können, was dringend notwendig war, denn allmählich hatte ich keine Zeit mehr zu verlieren. Die Horden des Neuen Propheten hatten sich an fast allen Küsten des großen mittleren Meeres festgesetzt, vor allem an den südlichen, und sie hatten inzwischen sogar dort, wo das Meer am engsten ist, damit begonnen, das europäische Festland zu erobern & auszurauben, wie es eben ihre Art war, an der ich auch nichts mehr ändern konnte. Und weil die Horden so erfolgreich waren und ihre Beute so groß, wurden sie auch immer frecher & dreister, und umso mehr waren sie davon überzeugt, dass es ihre wahre & eigentliche Aufgabe sei, die Fahne ihres Propheten auf ein jedes Stück Erde zu setzen, das sie finden konnten, und dann noch die Welt vom Teufel & seinen Dienern zu befreien.

Doch sie hatten nichts davon verstanden, wie es zugeht in dieser, *meiner* Welt, und so war es an der Zeit, ihnen endlich Einhalt zu gebieten, auf dass sie nicht noch mehr von dem zerstörten, was ich gerade mit so viel Mühe wieder aufgebaut hatte. Und so gab ich dem Fürsten des Volkes aus dem Norden den Befehl, die Grenzen seines Reiches recht fleißig & mutig gegen einen jeden Feind zu verteidigen, was er ohne Widerwort tat, denn man nannte ihn *Martellus*, den Hammer[33], und er machte seinem Namen alle Ehre, so wie es sich gehört. Ja, ja, ich weiß: Die Zeit läuft allmählich davon, und niemand kann sie zurückbringen, und so will ich hier nicht in allen Einzelheiten erzählen, was damals geschah; nur so viel will ich sagen, dass nicht nur jener Martellus, sondern viele seiner reichlichen Nachkommen über alle diejenigen Fähigkeiten verfügten, derer es bedarf, um in dieser Welt ein Fürst zu werden & es auch zu bleiben, selbst wenn die Widerstände groß sind & die Feinde zahlreich.

Auch diese Fürsten hatten sich der Neuen Religion zugewandt, vielleicht, weil sie wirklich aus tiefstem Herzen daran glaubten, dass Gott ihnen die Erlösung gewährte, vielleicht aber auch nur, um sich gegen ihre Sünden zu versichern, was auf jeden Fall dringend notwendig war, kann man doch nie & nimmer ohne Sünde herrschen, was nicht weiter schlimm ist, denn man kann sich ihrer ein für alle Mal entledigen, wenn man nur genügend der Neuen Religion opfert – oder *irgendeiner* Religion, denn diese Art von moralischer oder wenigstens doch: psychologischer Dienstleistung wird von allen angeboten.

Man hat mir nie erklären können, wie das vor sich gehen soll, dass nämlich die Menschen an Gottes Stelle die Vergebung gewähren, wo sie gar nicht wissen *können*, wie der doch unergründliche Ratschluss jenes Gottes am Ende ausfallen wird. Aber das hat die Menschen nicht daran gehindert, es immer wieder zu versuchen, und sie sind auch gut dabei gefahren, lebte es sich doch angenehm & gemütlich im Glauben daran, dass es immer noch eine Instanz schon hier auf Erden gibt, bei der man sich entschulden kann, ganz gleich, was man vorher auch angestellt haben mag. Man mordet seinen Nächsten, raubt sein Hab & Gut, bringt Schande über dessen Familie und muss dann nur an einem geeigneten Ort seine Taten gestehen, tut ein wenig Buße & betet, opfert, was man gerade entbehren kann, zahlt auf Heller & Pfennig seine Schulden zurück; und dann geht es wieder auf zu neuen Taten, als sei nie etwas geschehen. Ich habe es dem Götzen Mammon nie verziehen, dass er einen solchen Glauben unter die Menschen gesetzt hat.

Wie viel könnte ich dazu noch sagen, aber die Zeit ist knapp, und so will ich mich auf das Wesentliche konzentrieren: Der Hammer hatte die Horden des Neuen Propheten zertrümmert, und ihre Kraft war gebrochen, auch wenn es noch fünfhundert Jahre dauerte, bis sie wieder über das Meer zurück in die Wüste getrieben wurden, wohin sie von Rechts wegen gehören, und so hatte der Hammer etwas Gutes getan, denn nichts ist schlimmer, als wenn die Dinge an einem falschen Platz sind. Bald hatte der Hammer einen Nachkommen, den die Menschen *den Großen*[34] nannten, und sie taten recht daran, war doch sein Körper von einer beeindruckenden Länge und überragte alle anderen um mehr als Haupteslänge.

Die Menschen, welche sehr sinnliche Wesen sind und diese Welt gar nicht anders verstehen können als vermittels ihrer armseligen Sinne, auch wenn sie immer wieder behaupten, dass ihr *Geist* sie überlegen mache, die Menschen also unterscheiden & beurteilen ihre Mitmenschen gerne nach deren körperlicher Gestalt, selbst wenn ein lahmes Bein oder ein Buckel oder roter Bart über den Geist oder gar die Seele rein gar nichts sagen, wie sollten sie auch, wo doch der Geist und gerade die Seele auch ohne den Körper existieren können, wie allein schon die bloße Existenz von uns metaphysischen Wesen mehr als nachdrücklich beweist, ohne dass irgendjemand etwas dagegen einwenden könnte. Und so ist es Geist & Seele völlig gleichgültig, ob ein Mensch einen schönen Körper hat, was immer das schon wieder sein soll, ändern sich doch die Maßstäbe dafür von Jahr zu Jahr aufs Neue. Manchmal sind es die Großen, manchmal die Kleinen, die Dicken oder die Dünnen, mit heller oder mit dunkler Haut, mit roten oder mit blonden Haaren, manchmal sogar das völlige Fehlen davon, gerade so, wie es beliebt, und ich will es den Menschen nicht verdenken, hat doch auf diese Weise ein jeder einmal die Chance, als *schön* zu gelten, ganz gleich, wie sein Körper gebaut sein mag. Er muss es sich dann aber auch gefallen lassen, für den Rest des Lebens hässlich zu sein, doch das will man gerne ertragen, ist man einmal schön gewesen oder hat doch wenigstens immer noch die Hoffnung darauf.

Im Falle des neuen Fürsten ging es jedenfalls gar nicht darum, was die Menschen in jenen Zeiten als schön empfunden haben mochten, denn es gehört zu den angenehmen Privilegien der *potentes*, dass sie selbst die Maßstäbe dafür setzen, und die *humiliores* müssen dann sehen, wie sie ihnen gerecht werden. Der Körper jenes Fürsten hätte also auch kurz, dick oder lahm sein können, gab es doch zu allen Zeiten & an allen Orten Fürsten genug, die solcherart beschaffen waren, was aber der Macht des Fürsten niemals geschadet hatte, solange er über andere, wirkungsvolle Mittel verfügte, um seine Macht zu erhalten, denn glücklicherweise sind die Zeiten schon seit Nimrod längst vorbei, dass sich die *potentes* in eigener Person mit den *humiliores* um die Macht prügeln mussten. So weit war nämlich damals schon die Arbeitsteilung unter den Menschen gediehen, dass ein jeder das tat, was er am besten konnte.

Gleichwohl fügte es sich in meine Pläne, dass der neue Fürst schon mit seinem bloßen Anblick die Ehrfurcht der Menschen wecken konnte und man ihm gehorchte, ohne ein Widerwort zu geben, was sich natürlich als äußerst hilfreich erweist, wenn man seine Macht schnell & direkt ausüben will, und genau darum geht es ja schließlich, weshalb ich nie verstanden habe, dass die Menschen heutzutage den *potentes* immer mehr Hindernisse in den Weg legen und zu allem & jedem vorher befragt werden wollen. Auf eine solche Weise jedenfalls hätte man die Horden aus dem Süden niemals aufhalten können, was aber ohne einen jeden Zweifel wichtiger war, als sich nach der stets wankelmütigen Meinung der Menschen zu richten.

Der Fürst aber, den man den Großen nannte, tat, was immer er für angemessen hielt, und fragte niemanden nach dessen Meinung, und so belebte er aus eigener Kraft das *Reich* schon in dieser Welt von neuem, ohne auf die Erlösung zu einem anderen und sicherlich erst späteren Zeitpunkt zu warten. Die Zeiten aber hatten sich verändert, und die Menschen hatten nur noch vage Erinnerungen daran, wie es früher einmal gewesen sein mochte, und so musste das Reich des großen Fürsten auch ein *Neues Reich* sein, und so sammelte er alles, was ihm gut & richtig erschien, egal woher es stammen mochte, ob aus dem alten Reich oder der Neuen Religion, und er scheute sich nicht, die uralten Traditionen der Barbaren zu nutzen, wenn es denn nur irgendwie dazu dienen konnte, eine neue und stabile Ordnung zu schaffen; denn genau *das* und nichts anderes ist schließlich die Aufgabe der *potentes*.

Es hat mich sehr gefreut, wie der Fürst die klugen & weisen Männer aus allen Teilen des Reiches an seinen Hof holte, damit sie die Welt nicht nur erkennen, sondern sie auch verändern, was in der Kälte des Nordens eine ganz andere Herausforderung war, als in den Gärten des Südens faul im Schatten der Olivenbäume zu liegen und darüber zu debattieren, welche Dinge denn nun unveränderlich sein mögen und welche gerade nicht. Ich erinnere mich, dass ich schon einmal davon gesprochen habe, dass in dieser, meiner Welt das Wichtigste der *Bastard* ist, der Hybrid, die Melange, denn wie anders soll sich der Wandel vollziehen als durch die Mutation; Vollkommenheit & Reinheit liegen hingegen allein bei Gott, nur er war damals in der Lage gewesen, auf einen einzigen Schlag eine Welt mit leichter Hand zu erschaffen, die von vornherein perfekt war und deshalb in sich ruhen kann bis an das Ende aller Tage.

Ich will nicht noch einmal davon sprechen, wie langweilig eine *solche* Welt ist, denn sie steht den Menschen jetzt & bis auf weiteres ohnehin nicht zur Verfügung, und so soll der Mensch sich doch um diejenige Welt kümmern, in die er geworfen ist, ohne dass man ihn um sein Einverständnis gebeten hätte – Gott & ich haben die Zustimmung des Menschen noch nie gebraucht, und wir werden es auch in Zukunft so halten, das kann ich wohl versprechen. Glücklicherweise sind manche Menschen weise genug, sich in die Umstände zu fügen & dann daraus das Beste zu machen, und zu diesen Menschen gehörte fraglos auch jener große Fürst, der nicht auf Glauben & Warten allein vertrauen wollte, sondern sein Schicksal in die eigenen Hände nahm, wo es immer besser aufgehoben ist als in Abrahams Schoß.

Der Fürst nahm, was immer er vorfand, setzte es einmal so und einmal anders zusammen, bis er es zufrieden war, und am Ende hätte niemand mehr sagen können, was er von den Römern, von den Christen oder von den Barbaren übernommen hatte – das macht den wahren Schöpfer aus, dass nämlich nachher nur noch das *Werk* selbst von Bedeutung ist und längst nicht mehr die Rohstoffe oder der Prozess der Herstellung, oder wollte jemand allen Ernstes danach fragen, wie das Nichts eigentlich beschaffen war, aus dem heraus Gott sich einst bedient hatte? Das hat nicht zu interessieren, das geht niemanden etwas an, das spielt letztlich & endlich gar keine Rolle, wenn, ja *wenn* das Werk sich über eine jegliche Kritik hinweg erhebt, was im Falle Gottes ohnehin außer Frage steht und wohl auch bei mir, nicht wahr.

Aber ich muss hier noch ein paar Worte mehr dazu sagen, weil es doch & wirklich wichtig ist, denn der Mensch ist nur dort seinem Gott nahe, wo er *schafft*, und nicht dort, wo er leidet. Wenn man die Menschen jedoch ein wenig besser kennt, dann wird man verstehen, dass sie diese Nähe immer & eher im Leid gesucht haben, weil es so viel einfacher ist, zu leiden oder leiden zu lassen, dazu bedarf es recht wenig, weil man ein Leid an allem empfinden kann, und wenn es selbst dazu nicht mehr reicht, dann leidet man eben mit am Leid der anderen Kreatur, weil man doch so gerne leidet, und wenn gar nichts mehr hilft, dann kann man immerhin anderen noch ein Leid zufügen oder auch mehr, und so erfüllt man dann schließlich doch noch seine Pflicht, auf dass es niemals in dieser Welt am Leid mangeln möge.

Man sagt, dass Gott den Menschen am nächsten gewesen sei in seinen, wenn auch kurzen, Augenblicken von Leid, Schmerz & Tod (wenn es denn nicht doch der arme Simon von Kyrene war, den Gott mit dieser Aufgabe betraut hatte – doch das wissen wir nicht so ganz genau). Und habe er nicht gerade dann & dadurch seine Göttlichkeit – wenigstens für einen kurzen Moment – aufgegeben, wäre so *menschlich* gewesen wie nie zuvor? Ich jedoch habe nie verstanden, weshalb man dem Gott gerade dorthin folgen will, wo er so ist wie die Menschen, was ja nichts anderes bedeutet, als dass der Mensch so sein will wie der Mensch, wozu aber bedarf es dann noch eines Gottes, was auf der Suche nach sich selbst nur ein höchst unproduktiver Umweg wäre. Wenn man aber daraus die Konsequenz ziehen wollte, dass der Mensch nur zur Erkenntnis findet, wenn Gott ihm mit gutem Beispiel den Weg dorthin gewiesen hat, dann brauche ich gar nicht weiterzureden, weil es dann um die Fähigkeit der Menschen zur Erkenntnis sehr, sehr schlecht bestellt wäre und sie auch nicht verstünden, was ich ihnen jetzt gerade zu erklären versuche.

Ich versuche aber noch einmal mein Glück & sage deshalb: Erst in der Schöpfung erweist sich der Mensch als würdig des göttlichen Erbes – und des teuflischen Auftrages gleichermaßen. Und ich gehe sogar noch weiter: *Schöpfung* – das ist mehr als ein bloßes Handwerk, mehr, als den Ton auf die Scheibe zu setzen und zu formen, mehr, als der Welt ein Gesetz zu geben, das man bislang noch nicht kannte, mehr, als nur die neue Gestalt zu finden, die im längst Bekannten verborgen liegt; *Schöpfung* – das ist zuerst und vor allem die *Freiheit*, die niemand gewährt, sondern die sich der Schöpfer selbst *nehmen* muss, auch wenn andere sie ihm verweigern, die nur selten herrenlos auf den Straßen dieser Welt herumliegt, sondern die man sich oft genug erkämpfen muss, gegen alle Widersprüche & Einwände, gegen das Unverständnis der anderen, gegen die eigene Verzweiflung und erst recht gegen das Scheitern.

Man soll – sage ich: – das Scheitern bloß nicht gering achten, denn das Scheitern an sich ist noch kein Fehler, aber es ist die wahre Sünde, wenn man danach mutlos & kleinherzig aufgibt und sich klaglos in sein Schicksal fügt. Ich selbst habe Fehler gemacht, und selbst von Gott wird berichtet, dass er mit den ersten Versuchen seiner Schöpfung nicht sehr erfolgreich gewesen sei, so dass auch er immer wieder von vorne beginnen musste – *davon* kann der Menschen lernen, aber doch nicht von Leid & Qual.

Die Zeit ist knapp, und nichts bringt sie uns zurück, wenn wir sie erst einmal verschwendet haben, und so will ich mich gar nicht in den Details verstecken, wo man mich doch ansonsten und zu Recht vermutet, sondern ich will nur noch von den wesentlichen Dingen berichten, so wie sie sich damals ereignet haben, und Gott könnte es bezeugen, wenn er denn dabei gewesen wäre. Aber er hatte sich in sein Refugium des Siebten Himmels zurückgezogen und ließ es sich dort gut gehen, was kein großes Problem ist, wenn die Seraphim und Cherubim einen ständig von vorne und von hinten bedienen. Mich persönlich würde das ständige Frohlocken und himmelhohe Jauchzen ja eher stören, weil ich unter *Musik* nun einmal etwas anderes verstehe, aber auch unter uns metaphysischen Wesen sind die Geschmäcker verschieden, und auch wir haben uns darauf geeinigt, *darüber* nun wirklich nicht zu streiten, selbst wenn es uns manchmal schwer fällt.

Das aber nur *à part* gesagt, denn eigentlich geht es mir darum: Nachdem der Große Kaiser wieder Ordnung geschaffen hatte unter den Menschen, auf dass sie nicht mehr kreuz & quer, hin & her durch die Länder zogen und dabei mehr Unheil anrichteten, als unbedingt nötig gewesen wäre (denn ein wenig Unheil tut immer gut, und sei es nur, um die Menschen an ihre ständige Aufgabe zu erinnern, diese Welt zu vervollkommnen), *nun* also konnte ich mich um die nächste Phase meines Plans kümmern, denn mit der Ordnung allein – so wichtig sie auch sein mochte – war es noch längst nicht getan, weil die Ordnung zwar eine zumeist notwendige, aber eben doch noch keine hinreichende Bedingung ist, um diese, meine Welt vollkommener zu machen.

Vor allem musste es mir darum gehen, diese Ordnung auf eine völlig neue Basis zu stellen (nun ja, so *völlig* neu war sie nun auch nicht, aber immerhin doch anders, als sie es bei den Griechen & Römern gewesen war): In der Eile, die mich damals trieb, weil doch die Horden des Südens vor der Tür standen und mit Gewalt den Einlass verlangten, in dieser Eile, als vieles bedacht, aber auch schnell gehandelt werden musste, damals also blieb mir keine andere Wahl, als die Neue Ordnung auf die Grundlagen eben jener Neuen Religion zu stellen, die der Sohn Gottes in dieser, meiner Welt hinterlassen hatte. Es gab dazu leider keine Alternative, welche auch; denn das alte Reich war vergangen, und die Barbaren hatten zwar reichlich frisches Blut und dabei noch einige neue Ideen mitgebracht, aber das wäre dann letztlich doch zu wenig gewesen, um eine Ordnung zu schaffen, die diesen Namen wirklich verdiente, ist doch eine *Ordnung* mehr, als dass man die Dinge nur einfach auf verschiedene Haufen legt.

Man mag sich wundern, dass der Teufel, den man nennt den *Diabolos*, welcher alles durcheinander wirft, dass also der Teufel sich so vehement um eine Ordnung kümmert, aber das gibt mir die Gelegenheit, auf die anhaltenden Wirkungen einer solchen Propaganda hinzuweisen, denn ich mag zwar die *eine* Ordnung durcheinander werfen, aber doch nur, um eine *andere*, eine bessere zu schaffen, wird doch diese, meine Welt nur vollkommen durch den steten Wandel, und die Menschen sollten denjenigen nicht gering schätzen, der den Wandel überhaupt erst ermöglicht, indem er das eine oder andere durcheinander wirft. Aber – wovon rede ich hier, es hat ja doch alles keinen Zweck mehr, weil die Menschen schon längst nicht mehr darauf achten, was ihnen ein metaphysisches Wesen erklärt.

Jedenfalls: Die Ordnung war wiederhergestellt, wenn auch auf der schwankenden & zerbrechlichen Grundlage einer Neuen Religion, die den Menschen nur raten wollte, auf das Himmelreich zu warten; aber diese Umstände waren nun einmal nicht mehr zu ändern, und ich musste mich damit abfinden und das Beste daraus machen, zumal die Neue Religion den Gläubigen auch geraten hatte, sich dem Staat & dem Herrscher klaglos zu unterwerfen. Und dieses *Beste* bestand nun darin, dass ich die Energie der Neuen Religion weidlich ausnutzte, um das Reich und – *notabene* – die Neue Ordnung so weit wie möglich auszudehnen, in alle Richtungen des Himmels, durch die Wälder & die Auen, durch die Täler & über die Berge, so weit die Schwerter nur reichten, und nichts & niemand sollte sie aufhalten.

Inzwischen nämlich war allen klar geworden, dass man das Reich zwar im *Namen* der Neuen Religion, nicht aber mit ihren Mitteln größer & stärker machen konnte, denn wie wollte man den Feind besiegen, wenn man ihm auch noch die andere Wange anbot, nachdem er die eine schon geschlagen hatte. Darauf zu hoffen, dass der Feind davon bald gelangweilt oder gar erschöpft sein sollte, wäre doch eine sehr optimistische Strategie gewesen, die noch niemals in der Geschichte der Menschen einen Erfolg gehabt hat, vielleicht aber auch nur deshalb, weil noch niemand sie hat ausprobieren wollen. Und so machte der große Fürst sich mit großer Mühe daran, die Neue Religion auf der Spitze seines Schwertes noch zu denen zu tragen, die zunächst gar nichts davon hatten wissen wollen.

Heutzutage sagt man so leichthin, dass man rein gar nichts erreichen könne, wenn man Gewalt anwende, und dass man den Sturm ernte, wenn man Wind säe, aber das sind nur dumme Sprüche, entstanden aus träger Arroganz & Selbstgefälligkeit. Ich weiß überhaupt nicht, weshalb die Menschen gerade jetzt auf solche Ideen kommen, denn die lange Geschichte meiner Welt hat stets das Gegenteil bewiesen: Nur & allein mit Gewalt, so sage ich, hat man die Kultur in alle Ecken & Enden der Welt tragen können, und nur mit Gewalt wird sich die Kultur gegen die Barbarei verteidigen. Und man vergesse nie & nimmer, dass die Kultur eben deshalb der Barbarei überlegen ist, weil sie über die subtileren & wirksameren Instrumente der Gewalt verfügt, jedenfalls solange in ihr noch der Geist stark & mächtig ist, diese Instrumente auch ohne Ansehen der Person anzuwenden.

Genau das tat der große Fürst: Er achtete nicht Familie noch Stamm, er fegte hinweg, was sich ihm in den Weg stellen wollte, er nahm den Heiden, was ihnen heilig war, die Eichen & die Bärte – nur weil er es wollte und weil er die Macht dazu hatte, denn dazu ist die Macht ja da, wozu sonst? Und wenn es noch darum geht, eine neue Ordnung zu schaffen, dann umso besser, und der behält am Ende Recht, dessen Macht die größere ist.

Gut, ich will mir an dieser Stelle nicht den Vorwurf einer übermäßigen Grausamkeit zuziehen und daher gerne zugeben, dass sich die Macht nicht immer auf den Spitzen der Schwerter aufhält, sondern manchmal auch beim Wort zu finden ist, und ich will in der Folge gar nicht leugnen, dass man mit dem Wort immer wieder einmal schöne Erfolge erzielt hat. Und so soll man es denn versuchen, zunächst mit guten Worten (und vielleicht auch ein wenig Geld) den Barbaren von seiner Barbarei zu überzeugen, auf dass er sich mit freiem Willen der neuen Ordnung füge.

Doch der Barbar ist schlau, und so wird er aus den Worten lernen, und er wird auch das Geld annehmen, aber nur, damit er besser das tun kann, was er stets getan hat, sich nämlich mit allen Mitteln der Kultur zu widersetzen und danach zu rauben & zu stehlen, wann immer es ihm gerade beliebt. Und deshalb tat der große Fürst gut daran, die Barbaren zu schlachten, wenn sie sich ihm nicht fügten, und niemand soll ihn dafür schelten, weil nur auf diese Weise ein Fürst zu einem *großen* Fürsten wird.

Ich will mich aber gar nicht auf solche Diskussionen einlassen, denn die Zeit ist knapp, und die Menschen müssen eben selbst entscheiden, was sie aus ihrer eigenen Geschichte lernen wollen – ich jedenfalls habe oft genug davon gesprochen, und wer nicht hören will, der muss fühlen, so sagt man & so ist es immer gewesen & so wird es bleiben. Ich fahre nun fort mit dem Bericht von meinem Plan, den ich in jenen Jahren und auch danach erfolgreich in die Tat umgesetzt habe: Also, der große Fürst des Nordens hatte die Ordnung über alle Länder ausgedehnt, und alle gehorchten ihm voller Angst, aber die Menschen bemerkten sehr schnell, dass ihnen die Neue Ordnung den Frieden & den Wohlstand brachte, auf den sie so lange gehofft hatten.

Ich war es zufrieden, auch wenn ich dabei zunächst akzeptieren musste, dass die Neue Religion alle Erfolge auf ihr eigenes Konto buchte und in einer – ich will sagen: äußerst *frechen* – Art und Weise triumphierte & jubilierte, dass ich mich schon sehr anstrengen musste, um meinen immer wieder aufbrandenden Ärger zu sublimieren, was mir aber nicht schwer fiel, denn es war andererseits wiederum höchst unterhaltsam, wenn sich Kaiser und Papst darüber in die Haare gerieten, wer nun genau welches Schwert in wessen Auftrag zu führen habe, wobei sich die Kaiser zunächst sogar auf theologische Debatten einer jeglichen Art einließen und damit auch gewisse Erfolge erzielen konnten, bis sie dann schließlich doch bemerkten, dass ein Schwert aus purem Eisen einem Schwert des Wortes stets überlegen ist, wenn man es denn nur recht zu führen weiß.

Diese ewigen Streitigkeiten hatten also durchaus ihre guten Seiten, selbst wenn sie manchmal die Einheit von Reich & Ordnung doch sehr störten, aber auch das musste ich akzeptieren, wenn ich nicht zugleich auf den *Wettbewerb* verzichten wollte, was ich aber unter keinen Umständen dulden konnte. Vielleicht wiederhole ich mich, aber es geht doch nie & nimmer um die Macht um ihrer selbst willen, sondern darum, dass sie gut & sinnvoll genutzt wird. Und die Menschen sind zu wahrhaft großen Taten einzig & allein dann fähig, wenn man sie bis zum Letzten herausfordert, so dass sich niemand seiner Macht allzu sicher fühlen darf, sondern stets darum bemüht sein muss, sie gegen allerlei Widerstände einen jeden Tag aufs Neue zu erringen. Und damit der Geist der Macht auch ja nicht erlahmte, stellte ich das Reich vor eine neue Herausforderung, und zwar wieder einmal in Gestalt eines Volkes aus dem Osten[35].

Nun ja: Ich will ehrlich sein & muss zu meiner Schande bekennen, dass mir dieses Mal die Dinge ein wenig aus den Händen geglitten waren, denn eigentlich hatte das Volk einen klaren & deutlichen Auftrag, nämlich das Reich jenes wild gewordenen Propheten aus den Wüsten des Südens bis ins Mark zu erschüttern, weil mir dessen Macht & Frechheit allmählich zu groß geworden war. Aber das Volk aus dem Osten hielt sich leider nicht an seinen Auftrag, was ab & zu nun einmal geschehen kann, wenn man Barbaren dazu nutzen will, die Weltgeschichte voranzutreiben, aber in dieser, meiner Welt muss man eben immer mit einem gewissen Schwund rechnen, was mir Leid tut, aber im Interesse des großen Ganzen nicht zu ändern ist.

Jedenfalls: Das Volk aus dem Osten fiel über die Jünger des Propheten her, und nichts & niemand konnte es aufhalten, und nichts blieb mehr übrig von der Pracht & der Herrlichkeit in den Städten & Palästen des Südens. Sicher – so könnte man einwenden – sind auf diese Weise auch ein paar Menschen & Ideen verloren gegangen, mit denen man die Welt durchaus hätte vollkommener machen können, aber ich erspare mir ein jegliches Bedauern darüber, denn ich habe keinerlei Mitleid, wenn eine Kultur ihren Herausforderungen nicht gerecht wird: Wer scheitert, hat schließlich selbst die Verantwortung dafür zu tragen. Von der seltsamen Religion jenes noch seltsameren Propheten hatte ich mir damals wie heute ohnehin keinen größeren Beitrag zur Vervollkommnung dieser, meiner Welt erwartet, denn wie kann diese, meine Welt vollkommen werden, wenn man die Frauen in die Häuser einschließt und ihnen noch Tücher über den Kopf zieht? – Geschieht es also den Jüngern des Propheten ganz recht, wenn andere über sie herrschen.

Ich habe immer & immer wieder gesagt, dass ich mir nicht sehr viele Gedanken über den Menschen im Besonderen mache, dazu gibt es viel zu viele davon, und ein jeder ist anders, und ich wäre durchaus nicht unglücklich, wenn es ein paar weniger von ihnen wären, ist doch die

Vollkommenheit der Welt allein eine Frage der *Qualität* und nicht der Quantität, und kommt es deshalb doch nicht darauf an, seine Wollust zu verrichten, wann & wo auch immer man will, ob in einem Schrank oder auf einem Teppich. Aber das sei hier nur am Rande vermerkt, weil es nicht eigentlich besonders wichtig ist.

Ich sagte eben schon, dass mich der Mensch im Besonderen nicht weiter interessiert, kann er meinetwegen blaue Augen haben oder braune oder gar keine, und ist es mir völlig gleichgültig, ob er sich die Haare färbt oder den Kopf kahl rasiert, und so unterscheide *ich* in diesem Sinne auch nicht zwischen den Männern & den Weibern, und es interessiert mich nicht sonderlich, wer von ihnen gerade einmal die Macht über die anderen hat. Aber ich muss doch sagen, dass ich allmählich recht enttäuscht bin von den *Frauen* in dieser, meiner Welt, denn immerhin habe ich ihnen eine ganz besondere Art von Macht anvertraut, mit der sie aber offenbar nichts Rechtes anzufangen wissen – ich spreche hier natürlich von der *Erziehung*, welche doch immer liegt in den Händen der Frauen, wenn sie erst einmal das Kind geboren & gestillt haben.

Wer also – außer den Frauen – kann den Menschen den rechten Weg weisen, wer kann ihnen das nötige Rüstzeug geben, um in dieser Welt nicht nur zu bestehen, sondern sie auch noch zu gestalten, wer also schließlich & endlich kann den Menschen vorbereiten auf seine wahrhaftige Aufgabe, nämlich diese, meine Welt vollkommener zu machen? *Diese* Macht in den Händen der Weiber ist gewaltiger als alle Worte & Schwerter zusammen, denn das Kind an der Brust der Mutter ist wie ein leeres Gefäß, das mit der Milch zugleich alles in sich hineinsaugt, was später aus dem an & für sich zunächst blöden Kinde überhaupt erst einen *Menschen* macht. Gott mag zwar den Menschen die Erbsünde mit auf den Weg des Lebens gegeben haben, viel mehr aber auch nicht, und so wäre der Mensch rettungslos verloren in einer Welt, die keine Rücksicht auf ihn nimmt (weil *dazu* diese, meine Welt eben gar nicht erschaffen wurde), wenn man ihn nicht zuerst erziehen & bilden würde, und allein dadurch unterscheidet sich dann der Mensch vom Tier, woran ihm doch so sehr gelegen ist.

Nichts kann der Mensch, zu nichts ist er fähig, er ist schwach & hilflos, wenn er plötzlich aus der sicheren & warmen Höhle des Mutterbauches in die kalte & grausame Welt gepresst wird, ohne dass er darauf vorbereitet gewesen wäre, obwohl er doch eigentlich genügend Zeit dazu gehabt hätte. Und man hat ihn zuvor auch nicht um sein Einverständnis gebeten, was er aber wohl zumeist verweigern würde, zumindest dann, wenn man ihn darüber aufklärte, was ihn später noch in dieser Welt erwarten wird[36]. Der Mensch also ist zunächst & überhaupt ein Wesen voller *Mängel*[37], voller Fehler & Unzulänglichkeiten und in diesem Sinne – *allein* in diesem Sinne – ein Wesen, das von Anfang an die Anlage zum Bösen in sich trägt, sagt man doch wohl zu Recht, dass das Böse eigentlich aus dem Fehlen oder dem Mangel an Güte bestehe, an & für sich also gar kein reales Sein[38] besitze, so wie eine Kuh insofern wahrhaft schlecht ist, wenn sie *keine* Milch gibt, weil es ihr dann doch am Wesentlichen ihres Seins als Kuh mangelt, denn was wäre eine Kuh ohne Milch? Und was wäre der Mensch ohne Erziehung, ohne den heiligen Odem der Bildung? – Doch nicht mehr als ein bloßer Klumpen Lehm, von denen es in dieser Welt mehr als genug gibt, so dass es nicht noch mehr davon bedürfte. Und den einzelnen Menschen zu bilden & zu formen – das ist, wie diese, meine Welt auch im Kleinen vollkommen zu machen.

Natürlich – und ich will es nicht verschweigen – birgt es gewisse Risiken, ein dermaßen unfertiges Wesen wie das Menschenkind in eine Welt ohne Gnade & Erbarmen zu setzen, aber sind nicht die Chancen ungleich größer, ist es nicht Herausforderung & Lust zugleich, ein lebendiges Wesen nach den eigenen Vorstellungen zu formen, hierin dem göttlichen Schöpfer so nahe zu kommen wie sonst nie? – Es wäre also die wirkliche Aufgabe und damit die Verantwortung der *Frauen*, sich um die wahre Mensch*werdung* und das wahre Mensch*sein* zu kümmern, und das ist eine Aufgabe, die ihnen doch niemand jemals streitig gemacht hat, vor allem nicht die Männer, es sei denn, man hätte sie auch dazu erzogen, aber das haben die Frauen stets wohlweislich unterlassen, um sich selbst keine unliebsamen Konkurrenten heranzuziehen.

Manchmal jedoch haben manche Männer das Geheimnis der Frauen entdeckt und haben ihre ganze männliche Kraft genutzt, um die Knaben den Weibern zu entreißen, sobald sie sich auf ihren Beinen halten konnten, und man steckte die Knaben nackt in das Gymnasium, auf dass ihre Körper auch stark & fest wurden, weil nur die warmen Muskeln des Mannes wahrhaft schön sind und nicht das kalte, formlose Fleisch der Weiber – so jedenfalls sagte man damals[39], glaubte fest daran und tat, was man tun musste. Und so bin ich heute mehr denn je fest davon überzeugt, dass diese Männer nicht aus Klugheit, sondern aus purer Wollust handelten, denn wenn man die Frauen so recht unterdrücken will, dann darf man sie noch nicht einmal der Lust wegen begehren, sondern muss den Blick mit festem Blick auf seinesgleichen[40] richten, was nicht weiter schwer fällt, wenn man auf das Engste beieinander liegt, um gemeinsam die Kälte der Nacht zu vertreiben.

Doch *ich* bin der Teufel, der Fürst dieser Welt, und ich mache es niemandem leicht, nicht den Frauen und nicht den Männern. Was hätte ich davon, denn bis zum Letzten aller Tage werden die Menschen mir die Liebe verweigern. Und wenn ich es mir jetzt so recht überlege, dann muss ich wohl auch & gerade den Frauen die Schuld geben, wenn Mensch & Menschheit noch nicht so vollkommen sind, wie sie es eigentlich nach den langen Jahren ihrer Geschichte schon sein könnten.

Ja – ich weiß –, ich bürde den Frauen eine schwere Last auf ihre schmalen Schultern, aber sagen die Frauen nicht immer von sich selbst, dass sie in Wahrheit stärker sind als die Männer, intelligenter, kreativer, sozialer, kurz & bündig: eigentlich & doch die *besseren* Menschen? Weil es nicht darauf ankomme, dass man das Essen schneller verschlingen oder den Alkohol besser vertragen oder gar im Stehen pinkeln kann, was – wie ich zugeben will – in ihrer höchsten Form durchaus der Bewunderung würdige Fähigkeiten sind, wodurch aber diese, meine Welt nicht unbedingt vollkommener wird. Doch vielleicht, ich sage: *vielleicht*, haben es die Frauen auch schon längst aufgegeben, aus dem Mann einen Menschen zu machen, weil es ohnehin nichts zu nützen scheint, und ich könnte es ihnen noch nicht einmal verdenken, sind mir selbst solche Gedanken gar nicht mehr fremd, doch davon will ich jetzt schweigen.

Und deshalb kehre ich wieder zurück zu der Geschichte, die ich erzählen will. Das Reich war endlich geschaffen und damit eine neue Ordnung und damit das Fundament, von dem aus ich meinen Plan weiter entwickeln konnte. Nun, nachdem also diese Ordnung in der unerbittlichen Hitze der Geschichte allmählich ausgehärtet war, konnte ich darangehen, die Neue Religion zu einem Kampf um Geist & Kultur der Menschen zu fordern – dort nämlich liegt das wahre *Armageddon*, dort nämlich wird über das Wohl & Wehe dieser Welt entschieden. Ich hege dabei allerdings keinerlei falsche Hoffnungen, denn wie immer dieser Kampf auch wogen mag: Kein Sieg ist endgültig in diesem Kampf, so sehr der Sieger davon überwältigt wäre, aber dann eben auch keine Niederlage, so vernichtend sie zunächst erscheinen mag; immer beginnt der Kampf von neuem, wenn man gerade glaubt, ihn ein für alle Mal beendet zu haben. Daran habe ich mich jedoch inzwischen gewöhnt, und ich weiß sehr wohl, was ich davon zu halten habe.

Es war nämlich einmal ein Mann[41], der wanderte durch die Berge, und immer, wenn es bergauf ging, dann lachte er, und wenn es bergab ging, dann machte er ein bedrücktes Gesicht, und man fragte ihn nach seinem seltsamen Verhalten, und er antwortete: *Wenn ich den Berg hinaufsteige, dann freue ich mich schon auf die Leichtigkeit des Abstiegs, wenn ich aber den Berg hinuntergehe, dann fürchte ich mich vor den Mühen des nächsten Aufstieges.* Und wie Recht hatte doch der Mann! Und so lache auch ich nach der Niederlage mitten in Gottes Gesicht hinein, aber ich fürchte mich nach einem jeden Sieg vor seiner Rache, und wohl weiß ich, wovon ich hier spreche.

Nach allem, was ich inzwischen darüber herausgefunden habe, spielt Gott jedenfalls unser Spiel nach einer sehr seltsamen Strategie – er lässt sich nämlich immer mehr & mehr Zeit mit seinen Aktionen, und so kann ich an seinem Verhalten nie so ganz genau erkennen, ob *meine* Schritte den erwünschten Erfolg gehabt haben oder ob er sich ganz einfach nicht mehr darum kümmert, weil er das Spiel längst leid geworden ist (was ich mir im Übrigen nicht vorstellen kann, denn womit sonst sollte er sich beschäftigen, oder plagt *ihn* etwa die Langeweile nicht?). Ich aber habe gelernt, dass ich darauf keinerlei Rücksicht nehmen darf, wenn es mir um mein eigenes Spiel geht, und so denke ich zwar manchmal noch an seinen Zorn, und es ist mir gar nicht angenehm bei diesen Gedanken. Doch was soll ich machen, wo ich es ohnehin nicht ändern kann; ich will mich lieber auf meine *eigenen* Pläne konzentrieren, denn die sind viel zu kompliziert, als dass ich noch über einen abwesenden Gott nachsinnen könnte.

Und in der Tat war es dann schwierig, den Glauben der Menschen an die Neue Religion zu erschüttern, war es doch ein einfacher & bequemer Glaube, der von den Menschen gar nicht mehr forderte, als darauf zu warten, dass eines Tages Gott oder sein Sohn oder ein Erzengel oder wer auch immer zurückkehren sollte und die Menschen von allem Übel dieser Welt auf einen Schlag erlösen. Man musste sich also nur zurücklehnen, mit Geduld sich in den unabänderlichen Gang dieser Welt fügen, die Herren & die Pfaffen achten, und ansonsten konnte man den lieben Gott einen guten Mann sein lassen, weil sein Ratschluss unergründlich & unerbittlich ist und man also seine Gnade auch nicht einfordern darf, sondern nur darauf hoffen kann. Dass man in der Zwischenzeit dem ohnehin schon von Geburt an übervollen Konto an Sünden nicht allzu viel weitere hinzufügen soll (oder nur dann, wenn man nachher – besser noch: *vorher* – beichtet und büßt), versteht sich im Übrigen von selbst, denn diese Welt ist & bleibt ein Jammertal, und man soll sie nicht noch schlimmer machen, als sie schon ist. Es sei denn: Man braucht einen neuen Grund, um unzufrieden zu sein, und darin waren die Menschen immer sehr erfindungsreich.

Ich bin lange genug dabei, und so weiß ich genau, wovon ich spreche, und so kam ich dann auf die Idee, jene unveränderliche Konstante des menschlichen Seins – also: die *Unzufriedenheit* – dieses Mal für meine eigenen Zwecke zu nutzen. Lange hatte ich hin & her überlegt, wie ich den Glauben der Menschen an die Hoffnungen der Neuen Religion würde erschüttern können, doch mir fiel nichts Rechtes dazu ein, und alle meine Versuche schlugen fehl, bis ich endlich dahinter kam, dass ein direkter Angriff auf die *feste Burg*[42] nichts wirklich bewirkt, nur dass die Verteidiger noch enger zusammenrücken und ihre letzten Reserven mobilisieren, bevor sie sich von den Zinnen herabstürzen.

Ich war es allmählich leid, und es machte mich damals schon sehr, sehr traurig, dass die Menschen immer wieder *apage satanas* schrieen, seltsame Lieder dazu sangen, die gar grauslich in meinen Ohren klangen, und dabei noch allerlei Kräuter & Öle verbrannten, dass mir ganz schwindlig vor den Augen wurde, und das alles nur, weil ich mich in Ruhe mit ihnen zusammensetzen und über ihre wahren Aufgaben in dieser, meiner Welt verhandeln wollte. Ich hatte dabei doch wahrlich nichts Böses im Sinn, denn das ist nun überhaupt nicht meine Art, aber die Menschen waren verblendet von der Neuen Religion, und so war auch ihr Geist verstockt & verbohrt.

Ich war in jenen Tagen wirklich sehr verzweifelt und wusste gar nicht, was ich mit diesen Menschen noch anfangen sollte, denn mir war inzwischen klar geworden, wie viel Mühe ich mir mit ihnen immer wieder geben musste, bevor sie endlich das taten, was eigentlich ihre ständige Aufgabe hätte sein sollen, mich nämlich bei der Perfektionierung dieser, meiner Welt mit ihren eigenen, wenn auch schwachen Kräften zu unterstützen. Aber nun hatte ich den grundlegenden, den *eigentlichen* Fehler der menschlichen Natur entdeckt: Von allem & jedem lassen die Menschen sich ablenken und in Versuchung führen; die Schlange im Paradies, die Söhne Gottes, die auf Erden wandeln, um die Frauen zu verführen oder um ihnen irgendein anderes Heil zu versprechen, der goldglitzernde Götze Mammon, gottgesandte oder selbsternannte Führer – sie alle haben stets ein einfaches Spiel gehabt, wenn sie die Aufmerksamkeit der Menschen auf sich ziehen wollten. Nur ich, den man doch zu Recht den größten aller Verführer genannt hat, allein ich sollte jetzt mein Scheitern eingestehen, mich allem Hohn & Spott aussetzen müssen?

Nein, das durfte nicht sein, das konnte, das *durfte* ich mir & meiner Ehre nicht antun, wenigstens einen Versuch, den letzten Versuch musste ich noch wagen, und dann, endlich, nach einigem Nachdenken fiel mir doch die Lösung ein: Ich musste mich auf meine alten Fähigkeiten besinnen, musste den Widerstand der Menschen schwächen, um ihn zu überwinden, und was sollte dazu besser geeignet sein, als die Säure des *Zweifels*[43] auf ihren Geist zu träufeln wie den Saft der Zitrone auf die Auster, so dass ich danach nur noch darauf warten musste, bis die Menschen sich all die Fragen selbst stellten, die aus meinem Munde zu hören sie sich strikt geweigert hatten. Der Mensch, so hatte ich nach Jahren der intensiven Beobachtung erkannt, ist im Grunde seines Herzens nun einmal auch der *homo quaerens*, das Wesen, das Fragen stellt, wenn man ihn denn nur lässt & darin nicht behindert, und ich hatte damals rein gar nichts dagegen einzuwenden. Ja, und ich erkannte sofort: *Das* war doch meine eigene Art von Strategie, und so sollte es mir nicht schwer fallen, die Menschen aus ihrer geistigen Erstarrung zu lösen und wieder in meinen Bann zu ziehen.

Im Grunde genommen war es ziemlich einfach: Anlässlich seines kurzen Aufenthaltes in dieser, meiner Welt hatte der Sohn Gottes den Menschen in die Hand versprochen, dass er bald zurückkehren und die Menschen, welche an ihn glaubten (und zwar *nur* diese, weshalb sonst sollte man ihm glauben, für die anderen wären doch die diversen Höllenqualen schon längst vorbereitet, sind sie aber nicht, denn ich habe mich darum bislang noch nicht so recht kümmern können, will es aber sobald wie möglich nachholen), dass er also die Gläubigen so schnell wie nur möglich aus diesem irdischen Jammertal erlösen wolle, in welches ich – also der Teufel – sie vor Urzeiten mit falschen Versprechungen geführt habe.

Nun ja: *Meine* Version dieser Geschichte habe ich ja bereits in ausführlicher Weise dargestellt, aber darauf wollte damals niemand mehr hören, sondern nur noch auf das, was jener Sohn Gottes mit Engelszungen zu verkünden hatte. Allmählich waren allerdings schon viele, lange Jahre vergangen, und nichts war geschehen – weder war der Messias wieder aufgetaucht (der saß nämlich im Siebten Himmel & ließ es sich gut gehen), und er hatte auch die Fürsten der Welt nicht vertrieben mit Pech & Schwefel (die saßen auf ihren Thronen & ließen es sich ebenfalls gut gehen), noch hatten sich die Zustände in dieser, meiner Welt merklich verbessert (und so ging es den meisten Menschen gar nicht gut), was mich gar nicht weiter verwunderte, befassten sich die Menschen doch mit ganz anderen Dingen, die sicherlich & von einem intellektuellen Standpunkt aus betrachtet höchst interessant waren (wie etwa die Frage nach der wahren Natur oder wenigstens doch dem *Namen* Gottes), wobei die Antworten auf diese Fragen, so man sie denn überhaupt hatte finden können, diese Welt nicht erklären, geschweige denn verändern konnten.

Heutzutage höre ich manchmal einige leise Stimmen, die voller Wehmut an jene doch so glücklichen Jahre erinnern, als der Mensch seinen Geist & seine Zeit auf nutzlose Dinge gerichtet und daher noch nicht in den Gang der Welt habe eingreifen können und also auch keinen irreparablen Schaden anrichten, womit diese Welt bis zum heutigen Tage vollends durcheinander gebracht worden sei, dass niemand sich mehr darin so recht auskenne & daher nicht mehr wohl fühlen wolle.

Damals, so sagen die leisen Stimmen mit betörendem Klang, habe der Mensch also noch in einem glücklichen Urzustande gelebt, eigentlich sogar in einer Art von Paradies, weil er ein Teil der Natur gewesen sei, sich selbst als solcher verstanden & als solcher gehandelt habe und auch keinerlei Privilegien für sich gefordert, die ihm doch an & für sich überhaupt nicht zustehen, bloß weil der Mensch sich für ein wenig klüger halte als das Schaf oder die Ente, was aber noch längst nicht erwiesen ist, doch egal, der Mensch habe sich jedenfalls selbst aus dem Paradies vertrieben, als er nämlich das Wissen von dieser Welt nicht nur habe erringen & besitzen, sondern auch anwenden wollen. Und so sollen die Menschen doch – *bitte schön* – alles wieder vergessen, was sie über diese Welt gelernt haben, und zurückkehren in das verlorene Paradies der ewigen Dummheit, ich aber antworte, dass die meisten Menschen sich immer noch dort befinden.

Glücklicherweise gibt es aber auch Menschen, die sich damit nicht zufrieden geben wollen, und so fiel es mir nicht schwer, einige von ihnen mit guten Worten und noch besseren Argumenten zu verführen, Fragen zu stellen, indem ich wieder in ihnen die *Neugierde*[44] weckte, welche ist die Tochter der Wollust und hatte geschlafen über viele hundert Jahre. Noch heute bin ich sehr, sehr stolz darauf, was mir damals gelungen ist, denn mein Plan war komplex & kompliziert und musste sich höchst genau an die Gegebenheiten jener Jahre anpassen: Es hätte wohl wenig genutzt, wenn ich schon in der allerersten Phase die eigentlich entscheidenden Fragen nach Gott & seiner Güte & seiner Gnade und überhaupt nach der Erlösung & der Hoffnung und so weiter & so fort gestellt hätte, waren doch auch die gebildeten Menschen der festen Überzeugung, dass sie endlich im Besitz der wahren & wirklichen Wahrheit waren, dass alles Wesentliche in dieser Welt schon erkannt & begriffen sein sollte und daher die Aufgabe der Menschen nur noch darin bestehen könne, die alten Autoritäten angemessen zu kommentieren.

Gut & schön, so dachte ich mir, auf diese Weise würde ich also keinen Schritt weiterkommen, denn auch wenn die Neugierde sich langsam & schlaftrunken in ihrem Bett zu räkeln begann, so wollte man doch nichts von ihr wissen und hatte es allen aufrechten Menschen bei Strafe der ewigen Verdammnis verboten, sich ihr auch nur zu nähern. Gut & schön, dachte ich mir noch einmal und machte dann die Menschen darauf aufmerksam, dass der *Tag der Erlösung* immer näher rücke und man deshalb fleißig in der Natur und am Himmel nach den ersten Zeichen suchen müsse, damit man nicht den richtigen Augenblick versäume oder – schlimmer noch – schon aus der kleinsten Kalamität der Natur sofort die völlig falschen Schlüsse ziehen sollte.

Wer würde in einem solchen Fall noch den Autoritäten glauben, wenn sie noch nicht einmal den wichtigsten Tag im Leben eines jeden Menschen, ja den allerwichtigsten Tag im gesamten Kosmos erkennen? Wie sollte man sich dann noch auf sie verlassen können, wenn sie den Unterschied zwischen Gut & Böse festlegen wollen, wenn sie dem Kaiser die Gnade Gottes versprechen oder dem Sünder die Strafe in der Hölle (oder war es doch umgekehrt, ich weiß es nicht mehr)?

Ich gebe zu, dass ich einen Moment lang gezögert habe, eine solche Strategie zu wählen, auch wenn sich auf diese Weise die ganze Neue Religion von selbst erledigt hätte. Aber – so wurde mir dann schnell klar – man musste bedenken, was dann an ihre Stelle getreten wäre, sind doch die Menschen nur dann so richtig glücklich & zufrieden, wenn sie einen Glauben haben, wobei es meinen Erfahrungen nach völlig gleichgültig ist, *woran* sie glauben, ob an einen Gott oder mehrere davon, ob an die Vernunft oder an sich selbst, so dass mit der Zerstörung der Religion zugleich schon ein neuer Same in den Geist der Menschen gelegt sein wollte, und *genau* darum ging es mir schließlich, nämlich etwas Neues zu erschaffen, denn meinethalben können die Menschen an Gott glauben und ihm opfern, soviel sie wollen, wenn sie denn nur brav & freudig ihre Aufgabe erfüllen, diese, meine Welt vollkommener zu machen, als sie es ohnehin schon ist.

Aber jetzt schnell, denn es bleibt nur noch wenig Zeit: Wenn die Menschen wissen wollten, wann der letzte aller Tage anbrechen würde, und wenn sie sich darauf verließen, dass ihnen dieser Tag mit allerlei Zeichen angekündigt werde, dass also die Wasser über die Ufer treten, dass die Erde erbebt, dass es Feuer vom Himmel regnet, dass die Sterne vom Himmel fallen, dass die Reiter mit Pest & Seuche durch die Welt ziehen, dass der Mond die Sonne verschlingt, dass Kälber zwei Köpfe haben, dass ein Wechselbalg in der Wiege liegt, dass der Neger an den Rhein kommt & dort bleibt, dass die Frauen die Macht übernehmen & nicht wieder hergeben, dass die Preise steigen und die Regierung nicht gerecht ist, dass auf jeden Fall nun geschieht, was sonst nie geschehen ist, dann, ja dann musste man doch wissen, was diese Zeichen zu bedeuten haben, denn ein Zeichen ist schließlich nur dann ein Zeichen, wenn es auf etwas zeicht, sonst ist es gar nichts, allenfalls ein Spektakulum, womit man die Massen erfreuen kann. Man sollte also genau auf die Zeichen blicken, wenn sie denn erscheinen, man soll sie prüfend betrachten, *skeptomai*, wie die Griechen sagten, und hatten sie nicht auch Recht damit, waren *sie* doch immerhin die Autoritäten.

Und so beobachteten die Menschen die Natur, suchten nach den Zeichen für die Ankunft des Erlösers und fanden dabei doch etwas ganz anderes, dass nämlich Gott zwar sein Wissen eifersüchtig hütet und sehr geizig damit umgeht und man sich sehr schnell in der Unergründlichkeit seines Ratschlusses verirren kann, ohne jemals den Ausweg zu finden, dass man aber in dieser, meiner Welt den Gang der Dinge durchaus erkennen kann, wenn man stumm & demütig in diese Welt hineinhorcht, weil sich diese, meine Welt nach Gesetzen vollzieht, nicht immer nach den gleichen, aber eben doch, und man es sich recht schön in ihr einrichten kann, wenn man denn erst einmal gelernt hat, sich mit Zufall, Unschärfe & Wahrscheinlichkeit abzufinden[45].

So weit war es damals natürlich noch längst nicht, aber kommt & geht auch der Zweifel wie ein flüchtiger Schatten, und niemand weiß, woher er kommt oder wohin er fährt[46], so folgen ihm doch immer seine Gefährten und lassen ihn nie allein – Bedenken, Zwiespalt, Ungewissheit, Erstaunen, Besorgnis, Misstrauen, aber leider auch Irrtum und Schmerz, denen ich zwar immer gesagt hatte, dass sie bleiben sollen, wohin sie gehören, aber sie haben mich so lieb darum gebeten, weil sie doch sonst so einsam wären, und so habe ich es ihnen gewährt, und die Menschen sollen selbst sehen, wie sie damit umgehen.

Jedenfalls: der kühne Zweifel & seine kluge Schwester, die *Kritik* – mit ihnen gemeinsam kann man die Welt beherrschen, wenn man sie denn nur im Zaume hält, denn der Zweifel muss zunächst nichts weiter sein als Wachsamkeit, sonst kann er gefährlich werden[47], und dann ist's auch der Zweifel, der Gutes böse macht[48], wenn seine Kraft zur Zerstörung nicht gebändigt wird. Das aber wollte & durfte ich unter keinen Umständen erlauben, denn die Zerstörung soll immer die Schöpfung im Gefolge führen, sonst ist sie gar nichts wert. Aber noch waren damals die Menschen weit davon entfernt, auch nur irgendetwas von größerer Bedeutung zerstören zu können, und so ließ ich sie mit ihren Fragen zunächst gewähren, sind mir die Fragen doch immer recht, vor allem dann, wenn sie zu angemessenen Antworten führen.

Und es ließ sich alles sehr gut an: Zuerst hatten die Menschen sich ja noch auf Gott verlassen, auf seine Weisheit & Vorsorge, mit welcher er die Welt eingerichtet hatte, und darauf, dass er sie bald von dem Leid der Welt erlösen werde. Als Mensch hatte man sich allenfalls um sein eigenes Seelenheil zu kümmern, damit Gott – wenn es denn einmal, endlich, so weit sein würde – überhaupt noch Gerechte & Gläubige fände, die sich der Erlösung als würdig erwiesen. Für die Neugierde blieb keine Zeit, denn die richtet sich doch nur auf das Unwesentliche & Überflüssige, lenkt doch nur ab vom Nötigen & Bedeutsamen, verschwendet doch nur die knappe Zeit, die es noch bis zur Erlösung dauert, und das Ende ist nahe.

Wie aber sollte man die Zeichen deuten, die uns tagtäglich in der Natur begegnen, die Gott uns zeigt, die er uns sehen lässt in seiner großen Gnade? Darf man Gott nach der Bedeutung seiner Zeichen fragen, darf man überhaupt einen Gott nach Dingen befragen, die man als Mensch eigentlich selbst wissen könnte, gäbe man sich nur ein wenig Mühe?

Ja, das waren endlich Fragen nach meinem Geschmack, und ich hätte noch gerne eine weitere hinzugefügt, nämlich weshalb man sich dessen so sicher sein kann, dass sich Sorge & Kümmern Gottes auf den einzelnen Menschen, das einzelne Ding richten. Hat er nichts anderes, Besseres zu tun, wo es doch schwierig genug ist, das gesamte System aufrechtzuerhalten? Oh, wie gerne hätte ich damals schon den Menschen gesagt, dass diese Welt *meine* Welt ist, das zwar nicht vollkommene, aber sich doch stetig bessernde Ergebnis *meiner* Pläne, *meiner* Arbeit, *meiner* Mühen, und dass Gott mit all dem nichts zu schaffen hat, es sei denn mit ihrer Zerstörung, wie er schließlich schon einmal mit seiner Sintflut bewiesen hatte.

Nein, dazu war es noch viel zu früh; mir war es genug, dass die Menschen zu zweifeln begannen, was ja schon der erste Schritt in Richtung auf die Wahrheit sein kann[49]. Und je mehr die Zeit verstrich, seit sich der Sohn Gottes auf spektakuläre Art & Weise aus dieser, meiner Welt verabschiedet hatte, und es in der Folge zwar viele Zeichen & Wunder gegeben hatte, aber eben doch nicht seine Rückkehr, desto mehr wuchsen in den Menschen die Zweifel & auch das Misstrauen: Sind die Heilsmaßnahmen Gottes wirklich so zweckmäßig, fragten die Menschen, kann man überhaupt seinem Offenbarungswillen vertrauen, warum sagt uns Gott nicht alles, müssen wir daher nicht selbst hinter die Dinge schauen, um sie zu verstehen, dürfen wir uns noch mit dem wenigen zufrieden geben, was er uns sichtbar vor die Augen gelegt hat? Und vor allem: Wenn die Erlösung doch nicht hinter der nächsten Ecke auf die Menschen wartet, wenn die Menschen also ohnehin noch einige Zeit auf den letzten aller Tage warten müssen, dann könnten sie sich doch in der Zwischenzeit eigentlich recht gemütlich in dieser Welt einrichten und den lieben Gott einen guten Mann sein lassen, was er in Wahrheit auch ist.

Man kann sich meine Begeisterung leicht vorstellen, als sich die ersten Menschen auf den Weg von den Fragen zu den Antworten machten, was oft genug schwieriger war, als sie es sich vorstellten, aber noch mehr freute mich, dass die Menschen sich von diesen Schwierigkeiten zumeist nicht wirklich beeindrucken ließen, sondern unverdrossen darangingen, die Welt mit ihren eigenen Augen zu betrachten und sich ihre eigenen Gedanken darüber zu machen und für sich selbst Vorsorge zu treffen. Natürlich: Nicht dass alle Menschen so dachten und so handelten, dafür gibt es viel zu viele von ihnen, und nicht einem jeden ist die Gabe verliehen, aber es waren doch immerhin genug, um der *Menschheit* einen neuen Weg zu weisen.

Und die Menschheit ging diesen Weg, zwar nicht alle Menschen und auch nicht sofort und erst recht nicht alle mit dem größten Vergnügen, aber es sammelten sich im Laufe der Zeit genügend von ihnen, um die anderen entweder zu begeistern oder am Wegesrand zurückzulassen, was zwar bedauerlich, aber nicht mehr zu ändern war. Ich habe es immer als die wahrhaft gewaltigste Völkerwanderung angesehen, als die Menschen sich auf den Weg zu dem machten, was man später als die *Moderne* bezeichnen sollte, wobei ich mit diesem Begriff nie wirklich etwas habe anfangen können, denn was will man damit schon sagen? Aber das spielt nun keinerlei Rolle mehr, weil es jetzt ohnehin schon zu spät ist, für die Moderne & überhaupt.

Ich will mich daher nun ein wenig sputen und nur noch vom Notwendigsten berichten: dem Marsch in die Moderne also, vorneweg ein paar Mönche, die aus ihrem Leben in der ungestörten Kontemplation von Kloster und Universität, frei von allen weltlichen Sorgen, das einzig Richtige gemacht hatten, nämlich sich mit den wesentlichen Fragen in dieser, meiner Welt zu befassen. Ich kann hier nur wenige von ihnen mit Namen nennen, denn manche habe ich vergessen, und für die anderen habe ich jetzt keine Zeit mehr, belassen wir es also bei Duns Scotus[50], dem Mann mit den roten Haaren, aber einem Geist, der selbst mir ein wenig Respekt abnötigte, oder Wilhelm von Ockham[51], der das Rasiermesser so trefflich zu führen wusste, auch wenn er gar kein Barbier war, und schließlich noch dem armen Petrus Abaelardus[52], dem man schon in der Blüte seiner Jahre die Testikel abgeschnitten hatte, wonach er sich jedoch noch mehr auf seinen klaren Geist konzentrieren konnte und auf höchst kluge Ideen kam.

Nein, ich will nicht mehr vom Schicksal dieser Männer erzählen, obwohl ich mich kaum bezähmen kann, doch es muss auch so reichen. Nur eines will ich hier sagen: Diese Männer (und dazu ein paar Frauen, von denen ich jetzt schweigen muss), diese Männer also waren voller Skepsis & Neugierde, gaben sich damit aber nicht zufrieden; wenn – so dachten sie – wir auf Gottes Heil zwar vertrauen können, aber eben nicht jetzt gleich, und wenn wir – außerdem – Gottes Unergründlichkeit niemals ergründen können, dann wäre es fast so, als gäbe es überhaupt gar keinen Gott, zumindest nicht hier & jetzt und was später kommt, kann auch später entschieden werden.

Man wollte sich nun nicht mehr damit zufrieden geben, dass die göttliche Vorsehung mit all den Vorsichtsmaßnahmen der Menschen ihr böses Spiel treibt[53], dass Gott den Auserwählten die Zeit ihrer Trübsal offenkundig doch nicht verkürzt, dass ein jegliches Datum ohne Folgen verstrich, welches man mit größter Präzision als genau dasjenige errechnet hatte, da der Gottessohn würde zurückkehren und zum Großen Gericht blasen lassen, ob nun mit Trompeten oder Posaunen, wäre dann nur noch von geringer Bedeutung gewesen.

Da nun aber in dieser Hinsicht nichts, auch rein gar nichts geschehen war, keine Posaunen, keine Trompeten, kein Fagott, kein *hautbois*, und noch nicht einmal eine Schnabelflöte oder doch wenigstens eine Sackpfeife mit lautem Tönen erklang, obwohl gerade bei *deren* Klang kein Toter hätte mehr ruhen können, als also überhaupt nichts geschah, das man in irgendeiner Weise als den Anfang vom Ende der Welt hätte deuten können, da waren die Menschen zunächst recht enttäuscht.

Schnell, schnell, wir haben keine Zeit mehr, deshalb muss ich rasch erzählen, wie alles weiterging: Die Menschen waren enttäuscht, und sie waren auch sehr unzufrieden, wie es nun einmal ihr Art ist, als sie endlich begriffen, dass sie auf ihre Erlösung wohl noch länger würden warten müssen. Das Warten hatte man zwar gelernt, aber es wird doch sehr bald sehr langweilig, wenn man immer nur wartet & wartet, und der Heiland kommt gar nicht; und in der Zwischenzeit verstreichen die Gelegenheiten, und die anderen machen die Geschäfte, weil man sich nicht darum hatte kümmern können. Wenn also Gott keinerlei Vorkehrungen für die Zukunft traf, was bleibt dann noch, als es eben selbst zu tun, so sagten sich die Menschen und wussten es nicht besser. Denn daraus, dass man etwas nicht bemerkt, kann man nun wirklich nicht schließen, dass es gar nicht da ist, und so könnte Gott durchaus Vorkehrungen treffen, nur dass er die Menschen nichts davon wissen lässt. Das wäre doch möglich, und *ich* will es gar nicht bezweifeln, wie käme ich dazu, da ich doch die heimliche Art Gottes oft genug selbst habe spüren müssen. Aber was taten nun die Menschen, da sie sich von Gott verlassen fühlten?

Sie begannen damit, erst zögerlich, dann mit wachsendem Interesse, sich mit der *Zukunft*, ihrer eigenen Zukunft zu befassen; und wollten sie die Welt zunächst aus Neugierde nur *erkennen*, dann doch später auch *verändern*, nachdem sie allmählich gelernt hatten, dass selbst ihnen die Macht dazu gegeben ist, wenn sie denn nur endlich Wille & Vorstellung in Einklang bringen. Nun gut, so wird man sagen, die Zukunft hat es doch wohl schon immer gegeben, was also wäre jetzt so besonders neu daran?

Ich will es gerne sagen: Die Zukunft hat es in der Tat immer schon gegeben, zumindest spätestens seitdem ich selbst meinen Algorithmus in Gang gesetzt hatte, war er doch von Anfang an darauf angewiesen, sich erst mithilfe der Zeit, meiner schönen Geliebten, zu verwirklichen, denn er war ja noch nicht vollkommen, weshalb man – wenn man so will – auch sagen könnte, dass ich, der Teufel, einstmals die Zukunft erfunden habe, und ich würde dem nicht widersprechen. Und da die Menschen zwar von Gott erschaffen, aber danach auf immer des Paradieses verwiesen sind, um in dieser, meiner Welt zu weilen, so haben auch die Menschen immer eine Zukunft gehabt, jedenfalls bis jetzt, aber davon will ich noch schweigen.

Jetzt aber kommt die Pointe der ganzen Geschichte: Dass die Menschen eine Zukunft *haben*, weil ich sie ihnen gewähre, bedeutet doch noch lange nicht, dass die Menschen sich dessen auch *bewusst* sind, und falls sie sich dessen bewusst sind, so bedeutet es dann noch lange nicht, dass sie auch wissen, wie sie damit umgehen können, will sagen: Nur weil die Menschen ursprünglich einmal die Geschöpfe Gottes waren, ist es ihnen doch nicht schon von Geburt an gegeben, sich selbst in eine Zukunft hinein zu entwerfen – das müssen sie erst in dieser, meiner Welt lernen (wofür natürlich die *Frauen* die Verantwortung tragen, wie ich hier wohl ohne weiteren Kommentar hinzufügen darf), will also sagen: Wir sprechen hier nicht von einer anthropologischen Konstante, sondern von einer historisch spezifischen Denkform, und die gibt es nicht immer, sondern nur manchmal.

Also nun verrate ich das Geheimnis, weil ohnehin niemand mehr etwas damit wird anfangen können: Wenn man nur genug von dieser, meiner Welt weiß, dann wird man schon von selbst damit beginnen, sich um die Zukunft, die eigene Zukunft zu bekümmern, weil einem dann überhaupt erst einmal bewusst wird, dass man sich in der Zukunft behaupten muss, um darin überleben zu können. Das nämlich ist das Schicksal der Menschen: dass Gott die Zukunft nicht benötigt, war er doch von Anfang an vollkommen, dass aber die Tiere nichts von der Zukunft wissen und also glücklich aufs Neue in einen jeden Tag hinein leben: So könnte man dann auch mit Fug & Recht sagen, dass es besser wäre, dumm zu sein, wenn man schon nicht genügend Wissen besitzt, um vollkommen zu sein, was dem Menschen aber nicht gewährt wird, nicht von Gott und nicht von mir, denn dann wären sie ja wie unsereiner[54].

Und einst lebte der Mensch wie das Tier, denn vor seinem Auge vollzog sich stets das Gleiche: Die Sonne erscheint einen jeden Morgen am Horizont, und des Nachts geht der Mond den Himmel entlang, der Winter weicht dem Frühling, und auf den Sommer folgt der Herbst, und die Vögel kommen & gehen, und das Wasser steigt & fällt, und wer alt genug wurde, hatte alles schon einmal gesehen, und nichts konnte ihn mehr überraschen außer dem Neuen. Aber das geschah nur selten, weil mein Algorithmus erst noch langsam lernen musste, wie man die Welt verändert, ohne sie zu zerstören, was jedoch eine sehr, sehr schwere Aufgabe ist, wie ich selbst bestätigen kann.

Was also sollte man sich über die Zukunft Gedanken machen, wenn sie genauso sein würde wie die Vergangenheit, und darüber musste man doch nur die Alten befragen, denen man damit eine große Freude bereitete. Jesus allerdings hatte die Welt auf immer verändert, als er den Menschen die Erlösung aus der Wiederkehr des Ewig-Gleichen versprach, und er hatte damit eigentlich auch eine große Verantwortung übernommen, denn man soll den Menschen nichts versprechen, was man dann nicht hält, werden die Menschen dadurch doch nur noch unzufriedener und quengeln & nörgeln den lieben, langen Tag. Aber Jesus ist das immer völlig gleichgültig gewesen, nachdem er sich erst einmal wieder in seinen wohligen & gemütlichen Himmel zurückgezogen hatte, wo es ihm so gut ergeht, dass er gar keine Lust mehr verspürt, die Menschen auf der Erde zu erlösen.

Ich aber weiß, dass es einen großen Streit im Himmel gegeben und dass Gott seinem Sohn schwerste Vorwürfe gemacht hat und dass man danach lange Zeit nicht mehr miteinander sprach, und auch die Engel mussten schweigen, was sie gar nicht gerne taten. Ich aber glaube, dass man viel Verständnis für Jesus haben muss, denn es ist nicht leicht, der Sohn & designierte Nachfolger eines unsterblichen Gottes zu sein, wo man doch nie eine Chance hat, dieses Amt eines Tages tatsächlich antreten zu können.

Wie auch immer: Nun aber, da den Menschen einmal die frohe Botschaft verkündet war, dass sich nämlich eines Tages der Lauf der Welt verändern würde, und dann doch niemand mehr kam, um diese Botschaft einzulösen oder sie ein für alle Mal zu dementieren, da nun war die Lust der Menschen auf ihre eigene Zukunft geweckt, da wollten sie keinerlei Langeweile mehr dulden, da wurden sie lüstern & gierig auf das Neue, und der Mann verließ die Frau, und die Frau verließ den Mann, nur um es einmal auf andere Art & Weise zu probieren, aber auch das konnte die Langeweile nicht auf Dauer heilen. Das hat Gott nun davon, dass er die Menschen auf die Hoffnung verwiesen hatte: Irgendwann nutzt sich nämlich auch die beste Hoffnung ab, selbst wenn sie von Gott kommt, denn nichts ist ewig in *dieser* Welt.

Zuerst glaubten die Menschen noch, dass Gott vielleicht ein wenig müde geworden wäre nach all den vielen Jahren, da er die Welt aus eigener Kraft ins Laufen gebracht und in Bewegung gehalten hatte, so dass die Menschen sich aufmachten, voller Freude den Ereignissen entgegenzugehen, die Gott auf sie zuschieben sollte[55]; aber als die Menschen sich erst einmal auf den Weg in ihre eigene Zukunft gemacht hatten, da bemerkten sie recht schnell, dass sie in einen ziemlich leeren Raum eintraten, wo zwar einige Ereignisse schon auf sie warteten, weil ihnen gar nichts anderes übrig blieb, dass man sie aber selbst anschieben musste, wenn man sie in Bewegung setzen & in ihren Genuss kommen wollte. Die Tür stand weit sperrangelweit offen, aber wenn man erst einmal über die Schwelle getreten war, dann musste man selbst sehen, wie man weiterkam.

Ich gebe es hier & heute zu: Ich habe damals auf dem langen Weg der Menschen in ein besseres Jenseits ein kleines Schild aufgestellt, auf dem zu lesen stand *Hier abbiegen!*, und so lenkte ich sie in die unerforschten Räume des Diesseits in dieser, meiner Welt. Oh, wie habe ich die Menschen damals beneidet: Für einen Moment standen sie am Ufer des Ozeans der Möglichkeiten und sahen das Funkeln der Sonne auf seinen Wassern, doch sie waren geblendet, und so sahen sie nicht, dass der Ozean keinen Horizont hat. Und so glaubten sie daran, dass sie nur ein Schiff würden bauen müssen, um an das andere Ufer zu kommen, wo sie darauf hofften, wieder ihre paradiesische Heimat zu finden.

Diesen Glauben der Menschen wollte ich damals nicht stören, und so sagte ich nichts zu ihnen, als sie vom Ufer ablegten und endlich ihre lange Fahrt begannen, deren Ziel sie niemals erreichen werden. Aber darauf kommt es nicht an, weil es den Menschen nicht gegeben ist, ein Ziel zu erreichen, auch wenn sie sich noch so lange darum bemühen. Ich will also sagen, was Aufgabe & Zweck der Menschen in dieser, meiner Welt ist: Sie sollen nämlich mit den Rudern ihres Schiffes die Möglichkeiten recht fleißig durcheinander wirbeln, auf dass immer neue Möglichkeiten an die Oberfläche gespült werden und sich immer wieder aufs Neue miteinander vereinen können, damit ganz neue Möglichkeiten gezeugt & geboren werden, von denen noch niemand bisher etwas gehört hatte, auch ich nicht, und so lindere ich meine Langeweile.

Und zunächst haben die Menschen diese, ihre Aufgabe brav erfüllt, und sie haben endlich etwas anzufangen gewusst mit ihrer Freiheit, die ich ihnen vor so langer Zeit zu ihrer eigenen, freien Verwendung geschenkt hatte, doch welchen Gebrauch hatten sie bislang davon gemacht? Und hatte *ich* ihnen vorgeschrieben, wie sie sich die Zukunft vorstellen sollen? Nein, das hatten ganz andere getan, als sie auf Erden wandelten, als hätten sie nicht genug im Siebten Himmel zu schaffen, wo längst nicht alles so ist, wie man es sich hierzulande vorstellen möchte. Nein & nochmals nein: Mir war es genug, dass sich die Menschen *überhaupt* eine Zukunft in dieser, meiner Welt vorstellten, dass sie endlich auf ihre eigene Imagination & Kreativität vertrauen wollten, dass sie endlich begriffen, was *Fortschritt* sein kann, wenn man denn nur in die richtige Richtung geht.

Ich aber habe mir hoch & heilig geschworen, dass ich den Menschen niemals offenbare, welche denn nun schließlich & endlich die *richtige* Richtung ist, denn darauf hätten sie eigentlich selbst kommen müssen, wenn sie aufmerksam im Buch ihrer eigenen Geschichte gelesen hätten, das sie immerhin mit ihrer eigenen Feder & ihrem eigenen Blut geschrieben haben, worauf sie doch so stolz & eitel sind. Ich aber sage: Alles, was dazu nötig wäre, um die richtige Richtung des Fortschritts hinein in den unendlichen Raum der Zukunft zu finden, alles ist den Menschen längst bekannt; sie müssen nur den Diamanten unter all der Asche finden, haben sie doch selbst die Feuer entzündet, in denen alles verbrannte.

Und viel ist an Asche, und diese, meine Erde ist davon bedeckt, so dass ich sie wieder einmal säubern muss, und auch der Geist der Menschen kann nicht mehr atmen; Hals & Lungen sind verstopft, aber ich bin kein Heiland, und so werde ich nichts tun. Ich will nur einen Irrtum der Menschen nennen: dass mit dem Fortschritt in Technik & Ökonomie auch der sittliche Fortschritt würde Hand in Hand gehen, was er aber nicht tut, denn der Götze Mammon liebt nicht die Moral, auch wenn er ihrer bedarf, aber davon will er nichts wissen, weil er herrschen will ohne Einschränkung.

Woher aber – so frage ich – nehmen die Menschen ihren unerschütterlichen Optimismus, dass ein wenig Gold in den Taschen den Menschen *besser* macht, oder wissen die Menschen etwa nicht mehr, wann ein Mensch nun gut ist und wann böse und wann besser und wann schlechter? – Ja, *das* hatte der Götze Mammon die Menschen wohl gelehrt, dass man die Rationalität am besten in Zahlen ausdrückt und die Zahlen am besten in dem, was sich messen & wägen lässt, und das Ergebnis am besten in Geld, damit sich auch der eine mit dem anderen vergleichen lässt; denn wenn schon das Große Gericht, das den einen scheiden wird vom anderen, noch lange auf sich warten lässt, dann muss man doch wohl schon hier & jetzt die Voruntersuchungen einleiten, damit es dann, später, nicht mehr so lange dauert, bis Gott & Sohn entscheiden, und was ist einfacher, als das Gold in den Taschen zu zählen, auf dass man ein für alle Mal weiß, wer der bessere und wer der schlechtere Mensch gewesen ist[56].

Was hat der Götze Mammon darüber gelacht, und sein Lachen ließ diese, meine Welt bis ins Mark erschauern, als die Menschen seine Hure, die *Vernunft*, zur vorsitzenden Richterin am Hohen Gerichtshof ernannten, und wie sie dann breitbeinig auf dem Richterthron saß, geil & grausam, und wie sich die Menschen lüstern danach drängten, ihre Schöffen & Henker zugleich zu sein! Alles haben die Menschen vor die Schranken dieses Gerichtes gezerrt und sogleich verurteilt, denn nichts & niemand kann den Ansprüchen der unersättlichen, nymphomanen Vernunft genügen, nicht die Kunst und nicht die Moral, nicht das Recht und nicht die Politik; keine Gnade lässt sie walten und keine Liebe, nichts hat Bestand, alles ist gleich, weil alles gleich wertlos ist, und muss ohne Zögern der Guillotine überantwortet werden, jenem Triumph der modernen Technik, auf den jedoch niemand so recht stolz zu sein scheint[57], auch wenn sie ihre Arbeit viel wirkungsvoller verrichtet, als es das Rasiermesser des armen Ockham jemals vermocht hätte. Und hat nicht die lasterhafte Hure Vernunft sogar das *Gewissen* verhöhnt, jenen letzten & einzigen Funken, der den Geist des Menschen noch hätte entzünden können, um diese, meine Welt zu vervollkommnen? Hat sich die Hure nicht als eine *höhere* Form der Moral ausgegeben, in welcher sich alle Gegensätze zwischen den Menschen in Wohlgefallen auflösen, so dass Friede sei unter den Menschen auf immer & ewiglich? Welch ein Frevel, denn was soll schon daran moralisch sein, sogar noch in einer höheren Form, wenn die Vernunft nicht mehr vom Götzen Mammon lassen kann, weil sie ihm längst hörig geworden ist?

Doch die Menschen waren verblendet vom glänzenden Kleid des Götzen und folgten ihm aufs Wort: *Wer dieses nicht erkennen kann, den seh' man mit Verachtung an* – so schrieen es damals die Massen und die Philosophen gemeinsam im schrillen Chor, und noch heute hallt das Echo dieses Gebrülls durch die Weiten dieser, meiner Welt, und ich weiß schon sehr genau, wie ich es ein für alle Mal zum Verstummen bringen werde, und nichts & niemand soll es wagen, mich daran zu hindern. Und auch wenn sich dann der Götze & seine Hure in die tiefsten Höhlen flüchten, so werde ich sie finden, und ich werde sie vernichten, auch wenn sie zitternd um Gnade bitten, auf dass sie nie mehr ihr freches Haupt erheben gegen mich & meinen Plan, denn ich vergesse niemals nichts.

Jawohl: Ich habe einen Fehler gemacht, ja, einen sehr großen sogar, jawohl, ich war nicht aufmerksam genug, als der Götze & seine Hure sich leise schmeichelnd den Menschen genähert haben und sie flüsternd verführten, jawohl, ich habe sie über lange Zeit unterschätzt. Ich will gar nicht lamentieren, auch wenn ich zur Erklärung hinzufügen muss, dass ich damals wohl zu sehr von meinen eigenen Plänen abgelenkt war und von meinen Vermutungen, was Gott wohl gerade wieder im Schild führen mochte. Aber das ist keine Entschuldigung dafür, dass ich den Götzen & seine Hure falsch eingeschätzt habe, denn ich hätte niemals von mir selbst auf die Menschen schließen dürfen, sollte ich doch inzwischen die Menschen gut genug kennen, um zu wissen, wie sehr ihr Herz & ihr Geist an eitlem Tand hängen, wenn man ihnen den Tand denn nur billig genug anbietet.

Ich hätte es wissen müssen, als kurz nach der Gründung des Neuen Reiches im Westen wieder jene obskuren Gestalten auftauchten, die mich schon lange Zeit zuvor so sehr verärgert hatten mit ihrem ewigen Gefeilsche um den kleinsten Betrag, mit ihrer nie rastenden Suche nach dem Gold, das sie tauschten, wenn sie schwach waren, und es raubten, wenn sie das Schwert wohl zu führen wussten. Ich habe diese *Händler & Krämer* (die oft nichts anderes waren als Briganten & Banditen) immer dafür verachtet, denn ihr Geist kennt nur einen schmalen Weg, der immer nur gerade so weit führt, wie ihre Nase reicht, was nicht sehr weit ist, auch wenn man eine große Nase hat, die wie der Schnabel eines Adlers in die Lüfte ragt.

Es gibt nun einmal in der ganzen Schöpfung kein so hartherziges Geschöpf wie den Krämer, und wo er herrscht, da dreht sich alles nur noch um das Geld wie der Mond um die Erde, da gilt nur noch der Gott der Goldbarren, da sammelt sich um die Händler & Krämer ein unliebsames Kehricht niederen Gesindels, und das Leben zum Erwerb von Geld & Gut wird zu einem Leben unter Zwang, das eines wahrhaft freien Menschen nicht würdig ist. Aber – so muss man dann noch hinzufügen – wer nur einen schmalen & kurzen Weg beschreiten will, wird eher ans Ziel kommen als diejenigen, die in den Weiten der Welt umherschweifen, um stets etwas Neues zu entdecken, weshalb der Händler dem Philosophen überlegen ist, jedenfalls wenn es um den Erfolg im alltäglichen Leben geht, was ich gar nicht gering schätzen will, wobei ich mir aber doch den Hinweis erlaube, dass auf diese Art & Weise die Welt nicht gerade besser geworden ist.

Ich will es daher noch einmal betonen: *So* hatte ich es wirklich nicht gemeint, als ich den Wettbewerb unter die Menschen setzte, dass sie sich beim Erwerb & Besitz von Geld & Gut zu übertreffen versuchen; mir war es darum gegangen, dass sich Geist & Seele miteinander messen, dass nur dem Ruhm, Ehre & Macht zustehen sollen, der seinen Teil dazu beiträgt, dass diese, meine Welt allmählich vollkommener wird. Man wird einwenden, dass es eben die Art der Menschen ist, zu raffen & zu häufen, was ihnen nur unter die Finger kommt, dass sie Glanz & Glitzer lieben, sogar noch über den Tod hinaus, dass sie sich nur fleißig bemühen, den göttlichen Auftrag zu erfüllen: *Seid fruchtbar und mehret euch und füllet die Erde und machet sie euch untertan und herrschet über die Fische im Meer und über die Vögel unter dem Himmel und über alles Getier, das auf Erden kriecht*[58].

Ich weiß zwar nicht so ganz genau, was Gott damals mit diesem Auftrag bezweckt haben mochte (vielleicht nur die Menschen beruhigen, die sich – so kurz nach ihrer Erschaffung – vor seinem Angesicht fürchteten), aber was immer es tatsächlich gewesen sein sollte, welche

Motive man sich denken könnte, ganz sicherlich hat er damit die Menschen *nicht* der Obhut des Götzen Mammon überantworten wollen, wirklich nicht, nie & niemals, unter gar keinen Umständen, denn eine solche Art von Dummheit, selbst von Gleichgültigkeit, wollen wir bei Gott nicht vermuten – allenfalls & vielleicht war es die Müdigkeit, denn Gott war nach sechs Tagen der Schöpfung erschöpft, freute sich schon auf den Siebten Tag, an welchem er ruhen wollte, und hatte mit seinem Werk schon längst mental abgeschlossen. Und ich will daher gar nicht einmal ausschließen, dass Gott in dieser Situation nur um des lieben Friedens willen einen solchen seltsamen Satz gesagt hatte.

Wie auch immer: Die Erforschung der Motive Gottes bringt uns jetzt nicht mehr weiter, weshalb wir es dabei belassen wollen, denn die Zeit ist knapp, und so viel wäre noch zu sagen, wovon ich jedoch schweigen muss. Hier & jetzt kann es nur darum gehen: Ich hatte die Menschen mit meinem Großen Plan zunächst wieder auf den rechten Weg geführt, nämlich wie man diese Welt betrachtet und ihre Schönheit bewundert und den Schöpfer lobt, aber auch in Demut & Weisheit prüft, wie man sie durch das eigene Handeln noch ein wenig besser machen kann, als sie es ohnehin schon ist, damit man nicht mehr so lange auf die Vollkommenheit warten muss.

Dafür habe ich den Menschen nie – und ich betone: nie – einen Lohn versprochen, denn weshalb soll man jemanden belohnen, der nur seine Pflicht tut, wie es ihm aufgetragen wurde[59]? Eher schon will ich den Menschen bestrafen, wenn er denn einmal seinen Geist & seine Seele von der Aufgabe abwendet und nach anderem strebt, als es ihm gesagt wurde. Die Menschen aber gieren nach Lohn, weil man ihnen einst einen solchen in Aussicht gestellt hatte, nämlich bei ihrem *Vater im Himmel*[60], wenn man denn nur recht glaube und sich verhalte, wie einem aufgetragen. Ja, so mag es sein, ein jeglicher Mensch aber wird seinen Lohn empfangen nach seiner Arbeit, denn die Menschen sind meine Mitarbeiter; sie sind mein Ackerwerk & mein Bau[61]; aber ich habe immer gesagt: Zuerst kommt die Arbeit, und es kommt auch die Mühe, und dann später, sehr viel später kommt der Lohn, aber nur, wenn es mir so gefällt.

Als die Menschen aber nicht mehr an das Warten glauben wollten, weil der Sohn Gottes sich nicht blicken ließ, da forderten sie ihren Lohn schon in dieser, meiner Welt, und niemand war da, um ihnen den Lohn auszuzahlen, und so machten sich die Menschen daran, selbst danach zu forschen, und da kam ihnen der Götze Mammon gerade recht. *Kannst du uns geben, was wir fordern?*, so fragten die Menschen, und der Götze lächelte und zeigte ihnen seine Haut aus Gold & Silber, und die Menschen staunten, wie es glänzte & glitzerte, und der Götze schnitt ein Stück heraus, gab es den Menschen, und sofort wuchs die Haut an dieser Stelle nach, und es glänzte & glitzerte noch mehr als zuvor, und die Menschen staunten aufs Neue und haben damit nicht aufgehört bis zum heutigen Tage. Und so trachten sie nach dem Gold & dem Geld, und sie können nicht genug davon erhalten; und auch wenn sie schon längst nicht mehr wissen, was sie damit anfangen sollen, weil sich schon längst genug davon angehäuft haben, so fahren sie doch damit fort, immer mehr zu erwerben.

Aber da es mehr Menschen gibt in dieser, meiner Welt als Gold & Geld, so muss es der eine dem anderen nehmen, selbst wenn der sich wehrt & es nicht hergeben will. An die wahre Aufgabe der Menschen denkt nun niemand mehr, niemand will diese, meine Welt noch vollkommener machen, denn vielleicht kann man sich die Macht über die anderen Menschen mit dem Geld als Brecheisen verschaffen, vielleicht noch die Lust und manchmal sogar ihre Befriedigung, aber doch nie & niemals die *Vollkommenheit*, denn wo das Geld der Maßstab aller Dinge ist, da müssen viele eitle und überflüssige Künste betrieben werden, die nur dem Luxus & den Lüsten dienen[62], und so bleibt keine Zeit mehr, um diese, meine Welt zu dem zu machen, was sie eigentlich sein sollte.

Ein Beispiel will ich dafür nennen, ein einziges nur, weil die Zeit knapp ist und noch so vieles zu sagen. Es war also einmal eine Zeit, da die Menschen wieder einmal damit begannen, die Welt zu erkunden; sie bauten große Schiffe, setzten sich darauf & fuhren über die Meere. Und manche Schiffe kamen an ihr Ziel und manche nicht, doch die Menschen ließen sich nicht davon beirren und nicht von den Ungeheuern, die darauf warteten, sie zu verschlingen, und sie fürchteten sich nicht vor den Barbaren und erst recht nicht vor den Heiden. Endlich – so wollte es mir scheinen – hatten die Menschen erkannt, dass man die Welt *erfahren* muss, um sie begreifen zu können, denn was man nicht in den Händen hält, das gilt nichts unter den Menschen. Und so hatten sie damals auch Gottes Gebot nicht geachtet, ihre Hände & Mäuler von den Früchten der Bäume im Paradies zu lassen, und man weiß, was danach geschehen ist. Doch wenn die Menschen schon wegen eines einzigen, kleinen Fehlers in diese, meine Welt geworfen waren, und wenn ihnen ihr Schöpfer auch nichts anderes anraten konnte, als auf die Erlösung zu warten, dann, ja dann war es doch gar keine schlechte Idee, dass sie sich in der Zwischenzeit daranmachten, ihre neue Heimat zu erkunden, selbst wenn sie ihnen nur wie ein ungeliebtes Exil vorkam.

Ich also freute mich sehr darüber, als sie ihre Neugier wieder entdeckten und sich Gedanken über das Neue machten, ganz gleich, ob es ein Jahrzehnt oder einen Kontinent entfernt lag[63]. Ja, ich sage sogar, dass dies der Moment war, da die Menschen ihrer Bestimmung am nächsten kamen, da sie zu dem wurden, was schließlich & eigentlich den *Menschen* ausmacht und ihn unterscheidet sowohl von einem Gott als auch von einem Tier, denn ein Gott sucht nicht, weil er längst schon alles gefunden hat, und das Tier hat nichts verloren, das es suchen müsste. Was – so frage ich – hätten die Menschen also finden & erkennen können bei ihrer Suche in der Welt? – Alles! Sie hätten über die Vielfalt dieser Welt erst staunen und sie dann voller Demut bewundern können und hätten schließlich verstanden, dass sie selbst ein Teil dieser unendlichen Möglichkeiten sind, dass sie nicht geworfen sind in eine wüste & öde Welt, wo Leid & Tod herrschen, sondern in einen ganzen Kosmos voller Fülle & Schönheit & Möglichkeit, der ihnen geradewegs vor die Nase gelegt worden war.

Ach, hätten sie doch nur ihre Augen & ihren Geist geöffnet, aber sie waren verstockt & verschlossen und suchten nur nach dem Gold in dieser, meiner Welt, das doch an & für sich gar nichts wert ist, weil man damit weder Hunger noch Durst stillen kann. Doch der Götze Mammon hatte Preis & Lohn auf das Gold gesetzt, und so gierten die Menschen danach und wollten nicht mehr davon lassen, auch wenn sie in einem einzigen Augenblick zerstörten, was andere in ihrem ganzen Leben erschaffen hatten. Ich hätte gar kein Maß dafür, wenn ich meine Trauer & Enttäuschung über die Menschen beschreiben sollte, als ich bemerkte, was sie in ihrer Hybris & Arroganz in dieser, meiner Welt anrichteten: Allein ich & mein guter alter Freund, der Tod, haben das Recht, das ewige Gesetz der notwendigen Nicht-Existenz zu vollziehen, niemand anders & erst recht nicht der Mensch in seinem Wahn, denn was weiß er schon davon, welche Bedeutung jene Pflanze hier und jenes Tier dort in meinem Algorithmus haben, vielleicht auch dieser Stein oder jener Fluss, wo ich doch schon ganze Kontinente verschoben habe, damit es einmal besser wird in dieser, meiner Welt.

Und hat sich der Mensch denn nie Gedanken darüber gemacht, wie viel an Arbeit & Mühe es erfordert, welche gigantische Leistung es also ist, wenn man eine ganze Kultur aufbaut, die länger besteht als das Leben eines Menschen? Kann man sich wirklich jemals sicher sein, dass nicht eben *diese* Kultur, die man mit Schwert & Wort zerschlagen hat, gerade jenen *einen* Schlüssel zu den Türen der Weisheit gefunden hatte, nach welchem man ein paar Generationen später so verzweifelt suchen wird, der aber nun auf ewig verloren ist? Soll etwa der Götze Mammon diesen Schaden wieder gutmachen? – Doch der ist von seinem eigenen Lachen längst taub geworden.

Aber ich gebe mich inzwischen keinerlei Illusionen mehr hin, ich erwarte nichts mehr von diesen Menschen, die mit Haut & Haaren dem Götzen Mammon verfallen sind, und ich habe es den Menschen oft genug gesagt; aber man mag seine Weisheit auch mit Glocken einläuten, die Krämer auf dem Markt werden sie doch mit Pfennigen überklingeln[64]. Und so sage ich es jetzt ein allerletztes Mal, und wenn niemand darauf hören & achten möchte, dann soll es eben so sein: Das rastlose Treiben des Handels, die nie zu befriedigende Gewinnlust, in der Folge dann die Weichlichkeit & die Liebe zur Bequemlichkeit bringen es noch dahin, dass jeder persönliche Dienst am Wohlergehen dieser, meiner Welt durch Geld ersetzt wird. Man tritt einen Teil seines Verdienstes ab, um desto ungestörter dem Götzen Mammon dienen zu können.

Ich aber sage den Menschen: Gebet nur Geld her, und man wird euch bald mit Ketten lohnen, denn das Wort *Geld* ist ein Sklavenwort[65] und taugt nicht viel, um den Menschen zu einem wahren *Menschen* zu machen. Ich persönlich habe es ohnehin nie verstanden, worauf das Geschlecht der Menschen so stolz & eitel ist, haben sie doch nur wenig zustande gebracht, was diese, meine Welt tatsächlich vollkommener gemacht hätte. Aber selbst wenn ich jene emotionale Regung der Menschen akzeptieren wollte, weil die Menschen doch so stolz sind auf ihren Stolz, und selbst wenn ich sagte: Lass sie denn stolz sein, dann aber nicht auf Geld und auf Gut, denn nichts entwürdigt den Menschen so sehr wie gerade dieser Stolz[66], dann erst wird der Mensch zum Wolf dem Menschen. Wo das Geld herrscht & man dem Götzen Mammon Opfer bringt, da flieht voller Schrecken eine jegliche Art von Schönheit & Kultur, und die Hure Vernunft lacht nur noch höhnisch hinter ihnen her. Ich aber will nächtlich auf den Krämer lauern und kühn zerhaun der armen Schönheit Bande, die sie als niedre Magd zu Markte führen[67].

Ich weiß nicht, was geschehen ist: Ehemals sah man noch mit ehrlicher Vornehmheit auf die Menschen herab, die mit Geld Handel trieben, wenn man sie auch nötig hatte; man gestand sich ein, dass eine jede Gesellschaft ihre Eingeweide haben müsse[68]. Jetzt aber sind diese Menschen die herrschende Macht in der Seele der modernen Menschheit, als der begehrlichste Teil derselben & deshalb auch als ihr erfolgreichster; sie allein setzen nun die Maßstäbe, und sie allein entscheiden in ihrer Willkür über Lohn & Strafe. Ich muss es zugeben, selbst wenn es mir schwer fällt, dass es der Götze Mammon wohl klug angestellt hat, so wie er die Menschen verführt, denn wie ein jeder rechter Gott so behauptet auch er, dass er allgegenwärtig & allmächtig sei und unergründlich noch dazu, weil doch niemand zu sagen weiß, ob der Preis einer Ware morgen höher oder niedriger sein wird als heute, und wie es gestern war, spielt gar keine Rolle mehr, denn wer macht sich schon heutzutage noch die Mühe der Erinnerung?

Was haben doch die Menschen aus ihrer *Zukunft* gemacht, meinem großen & gnädigen Geschenk an die Menschheit? – Nichts ist geblieben als nur noch die bloße Hoffnung auf Geld & Gold, und niemand stellt mehr die Frage, wozu es denn dienen soll, wenn man es denn einmal besitzen könnte, und die Menschen haben vergessen, dass das Geld nur ein Mittel ist, wertvoll nur für anderes, und ich sage, dass allein die Suche danach, was dieses *andere* nun wieder sein könnte, den *wahren Lohn* für das Leben des Menschen ausmacht, dem sonst nichts vergönnt ist in dieser, meiner Welt. Davon aber wollen die Menschen nichts hören & sehen, doch wer nicht hören will, der muss fühlen, und die Menschen werden noch sehen, wohin ihr Weg sie unausweichlich führen wird.

Nun aber geht alles zu Ende, keine Zeit bleibt mehr für Bedauern & Reue, und ich gebe mich solchen Gefühlen erst recht nicht mehr hin, weil ich längst etwas anderes zu tun habe. Ich will daher einen kurzen Prozess machen, und ich lasse keine Berufung mehr zu, und an welche Instanz könnten sich die Menschen schon noch wenden, wo Gott an einem fernen Ort in sich ruht und keine Störung zulassen will. Großes hätte aus den Menschen werden können, wenn sie es nur selbst gewollt hätten; sie aber mussten unbedingt den Pfad der Kultur verlassen und den Verlockungen des Götzen Mammon & seiner Hure Vernunft folgen, nichts & niemand hat sie dazu gezwungen, es war & ist & bleibt ihre eigene Entscheidung und damit ihre eigene *Verantwortung*, von der niemand sie freisprechen kann, so sehr sie auch vor den Schranken meines Gerichtes räsonieren & rabulieren mögen, denn die Verantwortung ist nun einmal der Preis für die Freiheit, und ich präsentiere eine Rechnung, die ohne einen jeglichen Verzug & ohne irgendeinen Abschlag sofort fällig wird.

Soll doch niemand kommen & sagen, er habe es nicht gewusst, nie sei er informiert gewesen und hätte doch alles ganz anders sein können, wenn, ja wenn. *Ich* jedenfalls habe es immer wieder laut & deutlich gesagt, und ich füge sogar noch hinzu, dass es stets genügend Menschen unter den Menschen gegeben hat, die es auch so & nicht anders gesagt haben; und so hatte ich einmal gehofft, dass die Menschen wenigstens auf ihre eigenen Artgenossen achten, wenn sie schon von mir nichts annehmen wollen, weil sie lieber auf eine Erlösung hoffen, als mir, dem Fürsten der Welt, zu vertrauen.

Wann – so frage ich – habe ich denn dieses Vertrauen enttäuscht? Man möge mir einen, einen *einzigen* Moment in der Geschichte benennen, da die Menschen darunter zu leiden hatten, wenn sie nach der Vollkommenheit in dieser, meiner Welt suchten. Ich aber habe nicht mehr genügend Zeit, und mir fehlt inzwischen die Lust dazu, alle jene Augenblicke aufzuzählen, da die Menschen selbst ihre eigene Lage noch sehr viel schlechter machten, als sie es ohnehin schon ist, indem sie sich mit billigen Ausflüchten ihrer Großen Aufgabe entzogen, weil sie doch so groß & so anstrengend sei, und sie sich lieber in die allzeit offenen Arme des Götzen Mammon warfen, um dort ihre Erlösung zu finden.

Jetzt nehme ich keine Entschuldigungen mehr an, dulde keine Wortklaubereien mehr, und auch die Reue kommt längst zu spät. Jetzt muss ein für alle Mal ein Ende sein mit jenem unwürdigen Gezücht, das sich selbst die *Krone der Schöpfung* nennt, wo es doch nur aus Dreck & Lehm stammt, ein Zufall, eine Laune des Demiurgen, der damals viel zu müde war, um die Konsequenzen seines Handelns zu übersehen. Und als sein Kopf wieder wach & klar war, da hat er als seine allererste Tat die Menschen aus seiner Schöpfung wieder entfernt, sie vertrieben aus dem Paradies und sie dieser, meiner Welt überantwortet, wo ich sie in aller Gnade aufgenommen habe, obwohl sie doch gar nicht in meinen Plan passten. Und welche Mühe habe ich mir mit den Menschen gegeben, sie aus allen Gefahren errettet und sie sogar immer wieder auf den Pfad der Kultur geführt, wenn sie ohne Hoffnung & voller Verzweiflung waren. Und niemals haben sie es mir gedankt, haben mich nie gelobt, haben meine Leistungen nie anerkannt, haben mich immer geschmäht & verflucht und haben doch selbst nichts dabei zustande gebracht als Ungeduld & Unzufriedenheit.

Ich bin ein metaphysisches Wesen, und das ist auch gut so, denn was wäre diese Welt ohne uns, aber auch wir kennen durchaus Gefühle, ja, und wir bekennen uns hemmungslos dazu, und so will ich sagen, dass es einmal eine Zeit gab, da ich sehr traurig war über das, was die Menschen aus meiner Welt gemacht haben, nämlich nichts Rechtes. Und so wie Gott bin auch ich aus dieser Welt geflüchtet, um das ganze Elend der Menschheit nicht einen jeden Tag vor meinen Augen haben zu müssen, doch es hat nichts genützt. Ich weiß nicht, wie Gott damit umgeht, denn ich habe ihn noch nicht fragen können, weil ich zu sehr mit mir selbst beschäftigt war, aber egal, was ich versuchte, ich habe schließlich doch keinen Weg gefunden, um meinen Zorn und meine Wut zu kühlen.

Immer wieder flammten meine Gefühle auf & brannten heiß, immer wieder wäre ich am liebsten sofort mit Blitz & Feuer, mit Sturm & Flut über diese Welt gekommen, die mir nun gar nicht mehr als die meine erscheinen wollte, und es wäre mir wohl möglich gewesen, denn ich verfüge über die notwendigen Mittel & Wege. Aber wann immer ich auch dazu bereit zu sein schien, so hielt mich dann doch der Gedanke auf, dass es schließlich gar nicht *die* Welt gewesen war, die mich so schmählich enttäuscht hatte, sondern nur eine gewisse *Spezies* darin, eine Spezies, die Gott mir wie einen tödlichen Virus, wie eine Bazille in diese Welt gesetzt hatte wie eine Laus in den Pelz.

Und endlich erkannte ich in lichter Klarheit, was der eigentliche Plan Gottes gewesen war, um meine Schöpfung zu zerstören und das Spiel zu gewinnen – nämlich die Menschen einzuschmuggeln und dann darauf zu warten, dass sie ihr grausames Werk vollenden sollten; alles andere hingegen, die Sintflut, die Entsendung seines Sohnes, das stetige Sprechen zu den Propheten, alles das war pure Ablenkung gewesen, allenfalls Beiwerk zu seiner *eigentlichen*, der Großen Strategie. Und ich war sogar noch dumm & eitel genug gewesen, die Menschen hinter die Geheimnisse meiner Schöpfung kommen zu lassen, hatte sie erzogen & gebildet, hatte sie gerettet aus mannigfacher Gefahr, hatte ihnen vertraut & auf sie gehofft, doch jetzt kam die ganze Wahrheit an den Tag, und nun wusste ich, was zu tun war.

Ich bin mir sicher, dass Gott alles vorausgeplant hatte, sogar meinen unbändigen Zorn hatte er kalkuliert, hatte selbst mir ein Beispiel dafür gegeben, als er die Menschen hinaus in meine Welt jagte, ja, das wäre dann wohl sogar sein *Meisterwerk*, dass ich selbst meine Welt zerstören würde, wenn ich meinen eigenen Ärger nicht mehr sollte kontrollieren können. Deshalb hat er sich aus der Welt entfernt, weil man doch nicht wissen kann, wie sich die Zerstörung eines ganzen Kosmos auf ein metaphysisches Wesen auswirkt, weil es bislang noch niemand getan hat, und so wollte Gott gar kein Risiko eingehen, hoffte vielleicht noch darauf, dass ich selbst dann zugleich mit dieser, meiner Welt untergehen könnte und er dann das Spiel ein für alle Mal gewonnen hätte.

Ich gebe zu: Das war ein brillanter Plan, eines Gottes durchaus würdig, und ich ärgerte mich darüber, dass ich ihm nicht früher hinter die Schliche gekommen war, was ich nach einigem Nachdenken jedoch darauf zurückführen wollte, dass zum einen jener Plan nahezu perfekt gewesen war und fast ein jeder sich davon hätte täuschen lassen, und dass ich zum anderen wohl tatsächlich unaufmerksam gewesen war und mir daher Gedanken über mein zunehmendes *Alter* machte, das – wie ich zugeben muss – auch an uns metaphysischen Wesen nicht ganz spurlos vorübergeht. Zwar haben wir keinen Körper, der uns stets mehr Ungemach bereitet, aber auch der Geist kann leiden, wie selbst die Menschen erfahren haben, und ich gönne es ihnen.

Doch wenn ich mir eines in diesem Augenblick nicht leisten konnte, dann war es Selbstmitleid, davon gibt es schon genügend bei den Menschen, und ich wollte den Überfluss an diesem nutzlosen Gefühl nicht noch vergrößern, weiß doch ohnehin niemand, wozu es gut sein soll, und verschmutzt es daher doch nur diese, meine Welt. Ja, diese, *meine* Welt, ich sage es jetzt wieder geradeheraus, denn je mehr ich den Plan Gottes durchschaute, umso mehr wuchs in mir wieder der Stolz, denn es musste schon etwas Großes, etwas Gewaltiges sein, wenn Gott so neidisch darauf war, dass er den schlauesten seiner Pläne ersinnen musste, um sie zu zerstören. Ich bekenne gerne, dass mich ein wohliges Gefühl bei diesem Gedanken überkam, und so überwand ich meinen Ärger, dass ich fast darauf hereingefallen wäre.

Nun war mir also klar, was ich zu tun hatte: Ich musste doch gar nicht die ganze *Welt* vernichten, dafür war sie ohnehin zu gut geraten, es sollte für meine weiteren Pläne völlig & ganz ausreichen, wenn ich nur die *Menschen*, jene untreue & unnütze Spezies, aus ihr entfernen würde. Die Menschen nämlich können denken, was sie wollen, aber ich habe es doch immer wieder gesagt und bin es nie müde geworden, und es ist nicht meine Schuld, wenn sie nicht darauf hörten: Diese, meine Welt ist nicht zum Nutzen & Frommen der Menschen geschaffen, sie existiert & entwickelt & vervollkommnet sich, weil *ich* es eben so will, und aus keinem anderen Grund. Wenn die Menschen meinen Plänen hilfreich wären und sich an die Regeln hielten, so sollte es mir recht sein, wenn sie aber meinen, dass es ihnen im Auftrag eines anderen erlaubt sei, zu tun & zu lassen, was ihnen gerade in den Sinn kommt, dann sollen sie sich getäuscht haben.

Ich & mein geliebter Algorithmus bedürfen der Menschen nicht, um glücklich zu sein, haben sie doch nicht mehr geschaffen als immer neuen Ärger, den ich dann mit viel Mühe wieder beseitigen musste, was mich schneller altern ließ, als mir lieb war. Ich bin es endgültig müde & leid, und es langweilt mich über alle Maßen, dass die Menschen sich in alles mischen & meine Gesetze missachten, dass sie an nichts anderes denken als an ihre Erlösung & ihr Glück in einer *anderen* Welt, und so soll es denn auch sein: Ich werde die Menschen aus dieser Welt vertreiben, so wie Gott sie einst aus dem Paradies vertrieben hat; ich werde ihre Seelen wieder dort abliefern, woher sie kamen, und soll Gott dann sehen, was er mit ihnen anfängt, und ich bin mir ganz sicher, dass es ihm nicht recht sein wird, denn nichts schätzt Gott so sehr wie seine Ruhe; und damit wird es ein für alle Mal vorbei sein, wenn die Menschen im Refugium seines Siebten Himmels auftauchen, weil sie auch dort schon nach kürzester Zeit unzufrieden sein werden und mäkeln & nörgeln & quengeln, und auch die neun Engelschöre werden nicht reichen, um ihre Klagen zu übertönen.

Ich stelle mir jetzt schon mit größtem Genuss vor, wie die Horden der Menschen durch die Himmel toben, von ihnen mit aller Macht Besitz ergreifen, nicht die Ruhe & nicht die Schönheit achten, die Gott & seine Entourage geschaffen haben, lauthals & dreist nach Bedienung schreien, ist ihnen doch gesagt worden, dass sie nicht mehr hungern noch dürsten, und es wird nicht auf sie fallen die Sonne oder irgendeine Hitze, und soll nicht sogar Gott selbst abwischen alle Tränen von ihren Augen⁶⁹? – Ja, da mag Gott dann wohl eine Menge zu tun haben, wenn er seine ganzen Versprechen einlösen will, die er dereinst einmal vollmundig den Menschen gegeben hat, und er wird dann nicht mehr ruhen können in sich selbst, und seine Allgegenwart wird ihm nicht viel nutzen, denn die Menschen sind nicht nur stets unzufrieden, sondern auch noch ungeduldig. Doch meine Sorge wird es dann nicht mehr sein, ich werde dann nichts mehr mit den Menschen zu tun haben, und ich fühle jetzt schon, welche Erleichterung ich dann empfinden werde. Ich werfe mit einem Male die Bürde ab & werde endlich frei sein von dieser Last, die mir immer unerträglicher geworden ist, die meinen Geist bedrückt hat, die mich hat schwach & müde werden lassen.

Es ist der größte Fehler der Menschen, dass sie glauben, mit der Welt identisch zu sein, dass die Welt ans Ende kommt, wenn *sie* an ihr Ende kommen. Doch das Wirken der Menschen ist nur eine kurze Episode, ein einziger Wimpernschlag vor meinem Angesicht; den Menschen war es nicht vergönnt, den Anfang zu erleben, und so sollen sie nichts vom Ende erfahren. Ich nämlich habe hin & her überlegt und bin zum Ergebnis gekommen, dass es dieser, meiner Welt weitaus besser ergehen wird, wenn die Menschen endlich & für immer aus ihr verschwinden und nichts hinterlassen als einen strengen Geruch. Und ich weiß schon längst, wer mir demnächst helfen wird bei meiner Großen Aufgabe, und ich will nicht zögern, es den Menschen jetzt zu sagen, auf dass sie sich ärgern & neidisch werden, denn ich habe mich nun entschlossen, die *Ameisen* zu meinen Verbündeten zu machen.

Welch eine Spezies, klüger & weiser als die Menschen, weil auch die Ameisen von der Frucht des Baumes der Erkenntnis gekostet, sie aber viel besser verdaut hatten, und ich will den Menschen sagen, weshalb, denn es ist *jetzt* kein Geheimnis mehr: weil das Gift in der Frucht nur auf die Seele wirkt, nicht aber auf den Geist, und so konnten die Ameisen nutzen, was die Menschen verdarb. Und die Ameisen haben das Beste daraus gemacht und haben längst die Erde erobert, und *sie* werden die Krone der Schöpfung sein, wenn erst einmal der Tag gekommen ist, und nichts kann sie mehr aufhalten, kein Gott & kein Sohn & kein Götze & keine Hure. In der Ameise bin *ich* eingeboren auf Erden, und mit ihr verwirkliche ich meinen Plan, und sie wird sich ihrer Aufgabe niemals entziehen, und so weiß ich schon jetzt, dass diese, meine Welt vollkommen wird. Und so will ich denn nun schildern, was geschehen wird und welches meine genauen Pläne sind: Zuerst wird sich die Technik, der von den Menschen geschaffene Golem, mit aller Macht gegen sie erheben, dann

(Anmerkung des Herausgebers: *An dieser Stelle brechen die schriftlichen Aufzeichnungen mitten im Satz abrupt ab. Auf den originalen Disketten befand sich dann nur noch eine weitere, und zwar eine umfangreiche Tondatei mit einem unregelmäßigen Pfeifen in hoher Frequenz. Bei der Decodierung durch befreundete Kryptologen einer westdeutschen Universität wurde deutlich, dass damit einige chemische Formeln beschrieben wurden, die sich nach genauerer Prüfung als detaillierte Darstellung gewisser Pheromonverbindungen herausstellten, von denen Biologen wiederum annehmen, dass sie zur Kommunikation innerhalb von Ameisenstaaten dienen. Es gelang jedoch auch den beteiligten Myrmekologen bislang nicht, diese Datei in Bezug auf ihre tatsächlichen* Inhalte *zu entschlüsseln, wobei im Übrigen zwischen den damit befassten Experten ungeklärt geblieben ist, ob es dabei tatsächlich etwas zu entschlüsseln gibt, ob also darin vom Verfasser – wer immer es auch gewesen sein mochte – überhaupt Inhalte encodiert worden sind.*)

CODA

Da capo al fine

Ich hatte mich also mehr als einen Tag lang mithilfe aller mir zur Verfügung stehenden Methoden der Numerologie durch die originalen Texte des B. Kaempfer gequält und war trotz aller Mühe, die ich mir damit gegeben hatte, zu keinem Ergebnis gelangt, das mich auch nur annähernd zufrieden gestellt hätte. Entweder ergaben die textlichen Kondensate schlichtweg unsinnige Kombinationen von Buchstaben, von denen ich mir nicht vorstellen konnte, dass sie in irgendeiner Sprache der Welt von Bedeutung sein sollten, was ich aber andererseits nicht völlig ausschließen konnte, denn meine Kenntnisse der Sprachen dieser Welt sind ziemlich begrenzt.

Oder aber ich fand tatsächlich Wörter, die mir bekannt vorkamen, die dann aber trotzdem keinen Sinn ergaben, weil ich mir nicht erklären konnte, dass und vor allem weshalb B. Kaempfer eine Botschaft in seinem Text verborgen haben sollte, derzufolge das Betreten des Rasens verboten ist. Auch hierbei wollte und konnte ich nicht ausschließen, dass ich diese Botschaften immer noch falsch interpretierte und dass der Begriff des *Rasens* eine sehr viel tiefere Bedeutung haben könnte, die sich mir aber in diesem Moment nicht unbedingt erschloss.

Natürlich kam ich auf die Idee, dass die Botschaft – so es sie denn tatsächlich geben sollte – vielleicht in den vielen fremdsprachigen Texten enthalten sein könnte, die ich schon zu Beginn meiner redaktionellen Arbeiten entfernt hatte, weil ich sie – eben mangels ausreichender Sprachkenntnisse – ohnehin nicht übersetzen konnte und B. Kaempfer nicht bereit gewesen war, sie mir in einer anderen Sprache zugänglich zu machen.

Vielleicht, so dachte ich mir, waren genau *diese* Textteile die geheime Botschaft, die zwar nicht von mir, wohl aber von der Bruderschaft entziffert werden könnten, was dann aber auf jeden Fall das Ende *meiner* Suche bedeutet hätte. Kurz gesagt: Ich kam nicht wirklich weiter, auch wenn ich es nach einer kurzen Phase der Verzweiflung immer wieder mit frischem Elan von neuem versuchte; und so war dann auch irgendwann einmal der Zeitpunkt gekommen, dass ich glaubte, mir nichts vorwerfen zu müssen, wenn ich nun die Suche ein für alle Mal abbrechen würde.

Recht besehen hatte ich Wichtigeres zu tun, als in einem ausgesprochen obskuren Text nach Botschaften zu forschen, die dort vielleicht gar nicht enthalten waren. Das Leben ist zwar eine ständige Vergeblichkeit, wie man so sagt, aber das würde ich auch an anderen Objekten verifizieren können, und zwar, wie ich mir sehr wohl vorstellen konnte, mit einem deutlich größeren Genuss. Und so gab ich es schließlich dann auf, immer wieder die gleichen Texte mit den gleichen Prozeduren zu bearbeiten, ohne dabei ein verwertbares Resultat zu erzielen. Sollte nach den Botschaften des B. Kaempfer suchen, wer wollte, ich jedenfalls hatte nun überhaupt keine Lust mehr dazu, lieber wollte ich mir Gedanken darüber machen, wie ich mit meinem ganzen Geld einen Ort würde finden können, wo ich für B. Kaempfer und natürlich auch die Bruderschaft unerreichbar wäre.

Dazu galt es in der Tat, so bald wie möglich Entscheidungen zu treffen, denn meine Sehnsucht nach einem ruhigen, ungestörten Leben war während der vergangenen Tage so groß wie noch nie zuvor geworden. Ich gebe zu, dass mich niemand *wirklich* an Leib und Seele bedroht hatte, auch wenn ich es in manchen Situationen so empfunden haben mochte, aber der kühle Blick zurück relativierte die Gefühle doch sehr deutlich. Trotzdem – und ich kann es nicht leugnen – waren mir diese Ereignisse und vor allem jene unangemeldeten Besuche, woher sie auch immer kommen mochten, inzwischen recht lästig und unangenehm geworden.

Eine kurze Berechnung der angesammelten Summe an Geld machte mir zudem deutlich, dass ich mir über die materielle Seite meiner weiteren Zukunft keine größeren Sorgen mehr zu machen brauchte: Ich verfügte über genügend Geld, um mich sofort einer geregelten Erwerbsarbeit entziehen zu können, ohne dass ich meine Ansprüche an Lebensqualität drastisch würde reduzieren müssen. Natürlich würde ich meiner geschiedenen Frau und den Kindern vorab eine angemessene Summe zukommen lassen, und ich würde mich dabei sogar als recht großzügig erweisen, nicht weil sie es verdient hätten, sondern um alle weiteren Ansprüche von vornherein auszuschließen. Und selbst dann könnte ich mir noch ein Leben nach meinen Vorstellungen leisten, wenn es – das Leben – nicht übermäßig lange dauern sollte.

Doch ich wusste genau, wie ich in den vergangenen Jahren gelebt hatte, und machte mir daher keinerlei Illusionen über eine mögliche Langlebigkeit. Ohnehin halte ich derartige Hoffnungen, wie sie heute in Mode gekommen sind, für verfehlt. Weder wird es der Medizin in absehbarer Zeit gelingen, den Stein der Weisen zu finden, noch kann ich mir vorstellen, was die meisten Menschen mit den zusätzlichen Lebensjahren anfangen sollten. Sie führen doch jetzt schon ein Leben, das von Dummheit und Langeweile geprägt ist und das man daher eigentlich so schnell wie möglich beenden sollte. Aber wie auch immer: Ich ging in meinem eigenen Fall davon aus, dass mein Leben vielleicht noch zwanzig, höchstens dreißig Jahre andauern würde, und dafür stand mir auf jeden Fall genügend Geld zur Verfügung.

Mir war dabei durchaus klar, dass man mit zunehmendem Alter mehr Geld benötigt, nicht weil die Ansprüche an das Leben steigen, sondern weil es immer mehr Geld kostet, überhaupt am Leben zu bleiben, und sei es nur, dass man für eine wachsende Zahl und Qualität an Dienstleistungen bezahlen muss, denn im nicht auszuschließenden Falle der Inkontinenz wechselt niemand die Windeln freiwillig und kostenlos. Aber auch daran hatte ich gedacht, und so ging es nun allein um die Frage, unter welchen Bedingungen ich mich wohin zurückziehen sollte. Das war im Übrigen eine gar nicht so leichte Entscheidung. Auch wenn ich die Segnungen eines Lebens in der Abgeschiedenheit der Provinz durchaus zu schätzen wusste, ließ sich die ebenfalls erwünschte Anonymität doch wohl eher in einer möglichst großen Stadt sicherstellen, vielleicht sogar in der gleichen, in welcher ich bisher gelebt hatte. Ich hatte einmal gelesen, dass sich ein Chinese am besten unter anderen Chinesen versteckt, dass man also eher einfach denken muss, wenn man wirklich etwas verbergen will.

Einmal auf diese Idee gekommen, verspürte ich erneut Lust und Laune, die Texte des B. Kaempfer zu analysieren, weil ich mich im Grunde meines Herzens nur sehr schwer damit abfinden kann, an einer solchen Aufgabe zu scheitern. Unter normalen Umständen hätte ich mich sofort wieder an die Arbeit gemacht, aber dieses Mal bezähmte ich – mit großer Mühe zwar, aber doch immerhin – meine Neugierde, weil ich eben Wichtigeres zu tun hatte. Allenfalls einen letzten Versuch wollte ich unternehmen, und so suchte ich unter all den Adressen in meiner Mailbox diejenige von B. Kaempfer, fand sie schließlich und schrieb ihm, dass es mir nicht gelungen war, irgendeine Botschaft, ob verborgen oder nicht, in seinen Texten zu finden, und bat ihn in aller Höflichkeit um eine entsprechende Aufklärung.

Ich machte mir dabei keine große Hoffnung auf eine Antwort, aber ich wollte nichts unversucht lassen. Dann begann ich damit, meine finanziellen Angelegenheiten zu regeln, was erfahrungsgemäß immer mehr Zeit in Anspruch nimmt, als man erwartet, aber darüber wollte ich mich jetzt nicht ärgern, ging es doch um einen wahrhaft entscheidenden Schritt in meinem Leben, der gut und sorgfältig vorbereitet sein musste. Es ist weitaus schwieriger, als man denkt, seine Spuren zu verschleiern, vor allem, wenn man sich selbst nicht in allzu illegale Machenschaften verstricken will. Danach stand mir nun gar nicht der Sinn. Ich wollte nach B. Kaempfer und der Bruderschaft nicht auch noch die Staatsorgane auf mich aufmerksam machen, selbst wenn ich deren Kompetenz im Vergleich zu den anderen beiden eher niedriger einschätzte, aber *Überheblichkeit* ist der erste Schritt ins Verderben, und darauf durfte ich es nicht ankommen lassen.

Ich will hier nicht im Einzelnen berichten, was sich in den folgenden Tagen auf der Suche nach einem neuen Leben ereignete, nur dass ich letztlich doch das Gefühl hatte, mich meinem Ziel zu nähern. Ich ließ mir dabei alle Zeit der Welt, denn ich sagte mir, dass *Ungeduld* der zweite Schritt ins Verderben ist; außerdem mussten die einzelnen Phasen in aller Sorgfalt abgewickelt werden, und die Partner, die ich dazu benötigte, hatten ihre eigenen Zeitpläne, in die ich gar nicht erst eingreifen wollte, auch wenn mir die finanziellen Mittel durchaus zur Verfügung gestanden hätten, doch ich bin nun einmal geizig, und ich wollte kein Aufsehen erregen.

Und so ging alles recht langsam, aber letztlich eben doch voran: Ich fand eine Wohnung, die meinen Ansprüchen genügte und die ich dazu noch kurzfristig beziehen konnte, ich ließ meine alten Möbel in ein Depot nach Oberbayern schaffen, bezahlte dafür eine Menge Geld, hatte dadurch aber – wie ich hoffte – eine falsche Spur gelegt, kaufte in einer Nachbarstadt unter anderem Namen neue Möbel und zahlte bar dafür, was mir angesichts meines übervollen Kontos nicht weiter schwer fiel.

Dann musste ich zwischendurch noch alle notwendigen Dinge aus dem gemieteten Haus in den Bergen holen und erzählte bei einer jeden sich bietenden Gelegenheit, dass es mir dort so gut gefallen habe, dass ich ernsthaft nach einem Domizil in der Nähe suchen wollte, um mich dort für immer niederzulassen. Man bot mit das eine oder andere Haus an, das ich umgehend besichtigte, wobei ich ein jedes Mal ein großes Interesse bekundete, dann aber eine Hoteladresse in München angab, unter welcher ich in den kommenden Tagen und Wochen zu erreichen sei. Dort hatte ich mich tatsächlich angemeldet, für zwei Wochen im Voraus bezahlt und den Portier gebeten, etwaige Post an ein Postfach in Berlin weiterzuleiten, das ich genau zu diesem Zweck, allerdings nur für kurze Zeit angemietet hatte.

Schließlich hatte ich meine äußere Erscheinung noch ein wenig verändert – den Bart abrasiert, die Haare kürzer schneiden lassen und mir vor allem eine andere, elegantere Art der Kleidung beschafft –, so dass ich durchaus die berechtigte Hoffnung haben konnte, auf der Straße nicht direkt von einem jeden erkannt zu werden. Ich änderte auch meine Gewohnheiten, was Restaurants und Kneipen anging, so dass die Chance, einem Bekannten über den Weg zu laufen, eher gering war. Natürlich fielen mir diese Veränderungen nicht leicht, wie denn auch, wenn man über die Jahre hinweg und mit zunehmendem Alter ein ganzes System von Gewohnheiten entwickelt hat, dessen man sich im Detail gar nicht bewusst ist. Auf der anderen Seite aber reizte mich diese neue Situation, denn wer hat schon wirklich die Möglichkeit, noch einmal fast von vorne anzufangen, und so war es auch mehr als nur in gewisser Weise eine Herausforderung für mich.

Eines jedoch hatte ich nicht verändert, nämlich meine Mailadresse; dafür gab es keinen Grund, vor allem aber wollte ich zumindest auf diese Art und Weise weiterhin erreichbar sein – auch und gerade für B. Kaempfer, von dem ich ja immer noch eine Antwort erhoffte. Die aber sollte einige Zeit auf sich warten lassen, und zwar so lange, dass ich mich längst schon in meinem neuen Leben eingerichtet hatte, als ich eines Morgens dann doch eine neue Nachricht vorfand. Sie war wie immer eher knapp gehalten und lautete nur: *Ich werde mich in den nächsten Tagen melden*, ohne Unterschrift, ohne Datum, ohne weitere Hinweise. Trotzdem war mir sofort klar, dass nur B. Kaempfer der Absender sein konnte, auch wenn ich nicht genau hätte sagen können, weshalb ich mir so sicher dabei war.

Nun gut, dachte ich, er hat meine Nachricht erhalten, er wird sich melden (wahrscheinlich auf die ihm gemäße, überraschende Art), und so musste ich mir keine weiteren Gedanken darüber machen. Die folgenden Tage vergingen ohne irgendwelche Ereignisse, die in diesem Zusammenhang eine Rolle spielen – dass ich bei meinen gelegentlichen Versuchen, eine dauerhafte Beziehung aufzubauen, auch in jenen Tagen wieder einmal grandios scheiterte, hat mit den hier geschilderten Vorgängen rein gar nichts zu tun, weil man nicht alles Leid auf dieser Welt dem Wirken überirdischer und vor allem: *böser* Mächte zuschreiben sollte.

Ich will gar nicht verhehlen, dass ich selbst manchmal dazu geneigt habe, die Verantwortung für mein eigenes Leben an das Schicksal oder andere übermächtige Systeme zu delegieren, wenn ich vor lauter Katastrophen nicht mehr ein noch aus wusste, aber letztlich habe ich dann doch lernen müssen, dass damit nichts, aber rein gar nichts gewonnen ist. Wenn es denn tatsächlich solche Kräfte geben und sie einen Einfluss auf mein Leben haben sollten (aber es fällt mir schwer, daran zu glauben, dass diese Kräfte es gerade auf *mich* abgesehen haben sollten), dann wären die Chancen ohnehin gering, sich dagegen zu wehren, weil die Kräfte doch *übermächtig* waren, und es bliebe nur die Möglichkeit, sich diesen Verhältnissen auf eine erfolgreiche Art und Weise anzupassen, so wie man auch gegen den Regen nichts ausrichten kann, und einem nichts anderes übrig bleibt, als einen Schirm mitzunehmen oder zu Hause zu bleiben, wenn man nicht nass werden will.

Ich hatte die Ankündigung B. Kaempfers, sich bald bei mir melden zu wollen, fast schon wieder vergessen, als ich eines Morgens dann doch eine weitere Nachricht von ihm auf meinem Computer vorfand: Er wolle sich im Laufe des Tages bei mir einfinden und mir alle Fragen beantworten, die mir nur einfallen sollten. Das war natürlich ein gewaltiges Versprechen, und ich hatte nach allen meinen Erfahrungen mit ihm keinerlei Anlass, ihm auch nur ein einziges Wort davon zu glauben. Aber immerhin hatte er seinen persönlichen Besuch angekündigt, und *daran* hatte er sich bisher stets gehalten. Meine Ahnung sagte mir, dass er sich erst in den Abendstunden bei mir einfinden würde, und so ließ ich den Tag ablaufen, wie ich es eigentlich geplant hatte. Erst spät am Nachmittag fiel mir ein, dass ich ihm bisher noch nicht meine neue Adresse gegeben hatte, und so schickte ich ihm eine entsprechende

Nachricht. Ich hatte mich nicht getäuscht, und kaum, dass es dunkel geworden war, klingelte es an meiner Tür.

Meine neue Wohnung war luxuriös ausgestattet, und daher verfügte sie über eine Videokamera an der Eingangstür, so dass ich es mir in der Zwischenzeit angewöhnt hatte, zuerst einen Blick auf den Monitor zu werfen, bevor ich die Tür öffnete. Dort jedoch war nichts zu erkennen außer einem kleinen schwarzen, katzengleichen Schatten, was nicht weiter verwunderlich sein sollte, gab es doch in der Umgebung genügend dieser Tiere, die vor allem abends und nachts ihr Unwesen trieben. Oft genug hatte ich die Überreste von Tauben oder Mäusen von meinem Balkon entfernen müssen, nur weil ich einmal den Fehler begangen hatte, den Katzen ein wenig Milch anzubieten, was sie mir nun auf ihre eigene Art und Weise entgolten.

Aber wie auch immer: Außer dem Schatten war nichts weiter auf dem Monitor zu sehen, so dass ich keinen Anlass hatte, den Türöffner zu betätigen. Ich ärgerte mich ein wenig über diese Störung und wollte gerade wieder meinen Verrichtungen nachgehen, als es zum zweiten Mal klingelte, jetzt aber etwas energischer und unterstützt von einem Klopfen an der Wohnungstür.

Ich öffnete und war eigentlich nicht überrascht, dort den Herrn B. Kaempfer vorzufinden, wie immer tadellos gekleidet und mit einem spöttischen Lächeln auf den Lippen. Weshalb es denn so lange gedauert habe, wurde ich gefragt, aber ich ersparte mir eine jegliche Antwort und bat ihn herein. B. Kaempfer machte eine dankende Kopfbewegung, betrat meine Wohnung und bewegte sich dort, als wäre er niemals an einem anderen Ort gewesen. Auf seine seltsame Art gelang es ihm auch jetzt wieder, mir das Gefühl zu geben, dass *ich* in meiner eigenen Wohnung nur zu Besuch sei. Aber ich hatte keine Gelegenheit, mir darüber weitere Gedanken zu machen, denn B. Kaempfer stürmte in das Wohnzimmer, warf mir seinen Mantel zu, ließ sich in den bequemsten Sessel fallen, blickte interessiert umher und sagte dann mit einem feinen Unterton in der Stimme, dass man mich zu meinen neuen Verhältnissen wohl beglückwünschen müsse.

Es sei ihm, so fuhr er fort, gar nicht so leicht gefallen, mich ausfindig zu machen, denn er habe zunächst nicht damit gerechnet, dass ich nur von einem Stadtteil in einen anderen gezogen sei, er habe mich eher in der Karibik oder in Südostasien vermutet. Ich hatte keine Ahnung, was er damit sagen wollte, und so antwortete ich ihm, dass es schließlich kein Hexenwerk sei, jemanden zu finden, wenn man über dessen Adresse verfüge. Nun ja, sagte er daraufhin, und es klang sehr überlegen, es hätte aus seiner Sicht dieser Nachricht vom Nachmittag gar nicht bedurft, denn zu diesem Zeitpunkt sei ihm mein neuer Wohnort längst bekannt gewesen, was ich glauben konnte oder auch nicht, aber das spielte jetzt keine Rolle.

B. Kaempfer jedenfalls machte den Eindruck einer zufriedenen Katze, die sich nach langem Spiel mit ihrem geschwächten Opfer nun entschieden hatte, es endgültig zu verspeisen. Er lächelte immer noch und blickte mich erwartungsvoll an, so als sei es dieses Mal meine Aufgabe, das Gespräch in die richtigen Bahnen zu lenken. Ich wollte mich nicht beschweren, denn immerhin hatte tatsächlich ich um dieses Treffen gebeten, weil ich doch unbedingt wissen wollte, was es mit den geheimen Botschaften in seinem Text auf sich hatte. Allerdings hatten sich inzwischen – *tempora mutantur* – in meinem Leben die Prioritäten ein wenig geändert, und ich wusste in jenem Augenblick nicht so ganz genau, wie ich das Gespräch anlegen sollte, damit es auch zu einem angemessenen Ergebnis führen würde.

Also fragte ich ihn zunächst, welche Art von Getränk ich ihm anbieten könnte, und mit dem Hinweis, dass wir wohl – angesichts der fortgeschrittenen Tageszeit – bald zum Diner aufbrechen müssten, entschied sich B. Kaempfer für einen – wie er sich ausdrückte – einfachen Apéritif, dessen Produktion sich letztendlich dann doch als recht schwierig erwies, weil ich nach bestimmten, eher seltenen Ingredienzien erst mühsam suchen musste. B. Kaempfer jedoch schien mit dem Ergebnis zufrieden zu sein, jedenfalls sagte er nichts anderes und ließ sich sogar noch ein zweites Getränk der gleichen Art geben.

Wie es ihm denn in den letzten Wochen ergangen sei, fragte ich ihn, weil ich immer noch nicht so recht wusste, wie ich meine weiteren Fragen in die richtige Ordnung bringen sollte, aber wenigstens hatte ich die Zeit nutzen können, um mich wieder *mental* – wie man heute so sagt – in das eigentliche Thema zu versetzen. B. Kaempfer machte eine wegwerfende Handbewegung und sagte nur, dass er dies und das getan habe und hier und dort gewesen sei, eben das Übliche, die alltägliche Routine, die gewohnte Langeweile. Es war mehr als deutlich, dass er nicht die geringste Absicht hatte, mir genauere Informationen darüber zu geben, weil er wohl (und zu Recht) der Meinung war, dass mich das nichts anginge.

Darüber hätte ich mich eigentlich nicht beklagen können, aber in meiner Situation – da man sich in der letzten Zeit einen Dreck um *meine* Intimsphäre gekümmert hatte – war ich doch sehr verärgert darüber, was ich B. Kaempfer spüren ließ, aber das schien ihn nicht weiter zu stören, so wie eine Katze eben auch keine Rücksicht auf die Gefühle der Maus nimmt, weil sie gar nicht in der Lage ist, solche Gefühle überhaupt mit irgendwelchen Sensoren wahrzunehmen.

Nun gebe ich gerne zu, dass andernfalls die Situation für Katze und Maus gleichermaßen nicht angenehmer wäre, denn beide haben in den Strukturen unserer Welt klar definierte Funktionen, die sie nicht so einfach aufgeben können, ohne dass damit das Überleben des gesamten Systems infrage gestellt wäre. Zumindest doch *möglicherweise*, denn wer will schon genau sagen, was sich in den komplexen und komplizierten Strukturen unserer Welt verändert, wenn von heute auf morgen die Katze das Mausen lässt.

Auf jeden Fall wäre die Welt anders, ohne dass man schon sagen könnte, dass sie dadurch auch gut wäre, aber vielleicht wäre es einen Versuch wert, sagt man doch immerhin, dass die Welt anders werden muss, damit sie besser wird. Doch offenbar war B. Kaempfer gerade an jenem Abend nicht in der Stimmung, die Welt zu verändern, und so wollte ich es nicht darauf ankommen lassen, denn die Chancen stehen sehr schlecht, wenn man es ganz allein versuchen will. Also: B. Kaempfer erzählte nur belangloses Zeug, ich kümmerte mich zwischenzeitlich um die Getränke, bis ich vorschlug, zum Essen aufzubrechen.

Ich hatte mich spontan für ein orientalisches Restaurant in der Nähe entschieden, weil es dort einige abgelegene Ecken gab, die wohl für einen intimeren Zweck gedacht waren, uns aber jetzt die Möglichkeit boten, dort unser Gespräch ungestört führen zu können. Dass zudem die orientalische Küche die eine oder andere Köstlichkeit bereithält, die für den in solchen Restaurants ansonsten üblichen Lärm und die allgemeine Hektik mehr als entschädigt, will ich hier nur am Rande erwähnen. B. Kaempfer hatte keinerlei Einwände, sagte nur, dass er sich auf die Qualität meines Geschmackes verlassen wolle, und so machten wir uns bald auf, um die wenigen Schritte bis zum Restaurant zu gehen.

Es war windig, das Laub fiel von den Bäumen, und es regnete so stark, dass ich trotz eines Schirmes völlig durchnässt war, als wir schließlich dort ankamen. Nach allem, was ich bisher mit ihm erlebt hatte, überraschte es mich jedoch nicht, dass die äußere Erscheinung B. Kaempfers von den widrigen Witterungsverhältnissen kaum angetastet war: Die drei Strähnen in seinem Haar glänzten wie immer, und kein einziger Tropfen war auf seiner makellosen Kleidung zu sehen. Er bemerkte meinen Blick, neigte seinen Kopf zur Seite und lächelte nur.

Glücklicherweise war es noch früh für die Verhältnisse eines orientalischen Restaurants, und so wies man uns eine der Nischen zu, ohne viel Aufhebens davon zu machen. Es überraschte mich nicht, dass B. Kaempfer in der Lage war, mit dem Kellner und später auch mit dem Inhaber in deren eigener Sprache zu kommunizieren, was der Qualität der folgenden Speisen sehr zuträglich war. Ich selbst hatte vor langer Zeit jene Länder besucht und wusste daher sehr wohl um die Unterschiede der Rohstoffe, aber auch der Zubereitung der Speisen, aber an jenem immer länger werdenden Abend hatte ich das unvermeidliche Gefühl, ein Zauber habe mich für einen Augenblick dorthin zurückversetzt.

Offenbar hatte das Eingreifen B. Kaempfers – auf welche Weise auch immer – einen erheblichen Einfluss auf die Abfolge der Speisen gehabt, denn uns wurde serviert, was man mir jedenfalls seit meinen Besuchen in jenen Ländern nie wieder angeboten hatte. Dazu tranken wir *Arrak*, der uns in immer wieder neuen, eisgekühlten Gläsern serviert wurde, ohne dass wir uns weiter darum kümmern mussten. Immer wenn eine neue Flasche geöffnet wurde, gab B. Kaempfer selbst das Mischungsverhältnis zwischen Arrak und Wasser vor, weil man – so sagte er es zumindest – nie dem Personal die Entscheidung überlassen darf, in welcher Art von Dramaturgie man trinkt; dass ich mich nun aber auf *seine* Dramaturgie verlassen musste, war natürlich eine ganz andere Sache.

Es war mir letztlich gleichgültig, denn vom Arrak wird man auf eine sehr angenehme, leichte und sanfte, aber auch sichere Art betrunken, die man selbst kaum wahrnimmt und die zunächst keine weiteren, ungewollten Begleiterscheinungen hervorruft. Dass man am folgenden Tag dann ein wenig mehr Kopfschmerzen hat als sonst, muss man in Kauf nehmen, zumal die pharmakologische Forschung dafür inzwischen eine ausreichende Zahl von höchst wirksamen Medikamenten entwickelt hat.

Die Legende allerdings, die dem Arrak eine Depotwirkung zuschreibt, dass man sich nämlich am folgenden Morgen durch eine jegliche Art von Flüssigkeitszufuhr schnell wieder auf den gleichen Stand der Trunkenheit bringen kann wie am Abend zuvor, wird zwar oft und gerne kolportiert, entbehrt aber einer wissenschaftlichen Begründung. Eher schon muss man diese Wirkungen bei den diversen Varianten des chinesischen Körnerschnapses vermuten, und ganz gleich, ob es sich dabei um einen *Mao-Tai* oder einen klassischen *Wu-Liang-Ye* handelt, so wird man doch manchmal über mehrere Tage hinweg bei einem jeden Aufstoßen an den – widerlichen – Geschmack jener Spirituosen erinnert, und nichts und niemand hat dagegen jemals etwas ausrichten können.

So spielt das Leben nun einmal, man muss es nehmen, wie es kommt, und es hat keinen Zweck, irgendwelche bösen Mächte gerade dafür verantwortlich zu machen. Genauso wenig übrigens, wie die guten Mächte unbedingt dafür zu loben gewesen wären, dass die in schnellem Rhythmus aufeinander folgenden Speisen höchst erlesen in Qualität und Geschmack waren, wofür nicht zuletzt der Umstand verantwortlich war, dass Zimt doch besser zu Lammfleisch passt, als man es gemeinhin annehmen möchte. Wie auch immer: Es hätte unter allen Umständen ein erfreulicher Abend werden können, wenn sich nicht B. Kaempfer doch dazu entschlossen hätte, mir schließlich die *ganze* Wahrheit zu sagen.

Es dauerte ein wenig, bis er nach allen Bestellungen und Debatten mit dem Personal und dem Geschäftsführer und dem Koch wieder Zeit und Aufmerksamkeit für mich fand. Ich hatte mich inzwischen damit beschäftigt, die Speisekarte zu lesen, auch wenn das gar nicht nötig gewesen wäre, aber auf diese Weise konnte ich Ruhe und Gelassenheit dokumentieren. Ja, sagte B. Kaempfer dann, ich solle doch zunächst einmal etwas ausführlicher meine Fragen erläutern, was ich dann auch tat, indem ich ihm über meine eigenen Überlegungen und Versuche zur Dechiffrierung berichtete und damit endete, dass ich letztlich zu keinem Ergebnis außer der Frage gekommen sei, weshalb B. Kaempfer denn *überhaupt* geheime Botschaften in seinem Text hätte verbergen sollen.

Er hatte meinen Bericht in aller Ruhe abgewartet, wie es sonst gar nicht seine Art war, hatte die ersten Gläser mit Arrak gefüllt und mit wenigen Schlucken geleert und ließ dann noch einige Augenblicke vergehen, bevor er zu sprechen begann. Ja, sagte B. Kaempfer wieder, ja, das seien dann wohl tatsächlich einige nicht ganz leicht zu beantwortende Fragen. Und, so fügte er noch hinzu, es werde sicherlich länger als nur einen Abend dauern, um sie alle zu beantworten, so dass ich mich jetzt entscheiden müsse, was mir das Wichtigste sei; er allerdings wolle im Gegenzug dann zugestehen, diese Frage offen, ehrlich und ausführlich zu beantworten.

Ich muss zugeben, dass er sich damit zunächst recht gut aus der Affäre gezogen hatte, denn nun musste *ich* überlegen, welche meiner Fragen mir einerseits besonders wichtig war, deren Beantwortung aber andererseits auch möglichst viele Informationen zu den anderen, nicht explizit gestellten Fragen enthalten sollte. Ich wollte also – wie man so sagt – mehrere Fliegen mit einer Klappe schlagen, obwohl man doch weiß, dass ein solches Kunststück nur dem tapferen Schneider im Märchen gelingt und auch dort nur mit viel Glück. Und weil ich nachdenken musste, trank ich erst einmal ein Glas Arrak, der mir an diesem Abend sehr gut schmeckte, was ich B. Kaempfer gegenüber ausdrücklich erwähnte, woraufhin er mir mit einem gewissen Stolz die Flasche zeigte, die tatsächlich von einem Hersteller stammte, von dem ich bisher noch nie etwas gehört hatte.

Ich konnte also ein wenig Zeit damit gewinnen, dass ich nun ein Gespräch über die diversen Sorten des Arraks begann und ihn damit immer weiter dazu verführte, mir mehr und mehr über den Arrak im Allgemeinen und im Besonderen und dazu noch über die lange und verwickelte Geschichte der Levante zu erzählen, soweit sie in irgendeiner Weise etwas mit der Entwicklung des Arraks zu tun hatte. Ich hörte allerdings kaum hin, obwohl es unter anderen Umständen sicherlich höchst interessant gewesen wäre, sondern versuchte, meine eigenen Gedanken zu ordnen. Und das war dringend nötig, denn da ich noch nichts gegessen hatte, konnte der Arrak seine ersten Wirkungen schon ohne größere Widerstände meines Körpers entfalten.

Nicht, dass ich betrunken gewesen wäre, aber es fiel mir dennoch schwer, der allmählich sich ausbreitenden Leichtigkeit der Gefühle zu entgehen. Ich will nicht ausschließen, dass es B. Kaempfer bei der Wahl und der Mischung der Getränke genau darum gegangen war, vielleicht auch nicht, aber die Ereignisse der vergangenen Wochen hatten mich dazu veranlasst, hinter allem noch eine weitere, verborgene Bedeutung zu vermuten. Ich widerstand jedoch der Versuchung der drohenden Paranoia, nicht zuletzt, weil ich mir ohnehin davon nicht sehr viel versprechen konnte, und so vertraute ich auf meine Spontaneität und nutzte eine kurze Atempause B. Kaempfers, um meine Frage zu stellen.

Weshalb, so fragte ich also, weshalb er denn in den Texten seinen wahren Namen verborgen habe, wo doch ein jeder wisse, was geschehen könne, wenn man diesen Namen unter bestimmten Bedingungen ausspreche. Ob denn, fuhr ich schnell noch fort, seine Depressionen inzwischen so groß geworden seien, dass er keinen anderen Weg mehr als den Suizid sehe. Ich war froh, diese Fragen so schnell über die Lippen gebracht zu haben, denn etwas unwohl war mir doch bei der ganzen Sache, konnte ich doch seine Reaktion darauf nicht wirklich genau einschätzen. Man kann sich schon bei einem normalen Menschen nie ganz sicher sein, und B. Kaempfer war jedenfalls nach meinen Erfahrungen alles andere als ein *normaler* Mensch. Und so wuchs auch meine Unsicherheit, als er zunächst gar nichts sagte, sondern sich mit größter Hingabe den Speisen widmete, die man inzwischen in immer größerer Zahl auf unseren Tisch gestellt hatte.

B. Kaempfer empfahl mir dies und jenes, nahm selbst reichlich davon und ließ es sich offenkundig schmecken, machte aber noch immer keinerlei Anstalten, auf meine Fragen zu antworten. Es dauerte eine ganze Weile, bis er dann doch davon zu sprechen begann. Ja, so sagte er, mit meiner Analyse hätte ich wohl überhaupt nicht so Unrecht; tatsächlich müsse man den Teufel verstehen, wenn man sich denn einmal in dessen Lage versetzte.

Aha, dachte ich, jetzt sind wir also so weit, jetzt hat das Spiel ein Ende, jetzt fallen die Masken, *the secret finally unveiled*. Nun, so sagte B. Kaempfer, als habe er meine Gedanken erraten, nun wolle er sich für den weiteren Abend des guten Gespräches wegen in die Schuhe des Teufels stellen, sozusagen – und er lächelte dabei wie über einen guten Witz – den *advocatus diaboli* geben, und man werde dann ja schon sehen, was dabei herauskomme. Ich sagte nichts dazu, war aber immer noch verblüfft, was man mir wohl anmerkte, denn B. Kaempfer lächelte und prostete mir aufmunternd mit einem frischen Glas Arrak zu.

Also, sagte er dann, wir sollten versuchen, den Teufel zu verstehen: Er habe, davon müsse man inzwischen ausgehen, *diese* Welt erschaffen, von einer anderen wisse man nichts, ebenso wenig von einem Paradies zuvor oder danach, und wovon man nicht reden könne, davon müsse man schweigen. Und wenn man sich nun vorstelle, welches gewaltige Maß diese Welt habe, ein Maß, das von den Menschen auch nach Tausenden von Jahren noch längst nicht durchschritten sei, weil immer wieder etwas Neues hinzukomme, ein Maß, dem man als Mensch nur mit Ehrfurcht und Bewunderung begegnen könne, dann müsse man zugleich akzeptieren, dass der Schöpfer dieser Welt – hier: der Teufel – auf dieses, sein Werk mehr als nur stolz sein könne, ja stolz sein *müsse*, denn wer habe schon etwas Größeres geschaffen, vielleicht Gott, was man aber nicht so genau wisse, jedenfalls kein einziger Mensch und auch nicht die gesamte Menschheit.

Wenn man nun diesen Stolz des Schöpfers als dessen ganz natürliche Regung akzeptieren wolle (und wer könnte es ihm verdenken?), so fuhr B. Kaempfer kauend fort, dann müsse man einsehen, dass jener Demiurg von Zeit zu Zeit den Fortgang seiner Schöpfung evaluiert und dabei die höchsten Maßstäbe anlegt, weil er sie doch auch für sich selbst gelten lässt. Immerhin müsse er, der Schöpfer, doch überprüfen, ob sein stolzes Werk sich so entwickelt, wie es der Qualität des Schöpfers angemessen wäre, denn schließlich – so sagt man – solle das Werk den Schöpfer loben und nicht umgekehrt. Und man wolle ihm, dem Schöpfer, dann schließlich zugestehen, dass er je nach deren Zustand die Welt bewerte, eine Prognose über die weitere Entwicklung abgebe und dann entscheide, was zu tun sei – immer mit Blick darauf, was und wie die Welt eigentlich sein könnte, gemessen also an ihren *immanenten* Möglichkeiten, von den transzendenten ganz zu schweigen.

Also, sagte B. Kaempfer, nachdem die nächste Folge an delikaten Speisen erschienen war, müsse man nun selbst – immer noch von der Position des Teufels aus – den Stand der Dinge in dieser Welt analysieren und dabei auch nicht die Rolle und die Verantwortung der Menschen darin vergessen. Immerhin sei der Mensch – soweit man es wisse – der einzige Teil dieser Welt, der über sich selbst reflektiert, die Ergebnisse dieses Denkens auf die Welt projiziert und schließlich versucht, die Welt seinem Denken anzupassen. Dagegen sei zunächst einmal überhaupt nichts einzuwenden, fügte B. Kaempfer dann noch hinzu. Dass es sich bei diesen Vorgängen – dem Denken – zunächst einmal um nichts anderes handle als um zwar komplexe, aber letztlich erklärbare physikalische oder chemische Abläufe, tue im Augenblick nichts zur Sache, denn hier sei nur von Bedeutung, dass diese Abläufe in einem erheblichen Maße die anderen (physikalischen oder chemischen) Abläufe in dieser Welt beeinflussen und verändern können.

An dieser Stelle war ich versucht, danach zu fragen, welche Konsequenzen denn aus einer solchen – ich würde es nennen – *Reduktion* des menschlichen Denkens und Handelns für deren moralische Qualität zu ziehen wären, könnte man daraus doch unmittelbar folgern, dass die Zerstörung der Ozonschicht durch die von Menschen produzierten Abgase moralisch in gleicher Weise, nämlich als das zwangsläufige Ergebnis bestimmter physikalischer und chemischer Abläufe, zu bewerten wären wie der Ausstoß von Staubwolken nach einem Vulkanausbruch.

Damit wäre der Mensch also frei von einer jeglichen Schuld, denn wenn sich der Mensch letztlich nur als das Ergebnis des Zusammenwirkens von Physik und Chemie darstellte, wäre auch seine so oft gerühmte Freiheit nichts weiter als das stete Wirken von Zufall und Unschärfe innerhalb jener Abläufe. Wie also dann dem Menschen die *Schuld* für etwas geben, das er angesichts der allmächtigen Naturgesetze gar nicht beeinflussen kann? Und überhaupt – müsste man dann nicht die Moral durch die Pharmakologie ersetzen, um Wahrnehmung und Denken des Menschen zu verändern? Ich aber sagte nichts davon, weil ich B. Kaempfer nicht von seiner Argumentation ablenken wollte, denn darauf kam es mir an jenem Abend an – und auf sonst gar nichts.

Ob B. Kaempfer etwas von meinen Gedanken geahnt haben mochte oder nicht, war nicht ganz klar, jedenfalls setzte er seine Rede ungerührt fort. Er sagte, dass man eine Analyse des aktuellen Zustandes der Welt und natürlich auch eine Prognose über deren weitere Entwicklung nicht vornehmen könne, ohne zugleich das Verhalten der Menschen einer genauen Prüfung zu unterziehen. Schließlich *behaupteten* die Menschen unbeirrt und lauthals, dass sie vermöge ihrer eigenen Kraft und Herrlichkeit in den Lauf der Dinge eingreifen könnten. Und, so fuhr er dann mit einem Lächeln fort, daher müsse es doch wohl erlaubt sein, sie wenigstens an ihren *eigenen* Ansprüchen zu messen.

B. Kaempfer lehnte sich in seinen Fauteuil zurück und ließ die Kellner die leeren Schüsseln entfernen und neue mit neuen Köstlichkeiten des Orients auftragen, bevor er in seiner Rede fortfuhr. Er, so sagte er, wolle sogar noch einen Schritt weiter gehen und die Menschen nicht nur für ihr aktuelles Handeln verantwortlich machen, sondern auch für das, was sich eines Tages daraus ergeben würde. Denn selbst wenn der Mensch nicht all das selbst würde ernten können, was er gesät habe, so sei es doch immerhin seine eigene Entscheidung, welchen Samen er in den Boden lege.

Dass der Mensch in seiner offenbaren genetischen Beschränkung nur ein begrenztes Maß an Raum und Zeit überschauen und damit im Allgemeinen und im Besonderen die Konsequenzen seines Handelns nicht in allen Details abschätzen könne, sei zwar in höchstem Maße bedauerlich, könne aber in gar keinem Fall eine Entschuldigung sein, denn das Wissen um diese Beschränkung sei inzwischen durchaus für alle Menschen verfügbar, so dass man sich sehr wohl auch *danach* richten könne. Er, B. Kaempfer, wolle durchaus zugeben, dass eine Prognose immer schwierig sei, vor allem für die Zukunft, aber auch das solle den Menschen nicht daran hindern, sich seiner ewigen Verantwortung zu stellen, zumal der berühmte Begriff des *learning by doing* immerhin die Forderung nach dem *Lernen* enthalte, was der Mensch in seinem naiven Gemüt von der Art des *Haudrauf* leider nur allzu oft vergesse.

An diesem Punkt seiner Argumentation angekommen, schwieg B. Kaempfer eine Zeit lang, so als müsse er noch einmal über die Bedeutung seiner Worte nachdenken. Er griff in die Brusttasche seines Jacketts, holte ein Lederetui hervor, entnahm eine offenbar teure Zigarre, die er dann mit größter Sorgfalt vorbereitete und entzündete. Jedenfalls, so fuhr er dann schließlich fort, nachdem er diese komplizierte Aktion erfolgreich zu Ende gebracht hatte, jedenfalls wolle er – B. Kaempfer in seiner Rolle als Teufel – die Menschen nicht von ihrer Verantwortung für den aktuellen, aber auch den prognostizierten Zustand dieser Welt freisprechen.

Auch hier schwieg ich, obwohl ich ihn durchaus darauf hätte hinweisen können, dass nicht der Advokat (in wessen Auftrag er auch immer handeln mag), sondern der Richter das Urteil zu sprechen hat, aber ich konnte und wollte nicht ausschließen, dass sich der Teufel üblicherweise in anderen Ritualen der Prozessordnung bewegt, als wir es im Abendland gewöhnt sind. Es hätte mich zwar in höchstem Maße gereizt, ein wenig mehr über die kulturellen Differenzen zwischen dem Teufel und den Menschen zu erfahren, aber dafür war an jenem Abend weder die Zeit noch die Gelegenheit.

Inzwischen hatte B. Kaempfer wieder das Wort ergriffen und war in seiner Darstellung des Teufels weiter fortgeschritten. In seiner Analyse der Welt war er nämlich dort angelangt, wo er die Sünden der Menschheit zwar ausführlich und an vielen, gut gewählten Beispielen, aber doch nicht enumerativ abschließend aufzählte. Dass der Mensch noch immer des Menschen größter Feind sei, sagte er, stehe wohl außer Zweifel, und man müsse doch den Mord zu den häufigsten und daher auch zu den natürlichen Todesarten zählen.

Gut, so sagte er, der Wettbewerb zwischen den Menschen gehe nicht immer ohne Verluste ab, und er habe dabei nie verstehen können, weshalb man stets so genau zwischen *zivilen* und *militärischen* Opfern habe differenzieren und dazu auch noch das Kriterium der *Schuld* verwenden wollen, indem man in einer nicht weiter erläuterten Kombination dieser Begriffe von den *unschuldigen zivilen* Opfern spreche, so als lade man unausweichlich eine Schuld auf sich, wenn man den Dienst in einer Armee antrete, und entledige sich dann ihrer in dem Augenblick wieder, wenn man demobilisiere.

Das wiederum, so jedenfalls sagte es B. Kaempfer, würde ja in Ländern mit allgemeiner Wehrpflicht bedeuten, dass dort ein jeder Mann in einer gewissen Zeit seines Lebens unausweichlich Schuld auf sich lade und man sich dann nur noch fragen müsse, weshalb die Frauen in diesem Sinne zumeist immer noch unschuldig bleiben dürfen; vielleicht, so fügte er hinzu, könnten die Frauen ihr Schuldkonto auf eine andere Art und Weise ausgleichen. Eigentlich müsse man jetzt nur noch darauf warten, dass irgendjemand eine intelligente Waffe erfinde, die in der Lage sei, Ziele und Opfer auf der Grundlage einer Zuweisung von Schuld, also nach moralischen Kriterien, zu unterscheiden.

Aber, so sagte B. Kaempfer, er wolle nicht sarkastisch werden (ich stutzte, blickte von meinem Essen auf, bemerkte aber keinerlei Lächeln in seinem Gesicht und widmete mich daher wieder dem köstlichen *homus* und *tabouleh*), aber er müsse doch darauf verweisen, dass der Mensch den Menschen offenbar nicht nur der Nützlichkeit, sondern auch der puren Freude wegen umbringe, was wohl darauf deute, dass sich die *Spaßgesellschaft* in alle Richtungen hin ausdehne, dass sich also der allgemeine Hedonismus der modernen Gesellschaft auch in den diversen Formen der Gewalt ausleben wolle.

Offenbar seien manche, ja inzwischen sogar recht viele Menschen der Meinung, dass man seine Abende auch anders als gemütlich im Kreise der Familie verbringen und die Gewalt auch anders als nur auf dem Fernsehschirm erleben könne. Und nun – endlich – habe man den *ultimativen* Reiz entdeckt, nämlich die Tötung des anderen Menschen auf eine möglichst spektakuläre, man könne sogar sagen: auf eine ästhetische Art und Weise, und weil die Erfüllung dieses Reizes unübertrefflich sei, könne, ja *müsse* man dabei den eigenen Tod in Rechnung stellen, da nach einer solchen ungeheuerlichen Tat nichts mehr das Weiterleben rechtfertige oder gar lohne. Nur die Tat selbst rechtfertige die soziale Existenz, und ist die Tat erst einmal vollbracht, ist die Existenz nicht mehr erforderlich.

Man wisse doch ganz genau, dass die Enttäuschung des Künstlers dann am größten sei, wenn er nach Jahren des Sinnens und Schaffens sein Kunstwerk endlich vollbracht habe, und wen wolle man schelten, wenn er sich danach keine neuen Ziele mehr setzen könne. Wieder blickte ich auf, und wieder bemerkte ich keinerlei Regung in B. Kaempfers Gesicht. Nein, so fuhr er ungerührt fort, nein, selbst wenn man das Gesetz der Nicht-Existenz anerkennen und dabei unweigerlich Tod und Leid in Kauf nehmen müsse, so sei es doch keineswegs nötig, bei der Exekution auch noch eine große Lust zu empfinden. Es sei schließlich auch nur eine bloße Behauptung, durch nichts und niemanden bewiesen, dass man später sogar noch in besonderer Weise für seinen lustvollen Eifer belohnt werde und unter den Ersten sein dürfe, wenn sich die zwölf Tore des Neuen Jerusalem mit großem Lärm öffnen.

B. Kaempfer hatte sich offensichtlich in eine gewisse Rage geredet, von der er sich durch nichts ablenken ließ. Ich kümmerte mich um die Speisen, die in immer neuen Wogen mit großer Vielfalt und Qualität aufgetragen wurden, probierte dieses und jenes und blieb ansonsten stumm, weil ich befürchtete, dass ein jeglicher Zwischenruf, und sei es nur eine Frage zum Verständnis, von B. Kaempfer als ungehörige Störung empfunden worden wäre. Nun hatte ich ihn und seine Auftritte in den vergangenen Wochen und Monaten schon einige Male erleben dürfen, und ich hatte dazu mir meine eigene Meinung gebildet, jetzt aber hätte ich nicht mehr sagen können, wo Ironie und Pose endeten und wo eine fast beängstigende Ernsthaftigkeit begann.

Inzwischen erschien es mir so, als sei er völlig mit der Rolle des Teufels verwachsen, und ich hätte mich nicht gewundert, wenn seine Worte von Wolken aus Rauch und Schwefel begleitet gewesen wären. So weit aber war es an jenem Abend noch nicht, und es hätte wohl auch das Ambiente gestört – ein Sakrileg, zu dem er sich niemals hätte hinreißen lassen. Wie auch immer: B. Kaempfer redete und redete – von den Sünden der Menschen, von ihrer mangelnden Einsicht, von ihrer Hybris, von ihrem ungezügelten Spieltrieb.

Es war nicht viel Ordnung in dem, was er sagte, er sprang unvermittelt von einem Thema zum anderen, er brach Gedanken ab, nur um sie wieder von vorne zu beginnen, er war kompliziert und polemisch zugleich, er wiederholte sich, aber trotzdem konnte ich mich der Verführungskraft seiner Worte nicht entziehen. Er sprach in einem Atemzug von den Katastrophen und den Seuchen und davon, dass sich Natur und Technik zugleich gegen den Menschen verbündet hätten, dass der Mensch es niemals verstanden habe, zwischen *Nutzung* und *Ausbeutung* zu unterscheiden und man sich nun nicht wundern dürfe, wenn die Ressourcen dieser Welt allmählich aufgebraucht seien.

Er fragte dann noch in einer eher rhetorischen Floskel danach, weshalb es eigentlich keinem Menschen auffalle, dass gerade in den letzten Jahren in wachsender Häufigkeit unerhörte Dinge geschähen, wie man sie doch noch nie zuvor erlebt habe, so als wolle das unausweichliche Schicksal nun nicht mehr länger darauf warten, sich endgültig zu erfüllen. Das *Depot an Möglichkeiten* – wie B. Kaempfer sich ausdrückte – sei inzwischen nahezu geleert, fast alles, was der menschliche Geist sich habe ausdenken können, sei inzwischen tatsächlich getan worden. Vollkommener oder wenigstens doch: *besser* sei die Welt dadurch keineswegs geworden, denn was habe man denn schon davon, wenn man die Atombombe bauen und anwenden könne, oder die Ozonschicht zerstören oder mit Flugzeugen gegen Häuser rasen, oder unheilbare Seuchen züchten? Es sei dann auch überhaupt keine Überraschung mehr, wenn sogar die Tiere darüber einem gütigen Wahnsinn verfallen.

Von einem *Fortschritt* des menschlichen Geistes könne man doch wahrlich nicht reden, eher wohl von einer Konstante, wenn die Menschen sich mit ihrem präzisen Blick für das Unwesentliche immer mit voller Kraft gerade um das kümmern, was für das *Leben* in dieser Welt irrelevant sei: Er, B. Kaempfer, mache da allmählich keinen Unterschied mehr zwischen den lang anhaltenden und höchst esoterischen Debatten über die Natur Jesu Christi einerseits und andererseits der verzweifelten Suche nach den kleinsten der kleinen Teilchen, aus denen sich möglicherweise die Materie zusammensetzt, allenfalls sei die zweite Variante deutlich teurer.

Es komme eben nicht allein darauf an, dass der Mensch sich besser fühle, seelisch oder körperlich, sondern der Mensch sei nun einmal Teil eines riesigen Systems, und zwar vermöge seiner Fähigkeiten sogar ein recht wichtiger, woraus sich wiederum und unmittelbar auch ein höheres Maß an *Verantwortung* ableiten müsse, als man es einer einfachen Schwanzmeise oder einem noch einfacheren Lactobazillus gerechterweise zumessen könne, ohne dass er, B. Kaempfer, sich hier und jetzt über *deren* moralische und faktische Verantwortung weiter auslassen wolle.

Niemand, so fügte er noch hinzu, sei frei von Schuld, und man müsse wohl selbst von den Feldhamstern und Fledermäusen erwarten können, dass sie sich den neuen Bedingungen anpassen, andernfalls gelte dann auch für sie das Gesetz der notwendigen Nicht-Existenz. Aber das, so fuhr er fort, sei ein ganz anderes Thema, welches man jetzt nicht in allen Einzelheiten erörtern könne. Er wolle lieber noch einmal darauf verweisen, dass es die unausweichliche Folge einer jeglichen Schöpfung sei, dass eine gewisse Ordnung ins Chaos gebracht werde, und wenn der Mensch schon einen Anteil an der Schöpfung für sich reklamiere (und vor allem jetzt, da Gott sich so weit aus dieser Welt zurückgezogen habe, dass man ihn sogar schon längst für tot halten könnte), wenn also der Mensch sich selbst als Schöpfer definiere, dann solle er auch Ordnung schaffen und sie nicht bloß zerstören.

Doch die einzige Ordnung, welche der Mensch heutzutage noch akzeptieren wolle, sei die Ordnung des Götzen *Mammon*, und der verspreche den Menschen viel, wenn der Tag lang sei, halte aber wenig, und die Menschen hätten längst einen jeden Widerstand aufgegeben und sich ganz dem Götzen anvertraut. Früher, ja früher habe man noch danach gefragt, ob man denn mit dem Ergebnis zufrieden sein könne, ob man dem Wahren oder dem Schönen oder auch nur dem Guten einen einzigen Schritt näher gekommen sei, heute aber kümmere man sich nicht mehr darum, denn die unsichtbare Hand des Götzen Mammon dürfe man in ihrem Wirken keinesfalls behindern, vor allem nicht mit allzu vielen Fragen.

Die Menschen, so sagte B. Kaempfer mit lauter werdender Stimme, hätten sich längst bis zur Besinnungslosigkeit daran gewöhnt, eine jede Entscheidung dem Götzen und seinen willfährigen Dienern zu überlassen. Nicht die besten und klügsten Geister regierten das Land, wie es sich doch eigentlich gehörte, sondern die gierigsten und reichsten. Man habe Gott für tot erklärt, die Moral gleich mit dazu, und vom

Teufel wolle man ganz still schweigen, das habe der Götze Mammon den Menschen befohlen, denn er ist eifersüchtig und duldet keinen anderen neben sich. Aber, so sagte B. Kaempfer gerade noch, man werde schon früh genug lernen, dass man sich auch mit viel Geld keine bessere Welt erkaufen könne.

Dann lehnte er sich in seinen Sessel zurück, atmete tief durch und sagte mit einer jetzt sehr leisen Stimme, dass die Menschen auf alles verzichten können, nicht aber auf die Moral, denn sie allein unterscheidet den Menschen vom Tier, und genau auf diesen Unterschied lege der Mensch doch im allgemeinen und im besonderen immer so viel Wert. Wenn aber – so fuhr er fort – die Menschen nun die Moral ein für alle Mal gegen das Geld eingetauscht hätten und es für sie keinen Weg mehr zurück ins Paradies gebe, dann komme dem Menschen in dieser Welt auch keine besondere Funktion mehr zu, aus welcher er irgendwelche Privilegien ableiten könne, dann könne man (hier sprach B. Kaempfer offenbar im Namen des Teufels) also genauso gut auf die Menschen völlig verzichten und es mit den Tieren allein versuchen, die zwar über keine Seele und keine Moral verfügen, die aber nach allen Erfahrungen der vergangenen Jahre wenigstens nicht so unzufrieden und so ungeduldig sind wie die Menschen.

Wäre er, B. Kaempfer, an der Stelle des Herrn der Welt, so würde er es sich sehr gut und sehr genau überlegen, ob eine Welt ohne den Menschen nicht eine größere Chance hätte, über kurz oder lang vollkommen zu werden. Und wäre er, B. Kaempfer, an der Stelle der Menschen, so würde er sehr gut und sehr genau auf die *Prodigien*, die Zeichen, achten, die überall in der Welt dem aufmerksamen Betrachter offenbarten, wie sich der Herr der Welt schon längst entschieden habe.

An dieser Stelle zählte B. Kaempfer noch einmal in aller Ausführlichkeit auf, was zumindest er zu diesen Zeichen zählen wollte: dass die Natur sich erhoben und dabei alle Elemente mobilisiert habe, dass die *Erde* bebe, wo man es nicht erwarte, dass das *Feuer* so hoch brenne wie nie zuvor und keine Stadt verschone, dass das *Wasser* sich erwärme und die kochenden Wogen eine jede Mauer überfluten, die der Mensch gebaut hat, dass schließlich die *Luft* in mächtigem Brausen ertönt und hinwegfegt alles Menschenwerk.

Ob man denn nicht zur Kenntnis nehmen wolle, so fuhr B. Kaempfer fort, wie das Wasser immer höher steige und den Menschen ihr Hab und Gut raube von einer Stunde auf die nächste, auf dass sie nackt und elend da stehen, als habe man sie gerade aus dem Paradies vertrieben, und kein gütiger Gott machte ihnen Röcke von Fellen und kleidete sie, und nichts könne man tun, sondern sich nur der armen Menschen erbarmen, was aber keine große Mühe mache. Denn eines Tages werde ein richtiger Regen kommen und den Abschaum von den Straßen hinfortfegen, und der Tag sei nicht mehr fern. Und wie das Feuer die Wälder fresse, als habe es gehungert seit dem Anbeginn aller Tage, und den Rauch in alle Ecken der Welt sende, auf dass ersticke alles Leben über Nacht. Man müsse nur die Augen offen halten und den Blick schweifen lassen über diese Welt, und dann brauche man bloß noch eins und zwei zusammenzählen, und selbst dem letzten Idioten werde klar, dass es endlich zu Ende ginge, und ob danach noch die Erlösung komme, sei noch längst nicht ausgemacht.

Und ob man denn nicht bemerken wolle, dass selbst die Technik, die treue Sklavin des Menschen, sich nun voller Hass gegen ihren Schöpfer wendet? Man brauche kein großer Prophet zu sein, um zu wissen, dass sich eines Tages Technik und Natur verbünden und keinen Menschen mehr zwischen sich dulden werden, denn weder die Technik und schon gar nicht die Natur bedürften zu ihrem Glück des Menschen, wobei ich an dieser Stelle die mich bedrängende Frage vermied, was man denn nun wiederum unter dem *Glück* von Technik oder Natur zu verstehen habe. Aber darauf kam es in jenem Augenblick schon gar nicht mehr an, weil B. Kaempfer ohnehin nach seiner langen Rede verstummt war und sich mit geschlossenen Augen in seinen Sessel zurücklehnte. Es schien mir jedoch kein Zeichen von Erschöpfung zu sein, eher schon, dass er nun nichts mehr zu sagen hatte, und so wollte auch ich schweigen. Ich hatte mich allerdings geirrt, denn nach einigen Augenblicken begann B. Kaempfer erneut zu sprechen.

Was nun aber jene *Bruderschaft* angehe, die sich so viel Mühe gegeben habe, die Texte zu analysieren und zu decodieren, so habe er keinerlei Zweifel daran, dass es ihr gelingen werde, die Botschaft nicht nur tatsächlich zu finden, sondern sie auch in der angemessenen Art und Weise zu verwenden. Dies – so meinte B. Kaempfer – sei dann die wirkliche Ironie, denn selbst wenn man das Böse dadurch bannen könne, dass man seinen wahren Namen nur richtig ausspreche, so sei damit doch auch und zugleich das Ende der Menschheit gekommen, denn die bestehe doch nun einmal aus einer unauflöslichen Melange aus Gut *und*

Böse, und das eine könne nicht ohne das andere auskommen, man solle also nicht trennen, was zusammengehört.

Er könne sich sehr wohl vorstellen, wie der Teufel darüber lacht, wenn die Menschen sich im Moment ihres größten Triumphes selbst vernichten. Wenn er also – so sagte B. Kaempfer dann noch – an der Stelle der Menschen wäre, dann zöge er aus all jenen Zeichen seine Konsequenzen, dass man nämlich die Tage *genießen* solle, solange es noch eben gehe, solange der Name des Bösen noch nicht ausgesprochen sei und sich jene Allianz aus Natur und Technik noch nicht zu ihrem letzten Schlag entschlossen habe, um den Menschen den Garaus zu machen.

Er jedenfalls habe keine große Hoffnung mehr auf eine Lösung, geschweige denn eine *Erlösung* von diesem Übel, denn kein Gott und kein Teufel werden eingreifen und dem Menschen zu Hilfe kommen, weil ihnen gar nicht der Sinn danach steht, weshalb denn auch, wenn man sieht, was der Mensch aus dieser Welt gemacht hat, ganz gleich, wer sie einmal zu welchem Zweck erschaffen hatte. *Wir tanzen nicht auf dem Vulkan*, sagte B. Kaempfer dann noch, *wir surfen schon längst auf der Lava*, und niemand könne sagen, wann wir kopfüber darin versinken werden. Dann lächelte er, bestellte noch eine neue Flasche jenes exzellenten Arraks, goss jetzt ein wenig mehr davon und weniger Wasser in die Gläser, prostete mir zu und leerte sein Glas in einem Zug. Ich tat es ihm gleich, und er wiederholte die Prozedur, bis die Flasche endlich leer war. Beim letzten Schluck schaute er mir in die Augen, und bis heute glaube ich, darin ein gewisses Bedauern erkannt zu haben, aber ich bin mir dessen nicht völlig sicher.

Dann erhob er sich, ging geraden Schrittes zum Ausgang, ohne sich weiter von mir oder irgendjemand anderem zu verabschieden, und ließ mich wie immer mit einer gewaltigen Rechnung zurück. Seitdem habe ich B. Kaempfer nicht wieder gesehen, noch nicht einmal etwas von ihm gehört, und alle meine Versuche, mit ihm auf den üblichen Wegen Kontakt aufzunehmen, schlugen ausnahmslos fehl. Je mehr Zeit über unseren seltsamen Treffen vergangen ist, desto weniger weiß ich, ob ich sie als *wirklich* empfinden soll, doch auf meinen Konten liegt eine ganze Menge an Geld, das mir das tägliche Leben doch sehr erleichtert, und dann besitze ich ja immer noch jene Disketten, auf denen die Texte des B. Kaempfer in ihrer originalen Version gespeichert sind.

ANMERKUNGEN

Erster Satz: Genesis

1 Die *Sieben Samurai* sind die Helden des 1954 von Akira Kurosawa gedrehten Filmes *Shichinin no samurai*, zu dem John Sturges im Jahre 1960 unter dem Titel *The Magnificent Seven* ein Remake inszeniert hat. Im Film von Kurosawa geht es darum, dass eine Gruppe von sieben Samurai ein Dorf vor den Plünderungen durch Banditen schützt. Kurosawa hatte mit seinem Film das Interesse an den *jidai-geki*, den Samuraidramen, nicht nur in Japan neu belebt, sondern damit in der Folge auch den Stil der Westernfilme in den USA und in Europa (Sergio Leone) beeinflusst. – Die japanischen Samuraifilme handeln oft vom Konflikt zwischen dem, was die gesellschaftlichen Regeln fordern, und dem, was aus individueller Sicht (des Helden) angemessen erscheint, es geht also nicht um die Entscheidung zwischen Gut und Böse nach absoluten Kriterien, sondern um unterschiedliche Wahrnehmungen und Definitionen davon. Insoweit kann der Held, der sich diesem Konflikt stellt, am Ende nur scheitern, weil er auf jeden Fall moralische Regeln verletzen muss, was dann zumeist mit dem Tod des Helden nach vollbrachter Tat bestraft wird.
2 Die Vorstellung, dass der siebte Sohn zu einem *Werwolf* wird, entstammt den Traditionen des europäischen Volksglaubens. – Im Bluessong *Hoochie Coochie Man* wird die Zauberkraft des Protagonisten (und vor allem sein Erfolg bei den Frauen) damit erklärt, dass er am *siebten Tag des siebten Monats* geboren wurde und ihm damals schon *sieben* Hexendoktoren seine Bestimmung geweissagt hatten.
3 In der Gnosis – einer religiösen Bewegung im östlichen Mittelmeerraum in den Jahrhunderten um Christi Geburt – sind die *Archonten* die Schöpfer und Herrscher der Welt, die dabei allerdings im Gegensatz zum ursprünglichen, leider allerdings verborgenen *Guten Gott* – unlautere Absichten haben, was sich im Übrigen – wie beschrieben – durch ihre schmutzige, illegitime Abstammung erklärt. Da die aktuelle Welt nach Auffassung der Gnostiker von Anfang an schlecht und voller Leiden ist, zählen sie den jüdischen Schöpfergott *Jahve* ebenfalls zu den Archonten, so dass einige der im Alten Testament verwendeten Namen *(Sabaoth)* nun benutzt werden, um die Archonten zu bezeichnen.
4 Die Beschreibung dessen, was die *Siebenzahl* zu bedeuten hat, folgt weit-

gehend einem Text des jüdisch-hellenistischen Philosophen Philon von Alexandreia *(De opificio mundi)*, der um die Zeit von Christi Geburt lebte und sich vor allem mit der Auslegung des *Pentateuch*, der fünf Bücher Mose, befasste. Nach seiner Auffassung ist und bleibt Gott für den Menschen unerreichbar, wohl aber kann durch den *logos* (das Wort, also: das Wissen) eine gewisse Nähe zu ihm gefunden werden. Dazu gehörte es auch, auf alle möglichen Arten und Weisen der göttlichen Botschaft in der Welt nachzuspüren, etwa indem nach der Bedeutung von Quantitäten (hier: Zahlen) geforscht wird. – Die Vorstellung, dass in den Zahlen gewisse Informationen über eine höhere, zumeist: eine göttliche Ordnung verborgen sind, ist sehr alt. Sie findet sich schon bei den Sumerern und Babyloniern und erklärt deren großes Interesse an der Mathematik. Fast eine jede Zahl steht demnach nicht nur für sich selbst, sondern ist zugleich ein *Symbol* und verweist auf weitergehende, transzendente Zusammenhänge. Dabei stehen die entsprechenden Bedeutungen in einem engen Bezug zur jeweiligen Kultur: Die *Fünf* ist in der altgriechischen Vorstellung eine Zahl des Unglücks, in China jedoch Symbol für die Harmonie (weil sie neben den vier Himmelsrichtungen auch die *Heilige Mitte* umfasst). Anderseits ist die *Vier* in den ostasiatischen Kulturen, vor allem in Japan, eine Unglückszahl, weil dort das Wort für vier *(shi)* phonetisch dem Wort für Tod (ebenfalls: *shi*) gleicht, wohingegen sie in der jüdisch-christlichen Kultur wiederum eine heilige Bedeutung symbolisiert: Das *Tetragrammaton*, die vier hebräischen Buchstaben des Namens *Jahve*, steht für die vier Elemente, die vier geometrischen Hauptbestandteile, die vier Noten der Tonleiter, die vier Flüsse des Paradieses, die vier symbolischen Figuren am Wagen Hesekiels, später dann noch für die vier Evangelisten und so weiter und so fort. – Von besonderer Bedeutung ist die Zahlenmystik für die *Kabbala*, wobei der Umstand, dass in der jüdischen Kultur Zahlen durch Buchstaben ausgedrückt werden, eine große Rolle spielt, weil auf diese Weise auch Texte mathematisch interpretiert und auf geheime Botschaften hin untersucht werden können. – Bis in die heutige Zeit hinein haben sich Reste der Zahlenmystik im alltäglichen Leben erhalten: In japanischen Hotels wird häufig auf die Auszeichnung einer vierten Etage verzichtet, in Europa auf die Nutzung der Zahl 13 (die für das Unglück steht, weil sich unter den dreizehn Teilnehmern des Letzten Abendmahls ein Verräter – Judas – befand). Die 11 wiederum symbolisiert die Narren, weil die Elf als erste (Zahl) die Zehn *übertritt* (die wiederum ihrerseits für die Zehn Gebote steht) und damit entweder auf die Sünder oder eben den Narren deutet.

5 Über diesen katastrophalen Vorfall mit weit reichenden Folgen für die Geschichte der Menschen berichtet Mel Brooks in seinem 1981 entstandenen Film *Geschichte der Welt*.

6 In der Bibel taucht *Nikodemus* als Gefährte des Joseph von Arimathia (Arimatäa) auf (Johannes 19,38 ff.), wo beide Jesus nach dessen Tod am Kreuz in der Grabstelle des Joseph beisetzen. Hier wird jedoch auf das wahrscheinlich im Jahre 425 entstandene *Nikodemus-Evangelium* Bezug genommen, ein Text, der – wie damals üblich – mit dem Verweis auf eine biblisch verbürgte Gestalt seine Legitimation erhöhen wollte. Die Geschichte, dass Jesus die Toten aus dem Hades führt, findet sich im zweiten Teil des Textes, während der erste ausführlich über den Prozess gegen Jesus berichtet *(Pilatus-Akten)* und dabei den Pilatus im Gegensatz zu den jüdischen Priestern auf eine eher positive Art und Weise darstellt. – Überhaupt wird die Person des *Pilatus* in den einzelnen christlichen Kirchen unterschiedlich gedeutet: Während er in den westlichen Kirchen verdammt wird, gibt es in der *koptischen* Kirche eine Tradition, ihn als Märtyrer und Heiligen zu verehren.

7 *Sandkörner* sind allerdings interessanter, als man gemeinhin annehmen mag: Untersucht man sie im Detail – etwa mit einem Elektronenmikroskop –, so kann man anhand der äußeren Gestalt ihre oft über mehrere Millionen Jahre zurückreichende Geschichte erkennen, darunter ihre Herkunft oder die Orte und Wege, an denen sie sich seitdem aufgehalten haben.

8 Das *Neue Jerusalem* wird ausführlich in der Offenbarung des Johannes geschildert (Offenbarung, 21,10 ff.), dort ist die Rede von einer Stadt, *die hatte die Herrlichkeit Gottes. Und ihr Licht war gleich dem alleredelsten Stein, einem hellen Jaspis.* Weiter heißt es dort: *Und die Grundsteine der Mauer um die Stadt waren geschmückt mit allerlei Edelgestein. Der erste Grund war ein Jaspis, der andere ein Saphir, der dritte ein Chalzedonier, der vierte ein Smaragd, der fünfte ein Sardonix, der sechste ein Sarder, der siebente ein Chrysolith, der achte ein Berill, der neunte ein Topas, der zehnte ein Chrysopras, der elfte ein Hyazinth, der zwölfte ein Amethyst. Und die zwölf Tore waren zwölf Perlen, und ein jeglich Tor war von einer Perle; und die Gassen der Stadt waren lauteres Gold wie ein durchscheinend Glas.* – Abgesehen davon, dass diese Beschreibung eher an die Architektur eines modernen Einkaufszentrums erinnert, werden auch an einer solchen Stelle die Einflüsse der Zahlenmystik deutlich, indem die Zahl *Zwölf* (als der Multiplikation aus der göttlichen *Drei* und der irdischen *Vier*) an einer derart prominenten Stelle verwendet wird.

9 Tatsächlich gibt es im Alten Testament mehr als nur die zwei Schöpfungsgeschichten der Genesis, die anderen allerdings eher versteckt und nicht explizit entwickelt bei einigen der Propheten, vor allem bei Jesaja. – Bei Hiob 38 und 39 beschreibt Gott selbst seine Schöpfungstaten in den höchsten Tönen und erklärt sich verantwortlich für alles, was in dieser Welt geschehen ist und noch geschieht, so etwa für den Strauß und seine beson-

dere Art der Brutpflege: *Doch läßt er seine Eier auf der Erde und läßt sie die heiße Erde ausbrüten. Er vergißt, daß sie möchten zertreten werden und ein wildes Tier sie zerbreche. Er wird so hart gegen seine Jungen, als wären sie nicht sein, achtet's nicht, daß er umsonst arbeitet. Denn Gott hat ihm die Weisheit genommen und hat ihm keinen Verstand zugeteilt* (Hiob 39,14–17). Kritik lässt Gott an seiner Schöpfung nicht gelten, auch und gerade nicht von Hiob, dessen Schicksal aufgrund der bekannten Wette zwischen Gott und dem Satan miserabel genug ist: *Will mit dem Allmächtigen rechten der Haderer? Wer Gott tadelt, soll's der nicht verantworten?* (Hiob 39,32).

10 Die *lustig anzusehenden Bäume* finden sich in Genesis 2,9.

11 Von den Ländern *Hevila*, *Gihon* und dem *Mohrenland* ist in Genesis 2,11–14 die Rede. Der Begriff *Mohrenland* ist die Übersetzung Martin Luthers für den im Originaltext des Alten Testamentes verwendeten Namen *Cush* (oder: Kusch). Dieses Land taucht in der Bibel an verschiedenen Stellen auf, so auch in Psalm 68,32, ebenso ist bei Jesaja (18,1) und bei Jeremia (13,23) davon die Rede. Auch in der Apostelgeschichte (8,27 ff.) kommt ein Bewohner dieses Landes vor, der sich von Philippus taufen lässt.

12 Die Frage, *ob* die Engel überhaupt ein Geschlecht im biologischen Sinne haben (und wenn ja, welches), wird im Allgemeinen verneint, jedenfalls solange sich die Engel im Himmel und unter der Herrschaft Gottes aufhalten – die Engel im eigentlichen Sinne des Begriffes sind *asexuell*. So jedenfalls wird ein entsprechender Ausspruch Christi (Markus 12,25: *Wenn sie von den Toten auferstehen werden, so werden sie nicht freien noch sich freien lassen, sondern sie sind wie die Engel im Himmel*) interpretiert. – Die islamische Vorstellung von einem Paradies spricht demgegenüber viel deutlicher die körperlichen Freuden an: Die Frommen *liegen auf Betten, die mit Brokat gefüttert sind. Und die Früchte der Gärten hängen tief. Welche von den Wohltaten eures Herrn wollt ihr denn leugnen? Darin befinden sich, die Augen niedergeschlagen, weibliche Wesen, die vor ihnen weder Mensch noch Dschinn entjungfert hat* (Sure 55,54 ff.). Als Gläubiger hat man Anspruch auf *großäugige Hûris, wohlverwahrten Perlen zu vergleichen, zum Lohn für das, was sie getan haben* (Sure 56,23 ff; diese Sure trägt den bezeichnenden Titel *Die hereinbrechende Katastrophe*). Aber auch, wer andere Wünsche hat, soll nicht darben: Auf *golddurchwirkten Ruhebetten liegen sie einander gegenüber, während ewig junge Knaben die Runde machen* (Sure 56,15 ff.) – Von den *gefallenen* Engeln, also denjenigen, die sich an der Revolte des Satans beteiligt hatten und in der Folge des Himmels verwiesen worden waren, wird allerdings im apokryphen *Henoch-Buch* berichtet, dass sie die Weiber auf der Erde verführten und schwängerten. Da nun aber die Engel (ob nun gefallen oder nicht) auf jeden Fall unkör-

perlich sind, wurde die Frage nach ihren sexuellen Praktiken dahin gehend beantwortet, dass sie eine riesige, menschenähnliche Scheingestalt annahmen, auf diese Weise die Frauen beim Beischlaf mit ihren Ehemännern erregten, was dann zur Geburt von Riesen führte (vgl. dazu: Genesis 6,1–4).

13 Dass *Gut* und *Böse* die *Vorurteile Gottes* sind, wusste schon der deutsche Philosoph Friedrich Nietzsche und schrieb es in seinem 1882 erschienenen Werk *Die Fröhliche Wissenschaft*. – Die Fragen, die der Teufel an dieser Stelle aufwirft – nämlich wie der Mensch die Verbote Gottes überhaupt hat verstehen können, da es ihm ja noch an der rechten *Erkenntnis* fehlte –, haben im 17. Jahrhundert auch den englischen Philosophen Thomas Hobbes beschäftigt. *Wie*, so fragt er in seinen zwischen 1642 und 1658 entstandenen *Elementa Philosophiae, konnte Adam das Verbot Gottes verstehen, da er doch bis dahin noch nicht wußte, was »essen«, was »Frucht«, was »Baum«, was »Erkenntnis«, was endlich »das Gute« oder »das Böse« bedeute?* Hobbes findet darauf nur die Antwort, dass nämlich die Sprache durch eine willkürliche Entscheidung des Menschen entstanden sei, was aber wiederum nichts anderes bedeutet, als dass auch die Definition und damit die Unterscheidung zwischen dem Guten und dem Bösen auf willkürlichen Entscheidungen des Menschen beruht. Immerhin heißt es bei Hobbes an anderer Stelle: *Eine demonstrative Erkenntnis a priori ist uns daher nur von den Dingen möglich, deren Erzeugung von dem Willen der Menschen selbst abhängt.*

14 Auch zu dieser – rechtlichen – Frage äußert sich Hobbes in seinen *Elementa Philosophiae*. Zunächst weist er darauf hin, dass Gott seine Herrschaft nicht allein auf die Vernunft gegründet hatte, sondern auch auf einen Vertrag mit den Menschen, also durch *den auf der Einwilligung der Menschen beruhenden Gehorsam*. Dieser Vertrag sei jedoch gleich wieder unwirksam geworden, und Hobbes fragt sich, was es denn mit jenem Verbot, von den Früchten des Baumes zu essen, auf sich gehabt haben mag, *denn in der Natur einer Baumfrucht liegt, abgesehen von dem Verbote, nichts, was das Essen derselben zu einem moralisch Bösen, d. h. zu einer Sünde hätte machen können.* Man sieht, es ist noch genügend Raum für juristische Debatten.

15 Dass dem Menschen (genauer: zunächst dem Mann) die Aufgabe zukommt, das Paradies zu *bauen* und zu *bewahren*, findet sich in Genesis 2,15. In 2,18 ist dann davon die Rede, dass Gott dem Mann *eine Gehilfin machen* will, *die um ihn sei* – wahrscheinlich, um ihn bei den Arbeiten im Garten zu unterstützen, was wiederum die besonderen Fähigkeiten der Frauen beim Umgang mit Pflanzen und Gärten erklären mag, vielleicht aber auch nur die entsprechende Faulheit der Männer.

16 Genesis 2,17.

17 In Genesis 3,14 verflucht Gott die Schlange: *Weil du solches getan hast, seist du verflucht vor allem Vieh und vor allen Tieren auf dem Felde. Auf deinem Bauche sollst du gehen und Erde essen dein Leben lang.* Daraus können wir schließen, dass die Schlange vorher über Beine verfügt haben muss, die ihr nun – zur Strafe – aberkannt werden. – Die Beschreibung der *Beine* der Schlange und ihrer Schönheit folgt dem Hohelied Salomos 5,15, das sich jedoch auf den geliebten Mann bezieht und mit der Schlange nichts zu tun hat, aber man kann ja nie wissen.

18 Tatsächlich wird im kabbalistischen *Buch der Schöpfung* (Jezira) von einer *Himmelsschlange* gesprochen, die ursprünglich außerhalb des heiligen Bezirkes, also des Paradieses, lebte und die Aufgabe hatte, von dort aus Wachstum und Fortpflanzung zu bewirken. Dieser Auffassung zufolge ist das Böse so lange unproblematisch, als es an dem ihm angemessenen Ort – nämlich *draußen* – bleibt. Die Sünde besteht darin, dass die Schlange aus nicht näher genannten Gründen in das Paradies eindringt und damit an einen Ort gelangt, wohin sie nicht gehört, weil sie dafür nicht geschaffen ist. Das Böse wird daher erst dann wirklich böse, wenn es an einem falschen Ort auftritt. Adam (oder Eva, je nachdem) hat also das Böse nicht erst hervorgerufen, sondern ihm Einlass ins Paradies gewährt, was schlimm genug ist, aber doch eine andere Bewertung erfordert. Anders ausgedrückt: Es wäre nichts böse, solange es an seinem rechten Platz bliebe. *Böse* ist demnach der (oder das), wer (oder was) die Ordnung der Dinge durcheinander bringt, der *Diabolos*, der Durcheinanderwerfer, der Teufel. Darüber jedoch, was der *rechte* Platz der Dinge ist, kann man allerdings sehr unterschiedlicher Auffassung sein.

19 Nicht in allen Kulturen und noch nicht einmal innerhalb der jüdisch-christlichen Kultur gilt die Schlange allein als Symbol des Bösen. So ist etwa der Stab, den Moses als Zeichen seiner Macht trägt, von Gott selbst nach der Gestalt einer Schlange geformt, vgl. Exodus 4,1–5.

20 Hier bezieht sich der Teufel explizit auf einen Ausspruch von G. W. F. Hegel, der darüber im Jahre 1807 einen Aufsatz geschrieben hatte *(Wer denkt abstrakt?).* Dort heißt es: *Denken? Abstrakt? – Sauve qui peut.* […] *Wer denkt abstrakt? Der ungebildete Mensch, nicht der gebildete.* Und Hegel sagt dann noch an einer anderer Stelle: *Was man den gesunden Menschenverstand nennt, ist selbst oft genug ein sehr ungesunder. Der gesunde Menschenverstand enthält die Maximen seiner Zeit.*

21 *Marzipan* und *Nougat* sind in der Tat höchst ingeniöse Erfindungen des menschlichen Geistes, die mittels komplizierter und langwieriger Verfahren aus Mandeln, Zucker und Nüssen hergestellt werden. – Das *Marzipan* kommt ursprünglich aus dem Mittleren Osten, wahrscheinlich aus Persien. Der Name jedenfalls deutet darauf hin, denn er stammt etymologisch

nicht vom Begriff *marci panis* (dem Brot des Marcus, also des Schutzheiligen der Stadt Venedig) ab, sondern von *maulhaban* bzw. *mauthaban*, was im Arabischen so viel wie *sitzender König* bedeutet. Im Mittelalter war Marzipan sehr wertvoll und wurde als besondere Speise bei Reichstagen oder bei Fürstenhochzeiten gereicht. Es galt bis in die Neuzeit nicht zuletzt auch als Aphrodisiakum, über dessen unmittelbare Wirkung auf ein Schwein Jakob von Grimmelshausen berichtet. In diesem Sinne erscheint die Legende, dass Marzipan im Jahre 1214 von Nonnen in Toledo erfunden worden sei, erst auf den zweiten Blick als einleuchtend. – Das *Nougat* hat eine noch ältere Geschichte als das Marzipan und war wohl schon den Griechen bekannt. Der Name stammt vom lateinischen *nux*, die Nuss, ab und verweist damit auf den wichtigsten Bestandteil, nämlich Wal- oder Haselnüsse. Für das im Orient eher verbreitete weiße Nougat nimmt man anstelle von Kakao geschlagenes Eiweiß, was die Konsistenz des Nougats weicher macht.

22 Genesis 3,22.
23 Mit dem Begriff *Chor* (vom griechischen *choros*, der Tanz oder der Tanzplatz) wird darauf verwiesen, dass man sich das Wirken der Engel im Kosmos als ein harmonisches Zusammenspiel vorzustellen habe. Wenn nun aber sich die Harmonie des Kosmos auch in einer Harmonie der Töne ausdrückt (weil die Regionen des Himmels nach den gleichen Relationen aufeinander folgen wie die Töne einer Tonleiter), dann kann man davon ausgehen, dass der Umlauf der Gestirne wohlklingende *Töne* hervor bringt, selbst wenn sie vom menschlichen Gehör zumeist nicht wahrzunehmen sind (eben die *Sphären*- oder in diesem Fall: die *Engelsmusik*). – Die Engel ihrerseits sind in einzelnen Gruppen oder eben *Chören* zusammengefasst, wobei die erste große Systematisierung in der christlichen Lehre von Dionysios Areopagita stammt, der dreimal drei Chöre identifizierte, allerdings in einer anderen hierarchischen Reihenfolge, als sie dann wiederum Papst Gregor der Große um das Jahr 600 herum vorschlug. Die inzwischen üblich gewordene Einteilung beruht auf *Thomas von Aquin* (1225–1274), der drei unterschiedliche Triaden, bestehend aus jeweils drei Rängen, definierte: die *obere* Triade mit *Seraphim, Cherubim* und *Thronen*, die ständig tanzend um Gott kreisen und sein Lob singen, die *mittlere* Triade mit *Herrschaften (kyriotetes), Mächten (dynameis)* und *Gewalten (exusiai),* welche die Ordnung des kosmischen Alls regulieren und daran mitwirken, den göttlichen Weltplan zu vollziehen, sowie schließlich die untere Triade mit *Fürstentümern (archai), Erzengeln (archangeloi)* und *Engeln (angeloi),* die wiederum über die irdische Welt und die Menschen wachen. Diese Ordnung ist im Übrigen kompatibel mit der im Alten Testament vorgenommenen Gliederung der Geistwesen, welche

zwischen den Assistenten, den Gehilfen und den Boten Gottes unterscheidet.

24 Die im Weiteren für die Engel verwendeten Namen und die von ihnen auszuübenden Funktionen entstammen zumindest teilweise der Liste des *Engelwerkes* (Opus Angelorum), einer religiösen Gemeinschaft, die sich auf die Werke der Innsbrucker Hausfrau Gabriele Bitterlich und vor allem der von ihr erfahrenen Offenbarungen bezieht. Darin enthalten ist auch eine Liste von 400 Engelnamen, die überwiegend nichtbiblischer Herkunft sind. Die katholische Kirche hat im Jahre 1988 untersagt, sich in Gebeten an einen dieser Engel zu wenden.

25 Darüber, wie es im *Paradies* genau ausgesehen haben mag, sind im Laufe der Geschichte sowohl der jüdischen als auch der christlichen Religion äußerst unterschiedliche Vorstellungen entstanden, was zum einen daran liegen mag, dass die biblische Beschreibung in den ersten zwei Kapiteln der Genesis eher vage und uneinheitlich ausfällt, sich zum anderen aber trotz intensiver Suche bislang keinerlei Reste des irdischen Paradieses haben finden lassen, aus denen heraus sich – etwa mithilfe der Archäologie – die ursprünglichen Zustände rekonstruieren ließen. Wie auch immer: Viele Religionen gehen davon aus, dass es einst einmal (ob nun zeitlich oder räumlich von der aktuellen Welt separiert) einen paradiesischen, glücklichen Urzustand der Welt gegeben haben mag, in welchem Friede, Harmonie und Überfluss herrschten und aus dem der Mensch aus eigener Schuld vertrieben wurde. Die genauen Umstände sind nun je nach Kultur ebenso unterschiedlich wie die Vorstellungen davon, was man als friedlich und harmonisch annehmen möchte: So kann man sich das judäo-christliche Paradies als eine Art von Nomadenideal, als Oase in der Wüste, vorstellen oder aber – zu einem späteren Zeitpunkt – in einer eher städtischen Variante wie einen wohlgepflegten Park (Hesekiel 31,3 ff. spricht von einer besonders hohen und gepflegten *Zeder* im Mittelpunkt des Paradieses). – Noch weniger eindeutig als die natürlichen Gegebenheiten sind die *sozialen* Strukturen, die im Paradies herrschten, so dass sich auch in Bezug darauf unterschiedliche Vorstellungen entwickelten. Vielleicht haben aber gerade diese vagen Beschreibungen dazu beigetragen, dass der Paradiesmythos über lange Zeiten hinweg eine derart hohe Akzeptanz gefunden hat, denn die Unbestimmtheit im Sinne einer ästhetischen Leerstelle ermöglicht es einem jeden Rezipienten, seine ureigensten Vorstellungen und Hoffnungen in dieses Bild zu inkorporieren. – An dieser Stelle sei zudem darauf verwiesen, dass sich nach christlicher Vorstellung das Paradies am Ende aller Zeiten sehr von demjenigen zu Beginn unterscheidet: Nicht nur dass es dann keinen Baum der Erkenntnis mehr gibt, sondern aus dem Garten ist eine Stadt geworden (eben: das Neue Jerusalem). In diesem Sinne

wird es keine *Rückkehr* ins Paradies mehr geben, sondern den Guten und Gläubigen wird eine völlig neuartige Welt angeboten, die im Übrigen schon jetzt existieren muss, denn sonst hätte sie den Apokalyptikern, Propheten und Visionären nicht vorab gezeigt werden können. Sollte man aus diesen Veränderungen schließen, dass Gott sich den Wünschen und Hoffnungen der Menschen angepasst oder daraus gelernt hat, dass das ursprüngliche Paradies offenbar doch nicht für eine menschliche Besiedlung geeignet war?

26 Auch der Hinweis, dass *Freiheit die Einsicht in das Notwendige* sei, findet sich bei Hegel, der dem Menschen innerhalb des Wirkens des *Weltgeistes* nur die Möglichkeit eröffnen wollte, dieses Wirken zu erkennen und ihm durch eigenes Handeln zu folgen.

27 Die Vorstellung, dass es vor der endgültigen Schöpfung (derjenigen, die *wir* kennen, in welcher wir uns bewegen und von der uns die *Genesis* berichtet) noch weitere gegeben hatte, sozusagen: Entwürfe, Skizzen, erste Versuche, mit denen Gott offenbar nicht zufrieden war, entstammt der *rabbinischen* Tradition. Von diesen Versuchen sind Reste verblieben, die in ihrer Unvollkommenheit bis heute die Schöpfung kontaminieren.

28 Die Frage, was nach der Vertreibung der Menschen mit dem Paradies geschehen ist, wird nicht eindeutig beantwortet: Man kann es sich einerseits als eine Art von Paralleluniversum vorstellen, das in einer *räumlichen* Distanz weiterhin existiert und vom Menschen zumindest theoretisch auch besucht werden könnte (worauf die recht häufigen Berichte von Himmelsfahrten diverser Heiliger und Propheten verweisen). In diesem Sinne läge das Paradies möglicherweise *oberhalb* der sinnlich erfahrbaren Welt, irgendwo im Siebten Himmel oder in Abrahams Schoß. – Andererseits kann man sich auch vorstellen, dass am Ende der Tage ein *neues* Paradies (das Neue Jerusalem) entsteht, dass es also eine *zeitliche* Distanz gibt. Die Unterschiede in den Beschreibungen gemäß der Genesis einerseits und der Offenbarung des Johannes andererseits lassen eine solche Konstruktion als möglich erscheinen. – Auf jeden Fall aber befindet sich das Paradies wohl *außerhalb* der Reichweite der (normalen) Menschen in einem irgendwie gearteten räumlichen oder zeitlichen *Jenseits*, was allerdings die Frage noch drängender macht, was mit den Menschen nach ihrem Tode geschieht: Wann – nämlich – wird über die jenseitige Zukunft der Menschen entschieden? Im Augenblick des Todes oder am Ende aller Tage vor dem Großen Gericht? Wenn nun aber erst – wie die Schriften es sagen – am *Ende aller Tage* entschieden wird, bleibt die Frage, was in der Zwischenzeit mit den immerhin unsterblichen Seelen geschieht. Offenbar werden sie in eine Art von *Zwischenlager* verbracht, wo sie (durch Feuer) geläutert oder sogar schon einmal den ersten höllischen Strafen ausgesetzt wer-

den, allerdings mit der Chance, sich dadurch für eine Aufnahme in das Paradies zu qualifizieren.

29 Genesis 2,16.

30 *Die Liebe zu den drei Orangen* ist der Name einer 1921 in Chicago uraufgeführten Oper des russischen Komponisten Sergej Prokofjew, in der es um umfangreiche Verwicklungen am Hofe eines imaginären Königreiches geht, aber leider nicht um Enten.

31 Das (oder: der) *Adoil* taucht im apokryphen *Henoch-Buch* auf, wo mit diesem Begriff ein Äon vor der eigentlichen Schöpfung bezeichnet wird: Bevor alle sichtbaren Dinge erschaffen waren, thronte Gott inmitten des Urlichtes. Um nun mit der Schöpfung beginnen zu können, benötigte er ein sicheres Fundament und rief aus den Tiefen Adoil zu sich, aus dessen Bauch (Ei?) der Äon der Schöpfung hervorgeht. – Die etymologische Herkunft des Begriffes *Adoil* ist umstritten; der jüdische Philosoph und Kabbalaforscher Gershom Scholem leitet ihn aus einer sprachlichen Korruption des hebräischen Namens *(Z)ado(k)il*, der Gerechte Gottes, ab, woraus man dann zu schließen hätte, dass die Gerechtigkeit das Fundament der göttlichen Schöpfung bildet.

32 *Anazentrismus:* eine Sicht der Welt, in welcher die Ente (lateinisch: *ana*) als Zentrum gesetzt wird, im Gegensatz also zu einer anthropozentrischen Vorstellung.

33 Der *Mittelpunkt* des Kosmos zu sein, muss nicht unbedingt als ein positiver Umstand begriffen werden, vor allem dann nicht, wenn man den Sitz der Götter (des Gottes) eher am Rande, in der Peripherie, in der Hülle, in den äußeren, oberen Regionen der Welt annimmt. Dann nämlich verschlechtern sich die Bedingungen umso mehr, je weiter man sich von diesem Rand entfernt und sich dem Zentrum nähert, weil das Böse schwerer wiegt als das Gute und sich also im Zentrum (auf und vor allem: im Inneren unserer Erde) konzentriert. Daher wird auch der Sitz des absolut Bösen unterirdisch vermutet, die Hölle befindet sich an demjenigen Ort, der geographisch am weitesten von den Himmeln entfernt ist.

34 Der Teufel hat viele Namen. Zumindest haben die Menschen ihm vielerlei Namen gegeben. Neben *Teufel* und *Satan* sagt man etwa in der syrischen Kirche auch *Akelkarsa*, was denjenigen Dämon bezeichnet, der *die Ausscheidungen isst*, der *sich von Verleumdungen ernährt*, der *auf der linken Seite steht*, was natürlich nicht politisch gemeint ist. In der griechischen und lateinischen Kirche wird vom *Feind der Menschen (misanthropos)* oder von demjenigen, der *das Heilvolle hasst (misokalos)* gesprochen. Auch Begriffe wie der *Schwarze* (wiederum ohne weitere politische Bedeutung) oder das *schwarze Kind* werden verwendet.

35 Der Name *Luzifer* für den Teufel taucht im Neuen Testament nicht auf,

dort werden andere Namen verwendet *(Satan, Beelzebub, Beliar, Abaddon)*. Ganz im Gegenteil: Der Ausdruck *Träger des Lichts* ist dort allein Christus vorbehalten. Der früheste Text, in welchem dieser Namen mit dem Satan oder dem Teufel gleichgesetzt wird, ist Tertullians Schrift *Gegen Marcion* aus dem Ende des 2. nachchristlichen Jahrhunderts. – Man mag an dieser Stelle tatsächlich darüber nachdenken, ob es einen Zusammenhang zwischen einerseits *Prometheus*, der den Menschen das Feuer brachte, und andererseits *Luzifer* gibt, dem Träger des Lichtes. So wie Prometheus, der den Göttern das Feuer gestohlen und den Menschen übereignet hatte, wird auch Luzifer aus dem Himmel gewiesen: *Wie bist du vom Himmel gefallen, du schöner Morgenstern!* (Jesaja 14,12), und es geht weiter: *Gedachtest du doch in deinem Herzen: »Ich will in den Himmel steigen und meinen Stuhl über die Sterne Gottes erhöhen; ich will mich setzen auf den Berg der Versammlung in der fernsten Mitternacht; ich will über die hohen Wolken fahren und gleich sein dem Allerhöchsten.« Ja, zur Hölle fährst du, zur tiefsten Grube.* (Jesaja 14,13–15). In Verbindung damit steht Lukas 10,18: *Er sprach aber zu ihnen: Ich sah wohl den Satanas vom Himmel fallen als einen Blitz.* Der Morgenstern wird im Griechischen mit den Begriffen *heospheros* (Morgen-Bringer) oder *phospheros* (Licht-Bringer, lateinisch eben: *Luzifer*) bezeichnet. – Das Feuer (das Licht) wird als unveräußerlicher Besitz der Götter gedacht; nicht von ungefähr ist es das *Licht*, das Gott als Erstes in der neuen Welt erschafft (Genesis 1,3). – An der Frage, wie man das Licht zu bewerten habe, schieden sich die Geister der Aufklärung von denen der Romantik: Während die *Aufklärung* diesen Begriff schon in ihrem Namen (englisch: *enlightenment*) führt, macht sich gerade daran die (polemische) Kritik der Romantik fest. Novalis formuliert es in seiner 1799 entstandenen Schrift *Die Christenheit oder Europa* wie folgt: *Das Licht war wegen seines mathematischen Gehorsams und seiner Frechheit ihr Liebling geworden.* Entsprechend akzeptieren die Romantiker allenfalls das Licht der Offenbarung, aber nicht das Licht der Vernunft. – Nur der Kuriosität wegen sei erwähnt, dass es um das Jahr 350 einen Bischof namens *Lucifer* in Cagliari gab, der sich in einem erheblichen Maße in die zeitgenössischen Debatten über die Natur Christi einmischte und dafür je nachdem, was sich gerade in der Politik ereignete, auch büßen musste. Ob sich allerdings gewisse (endemische) kriminelle Neigungen in Sardinien auf einen Bischof mit jenem doch eher ungewöhnlichen Namen zurückführen lassen, kann nicht mit letzter Sicherheit geklärt werden.

36 Der Teufel hat mit seiner These, dass er der Schöpfer der Zeit sei, insoweit Recht, als *Zeit* sich nach unseren Vorstellungen nur im Zusammenhang mit Bewegungen im Raum denken lässt. Wenn nun aber das von Gott geschaf-

fene Paradies als vollkommen angenommen werden muss, dann bewegt (und verändert) sich dort nichts mehr, weil es keiner Veränderung mehr bedarf, zumal von Gott selbst gesagt wird, dass er in seiner höchsten Vollendung in sich *ruht*. In diesem Sinne bedarf nur die – unvollkommene – Schöpfung des Teufels der Bewegung und der Veränderung und damit auch der Zeit als dem Kontinuum, in welchem sich diese Prozesse vollziehen.

37 *Heimarmene:* das unabwendbare Schicksal in der heraklitischen Philosophie im Sinne der ehernen Gesetzmäßigkeit des Alls, auf das sich auch die Gnostiker bezogen.

38 Damit befindet sich der Teufel in voller Übereinstimmung mit Friedrich Nietzsche, der sich entsprechend in seiner 1873 entstandenen Schrift *Über Wahrheit und Lüge im aussermoralischen Sinne* geäußert hatte.

39 Der *Ozean des Nûn* ist in der altägyptischen Religion der uranfängliche Ozean des Chaos, Urzustand der Welt, aus dem heraus Land und Wasser und später auch die Götter entstanden sind.

40 Die Frage danach, ob das fertige Werk den Vorstellungen des Schöpfers (Künstlers) standhält, ist oft gestellt worden, zumal man sich durchaus vorstellen kann, dass allein schon der Akt des Verfertigens mit einer Schuld behaftet ist, nämlich der Schuld gegenüber einer als größer gedachten Potenzialität. In mehr als nur einem gewissen Sinne begehen Komposition und Fertigstellung einen furchtbaren Verrat an der beabsichtigten Wahrheit, Harmonie oder Vollkommenheit. Der römische Dichter Vergil – beispielsweise – verspürte den dringenden Wunsch, die *Aeneis* wegen ihrer Unvollkommenheit zu vernichten; andere Künstler haben einen solchen Wunsch tatsächlich umgesetzt. Auch der größte Teil der Werke Kafkas wäre verloren gegangen, wenn sich Max Brod nicht dem testamentarischen Auftrag widersetzt hätte. – Es wäre eine Herausforderung, einmal eine *Geschichte der vernichteten Werke* zu schreiben, vor allem solcher, die nie der Öffentlichkeit zugänglich gemacht worden sind.

41 Es gibt in der Astronomie seit einiger Zeit Spekulationen darüber, ob es jenseits der Bahn des bislang erdfernsten und erst im Jahre 1930 entdeckten Planeten *Pluto* noch einen weiteren, zehnten Planeten in unserem Sonnensystem gibt (den sog. *Planeten X*).– Inzwischen (2002) wurde tatsächlich ein weiterer Himmelskörper entdeckt, den man *Quacar* genannt hat, wobei dieser Planet (?) wohl nur einer von rund 650 Himmelskörpern ist, die im *Kuiper-Gürtel* außerhalb der Umlaufbahn des Pluto die Sonne in elliptischen Bahnen umlaufen. Mindestens zehn von diesen Körpern sind so groß wie der Pluto, so dass man heutzutage weder ihn noch seinen Mond *Charon* zu den *Planeten* zählen würde.

42 Auch wenn die ganz überwiegende Zahl von Lebewesen auf der Erde in

irgendeiner Form Sauerstoff zu ihrem Überleben benötigt, gibt es weiterhin eine Reihe von *anaerobischen* Lebewesen, die sich auch ohne Sauerstoff recht wohl fühlen, zumeist niedere Organismen, davon einige nicht nur in der Nähe von Vulkanen und Geysiren, sondern auch an ganz profanen Orten wie dem menschlichen Körper, etwa im Darm oder im Zahnfleisch, wo sie dem jeweiligen und zumeist unfreiwilligen Wirt ein erhebliches Ungemach bereiten können.

43 Die Frage, *wie* Gott geschaffen hat, was also sein *modus operandi* gewesen war, ist lange und ausgiebig diskutiert, aber nie abschließend beantwortet worden, weil der Mensch ja erst zu einem relativ späten Zeitpunkt in diesen Prozess eingetreten ist und nicht mitbekommen hat, was davor geschah. So bleibt also unklar, ob Gott die Schöpfung bewusst und durch einen Akt seines Willens vollzogen hat oder ob die Akte der Schöpfung als *Emanationen* unwillentlich und ungesteuert aus ihm herausflossen. Die jüdische Kabbalistik neigt mit ihrer Vorstellung von den zehn Sefiroth zu dieser zweiten Annahme. Dadurch würden Prozess und Produkte der Schöpfung keineswegs weniger beeindruckend, wohl aber müsste man dann verstärkt danach fragen, ob es einen göttlichen *Plan* gegeben hat und welche Rolle der Mensch darin spielt.

44 Bei dem Garten in Kyôtô, von dem hier die Rede ist, handelt es sich um den *Ryoanji-Garten*, den wohl bekanntesten Zen-Garten in Japan. Inzwischen (2002) hat eine Forschergruppe der Universität Kyôtô nach jahrelanger Arbeit herausgefunden, was die Felsen und ihre Anordnung zu bedeuten haben, sie sollen nämlich einen Baum darstellen, dessen Anblick dem Betrachter zu Ruhe und Gelassenheit verhelfen soll.

45 In der japanischen Kultur gibt es starke Tendenzen, die Taten eines Menschen nicht nach ihrem Ergebnis zu beurteilen (und dabei im Zweifel auch die Methoden, durch welche sie zustande kamen, zu vernachlässigen), sondern nach der damit verfolgten Absicht und den Motiven des Handelns. Es zählt die Reinheit der Motive, die Aufrichtigkeit – *makoto*, so dass ein Scheitern dann nichts zählt, solange eben die Motive angemessen waren. Dabei reicht dieser Begriff der Aufrichtigkeit weit über das westliche Verständnis hinaus und umfasst auch die Suche nach dem Eigentlichen, dem Wesentlichen, das hinter den Verhältnissen der realen Welt vermutet wird. In diesem Sinne spricht der Japanologe Ivan Morris von der *Würde des Scheiterns*.

46 Die Vorstellung, dass es genau *sechsundzwanzig* gescheiterte Versuche der Schöpfung (nicht mehr und nicht weniger) gegeben hatte, stammt aus der rabbinischen Tradition des Judentums.

47 Genesis 1,31: *Und Gott sah an alles, was er gemacht hatte; und siehe da, es war sehr gut.* Man achte an dieser Stelle auf die Steigerung durch das Bei-

wort *sehr*. – Man kann jedoch durchaus anderer Auffassung sein, wie etwa der englische Philosoph David Hume, der in seinen 1761 entstandenen *Dialogues concerning Natural Religion* zunächst die Qualität der Schöpfung infrage stellt: *Diese Welt mag […] sehr fehlerhaft und unvollkommen sein, wenn man einen höheren Maßstab anlegt.* Und seine Begründung dafür lautet: *Sie war bloß der erste rohe Versuch einer kindlichen Gottheit, welche ihn nachher im Stich ließ, beschämt über ihr kümmerliches Machwerk; sie ist das Werk einer abhängigen, untergeordneten Gottheit und Gegenstand des Spottes höherer; sie ist das Erzeugnis des kindischen Greisenalters einer überlebten Gottheit.* – Der Teufel als der wahre Schöpfer der Welt kann sich mit einer solchen Einschätzung natürlich nie und nimmer einverstanden erklären. Ob er sich schließlich den Philosophen Hume geholt hat, ist jedoch nicht bekannt.

48 *Diabolos* kommt etymologisch vom griechischen *diabolein*: durcheinander werfen.

49 Unter *pneuma* wurde in der Vorstellungswelt der griechischen Philosophie eine als Luftstrom im Wehen des Windes und des Atems, aber auch als Gaszirkulation innerhalb des Organismus kaum spürbare Natur- und Lebenskraft verstanden, welche die Entwicklung des gesamten Menschen steuert. Die Lehre der *Stoa* will durch das *pneuma* den gesamten Kosmos in seiner Konsistenz und Kohärenz erklären, indem nämlich das *pneuma* alle Dinge durchdringt und ihnen stufenweise Teilhabe am Göttlichen gibt. – In der Gnosis wird das *pneuma* zum letzten verbleibenden Rest des Göttlichen im Menschen, das nach einem Entkommen aus der diesseitigen Welt und der Rückkehr in die göttliche Heimat strebt. – In der christlichen Tradition taucht das *pneuma* in zweierlei Hinsicht im Prozess der Schöpfung auf, und zwar zum einen, indem Gott die Welt durch das Aussprechen seines Wortes erschafft, also sich des *pneumas* bedient, und zum anderen, als er einem Lehmklumpen seinen Odem einhaucht und ihn dadurch zum Menschen macht.

50 Mit dem Begriff des *Höheren Menschtums* bezieht sich der Teufel auf den deutschen Philosophen Oswald Spengler, der diesen Ausdruck in seinem Buch *Der Untergang des Abendlandes* häufig verwendet.

51 Die Idee, dass Schöpfung und Zerstörung nahe beieinander liegen, wird bei Friedrich Nietzsche deutlich. In *Also sprach Zarathustra* heißt es dazu: *Und wer ein Schöpfer sein muss im Guten und Bösen: wahrlich, der muss ein Vernichter erst sein und Werte zerbrechen.* Und weiter: *Wandel der Werte, – das ist Wandel der Schaffenden. Immer vernichtet, wer ein Schöpfer sein muss.* Diese Vorstellungen tauchen auch in der Volkswirtschaftslehre auf, wenn bei Joseph Alois Schumpeter von der *schöpferischen Zerstörung* die Rede ist, derer es bedarf, um technische und ökonomische

Fortschritte zu erzielen. – An dieser Stelle sei darauf verwiesen, dass von manchen Kritikern und Beobachtern der Kreislauf von Destruktion und Erneuerung als das eigentliche Movens der zeitgenössischen Kunst angesehen wird: Beispielsweise wollte der Architekt Le Corbusier das VI. Pariser Arrondissement zerschlagen und niederreißen, um seine urbanistischen Ideen zu verwirklichen. Baron Haussmann hatte es einige Jahrzehnte vor ihm schließlich schon getan, mit dem Erfolg, dass man einen ganzen Boulevard nach ihm benannte. – Auch vor diesem Hintergrund sind die Ereignisse des 11. September 2001 zu sehen, bei denen es den Verursachern mit der Zerstörung der Zwillingstürme in New York allerdings nicht darum ging, etwas anderes, etwas Neues an die Stelle des Zerstörten zu setzen, und man sich überhaupt fragen kann, welches alternative Modell einer Gesellschaft oder sogar der Welt insgesamt die islamistischen Terroristen als angemessen oder erstrebenswert betrachten. Nach allem, was man von ihnen weiß, geht es in guter gnostischer Tradition auch gar nicht um eine Alternative für *diese* Welt (die man sich nur als abgrundtief böse vorstellen kann), sondern um deren endgültige Zerstörung zugunsten eines als vollkommen erhofften und daher nur jenseitig zu denkenden Paradieses.

52 Der *Philosoph auf der Klippe* ist eine Metapher, die vom römischen Philosophen Lukrez stammt, um das Verhältnis des Philosophen zur Wirklichkeit zu beschreiben. In diesem Bild ist der Philosoph Zuschauer des Weltgeschehens, was ihm deshalb möglich ist, weil er weder dessen Urheber noch Verwalter ist. Die Pointe bei Lukrez und seiner Metapher ist allerdings, dass er – der Philosoph – das Beobachtete, nämlich die Seefahrt, als widernatürlich begreift und daher das Ergebnis des Schiffbruches ohne weitere Skrupel zur Kenntnis nehmen kann.

53 Nach Auffassung der jüdischen Kabbala sind *Gut* und *Böse* nicht scharf voneinander geschieden, sondern als Teile der göttlichen Schöpfung ineinander verschränkt. In diesem Sinne leuchtet dann tatsächlich selbst im Bösen ein Funke des göttlichen Lichtes.

54 Die Vorstellung, dass es einen *vollkommenen Teufel* geben könnte, mag dem Teufel selbst reizvoll erscheinen, widerspräche jedoch den Grundannahmen sowohl der jüdischen als auch der christlichen (und der islamischen) Religion. Jedenfalls dann, wenn man damit meint, dass das Prinzip des Bösen über die gleiche Macht wie das Prinzip des Guten verfügen könnte, was aber in einer monotheistischen Religion schlechthin unmöglich wäre (weil auf diese Weise ein zweiter, *negativer* Gott konstituiert werden müsste). Der Teufel in den oben genannten Religionen ist zwar stark genug, um die Menschen zu verführen oder sie in Gefahr für Leib und Seele zu bringen, letztlich aber doch zu schwach, um Gott erfolgreich

herausfordern zu können. Immerhin ist der Teufel (nur) ein *Geschöpf* Gottes, das sich gegen ihn erhoben hatte und deshalb zur Strafe aus dem Himmel gestürzt wurde. – Nimmt man aber einen Teufel an, der über die gleiche Macht verfügt wie der gute Gott, gelangt man zu einer *dualistischen* Religion wie derjenigen des Zoroaster (Zarathustra), wo sich Ahura Mazda und Ahriman in gleicher Stärke gegenüberstehen und es der Menschen bedarf, um letztlich den Kampf zwischen ihnen zu entscheiden.

55 Die Frage, ob es einen *Vorrat* – zum Beispiel – an technischen Ideen gibt, ist von höchster politischer und sozialer Relevanz; wenn man nämlich einen solchen Vorrat konstatiert, ist der Mensch allenfalls frei in der Suche nach den Fragen, die man an die Technik stellen will, nicht aber in den Antworten, denn die sind ja so und nicht anders Bestandteil dieses Vorrates. Damit ist dann der *Er-finder* eigentlich auch nur der *Finder* von technischen Lösungen, was wiederum zur Konsequenz hat, dass es sinnlos wäre, den Gang der technischen Entwicklung durch politische, kulturelle oder gesellschaftliche Vorgaben lenken zu wollen. Die technische Entwicklung wäre somit gar nicht *offen*, sondern durch jenen Vorrat, die präformierte Ordnung der technischen Ideen, begrenzt und bestimmt. Ihr wohnt auf diese Weise ein hohes Maß an Eigendynamik inne, der sich der Mensch nicht entziehen, sondern allenfalls durch den Grad der wissenschaftlich-technischen Aktivität – beschleunigend oder retardierend – anpassen kann. Für die Technikgestaltung hatte (und hat) eine solche Annahme der Existenz einer Welt *technischer Ideen* Folgen gehabt: Sie hat ein ingenieurwissenschaftliches Verständnis entstehen lassen, das für sein Handeln nicht mehr die Kategorien von *Gut* und *Böse* verwendet – als Ausdruck für Wahlmöglichkeiten sowie für moralische Verantwortung und Entscheidung –, sondern in den Kategorien von *Richtig* und *Falsch* denkt. Man will damit zum Ausdruck bringen, dass über Technik und Ingenieurwissenschaften nicht moralisch und anhand von *Werten* und *Interessen* geurteilt werden kann. Für diese Sicht von Technik ist es also unzweifelhaft, dass der Wert von Technik – wie es der deutsche Technikphilosoph Friedrich Dessauer in der Mitte des 20. Jahrhunderts ausgedrückt hat – *aus dem Wesen der Technik selbst hervorgeht und im idealen Sosein der technischen Gegenstände beschlossen ist*.

56 Tatsächlich sind die Annahmen und Ergebnisse der *Relativitätstheorie* (die sich mit den Bewegungen im Makrobereich befasst) einerseits und der *Quantenmechanik* (die auf der Mikroebene des subatomaren Raumes gilt) andererseits noch nicht in Einklang miteinander gebracht worden. Die große einheitliche Theorie steht trotz vielfacher Versuche zu ihrer Formulierung immer noch aus, auch Stephen Hawking ist dieses Werk noch nicht gelungen.

57 Der Teufel bezieht sich hier auf die *Chaostheorie*, derzufolge kleine, marginale Veränderungen auf der Mikroebene nicht immer durch das Gesetz der großen Zahl unterdrückt oder ausgeglichen werden, sondern sich in manchen Fällen zu Veränderungen auch auf der Makroebene aufschaukeln und damit die Systemstrukturen insgesamt verändern. Als Beispiel für diese Theorie wird angeführt, dass allein schon der Flügelschlag eines Schmetterlings in Beijing das Wetter in New York verändern kann, wobei die Betonung allerdings auf dem Wort *kann* liegt, denn der Übergang von der Mikro- auf die Makroebene ist keineswegs zwangsläufig. Es ist also durchaus möglich, dass der Flügelschlag überhaupt keine weiteren Konsequenzen hat, wobei man sich dessen allerdings wiederum nie ganz sicher sein kann, denn die Chaostheorie belegt – wenn man so will – die *Regelmäßigkeit des Zufalls*.

58 Gewissen Überlegungen in der jüdischen Kabbala zufolge sind die *Sefiroth*, die Emanationen des göttlichen Geistes, in die Fläche seiner rechten Hand eingeschrieben. In diesen Sefiroth (Einzahl: sefira; der Begriff leitet sich vom Wort *safar*, zählen, ab) entfaltet sich die schöpferische Kraft Gottes, und in ihnen offenbart sich Gott selbst. Es gibt zehn Sefiroth, mit denen sämtliche, unendlich vielen Aspekte und Namen, die Gott annehmen kann, zusammengefasst werden können, und gemeinsam formen sie das vereinigte, einheitliche Universum Gottes, die Welt der Einheit: *alma de-yihuda*. – Sowohl über die Einheit als auch ihre Bestandteile wird in der Kabbala und vor allem in einem ihrer Hauptwerke, dem *Sohar*, ausgiebig spekuliert: Die zehn Sefiroth sind die häufigsten Namen Gottes, und in ihrer Gesamtheit bilden sie den einen Großen Namen. Sie sind aber zugleich die zehn Gesichter Gottes, seine unterschiedlichen Aspekte, und so bezeichnet man sie als das innere, intrinsische, mystische Gesicht Gottes. Sie sind die zehn Stufen, die Gott von seiner innersten Einkehr hinabsteigt zu seiner Offenbarung in der Schöpfung, aber auch die Kleider der Göttlichkeit und die Strahlen, die sie aussendet. – Die Sefiroth verbinden sich auf eine sehr spezifische Art und Weise miteinander, wobei der Sefira namens *Tifereth* (Schönheit) die besondere Aufgabe zukommt, zwischen der Kraft *(Din)* und der Liebe *(Hesed)* Gottes zu vermitteln.

59 Offenbarung 9,4: *Und es ward ihnen gesagt, daß sie nicht beschädigen das Gras auf Erden noch ein Grünes noch einen Baum, sondern allein die Menschen, die nicht haben das Siegel Gottes an ihren Stirnen.*

60 Der Teufel bezieht sich mit dem Hinweis auf die erforderliche *Zeit* und *Muße* als Voraussetzung für die Entwicklung von Kultur, Technik und Kunst auf die marxistische Wirtschaftstheorie, derzufolge zuerst ein *gesellschaftliches Mehrprodukt*, also ein gewisser Überfluss an Nahrung, entstehen musste, bevor die Gesellschaft der Jäger und Sammler darangehen

konnte, auch andere Kompetenzen – in Wissenschaft, Technik oder Kunst – zu entwickeln.
61 *Dyskalkulie:* Rechenschwäche.
62 Das Schlaraffenland, das Land der *slûraffen*, also der Faulenzer, ist so etwas wie die säkularisierte und materialisierte Form des Glaubens an das Paradies als dem Land des Überflusses. Die Vorstellung von einem solchen Land ist seit dem Mittelalter in ganz Europa verbreitet, in Frankreich etwa unter dem Namen *Coquaigne* oder in Italien unter *Cuccagna*. Obwohl die genaue Herkunft dieses Namens nicht ganz geklärt ist, kann man davon ausgehen, dass damit das *Kuchen-* oder das *süße Land* gemeint ist. Im Englischen hat sich der Begriff *Lubberland* und in Holland *Luilekkerland* durchgesetzt, womit ebenfalls auf Süßigkeiten rekurriert wird. Man vergleiche hier auch die biblische Verheißung eines Landes, *darin Milch und Honig fließt* (Exodus 3,8).
63 Hier bezieht sich der Teufel auf den Soziologen Norbert Elias und seine Vorstellungen über den Prozess der Zivilisation. Dieser Prozess – so Elias – sei gekennzeichnet durch eine wachsende Selbstregulierung des Einzelnen, also durch die Entwicklung einer *psychischen Selbstzwang-Apparatur*, mit welcher die Triebe und Affekte schon im Inneren des Menschen unterdrückt werden. Auch Elias verdeutlicht diese Entwicklung am Beispiel der sich verändernden (zivilisierenden) Essgewohnheiten in den westlichen Gesellschaften. – Elias steht damit der Auffassung Sigmund Freuds nicht fern, der postuliert hatte, dass das *Ich* der zum Handeln gezwungene, oft gegen den Trieb agierende Teil der Persönlichkeit sei, dass also jenes Ich erst dann das Potenzial seiner Handlungsmöglichkeiten ausschöpfen kann, wenn es den Trieb besiegt und unterdrückt.
64 An dieser Stelle macht sich der Teufel über die Entwicklungen in der Genforschung lustig, die behauptet, anhand von nur vier Buchstaben (und ihrer unterschiedlichen Kombination) das menschliche Gen erklären und möglicherweise rekonstruieren zu können. – In der jüdischen Kabbala gab es die Vorstellung, dass man bei genauer Betrachtung im menschlichen Körper die vier Buchstaben des Namen Gottes (Jahve, das *Tetragrammaton*) finden könne: das Haupt im *Jod*, die beiden Arme, die am Körper herunter hängen im *Hê*, die Büste im *Waw* und schließlich noch einmal das *Hê* mit Becken und Beinen.

Zweiter Satz: Philosophie

1 Hier stimmt der Teufel mit einigen Gedanken von Immanuel Kant überein, der sich in ähnlicher Form in seiner 1793 erschienenen Schrift *Die Religion innerhalb der Grenzen der bloßen Vernunft* geäußert hatte.
2 Der Teufel spricht hier von *Optimismus* und *Pessimismus* und folgt dabei in gewisser Weise der Einteilung des Philosophen Ludwig Marcuse, nämlich der *Philosophie des Glücks* (1949) und der *Philosophie des Un-Glücks* (1953). Marcuse zufolge kann man unterscheiden zwischen einerseits denjenigen, die den Sinn und die Aufgabe des menschlichen Lebens darin begründet sehen, nach dem Glück zu suchen, sei es in sich selbst, sei es in einer wie auch immer gearteten Konstruktion der realen (äußeren) Welt, und andererseits denjenigen, die im Unglück das entscheidende Ereignis des menschlichen Daseins sehen wollen. Marcuse selbst wollte sich nicht unbedingt für eine dieser Varianten entscheiden, denn er formuliert in der Einleitung zur *Philosophie des Glücks: Die Geschichte der Kultur ist ganz gewiss auch eine Geschichte des immer differenzierteren und abgründigeren Unglücklichseins. Sie ist aber daneben ebenso eine Geschichte des immer umfänglicheren Glücklichseins. Und diese Geschichte hat noch eine Zukunft.* Wir können also noch hoffen.
3 Ein nicht unerheblicher Teil der Vorstellung von der Wirksamkeit der *Magie* beruht darauf, dass physische Vorgänge allein durch deren richtige Benennung (Zauberwort, Zauberformel) ausgelöst werden können. Diese Annahme hat zum einen etwas damit zu tun, dass – wenigstens im jüdischen und christlichen Glauben – Gott die Schöpfung dieser Welt allein durch das Wort *(logos)* veranlasst hatte und man dieser Praxis nacheifern kann, wenn man hinter die Geheimnisse des göttlichen Wortes kommt, welche wiederum in den entsprechenden heiligen Texten zu entdecken sind. Zum Anderen steckt dahinter die Vorstellung, dass alles in dieser Welt auf das Engste miteinander verbunden ist, dass also das Wort als Vereinbarung zwischen Menschen nicht nur eine Konvention darstellt *(Nominalismus)*, sondern das Wort mit der Realität des benannten Dinges identisch ist *(Realismus)*. Darüber entbrannte im Mittelalter ein großer Streit zwischen den Gelehrten, welcher letztlich mit dem Sieg des Nominalismus endete.
4 Die folgende Definition dessen, was man unter dem Begriff *Böse* zu verstehen habe, folgt in weiten Teilen dem entsprechenden Text der *Catholic Encyclopedia* (Stichwort: »*Evil*«), die im Jahre 1909 mit der Imprimatur des damaligen Erzbischofs in New York veröffentlicht wurde und die im Internet unter www.newadvent/cathen als Volltextversion verfügbar ist.

Dort werden tatsächlich alle jene Missliebigkeiten des alltäglichen Lebens auf die Existenz eines bösen Prinzips zurückgeführt, wobei jedoch der Verweis des Teufels auf die Gefühlslage der unbelebten Natur aus einer ironischen Übertreibung resultiert. – Zu einer ähnlichen Einschätzung war der ansonsten von der katholischen Kirche nicht sonderlich geschätzte Philosoph Baruch de Spinoza gelangt. In seiner 1677 erschienenen *Ethik* postuliert er: *Die Erkenntnis des Guten und Schlechten ist nichts anderes als der Affekt der Lust oder Unlust.* Und er fährt fort: *Wir nennen das gut oder schlecht, was der Erhaltung unseres Seins nützt oder schadet, d. h. was unser Tätigkeitsvermögen vermehrt oder vermindert, fördert oder hemmt.* Wenn man nun das jeweilige konkrete Individuum zur Bezugsgröße einer solchen Entscheidung macht, muss man sich nicht wundern, wie viel Böses es in dieser Welt gibt. – Die Vorstellung, dass man den Menschen vor den unliebsamen Launen des Schicksals in Schutz nehmen muss – philosophisch ausgedrückt: vor der *Kontingenz* –, ist auch in einer säkularen Welt weit verbreitet. Wenn man Zweck und Aufgabe des *Sozialstaates* darin sieht, dass eben nicht die genetischen und sozialen Zufälligkeiten die Anteile des Menschen an den Früchten und Lasten der gesellschaftlichen Zusammenarbeit bestimmen sollen, sondern dass diese Ungleichheiten durch *Verteilungsgerechtigkeit* ausgeglichen werden sollen, dann hat der Sozialstaat letztlich ein Programm zur Bekämpfung der Kontingenz – man könnte sagen: zur Bekämpfung des Bösen in der Welt. Und eine jede Kritik oder der Versuch einer Veränderung des sozialstaatlichen Systems wäre damit ein Akt des Bösen, keine politische, sondern eine metaphysische Handlung. Entsprechend verlaufen dann meist die politischen Debatten.

5 *Die Welt als Wille und Vorstellung* ist der Titel des zentralen Werkes von Arthur Schopenhauer, geschrieben 1818, erschienen 1819 und in der endgültigen Fassung 1859 veröffentlicht. Dabei ist der *Wille* nicht nur ein psychologischer Vorgang, mit dem die Absichten eines Individuums kundgetan und umgesetzt werden, sondern mehr noch ein biologisches Faktum: *der Wille ist die Erkenntniß* a priori *des Leibes, und der Leib die Erkenntniß* a posteriori *des Willens.* Für Schopenhauer ist der Wille überhaupt eine überall in der Natur auffindbare Kraft, *welche in der Pflanze treibt und vegetirt, ja, die Kraft, durch welche der Krystall anschießt, die, welche den Magnet zum Nordpol wendet, die, deren Schlag ihm aus der Berührung heterogener Metalle entgegenfährt, die, welche in den Wahlverwandtschaften der Stoffe als Fliehn und Suchen, Trennen und Vereinen erscheint, ja, zuletzt sogar die Schwere, welche in aller Materie so gewaltig strebt, den Stein zur Erde und die Erde zur Sonne zieht.* Insoweit ist auch die *Vorstellung* nicht allein die Leistung des menschlichen Geistes, sondern ebenfalls ein Phänomen der Natur, nämlich: *Alles, was für die Erkenntniß daist,*

also die ganze Welt, nur Objekt in Beziehung auf das Subjekt ist, Anschauung des Anschauenden, mit Einem Wort, Vorstellung.

6 *... noch nicht einmal der Tag wird der Nacht weichen...:* Vgl. dazu Offenbarung 21,25 und 22,5.

7 Die Vorstellung, dass die Welt ein *lauter Nichts* sei, entstammt nicht zuletzt der christlichen Mystik und findet sich etwa bei Meister Eckhart (1260–1328). In der jüdischen Mystik ist die Rede vom *tehom*, dem Abgrund des Nichtseins, welcher zugleich der Wohnort und die Rückzugsstätte Gottes ist; ein weiterer Begriff in diesem Zusammenhang ist *hoshek*, die dunkle Grube, aus der heraus Gott kam, um die Welt zu erschaffen. – Bei Jean-Jacques Rousseau findet sich in *La Nouvelle Héloïse* der äußerst seltsame Satz: *hors l'Etre existant par lui-même, il n'y a rien de beau que ce qui n'est pas.*

8 *Dionysios Areopagita:* Der kirchlichen Tradition nach wird der von Paulus bekehrte Dionysius (Apostelgeschichte 17,34) zum ersten Bischof von Athen. In diesem Zusammenhang bedeutender sind jedoch die unter Verwendung seines Namens *(Pseudo-Areopagita)* später von einem unbekannten Autor zusammengestellten Schriften, die in der Folge des Religionsgespräches von 533 in Konstantinopel eine wichtige Rolle im katholischen Lehrgebäude spielen. Auf diese *Schriften*, nicht auf die (historische?) Gestalt wird hier verwiesen.

9 Die nun folgenden Überlegungen zur Natur Gottes in Bezug auf die Begriffe *sof* und *ayin* entstammen der jüdischen Kabbalistik.

10 In diesem Zusammenhang bezieht sich der Teufel auf Goethe, der seinerseits einiges dazu beigetragen hat, den Teufel auch in der Moderne bekannt und sogar – in einem gewissen Maße – populär zu machen. Dazu zählt die Verwendung des eher unüblichen Namens *Mephistopheles* für den Teufel, der ansonsten nur in der spätmittelalterlichen Zauberliteratur vorkommt und wahrscheinlich von den hebräischen Wörtern *mephir* (Zerstörer) und *tophel* (Lügner) abzuleiten ist.

11 Die Frage, ob die Seele des Menschen *präexistent* sei, hat schon zu Zeiten der Kirchenväter eine weit reichende Debatte ausgelöst, unter anderem mit dem Resultat, dass Origines, der die These der Präexistenz vertrat, zu den Häretikern gezählt wurde. Ähnliches widerfuhr dem italienischen Philosophen Pico della Mirandola, dessen entsprechende Schriften 1486 auf den Index kamen und der 1487 mit dem Kirchenbann belegt wurde, als er seine Vorstellungen noch einmal in der Schrift *Apologia* wiederholt hatte. Für gewisse englische Theologen des späten 17. und frühen 18. Jahrhunderts war die Annahme einer Präexistenz der Seele notwendig, weil sich ihrer Auffassung nach die platonische These von der unzweideutigen Güte Gottes nur dann aufrechterhalten ließ, wenn man das offenkundige aktu-

elle Leid des menschlichen Lebens damit erklärte, dass die Seelen *vorab*, in ihrer vorherigen Existenz, bereits gesündigt hatten. Dass eine solche Vorstellung nur wenig mit der biblischen Erzählung der Schöpfungsgeschichte zu tun hatte, spielte insoweit keine Rolle, als man die Texte einer *mystischen* Interpretation unterzog, die natürlich über deren historische Bedeutung weit hinausging und nur den Eingeweihten zugänglich war.

12 Der Teufel bezieht sich hier auf das 4. und 6. Kapitel der *Petrus-Apokalypse*, einen apokryphen Text, ursprünglich in griechischer Sprache, entstanden wahrscheinlich in der Mitte des 2. nachchristlichen Jahrhunderts, der in Fassung einer äthiopischen Handschrift seit 1910 bekannt und zugänglich ist. Die Petrus-Apokalypse ist erst relativ spät (ab dem 5. Jahrhundert) definitiv aus dem Kreis der kanonischen Schriften herausgenommen worden.

13 Die Texte, die der Tod hier anführt, sind teilweise apokryphe Schriften aus dem Umkreis des Christentums (wie etwa die genannten Evangelien) oder Schriften der Gnosis (wie etwa der *Poimandres*). Die *Kephalaia* waren die heiligen Schriften der Manichäer; sie galten lange Zeit als verloren und wurden erst 1930 in Ägypten wieder entdeckt. Sie liegen inzwischen in zwei Editionen (1940 und 1966) vor.

14 An dieser Stelle wird Bezug genommen auf das Höhlengleichnis aus der *Politeia* des Platon, dessen Wirkungsgeschichte der Philosoph Hans Blumenberg in seinem 1989 erschienenen Buch *Höhlenausgänge* ausführlich beschrieben und bis in die Mitte des 20. Jahrhunderts weitergeführt hat.

15 Jesaja 45,6–7.

16 Amos 3,6.

17 Um das Jahr 150 soll es in Rom eine recht große gnostische Gemeinde gegeben haben, die sich auf einen gewissen *Karpokrathes* (Harpokrathes) berief. Die historische Identität einer solchen Person ist jedoch ungeklärt, ebenso wie die seines Sohnes *Epiphanes*, von welchem man annimmt, dass er der eigentliche Stifter dieses Glaubens gewesen sei. – Zu den Glaubenssätzen jener Sekte gehörte auch die Vorstellung, dass *einer alle Gesetze verachten und übertreten muss, sonst untersteht er noch den Weltschöpfermächten.* Diese wegen des gemeinsamen Ursprungs bei Gott auch allen Menschen gegebene Möglichkeit, sich gegen die Mächte der Welt zu stellen, habe Jesus nur vor allen anderen ergriffen, prinzipiell stehe aber ein jeder Gnostiker ihm darin gleich.

18 Die Vorstellung von einem *Depot an Möglichkeiten* stammt aus dem antiken und frühchristlichen Denken. Bei Augustinus existieren bereits alle Ereignisse, sind also *präexistent*, sie bleiben jedoch dem menschlichen Auge verborgen, werden in einem Versteck oder Depot oder Fundus gelagert, aus dem heraus sie erscheinen, wenn sie stattfinden, und wohin sie

danach auch wieder verschwinden. In *diesem* Sinne sind sich Vergangenheit und Zukunft gleich.

19 Das *Holz des Lebens*, das zwölfmal im Jahr Früchte trägt, wird beschrieben in Offenbarung 22,2. Diese Metapher erscheint so eindeutig, dass man sich darüber wundern muss, dass sie keinerlei weitere Verwendung gefunden hat.

20 Die Frage, ob Gott (und ggf. auch der Teufel) nun überhaupt Opfer und darunter vor allem *Brandopfer* mag oder nicht, ist in den Schriften umstritten. An vielen Stellen der Bibel wird darauf verwiesen, dass Gott (und ggf. auch der Teufel) sich durch den *süßen Geruch* durchaus locken lässt, was auf gewisse Pawlow'sche Reflexe selbst bei metaphysischen Wesen schließen ließe (vgl. Numeri Kapitel 7,15 ff., wo in einer stetigen Wiederholung einschlägige Opfervorschriften verzeichnet sind). – In Exodus 30,9 findet sich dagegen der Hinweis: *Ihr sollt kein fremdes Räuchwerk darauf tun, auch kein Brandopfer noch Speisopfer und kein Trankopfer darauf tun.* Ähnlich im 1. Buch Samuel 15,22: *Meinst du, daß der Herr Lust habe am Opfer und Brandopfer gleich wie am Gehorsam gegen die Stimme des Herrn? Siehe, Gehorsam ist besser denn Opfer, und Aufmerken besser denn das Fett von Widdern*. Ähnlich dann auch bei Jesaja 1,11: *Ich bin satt der Brandopfer von Widdern und des Fetten von den Gemästeten und habe keine Lust zum Blut der Farren, der Lämmer und Böcke*, und bei Amos 5,22: *Und ob ihr mir gleich Brandopfer und Speisopfer opfert, so habe ich keinen Gefallen daran; so mag ich auch eure feisten Dankopfer nicht ansehen*. Dort (Amos 5,23) findet sich zudem die strikte Ablehnung von *Musik* als Opfergabe: *Tue nur weg von mir das Geplärr deiner Lieder; denn ich mag dein Psalterspiel nicht hören*, was uns Aufschluss über die Qualität der damaligen musikalischen Leistungen gibt oder wenigstens doch einen Hinweis auf den musikalischen Geschmack Gottes, der ansonsten ja nur *Sphärenmusik* gewohnt ist.

21 Die Beschreibung Gottes als eines *älteren Herrn* findet sich bei Daniel 7,9: *Solches sah ich, bis daß Stühle gesetzt wurden; und der Alte setzte sich. Des Kleid war schneeweiß, und das Haar auf seinem Haupt wie reine Wolle; sein Stuhl war eitel Feuerflammen, und dessen Räder brannten mit Feuer.*

22 Das Attribut des *Hammers* für einen Gott taucht relativ häufig in den jeweiligen Mythologien auf, so im germanischen Kulturkreis beim Gott *Thor* (Donar) und seinem Wurfhammer *Mjölnir*, aber auch in der chinesischen Mythologie, wo der Urriese *P'an-ku* mithilfe von Hammer und Meißel Himmel und Erde formt. – Die Verbindung von Hammer und Philosophie entstammt der Diktion Friedrich Nietzsches, der uns im Untertitel der *Götzen-Dämmerung* darüber aufgeklärt hat, *wie man mit dem*

Hammer philosophiert. – Der *Zirkel* verweist zudem auf das Gedankengut der Freimaurer, wo er eines der Hauptsymbole darstellt und sowohl die göttliche als auch die menschliche Vernunft bedeutet, womit an die christliche Symbolik angeknüpft wird, wo der Zirkel in den Händen Gottes diesen als Schöpfer der Welt kennzeichnet. Dabei wiederum wird Bezug genommen auf die Vorstellung, dass die Welt in Kreisen (Sphären, Globen) geschaffen und organisiert wurde. Im Sinne eines Symbols für die kosmische Ordnung und Harmonie wird der Zirkel auch im chinesischen Denken verwendet. – Ob man allerdings die Aufnahme des Zirkels in das Wappen der ehemaligen DDR als Beweis dafür nehmen kann, dass ihre Gründer enge Beziehungen zum Freimaurertum pflegten, mag der Überprüfung durch einschlägige Verschwörungstheoretiker überlassen bleiben.

23 Der Teufel weiß sich hier einig mit Niccolò Machiavelli, der sich so in seiner im Jahre 1513 gefertigten Schrift *Il Principe* geäußert hatte.

24 Der *Leviathan* wird beschrieben in Hiob 41,10–12: *Aus seinem Munde fahren Fackeln, und feurige Funken schießen heraus. Aus seiner Nase geht Rauch wie von heißen Töpfen und Kesseln. Sein Odem ist wie eine lichte Lohe, und aus seinem Munde gehen Flammen.* Er taucht dann erst wieder im Neuen Testament auf, wo vom *großen, roten Drachen* die Rede ist, *der hatte sieben Häupter und zehn Hörner und auf seinen Häuptern sieben Kronen; und sein Schwanz zog den dritten Teil der Sterne des Himmels hinweg und warf sie auf die Erde* (Offenbarung 12,3–4). – In der Neuzeit erhielt der Leviathan eine positive Konnotation, vor allem in der Folge der 1651 unter dem Titel *Leviathan* erschienenen Schrift des englischen Philosophen Thomas Hobbes, in welcher die Theorie von einem starken, über die religiösen und sozialen Gegensätze der Gesellschaft erhabenen Staat formuliert wird, dessen wesentliche Aufgabe es sei, die private und kollektive Gewaltanwendung zugunsten eines staatlichen Monopols zu unterbinden.

25 In der eigentlichen Schöpfungsgeschichte kommt sie nicht vor. Allerdings wird in der Bibel ein Kobold erwähnt (Jesaja 34,14), dem im Volksglauben der Name *Lilith* gegeben wird. In der talmudischen Überlieferung wird später daraus die erste Frau Adams, die Gott aus Schmutz und Sediment und nicht aus Lehm geschaffen hatte und die dann in der Folge als teuflisches Wesen Adam verführt. In diesem Sinne handelt es sich bei Lilith um diejenige Frau, die Gott Genesis 1,27 zufolge erschaffen hatte (Eva entstammt nach Genesis 2,20–25 der Rippe Adams). In gewissen jüdischen Überlieferungen wird davon berichtet, dass Lilith von Gott die gleichen Rechte verlangte, die Adam zugestanden worden waren, und darüber mit Gott in einen Streit verfiel und schließlich das Paradies verließ, als sie bemerkte, dass Gott ihren Forderungen nicht nachkommen wollte. Als

besondere Sünde der Lilith wird genannt, dass sie sich weigerte, den Mann (Adam) auf dem Rücken liegend zu empfangen. Die Vorstellung von einem Dämon namens Lilith stammt wahrscheinlich von den Babyloniern und Assyrern, wo das Wort *lilitu* einen weiblichen Dämon oder Windgeist bezeichnet. – Folgt man der hebräischen Etymologie, so hat sich der Name aus *layil* (die Nacht) entwickelt; Lilith erscheint zumeist als ein *haariges* Nachtmonster. Die Königin von Saba wurde daher von König Salomo zunächst für Lilith gehalten, weil sie haarige Beine hatte. – Lilith bleibt im Übrigen nicht die einzige Frau Adams vor seiner Beziehung zu Eva, sondern zumindest wird behauptet, dass er mit einer gewissen *Naamah* den Dämon *Asmodeus* zeugt, der sowohl in der christlichen wie in der jüdischen Dämonologie auftaucht und dafür zuständig ist, Zwietracht vor allem zwischen Ehepartnern zu säen, dabei allerdings zu Possen und zu Trunkenheit neigt. – Vor allem für den Alkoholabusus mag es eine Erklärung geben: Asmodeus nämlich taucht seinerseits im *Buch Tobias* (Tobias 3,8) auf, einer apokryphen Schrift des Alten Testaments, wo er alle sieben Verlobten der Jungfrau Sara umbringt, bevor diese die Ehe mit ihr vollziehen können, allerdings nicht aus Eifersucht oder anderen unlauteren Motiven, sondern im Auftrage Gottes, weil nämlich diese Männer die Ehe mit Sara in niederer Absicht eingehen wollten. Zum Dank wird dann Asmodeus vom Engel Raphael vertrieben, was das Verhältnis zwischen Dämonen und Engeln auch nicht verbessert und möglicherweise Asmodeus in den Alkoholismus getrieben hat.

26 Gewisse Schneckenarten – die genau genommen Hermaphroditen sind – machen die Bereitschaft zur Paarung dadurch deutlich, dass sie einander Kalkpfeile in den Unterleib drücken.

27 Hier wird Bezug genommen auf einen japanischen Schöpfungsmythos, demzufolge die Urgötter *Izanami* und *Izanagi* die acht japanischen Inseln dadurch erschufen, dass nach dem vollzogenen Geschlechtsverkehr acht Samentropfen in das Wasser fielen.

28 Die Beschreibung der Tugenden und ihrer Attribute folgt den im Mittelalter üblichen Darstellungen.

29 In den modernen Naturwissenschaften werden die Entwicklungen vor allem in biologischen, aber auch in physikalischen und chemischen Systemen mit dem Zusammenwirken von *Notwendigkeit* (der aufgrund des Gesetzes der großen Zahl auf der Makroebene entstehenden Regelmäßigkeit) und *Zufall* (den Abweichungen auf der Mikroebene) erklärt. In einem solchen Erklärungszusammenhang bleiben Vorstellungen von deterministischen oder mechanistischen Wirkungen im Gegensatz zu Kategorien wie Unschärfe oder Relativität eher die Ausnahme. Im Zusammenhang mit sozialen Systemen werden Notwendigkeit und Zufall dann

überlagert von der *Freiheit*, also der menschlichen Fähigkeit, sowohl die Gesetze als auch die Leerstellen zu erkennen und dann zum eigenen Nutzen anzuwenden. In einem solchen Verständnis von den Prozessen in sozialen Systemen kann dann durchaus von einer *Dreifaltigkeit* die Rede sein.

30 In der klassischen Theorie und Wissenschaft galt strikt die Annahme, dass eine Aussage nur zwei genau zu unterscheidenden Kategorien zuzuordnen ist, sie nämlich entweder *richtig* oder *falsch* ist: *tertium non datur*. Mit der Entwicklung der modernen Wissenschaften wurde deutlich, dass es durchaus noch etwas Drittes geben kann, etwa die Potenzialität, dass also eine Aussage *noch* nicht wahr oder falsch ist. Auch der Umstand, dass man in nichtdeterministischen, nichtmechanischen Systemen mit Kategorien wie Wahrscheinlichkeit, Stochastik oder *Kontingenz* (also: Unsicherheit) rechnen muss, hat inzwischen dazu geführt, dass von einer zweiwertigen Logik kaum noch die Rede ist. Im praktischen Alltag haben wir uns längst an die Situation des *stand-by* gewöhnt, dass also ein System schnell und unmittelbar von einem Zustand in einen anderen umschlagen kann. – Andererseits ist damit die Vorstellung (oder die Hoffnung), dass man klar und eindeutig zwischen *Gut* und *Böse* unterscheiden könne, noch längst nicht aufgegeben.

31 Der Hinweis auf das Böse als *Bandwurm* verdankt der Teufel Immanuel Kant und einer solchen Bemerkung in dessen Schrift über *Die Religion innerhalb der Grenzen der bloßen Vernunft*.

32 Am 15. Juli des Jahres 1099 eroberten christliche Kreuzfahrer nach kurzer Belagerung das von sarazenischen Truppen gehaltene Jerusalem, nachdem ein Monat zuvor ein erster Angriff gescheitert war. Die Eroberung am 15. Juli begann gegen Mittag und war recht schnell erfolgreich beendet; während man den militärischen Einheiten einen freien Abzug gewährte, fiel die gesamte muslimische und jüdische Bevölkerung einem furchtbaren Blutbad zum Opfer. – Interessanterweise gab es vorher innerhalb der christlichen Ritterschaft keine Pläne darüber, wie Jerusalem nach einer Eroberung zu verwalten sein sollte, vor allem nicht, ob die Stadt unter eine kirchliche oder weltliche Herrschaft zu stellen sei, aber auch nicht darüber, ob der römischen oder der byzantinischen Kirche besondere Rechte zugestanden werden sollten. Diese Frage jedoch wurde schnell beantwortet, als der lateinische Patriarch, Arnulf von Chocques, wenige Tage nach seiner Wahl am 1. August 1099 griechische Priester foltern ließ, um in den Besitz des Heiligen Kreuzes, der Hauptreliquie des Heiligen Landes, zu gelangen. Zunächst wurde jedoch kein König, sondern ein Vogt des Heiligen Grabes gewählt *(advocatus sancti sepulcri)*. Erst mehr als ein Jahr später und nach dem Tod Gottfried von Bouillons wurde im Dezember 1100

Balduin von Edessa zum König von Jerusalem gewählt. Nach rund zweihundert Jahren ging das lateinische Königreich Jerusalem im Jahre 1291 mit König Heinrich II. unter.

33 Der Teufel bezieht sich hier zunächst auf Gottfried Wilhelm Leibniz und seine *Theodizee*, sodann auf Johann Gottlieb Fichte und dessen Bemerkungen zur *Bestimmung des Menschen* und schließlich auf Ludwig Feuerbach und dessen Hinweise auf *Das Wesen des Christentums*.

34 Der Philosoph und Staatswissenschaftler Carl Schmitt sieht das eigentlich *Politische* darin, dass zwischen *Freund* und *Feind* unterschieden wird, wobei diese Unterscheidung nicht aufgrund moralischer oder ethnischer Differenzen vorgenommen wird, sondern dadurch, dass der Feind der Fremde ist, der *in einem besonders intensiven Sinne existentiell etwas Anderes und Fremdes ist, so dass im extremen Fall Konflikte mit ihm möglich sind* (Der Begriff des Politischen, 1932). Aufgabe der Politik ist es, diese Konflikte zu lösen, nicht aber den Feind zu vernichten. Diese Definition des Politischen durch Schmitt ist häufig kritisiert worden, wobei er selbst allerdings immer wieder betont hat, dass das Politische keine Vermengung mit dem Religiösen oder Moralischen erfahren darf, denn dadurch würden die Konflikte besonders intensiv und unmenschlich, weil *sie, über das Politische hinausgehend, den Feind gleichzeitig in moralischen und anderen Kategorien herabsetzen und zum unmenschlichen Scheusal machen müssen, das nicht nur abgewehrt, sondern definitiv vernichtet werden muss, also nicht mehr nur ein in seine Grenzen zurückzuweisender Feind ist. Diese* Art von Feinden werden dann nicht nur *hors la loi* gestellt, sondern *hors de l'humanité*. Schmitt verweist in diesem Zusammenhang auf Äußerungen Cromwells, der die Spanier als *the natural enemy, the providential enemy* und eben nicht nur als *the accidental enemy* bezeichnete. In diesem Sinne verwendet auch der Teufel diese Begriffe.

35 Religionswissenschaftliche Forschungen haben ergeben, dass die *zarathustrische* Religion, die als erste die klare Unterscheidung zwischen einem guten *(Ahura Mazda)* und einem bösen Gott *(Ahriman)* machte, ihren Ursprung in den ständigen und sich jahreszeitlich wiederholenden Konflikten zwischen Ackerbauern und Nomaden im nördlichen Iran hatte.

36 Hier bezieht sich der Teufel auf den auch ansonsten von ihm wegen seiner Staatsphilosophie geschätzten Platon und dessen entsprechende Äußerungen im *Theaitetos*.

37 Der eigentliche Begriff lautet *historia magistra vitae*, die Geschichte ist die Lehrerin des Lebens, womit gemeint ist, dass aus dem Studium der Geschichte Rückschlüsse auf das individuelle oder soziale Handeln gezogen werden können.

38 In den meisten Kulturen sind – wie für einen jeden Bereich des Lebens –

Regeln und Künste auch für die Techniken des Tötens entwickelt und über die Jahre hinweg verfeinert worden. In Japan entstanden derartige Techniken im Rahmen des Zen-Buddhismus (*bushidô:* der Weg des Kriegers) und waren dementsprechend philosophisch angereichert. – Im Jahre 1824 verfasste der englische Dichter Thomas de Quincey (1785–1859) einen Essay unter dem Titel *On murder, considered as one of the Fine Arts*, in welchem er den Mord als ein Phänomen der Kunst betrachtet, das an den vielfältigen Kriterien der Form und des guten Geschmacks zu messen wäre.

39 In den Jahren 1915 bis 1918 sind unter der osmanischen Herrschaft mehr als eine Million Armenier umgekommen, sei es durch grausame Massaker der Armee, sei es, dass sie in die syrische und irakische Wüste getrieben wurden, wo die meisten von ihnen elend zugrunde gingen.

40 Dass die Götter *transzendent* sind, also angesiedelt außerhalb des menschlichen Vorstellungsvermögens, gehört von Anfang an zu ihren wichtigsten Merkmalen. Erst in den moderneren Religionen werden die Götter bzw. der Gott auch *immanent*, sind also in dieser Welt und vor allem: im Menschen weiterhin vorhanden und wirksam. Das Gleiche gilt dann natürlich auch für den oder die Widersacher der Götter, also den Teufel, der allerdings – zumindest in der christlichen Vorstellung – erst von außen in den Menschen hinein muss, also nicht schon von Geburt an (wie die göttliche Seele) dem Menschen immanent ist, weshalb man ihn auch aus dem Menschen wieder vertreiben kann, ohne den Menschen in seiner Existenz zu gefährden. – Der Soziologe Niklas Luhmann (*Die Religion der Gesellschaft*, 2000) verwendet jene Unterscheidung zwischen der *Immanenz* (also dem, was sich innerhalb der Welt abspielt) und der *Transzendenz* (die er als *bedeutungsvolle Hinterwelt* bezeichnet), um das Teilsystem Religion innerhalb des Gesamtsystems einer Gesellschaft zu identifizieren. Für das religiöse Denken wichtig sei dabei, dass den transzendenten Vorgängen die Möglichkeit eines *re-entry* in die innerweltlichen Vorgänge zugestanden wird, die Grenzlinie also mindestens von einer Seite her überschritten werden kann, was umso mehr von Bedeutung ist, wenn man annimmt, dass es der Transzendenz nicht gleichgültig ist, was in der Immanenz geschieht. Anders ausgedrückt hätte die Religion damit auch die Funktion, von der Verantwortung des Menschen für die innerweltlichen Vorgänge abzulenken, indem das Gefährdungspotenzial der Gesellschaft externalisiert wird. Im Sinne der Kritik eines solchen Verhaltens bezieht der Teufel sich auf Luhmann.

41 Der Teufel verwendet hier den Begriff der *Psychonauten* in Anlehnung an die *Argonauten*, Gestalten aus der griechischen Mythologie, die sich unter der Führung von Jason auf die Suche nach dem Goldenen Vlies machten.

42 Wenn in diesem Zusammenhang von einem *Abgrund* die Rede ist, dann durchaus mit dem Bezug auf die Denkkategorien Friedrich Nietzsches, demzufolge das menschliche Handeln durch böse und animalische Triebe motiviert ist. Das Gute, so Nietzsche, sei erfunden worden, um den Menschen vor diesem – *verbotenen* – Wissen zu bewahren und diese Triebe wenigstens zu neutralisieren. – Für die Psychologie von C. G. Jung, der die Vorstellung von einem aller Menschheit gemeinsamen *kollektiven Unterbewusstsein* geprägt hat, wird häufig das Bild von einer Sondierung in *Tiefseegräben* verwendet, dass also der Kern der menschlichen Seele weit unterhalb der Oberfläche zu finden sei, in den tiefsten Tiefen, aus deren turbulenter vulkanischen Hitze anaerobe Lebensformen und proto-organische Gestalten aufsteigen. Sigmund Freud hingegen bevorzugte den Begriff der *Archäologie*, mit deren Hilfe man die verborgenen Schichten des Bewusstseins freilegen könne. – Die Metapher des Abgrundes als dem Urort, der Quelle allen Seins, wird häufig verwendet; im Buch II von John Miltons *Paradise Lost* heißt es: *Plötzlich eröffnet sich vor ihrem Blick des Urabgrunds geheimnisvolle Sicht; ein dunkler Ozean sich endlos dehnt ohne Begrenzung und Dimension […] wo die alte Nacht sich mit dem Chaos in die Herrschaft teilt.*

43 Es wird vermutet, dass jede Sekunde mindestens 10 Millionen Bit durch unsere Sinne aufgenommen werden (80% davon allein visuell als Sehen von Farben und Formen). Von dieser gigantischen unbewussten Reizaufnahme werden nur 20 bis 40 Bit bewusst; also etwa ein 300 000stel (0,00003). Anders ausgedrückt: Durch Reduktion und Verdichtung (also: durch *Wahrnehmung*) wird diese Menge an Informationen verringert und damit überhaupt erst verarbeitbar gemacht. Dies wiederum wird dadurch möglich, dass bei vorausgegangenen Wahrnehmungsprozessen Invarianzen der Wahrnehmung gebildet worden sind, d. h. ein Lernen erfolgte. Durch Lernen werden also (im sog. *limbischen System* des Gehirns) Strukturen herausgebildet, und damit wird zugleich ein Ordnungsgewinn in der Informationsverarbeitung realisiert. In der Sprache der Kybernetik: Wir begrenzen die *Varietät*, also die Vielfalt der Informationen, durch die Bildung von Wiederholungen und Invarianten und nehmen dabei auch Unschärfen in Kauf.

44 In der Tat werden Götter in vielen Kulturen als *Mischwesen* zwischen Mensch und Tier dargestellt, sowohl als Menschen mit tierischem Körper als auch in menschlicher Gestalt mit tierischer Physiognomie. Ob diese Darstellungsart darauf beruht, dass man den besonderen Charakter der Götter gerade durch ihre Mischgestalt betonen wollte, mag dahingestellt sein. Jedenfalls war es auch den – ansonsten höchst anthropomorphen – Göttern der Griechen und Römer immer wieder möglich, in eine tierische

Gestalt zu schlüpfen, um ungestört ihren Handlungen nachgehen zu können, etwa Zeus im Körper eines Schwans, um Leda, die Tochter des Königs Thestios von Aitolien (einer Landschaft in Mittelgriechenland) verführen und in der Folge dann schwängern zu können.

45 Die Aufforderung des Teufels an die Menschen, sich zu vervollkommnen, entspricht der Auffassung (oder soll man sagen: der Hoffnung) der Aufklärung, dass es sich beim Menschen um ein Wesen handelt, das sich vervollkommnen *kann*, dem also Gabe und Eigenschaft der *perfectibilité* gegeben ist (Gotthold Ephraim Lessing spricht im Jahre 1780 von der *Zeit der Vollendung*). Das geeignete Instrument dafür war nach Meinung der Aufklärer in erster Linie die *Bildung*, mit deren Hilfe man glaubte, die (eigentlichen) Anlagen des Menschen freilegen und fördern zu können. Heute ist man sich dessen nicht mehr ganz sicher, denn die aktuellen Hoffnungen richten sich eher auf entsprechende Fortschritte in der Gentechnik. – Im Roman *Frankenstein oder Der neue Prometheus* beschreibt die englische Dichterin Mary Shelley schon zu Beginn des 19. Jahrhunderts, zu welchen Ergebnissen ein solcher Glaube an die biologische *perfectibilité* des Menschen führen kann. Überhaupt erzeugt die Vorstellung, man könne mithilfe der Naturwissenschaften einen neuen Menschen erzeugen, in der Literatur eher einen gehörigen Abscheu, sei es in E. T. A. Hoffmanns *Der Sandmann*, Villiers de l'Isle Adams *Eva der Zukunft*, Thea von Harbous *Metropolis*, Michail Bulgakows *Hundeherz* oder Aldous Huxleys *Brave New World*.

46 Tatsächlich war die Entwicklung der modernen Astronomie durch Nikolaus Kopernikus und Johannes Kepler im 15. und 16. Jahrhundert weniger die Konsequenz einer spontanen Innovation der Forscher, sondern eher entstanden aus der Unzufriedenheit der *Astrologen* mit der Genauigkeit der astronomischen Daten, auf deren Grundlage die Horoskope berechnet wurden. Die neuen Thesen von einer heliozentrischen Welt beruhten im Übrigen auf genau den gleichen Daten (vornehmlich den äußerst exakten Beobachtungen des dänischen Astronomen Tycho Brahe) wie die Theorie von einer geozentrischen Welt, sie wurden nur in einem anderen Denksystem angeordnet, nämlich einem heliozentrischen System. Sie sind in diesem Sinne also ein Beispiel für einen *Paradigmen*wechsel (man kann sagen: für einen Wechsel in der *Wahrnehmung*), wie so häufig in der Geschichte der Wissenschaft.

Dritter Satz: Sintflut

1 Nach Genesis 4,21–22 geht die Profession der Geiger und Pfeifer von *Jubal* aus, das Erz- und Eisenwerk von *Thubalkain* (in anderer Schreibweise: Tubal-kajin). Beide waren Söhne des Lamech, allerdings von verschiedenen Frauen. Für die Verbreitung der Fähigkeiten der Metallbearbeitung wird jedoch auch (und zwar im apokryphen *Henoch-Buch*) der Dämon *Asasel* verantwortlich gemacht, während es jedoch der ebenfalls zunächst abtrünnige Engel und spätere Dämon *Gadreel* war, der die Menschen in der Fertigung und der Anwendung von Kampfwerkzeugen unterwies, offenbar mit einem bis heute ungebrochenen Erfolg.

2 Die Griechen, darunter vor allem *Archytas*, der um 370 v. u. Z. in Tarent lebte, hatten festgestellt, dass bestimmte und vor allem immer die gleichen arithmetischen Relationen in vielen Bereichen der Natur vorkamen, und sie vermuteten daher dazwischen einen inneren Zusammenhang. So auch zwischen dem Abstand der Planetenbahnen und dem Verhältnis der Töne zueinander, so dass sie in der Bewegung der Planeten *Musik* wahrnehmen konnten, nicht als sinnliche Wahrnehmung, wohl aber als mathematische Gleichung. – Diese Vorstellung von einer musikalischen Konstruktion des Kosmos sollte aber nicht allein für die Welt der Gestirne im Großen gelten, sondern auch für die Welt im Kleinen, nämlich den *Mikrokosmos* des Menschen: Auch er (und vor allem seine göttliche Seele) sei empfänglich für diese Harmonie. Der Begriff *Person* stammt immerhin in seiner wörtlichen Bedeutung vom lateinischen *personare*, also: hindurchklingen, -tönen. Noch Johannes Kepler entwarf eine Art von Resonanztheorie, derzufolge zwischen den Seelen der Sterne und den Seelen der Menschen ein Gleichklang herrsche, nicht zuletzt deshalb, weil beide denselben Schöpfer haben, der sie so angelegt hat, dass sie miteinander in Einklang kommen können (was sich im Übrigen mit den Mitteln der Astrologie nachweisen lassen sollte). – Der Komponist Arnold Schönberg bezeichnete die Musik als *Prophetie*, in der sich jene höhere Lebensform enthülle, welcher die Menschheit zustrebe. Nimmt man nun seine Musik als Beispiel, dann ist die Zukunft der Menschen rational und mathematisch. – Schließlich gibt es in den modernen Naturwissenschaften die so genannte *Stringtheorie*, in der postuliert wird, dass selbst die elementarsten Teilchen wie die Elektronen noch ein Innenleben haben, und zwar in Form von *strings*, die man sich tatsächlich wie die Saiten eines Instrumentes vorstellen kann. Allerdings sollen diese Strings über mehrere (mindestens zehn) ineinander gefaltete Dimensionen verfügen, was selbst die Vertreter dieser Theorie als für den menschlichen Geist unbegreiflich bezeichnen. Das aber sagt uns nichts anderes, als

dass sich der Teufel ausgesprochen viel Mühe bei seiner Schöpfung gegeben hat.

3 Im islamischen Volksglauben ist *Israfil* der Engel der Musik, der auch beim Jüngsten Gericht die Trompete oder die Posaune bläst (so sicher ist sich die Überlieferung dabei nicht, wobei der Koran selbst an vielen Stellen – so etwa Sure 23,102 oder 27,88 – eindeutig und wiederholt von einer *Posaune* spricht, mit deren Ton das Jüngste Gericht eingeleitet wird). – Edgar Allan Poe hat über diesen Engel, den er *Israfel* nennt, ein seltsames Gedicht geschrieben, in dem es heißt: *Keiner singt so wild und schön wie Israfel*, allerdings auch, dass sich in seinen Gesang *mischt der Überschwang der Himmels-Ekstasen*. Im Koran selbst oder in den Hadithen wird Israfil jedoch nicht namentlich genannt.

4 In vielen Kulturen der Welt – so auch in der griechischen – ist die Musik ursprünglich auf der Basis von fünf Tönen, also als *Pentatonik*, entstanden. In Europa hielt sich die Pentatonik bis hinein in die mittelalterliche Kirchenmusik. Der Übergang auf Tonleitern mit acht Tönen (fünf Ganz- und zwei Halbtonschritte) ist eine genuin europäische Erfindung, mit der sich seit dem Ausgang des Mittelalters die spezifisch europäische Art der *klassischen* Musik konstituierte. Noch neueren Datums ist die Zwölftonmusik, die *Dodekaphonie*, die zu Beginn des 20. Jahrhunderts dadurch entstand, dass man die fünf Ganztonschritte der traditionellen Tonleiter in Halbtöne unterteilte und damit innerhalb einer Oktave zu zwölf Halbtonschritten, also einer chromatischen Tonleiter, gelangte. Einer der wichtigsten Innovatoren war der österreichische Komponist Arnold Schönberg, dessen musiktheoretischen Überlegungen Adrian Leverkühn im Roman *Doktor Faustus* von Thomas Mann aufnimmt.

5 Rumi *(Dschelâl-eddîn-Rûmi)* lebte von 1207 bis 1273 und begründete den Orden der *Derwische*, dessen geistige Grundlage der *Sufismus* bildete, eine mystische Strömung im Islam. Im Tanz der Derwische *(sama')* geht es darum, dass sich die Tänzer mit ihren sich ständig steigernden Drehbewegungen in die – sich ebenfalls im Kreis drehende – Sphärenmusik der Engelwelt eingliedern wollen. Der Kreistanz steht aber auch für die verschiedenen Stadien der Seele des Mystikers auf ihrem Weg zum Aufgehen in Gott und symbolisiert zudem die (kreisförmige) Struktur des Kosmos. Der Sufismus insgesamt hat einen streng asketischen Ansatz (der Begriff leitet sich vom arabischen Wort *sûf* ab, das einen grobwollenen Stoff bezeichnet) und enge Beziehungen zu gnostischen Vorstellungen, denen zufolge ein direkter Zugang zu Gott und damit eine direkte Erleuchtung möglich ist, wenn man sich dabei gewisser Techniken bedient, die man stufenweise erlernen kann. Zu diesen Techniken gehören die sich ständig wiederholende Rezitation der Namen Gottes *(dikr)*, Musik, Tanz, aber auch

Atemübungen, von denen man annimmt, dass der Sufismus sie vom Buddhismus übernommen hat. – Allerdings ist man sich nicht ganz sicher, ob man schon alle Namen Gottes kennt und es sich bei *Allah* tatsächlich um den wirklichen Namen handelt; manche gehen davon aus, dass von den hundert Namen neunundneunzig nur Beinamen sind und erst der hundertste seinen wahren Namen darstellt, der allerdings nur wenigen Eingeweihten bekannt ist, wofür im Übrigen noch spricht, dass *al-ilah* nichts anderes bedeutet als *der Gott* und insoweit eine Bezeichnung und eigentlich kein Name ist. – Wie auch immer: Die Strömungen innerhalb des Sufismus sind vielfältig, eine jede Schule und Ordensgemeinschaft hat ihren eigenen Weg *(tarîka)* entwickelt, der sich im Übrigen nicht allein auf die Auslegung des Korans bezieht, sondern auch auf geheime Offenbarungen (die sog. *Ali-Hadithe*), die der Schwiegersohn und Vetter Mohammeds und später vierte Kalif *Ali Ibn Abi Talib* empfangen haben soll. Aus der Frage, wie die weitere Nachfolge des Kalifen Ali zu regeln sei, haben sich im Islam die ersten großen inneren Spannungen entwickelt, mit der Folge, dass eine Spaltung *(schi'a)* entstand, die sich im Gegensatz zur Tradition *(sunna)* verstand und die also zunächst politisch und erst in der Folge auch religiös bedingt war.

6 In Genesis 6,2 ff. ist von den *Kindern Gottes* die Rede, die auf die Erde kamen, und *da sahen die Kinder Gottes nach den Töchtern der Menschen, wie sie schön waren, und nahmen zu Weibern, welche sie wollten* und *da die Kinder Gottes zu den Töchtern der Menschen eingingen und sie ihnen Kinder gebaren, wurden daraus Gewaltige in der Welt und berühmte Männer.* Es ist viel darüber diskutiert worden, wer denn nun mit diesem Begriff *Kinder Gottes* gemeint sein könnte: In der traditionellen Theologie sind damit eher die Menschen selbst gemeint, so dass die folgenden Strafen Gottes für die Welt und die Menschheit auch selbst verschuldet sind, was aber insoweit schwerlich nachzuvollziehen ist, als die Menschen erst in dem Augenblick zu Gottes Kindern werden, da sie durch das Wirken Christi erlöst sind, wovon wir aber zu jenem Zeitpunkt noch weit entfernt sind. Andere Vorstellungen wie etwa das apokryphe *Henoch-Buch* gehen daher davon aus, dass es sich dabei um abtrünnige Engel gehandelt haben soll, unter denen ein gewisser *Kasdeya* eine besondere Erwähnung verdient, weil er nicht nur die irdischen Frauen verführt, sondern die Menschen gleich noch in der Kunst der Abtreibung unterwiesen habe. – Die Frage, ob es sich bei jenen Kindern Gottes tatsächlich und in einem familiären Sinne um *Söhne* Gottes gehandelt haben mag, stellt eine ernsthafte Herausforderung für die christliche Theologie dar, denn damit wäre die ansonsten einzigartige Relation zwischen Jesus und Gott infrage gestellt.

7 Genesis 6,5.

8 Genesis 6,6–7.

9 Die Frage, wann die Sintflut begann und wann sie endete, ist selbst im biblischen Text umstritten: An einer Stelle (Genesis 7,11) ist davon die Rede, dass die Sintflut am *siebzehnten* Tag des *zweiten* Monats begonnen hat, nach vierzig Tagen endet (am 29. März) und danach das Wasser noch einhundertfünfzig Tage auf der Erde steht, also bis zum 26. August. Darauf basieren die vom Teufel angestellten Berechnungen. An einer anderen Stelle (Genesis 8,5) wird angegeben, dass erst am ersten Tag des zehnten Monats der Berge Spitzen hervorsahen. Diese Unterschiede werden darauf zurückgeführt, dass auch dieser Teil der Genesis (ebenso wie die Schöpfungsgeschichte) von zwei unterschiedlichen Autoren (*J* und *P*) verfasst wurden, deren Versionen erst später kompiliert wurden, ohne dass man dabei die offenkundigen Widersprüche beseitigt hat.

10 Tatsächlich hat man sich die Mühe gemacht, die Wirkungen der Sintflut mathematisch zu berechnen, auch wenn die im biblischen Text zur Verfügung gestellten Daten nicht sehr aussagekräftig sind. Die Argumentation sieht wie folgt aus: Die Oberfläche der Erde umfasst etwa 510 Millionen Quadratkilometer; da nun der höchste Berg der Welt rund 9000 Meter hoch ist, bräuchte man etwa 4,6 Milliarden Kubikmeter Wasser, um die Erde insgesamt zu bedecken. Selbst wenn man nun annimmt, dass an einem jeden der vierzig Tage zehnmal so viel Regen gefallen ist wie der stärkste bekannte Regen, dann würde diese Menge gerade ausreichen, um den Wasserspiegel um rund achthundert Meter zu heben, was immer noch mehr als 8000 Höhenmeter relativ trocken belässt. – Die Annahme, dass die in der Bibel immerhin von zwei unabhängigen Autoren beschriebene Sintflut nur ein *regionales* Phänomen gewesen sei, wird allerdings durch den Text selbst nicht unbedingt gestützt, denn dort ist zum einen davon die Rede, dass *das Gewässer war noch auf dem* ganzen *Erdboden*, als die Taube von ihrem ersten Flug zurückkehrte (Genesis 8,9), und zum anderen ist der Berg *Ararat*, auf welchem die Arche schließlich aufgelaufen war (Genesis, 8,4), knapp über 5000 Meter hoch und damit deutlich höher als der soeben mathematisch berechnete Meeresspiegel von achthundert Metern.

11 Um die Verhältnisse auf der Arche, auch um die zoologischen, kümmert sich eine Forschungsrichtung, die unter dem Namen *Diluviologie* bekannt geworden ist. Damit befasst sich u. a. das *Institute for Creation Research* (ICR) in Santee, Kalifornien. Wie der Name des Institutes schon andeutet, geht es hier weniger um naturwissenschaftliche als um religiöse Forschung.

12 Form und Bauart der Arche werden in der Bibel eher vage beschrieben; dem Text zufolge kann man davon ausgehen, dass es sich um ein vierecki-

ges Gefährt gehandelt haben muss – 135 Meter lang, 22,5 Meter breit und 13,5 Meter hoch. Im hebräischen Originaltext wird dafür der Begriff *tebah* verwendet, der *Kasten* bedeutet und im Zusammenhang mit dem Rohrkästchen, in welchem Moses ausgesetzt wird, wieder auftaucht (Exodus 2,3). Diese pontonähnliche Form war sicherlich kaum geeignet, anspruchsvolle maritime Manöver auszuführen, wird aber wohl sehr zweckmäßig gewesen sein, um schwere Fracht zu transportieren und auf den Wellen zu treiben, ohne zu schlingern oder zu stampfen. – Ob nun – wie es geschrieben steht (Genesis 7,16) – Gott die Tür der Arche von außen schloss oder aber der Teufel von innen, wie hier berichtet, kann in diesem Zusammenhang nicht entschieden werden, da es an glaubwürdigen Augenzeugen fehlt und auch die beiden bereits genannten Autoren der Genesis, J und P, nicht mehr befragt werden können. Der Leser ist also auf seine eigenen Spekulationen angewiesen.

13 Genesis 7,2.

14 In der barbelo-gnostischen Sekte gibt es ein besonderes *Buch Noria*, das uns über diese Geschichte berichtet. Noria ist hier die Gattin des Noah (von der in den biblischen Texten kein Name überliefert ist), die ihm allerdings nicht in die Arche folgte, weil Gott sie mit den anderen Menschen zusammen umkommen lassen wollte, denn sie diente nicht ihm, sondern der *Barbelo*, der Feindin Gottes. Und da sie eine Art von Agentin der Feinde Gottes war, versuchte sie auch dreimal, die Arche anzuzünden, was ihr aber nicht gelang. – Bei einer anderen gnostischen Sekte, den *Ophiten*, ist Noria eine Tochter Adams und spielt in diesem Zusammenhang keine weitere Rolle.

15 Von den weiteren Abenteuern des Holzwurms und seiner Familie berichtet ausführlich der englische Autor Julian Barnes in seinem 1989 erschienenen Buch *A History of the World in 10 1/2 Chapters*. Dort wird auch erzählt, wie am Ende des 15. Jahrhunderts der Holzwurm eines Verbrechens angeklagt wurde, das er an einem Bischof, Hugo von Besançon, verübt hatte, weil er sich durch dessen Thronsitz gefressen hatte, so dass der Stuhl unter dem Bischof zusammenbrach, als er sich darauf setzen wollte, und der Bischof mit dem Kopf gegen die Altarstufe fiel und sich seitdem in einem anhaltenden Zustand des Irrsinns befand. Die Gerichtsverhandlung ist bei Barnes in allen Einzelheiten beschrieben, darunter auch die Einlassungen des *procureur pour les insectes*, also des Verteidigers, die allerdings letztendlich doch nicht den Schuldspruch über den Holzwurm verhindern, nämlich innerhalb von sieben Tagen die besagte Kirche zu verlassen und nie wieder dorthin zurückzukehren. Die Dokumente über den Prozess sind jedoch in einem äußerst schlechten, weil angeknabberten Zustand, was darauf deutet, dass sich der Holzwurm wohl nicht an die Auflagen des

hohen Gerichtes gehalten hat – für den Teufel nach seinen Erlebnissen mit diesem Gewürm keine Überraschung.

16 Genesis 9,21 ff.

17 Genesis 6,16; dort ist allerdings im Gegensatz zur Erzählung des Teufels von nur *einem* Fenster die Rede.

18 Der *Fisch* ist in vielerlei Hinsicht symbolkräftig: Das Akrostichon *Ichthys*, das in der griechischen Sprache *Fisch* bedeutet, wird gelesen als *Jesus Christus Gottes Sohn Erlöser*, so dass man schon in den römischen Katakomben den Fisch als Heilszeichen verwendet hat. Vor allem aber stand der Fischfang als Allegorie in Anlehnung an Matthäus 4,19 für die Taufe, im Sinne einer Rettung der Gläubigen aus dem Meer der Welt. So gesehen ist auch für Augustinus Christus der Fisch, der im Abgrund der Sterblichkeit wie in tiefen Gewässern lebendig lebt. – Andere Kulturen sehen die ganze Angelegenheit natürlich anders: Die Fische können Fruchtbarkeitssymbole sein, manchmal durchaus in einer phallischen Ausdeutung, sie bringen Glück, und ihr Zeichen schützt vor dem bösen Blick, ein Wesen in fischartiger Gestalt *(Oannes)* lehrt die Babylonier die Wissenschaften. In China führt die phonetische Gleichheit der Wörter für Fisch und Überfluss *(yü)* auch zu einer symbolischen Identität, was für die Fische selbst allerdings eher unangenehme Folgen hat, denn man muss zu Neujahr einen Fisch verzehren, um Wohlstand und Überfluss erhalten zu können. Ebenso ungünstig für die Fische ist es, dass der Islam dem Pilger während der Hadsch nur erlaubt, Fische zu fangen und zu verspeisen und keine anderen Tiere (Sure 5,97).

19 Auch das *Wasser* hat eine große Symbolkraft, nicht zuletzt deshalb, weil es unverzichtbar für das menschliche Leben ist, so dass man in den ersten wissenschaftlichen Diskursen – wie bei Thales – zum Ergebnis kam, dass Wasser der *Urgrund* allen Lebens sei. Der Teufel bezieht sich in seinen Äußerungen auf diese antike griechische Naturphilosophie. – Andere Kulturen kamen zu einem ähnlichen Ergebnis: Im alten Ägypten ist es der Ozean des Nûn, aus dem alles Leben, auch das der Götter, entsteht. In der jüdischen Kosmogonie war das Wasser uranfänglich, so dass der Geist Gottes zu Beginn noch auf dem Wasser schweben musste (Genesis 1,2). – Bemerkenswert ist, dass das Wasser in den meisten Kulturen als *weibliches* Element aufgefasst wird, so in China, wo es dem *Yin*-Prinzip zugeordnet ist. In der Form des Regens kann man es aber auch *männlich* interpretieren, nämlich als *semen virile*, der die Erde befruchtet. Die Leben spendende Wirkung des Wassers kommt in der christlichen Taufe zum Ausdruck: Laut Johannes 3,5 kann nur derjenige das Reich Gottes sehen, der aus Wasser und Geist geboren ist. Im Koran schließlich (Sure 21,31) wird uns erklärt, dass Gott die Menschen aus dem Wasser geschaffen hat.

20 Offenbarung 22,1.
21 Der Teufel nimmt hier Bezug auf Ereignisse zu Beginn des 16. Jahrhunderts, die in einer wahren Hysterie im Jahre 1524 kulminierten, als es am Sternenhimmel zu einer so genannten *Großen Konjunktion* kam und die Planeten Jupiter und Saturn im selben Winkel im Tierkreiszeichen des Wassers (Fische) auftauchten. Unter anderem wurde dadurch eine regelrechte Sintflutpanik ausgelöst, die viele Menschen erfasste. – Wahrscheinlich beeindruckt durch diese Ereignisse, hat Albrecht Dürer in jenem Jahr ein sehr seltsames Aquarell geschaffen, in welchem eine Vielzahl von Wassersäulen drohend und kurz vor dem Aufprall über einer ansonsten idyllischen Landschaft steht.
22 Gemeint ist hier die Schlacht von Frankenhausen am 15. Mai 1525. Als nach einer aufmunternden Predigt von Thomas Müntzer am Himmel ein Regenbogen erschien, wurde dieser Umstand als himmlisches Siegeszeichen gedeutet, nicht zuletzt weil der Regenbogen das selbst gewählte Symbol der Aufständischen war, das sie auch als Schlachtzeichen für ihre Fahnen erkoren hatten. Die fürstlichen Truppen hatten jedoch schon während der Predigt die Wagenburg eingeschlossen und konnten die aufständischen Bauern überraschen und ohne nennenswerte Gegenwehr niedermetzeln. – Ob sich die Regenbogenfahne der aktuellen Friedensbewegung auf die Symbolik des Bauernaufstandes zurückführen lässt, müsste noch eingehender geprüft werden.
23 Der Teufel meint mit diesem Volk, das so effizient mit seinen Göttern umgeht, die *Japaner*, für deren Fähigkeit der kulturellen Adaption er offenbar einen gewissen Respekt empfindet.
24 Der Teufel bezieht sich hier auf das Schicksal des *Prometheus*, der nicht nur die Menschen erschaffen hatte, sondern ihnen auch noch das *Feuer* zugänglich machte, um ihre Chancen auf eine kulturelle und technische Entwicklung nachhaltig zu verbessern, was – wie bekannt – den Göttern nicht recht war, so dass sie Prometheus an einen Felsen im Kaukasus ketteten und die Adler ausschickten, um an seiner Leber zu fressen. Hätten die Adler eine eigene Mythologie (kann man es wissen?), so bestünde ihr Schicksal darin, dass sie damit gestraft sind, einen jeden Tag das Gleiche zu essen, nämlich die Leber des Prometheus. – Bei den Griechen war das Schicksal des Prometheus, der den Göttern das Feuer gestohlen hatte, tragisch und ein Sinnbild ihres *Daseinspessimismus* gewesen; die menschliche Rebellion gegen die Götter, gegen die natürliche Ordnung der Dinge und ihre Machthierarchie war gescheitert. Das Feuer, Unterpfand der universalen Macht im Kosmos, blieb weiterhin im Besitz der Götter, und sie straften den Frevel des Prometheus mit ewiger Verdammnis. – In der Industrialisierung zu Beginn des 19. Jahrhunderts änderte sich das Verhältnis:

Prometheus, von den Göttern an einen Felsen gekettet, wird entfesselt – wie es der englische Dichter Percy B. Shelley 1820 in seinem Gedicht *Prometheus unbound* nennt. Der Mensch hatte nun doch endlich die Herrschaft über die Natur übernommen, hatte die Götter besiegt, konnte sein Schicksal selbst bestimmen, hatte Prometheus, und mit ihm die ganze Menschheit, von seinen Qualen erlöst. Der ganze Stolz einer neuen gesellschaftlichen Schicht drückt sich in dieser neuen Ausdeutung eines uralten Mythos aus. Das Feuer und damit der Schlüssel zur Herrschaft im Kosmos lag nun endgültig – wie man meinte – in den Händen der Menschen. – Insgesamt hat natürlich auch das *Feuer* einen hohen Symbolwert und wird entsprechend vieldeutig interpretiert, sei es im prometheischen Sinne als Energie der göttlichen Macht, sei es als reinigendes Feuer (*purgatorium*, Fegefeuer), das die unwürdige Schlacke vom reinen Erz trennt (das lateinische Wort *purus*, rein, ist mit dem griechischen Wort *pyr*, Feuer, etymologisch eng verwandt), sei es schließlich in seiner Zerstörungskraft wie bei denjenigen ewigen Feuern, mit denen nach dem Ende aller Tage die Sünder gestraft werden. – Dass das Feuer göttlichen Ursprungs sein muss, wird schon allein aus der physikalischen Tatsache deutlich, dass es nach *oben*, also in Richtung Himmel, dem Sitz der Götter, lodert, dass die Sonne das Urfeuer darstellt und dass von Zeit zu Zeit Blitze vom Himmel herabgeschleudert werden.

25 *Hokusai*, eigentlich Nakajima Tetsujirô, (1760–1849), war einer der berühmtesten japanischen Maler des Farbholzschnittes (*ukiyo-e, manga*). Er hinterließ ein ungewöhnlich umfangreiches Œuvre, das die ganze Skala japanischer Kunstmotive, von Geschichtsdarstellungen über Szenen aus dem einfachen Leben bis hin zu Darstellungen von Tieren und Pflanzen umfasste. Hokusai war zudem derjenige japanische Künstler, der seit der Mitte des 19. Jahrhunderts die größte Faszination auf den Westen ausübte. Eines seiner bekanntesten Werke ist *Die Woge*, ein Bild mit hoher Symbol- und Ausdruckskraft, aus dem zwischen 1823 und 1833 entstandenen Zyklus *36 Ansichten des Berges Fuji*. – Das Genre des *ukiyo-e* seinerseits kam Ende des 16. Jahrhunderts auf; seine Motive – die Darstellung der fließenden, vergänglichen Welt – sind zumeist dem Vergnügungsleben in den Städten, aber auch dem idealisierten Fest- und Alltagsleben des Volkes entnommen, häufig übrigens (wie in dem hier zitierten Falle als *bijin-ga* oder *shunga*) mit mehr als nur einem leichten erotischen Beigeschmack. Später, ab dem Ende des 18. Jahrhunderts, fanden dann Darstellungen der Landschaft Eingang in das *ukiyo-e*. Ein gewisser Anklang dieser Malerei findet sich heute noch in den *manga*, einer besonderen und inzwischen auch im Westen beliebten Form der japanischen Comics, die in Japan nicht nur als Medium der Unterhaltung, sondern auch der Information und Erziehung dienen.

26 Genesis 8,21.

27 Von den sieben *Siegeln* ist in der Offenbarung 5 bis 8 die Rede. Mit dem Erbrechen der ersten vier Siegel werden vier Reiter in Bewegung gesetzt, welche die Erde mit Tod und Zerstörung überziehen. Das fünfte Siegel befreit die Märtyrer, die Gott umgehend um Rache für ihr miserables Schicksal bitten (*Und sie schrieen mit großer Stimme und sprachen: Herr, du Heiliger und Wahrhaftiger, wie lange richtest du nicht und rächest unser Blut an denen, die auf der Erde wohnen?*, Offenbarung 6,10). Diese Bitte wird sofort erfüllt, und mit dem sechsten Siegel erschüttert ein großes Erdbeben die Welt, *und die Sonne ward schwarz wie ein härener Sack, und der Mond ward wie Blut; und die Sterne des Himmels fielen auf die Erde, gleichwie ein Feigenbaum seine Feigen abwirft, wenn er von großem Wind bewegt wird. Und der Himmel entwich wie ein zusammengerolltes Buch; und alle Berge und Inseln wurden bewegt aus ihren Örtern. Und die Könige auf Erden und die Großen und die Reichen und die Hauptleute und die Gewaltigen und alle Knechte und alle Freien verbargen sich in den Klüften und Felsen an den Bergen* (Offenbarung 6,12–15). Beim Öffnen des *siebten* Siegels (Offenbarung 8) schließlich geht es mit der Welt dann endgültig zu Ende: Sieben Engel posaunen nacheinander, und ein jedes Mal kommen neue Plagen über die Welt, die in aller Ausführlichkeit beschrieben werden, und mit dem siebten Engel, *wenn er posaunen wird, soll vollendet werden das Geheimnis Gottes* (Offenbarung 10,7) und damit auch die Existenz dieser Welt.

28 Die tragische Geschichte von *Onan*, der seinen Samen auf die Erde fallen ließ, wird beschrieben in Genesis 38; über die Reaktion Gottes heißt es dort lakonisch: *Da gefiel dem Herrn übel, was er tat, und er tötete ihn auch* (Genesis 38,10).

29 Das Verhältnis zwischen Gott und den Menschen, vor allem aber den jeweiligen Individuen, wird in den biblischen Texten mehrdeutig beschrieben: Zum einen ist Gott der *Herr*, der allmächtige und allgegenwärtige Schöpfer, unergründlich und unerklärlich, und in letzter Konsequenz für den Menschen unerreichbar. Zum anderen kann der Mensch Gott in Notfällen um dessen Hilfe bitten, wobei die Bibel mehrfach und ausführlich darlegt, dass derartigen Bitten zumeist Erfolg beschieden ist, jedenfalls dann, wenn der Bittende sie auf die richtige und gemäße Art und Weise vorträgt. Die Bibel also schwankt zwischen einem herrschenden und einem dienenden Gott, der dann sogar – wie in einem Besitzverhältnis – direkt einer Person zugeordnet wird: der Gott *Abrahams*. – Möglicherweise stammen solche Vorstellungen von einem dienstbaren, zumindest aber helfenden Gott aus Mesopotamien, wo man eine Kategorie von Göttern kannte, mit denen Verhandlungen auf individuellem Niveau und in

einer Relation von Opfer und Leistung gang und gäbe waren. Dies war dann ein *persönlicher* Gott, den man mit dem Namen des jeweiligen Klienten bezeichnen konnte und der auch über die Generationen hinweg vererbt wurde. Ein solcher Gott war für die alltäglichen Verrichtungen zuständig, und er konnte sich deshalb darum kümmern, weil er sonst nichts anderes zu tun hatte. Wenn also in den biblischen Texten vom *Gott Abrahams* gesprochen wird, dann ist damit der Machtbereich dieses Gottes genau auf diese Person und allenfalls seine Abkömmlinge beschränkt, also seiner Allmacht entkleidet. In einem solchen Sinne hat der Teufel Recht, wenn er zu bedenken gibt, auf was man sich einlässt, wenn man in einer solchen Art und Weise (*mein, unser* Gott) possessiv von einem Wesen spricht, das man sich ansonsten transzendent, über das menschliche Maß hinausgehend, vorstellt.

30 Man könnte, ja: man müsste sich einmal mit der *unterirdischen* Geschichte der Menschen beschäftigten – vom Hades bis zur Untergrundbahn. Über die Zeiten und Kulturen hinweg haben sich vielfältige und höchst unterschiedliche Vorstellungen von dem entwickelt, was sich unter der Erde abspielt, einmal ganz abgesehen davon, dass Erdhöhlen die ersten natürlichen Schutzräume darstellten, die der frühen Menschheit im Paläolithikum zur Verfügung standen, so dass es nicht verwundert, wenn Höhlen schon früh als Symbole sowohl für die Geburt als auch für den Tod interpretiert wurden. Dort – im *hieros gamos* – werden die Götter geboren (Jupiter, Zeus, Mithras), dort ist aber zugleich der Eingang in das Reich der Toten, Hades und Hel sind unterirdische Hohlräume. Entsprechend tauchen dann Höhlen (oder höhlenartige Gebilde) in der Sakralarchitektur, in der christlichen Apsis wie in der islamischen Gebetsnische, wieder auf. – Im 19. Jahrhundert entwickelte sich eine Theorie, dass wir in dieser Welt nicht auf der Oberfläche, sondern auf der Innenfläche einer Kugel leben, die *Hohlwelttheorie*, die auch in Deutschland Anhänger fand. Die Theorie selbst war um das Jahr 1818 in den USA von einem pensionierten Hauptmann der Infanterie, Cleves Symnes, entwickelt und mehrere Jahrzehnte später von einem anderen Amerikaner, Cyrus Read Teed, weitergeführt worden. Daraus war dann sogar eine eigene Religion unter dem Namen *Koreschismus* entstanden. In Deutschland wurde die Hohlwelttheorie von Hans Bender in den 1920er Jahren weiterentwickelt und popularisiert. Der SS-Führer Heinrich Himmler ließ schließlich noch im Jahre 1942 entsprechende Messungen an der Ostsee vornehmen, die allerdings die Theorien nicht weiter bestätigen konnten. – Heutzutage muss man schließlich noch erwähnen, dass die aktuellen Antichristen (Osama bin Laden, Saddam Hussein) sich für ein ausgedehntes Höhlensystem als Hauptquartier entschieden haben, um von dort aus ihre bösen Aktionen zu planen und zu

steuern. Vielleicht hat diese Entscheidung nicht nur pragmatische, sondern auch psychologische und kulturelle Gründe, über die sich trefflich spekulieren ließe.

31 Das, was einen *heiligen Ort* ausmacht, wird ausführlich beschrieben in Rudolf Ottos *Das Heilige* und Mircea Eliades *Das Heilige und das Profane*. An einem heiligen Ort manifestiert sich die transzendente Macht innerhalb der Welt, und damit ist dieser Ort stark und bedeutungsvoll und in diesem Sinne der einzig *wirkliche* Ort, während der übrige Raum ohne Struktur und Festigkeit, als amorph, wahrgenommen wird. Mit der Festlegung der heiligen Orte entsteht dann überhaupt erst eine Geographie der ansonsten chaotischen Welt, indem dieser Ort nämlich als fester Punkt, manchmal sogar als Zentrum der Welt gesetzt wird, von dem aus der Rest vermessen werden kann. Mit der Setzung eines solchen Ortes wird der Akt der Schöpfung – das Chaos in eine Ordnung zu bringen – wiederholt. Auf eine profane Art und Weise wird eine solche Weihehandlung noch deutlich, wenn bei der Inbesitznahme eines Landes als Erstes die Fahne gehisst wird, so noch 1969 nach der ersten Landung der US-Amerikaner auf dem Mond.

32 Der *Götze Mammon* wird erwähnt bei Lukas 16 und Matthäus 6. Sein Name stammt aus dem Aramäischen, wo *mamon* Besitz, Vermögen oder Reichtum bedeutet. Die Haltung Christi zu diesem Thema ist eindeutig: *Ihr könnt nicht Gott samt dem Mammon dienen* (Lukas 16,13, ähnlich bei Matthäus 6,24). Später taucht Mammon unter dem gräkisierten Namen *Mamonas* in den byzantinischen Zauberbüchern auf und wird in der mittelalterlichen Scholastik unter die Teufel eingestuft. In John Miltons *Paradise Lost* ist er sogar der Anführer einer Schar in Satans Heer, die überall nach Gold sucht. Der Götze Mammon steht also nicht generell für eine Orientierung an der Diesseitigkeit der Welt, sondern eher für eine ausschließliche Ausrichtung an materiellen, vor allem: monetären, Werten.

33 Gemeint ist hier das Erdbeben vom 25. Januar 1348, dessen Epizentrum in der Nähe von Villach in Kärnten lag und eine geschätzte Magnitude von 7 hatte. Es forderte wahrscheinlich 10 000 Menschenleben. Die Auswirkungen waren in ganz Mitteleuropa bis hin nach Lübeck und Florenz zu spüren. Für manche Zeitgenossen war von besonderer Bedeutung, dass entgegen den Weissagungen in den heiligen Schriften die *Gottesstadt* nicht unversehrt blieb, sondern dass auch die Kirchen einstürzten. In Psalm 46, 3–5 heißt es nämlich ausdrücklich: *Darum fürchten wir uns nicht, wenngleich die Welt unterginge und die Berge mitten ins Meer sänken, wenngleich das Meer wütete und wallte und von seinem Ungestüm die Berge einfielen. Dennoch soll die Stadt Gottes fein lustig bleiben mit ihren Brünnlein, da die heiligen Wohnungen des Höchsten sind.* Die Erfahrung dieses

Erdbebens jedoch war skandalös, denn es machte deutlich, dass es auch für den Gläubigen auf Erden keinen Boden gab, um standzuhalten. Es musste den guten Christenmenschen in der Tat verunsichern, dass fromme Christen sterben oder in der Folge hungern sollten, während wohlgenährte Schurken am Leben geblieben seien. Einige Kaufleute hatten sogar noch weitergehende Befürchtungen, war doch in der Offenbarung prophezeit, dass das Ende aller Tage von gewaltigen Erdbeben angekündigt werde, und so zahlten sie in den Tagen nach der Katastrophe allen Schuldnern die Zinsen zurück, um ihre Sünden für den Fall der Fälle zu mindern. Das schien auch aus aktuellem Anlass geboten, denn bei der Frage nach den Ursachen und Urhebern des Erdbebens war man schnell bei den Geldverleihern und damit bei den Juden angelangt, deren lasterhaftes Handeln man für alles verantwortlich machen konnte. – Die Furcht, dass es sich um mehr als nur ein regionales Ereignis handeln könnte, wurde noch dadurch geschürt, dass sich mit nur wenig Mühe eine Reihe von Zeichen finden ließ, die bereits in den Jahren zuvor ein großes Unglück angekündigt hatten: die Heuschreckenplage des Jahres 1338, die Sonnenfinsternis im folgenden Jahr, 1342 dann Großfeuer, Orkane und Überschwemmungen und 1343 auch noch – als größtes Übel – gewaltige Steuererhöhungen (was zwar im Gegensatz zu den anderen Heimsuchungen in der Offenbarung nicht explizit vorhergesagt wird, aber nach menschlichem Ermessen durchaus hätte dazugezählt werden können). Das Jahr 1348 hielt dann für die ohnehin schon gebeutelten Menschen in Europa noch die *Große Pest* bereit, an deren Folgen mehrere hunderttausend Menschen starben. Linderung brachte dann nur die überaus gute Weinernte im Jahr 1349. – Dass Erdbeben nicht nur Häuser und Städte, sondern ganze Weltanschauungen zum Einsturz bringen können, wird deutlich am Erdbeben von Lissabon am 1. November 1755, das mit einem Schlag deutlich machte, wie schnell ein einziger hemmungsloser Ausbruch der Natur die neuzeitliche Hoffnung der Menschen auf die Beherrschung oder wenigstens doch die Zügelung ihrer Kräfte enttäuschen kann. – Heutzutage ist man trotz aller Fortschritte in der Technik immer noch nicht so weit, dass man Erdbeben bewusst erzeugen könnte, wohl aber die verheerenden Folgen: Die Bombardierungen von Guernica, Coventry, Dresden oder Tokyo und erst recht die Atombomben auf Hiroshima und Nagasaki kommen in Bezug auf die angerichteten Schäden einem Erdbeben durchaus gleich. In diesem Sinne hat der Angriff auf das World Trade Center in New York am 11. September 2001 eine höchst symbolische Wirkung, denn auch die *ökonomische Gottesstadt* ist nicht gegen die Angriffe des Bösen gefeit.

34 Die Stadt kann allein durch ihre bloße Existenz Angst und Hass auslösen, vor allem bei denen, die sich aufgrund ihrer religiösen Einstellung nach

einem pastoralen Paradies, einem *natürlichen* Urzustand, zurücksehnen. Die Ablehnung der Stadt wird zu den unterschiedlichsten Zeiten und Gelegenheiten immer wieder deutlich; der englische Dichter Percy B. Shelley schreibt zu Beginn des 19. Jahrhunderts: *Die Hölle ist eine Stadt ganz wie London* und wird angesichts der dort damals herrschenden Verhältnisse nicht ganz Unrecht damit gehabt haben. – In den Debatten um die Ereignisse des 11. September 2001 ist darauf verwiesen worden, dass aus Sicht der Attentäter nicht nur die Zwillingstürme des Welthandelszentrums, sondern mindestens ebenso sehr die *Stadt* New York insgesamt das angemessene Symbol der ihnen so verhassten Weltordnung darstellten. Dabei ging es nicht allein um diese Stadt als Zentrum des Kapitalismus, eher wohl um die Vielfalt und die Permissivität, also um das *Chaos* der großen Metropole, die sich damit am weitesten von der ursprünglichen, einfachen und klaren Ordnung entfernt hat, wie sie dem Schöpfungsplan zugrunde lag (wie immer dieser Plan auch ausgesehen haben mag und welche Informationen uns darüber zur Verfügung stehen). In der Logik der Attentäter ist es schlimm genug, dass die Menschen aus dem Paradies vertrieben wurden, aber man darf dieses Übel auf keinen Fall dadurch noch schlimmer machen, dass man Städte wie New York errichtet.

35 Das Land *Sinear*, wo die Städte Babel, Erech, Akkad und Chalne zu finden sind, wird erwähnt in Genesis 10,10.

36 Jakob ist einer der Ersten, die in den Himmel reisen; in Genesis 28,12 ff. wird davon berichtet: *und siehe, eine Leiter stand auf der Erde, die rührte mit der Spitze an den Himmel, und siehe, die Engel Gottes stiegen daran auf und nieder.* – Eine *Leiter* oder eine Treppe zu benutzen, um in den Himmel aufzusteigen, gehört schon früh zum religiösen Gedankengut, so etwa symbolisiert in den Stufenpyramiden in vielen Kulturen. In der metaphorischen Übertragung werden daraus die diversen Stufen, die der menschliche Geist (Seele) erklimmen muss, um in die göttliche Nähe zu gelangen. – Von der *Himmelfahrt* ganz allgemein, ob nun über eine Leiter oder an der Hand eines Engels oder anderer göttlichen Wesen, wird in vielen Kulturen berichtet, gehört doch der schon *jetzt* zu erlangende Zugang zum Himmel zu den großen Hoffnungen fast einer jeden Religion. So wird auch von Mohammed berichtet, dass er von Jerusalem aus auf einer Leiter bis in den siebten Himmel emporstieg (oder mit seinem treuen Ross hinaufritt, was die Frage aufwirft, weshalb einem Pferd eine solche Gnade zuteil wird). – In diesem Sinne ist der Himmel eine *Utopie*, und zwar nicht nur in zeitlicher (am Ende aller Tage), sondern auch in räumlicher Hinsicht (außerhalb dieser Welt, eben im Himmel, aber für den Auserwählten durchaus erreichbar). Die moderne Utopie hat diesen Zusammenhang dekonstruiert, indem sie das Ziel aller Hoffnungen, die Alternative zur

hier vorgefundenen Welt, allein in der Zeit verortet, diese Zeit aber nach menschlichen Maßstäben bemisst, so dass zumindest eine Chance darauf besteht, die *bessere Welt* noch in der eigenen Lebenszeit zu erleben. Hinzu kommt dann noch, dass eine solche bessere Welt durch das aktive Handeln der Menschen geschaffen werden kann und man nicht auf die Entscheidung eines fernen und abwesenden Gottes warten muss, bevor sich endlich das Paradies realisiert. – Auch Vorstellungen von einer *natürlichen Evolution* gehören in diesen Zusammenhang, jedenfalls wenn man unterstellt, dass die Natur sich – entlang einer *scala naturae* – von niederen zu höheren oder wenigstens von einfachen zu komplexen Lebensformen (mit dem Menschen an der vorläufigen Spitze) entwickelt. Hier wird deutlich, dass selbst naturwissenschaftliche Theorien einem sehr spezifischen *kulturellen* Hintergrund verpflichtet sind und dieses Erbe auch nicht verleugnen können.

37 In der Genesis ist davon die Rede, dass es einmal eine Zeit der gemeinsamen Sprache aller Menschen gab: *Es hatte aber alle Welt einerlei Zunge und Sprache* (Genesis 11,1). Seitdem aber in Babel die Sprachen und Zungen verwirrt wurden, hat die Sehnsucht nach dieser einheitlichen und wohl auch vollkommenen Sprache die Menschen nicht mehr losgelassen. Umberto Eco hat in seinem 1993 erschienenen Buch *Die Suche nach der vollkommenen Sprache* diesen Traum beschrieben. Davon waren viele der größten Denker des Westens seit dem Mittelalter nahezu besessen und setzten höchste Hoffnungen darauf, irgendwann einmal eine solche Sprache finden oder konstruieren zu können. Wenn man nämlich davon ausgehen wollte, dass alle Menschen gleich sind, weil sie gleich von Gott geschaffen wurden, so wären die Unterschiede zwischen Religionen, Kulturen und Völkern nur in geringerem Maße das Resultat divergierender Interessen, sondern das Ergebnis von *semantischen Konflikten*, also die unmittelbare Konsequenz von Babel. Umgekehrt: Könnte man die ursprüngliche, einheitliche Sprache wieder finden, so wären damit die meisten Probleme gelöst. Der Philosoph Leibniz etwa versprach sich davon, dass mit einer solchen Sprache ein *Richter für die Streitfälle*, ein *Erklärer der Begriffe*, eine *Waage über die Wahrscheinlichkeiten*, ein *Inventar der Dinge* zur Verfügung stände, die natürlich *überall, wo sie hinkommt, die wahre Religion mit sich bringt*. – In der Tat wird in vielen Kulturen die Beherrschung der (richtigen) Sprache als Zeichen von Zivilisation verstanden, und folgerichtig haben die Griechen die ihnen fremden Völker als *Barbaren* bezeichnet, die nur *ba-ba* sagen konnten und daher auch über keinerlei Kultur verfügten.

38 Die *Trägheit* (*acedia* oder: *Trauer – tristitia*) des Herzens gehört zu den sieben Todsünden und ist möglicherweise die schlimmste von ihnen, denn sie

bedeutet: keine Hoffnung mehr auf die Erlösung zu haben und damit Gott in seinen Absichten, wenigstens aber in seinen Fähigkeiten zu misstrauen. Vilém Flusser, der 1993 die *Geschichte des Teufels* verfasste, hält sie in einem besonderen Maße für verführerisch, denn sie verbirgt sich hinter einer *kühlen, gelösten und gesitteten, freundlich lächelnden, sanft blitzenden, alles und nichts wissenden* Attitüde, die nicht roh und gemein daherkommt und ihren Ursprung auch nicht in den chaotischen Tiefen der menschlichen Seele vermuten lässt, sondern eher das Ergebnis von Wissen, Erkenntnis und Intellekt ist. – In der alten griechischen Medizin gehört die *Melancholie* zu den vier Temperamenten, geprägt durch die Schwerblütigkeit, also die langsame Bewegung des Blutes durch den Kreislauf, die zu Schwermut, verbunden mit Antriebsarmut, führt und insoweit die Trauer mit der Trägheit kombiniert. Die Vorstellung von Trauer und Trägheit des Herzens als einer Sünde erscheint in der Moderne dann noch einmal bei Arthur Schopenhauer, der die Entwicklung der Welt als das Zusammenspiel von Wille und Vorstellung erläutert, so dass ein Verzicht auf den Willen, die mangelnde Bereitschaft, ihn tatsächlich auszuüben, zugleich die Existenz der Welt gefährdet. Für Schopenhauer ist der Wille nichts Bewusstes, sondern der *blinde Wille, auftretend als Lebenstrieb, Lebenslust, Lebensmuth: es ist das Selbe, was die Pflanze wachsen macht*, vergleichbar *einem Seile, welches über dem Puppenspiel der Menschenwelt ausgespannt wäre und woran die Puppen mittelst unsichtbarer Fäden hiengen*. Fehlt dieses Seil, wird der Wille, die Lebenskraft schwächer, so entstehen *Hypochondrie, spleen, Melancholie; ihr gänzliches Versiegen als Hang zum Selbstmord, der alsdann bei dem geringfügigsten, ja, einem bloß eingebildeten Anlaß eintritt, indem jetzt der Mensch gleichsam Händel mit sich selbst sucht, um sich todtzuschießen* – so nachzulesen in Band 3 des Hauptwerkes *Die Welt als Wille und Vorstellung*. In Band 4 schließlich verbindet auch Schopenhauer die Trauer mit der Erkenntnis. Dort heißt es: *Im Ganzen und Allgemeinen jedoch beruht die dem Genie beigegebene Melancholie darauf, daß der Wille zum Leben, von je hellerem Intellekt er sich beleuchtet findet, desto deutlicher das Elend seines Zustandes wahrnimmt*. – Wenn sich mit dieser Art von Erkenntnis auch eine eher pessimistische Einschätzung der eigenen Möglichkeiten zum Handeln, also zur Veränderung des Elends, verbindet, resultiert daraus unmittelbar die Trägheit, eben nicht als pure *Faulheit*, sondern als höchste Form der Einsicht. Damit beschriebe man dann auch eher die Haltung der Intellektuellen, die – wie der deutsche Autor Peter Sloterdijk Anfang der 1980er Jahre schrieb – alles kritisieren und sich damit letztlich zu keiner Handlung mehr aufraffen können, denn *weil alles problematisch wurde, ist auch alles irgendwo egal* (Kritik der zynischen Vernunft, 1981). – Dem Teufel, der seine Welt als einen Algorithmus des ständigen Werdens geschaffen hat, muss eine solche Haltung dann tatsächlich als Sünde erscheinen, nämlich als das resignierte Sich-zufrieden-Geben mit den Zuständen der Welt, die doch noch weiterhin ihrer Vervollkommnung harren.

39 Natürlich ist die Namensgebung für die Ente *Ludwig* ein Hinweis auf den österreichischen Philosophen Ludwig Wittgenstein, der sich in besonderem Maße mit der Sprachphilosophie befasst hatte. Der Teufel fühlt sich dessen *Tractatus Logico-Philosophicus* in besonderer Weise verbunden.

40 Die *Kabbala* ist eine besondere Form der jüdischen Mystik, die sich irgendwann im frühen Mittelalter, wahrscheinlich in Spanien, entwickelte. Mit ihrem Namen *(Kabbala = Tradition)* wird darauf verwiesen, dass sich die Anhänger als die wahren Interpreten der heiligen Schriften und damit des Glaubens empfanden. Den Kabbalisten ging es vor allem darum, die im Text der Thora verborgenen Botschaften, also den eigentlichen Sinn der Schriften, zu entziffern und auf dieser Grundlage einerseits den engen, direkten Kontakt zu Gott zu finden, andererseits aber durch das Aussprechen von heiligen Namen und Sprüchen Wunder zu bewirken. – Eines ihrer, auch über die engere Kabbala hinaus einflussreichen Hauptwerke ist das gegen Ende des 13. Jahrhunderts wahrscheinlich von Rabbi Moses ben Schem Tow aus Léon verfasste *Buch Sohar* (*Glanz*, mit Anspielung auf Daniel 12,3, wo es heißt: *Die Lehrer aber werden leuchten wie des Himmels Glanz, und die, so viele zur Gerechtigkeit weisen, wie die Sterne immer und ewiglich*). Die Auswirkungen der Kabbala bis in die Entwicklung der modernen Wissenschaften am Ende des Mittelalters sind vielfältig und verschlungen und bis heute noch in gewisse esoterische Kreise hinein zu verfolgen.

41 Im babylonischen Talmud wird die Geschichte von den Rabbis Chanina und Oschaja erzählt, die sich an einem jeden Freitag mit dem *Buch der Schöpfung* beschäftigten und damit ein dreijähriges Kalb hervorbrachten, das ihnen dann am Sabbat als Nahrung diente.

42 Die Vorstellung, dass die Welt *lesbar* sei, hat eine lange Tradition in der europäischen Geistesgeschichte (der Philosoph Hans Blumenberg hat dieser Metapher ein ganzes Buch gewidmet: *Die Lesbarkeit der Welt*, 1981). Zu dieser Metapher gehört auch die Annahme, dass die Welt durch den Menschen nicht nur mittels sinnlicher Eindrücke erfahrbar, sondern *intelligibel*, also auf eine intelligente Art und Weise, mit dem Geist zu begreifen sei. Blumenberg weist unter anderem darauf hin, dass, wenn im Zusammenhang mit den Prozessen in der Welt von *Entwicklung* die Rede ist, dieser Begriff seinem lateinischen Ursprung *evolutio* folgt, womit das Entrollen der Buchrolle bezeichnet worden war. – Die Vorstellung, dass es so etwas wie ein *Buch der Natur* geben könne, in welchem der Mensch zu

lesen vermag, legt dann die Erwartung nahe, dass die Seiten dieses Buches nicht nur bis zum heutigen Tag reichen, sondern auch noch darüber hinaus, so dass man darin etwas über die – präformierte – Zukunft erfahren kann. Die Frage, wie ein solches Buch aussehen kann, vor allem in welcher Sprache es geschrieben ist, hat die geistigen Auseinandersetzungen in Europa auf vielfältige Art und Weise bewegt: In der Kabbala wurde darunter (in ihrer geradezu physischen Form) die Thora verstanden, deren Texte es zu analysieren und zu interpretieren galt, für die modernen Naturwissenschaften ist dieses Buch in der Gestalt von mathematischen Gleichungen verfasst, für die *Orphiker*, einer Sekte aus dem sechsten vorchristlichen Jahrhundert, bildeten Musik und Mathematik die Sprache, in welcher die Welt geschrieben war.

43 Die Frage, ob die Wahrheit der Welt dem Menschen zugänglich ist (unabhängig davon, auf welche Art und Weise) oder der Mensch in der Welt nur bestimmte Zeichen erkennen kann, die er je nach Zeit und Kultur immer wieder neu zu interpretieren hat, gehört zu den wichtigen, ja wesentlichen, leider aber bislang unentschiedenen Debatten in der Geistesgeschichte. Es scheint fluktuierende Phasen in dieser Geschichte zu geben, dass nämlich in bestimmten Perioden die Hoffnung, der wirklichen Wahrheit teilhaftig zu werden, größer als in anderen ist. Für Augustinus beispielsweise konnte es gar keine authentische menschliche Erkenntnis der Natur geben, nicht zuletzt deshalb, weil der als eifersüchtig gedachte Gott dem Menschen nicht mehr von seiner Schöpfung mitteilen wollte als unbedingt erforderlich. – Im Gegensatz dazu haben sich die Wissenschaften lange Zeit sicher gefühlt, die Gesetze der Natur durch anhaltende Beobachtung bis in ihr letztes Detail aufdecken zu können. Spätestens seitdem Werner Heisenberg zu Beginn des zwanzigsten Jahrhunderts entdeckt hat, dass sich manche der von uns beobachteten Vorgänge nur deshalb abspielen, eben *weil* wir sie beobachten, ist es mit dieser Sicherheit vorbei. Heutzutage geht man eher davon aus, dass die Welt, wie sie sich dem Betrachter (aber auch dem Teilnehmer) darstellt, durch *Wahrnehmung* konstituiert wird, wobei unter diesem Begriff nicht nur sensorische, sondern vor allem die psychischen und damit letztlich auch kulturellen Prozesse zusammengefasst werden, indem nämlich die sensorischen Reize nach bestimmten Regeln bewertet, geordnet und verarbeitet werden. Schon der Neuplatoniker *Plotin* hatte in seinen *Enneaden* formuliert: *Wenn z.B. gewisse Leute ihr Leben lang schliefen, so würden sie für sicher glaubhaft und einleuchtend nur die Traumerscheinungen halten; weckte sie jemand, so würden sie das mit geöffneten Augen Gesehene nicht für glaubhaft halten und wieder einschlafen.* – Diese Regeln zur Verarbeitung der Wahrnehmung ihrerseits werden gebildet durch individuelle Veranlagung und Verarbeitung sowie

durch eine kulturelle, d.h. soziale Prägung. Die Frage danach, ob unser Wissen über die Welt *stimmt*, wird ersetzt durch die Frage, ob es sich in der jeweiligen Situation als *passend* erweist, also dem Überleben dient. Dies wäre dann die These von Francis Bacon, derzufolge das Wahre *(verum)* mit dem Nützlichen *(utile)* übereinstimmen sollte.

44 Nicht alle Religionen beziehen ihre Legitimation aus *heiligen Schriften*, und auch in denjenigen Religionen, die sich auf solche Schriften beziehen, bleibt es immer umstritten, welche Bücher oder Texte zu diesen Schriften gezählt werden sollten. Sowohl das Judentum als auch das Christentum kennen eine Vielzahl von *apokryphen* Schriften, also von solchen, die aus welchen Gründen auch immer nicht in den Kanon der heiligen Schriften aufgenommen oder aber zu einem bestimmten Zeitpunkt aus ihm entfernt worden sind. Die Diskussionen darüber haben oft genug zu Schismen geführt, indem sich bestimmte Gruppen gerade einer solchen apokryphen Schrift in besonderer Weise verpflichtet und sich deshalb von der offiziellen Tradition nicht genügend gewürdigt gefühlt haben. – Der Kanon der neutestamentlichen Schriften, so wie er in den Konzilen des 4. Jahrhunderts festgelegt wurde, ist weniger nach dem Kriterium der *Echtheit* als nach dem der *Nützlichkeit* zustande gekommen: Aufgenommen wurde, was zur Festigung von Glauben und Kirche erforderlich schien. So wurde etwa die *Apostelgeschichte*, die von verschiedenen Autoren verfasst worden ist, bis dahin eher als ein literarischer, das Kirchenleben nicht bindender Text angesehen. Auch einige der Paulusbriefe sind Fremdprodukte und erst sehr spät, um die Wende zum 2. Jahrhundert, entstanden. – Im Falle des Islam scheint die Situation anders zu sein, ist dort doch der von Gott den Menschen übermittelte Text zu einem sehr frühen Zeitpunkt schriftlich fixiert und gruppiert worden, allerdings erst nach dem Tode des Propheten, so dass er die endgültige Edition des *Koran* nicht hat legitimieren können. Noch mehr gilt diese Unsicherheit bei den *Hadithen*, den mündlichen Äußerungen des Propheten, über deren genauen Wortlaut trotz einer ebenfalls frühen schriftlichen Fassung keine Einigkeit zwischen den Gelehrten und ihren Schulen herrscht.

45 Mit dem Hinweis, dass es im Buch der Geschichte noch Seiten gibt, die makellos und weiß sind, spricht der Teufel eine weitere der wichtigen, aber umstrittenen Fragen an, ob und wie nämlich die Geschichte der Menschheit gestaltet werden kann oder ob sie schon – wenigstens in den sie bewegenden Gesetzen – feststeht und man sie daher, falls man diese Gesetze kennt, auch vorhersagen kann. – Darüber haben sich viele bedeutende Menschen tiefgründige Gedanken gemacht, und man findet Referenzen für beide Auffassungen: *Cicero* hatte die Formel *historia magistra vitae* geprägt, nicht zuletzt aus einem Geschichtsverständnis heraus, das von einer

zyklischen Wiederkehr der Geschichte ausging. Eine zyklische Geschichte verbindet die Zukunft geradewegs mit der Vergangenheit, so wie eine Katze, die sich selbst in den Schwanz beißt, und so kann man aus der Geschichte für das zukünftige Handeln lernen. *Aristoteles* hingegen hielt die Zukunft für ungewiss und sprach der Geschichtswissenschaft einen jeglichen prognostischen Gehalt ab. Aber selbst wenn man annehmen will, dass es Gesetzmäßigkeiten in der Geschichte der Menschen geben sollte, ist damit die Frage noch nicht beantwortet, ob mit diesen Gesetzen zugleich Ziele und Zwecke verbunden sind, wobei man sich dann wiederum sehr unterschiedliche Ziele vorstellen kann, weil nämlich noch geklärt werden muss, *wer* die Ziele und mit welchen Motiven festgelegt hat – Gott oder die Menschen. – Dass solche Überlegungen alles andere als esoterischer Natur sind, zeigt der lang, bis in die jüngste Vergangenheit anhaltende Erfolg des *Marxismus*, der klar definierte Gesetze der gesellschaftlichen Entwicklung postulierte, denen sich der Mensch – ob individuell oder als Gruppe (Klasse) – nicht entziehen kann.

Vierter Satz: Zeitenwende

1   Die chinesische Schrift hat sich seit mehreren tausend Jahren aus einer reinen Bilderschrift zu einer komplexen und komplizierten Symbolschrift entwickelt; wie viele Schriftzeichen es inzwischen geben mag, ist umstritten, mehrere zehntausend werden es sicherlich sein. Dadurch, dass relativ einfache Grundzeichen *(Radikale)* miteinander kombiniert werden können, um neue Zeichen zu bilden, ist die chinesische Schrift auch flexibel gegenüber neuen Begriffen geblieben. Der Begriff *Astronaut* wird beispielsweise mit der Kombination der Zeichen *Mann, der durch die Luft fliegt* wiedergegeben. – Da es nun mehr Zeichen als Silben in der chinesischen Sprache gibt, können für einen phonetischen Ausdruck mehrere Zeichen stehen, so dass in der gesprochenen Sprache der Kontext über die jeweilige Bedeutung entscheidet, während die Schrift eindeutig ist. In diesem Sinne haben Schrift und Sprache nichts miteinander zu tun, so dass sich die chinesische Schrift tatsächlich für einen universalen Gebrauch eignen würde. Benutzt wird die Schrift nicht nur in China und in Japan *(kanji)*, sondern auch in Korea und Vietnam, wo sie dann in der Tat phonetisch anders unterlegt ist.

2   Im 7. Jahrhundert n. Chr. haben buddhistische Mönche unter Leitung eines gewissen Jing Wan das ganze ihnen bekannte Wissen in fünfzehntau-

send Stelen schlagen lassen, die in der Nähe des Wolkenheimklosters bei Peking bis heute erhalten sind.

3 In fast allen Religionen der Welt werden die unangenehmen Seiten des Lebens mit überweltlichen Mächten (Dämonen, Götter) in Verbindung gebracht, so dass auch das Böse eine *numinose* Qualität erhält, die Ehrfurcht und Respekt gebietet. In polytheistischen Religionen ist zumeist einer der Götter dafür verantwortlich, dass der eigentlich gute Schöpfungsplan verändert und gestört wird, so dass er nicht mehr den Intentionen der Schöpfer entspricht und sich – wenigstens in gewissen Teilbereichen – als schädlich für die Menschen erweist. Oft wird diese Figur als *trickster*, Gauner, Schelm, vorgestellt, der die Werke des Schöpfers durch Ungeschicklichkeit oder Boshaftigkeit stört. In der germanischen Götterwelt ist es *Loki*, der durch einen Trick den Tod des Gottes *Baldur* und am Ende schließlich die *Ragnarök*, den Weltuntergang, herbeiführt. – Während in polytheistischen Religionen das Böse als einer unter mehreren Aspekten einer großen Götterfamilie begriffen werden kann, indem es auch dafür einen zuständigen Gott gibt, müssen monotheistische Religionen – vor allem, wenn sie einen im Grunde gütigen Schöpfer *(theos philanthropos)* annehmen – das Entstehen und die anhaltende Existenz des Bösen auf eine andere Art und Weise erklären. Sie tun es, indem sie zumeist die Menschen selbst und ihr eigensinniges Handeln dafür verantwortlich machen (Sündenfall, Erbsünde). Allerdings tendieren auch diese Religionen – wenigstens in ihren volkstümlichen Varianten – dazu, böse Geister und Dämonen anzunehmen, die zumeist als das Ergebnis eines Aufstandes gegen den guten Gott entstanden sind (womit sich das Handeln der Menschen und ihre Verantwortung dafür natürlich wieder relativieren, weil sie die Sünden nicht aus eigener Initiative, sondern verführt durch jene Dämonen begangen haben).

4 Der Hinweis des Teufels, dass der sich nicht um die Gesetze kümmern muss, der sie erlassen hat, klingt zynisch und ist es wohl auch. Verwiesen sei allerdings darauf, dass Carl Schmitt (*Politische Theologie*, 1922) die *Souveränität* eines Herrschers genau an diesem Punkt definiert: Souverän sei, wer über den Ausnahmezustand entscheide, und zwar sowohl darüber, ob ein solcher Zustand eingetreten sei, als auch darüber, was in einem solchen Falle zu geschehen habe. Dann – im Ausnahmezustand – gilt das herkömmliche Rechtssystem nicht mehr, und somit hat der Souverän sich nicht mehr daran zu halten und kann auch darin (vom Volk, vom Parlament) nicht mehr kontrolliert werden.

5 In Zeiten relativ einfacher Transportmittel und einer eher dünn geknüpften Infrastruktur muss das Reisen eine wahrliche Beschwernis gewesen sein, verbunden mit vielerlei Gefahr für Leib und Leben. Viele Reiseberichte bis hinein in die Moderne machen deutlich, auf welche Abenteuer

man sich einlassen musste, wenn man auf Reisen ging. Die *Siebenmeilenstiefel*, die Peter Schlemihl im Tausch für seinen Schatten erhielt, waren daher ein höchst attraktives Angebot, war damit doch eine Geschwindigkeit von rund 600 Kilometern pro Stunde zu erreichen, wozu erst die Flugzeuge in der Mitte des zwanzigsten Jahrhunderts eine mehr oder minder verlässliche Alternative bieten konnten.

6 Meister K'ung ist im Westen unter dem Namen *Konfuzius* bekannt geworden. Er lebte zwischen 551 und 479 vor Christus in Shandong, einer der östlichen Provinzen Chinas. Obwohl er an vielen Fürstenhöfen Beraterposten innehatte, war es ihm zu seinen Lebzeiten nicht möglich, einen wirklichen Einfluss auf die politische Entwicklung seines Landes auszuüben. Erst nach seinem Tode setzten sich seine Lehren in China durch, und zwar auf eine Art und Weise, die bis heute Bestand hat. – Konfuzius war kein Religionsstifter der herkömmlichen Art, auch wenn für sein politisch-philosophisches System religiöse Elemente eine wichtige Rolle spielten, darunter vor allem der *Himmel*, den Konfuzius für ein denkendes persönliches Wesen hielt, das an die Menschen absolute sittliche Forderungen stellt, die sowohl die Pflichten und Tugenden der Herrscher als auch die der Untertanen umfassen. Diesen Willen des Himmels zu erkennen und dann auf Erden zu befolgen, ist die Aufgabe von Philosophie und Politik gleichermaßen. Der Herrscher (Kaiser) ist der Dritte im Bunde mit dem Himmel und der Erde. Er ist der Bewahrer des Auftrages des Himmels und hat seine Sendung gewissenhaft auszuführen. Das Volk muss die Tugenden üben, ohne die ein Gemeinwesen nicht möglich ist. Blüte und Verfall eines Reiches hängen vom sittlichen Verhalten des Herrschers und seiner Minister ab. Der Untertan kann durch Befolgung des himmlischen Willens sein Leben glücklich gestalten. Die Fragen, wie der Himmel in seinen inneren Strukturen gestaltet ist, welche Motive den himmlischen Willen treiben, welche weiteren Pläne er mit der Welt und den Menschen hat, haben Konfuzius nur wenig interessiert; wichtiger war für ihn, wie man mit jener vorgegebenen Konstante umzugehen hat: *Man ehrt Geister und Dämonen, aber man hält sich von ihnen fern.* – Sowohl das von Konfuzius entwickelte philosophische System als auch seine Staatstheorien sind bis heute von zentraler Bedeutung für den ostasiatischen Kulturraum, und zwar in der Anwendung wie in der Ablehnung gleichermaßen. So haben manche chinesische Politiker – wie der damalige Präsident von Singapur, Lee Kuan Yew – den Erfolg vor allem der südostasiatischen Länder in den frühen 1990er Jahren mit der Überlegenheit des Konfuzianismus gegenüber dem westlichen System erklärt. Tatsächlich favorisiert das konfuzianische System gewisse Tugenden (Pflicht, Arbeit, Disziplin), die ähnlich wie im asketischen Protestantismus die Entwicklung einer kapitalistischen

Wirtschaft deutlich befördern können. Andererseits gehört zum Konfuzianismus auch die hohe Wertschätzung der Familie, was zwar den Aufbau von Unternehmen erleichtert, dann aber wiederum die Entstehung großer, kapitalstarker Konzerne behindert, die nicht nur auf einer familiären Kooperation beruhen.

7 Zum *pneuma* und seiner Bedeutung für die griechische Philosophie und die Vorstellungen der Gnosis: vgl. S. 374 sowie Anm. 49, S. 532.

8 Auch die *Peripherie* hat eine Bedeutung, denn nur vom Rand her kann man die Zentrale, die Metropole überhaupt definieren. Wo bliebe der urbane Hochmut, gäbe es das Land nicht? Und manchmal, sehr zur Verwunderung der Bewohner der Städte, beginnen große Veränderungen gerade in der Provinz, sehr weit entfernt von den Orten, in denen sie eines Tages wirken sollen, so als wollten sie zunächst ungestört und unbemerkt bleiben, bis sie genügend Kraft zum Sturm auf die urbanen Bastionen gesammelt haben. Denn manchmal ist die Provinz die Enklave des Möglichen, das Refugium, woher der Zeitgeist seine neuen Impulse bezieht. Tatsächlich sind viele der Entwicklungen, die am Ende dann die *industrielle Revolution* ausmachten, dort entstanden, wo die Strukturen einer ständischen Gesellschaft eher schwach ausgebildet waren, also oft genug in den ländlichen, zunftfreien Gebieten, die gegenüber den Zentren von Handwerk und Handel wirtschaftlich und sozial rückständig geblieben waren. – Die Frage nach der Bedeutung der *Peripherie* wird zurzeit (nach den so genannten *Ereignissen* des 11. September 2001) neu und mit neuer Schärfe gestellt: Zum einen hat man sich im Westen bis zur Besinnungslosigkeit an die (eigene) Bedeutung und die Macht der Zentren gewöhnt, dass sie (wir) es sind, die dem Rest der Welt Mode und Moral in der jeweils gültigen Form vorschreiben, denn im Ernstfall entscheiden nicht ethische Grundsätze, sondern die ökonomische Potenz und die Nähe zur eigenen (unseren) Kultur. Zum anderen ist inzwischen mehr als deutlich geworden, dass die Peripherie sich nicht länger mit diesem Zustand der Bedeutungslosigkeit abfinden will und auch durchaus über die erforderlichen Mittel verfügt, um sich in den Zentren unangenehm bemerkbar zu machen. – Jedenfalls zeigt ein unvoreingenommener Blick in die Geschichte, dass die soziale und regionale Rollenverteilung zwischen Zentrum und Peripherie nur *temporär* festgelegt ist und sich also verändern kann. Zumindest aber müsste man lernen, dass sich die Zentren immer wieder aufs Neue gehörig anstrengen müssen, um ihre Rolle (und Macht) zu bewahren.

9 Der Begriff der *Erlösung* gehört zu den wichtigsten und schillerndsten in nahezu allen Religionen, was sicherlich viel damit zu tun hat, dass es immerhin eine der wesentlichen Funktionen von Religion ist, eine Erklärung und einen Umgang mit dem offenkundigen Leid in dieser Welt anzubie-

ten. Wenn sich die Religionen in dieser Frage unterscheiden, dann zunächst einmal darin, wie der Mensch in den Genuss der Erlösung gelangen kann: Die meisten Religionen gehen davon aus, dass es dazu der Macht der Götter bedarf, im Sinne eines Gnadenaktes oder in der Erfüllung eines einstmals geschlossenen Vertrages, der die Pflichten der Menschen regelt und daraus das Recht auf Erlösung konstituiert. – Interessanterweise stammt der in der hebräischen Sprache für *Erlösung* verwendete Begriff tatsächlich aus dem Rechtssystem, wo er das *Loskaufen* oder *Auslösen* aus einer nachteiligen rechtlichen Situation bedeutet – ebenso wie der Begriff der *Schuld* heutzutage mehr denn je eine starke vermögensrechtliche Konnotation hat. Der *theos sôtêr*, der erlösende Gott, wird nun angerufen, um sowohl von einem konkreten als auch einem absoluten Übel zu erlösen, also sowohl im Falle des individuellen, zeitlich begrenzten Leids als auch, um der als übel und böse empfundenen Welt insgesamt ein Ende zu setzen und an deren Stelle den guten Urzustand zu rekonstituieren, den man nicht auf immer verloren glaubt. – In einem gewissen Gegensatz dazu steht der Buddhismus, der zwar ebenfalls die Möglichkeit der Erlösung eröffnet, aber eben nicht durch das Einwirken von Göttern, sondern durch ein angemessenes Handeln des Individuums selbst, also durch *Autosoterismus*.

10 Die *Großmutter* ist die einzige Verwandte, die man dem Teufel in der deutschen Tradition zuschreibt; von ihr glaubt man, dass sie in der Lage sei, den Teufel zu zähmen wie im Märchen vom Teufel und den drei goldenen Haaren. In der angelsächsischen Tradition wird dem Teufel wie bei Shakespeare manchmal eine *Mutter*, manchmal auch eine *Frau (dam)* beigegeben, im Falle der Frau sicherlich mit Verweis auf *Lilith*, die nach ihrem Weggang aus dem Paradies Unterschlupf bei Dämonen suchte. Ab und zu ist von den *Töchtern* des Teufels die Rede, deren Wirken vor allem in Hafenstädten vermutet wird, was angesichts der dort zu allen Zeiten praktizierten Formen von Unzucht nicht weiter überraschen mag. Bemerkenswert ist jedoch auf jeden Fall, dass mit dem Teufel üblicherweise keine *männlichen* Verwandten in Verbindung gebracht werden, was natürlich viel über die religiöse Einstellung gegenüber den Frauen aussagt.

11 Die einzige Frau, die in der christlichen Tradition eine besondere Rolle spielt, ist *Maria*, sie ist gebenedeit unter den Jungfrauen als diejenige, die den Sohn Gottes gebären soll. Entsprechend wird in einigen gnostischen Sekten die Formel *Vater, Mutter und Sohn* für die Trinität verwendet.

12 Mit dem Begriff *magoi* bezeichnete man in der Antike zunächst die Priester in den persischen Religionen, die eine wichtige Position in Staat und Gesellschaft einnahmen. Die Quellen über ihre Aufgaben und Handlungen innerhalb der jeweiligen religiösen Riten sind widersprüchlich, allerdings setzte sich die Einschätzung durch, dass sie sich gewisser, eben:

magischer Rituale bedienten, etwa der Astrologie oder der Traumdeutung. – Im Neuen Testament erscheinen die Magier als die *drei Weisen aus dem Morgenland* (Matthäus 2,1), die dem neugeborenen Jesuskind ihre Verehrung und Geschenke darbringen. Interessant ist in diesem Zusammenhang, dass der jüdische König Herodes sich nicht allein durch die Weisen überzeugen lässt, die aufgrund wissenschaftlicher Beobachtungen und Untersuchungen (*Wir haben seinen Stern gesehen im Morgenland und sind gekommen, ihn anzubeten*, Matthäus 2,2) zum Ergebnis gekommen sind, dass sich in Israel ein einzigartiger Vorgang vollzieht, sondern auch noch das Urteil der Schriftgelehrten einholt (*Und ließ versammeln alle Hohenpriester und Schriftgelehrten unter dem Volk und erforschte von ihnen, wo Christus sollte geboren werden. Und sie sagten ihm: Zu Bethlehem im jüdischen Lande; denn also steht geschrieben durch den Propheten*, Matthäus 2,4–5). Diese kleine Geschichte macht deutlich, dass es in der Wissenschaft stets eine Kontroverse zwischen der Tradition (der Schrift) und der Empirie (der Beobachtung der Natur) gegeben hat. – In der Magie geht es zumeist darum, durch bestimmte Rituale auf den Willen und das Handeln eines metaphysischen Wesens einzuwirken. Wenn es zwischen dem Handeln der Götter und den Vorgängen auf der Erde einen Zusammenhang wie zwischen Ursache und Wirkung gibt, dann lohnt es, die Götter zu beeinflussen, um gewisse, gewünschte Wirkungen herbeizuführen. Wenn man dann noch annimmt, dass dabei die Luft als Medium der Kommunikation eine wichtige Bedeutung hat und etwa Gott allein durch das Aussprechen des Wortes Dinge erschaffen hat, dann kann auch der Mensch durch die Nennung von Wörtern oder Namen Einfluss auf die Realität ausüben (vorausgesetzt, er kennt die *richtigen* Wörter und Namen). In gewisser Weise gehört damit der *Segen*, der im Rahmen kirchlicher Rituale erteilt wird, zu den Zaubersprüchen.

13 Die Erzählung des Teufels von den Jugendjahren des Knaben Jesus und seinen oft recht seltsamen Taten folgt weitgehend dem apokryphen *Kindheitsevangelium des Thomas*. Dieser Text ist zumindest in seinen wichtigsten Teilen im zweiten Jahrhundert, möglicherweise im Umkreis einer gnostischen Gruppe, den *Markosiern*, in griechischer Sprache entstanden. In den biblischen Evangelien wird mit Ausnahme der Geschichte vom zwölfjährigen Jesus im Tempel (Lukas 2,41–52) relativ wenig über die Kindheit und die Jugend Jesu berichtet, so dass vor allem im Volksglauben ein großer Bedarf nach zusätzlichen Informationen bestand. Neben diesem Kindheitsevangelium haben noch das *Protoevangelium des Jakobus* (entstanden ebenfalls im zweiten Jahrhundert) und das *Pseudo-Matthäus-Evangelium* (aus dem achten oder neunten Jahrhundert) diese Lücke gefüllt.

14 Die Frage, weshalb gerade das jüdische und kein anderes Volk von Gott auserwählt worden ist, bleibt auch in den Texten der Bibel eher unklar. Dort wird die besondere Verbindung zwischen Gott und seinem auserwählten Volk eher *genealogisch* erklärt, indem nämlich das jüdische Volk als die mehr oder minder direkte Nachkommenschaft von Adam und Eva anhand umfänglicher Generationentafeln (etwa: Genesis 5) abgeleitet wird. Ein solcher Bezug des eigenen Volkes auf die Anfänge der Welt ist im Übrigen gar nicht so selten: Die Japaner sind der Überzeugung, dass sich zumindest ihr Herrscherhaus, wahrscheinlich aber das ganze Volk genealogisch auf die Sonnengöttin *Amaterasu* zurückführen lässt. – Dass es schon zu einem frühen Zeitpunkt – sogar zu Lebzeiten von Adam und Eva – noch andere Völker gegeben haben muss, wird deutlich aus Genesis 4,16 *(Also ging Kain von dem Angesicht des Herrn und wohnte im Lande Nod, jenseits Eden, gegen Morgen)*. – In der Folge hat es wohl kein Volk, das sich zum christlichen Glauben bekannte, gegeben, das nicht der festen Auffassung gewesen wäre, ebenfalls von Gott auserwählt zu sein *(god's own people, god's own country)*, woraus man dann gewisse Privilegien abzuleiten suchte. Im Gegensatz dazu hat der Umstand, von Gott auserwählt zu sein, in der jüdischen Vorstellung keineswegs nur gute Seiten, denn damit ist man zugleich dasjenige Volk, an welchem Gott seine Strafen exekutiert.

15 Die Darstellung der Vorfälle beim Besuch Jesu im Hades folgt dem zweiten Teil des apokryphen *Nikodemus-Evangeliums* (Kapitel 17–27). Interessant bei dieser Beschreibung ist, dass dort nicht von einer abstrakten Hölle die Rede ist, sondern durchaus in der Nachfolge griechischer Vorstellungen von einer Höhle, einer Unterwelt, die vom ebenfalls griechischen Gott *Hades* geleitet wird, während der Teufel dort nur als Gast anwesend ist und keinerlei Herrschaft über diesen Ort innehat.

16 Der italienischen Mystikerin Katharina von Siena war einmal Jesus in ihrem Traum erschienen und hat sie sich dort zur Braut genommen; als Zeichen der Verlobung – so jedenfalls hat sie berichtet – streifte er ihr einen Ring über den Finger, und dieser Ring war nichts anderes als das Stück Haut des männlichen Körpers, das bei der Beschneidung entfernt wird.

17 Das *Purgatorium*, das *Fegefeuer*, ist eine Vorstellung, die sich erst in der mittelalterlichen Kirche entwickelt hat, als man erläutern wollte, was mit denjenigen Menschen geschieht, die nicht ganz gut (und sofort Aufnahme in den Himmel finden) oder nicht ganz schlecht sind (und der ewigen Verdammnis in der Hölle anheim fallen), also wahrscheinlich die Mehrzahl der Menschen darstellen. Ihnen sollte die Möglichkeit einer Reinigung auch nach dem Ende ihres Lebens gegeben werden, zumal über die weitere Verwendung der Seelen nicht schon im Moment des Todes, sondern erst am

Ende aller Tage in einem Großen Gericht entschieden wird. Das Fegefeuer ist also ebenso sehr eine Läuterung wie eine Strafe, an deren Ende allerdings die Befreiung von allen Sünden steht. Die Dauer des Aufenthaltes im Fegefeuer sollte natürlich in einer Relation zur jeweiligen Lebensführung auf Erden stehen, so dass es sich durchaus lohnte, nicht allein auf die Wirkung des Purgatoriums zu vertrauen, sondern schon im Diesseits möglichst gottgefällig zu leben. – Da die Seelen im Fegefeuer weiterhin existent sind, kam man später auf die Idee, dass der Mensch selbst oder aber dessen Nachkommen Einfluss auf die Umstände im Fegefeuer nehmen können, indem sie für diese *arme Seele* Messen lesen lassen oder andere Opfer darbringen und auf diese Weise die Strafe und somit die Aufenthaltsdauer verkürzen. Die Umsetzung dieser Idee hat zwar die Spaltung der Kirche beschleunigt, als der Unmut über den Ablasshandel immer größer wurde, aber auch eine Menge Geld in die Kassen der Kirche geschwemmt (und den glanzvollen Neubau des Petersdomes in Rom ermöglicht).

18 Das Gespräch zwischen Jesus und dem Teufel wird ausführlich beschrieben bei Matthäus 4,1–11 und bei Lukas 4,1–13. In beiden Fällen allerdings gibt der Teufel seine Bemühungen recht bald schon wieder auf, wohl nicht, weil ihm keine weiteren Versuchungen mehr einfallen (da sollte man die Kreativität des Bösen nicht unterschätzen), sondern weil er sich von der Nutzlosigkeit seines Tuns hat überzeugen lassen müssen, wobei ihm allerdings schon von vornherein hätte klar sein sollen, dass er allenfalls den menschlichen Teil von Jesus hätte mit seinen Angeboten verführen können, nicht aber den göttlichen, denn was kann ein Teufel schon einem *allmächtigen* Gott anbieten?

19 Simon von Kyrene ist eine im Neuen Testament belegte Gestalt (Markus 15,21: *Und zwangen einen, mit Namen Simon von Kyrene, der vom Felde kam (der ein Vater war des Alexander und Rufus), daß er sein Kreuz trüge*; Lukas 23,26: *Und als sie ihn hinführten, ergriffen sie einen, Simon von Kyrene, der kam vom Felde, und legten das Kreuz auf ihn, daß er's Jesu nachtrüge*). Simon stammte wahrscheinlich aus der Cyreneika im heutigen Libyen, worauf auch die nichtjüdischen Namen seiner Söhne deuten. Die These, dass er anstelle von Jesus gekreuzigt wurde und starb, wird in einigen gnostischen Texten, vor allem denjenigen des *Basilides*, aufgestellt; mit dieser These soll gezeigt werden, dass der Sohn Gottes selbst in dieser – kritischen – Situation noch Herr der Lage war und den Nachstellungen der ihm übel gesinnten Herrscher der Welt, der Archonten, ohne größere Probleme entgehen und sie zudem noch der Lächerlichkeit preisgeben konnte. – In der *Apokalypse des Petrus*, einem der gnostischen Texte aus Nag Hammadi, heißt es dazu: *Der Erlöser sagte zu mir: »Der, den du oben neben dem Kreuz fröhlich und lachend siehst, ist der lebendige Jesus. Aber*

der, in dessen Hände und Füße Nägel geschlagen werden, ist sein leiblicher Teil, welcher der Ausgetauschte ist.« Auch im Koran (Sure 4,155 ff.) finden sich ähnliche Hinweise: *doch ermordeten sie ihn nicht und kreuzigten ihn nicht, sondern einen ihm ähnlichen.* – Die Frage, was mit Jesus weiterhin geschah, ob er als Sohn Gottes sofort in den Himmel auffuhr oder ob er als Mensch noch auf Erden wandelte, ist umstritten. Es gibt Theorien, dass er nach Indien und/oder Japan verschwand, um dort zu predigen, aber auch – so jedenfalls in einigen frühen Schriften des römischen Autors Tacitus –, dass er noch vierzig Jahre nach seinem Tod Aufstände in Rom angeführt haben soll.

20 Der Teufel ist sich hier in seiner Argumentation einig mit dem Philosophen Ernst Bloch (*Atheismus im Christentum*, 1968), der danach fragt, ob *einer Gottes Sohn sein musste, um nach seinem Tod umzugehen, war das sein messianischer Beweis?* – Bloch weist auch darauf hin, dass im Alten Testament noch davon die Rede war, dass ein Gehenkter verflucht bei Gott sei (Deuteronomium 21,23), nun aber, im Falle Jesu, gerade der Umstand seiner Kreuzigung ihn überhaupt erst zu einem Herrn und Christus gemacht habe (Apostelgeschichte 2,36). – Die Wiederauferstehung von den Toten ist in vielen Religionen nichts Ungewöhnliches, so wird auf diese Weise der Wechsel der Zeiten (Tag, Monat, Jahr) erklärt, etwa dadurch, dass der für die Fruchtbarkeit zuständige Gott im Herbst stirbt und im Frühjahr wiedergeboren wird. In der christlichen Tradition hingegen ist diese Fähigkeit allein Jesus vorbehalten; diejenigen, denen es später gelingen sollte, den Tod zu überwinden (Vampire, Gespenster), haben diese Tat einem Pakt mit dem Teufel oder wenigstens ihren eigenen schlechten Taten zu verdanken.

21 Die Frage nach dem Anteil der göttlichen oder menschlichen Natur in der Person des Jesus hat – so esoterisch sie heute klingen mag – über lange Zeiten in den Anfängen des Christentums zu erheblichen, teilweise sogar kriegerischen Konflikten geführt, auch wenn nicht immer klar war, ob es tatsächlich um eine ernsthafte theologische Auseinandersetzung ging oder nur um einen religiös legitimierten Vorwand, um Gegner aus dem Weg zu räumen.

22 Der Vorschlag des Götzen Mammon, noch den *Urin* Jesu zu verkaufen, ist weniger seltsam, als er sich zunächst anhören mag: Den französischen Königen wurden in Mittelalter Heilkräfte zugeschrieben, deren man durch Berührung teilhaftig werden konnte, aber auch über ihren Urin, mit dem ein schwunghafter Handel getrieben wurde. – In der Tat findet man unter den vielfältigen Reliquien, die auf die Person des Jesus zurückgeführt werden, seine Windeln (die eigentlich unnötig waren, da sein Körper nichts ausgeschieden hat) ebenso wie dasjenige Stück Haut, das bei der Beschneidung

des Mannes ein für alle Mal entfernt wird. Dann gibt es noch Tücher, die mit seinem Blut oder seinem Schweiß getränkt sind. In Bethlehem gibt es einen weißen Kalkstein, der für die getrocknete Milch Marias gehalten wird. – Reliquien, nicht nur von Jesus, sondern auch von den Märtyrern und Heiligen, haben für das Christentum, ebenso wie für viele andere Religionen (die Zähne Buddhas in Kandy, Sri Lanka), immer eine sehr wichtige Rolle gespielt. Manchmal hat man die entsprechenden Gebeine zerschnitten, zerschlagen und zertrümmert, um möglichst viele Menschen in den Genuss der heilkräftigen Wirkungen bringen zu können. Dahinter steckte die im Übrigen hochmoderne Überlegung, dass in einem jeden, noch so kleinen Überrest des Heiligen noch die gesamte Wirkkraft steckt; heutzutage würde man ein solches System als *fraktal* bezeichnen, wo in einem jeden Element die Strukturen des Gesamtsystems gleichermaßen enthalten sind. – Auch um den Besitz von Reliquien sind Kriege und Raubzüge geführt worden, und der Götze Mammon hat Recht damit, wenn er auf die dabei umgeschlagenen, riesigen Summen an Geld verweist.

23 Gemeint ist hier der Philosoph Ernst Bloch.
24 Den Hinweis des Teufels, der *Philosoph* solle *von der Ameise* lernen, ist später dann von Sören Kierkegaard im zweiten Teil seines 1843 erschienenen Werkes *Entweder – Oder* aufgenommen worden. Allerdings ist der Zusammenhang, in welchem Kierkegaard diesen Hinweis gibt, für den heutigen Leser eher obskur: *Du spottest so oft*, so schreibt Kierkegaard, *über das andre Geschlecht, ich habe Dich schon häufiger ermahnt, das sein zu lassen; sieh ein junges Mädchen als ein noch so unvollkommnes Wesen an, ich möchte Dir doch sagen: Mein guter Philosoph, gehe zur Ameise und lerne von ihr, lerne vom Mädchen, die Zeit zu benutzen, denn darin ist sie eine geborne Virtuosin.* – Im dritten Buch seiner Fabeln sagt uns Gotthold Ephraim Lessing, was man (Philosoph oder nicht) denn nun tatsächlich von den Ameisen lernen kann, nämlich: in der Jugend der Jahre fleißig zu sein und zu sammeln, im Winter der Jahre aber das Gesammelte zu genießen. Insoweit wäre die Ameise das geeignete Wappentier für die Rentenversicherung. – In der Bibel finden sich ebenfalls einige Hinweise auf die Ameise und ihre Vorbildfunktion: *Gehe hin zur Ameise, du Fauler; siehe ihre Weise an und lerne! Ob sie wohl keinen Fürsten noch Hauptmann noch Herrn hat, bereitet sie doch ihr Brot im Sommer und sammelt ihre Speise in der Ernte* (Sprüche Salomos 6,6 – 8). Dann gehören sie noch zu denen, die sind *klüger denn die Weisen: die Ameisen, ein schwaches Volk; dennoch schaffen sie im Sommer ihre Speise* (Sprüche Salomos 30,24 – 25). – Als weiterer Hinweis mag interessieren, dass die siebenundzwanzigste Sure des Koran mit dem Titel *Die Ameise* versehen ist, wobei in Vers 18 auch tatsächlich eine Ameise vorkommt, die ihre Artgenossen vor der An-

kunft von Salomo und seinen Heerscharen warnt, auf dass die Ameisen nicht von ihnen zermalmt werden. Es ist – so lernt man daraus – sehr klug von den Ameisen (den Schwachen in der Welt), sich nicht den Mächtigen in den Weg zu stellen, denn manchmal vernichten sie die Schwachen auch ganz ohne Absicht. – Von *Enten* allerdings ist weder in der Bibel noch im Koran, noch in sonst irgendeiner heiligen Schrift einer bedeutsamen Religion die Rede.

25 Gemeint ist hier das Volk der *Amazonen* (die *Brustlosen* oder wenigstens doch *Einbrüstigen*, weil sie sich die rechte Brust entfernten, um besser mit Pfeil und Bogen umgehen zu können), die der griechischen Sage nach in Kleinasien beheimatet waren. Die Vorstellung, dass es eine kriegerische Gesellschaft geben soll, in welcher die Macht bei den Frauen liegt und Männer nur insoweit eine Bedeutung haben, als sie zur Fortpflanzung dienen, ist der antiken griechischen Kultur eher fremd, gehörte dort doch die Homosexualität zu den allgemein üblichen sexuellen Praktiken. – Man muss wohl davon ausgehen, dass der Mythos von den Amazonen in den Auseinandersetzungen mit mutterrechtlich organisierten Stämmen entstanden ist. Es verwundert daher nicht, dass die Amazonen nacheinander immerhin durch Herakles, Theseus und Achilleus bekämpft werden mussten, bis sie nach dem Tod ihrer Königin *Penthesilea* endlich besiegt waren. – In diesem Zusammenhang sei nur der Vollständigkeit wegen erwähnt, dass es auch *Amazonenameisen* gibt, die sich wiederum andere Insekten als Sklaven halten, um ihre Brut zu versorgen.

26 *Heron von Alexandria:* wirkte um die Zeitenwende als Ingenieur, Mathematiker und Vermessungstechniker in Alexandria; er beschreibt Hebewerkzeuge und Kräne, Pressen, Zahnradgetriebe, Geschütze, Luftdruckmaschinen oder Warmwasseröfen (die übrigens relativ nahe an die fast zweitausend Jahre später erfundene Dampfmaschine heranreichen).

27 *Philon von Byzanz:* auch genannt der *Mechaniker*, lebte um das Jahr 250 vor Chr. ebenfalls in Alexandria; er verfasste ein neun Bände umfassendes Werk unter dem Titel *Mechanike syntaxis*, in welchem er das mechanische Wissen seiner Zeit zusammenfasste. Philon suchte dabei nicht nur nach einer angemessenen technischen, sondern zugleich nach einer ästhetischen Lösung.

28 *Archytas:* lebte um das Jahr 400 vor Chr. und war einer der bedeutendsten Forscher seiner Zeit; er befasste sich nicht nur mit der Mechanik, sondern vor allem mit der Mathematik und postulierte, dass die Zahl das Wesen aller Dinge sei und man daher mithilfe der Mathematik die Natur sowohl des Kosmos als auch der Einzeldinge erfassen könne. Auf ihn geht die Beobachtung zurück, dass die Tonhöhe von der Geschwindigkeit der Bewegung tönender Körper abhängig sei.

29 *Archimedes:* lebte im dritten vorchristlichen Jahrhundert und war einer der bedeutendsten Mathematiker und Physiker der Antike überhaupt; auf ihn gehen einige der wichtigsten mathematischen Gesetze zurück.

30 Der Teufel beschreibt hier mehr oder minder umfassend den Stand der antiken Technik, von der man durchaus zu Recht sagen kann, dass sie sehr nahe an den Erkenntnissen und Erfindungen war, die im 17. und 18. Jahrhundert die moderne wissenschaftlich-technische Entwicklung ausgelöst haben. So hat man im Jahre 1900 nahe der griechischen Insel Antikythera in einem versunkenen Schiff ein seltsames Artefakt von der Größe eines Schuhkartons gefunden, das außen Scheiben und innen eine komplexe Anordnung von bronzenen Zahnrädern aufweist. Heute hält man es für ein höchst elaboriertes Objekt, wahrscheinlich sogar für eine mechanische Uhr, deren Erfindung man zwar nicht genau datieren kann, aber ansonsten wenigstens für Europa in das Mittelalter verlegt hatte. Immerhin berichtet schon Cicero im ersten Jahrhundert von einem Instrument, das *jüngst von unserem Freund Poseidonius konstruiert* worden sei und *bei einer jeden Umdrehung die Bewegungen von Sonne, Mond und den fünf Planeten* darstelle. – Nimmt man noch diejenigen Techniken hinzu, die in anderen Kulturen bis zu diesem Zeitpunkt, also etwa bis zur Zeitenwende, in *China* (Buchdruck, Kompass, Porzellan, Schießpulver) oder in *Indien* (Metallverarbeitung, Mathematik) entwickelt worden waren, so wird daran deutlich, dass die europäische Moderne nicht in Bezug auf die Erkenntnis und Nutzung der Natur und ihrer Gesetze eine besondere Bedeutung hat, sondern wohl eher in deren enger Verbindung mit der Ökonomie, d. h. der wirtschaftlichen Verwertung der entsprechenden Produkte. Man hat immer wieder darauf hingewiesen, dass die weite Verbreitung der Sklavenarbeit sowohl in Griechenland als auch in Rom die Durchsetzung von arbeitssparender Technik verhindert hat, was in dieser Apodiktik sicherlich nicht zutrifft, denn die Technik muss nur billig und verlässlich genug sein, um selbst mit Sklavenarbeit konkurrieren zu können. Aber mit diesem Hinweis wird deutlich, dass die europäische Moderne in erster Linie ein *kulturelles* Phänomen ist, in welchem das Denken und Handeln in ökonomischen *(kapitalistischen)* Kategorien für wachsende Gruppen in der Bevölkerung eine immer wichtigere Rolle spielt. Insoweit ließe sich erklären, weshalb in den islamischen Ländern trotz eines zunächst gleichen Zugangs zu Wissenschaft und Technik, aber auch trotz einer ebenfalls vergleichbaren Ausstattung mit Kapital eine Entwicklung wie in Europa nicht zustande gekommen ist: Der Gelderwerb blieb auf den Handel beschränkt und dehnte sich nicht auf Technik und Industrie aus.

31 *Parmenides:* griechischer Philosoph, der um das Jahr 500 vor Chr. lebte; er war einer der ersten Philosophen, die strikt zwischen der *Wahrnehmung*

und dem *Denken* unterschieden, wobei der Zugang zum ewigen, unveränderlichen Sein allein über das Denken möglich sein sollte; die Wahrnehmung ihrerseits beziehe sich nur auf die Erscheinungswelt, die aber eine reine Sinnestäuschung sei und keinerlei Beziehung zum wahren Sein habe.

32 *Zenon:* lebte um 450 vor Chr. und kam wahrscheinlich bei einem missglückten Putschversuch gegen den örtlichen Tyrannen ums Leben. Als Schüler von Parmenides behauptete er, dass es keine Bewegtheit und Vielheit der Dinge gebe; von ihm stammt das berühmte Paradoxon vom Wettlauf zwischen Achilles und der Schildkröte, die von Achilles nicht eingeholt werden kann, wenn sie erst einmal einen Vorsprung hat.

33 *Demokrit:* lebte um das Jahr 400 vor Chr.; er postulierte als einer der Ersten die Lehre von den Atomen und der Leere zwischen ihnen. Die rein quantitativen Zustände, Verhältnisse und Bewegungen der Atome sind dann wiederum Ursache und Grund der qualitativ vielfältigen und bewegten Erscheinungswelt. Im Gegensatz zu Parmenides und Zenon war Demokrit davon überzeugt, dass sich das Denken an der Welt der Erscheinungen zu orientieren habe. Er ist in dem Sinne Materialist, als auch ihm zufolge die biologischen Erscheinungen und sogar das Denken materiell und aus bestimmten Atomen, Atomverbindungen und -bewegungen zu erklären sei.

34 *Leukippos:* lebte um 450 vor Chr. und war der Lehrer des Demokrit. Obwohl selbst ein Schüler des Zenon, begründete er in der Auseinandersetzung mit dessen These von der Unmöglichkeit unendlich kleiner Stoffteilchen die Atomistik (die Atome sind zwar winzig klein, haben aber doch eine zu bestimmende Größe, unterhalb derer nur noch die Leere existiert – diese Vorstellung hat sich immerhin bis in die Mitte des zwanzigsten Jahrhunderts gehalten, bis dann schließlich auch im subatomaren Raum Materie und Energie entdeckt wurden oder wie immer sich die Physiker das Leben in diesem Teil der Welt vorstellen mögen).

35 Bei *Hesiod*, der um das Jahr 700 vor Chr. in Griechenland lebte und wohl einer der ersten historisch fassbaren europäischen Dichter ist, heißt es über die Wirkung der Konkurrenz auf die Menschen: *Denn sie ermuntert sogar die lässigen Männer zur Arbeit.* […] *So eifert Nachbar mit Nachbar um den bessern Ertrag.* […] *Eifert doch der Töpfer mit dem Töpfer, der Zimmermann mit dem Zimmrer, und es missgönnt der Bettler dem Bettler, der Sänger dem Sänger.*

36 Diese Beschreibung des Glückes auf Erden stammt vom römischen Dichter *Martial*, der am Ende des ersten nachchristlichen Jahrhunderts lebte. Auch aus heutiger Sicht würde man dem gebildeten und offenbar wohlhabenden Herrn Martial kaum widersprechen wollen.

37 Die Schulen der Philosophen trafen sich zumeist in den Gärten von Gym-

nasien oder von Häusern reicher Gönner, wo man ungestört von der Hektik und der Hitze des Tages im Schatten der Olivenbäume über Gott und die Welt debattieren konnte. Der Begriff *Schule* seinerseits leitet sich, über das lateinische Wort *schola*, vom griechischen *schole* her, was im Übrigen nichts anderes als *Muße* bedeutet.

38 Der Messias – der *Gesalbte* – ist die spezifisch jüdisch-christliche Variante des Erlösers, er ist der *Heiland*, der *Heilsbringer*. Die Vorstellung von einer solchen Person, ganz gleich ob göttlichen oder menschlichen Ursprungs, wird in vielen Kulturen auf den jeweiligen Herrscher projiziert, der so lange *Heil* (in einem weiten Wortsinn) über sein Volk bringt, wie er im Einklang mit den Gesetzen des Himmels regiert. In den germanischen Gesellschaften war damit auch verbunden die Idee des *Königsheils*, das im Falle der französischen Könige im Mittelalter so weit ging, dass man sich von einem körperlichen Kontakt zu ihnen die Heilung von Krankheiten versprach. – In der jüdischen Tradition wird zunächst der König mit dem Messias identifiziert, etwa im Falle der Könige Saul und David. Aber auch die Erwartung, dass ein Messias mehr als nur das irdische Heil bringen kann, findet sich schon früh im Judentum, so etwa bei Jesaja: *Denn uns ist ein Kind geboren, ein Sohn ist uns gegeben, und die Herrschaft ist auf seiner Schulter; er heißt Wunderbar, Rat, Kraft, Held, Ewig-Vater, Friedefürst* (Jesaja 9,6). Der Messias ist also ursprünglich ein sakraler König, der die göttliche Ordnung im Diesseits zu verwirklichen hat. In der Folge hat das Judentum ein sehr ausgedehntes Verständnis von Messias und *Messianismus* entwickelt: Ernst Bloch hat einmal das jüdische Volk das *messianische Gewissen der Welt* genannt. Tatsächlich ist die Erwartung des Messias konstitutiv für den jüdischen Glauben; so schreibt Maimonides im 12. Jahrhundert, dass man es zu glauben und für wahr zu halten habe, dass *der Messias kommen wird und dass er sich nicht verspätet und man setze ihm keine Frist*. Man hat in den achthundert Jahren nach Maimonides etwa achtzig (offenbar falsche) jüdische Messiasse gezählt, die ihrerseits eine göttliche Abstammung und eine ebenso göttliche Aufgabe behaupteten, vor allem diejenige, das nahe bevorstehende Ende der Welt zu verkünden und gleichzeitig den Gläubigen die Rettung zu prophezeien. In der jüdischen, aber auch in der christlichen Tradition kommt der Erlöser jedoch nicht dann, wenn die Not am größten ist, sondern wenn die Gläubigen sich der Rückkehr als *würdig* erweisen, also geschmückt wie die Braut am Hochzeitstag (*und wie sich ein Bräutigam freut über die Braut, so wird sich dein Gott über dich freuen*, Jesaja 62,5; *und ich, Johannes, sah die heilige Stadt, das neue Jerusalem, von Gott aus dem Himmel herabfahren, bereitet als eine geschmückte Braut ihrem Mann*, Offenbarung 21,2). – Die Wirkung dieser messianischen Gestalten (die oft in Zeiten ökonomischer, politischer

oder sozialer Krisen erschienen) beruhte zu einem nicht unerheblichen Teil auf dem, was Max Weber als *charismatische* Führung bezeichnet hat, deren Wesen darin besteht, dem Träger *spezifische, als übernatürlich gedachte Gaben des Körpers und Geistes* (Max Weber, *Wirtschaft und Gesellschaft*, 1921) zuzuschreiben. Weber weist aber auch darauf hin, dass – durchaus im Sinne der Heilserwartung – sich seine göttliche Sendung darin bewähren muss, dass es denen, die sich ihm gläubig hingeben, wohlergeht. – Im Christentum steht der Messias für eine andere Hoffnung, nämlich für die Erlösung aus den Leiden dieser Welt, die nicht durch das Handeln eines Menschen, sondern allein eines göttlichen Wesens erfolgen kann, und zwar nicht mehr hier im Diesseits, sondern nur noch im Jenseits: *mein Reich ist nicht von dieser Welt* (Johannes 18,36).

39 Dass der Teufel versucht haben soll, die Apostel zunächst zu überzeugen, dann zu verführen und zu locken, ist zumindest in der Apostelgeschichte nicht belegt, ebenso wenig wie übrigens auch die Verfolgungen. Die Apostel selbst waren zwar *Märtyrer* im eigentlichen Wortsinne (griechisch *martys*, der Zeuge, weil sie nämlich die Auferstehung Christi und die Verkündung der Botschaft tatsächlich miterlebt hatten), sie wurden aber – von der Ausnahme des *Jakobus* abgesehen, der im Jahre 44 unter der Regierung des Herodes Agrippa zum Tode verurteilt worden war – nicht im engeren Sinne von den religiösen oder staatlichen Autoritäten verfolgt, gefoltert oder gar getötet. (*Stephanus*, von dessen Martyrium in der Apostelgeschichte 7,57–58 berichtet wird, war einer von sieben Diakonen, die von den Aposteln ausgewählt worden waren, um das Wort Gottes und die Auferstehung Jesu zu verkünden). Dieses Schicksal erlitten Gläubige erst später, als die Auseinandersetzung über die Religion mit der Frage nach einer religiösen Akzeptanz des Kaisers eine politische Komponente annahm. Erst zu dieser Zeit wurden aus den *confessores*, also denjenigen, die sich zu ihrem Glauben öffentlich bekannten und unter allen Umständen an ihm festhalten wollten, Märtyrer. – Aus kirchlicher Sicht haben diejenigen, die bereit sind, für ihren Glauben zu leiden und gegebenenfalls auch zu sterben, eine besondere Bedeutung, nicht zuletzt, weil Jesus selbst ein entsprechendes Beispiel gegeben hatte. Die frühen Heiligen sind fast ausnahmslos Märtyrer, die auf eine zum Teil äußerst grausame Weise ums Leben kamen, und es scheint manchmal so, als stünden ihre Wunder- und Heilkräfte in einer direkten Relation zum Maß an Gewalt, dem sie hilflos ausgesetzt waren. – Die Chance für einen Gläubigen, dem Beispiel Jesu auf die Art und Weise eines Märtyrers folgen zu können, wurde allerdings in dem Maße geringer, wie das Christentum zur anerkannten Staatsreligion wurde und – wenigstens innerhalb Europas – die Missionierung der Heiden zu einem Abschluss kam. In diesem Sinne hat man das Aufkommen

von asketischen Lebensformen als Mönch oder als Eremit als eine andere, sicherlich weniger strenge und bedrohliche Art des Martyriums gedeutet.

40 Nach konfuzianischer Auffassung verlor der Herrscher (Kaiser) dann seine Legitimation, wenn er nicht mehr im Einklang mit den Mächten des Himmels stand und damit ihrer Unterstützung entbehrte. Sichtbar wurde ein solcher Vorgang durch Zeichen wie Missernten, Überschwemmungen, Dürren oder Erdbeben. Dann war es nicht nur das Recht, sondern sogar die Pflicht des Volkes, sich einen neuen Herrscher zu suchen, der schon allein durch seinen Erfolg im Kampf um den Thron beweisen konnte, dass *er* in der Gunst des Himmels stand. – Eine solche Vorstellung ist bis heute nicht völlig verloren gegangen; man hat davon berichtet, dass die kommunistische Führung in China ein jedes Mal große soziale und politische Unruhen befürchtete, wenn Missernten oder Erdbeben in gehäufter Zahl auftraten.

41 *Plotin:* lebte von 204 bis 270 und begründete die neoplatonische Schule. Er vertiefte den schon bei Platon vorhandenen Gedanken der Trennung zwischen einer geistigen, ideellen und einer materiellen, sinnlichen Welt. Für ihn ist die reale Welt, in der wir leben, der Ausfluss, das Resultat der geistigen Welt, und zwar im Sinne einer minderen Qualität, eigentlich sogar das *Urböse*. Deshalb hat nach Meinung von Plotin – hier sehr nahe der Gnosis – der Mensch die Aufgabe, sich von allem Materiellen und Körperlichen loszusagen und zu reinigen *(katharsis)*.

42 *Boëthius:* lebte von 480 bis 524 und war ebenfalls ein Vertreter des Neoplatonismus. Er war jahrelang Beamter am Hofe des Theoderich, wurde aber wegen des Vorwurfes, er habe an einer Verschwörung zugunsten des oströmischen Reiches teilgenommen, schließlich hingerichtet.

43 *Porphyrios:* lebte von 233 bis 300 in Rom, ebenfalls Neoplatoniker, kümmerte sich um die Verbreitung der Schriften des Plotin. Er hat eine Vielzahl von – leider verlorenen – Schriften gegen das Christentum verfasst. Diese Schriften allerdings inspirierten offensichtlich den späteren Kaiser Julian, genannt *Apostata*, zu dessen ebenfalls eher reservierten Haltung gegenüber dem Christentum.

44 *Ambrosius von Mailand:* geboren um 335 (in Trier), gestorben 397 in Mailand, war dort über lange Jahre Provinzstatthalter und Bischof (auch wenn er zu Beginn seiner Amtszeit noch nicht getauft war). Durch sein Wirken ist der Hymnengesang in die westliche Liturgie eingeführt worden. – Der Teufel spielt in diesem Zusammenhang auf die Speise der griechischen Götter *(ambrosia*, die Unsterblichkeit) an, wobei dieser Begriff überhaupt für wohlriechende Öle und Salben verwendet wurde.

45 Ambrosius hatte sehr klare Vorstellungen vom Wirtschaftsleben: Den Geldverleih gegen Zinsen hielt er für einen *Akt gegen die Natur*. Kühe etwa, so sagte er, seien empfindungsfähig und fruchtbar, könnten also andere Kühe

gebären und gehörten damit eindeutig zur Natur. Geld hingegen sei gefühllos und unfruchtbar, könne also kein anderes Geld gebären, es sei denn durch Schwindel und Fälschung. Eine einzige Ausnahme wollte er allerdings gelten lassen: Wo Kriegsrecht bestehe, bestehe auch Wucherrecht *(ubi ius belli, ibi etiam ius usurae)*, man könne also Wucherzins von demjenigen nehmen, den umzubringen kein Verbrechen sei. – Mit der Bank ist die inzwischen insolvente und geschlossene *Banco Ambrosiano* gemeint, die in einer engen Beziehung zum Vatikan stand, aber ebenso sehr in kriminelle Machenschaften, nicht zuletzt im Umfeld der berüchtigten Loge *P2 (Propaganda Due)*, verwickelt war. Der Präsident der Bank, Roberto Calvi, gehörte mit Michele Sindona und dem Erzbischof Paul Marcinkus, dem Präsident der Vatikanbank, zu den führenden Mitgliedern der Loge, die ihrerseits wiederum Teil der *Grand Orient Lodge of Egyptian Freemasonry* gewesen sein soll. Calvi kam 1982 unter bisher ungeklärten Umständen in London ums Leben, übrigens am selben Tag wie seine Sekretärin in Mailand. Gründer der P2 war ein gewisser Licio Gelli, der in Verbindung mit der CIA und dem KGB gestanden haben soll; da ein jedes neue Mitglied der P2 bei seiner Initiation eine Art von Beichte ablegen musste, war Gelli im Besitz von genügend (kompromittierendem) Material, das er bei Bedarf für Erpressungen nützen konnte. Die P2 soll auch am so genannten *Gladio*-Projekt beteiligt gewesen sein, bei dem es darum ging, Terroranschläge zu verüben, linksradikalen Gruppen die Verantwortung dafür zuzuschieben und auf diese Weise eine rechte, vielleicht sogar neofaschistische Regierung für die italienische Bevölkerung attraktiv zu machen.

46 Wenn der Teufel hier von einem Zusammenhang zwischen Politik und Religion spricht, dann wohl nicht allein mit Blick auf bestimmte Formen der Regierung wie die Theokratie oder das Priesterkönigtum. Gemeint ist damit sicherlich nicht nur, dass in vielen Kulturen die Herrschaft auf eine besondere, transzendente Art und Weise legitimiert wird (Abstammung, Gottesgnadentum, Salbung, Königsheil). – Hier wird eher auf einen anderen Zusammenhang verwiesen, wie er nämlich in den 1930er Jahren von Eric Voegelin und Carl Schmitt (allerdings aus unterschiedlichen Perspektiven) beschrieben wurde, dass es nämlich strukturelle Ähnlichkeiten zwischen politischem und religiösem Handeln gibt, vor allem dann, wenn sich politische Gruppierungen aufgrund von umfassenden Anschauungen und Erklärungen der Welt zusammenfinden wie etwa im Nationalsozialismus oder im Kommunismus. In diesen beiden Fällen wird – wie in einer Religion – auf das Wirken von transzendenten Kräften verwiesen, die sich angeblich in einem ewigen Konflikt befinden, der nun, durch das Einwirken der jeweiligen politischen Gruppierung, ein für alle Mal entschieden werden kann. – Heute, zu einem Zeitpunkt, da man den Niedergang von Staat

und Politik beklagt, gewinnt diese Frage eine neue Bedeutung, wenn sich etwa politisches Handeln immer stärker an Symbolen als an tatsächlichen Ergebnissen ausrichtet.

47 Im 1. Petrusbrief (2,18) heißt es: *Ihr Knechte, seid untertan mit aller Furcht den Herren, nicht allein den gütigen und gelinden, sondern auch den wunderlichen.* Und der Römerbrief (13,1) wird noch deutlicher: *Jedermann sei untertan der Obrigkeit, die Gewalt über ihn hat. Denn es ist keine Obrigkeit ohne von Gott; wo aber Obrigkeit ist, die ist von Gott verordnet.*

48 Diese vier Jahrhunderte um die Zeitenwende gehören sicherlich zu den kreativsten in der Geschichte der Menschheit, zumindest was den Bereich von Philosophie und Religion anbetrifft. In diesem Zeitraum sind – zumindest im mediterranen Raum – ständig neue Religionen erfunden worden, immer wieder haben sich Sekten oder Häresien gebildet, bis auch diese neuen Gruppen ihrerseits zerfielen. Vor allem das gnostische Denken hat viel zu dieser Entwicklung beigetragen, gehörte es doch zu seinen wesentlichen Annahmen, dass das Individuum selbst nach angemessener Ausbildung, Erleuchtung und kontemplativer Praxis die Wahrheit finden kann. Da aber nun die Menschen nicht nur verschieden sind (und damit wenigstens unterschiedliche Wege begehen, wenn sie nicht sogar auf diese Weise auch zu unterschiedlichen Zielen gelangen), sondern sich die menschliche Sprache nur unzureichend dazu eignet, das individuelle Erlebnis von Gott und Wahrheit in Worten auszudrücken, sind die Erkenntnisse nur schwerlich zu kommunizieren. Daher sind die meisten Texte nicht nur aus heutiger Sicht vage, kompliziert und zumeist unverständlich, weil sie eben gar nicht dazu gedacht waren, einen rationalen, interpersonell überprüfbaren Bericht zu geben. Wenn man mit diesen Texten etwas anfangen will, dann muss man sich selbst der Meditation hingeben, wobei es eher unwahrscheinlich wäre, das Gleiche wie der jeweilige Autor zu empfinden oder zu erkennen. – Es hat den Anschein, als habe man damals versucht, alle Möglichkeiten zu erkunden, die es im System der Religion geben mag, und tatsächlich ist man seitdem nur zu wenigen grundsätzlich neuen religiösen Einsichten gekommen. Die heutigen *neuen* Religionen bedienen sich weitgehend aus dem damals angelegten Fundus.

49 Die Aufzählung der diversen Sekten folgt weitgehend dem *Panarion* (dem *Arzneikasten* gegen die Häresien) des *Epiphanios*, der von 315 bis 403, zuletzt als Bischof auf Zypern, lebte. Nach allem, was man von ihm weiß, war er nicht sonderlich gebildet, dafür aber besonders eifrig, wenn es darum ging, Ketzer aufzuspüren und zu verfolgen. Diesem Eifer immerhin verdanken wir, dass man heute über gewisse Gruppen überhaupt noch etwas weiß, denn deren originale Schriften sind häufig nicht mehr erhalten.

50 Die *Gnosis* ist eine zwar in sich selbst sehr divergierende, insgesamt aber

höchst bedeutsame religiöse Strömung bis etwa zum Ende des Römischen Reiches. Sie war eine der wichtigsten und über lange Zeit erfolgreichsten Konkurrentinnen des sich gerade entwickelnden Christentums. Ihre Wurzeln reichen weit über das Christentum hinaus und lassen sich bis in gewisse Formen der orientalischen Volksreligionen zurückverfolgen, ebenso wie übrigens auch ihre Wirkungsgeschichte bis in die heutige Zeit hineinreicht (es lassen sich durchaus gnostische Elemente im Nationalsozialismus feststellen, vgl. dazu Harald Strohm, *Die Gnosis und der Nationalsozialismus,* 1997). – Bei allem, was die diversen Gruppierungen der Gnosis sonst voneinander unterscheiden mag, sind sie sich doch darin einig, dass diese Welt nicht von einem guten, sondern von einem bösen, wenigstens aber doch unfähigen Gott geschaffen wurde. Die menschliche Seele wird hier wie in einem Gefängnis gefangen gehalten, und es ist die Aufgabe des Menschen, seine Seele durch stetiges Bemühen zu befreien und sie an den ihr eigentlich zustehenden Ort – das Reich des guten Gottes – zu bringen. Dabei handelt es sich um eine individuelle Aufgabe; der gute Gott mischt sich nicht in die Angelegenheiten dieser Welt, wird daran auch von den bösen Archonten gehindert, so dass sich der Mensch schon selbst um die Erlösung bemühen muss und nicht auf die göttliche Gnade warten kann. Wenn man das Christentum durch die Begriffe *Glauben* und *Warten* charakterisieren kann, dann die Gnosis durch *Wissen* und *Handeln,* selbst wenn sich Wissen und Handeln auf die Metaphysik und nicht auf die hiesige Welt richten.

51 Man kann die bösen Archonten, die der gnostischen Auffassung zufolge die Welt erschaffen haben und sie beherrschen, auch als den oder die *Teufel* bezeichnen. Im Neuen Testament wird der Begriff Fürst *(archon)* tatsächlich häufig für den Teufel verwendet: *Jetzt geht das Gericht über die Welt; nun wird der* Fürst dieser Welt *ausgestoßen werden* (Johannes 12,31) oder *Ich werde nicht mehr viel mit euch reden; denn es kommt der* Fürst dieser Welt, *und hat nichts an mir* (Johannes 14,30) oder der Verweis auf *den* Fürsten, *der in der Luft herrscht, nämlich nach dem Geist, der zu dieser Zeit sein Werk hat in den Kindern des Unglaubens* (Epheser 2,2). – Insoweit war die Enthüllung, dass nicht der gute Gott, sondern andere für die Schöpfung der Welt verantwortlich sind, in der Tat nicht hilfreich, weil sie dem Teufel keine Ehre, sondern angesichts der realen Zustände in dieser Welt nur Hohn und Verachtung einbrachte.

52 Wenn man annimmt, dass Jesus Christus der Sohn Gottes war, der sich mit dem klaren Auftrag der Erlösung in dieser Welt aufgehalten hatte, und wenn man gleichzeitig davon ausgeht, dass zwischen Gott und dem Teufel um die Herrschaft über die Welt gestritten wird, dann ist die Vorstellung keineswegs abwegig, dass auch der Teufel einen Nachkommen in

menschlicher Gestalt in die Welt gesetzt hat, um sein eigenes Werk zu befördern. Dieser Nachkomme (ob nun sein direkter Sohn oder nicht) ist der *Antichrist*, dessen Auftauchen allerdings die nahende Wiederkehr Christi ankündigt. In vielen Werken wird der Antichrist als ein blasphemisches Scheusal beschrieben, das mit Betrug und Scheinwundern Eindruck erzielen will, dem dann viele Menschen in ihrer Verblendung folgen, das aber von Christus durch einen Hauch getötet wird: *[…], daß zuvor der Abfall komme und offenbart werde der Mensch der Sünde, das Kind des Verderbens, der da ist der Widersacher und sich überhebt über alles, was Gott oder Gottesdienst heißt, also daß er sich setzt in den Tempel Gottes als ein Gott und gibt sich aus, er sei Gott […] und alsdann wird der Boshafte offenbart werden, welchen der Herr umbringen wird mit dem Geist seines Mundes und durch die Erscheinung seiner Zukunft ihm ein Ende machen* (2. Thessalonicher 2,3 ff.). – Im Allgemeinen wird also der Antichrist als eine Schreckensgestalt geschildert: Grausig ist die Gestalt gemalt, als riesiger feuerroter Drache, der sieben Köpfe mit Kronen und zehn Hörnern hat; mit dem Schwanz kann er einen Haufen Sterne nach sich ziehen, aus dem Maul Wasserströme speien (Offenbarung 12–14). Bleibt aber die Frage, weshalb die Menschen sich von einem solchen Wesen, das eher abschreckend als attraktiv wirkt, überhaupt verführen lassen, so dass man sich später den Antichristen als eine durchaus schöne, anziehende, verführerische Person vorgestellt hat, die nur von den Eingeweihten in ihrem bösen Charakter erkannt werden kann. – Der Begriff des Antichristen ist immer wieder für unterschiedliche historische Persönlichkeiten verwendet worden, so für Antiochus IV. Epiphanes, einen Seleukidenherrscher im zweiten vorchristlichen Jahrhundert, oder für Nero und Domitian *(Nero redivivus)* oder Kaiser Friedrich II. Selbst die Päpste sind nicht davon verschont geblieben, mit dem Antichristen identifiziert zu werden, etwa im Falle von Johannes XXII. im 14. Jahrhundert.

53 Nicäa (griechisch: *Nikaia*) ist eine Stadt in der Nähe von Konstantinopel; dort fanden im Jahre 325 das Erste und im Jahre 787 das Siebte Konzil statt. Die Stadt erlangte danach noch einmal eine gewisse Bedeutung, als sie nach der Besetzung von Byzanz durch westliche Heere zwischen 1204 und 1261 zur vorübergehenden Hauptstadt des Byzantinischen Reiches wurde. – Vor allem das Erste Konzil in Nicäa hatte weit reichende Folgen: Im Kanon 17 wurde festgelegt, dass diejenigen Geistlichen, die *aus Habsucht schnödem Gewinn* [*turpia lucra*] *nachjagen* und Zinsen nehmen, aus dem Amt ausgeschlossen werden sollen. Ebenfalls wurden Kastraten aus dem geistlichen Stand entfernt, auch wenn sie gemäß Matthäus 19,12 *sich selbst verschnitten haben um des Himmelsreichs willen*. Schließlich wurde noch geregelt, welche Frauensperson mit einem Priester zusammenleben dür-

fen, nämlich nur noch Mutter, Schwester oder Tante und eben keine *angenommene Schwester [soror adoptiva]* und auch kein *eingeschleustes Weib [subintroducta mulier]*. – Die südfranzösische Stadt *Nizza* trug als griechische Siedlung ursprünglich ebenfalls den Namen Nikaia, so dass eine Namensverwechslung in Bezug auf den berühmten Salat durchaus möglich wäre. – Das hier vom Teufel angesprochene Bankett am Ende des Konzils ist historisch verbürgt, ebenso wie der Umstand, dass der Kaiser sich alle erdenkliche Mühe gegeben hatte, den Teilnehmern das schwere Los der Anreise zu erleichtern; so ordnete er an, die *öffentliche Post* einzusetzen, zudem stellte er den Teilnehmern alle nötigen Lasttiere unentgeltlich zur Verfügung.

Fünfter Satz: Finale fiascoso

1 Dass sich Gott nicht nur in allen Formen des Lebens und der Natur manifestieren kann, sondern es auch tatsächlich tut, ist die Vorstellung des *Pantheismus*. Dort geht man davon aus, dass Gott und die Welt eins sind, was allerdings zur Konsequenz hat, dass damit nicht nur alle Dinge in der Welt göttlich sind, sondern dass sich daher die Dinge in ihrer wesentlichen Qualität auch nicht unterscheiden. Anders ausgedrückt: Wenn die Welt ein unitarisches Sein ist, dann haben die individuellen Dinge keine Unabhängigkeit, sind sie doch in Gott miteinander verbunden. – Bei den deutschen Philosophen des 19. Jahrhunderts (Fichte, Schelling, Hegel) war der Pantheismus recht beliebt, wenn etwa Fichte darauf verweist, dass sich Gott in der moralischen Ordnung der Welt manifestiert, Schelling im absoluten Gott die Identität aller Gegensätze erkennen will und Hegel schließlich den gesamten Weltprozess als die Entwicklung der Idee *(Weltgeist)* verstehen will. Vonseiten der katholischen Kirche ist die Vorstellung von einem Pantheismus unter Papst Pius IX. zur Mitte des 19. Jahrhunderts als Irrlehre verurteilt worden.

2 *Zephyrinus* bekleidete das Amt des Papstes wahrscheinlich zwischen 199 und 217 und hatte damit eine für die damaligen Verhältnisse recht lange Amtszeit. Der christliche Schriftsteller *Hippolytos*, der zur gleichen Zeit lebte, bezeichnet ihn in seinen *Philosophymena* als eher ungelehrt und ungebildet und zweifelte seine Eignung als Bischof an. Es ist nicht ganz klar, worauf diese Einschätzung beruhte, möglicherweise darauf, dass Zephyrinus im ersten überlieferten römischen Bischofsedikt sogar Unzuchtssünden für vergebbar erklärt haben soll. Unklar ist auch seine Position im damals

recht virulenten Streit um die wahre Natur Christi, deren genaue Argumente sich dem heutigen Verständnis weitgehend entziehen, jedenfalls soll Zephyrinus, ebenso wie sein Vorgänger Victor I. und sein Nachfolger Callixtus I., den *Monarchianern* nahe gestanden haben, die in Gott und seinem Sohn eine einzige Person gesehen haben und damit vermeiden wollten, dass Christus zu einer Art von zweitem Gott wird, je mehr man ihn von Gottvater trennt und zu einem eigenständigen Wesen macht. Der wichtigste Vertreter dieser Schule war ein gewisser *Sabellius* (daher der Name *Sabellianer* für diese Gruppe), der seinerseits von eben jenem Hippolytos auf das Energischste bekämpft wurde, bis Papst Callixtus I. schließlich beide exkommunizierte.

3 Der Name *Patripassianer* für die Gruppierungen der Monarchianer leitet sich aus deren Vorstellung her, dass Gott und Sohn ein einziges Wesen sind, so dass damit der Vater *(pater)*, also Gott selbst, die Passion hat erleiden müssen.

4 Die Debatten um die *zwei Schwerter* gehören zu den wichtigsten des frühen Mittelalters. Gemeint war damit die Frage, welche der beiden Gewalten – die geistliche oder die weltliche – die Oberhand im Staat haben sollte. Ausgangspunkt dieses Streites war eine Stelle im Lukasevangelium, die einen Vorfall kurz vor der Verhaftung Jesu beschreibt: *Sie sprachen aber: Herr, siehe, hier sind zwei Schwerter. Er aber sprach zu ihnen: Es ist genug* (Lukas 22,38). Auf den ersten Blick erscheint die Stelle klar: Jesus sieht keinen Sinn in einer gewaltsamen Auseinandersetzung und bricht alle aufkommenden Diskussionen mit der kurzen Bemerkung *Es ist genug* von vornherein ab. – Man kann diese Stelle aber auch anders interpretieren, und so hat man es in der frühchristlichen Auslegung getan, dass nämlich *zwei* Schwerter ausreichen. Da Jesus aber an anderer Stelle sagt: *Stecke dein Schwert an seinen Ort! denn wer das Schwert nimmt, der soll durchs Schwert umkommen* (Matthäus 26,52), und im Brief an die Epheser vom *Schwert des Geistes, welches ist das Wort Gottes* (Epheser 6,17) die Rede ist, war klar, welches der beiden Schwerter das bedeutendere sein sollte: das *geistliche* Schwert. Andererseits wird im Brief an die Römer über die weltliche Gewalt gesagt: *denn sie trägt das Schwert nicht umsonst*, also nicht ohne Grund und Legitimation, denn *sie ist Gottes Dienerin, eine Rächerin zur Strafe über den, der Böses tut* (Römer 13,4). – Was also tun? Am besten wäre es, wenn die weltliche und die göttliche Gewalt in einer Person oder Institution vereinigt sein könnten, wie man es von Karl dem Großen annahm, der dann beide Schwerter gleichzeitig führte. Diese Annahme ließ sich jedoch nicht durchhalten, weil beide Gewalten, Papst und Kaiser, das Primat für sich forderten, und zwar je mehr sie sich voneinander emanzipierten und jeweils eigene Interessen verfolgten.

5 Die Menschen haben sich schon sehr früh auf die Suche nach einem (dem) *idealen Staat* gemacht. Fast alle grossen Philosophen zu fast allen Zeiten haben sich mit diesem Thema intensiv beschäftigt und sind dabei – wie nicht anders zu erwarten – zu sehr unterschiedlichen Ergebnissen gekommen. Es führte jedoch zu weit und würde einen jeglichen Rahmen sprengen, wenn man an dieser Stelle die diversen Vorstellungen von einem idealen Staat auch nur stichwortartig aufzählen wollte. Der Hinweis mag genügen, dass die Philosophen nur selten in die Lage versetzt wurden, ihre Ideen in die Tat umzusetzen, was vielleicht die eigentliche Ursache dafür ist, dass wir immer noch auf die Realisierung eines solchen idealen Staatsgebildes warten müssen. – Dem Teufel jedenfalls haben die staatsphilosophischen Überlegungen von *Platon* und *Aristoteles* sicherlich sehr gut gefallen, ging es dabei doch nicht allein darum, das menschliche Gemeinwesen so zu organisieren, dass Frieden und Sicherheit herrschen, sondern der Staat hatte darüber hinaus und vor allem die Aufgabe, die Bürger zu einem vollkommenen und durch die Tugend glückseligen Menschen zu erziehen. Dass dabei der Staat und seine Organe tief in die Gestaltung des individuellen Lebens eingreifen sollten und mussten, war dann eben billigend in Kauf zu nehmen. Von einer *Demokratie* in unserem heutigen Sinne war bei ihren Erfindern (die wir ja im antiken Griechenland vermuten wollen) allerdings keinerlei Rede: Eher schon fürchtete man sich vor der Klassenherrschaft der Unbemittelten, des besitzlosen Pöbels über das anständige Besitzbürgertum, so dass man jene damaligen Vorstellungen von einem idealen Staat heutzutage mit den Begriffen der *Plutokratie* (der Herrschaft der Besitzenden) oder der *Meritokratie* (der Herrschaft der Leistungsfähigen) belegen würde.

6 Die Vorstellung, dass eine Gesellschaft (und mit ihr der Staat) wie ein Irrenhaus zu organisieren wäre, wurde von einem Amerikaner namens Thurman Arnold in den 1930er Jahren entwickelt. Von einem humanitären Standpunkt aus – so argumentiert Arnold – sei die beste Regierung diejenige, die man in einem Asyl für Geisteskranke finden könne, wo der leitende Arzt es den Patienten so gemütlich und angenehm wie möglich mache, unabhängig von deren jeweiligen moralischen oder sonstigen Vorstellungen über das Leben. Die Ärzte in solchen Einrichtungen hätten eingesehen, dass es eine Zeitverschwendung wäre, mit den Kranken über die Sinnhaftigkeit dieser Vorstellungen zu debattieren. Vorbilder für eine solche Theorie hatte Arnold in den diversen Strategien des Kolonialismus gefunden, vor allem in der amerikanischen Besetzung der Philippinen, so dass er vorschlug, die Bürger eines Landes so zu behandeln wie eben die *kleinen braunen Brüder*. Demokratie – so jedenfalls sagte es Arnold – bestehe darin, den Menschen zu geben, was sie wollen, aber nicht darin, auf ihre

Ratschläge zu hören, zumal die meisten Menschen ohnehin mehr Wert auf moralische Gesten legten als auf Wirksamkeit. Es überrascht dann nicht mehr, dass Arnold das Idealbild eines politischen Administrators in der Kombination der Fähigkeiten eines Psychiaters mit denen eines Werbefachmanns sah.

7 *Dr. Tarr* und *Professor Fether* sind die Protagonisten einer Kurzgeschichte von Edgar Allan Poe (*The System of Dr Tarr and Professor Fether*, 1845). In dieser Geschichte besucht ein Reisender eine Irrenanstalt im südlichen Frankreich. Dort, so heißt es, habe man mit einer speziellen Behandlungsmethode gute Erfolge erzielen können, indem man die Kranken schonte, und sie unbehindert ihren Neigungen nachgehen konnten. Hinzu kam ein umfassendes Angebot an Vergnügungen wie Musik, Tanz, gymnastische Übungen, Kartenspielen oder das Lesen von gewissen Büchern. Schließlich forderte man die Kranken noch dazu auf, die Handlungen der anderen zu überwachen: *Einem Wahnsinnigen zu zeigen, dass man auf seine Intelligenz und seine Diskretion vertraut, heisst, ihm Körper und Seele zurückgewinnen.* Nun stellt sich im Verlauf der Geschichte heraus, dass diese Methode nicht mehr angewendet wird, weil sie letztlich doch mit zu vielen Nachteilen verbunden gewesen war, denn selbst der beschwichtigte Irre sei immer noch ein Irrer und damit eine Gefahr: *Wenn ein Wahnsinniger ganz vernünftig erscheint, ist es die höchste Zeit, ihn in die Zwangsjacke zu stecken.* Tatsächlich hatte es aber einen Aufstand der Irren in der Klinik gegeben, der damit endete, dass die Irren die Macht übernahmen. Die Geschichte endet damit, dass dem Erzähler zu seinem größten Erschrecken klar wird, dass die Irren immer noch die Gewalt über die Anstalt haben. – Zu der Zeit, in welcher die Geschichte Poes spielt, sind derartige Anstalten (gleich, nach welchem System geführt) ein neuartiger und innovativer Teil des Gesundheitssystems. Bis weit in das 19. Jahrhundert hinein war es üblich, dass sich nicht die Gesellschaft, sondern die Familie mit den psychisch Kranken auseinander setzen und sie versorgen musste, was für die Betroffenen zumeist viel Qual und Leid mit sich brachte: Sie wurden geschlagen oder oft angekettet in den Ställen gehalten. Mit der sich ausbreitenden Aufklärung jedoch mochte man sich mit derartigen barbarischen Methoden nicht mehr abfinden, so dass man schon im 18. Jahrhundert damit begann, Asyle für die Kranken zu schaffen. Erst im 19. Jahrhundert jedoch setzte sich die Annahme durch, dass es um mehr als nur das Verwahren solcher Kranken, nämlich um ihre therapeutische Behandlung, gehen musste. Es entstanden – vor allem in Deutschland – entsprechende Kliniken, in denen mit äußerst humanen Methoden versucht wurde, das Los der psychisch Kranken zu verbessern.

8 *Jovian:* geboren im Jahre 331 in Pannonien (Ungarn), römischer Kaiser

von Juni 363 bis Februar 364, Nachfolger von Julian Apostata; Jovian versuchte die angespannte innenpolitische Lage dadurch zu entspannen, dass er es einem jeden Bürger freistellte, seinen Glauben zu praktizieren. Er war der letzte römische Kaiser, der nach seinem Tod als *divus* (Gott) in der Kirche der Heiligen Apostel in Konstantinopel beigesetzt wurde.

Majorian: weströmischer Kaiser von 457 bis 461,

Olybrius: weströmischer Kaiser von April bis November 472,

Glycerius: weströmischer Kaiser von 473 bis 474, Nachfolger des Olybrius, ihm folgten dann nur noch die Kaiser Julius Nepos und Romulus Augustulus.

Deren pejorative Beinamen (*Nepos:* der Neffe, *Augustulus:* der kleine Kaiser) machen schon sehr deutlich, über wie wenig tatsächliche Macht sie noch verfügten und wie wenig man von ihren jeweiligen Qualitäten und Kompetenzen hielt. Schon Majorian, Olybrius und Glycerius waren nur noch Marionetten in den Auseinandersetzungen zwischen rivalisierenden Offizierscliquen zumeist germanischer Herkunft – in diesem Fall zwischen Aegidius und Geiserich, in die sich noch ein gewisser Ricimer mischte. Dabei ging es um die stetig schwindende und durch die Einwanderung neuer germanischer Stämme bedrohte Herrschaft im Weströmischen Reich.

9 Julian, genannt *Apostata* (der Abtrünnige), lebte von 331 bis 363 und war von 361 bis 363 römischer Kaiser. Er war Neffe jenes Kaisers Konstantin, der zu Beginn des 4. Jahrhunderts das Christentum zur Staatsreligion gemacht hatte. Allerdings hatten die neuen Privilegien für das Christentum nicht unbedingt zu einer Verfolgung und Unterdrückung der anderen Religionen geführt: Unter Constans und Constantius II. wurden zwar entsprechende Gesetze gegen das *Heidentum* erlassen, aber nur in den seltensten Fällen strikt exekutiert. Immerhin war das Christentum in jenen Jahren noch ungefestigt und in sich selbst in zahllosen theologischen Disputen zerstritten; auch hatte es noch längst nicht die Mehrheit der Bevölkerung im gesamten Römischen Reich erreicht. Die Jahre bis zum Regierungsantritt des Julian waren also von einem hohen Maße an religiöser Liberalität geprägt. – Julian selbst war in seiner Jugend christlich erzogen worden, hatte sich dann aber infolge eines wohl sehr weit reichenden Studiums der philosophischen Literatur vom Christentum wieder abgewandt (daher sein Beiname: der Abtrünnige). Dazu beigetragen hatten offenbar nicht nur religiöse Überlegungen, sondern auch die Ablehnung des sich damals bereits herausbildenden kirchlichen Apparats und seines Anspruchs auf politische Macht. – Als Julian im Jahre 361 Kaiser des gesamten Reiches geworden war, begann er unmittelbar damit, die Verwaltung von Reich und Hof zu reformieren, vor allem reduzierte er Zahl und Einfluss der Verwal-

tungsbeamten und Polizeiagenten *(agentes in rebus)* sowie der – wie es in einem zeitgenössischen Bericht heißt – *verschnittenen Mundschenke, die Constantius* (den vorherigen Kaiser) *umschwärmten, wie Fliegen bei der ersten Hitze den Hirten umschwärmen.* Ein wichtiger Teil von Julians Reformen war es, die traditionelle Religion neu zu organisieren; er versuchte sie auch materiell wieder in die Lage zu versetzen, sich gegen das Christentum zu behaupten. – Julian starb im Sommer des Jahres 363 während einer Schlacht im Krieg gegen die Perser, wobei nicht ganz klar ist, wer – ob Perser oder Römer – ihm den tödlichen Schlag versetzt hatte. Die Tragik des Julian liegt nicht zuletzt darin, dass er mit seinen Versuchen einer *heidnischen Renaissance* keinerlei Unterstützung bei den nichtchristlichen Gruppen in Adel und Bevölkerung fand, sondern mit seinen sehr spezifischen Vorstellungen ein Einzelgänger ohne weitere Wirkung für den Gang der Geschichte blieb.

10 Mit den *Völkern der Steppe im Osten* meint der Teufel hier zunächst und vor allem die *Hunnen*, die ab dem Beginn des 5. Jahrhunderts aus Sibirien kommend immer weiter nach Westen vorstießen. Ob es sich bei diesen Völkern um die schon im 3. vorchristlichen Jahrhundert von den Chinesen bekämpften *Hsiung-nu* oder um die etwas später ins nördliche Indien eindringenden *Hûna* handelte, ist in der Forschung immer noch umstritten, ebenso wie die Frage, in welcher Verbindung sie zu den in Afghanistan und Persien angesiedelten *Weißen Hunnen* oder *Hephthaliten* gestanden haben. Die Hsiung-nu jedenfalls haben mit ihren ständigen Einfällen in das Chinesische Reich den Bau der Großen Mauer ausgelöst. Dieses Bollwerk hat die Eindringlinge aber immer nur dann wirklich aufgehalten, wenn das Reich selbst stark genug war, die nomadisierenden Stämme in ihren eigenen Gebieten zu bekämpfen. Gegen Ende des dritten nachchristlichen Jahrhunderts waren die Chinesen damit so erfolgreich, dass die Hsiung-nu (auch durch den Druck von mongolischen und tatarischen Stämmen) gezwungen wurden, nach Westen auszuweichen, was sie schließlich nach einhundert Jahren in das Siedlungsgebiet germanischer Stämme in der heutigen Ukraine brachte, die ihrerseits wiederum in das Gebiet des Römischen Reiches flüchteten. – Die Vorstellung von den Hunnen als einem weitgehend kulturlosen Volk ist inzwischen durch reichhaltige archäologische Funde widerlegt. *Attila* etwa unterhielt einen äußerst prunkvollen Hof in Pannonien und hatte schon damit begonnen, gewisse staatliche Strukturen in seinem Reich zu entwickeln. – Dass es sich bei den Hunnen um ein *Volk* in einem genetischen oder historischen Sinne gehandelt hat, ist unwahrscheinlich; man muss wohl eher annehmen, dass *die* Hunnen sich aus sehr unterschiedlichen Stämmen, Clans und Völkerschaften zusammensetzten, die auf der langen Wanderung nach Westen

aufgesogen worden waren oder sich ihnen in den Zeiten der militärischen Erfolge angeschlossen hatten.

11 Die *Friedhöfe* waren zu Zeiten des Römischen Reiches – sicherlich aus hygienischen Gründen – außerhalb der Städte angelegt worden, was man auch in den frühchristlichen Jahren beibehielt. Papst Callixtus war von seinem Vorgänger Zephyrinus nach Rom geholt worden, um Grundstücke vor den Toren Roms aufzukaufen und zu verwalten, damit dort die Mitglieder der christlichen Gemeinde beerdigt werden konnten. – Erst später begann man damit, Friedhöfe in der Nähe von Kirchen oder Kapellen anzulegen, in denen Heilige oder Märtyrer beerdigt worden waren, weil man annahm, dass diese Nähe am Tage des Jüngsten Gerichtes gewisse Vorteile mit sich bringen könnte und außerdem in der Zwischenzeit ein wenig von deren Heiligkeit auf die anderen Toten überginge.

12 Bei *Attar* handelt es sich um eine vorislamische Gottheit aus Südarabien, dem der Morgenstern, der Planet Venus, zugeordnet war und der als Schutz- und Kriegsgottheit verehrt wurde. Sein Symbolzeichen ist die Speerspitze. Dass einer der Hauptattentäter des 11. September 2001 ebenfalls den Namen Atta trug, ist in diesem Zusammenhang wahrscheinlich eher ein Zufall.

13 Hier – wie schon so oft zuvor – ist der Teufel durchaus einer Meinung mit Friedrich Nietzsche, der sich in recht ähnlicher Form in seiner im Jahre 1887 vollendeten Streitschrift *Zur Genealogie der Moral* geäußert hatte. Ob der Teufel der Apologie *der prachtvolle[n] nach Beute und Sieg lüstern schweifende[n] blonde[n] Bestie* gefolgt wäre, die Nietzsche gerade an dieser Stelle jener von ihm verachteten Sklavenmoral hymnisch gegenüberstellt, mag eher zweifelhaft erscheinen, wenn man die Indifferenz des Teufels gegenüber den unterschiedlichen Arten des Menschen bedenkt. – Auch wenn Nietzsche in der ihm eigenen Polemik die Moral der Schwäche als *Klugheit niedrigsten Ranges* bezeichnet, *welche selbst Insekten haben (die wohl sich totstellen, um nicht »zuviel« zu tun, bei großer Gefahr)*, und fortfährt, dass sich diese Moral *dank jener Falschmünzerei und Selbstverlogenheit der Ohnmacht in den Prunk der entsagenden, stillen, abwartenden Tugend gekleidet* habe (*Genealogie der Moral*, 1. Abhandlung, Kapitel 13), auch wenn Nietzsche also nicht unbedingt gerecht und ausgewogen urteilt und weit entfernt bleibt von dem, was man heutzutage als *politically correct* bezeichnen würde, so muss man ihm doch zugestehen, dass er den Blick lenkt auf die Instrumentalisierung von Schwäche für moralische Erpressungen, auf die Opferrolle als strategisches Kalkül, um soziale, ökonomische oder politische Vorteile zu erringen. Man darf schon darauf hinweisen, dass unsere eigene Gesellschaft in einem Widerspruch lebt zwischen dem moralisch-ideologischen Einfordern von Solidarität mit den Schwa-

chen einerseits und der sozial-ökonomischen Verachtung für die Verlierer im Prozess der wirtschaftlichen Konkurrenz andererseits.
14 Johannes 1,1–3.
15 Hier wird auf die Elitentheorie des Soziologen und Ökonomen *Vilfredo Pareto* (1848–1923) angespielt, derzufolge diejenigen Eliten auf Dauer ihre Macht sichern können, denen es gelingt, neue Mitglieder aus den jeweils oppositionellen Bewegungen (also aus der Masse) zu rekrutieren.
16 *Narziss* (griechisch: Narkissos): der Sage nach der Sohn des Flussgottes Kephissos. Er verschmähte die Liebe der Nymphe Echo und wurde dafür damit bestraft, dass er sich in sein im Wasser geschautes Spiegelbild verliebte. Er wurde schließlich, verzehrt von unstillbarer (und unerfüllbarer) Liebe, in die nach ihm genannte Blume, die Narzisse, verwandelt.
17 In *China* sind die staatlichen Würdenträger und Eliten (die *Mandarine*) in einem komplizierten, lang andauernden Prüfverfahren ausgewählt worden, in denen nicht allein die fachliche, sondern auch die kulturelle Bildung abgefragt wurde. So gehörten dazu künstlerische Kenntnisse und Fähigkeiten wie etwa Malerei oder Poesie. Ergebnis dieses Systems war auf jeden Fall, dass sich in China nie – anders als in Europa – ein Erbadel herausbilden konnte, denn die Söhne der jeweiligen Beamten hatten keine besonderen Privilegien in den Prüfverfahren. Von den *Töchtern* ist in diesem Zusammenhang übrigens nie die Rede.
18 *Diese* Art von Menschen, mit denen der Teufel nichts anfangen kann, hat sich offenbar in den vergangenen Jahren wieder vermehrt, jedenfalls wird neuerdings wieder damit argumentiert, dass man – individuell oder kollektiv – im Besitz der göttlichen Wahrheit sei und man vor allem den Auftrag habe, sie gegen alle Widerstände durchzusetzen. Das, was man in diesem Zusammenhang als *Fundamentalismus* bezeichnen kann, bleibt keineswegs nur auf eine einzige Religion (etwa den Islam) begrenzt, sondern scheint immer mehr Anhänger in allen, selbst in den längst als säkular erscheinenden Religionen wie dem Christentum oder dem Judentum zu finden. Auch der Hinduismus erlebt zurzeit eine deutliche Radikalisierung, die sich insbesondere gegen die (indischen) Muslime richtet.
19 Die Vorstellung, dass bei der Abendmahlfeier Blut und Leib Christi nicht nur symbolisch, sondern *tatsächlich* vom aufnehmenden Menschen – im wahren Wortsinne – *inkorporiert* werden, macht das Christentum einzigartig unter den Weltreligionen. Dabei war der Glaube an die mit göttlichen Kräften geladene und sie vermittelnde Speise eher in der Gnosis beheimatet und von dort in das kirchliche Christentum eingedrungen. Die Frage, ob es sich bei der Eucharistie um einen symbolischen oder realistischen Vorgang handelt, ist von Anfang an in der christlichen Theologie höchst umstritten gewesen. Allerdings hat sich letztlich die realistische Vorstel-

lung durchgesetzt, wobei man noch die physiologische Meinung abwehren musste, dass bei dem Genuss Leib und Blut Christi aufgezehrt werden, vergehen und zur Ausscheidung gelangen. Sie gehen – so heißt es zumindest – in unsere Wesenheit ein und dienen dem Bestand von Seele und Leib. – Es verwundert nicht, dass die Lehre von einer tatsächlichen Inkorporation zu erheblichen Problemen bei der Missionierung von Angehörigen anderer Religionen geführt hat, denen man zunächst einmal mühsam auseinander setzen musste, dass es sich nicht um ein kannibalisches Ritual handelte, wenn man Körper und Blut des Mensch gewordenen Gottes zu sich nahm.

20 Der Philosoph Hans Blumenberg (1920–1996) macht in seinem 1986 erschienenen Buch *Lebenszeit und Weltzeit* auf das Spannungsverhältnis aufmerksam, so auch am Beispiel des Teufels, von dem gesagt wird, dass er *weiß, daß er wenig Zeit hat* (Offenbarung 12,12), weil er nämlich sein Werk nicht mehr innerhalb seiner eigenen Lebenszeit wird vollenden können. Blumenberg führt aber in diesem Zusammenhang Hitler an, von dem er sagt, dass *die Erzwingung der Konvergenz von Lebenszeit und Weltzeit die letzte seiner Ungeheuerlichkeiten* gewesen sei, als Hitler versucht habe, den eigenen Untergang mit dem Untergang des Selbstgeschaffenen zu synchronisieren.

21 Die moderne Biologie entdeckt immer mehr Zusammenhänge zwischen den Funktionen des Lebens und kosmischen Einflüssen; dazu gehören etwa die zirkadianen Rhythmen, also bestimmte zeitliche Regelmäßigkeiten in Abhängigkeit von Sonne und Mond. Man hat festgestellt, dass die Erde im Laufe ihrer Entwicklung mehrfach einer radioaktiven Strahlendosis aus dem Weltall ausgesetzt war, die stark genug war, um die meisten zu diesem Zeitpunkten existierenden Lebensformen, wenn schon nicht zu vernichten, so doch erheblich zu schädigen. In einem solchen Sinne haben die Sterne unser Schicksal beeinflusst und werden es weiterhin tun.

22 Der wirtschaftliche und kulturelle Kontakt zwischen den Reichen des Westens und dem Ostens blieb bis weit in die Frühmoderne eher sporadisch, zufällig und auch nur auf kurze Phasen der Geschichte begrenzt: das Vordringen Alexanders bis in den Westen Indiens oder das Eindringen der Hunnen nach Mitteleuropa. Zwar hat man an verschiedenen Stellen in Ostasien römische Münzen gefunden, aber seit dem 7. Jahrhundert und der Expansion der islamischen Hemisphäre wurden die Kontakte noch seltener, wenn sie denn zuvor überhaupt bestanden hatten. Andererseits entschied man sich in China angesichts zunehmender Überfälle von Barbaren dazu, die zwischen 1405 und 1433 unter den Ming-Kaisern begonnene maritime Expansion nach Südostasien, Indien und sogar Ostafrika schon nach kurzer Zeit wieder abzubrechen und in der Folge nicht wieder auf-

zunehmen. – Im Sinne einer kontrafaktischen Historie wäre es interessant, darüber zu spekulieren, wie die weitere Weltgeschichte verlaufen wäre, wenn die Portugiesen auf ihren Reisen nach Indien auf Verbände der chinesischen Marine gestoßen wären.

23 Mit dem Hinweis, dass eine Herausforderung zunächst einmal *wahrgenommen* werden muss, bevor man sich ihr stellen kann, bezieht sich der Teufel auf den britischen Historiker Arnold Toynbee (1889–1975), der nicht nur den Gang der Geschichte als eine stetige Abfolge von Herausforderung *(challenge)* und Antwort *(response)* darstellt, sondern auch die besondere Bedeutung der psychologischen Verfasstheit betont hatte. Toynbee schreibt in seinem 1946 erschienenen Buch *The Study of History*: Die *unbekannte Größe ist die Reaktion der Handelnden auf die Prüfung, wenn diese wirklich eintritt. Diese psychologischen Momente, die ihrem Wesen nach unmöglich zu wägen, zu messen und daher im vorhinein wissenschaftlich abzuschätzen sind, sind die eigentlichen Kräfte, die wirklich den Ausgang entscheiden, wenn der Zusammenstoß stattfindet.*

24 Es scheint typisch für die so genannten *Hochreligionen* zu sein, dass sie ihren Gläubigen die Hoffnung auf eine *Erlösung* anbieten, also nicht nur dadurch Gehorsam und Ehrfurcht vor den transzendentalen Wesen einfordern, indem sie die offenkundige *Angst* der Menschen in dieser Welt bestärken. Diese Angst ihrerseits richtet sich zumeist auf zwei Bereiche: zum einen die Angst vor der *Kontingenz*, also vor dem Unvorhersehbaren und Zufälligen, das selbst die ausgeklügelten Planungen der Menschen obsolet werden lässt, zum anderen die Angst vor den Bedingungen *nach* dem Dasein in dieser Welt, also die Angst vor einer auch nach dem Tode weiterhin gültigen Verantwortung für die eigenen Taten mit der Möglichkeit einer, wenn schon nicht ewigen, so doch wenigstens lange anhaltenden Bestrafung. – Die frühen Erfolge des Christentums lassen sich wohl darauf zurückführen, dass es den machtlosen und schwachen Massen das Gefühl einer eigenen Stärke und ihnen damit die Chance gab, mit der durchaus realen Angst vor den Mächtigen der Welt konstruktiv umzugehen. Auch gegenüber den ansonsten durchaus mächtigen Barbaren wirkte diese Methode der Reduzierung oder wenigstens doch Sublimierung von Angst, indem das Verhältnis zwischen den hiesigen Taten und der Belohnung oder Strafe im Jenseits in besonders grellen Farben geschildert wurde und es auf diese Weise möglich wurde, die Macht der Mächtigen zu disziplinieren. – Auch an einer solchen Stelle zeigt sich, dass die *Wahrnehmung* das Verhalten der Menschen in einem viel stärkeren Maße beeinflusst als die Realität, zumal die Religion (das Christentum) selbst auf den Glauben und nicht auf das Wissen vertraut.

25 *Mani:* lebte von 216 bis 276, überwiegend im Gebiet des parthischen Rei-

ches, und entwickelte aus Zoroastrismus, Christentum und Gnosis eine eigenständige Religion, die trotz gewisser Erfolge in Westeuropa vor allem Anhänger in Persien und Zentralasien (bis hin nach China) fand. Mani selbst starb den Märtyrertod, sein Leichnam wurde geschändet, was in bewusster Anlehnung an die Passion Christi als Kreuzigung geschildert wird.

26 Der Name *Mohammed* bedeutet: der *Gepriesene*. Er wurde schon früh dem arabischen Religionsstifter *Abu 'l-Qasim M. ibn 'Abd Allah* (570–632) beigegeben.

27 Die Bedeutung des *Krieges* zur Durchsetzung und Ausbreitung der eigenen Religion wird im Islam außerordentlich hoch eingeschätzt und wird im Koran immer wieder als eine besondere Pflicht der Gläubigen betont. So heißt es etwa in Sure 9,5: *Sind aber die heiligen Monate verflossen, so erschlaget die Götzendiener, wo ihr sie findet, und packet sie und belagert sie und lauert ihnen in jedem Hinterhalt auf*. Gnade wird nur dann gewährt, wenn die Ungläubigen bereuen, das Gebet verrichten und die Armensteuer zahlen, also zum Islam übertreten. Für denjenigen, der das Schwert nimmt und in den Krieg zieht, sollen sich die Mühen lohnen: *Und so soll kämpfen in Allahs Weg, wer das irdische Leben verkauft für das Jenseits. Und wer da kämpft in Allahs Weg, falle er oder siege er, wahrlich, dem geben wir gewaltigen Lohn* (Sure 4,75). Auch in den Aussprüchen des Propheten, den *Hadithen*, wird in gleicher Weise argumentiert: *Gott unterstützt den, der für den Pfad Gottes kämpft […] Wird er aber getötet, wird er ins Paradies gelangen* und *Im Kampf für den Pfad Gottes getötet zu werden löscht alle Sünden aus*.

28 Auch wenn es die jeweilige Propaganda immer gerne anders verbreitet: Religionen (oder Weltanschauungen) sind zumeist nicht allein das Resultat einer göttlichen Eingebung, sondern entstehen in einem historischen Umfeld von sehr konkreten Rahmenbedingungen. Um solche Prozesse zu beschreiben, erscheint der aus der Physik stammende Begriff des *Kraftfeldes* gut geeignet, denn die Wirkungszusammenhänge zwischen den einzelnen Teilen eines Gesamtsystems sind nicht immer unmittelbar einsichtig, vor allem aber nicht simpler oder deterministischer Natur. – Es wäre also zu einfach, die Entstehung des Islam allein auf die sich verschlechternden klimatischen Bedingungen in Südarabien gegen Ende des 6. Jahrhunderts zurückführen zu wollen, wohl aber haben diese Vorgänge die Bereitschaft *(awareness)* in der Gesellschaft erhöht, sich mit einer neuen Religion zu befassen, wenn sie denn überhaupt erst einmal angeboten wurde.

29 Die Stadt *Alexandria* (Alexandreia) wurde im Jahre 332 vor unserer Zeit im nördlichen Nildelta angelegt und wegen ihrer günstigen Lage zur Hauptstadt des Ptolemäerreiches. Dort befand sich das *Museion* mit der berühmten Bibliothek, in welcher nicht nur gelehrt, sondern auch der Versuch un-

ternommen wurde, alle Bücher der damaligen Zeit aufzukaufen, zu sammeln und zu kodifizieren. In ihrer größten Ausdehnung zu Zeiten Cäsars umfasste die Bibliothek etwa 700 000 Papyrusrollen. – Das *Museion* als Lehranstalt wurde im Jahre 391 nach Christi im Verlaufe heftiger Auseinandersetzungen zwischen Heiden und Christen geschlossen. Die Bestände der *Bibliothek* waren schon in vorchristlicher Zeit dezimiert worden, die Reste fielen einem großen Brand in der Folge der Eroberung durch islamische Truppen im Jahre 642 zum Opfer. Zuvor hatten schon christliche Fanatiker erheblich gewütet und große Zerstörungen angerichtet. Insofern sind die Äußerungen des Teufels auf seine grundsätzliche Ablehnung des Islam zurückzuführen.

30 Der Teufel untertreibt natürlich gehörig, wenn er mit einem abwertenden Unterton nur von einem *gewissen Maß an Kultur* spricht, das der Islam schon zu einem sehr frühen Zeitpunkt seiner Geschichte entfaltet habe. Tatsächlich gehörten *Damaskus* und *Bagdad* spätestens seit dem 9. Jahrhundert zu den wichtigsten und fruchtbarsten Kulturzentren ihrer Zeit, was auf einen jeden Fall mehr ist, als man von Rom oder irgendeiner anderen europäischen Stadt in jenen Tagen hätte sagen können. Im neu eroberten Herrschaftsbereich des Islam trafen die unterschiedlichsten geistigen Strömungen aus der griechischen Antike, dem Christentum, aber auch aus den indischen und chinesischen Traditionen zusammen und wurden von der sich nun herausbildenden islamischen Elite in das eigene System übertragen, geordnet und weiterentwickelt. Die zunächst zögernde, dann aber oft enthusiastische Übernahme der Ergebnisse dieser Arbeiten hat ihrerseits entscheidend dazu beigetragen, dass sich im spätmittelalterlichen Europa ein neuer Geist und damit zugleich eine neue Kultur entwickeln konnten. – Bei aller Wertschätzung der kulturellen Leistungen des Islam und seiner Gelehrten bleibt aber die Frage, weshalb dort die geistige und wissenschaftliche Entwicklung schon zu einem ebenfalls frühen Zeitpunkt stehen blieb. In der islamischen Welt werden dafür die im 11. Jahrhundert beginnenden Kreuzzüge des christlichen Westens verantwortlich gemacht, wobei mit einer solchen Antwort ausgeblendet wird, dass die islamische Kultur selbst zu diesem Zeitpunkt längst tief zerstritten war und auch schon ein Prozess der Dogmatisierung eingesetzt hatte. Ebenso werden auf diese Weise die Folgen des Mongoleneinfalls zu Beginn des 13. Jahrhunderts unterschätzt, dem die kulturellen und wirtschaftlichen Zentren des östlichen Islam bis hin zu Bagdad und Damaskus zum Opfer fielen.

31 Mit dem *fremden Volk* sind hier die *Mongolen* gemeint, die unter der Führung von Temudschin, später: Dschingis Khan, ab dem Beginn des 13. Jahrhunderts zunächst ihre Herrschaft über die innerasiatischen Steppen, dann über das Chinesische Reich und schließlich bis nach Mitteleuropa hin aus-

dehnten. Sie waren in dem Sinne höchst typische Barbaren, als sie recht schnell viele Elemente der überlegenen chinesischen Kultur absorbierten und für ihre Zwecke nutzten.

32 Das Römische Reich war seit dem Ende des dritten nachchristlichen Jahrhunderts in mindestens zwei Hälften geteilt, wohl weil die Transport- und Kommunikationstechniken jener Zeit nicht ausreichten, um ein Territorium dieser Größe von einem zentralen Ort aus zu regieren und zu verwalten. Offiziell wurde die Teilung jedoch erst im Jahre 395 nach dem Tode des Kaisers Eugenius, als germanische Heerführer wie Stilicho, Aëtius, Odoaker oder Ricimer die faktische Herrschaft im westlichen Teil des Reiches übernahmen. – Über längere Zeit blieb die östliche Hälfte (das so genannte *Byzantinische Reich*) dem Westen vor allem in ökonomischer Hinsicht überlegen, jedenfalls so lange, wie Ägypten als Lieferant von Nahrungsmitteln zum Reich gehörte (also bis zum Jahre 642, als Ägypten von den Arabern erobert wurde). Innenpolitisch verlor das Reich vor allem deshalb an Kraft, weil immer wieder religiöse Konflikte dazu genutzt wurden, um Machtfragen am Kaiserhof zu entscheiden. Trotz aller äußeren Prachtentfaltung in der Hauptstadt Konstantinopel wurde das Reich jedoch durch die Araber und später durch die osmanischen Türken (zwischendurch, zu Beginn des 13. Jahrhunderts, auch durch westliche Mächte) auf ein immer kleineres Territorium reduziert, bis schließlich Sultan Mehmed II. Konstantinopel am 29. Mai 1453 erobern konnte.

33 Gemeint ist hier *Karl Martell* (gestorben 741), der im Jahre 732 die arabischen Heere schlug, die 711 unter ihrem Führer *Târiq* von Nordafrika her kommend das Westgotische Reich in Spanien erobert und Raubzüge nach Südfrankreich (Narbonne, Toulouse, Carcassonne, Bordeaux) unternommen hatten. Den Namen *Martell*, der Hammer, hatte Karl nach jener Schlacht gegen die Araber erhalten. – Der Sohn Karl Martells, *Pippin III.*, beendete die inzwischen ohnehin nur noch formale Herrschaft der Merowinger im Frankenreich, indem er mit dem Segen des Papstes Zacharias im November 751 Childerich III. absetzte und sich selbst *dei gratia* zum König der Franken krönen und salben ließ.

34 Hier ist natürlich von *Karl dem Großen* (747–814) die Rede, dem Enkel Karl Martells und Sohn Pippins III. Mit seiner Krönung zum Römischen Kaiser am 25. Dezember 800 legt er die kulturellen (und in gewisser Hinsicht auch die politischen) Grundlagen für das, was noch heutzutage unter dem Begriff *Europa* verstanden wird. Es ist der Erwähnung wert, dass die Römischen Verträge im Jahre 1957 in etwa das Territorium umfassen, das der Ausdehnung des fränkischen Reiches im Jahre 800 entsprach. – Der Beiname *der Große* für Karl ist sicherlich aus einer hohen Wertschätzung für seine politischen Leistungen entstanden (immerhin wurde er im

Jahre 1165 auf Betreiben von Friedrich Barbarossa in einem allerdings umstrittenen Verfahren heilig gesprochen), auch wenn man diese Leistungen immer wieder sehr unterschiedlich bewertet hat. Die deutschnationale Historiographie sah in Karl eher den Schlächter der Sachsen und damit der genuinen germanischen Kultur, die von nun an durch römische und christliche Elemente überlagert und überformt wurde. Man kann natürlich argumentieren, dass es nach der Niederlage des Varus im Jahre 9 nach Christi Geburt immerhin fast achthundert Jahre gedauert hatte, bis die zweifellos überlegene römische Kultur Zugang auch zum östlichen und nördlichen Deutschland erhielt. – Im Übrigen überragte Karl mit einer Körpergröße von 1,90 Meter den Durchschnitt seiner Zeitgenossen beträchtlich, so dass ihm die Nachwelt wenigstens aus diesem Grunde den Beinamen zu Recht gegeben hat.

35 Auch hier sind die *Mongolen* gemeint, die im Verlaufe des 13. Jahrhunderts aus Zentralasien kommend das islamische Reich bis hin zum Nil eroberten und dabei einen großen Teil der arabischen Kultur zerstörten.

36 In diesem Sinne wäre der Mensch auf jeden Fall eine *Frühgeburt*, die nach der Geburt des Schutzes und der Erziehung bedarf. Diese Phase dauert beim Menschen im Verhältnis zu den meisten Tieren sogar recht lange an (wenn auch historisch gesehen nicht immer so lange, wie es heutzutage üblich ist). Und diese Phase kann der Mensch nicht nur mithilfe seiner Eltern überstehen, sondern dazu bedarf es einer größeren Gemeinschaft (Sippe, Clan, Stamm). – Niccolò Machiavelli hat es in seinem Gedicht *L'Asino* wie folgt ausgedrückt: *Allein der Mensch wird ohne alle Wehr geboren, hat weder Leder, Stacheln, Federn oder Flaum, Borsten oder Schuppen, die ihn schützen. Mit Weinen beginnt er sein Leben, mit schmerzerfüllter, rauher Stimme, so ist er ärmlich anzusehen.*

37 Dass der Mensch biologisch ein *Mängel*wesen sei, weil er anders als das Tier an seine Umwelt nicht genau angepasst sei und auch nicht von einer durchgängigen Instinktsteuerung geleitet werde, ist auch von Arnold Gehlen (1904–1976) festgestellt worden. Zwar sei der Mensch wegen dieser Unangepasstheit stets in seiner Existenz bedroht, dieser Nachteil werde jedoch durch die *Weltoffenheit* und die *Lernfähigkeit* des Menschen mehr als ausgeglichen. Die *Kultur* – so zumindest Gehlen – schaffe sich der Mensch zum Zwecke einer künstlichen Umwelt, in welcher ihm das Überleben leichter falle als in der *realen* Umwelt.

38 In der Philosophie Platons wird das *Böse* als das *Fehlen von Sein* verstanden, weil das *Gute* sich eben durch Vollkommenheit, also den Besitz sämtlicher (relevanter) Eigenschaften, auszeichnet. Von Platon stammt jenes Beispiel von der Kuh, die keine Milch gibt und sich damit als *Kuh* disqualifiziert.

39 Die griechische Antike war fest davon überzeugt, dass vor allem die Körperwärme über die Fähigkeiten und Qualitäten eines Menschen entscheidet: Wurden die Föten zu Beginn der Schwangerschaft ausreichend gewärmt, so wurden daraus Männer, wenn nicht, dann ein Wesen, das weicher, flüssiger, kälter und überhaupt formloser war als der Mann ist, eben: eine Frau. Wärme aber ist Voraussetzung für Bewegung, und so war der Mann im Besitz des Prinzips von Bewegung und Entstehung, also die aktive Kraft, die Frau hingegen im Besitz des Prinzips der Materie und somit die passive Kraft (ähnlich in der chinesischen Kultur, wo das *Yang* für das männliche, aktive, starke, rote, ungerade Prinzip steht; das *Yin* hingegen ist weiblich, passiv, schwach, schwarz und gerade). – Die Wärme im Körper entschied jedoch nach Auffassung der klassischen Theorie über weitere Befähigungen: etwa über das Sehen, Hören und die Sprache. Insoweit war es bei der sexuellen Aktion zwischen Mann und Frau erforderlich, dass sich die Körpertemperatur der Frau erhöhte, damit sie ausreichend Kraft entwickeln konnte, um die Geburtssäfte zu produzieren.

40 In der griechischen Antike herrschten überhaupt andere sexuelle Gewohnheiten, Vorlieben und Praktiken, als es sich im Zeichen von *edler Einfalt und stiller Größe* (Winckelmann) das deutsche Bildungsbürgertum vorstellen mochte. Es war zum Beispiel durchaus üblich, dass in den Gymnasien die jungen Knaben von einem älteren Schüler oder einem Erwachsenen in praktischem Handeln an die Sexualität herangeführt wurden. Auch an einem solchen Beispiel wird deutlich, dass und wie sehr unsere Verhaltensweisen kulturabhängig sind.

41 Hier bezieht sich der Teufel auf eine Anekdote aus dem Leben des *Till Eulenspiegel*.

42 Eines der bekanntesten Kirchenlieder Martin Luthers (aus dem Jahre 1528) beginnt mit den Worten *Ein feste Burg ist unser Gott* und fährt dann fort: *ein gute Wehr und Waffen*. Dieses Lied soll vor allem aus Anlass des Reformationstages gesungen werden.

43 *Zweifel* als die Unsicherheit zwischen zwei sich widersprechenden Positionen und die Unfähigkeit, sich zunächst für eine von ihnen zu entscheiden, ist zweifellos Teil einer jeglichen Art von intellektueller Untersuchung. Schon für Aristoteles war die Philosophie nichts anderes als eben *die Kunst, richtig zu zweifeln*, wobei die Frage an die Philosophie bleibt, wie diese Zweifel letztlich auszuräumen sind. Dass die menschlichen Sinne im Grunde nicht vertrauenswürdig sind, hatte auch Heraklit angenommen, damit allerdings die weitere Frage aufgeworfen, ob man denn wenigstens dem Zweifel vertrauen könne, was man ja auch in Zweifel ziehen kann, wenn man erst einmal damit angefangen hat. Und schon zu einem frühen Zeitpunkt in der Geschichte der Philosophie kam man daher auf den Ge-

danken, dass dem Menschen ein Zugang zur Wahrheit nicht möglich ist und man daher besser mit *Wahrscheinlichkeiten* (dem *eulogon*) arbeitet. – Auf jeden Fall jedoch wurde spätestens bei René Descartes der Zweifel (die Kritik) zu einem wesentlichen methodischen Instrument, und zwar vor allem in Bezug auf das Vertrauen und die Akzeptanz des Überlieferten und Überkommen, denn es hieße den Menschen und seine Fähigkeiten zu unterschätzen, wenn man die *Vernunft* allein zum bloßen Organ des Ablesens der Vorgegebenheiten der Natur oder der bloßen Entnahme aus dem Reservoir der Ideen und Begriffe reduzieren wollte. In diesem Sinne wurden Zweifel und Kritik auch Instrumente des Willens zur (sozialen, politischen, kulturellen) Veränderung der vorgefundenen Zustände und damit zum Initiator von Aufklärung und Revolution. – Während also damals der Zweifel ein durchaus kreatives Potenzial hatte, spricht man heutzutage, in Zeiten einer komplexen und komplizierten, vor allem aber sich schnell wandelnden Gesellschaft, eher in einer negativen Konnotation von ihm, im Sinne von Misstrauen und Unsicherheit. Sei es, weil man den Hinweis von Aristoteles vergessen hat, *richtig* zu zweifeln, sei es, dass die realen Erfahrungen das Vertrauen geschwächt haben: Inzwischen scheint auch noch die letzte Sicherheit entschwunden zu sein. Für den britischen Politologen Anthony Giddens gehört es jedenfalls zu den *Konsequenzen der Moderne* (1990), dass man durch Wissen und Wissensdrang allein diese Sicherheit nicht zurückgewinnen kann, sondern dass – ganz im Gegenteil – *das Wissen von dieser Welt zu deren Instabilität oder Unbeständigkeit beiträgt*.

44 Schon in der Antike, dann aber vor allem im frühen Christentum gilt die Neugierde – die *curiositas* –, wenn schon nicht explizit als Sünde, so doch wenigstens als eine höchst verwerfliche Neigung, denn sie verführt zu den unwichtigen Dinge, zu den *curiosa*, und lenkt damit den Geist von seiner Suche nach der Wahrheit ab. Für Philon von Alexandreia war die Neugierde deshalb zu kritisieren, weil sich in ihr die Sinne gegenüber dem Geist verselbstständigen – durchaus negativ gemeint als Abwendung oder Emanzipation. Eigentlich solle man das menschliche Nichtwissen angesichts der Größe und Pracht der göttlichen Schöpfung akzeptieren und sich auf den Weg zur Gotteserkenntnis und zur geistigen Weisheit machen. Gott habe nun einmal das Hoheitsrecht über das Geheimnis der Schöpfung, und ein jeglicher Wissensdrang des Menschen könne daher nur allenfalls voreilig oder aber müsse sündhaft sein. Diese Kritik richtet sich durchaus gegen die *Gnosis*, die ja das, wenn auch mystische, Wissen zur eigentlichen Voraussetzung für den Zugang zu Gott erklärt hatte. Philon bezieht sich dabei auf die talmudische Tradition, wo die Warnung ausgesprochen wird: *Wer über vier Dinge nachforscht, dem wäre es besser, nicht geboren zu sein: was*

oben und was unten ist, was vorher war und was nachher sein wird. Damit werden die Kosmologie und die Dämonologie, die Kosmogonie und die Eschatologie angesprochen als die räumlich wie zeitlich extremen Bezugspole der Neugierde.

45 Bis in die frühe Neuzeit hinein unterteilte man die Ereignisse in der Welt in drei Kategorien: in solche mit *natürlicher*, mit *außernatürlicher* und mit *übernatürlicher* Ursache. Zur ersten Kategorie zählten diejenigen, die bekannt und erklärbar waren, zu der letzteren diejenigen, die eindeutig auf das Wirken Gottes zurückzuführen, also als ein *prodigium* zu identifizieren waren, als ein Zeichen, das den Willen Gottes offenbarte und kommende Ereignisse ankündigte. Bei der mittleren Kategorie war man sich nicht so ganz sicher: Solche Ereignisse waren vielleicht einfach nur neu oder aber von Dämonen verursacht, die den Menschen täuschen und in die Irre führen wollten. Je mehr man nun von der Welt – durch Beobachtung – kennen lernte, desto mehr leerte sich gerade die Kategorie der *außernatürlichen* Ereignisse. Interessant ist dabei, dass die Einordnung in eine der nichtnatürlichen Kategorien in hohem Maße vom jeweiligen historischen Kontext abhing: Dann wenn die Zeiten ohnehin schwierig waren, wurde hinter gewissen Naturerscheinungen mehr an Bedeutung vermutet, die ansonsten ohne weitere Beachtung geblieben wären. – Die Bibel spricht zwar einerseits von Zeichen und Wundern (*Gott hat ihr Zeugnis gegeben mit Zeichen, Wundern und mancherlei Kräften und mit Austeilung des heiligen Geistes nach seinem Willen*; Hebräer 2,4), andererseits warnt aber schon Paulus vor den trügerischen Zeichen des Satans: *[…] dessen Zukunft geschieht nach der Wirkung des Satans mit allerlei lügenhaftigen Kräften und Zeichen und Wundern und mit allerlei Verführung zur Ungerechtigkeit unter denen, die verloren werden, dafür daß sie die Liebe zur Wahrheit nicht haben angenommen, auf daß sie selig würden. Darum wird ihnen Gott kräftige Irrtümer senden, daß sie glauben der Lüge* (2. Thessalonicher 2,9–11).

46 Der *flüchtige Schatten*, der an der Seele vorbeischwebt: Hier zitiert der Teufel aus Kierkegaards Schrift *Entweder – Oder*.

47 Dass der Zweifel nichts weiter sei als *Wachsamkeit*, hat der Teufel wiederum Georg Lichtenbergs *Sudelbüchern* entnommen.

48 Darauf schließlich, dass es der Zweifel sei, der *Gutes böse* mache, hat schon Goethe zu Recht in seinem Drama *Iphigenie auf Tauris* hingewiesen.

49 Dass der Zweifel (die Skepsis) der erste Schritt zur Wahrheit hin sei, hat der französische Philosoph Denis Diderot im 18. Jahrhundert festgestellt: *Le scepticisme est donc le premier pas vers la vérité.*

50 *Duns Scotus:* wurde um 1270 in Schottland geboren und starb in noch relativ jungem Alter im Jahre 1308 in Köln. Er war vertraut mit dem Stand

der empirischen Naturwissenschaften zu seiner Zeit und ging daher sehr kritisch mit den Gedankengängen seiner Vorgänger um – nicht zuletzt mit Petrus Lombardus (1100–1160), der seinerseits mit den *Sentenzen* eine Kompilation der gängigen theologischen Schriften des Mittelalters erstellt hatte.

51 *Wilhelm von Ockham:* geboren um 1285 in England, gestorben 1349 in München. Nach ihm wurde das Ockham'sche Rasiermesser benannt, dass man nämlich eine Behauptung mit so wenig Sätzen wie möglich beweisen solle, also dass auch in Philosophie und Wissenschaft eine strenge Ökonomie zu herrschen habe. Er stand im *Universalienstreit* auf der Seite der Nominalisten, lehnte also die Vorstellung der Realität von Allgemeinbegriffen ab und ging demgegenüber davon aus, dass die Wirklichkeit dieser Welt nur durch die (empirische) Untersuchung der Einzeldinge zu erfassen sei.

52 *Petrus Abaelardus:* lebte zwischen 1079 und 1142, überwiegend in Frankreich. Abaelardus war wohl einer der faszinierendsten Denker des Mittelalters: Kritisch-analytisch begabt, immer fragend und seine Werke bis zu fünfmal neu schreibend, dabei unausgeglichen und verwirrend, hat Abaelardus durch seine oft unfertigen Thesen Kanonistik und Scholastik, weltlichen Geist und religiöse Bewegung des 12. Jahrhunderts wie wenige andere befruchtet. Seine Bekanntheit bis heute gründet sich auch auf seine lange Liebesbeziehung zu Heloïse, die tragisch endete.

53 Die These, dass die göttliche Vorsehung mit den Menschen ihr Spiel treibt, findet sich im *Dictionnaire Universel* von 1734.

54 Wie man sich erinnern wird, hatte Gott den Menschen mit diesen Worten aus dem Paradies gewiesen: *Und Gott der Herr sprach: Siehe, Adam ist geworden wie unsereiner und weiß, was gut und böse ist. Nun aber, daß er nicht ausstrecke seine Hand und breche auch von dem Baum des Lebens und esse und lebe ewiglich! Da wies ihn Gott der Herr aus dem Garten Eden* (Genesis 3,22–23).

55 Die etymologische Herkunft des Begriffes *Advent* (lateinisch: Ankunft) verweist darauf, dass man sich vorstellte, dass sich die Zukunft, also die Dinge und Ereignisse in ihr, bewegten und nicht der Betrachter. Die Zukunft also kommt von selbst, weil Gott (nicht nur der erste, sondern der ständige Beweger) sie in Bewegung setzt und hält. Der Mensch kann nach einer solchen Vorstellung den Lauf der Dinge nicht beschleunigen, geschweige denn beeinflussen. – Noch in der Moderne, bei Hegel und Marx, findet sich die Überzeugung, dass außerhalb der menschlichen Reichweite liegende Gesetze den Gang der Geschichte bewegen, denen sich die Menschen nicht entziehen, allenfalls in Richtung und Geschwindigkeit anpassen können.

56 Hier wird die *Prädestinationslehre* angesprochen, die dem Menschen erklärt, dass er aus dem Wohl oder Wehe in dieser Welt bereits sein späteres Schicksal im Jenseits ableiten könne: Gott belohnt die Gläubigen und bestraft die Sünder schon hier auf Erden, indem er den einen Reichtum und Wohlstand gibt, den anderen aber Armut und Leid.

57 Die *Guillotine* als mechanisches Fallbeil zum Vollzug der Todesstrafe war zwar schon im Altertum und im Mittelalter bekannt, wurde jedoch vom französischen Arzt Joseph-Ignace Guillotin (1738–1814) technisch verfeinert und während der Französischen Revolution flächendeckend eingeführt. Grund für die Einführung waren nicht nur die höhere Effizienz und damit auch die höhere Geschwindigkeit beim Vollzug von Todesurteilen (was sich natürlich zu gewissen Zeiten einer jeglichen Revolution als äußerst hilfreich erweist), sondern vor allem *humanitäre* Erwägungen, weil diese Maschine den Menschen mit höchster Präzision auf einen einzigen Schlag tötete, was ansonsten nur gut ausgebildeten und erfahrenen Henkern möglich war.

58 Genesis 1,28.

59 So steht es geschrieben im Römerbrief: *Dem aber, der mit Werken umgeht, wird der Lohn nicht aus Gnade zugerechnet, sondern aus Pflicht* (Römer 4,4).

60 Matthäus 6,1. Man vergleiche dazu Kapitel 10,41: *Wer einen Gerechten aufnimmt in eines Gerechten Namen, der wird eines Gerechten Lohn empfangen.* Ebenso im Lukasevangelium: *Tut wohl und leihet, daß ihr nichts dafür hoffet, so wird euer Lohn groß sein, und ihr werdet Kinder des Allerhöchsten sein* (6,35). Und in der Offenbarung des Johannes wird der Moment beschrieben, da Gott wird geben *den Lohn seinen Knechten, den Propheten, und den Heiligen und denen, die deinen Namen fürchten, den Kleinen und Großen, und zu verderben, die die Erde verderbt haben* (Offenbarung 11,18).

61 1. Korinther 3,8–9.

62 Ähnlich wie der Teufel hatte sich der britische Philosoph Thomas Morus in seinem 1516 erschienenen Werk *Utopia* geäußert, in welchem er einen idealen Staat und eine ideale Gesellschaft beschreibt, doch noch nicht einmal seine eigenen Landsleute in England haben in der Folge auf ihn gehört.

63 Die Menschen haben nach der besseren Welt zunächst in einer anderen *Zeit* gesucht, sowohl die Griechen als auch die Hebräer, und zwar verorteten sie diese bessere Welt am Anfang des Kosmos. Man nahm an, dass sich der einst paradiesische, ideale Urzustand (das *Goldene Zeitalter*) – aus welchen Gründen auch immer – allmählich verschlechtert hatte. Das Christentum, das ebenfalls von dieser Annahme ausgeht, verspricht allerdings, dass dieser Urzustand am Ende der Zeit – und dann auf immer und ewig –

wiederhergestellt wird. – Die ersten Utopien der Neuzeit (Morus' *Utopia*, Campanellas *Sonnenstaat*) suchten die bessere Welt hingegen innerhalb dieser Welt, aber an einem anderen *Ort*, der zwar als räumlich weit entfernt, aber doch erreichbar dargestellt wurde. In diesem Sinne waren die Entdeckungsreisen die Suche nach einem solchen, perfekten Ort *(El Dorado)*, der sich aber trotz intensivster Bemühungen nicht auffinden ließ. – Die Utopien danach richteten sich dann wieder auf die *Zeit* (Mercier: *L'an 2440*), jedoch nicht mehr in einem transzendenten Jenseits, sondern nun innerhalb der diesseitigen Welt.

64 In dieser Einschätzung hatte schon Jean-Jacques Rousseau dem Teufel in seinem 1762 erschienenen Traktat *Contrat Social* ausdrücklich zugestimmt.

65 In seinem Bestreben, seine eigene Meinung zu legitimieren, bezieht sich der Teufel erneut auf Kierkegaard, der sich in seinem Werk *Entweder – Oder* in einer ähnlichen Weise geäußert hatte.

66 Der Teufel macht hier – wieder einmal – eine Anleihe bei Friedrich Nietzsche, diesmal aus dessen *Unzeitgemäßen Betrachtungen*.

67 Hier zitiert der Teufel aus dem Gedicht *Der Wegelagerer* von Joseph von Eichendorff, das mit den Worten beginnt: *Es ist ein Land, wo die Philister thronen, die Krämer fahren und das Grün verstauben, die Liebe selber altklug* feilscht *mit Hauben – Herr Gott, wie lang willst du die Brut verschonen!*

68 Und schließlich bedient sich der Teufel noch aus Nietzsches *Also sprach Zarathustra*.

69 Vgl. Offenbarung 7,16–17.